Zu diesem Buch

Vor einigen Jahren bin ich mit einer sehr netten Dame in der Computerabteilung einer größeren Buchhandlung zufällig ins Gespräch gekommen. Wir unterhielten uns u. a. darüber, was man als Computeranwender, zumal als Anfänger ohne Vorkenntnisse, vor allem heute schon so alles an Vokabular beherrschen müsste, um überhaupt richtig loslegen zu können. Selbst in gut verständlichen Anleitungen, in denen im Detail gezeigt wird, wie man denn seinen neuen Computer oder das neue Smartphone bedient, wie man Texte in Word schreibt, Rechnungen in Excel durchführt oder sich – etwa beim Online-Banking – sicher im Internet bewegt, kämen die Erklärungen zwangsläufig zu kurz, zumal sich abseits der regulären Anwendungen vieles Unvorhergesehene tut.

Das fängt schon beim Kauf eines solchen Geräts an. Der Herr im Elektrofachmarkt, wenn auch bemüht, ist nicht in der Lage, einem wirklich zu erklären, was überhaupt ein Quad-Core-Prozessor i9 mit soundsoviel RAM ist und was SSD und HDD mit 3 TB bedeuten und wie viel Geld man dafür wirklich investieren sollte. Ist man über diese Entscheidungsnöte bereits hinaus, gilt es zu Hause das LAN-Kabel in den richtigen Port zu befördern und den DSL-Router zu konfigurieren – aber wie, wenn man gar nicht weiß, wovon die Rede ist? Und ist auch diese Hürde genommen und sitzt man am Computer, soll man plötzlich ein Add-on installieren oder einem Update zustimmen und ist damit allein gelassen im Zweifel, ob das auch gut und sicher ist. Die Schaltflächen in so manchem Programm erscheinen plötzlich alle auf Englisch, und auch überall sonst, angefangen bei der TV-Werbung bis hin zur Tageszeitung, wimmelt es nur so von Fachbegriffen. Alle Welt scheint nur noch zu downloaden, zu streamen und zu twittern. Was genau dahinter steht und wie man da mitreden und eventuell auch mitmachen könnte, ist bei der Vielzahl der unbekannten Begriffe schwer zu durchschauen, noch schwerer praktisch zu bewerkstelligen.

Die Begriffe rund um den Computer, das Internet und all die anderen digitalen Phänomene und Geräte, so waren wir uns einig, bilden eine eigene Sprache, und so wie man in einem fremden Land ohne irgendwelche Sprachkenntnisse kaum den Weg, dafür auf seinem Teller manchmal eine böse Überraschung findet, so gilt es diese Sprache zu erlernen bzw. auf seiner Reise ein Wörterbuch bei sich zu führen, in dem man immer wieder nachschlagen kann. »Ich möchte einfach wissen, was es ist«, mit diesem Stoßseufzer hatte meine anregende Gesprächspartnerin im Grunde alles zu diesem Thema gesagt, und ihr Ausruf stand damals letztlich Pate für dieses spezielle Lexikon, das seit seinem erstmaligen Erscheinen in der nun aktuell runderneuerten Auflage mittlerweile um weitere rund 150 zentrale Stichwörter angewachsen ist.

Hier finden Sie zu allen Begriffen und Abkürzungen, die im digitalen Alltag von Durchschnittsanwendern (nicht IT-Profis) tatsächlich eine Rolle spielen, gleich zu Anfang eine Übersetzung oder Kurzerklärung, gefolgt von Beispielen und praktischen Anleitungen dazu, wo sich etwas befindet und wie man es einstellt. Denn was interessieren einen Schalter und Kabel, die man nicht betätigt oder anschließt? Statt vieler erklärender Worte zeigen Ihnen in diesem Buch auch immer da, wo es sich anbietet, schlicht und ergreifend Bilder, was gemeint ist. Manche Dinge allerdings sind doch nicht mit einem Satz allein zu beschreiben und zu begreifen, denn sie stehen in größeren Zusammenhängen. Dazu finden Sie am Ende eines Stichworteintrags Verweise auf weitere Stichworteinträge, Übersichtsabbildungen und Anleitungen, z. B. zum Einrichten eines E-Mail-Accounts oder zur Nutzung von Cloud-Speicherdiensten, sowie Themenseiten etwa zu Smart Home, künstliche Intelligenz und Robotik – Trends und Entwicklungen, die nun in aller Munde sind. Um die Bedeutung eines Wortes zu verstehen, müssen Sie hier nicht unbedingt nachschlagen. Vielleicht haben Sie aber auch Lust, sich in diesem Lexikon auf Entdeckungstour zu begeben. Sie werden zunehmend merken, dass vieles miteinander zusammenhängt und Sie nach und nach neue Begriffe im Kontext bereits bekannter dazulernen – eben wie beim Sprachenlernen.

Fangen Sie doch gleich damit an. Auf der folgenden Seite finden Sie einen Grundwortschatz zu Aktivitäten, die Ihnen am Computer, beim Smartphone oder im Internet immer wieder in Form von Schaltflächen begegnen werden – ob nun in englischer oder deutscher Sprache, und zu diesen Begriffen selbst finden Sie dann weitere Informationen im Stichwortteil. Denn gerade die vermeintlich vertrauten deutschen Wörter haben häufig eine gänzlich andere Bedeutung auf »Computerisch«.

Noch eins: Da für viele das Schulenglisch eine Weile her ist bzw. es vor einigen Jahren viele der hier aufgeführten Begriffe noch gar nicht gab, finden Sie im Anhang zudem Hinweise für eine mögliche Aussprache (im britischen Englisch). Das haben wir in diesem Lexikon bewusst nicht ganz »wissenschaftlich« – durch Wiedergabe in Lautschrift – gehalten, um die Angelegenheit nicht unnötig zu verkomplizieren. Bei der aktiven Verwendung der Begriffe mag es Sie aber dennoch unterstützen.

Sollten Sie Anregungen zu diesem Lexikon haben, freue ich mich über Ihre Rückmeldung. Nun aber wünsche ich Ihnen viel Spaß und Erfolg beim gelegentlichen Nachschlagen oder auch beim intensiven Lernen und praktischen Ausprobieren!

Ihre Isabella Bleissem
Lektorat Vierfarben
isabella.bleissem@rheinwerk-verlag.de

Grundwortschatz Computer-Schaltflächen Englisch – Deutsch

Accept/Agree Zustimmen
Back Zurück
Browse Durchsuchen
Cancel Abbrechen
Close Schließen
Confirm Bestätigen
Continue Fortfahren/Weiter
Copy and Paste Kopieren und Einfügen
Cut and Paste Ausschneiden und Einfügen
Decline/Disagree Ablehnen
Delete Entfernen/Löschen
Download Herunterladen
Drag and Drop Ziehen und Fallenlassen
Edit Bearbeiten
Enter Eingeben
Help Hilfe
Install Installieren
Lock Sperren
Login (Sign in) Anmelden
Logout Abmelden
Maximize Vergrößern
Minimize Verkleinern
New Neu (Neues Dokument)
Next Weiter
Open Öffnen
Options Optionen
Play Abspielen/Wiedergeben
Print Drucken
Proceed Fortfahren
Quit Beenden
Reboot Neu starten
Reset Zurücksetzen
Restore Verkleinern/Wiederherstellen
Save Speichern
Save as Speichern unter
Search Suchen
Settings Einstellungen
Share Freigeben/Teilen
Shut down Herunterfahren
Sign up Registrieren
Uninstall Deinstallieren
Unzip Entpacken
Update Aktualisieren
Upload Hochladen

A

Nicht nur Bergsteiger, auch Computer können abstürzen – wenngleich mit weniger schmerzhaften Folgen. Was zur Rettung notwendig ist, lesen Sie unter dem Eintrag »Absturz«.

AAC

> Advanced Audio Coding/Codec
> »Fortgeschrittener Audio Codec«, Verfahren zur Datenreduzierung

Mit der AAC-Codierung reduziert man ähnlich wie beim MP3-Verfahren die Datenmenge einer Audiodatei, also z. B. eines Musikstücks, um Speicherplatz zu sparen bzw. dieses schneller aus dem Internet laden zu können. AAC gilt als qualitativ besserer Nachfolger des MP3-Kompressionsverfahrens und wird u. a. in Apples iTunes Store angewendet. AAC lässt sich auch in Verbindung mit dem DRM-Kopierschutz nutzen.

» siehe Audioformate, DRM, iTunes Store, MP3

Abbrechen

> engl. Cancel

Wie beenden Sie ein wild gewordenes Programm auf dem Computer oder eine widerspenstige App auf dem Smartphone? Durch Abbrechen! Im PC-Universum bietet sich dazu innerhalb eines Programms die legendäre Taste [Esc] an. Störrische Programme werden durch Antippen der **Schließen**-Schaltfläche in der Fensterleiste [×] beendet. Für ganz hartnäckige Kandidaten, die nicht mehr reagieren, verwendet man unter Windows den Task-Manager. Auf dem Smartphone beendet man hängende Apps durch mehrfaches Betätigen der Taste [←].

» siehe Escape/Esc-Taste, Task-Manager

Abfrage/Anfrage

Sucht man einen Begriff oder Datensatz in einer Datenbank, so nennt man dies Anfrage oder Abfrage. Unter diese Kategorie fällt auch eine Suche nach bestimmten Begriffen bei einem Suchmaschinenanbieter wie z. B. Google.

» siehe Datenbank, Suchmaschine (Search Engine)

Abgeblendet

Wenn ein Programmierer verhindern möchte, dass der Anwender des Programms eine im Zusammenhang nicht sinnvolle Option auswählt, so blendet er diese ab. Sie erscheint dann ausgegraut. Diese Methode findet man häufig bei Formularen, die man im Internet ausfüllt. Und auch im Explorer (dem

Dateimanager in Windows) sind einige Befehle kontextabhängig abgeblendet, können also nicht benutzt werden.

» siehe Explorer

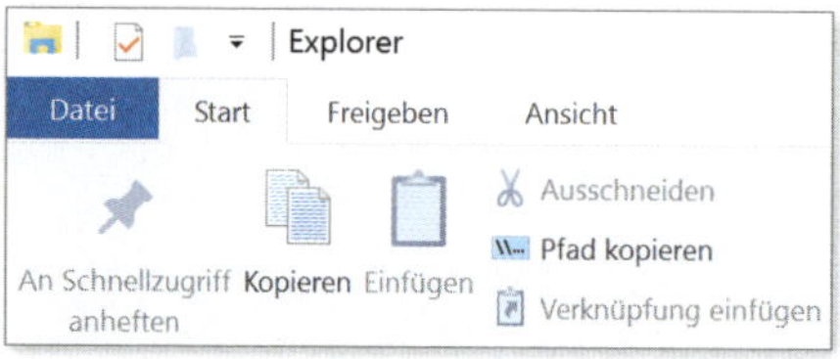

A

Abgesicherter Modus

Ihr Windows-Computer fährt nicht mehr hoch oder reagiert ungewöhnlich? Dann schalten Sie ihn durch langen Druck auf den Ein-/Aus-Schalter [⏻] aus und halten beim erneuten Einschalten die Taste [F8] gedrückt. Dadurch fährt Ihr Rechner im abgesicherten Modus hoch, und Sie können ihn oft leicht wiederbeleben, indem Sie z. B. den letzten Zustand, in dem das System noch funktioniert hat, starten lassen. Experten können im abgesicherten Modus auch neu installierte Treiber entfernen, die Windows vom sauberen Starten abhalten. Beachten Sie, dass Sie bei Windows 10 den abgesicherten Modus direkt aus dem Startmenü aufrufen können, indem Sie die **Ein/Aus**-Schaltfläche betätigen und zugleich die Taste [⇧] gedrückt halten.

» siehe Hochfahren, Power-Schalter, Startmenü, Treiber (Driver)

Abkürzungstaste

> engl. Shortcut

Viele Wege führen nach Rom – beim Computer geht's am schnellsten mit einer Abkürzungstaste. Berühmtestes Beispiel ist hier der klassische »Dreisprung« [Strg] + [A] (Auswählen) – [Strg] + [C] (Kopieren) – [Strg] + [V] (Einfügen).

» siehe Auswählen/Auswahl, Einfügen (Paste), Kopieren und Einfügen (Copy and Paste)

Abmelden

> engl. Logout

Wenn Sie denselben Computer mit mehreren Familienmitgliedern gemeinsam verwenden, so besitzt jedes Familienmitglied idealerweise einen eigenen Zugang auf dem Computer, Account (wörtlich übersetzt »Konto«) bzw. Benutzerkonto genannt. Um zu einem anderen Konto zu wechseln, müssen Sie sich zunächst über das Windows-Startmenü durch Anklicken Ihres Profilfotos bzw. der Silhouette, die bei Nichtverwenden eines Fotos an dieser Stelle erscheint, abmelden.

» siehe Benutzerkonto (Account), Login

Abonnieren

Hat man früher Zeitungen und Zeitschriften abonniert, so holt man sich in modernen Zeiten die neuesten Informationen auf elektronischem Weg: insbesondere Newsletter, die per E-Mail automatisch in Ihren digitalen Briefkasten gelangen, erfreuen sich großer Beliebtheit.

» siehe E-Mail, Newsletter

Absatzmarke/Absatzzeichen

Möchten Sie innerhalb eines Textverarbeitungsdokuments den Überblick bewahren und sehen, wo ein Absatz endet und ein neuer beginnt, dann aktivieren Sie einfach die Schaltfläche zur Ansicht der nicht druckbaren Zeichen ❶. Darauf erscheinen dann an den Absatzenden Zeichen, die an ein umgekehrtes P erinnern.

» siehe Microsoft Word, Textverarbeitung

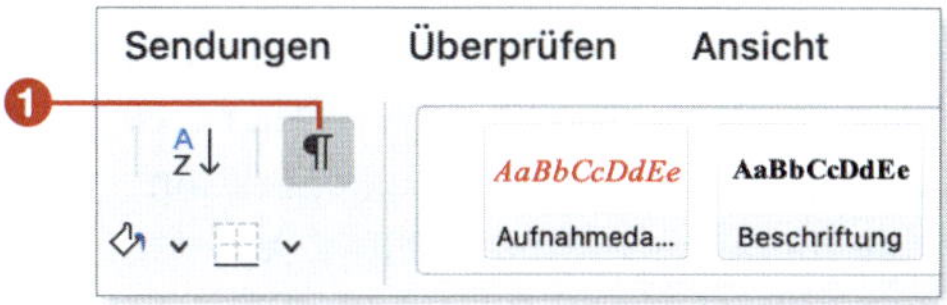

Absoluter Zellbezug

Soll in einer Tabellenkalkulation auf eine Zelle verwiesen werden, sodass sich der Zellbezug auch beim automatischen Ausfüllen bzw. Kopieren der Zellen nicht ändert, so verwendet man einen absoluten Zellbezug.

» siehe Microsoft Excel, Tabellenkalkulation

Absturz

»Rien ne va plus« – nichts geht mehr, wie der Franzose sagt. Wenn Ihr Computer auf keine Tasten- bzw. Mauseingabe mehr reagiert, so ist er abgestürzt. Das ist glücklicherweise bei modernen Betriebssystemen kaum noch der Fall. Aber auch einzelne Programme oder Apps können abstürzen. In diesem Fall bricht man diese einfach über den sogenannten Task-Manager ab.

» siehe Abbrechen (Cancel), Betriebssystem, Task-Manager

Abwärtskompatibel

Immer dann, wenn eine neue Version eines Programms erscheint, ist es wichtig, dass diese auch die Dateien verarbeiten kann, die mit einer älteren Version des Programms erstellt werden. Man spricht hier von Abwärtskompatibilität. Ein typisches Beispiel ist die Möglichkeit, mit Microsoft Office 2019 auch Dokumente bearbeiten zu können, die mit Office 97 erstellt wurden.

AC3

> Audio Codec 3

> Verfahren zur Datenreduzierung von Tönen

Der AC3-Codec dient zur Kompression von Audiodaten im Bereich des Mehrkanaltons, wie Sie ihn beispielsweise aus dem Kino in Form von Dolby Digital 7.1 kennen. Dabei werden 5 Lautsprecher und 1 sogenannter Subwoofer (das ist ein Extralautsprecher für tiefe Töne) angesteuert.

» siehe Codec, Komprimieren

AC-Adapter

> Alternating Current-Adapter

> Wechselstromwandler-Adapter

Ein derartiger Adapter wandelt den Netzwechselstrom für ein elektronisches Gerät in Gleichstrom um.

» siehe Adapter

A

Access

> Datenbankprogramm

Das Datenbankprogramm Access ist Bestandteil des Microsoft-Office-Pakets in der höherpreisigen Version bzw. Mietversion (Office Professionell 2016 oder Office 365). In der Industrie wird Access meist als anwenderfreundliche Schnittstelle zu komplexen Datenbanksystemen eingesetzt.

» siehe Datenbank, Microsoft Office/Office Mobile

Account

> »Konto«

» siehe Benutzerkonto

ACPI

> Advanced Configuration and Power Interface
> Schnittstelle im Computer zur Energieregelung

Diese Schnittstelle sorgt im PC und insbesondere im Laptop dafür, dass mit der vorhandenen Energie effizient umgegangen wird. So ist die ACPI-Schnittstelle insbesondere auch dafür verantwortlich, dass sich Ihr Laptop beim Zuklappen des Deckels korrekt in den sogenannten Schlafmodus begibt und anschließend auch wieder ohne Zeitverzögerung »aufwacht«.

» siehe Schnittstelle (Interface)

Active Directory

> Dienst für den Zugriff auf Verzeichnisse

Unter Windows bietet Active Directory einen Verzeichnisdienst, mit dessen Hilfe ein angemeldeter Benutzer in einfacher Weise auf im Netzwerk freigegebene Ressourcen (Drucker, Netzwerkspeicher etc.) zugreifen kann.

» siehe Netzwerk

ActiveX

Mithilfe von ActiveX-Elementen lassen sich Webseiten aufpeppen, indem der Webseitenprogrammierer eine Art Baukastensystem zur Erstellung von kleinen Programmen benutzt. Zur Darstellung von ActiveX-Elementen benötigen Sie in der Regel einen Microsoft-Browser wie z. B. den Internet Explorer oder Edge. Eine Alternative zu ActiveX-Komponenten sind Java-Applets.

» siehe App/Applet, Browser, Internet Explorer, Java, Microsoft Edge

Adapter

Mit einem Adapter verbinden Sie in einfacher Weise Geräte, die unterschiedliche Stecker aufweisen. So verfügt z. B. das MacBook der neuesten Generation über nur einen einzigen USB-C-Anschluss, welcher einen ganzen Zoo von (teuren) Adaptern erfordert, um an unterschiedliche Geräte wie z. B. externe Monitore oder Festplatten angeschlossen zu werden. Per Adapter können Sie sogar einen normalen USB-Stick an ein Smartphone anschließen.

» siehe USB/USB-Stick

Adapt Sound

> »Angepasster Klang«

Dieses Verfahren zur Klangverbesserung finden Sie insbesondere bei Samsung-Smartphones der neuesten Generation. Es dient dazu, das Hörempfinden per Kopfhörer bzw. Headset Ihren persönlichen Vorlieben anzupassen.

» siehe Headset, Kopfhörer

Add-on

> »Hinzufügung«, »Zusatz«

Ein kleiner Softwarebaustein, der insbesondere bei Browsern eine erweiterte Funktionalität mit sich bringt. Der Begriff Add-on wird zum Teil im Hardwarebereich verwendet. Hier ergänzt man die bestehende Hardware mithilfe von Modulen.

» siehe Browser, Hardware, Modul, Plug-in, Utility

ADF

> Automatic Document Feeder
> »Automatische Dokumentenzuführung/-fütterung«

Praktische Einrichtung an einem Scanner, die dafür sorgt, dass ein kompletter Stapel von Blättern zum Scannen automatisch eingezogen wird.

» siehe Scanner

Administrator

Wenn Sie am Computer über Administratorrechte verfügen und somit Systemverwalter sind, was in der Regel bei PC-Betriebssystemen automatisch der Fall ist, dann können Sie auch maximalen Schaden produzieren, will heißen: Sie besitzen Schreibrechte für sämtliche Verzeichnisse auf der Festplatte und können auch beliebige Programme installieren. Das ist besonders fatal, wenn Sie per Browser im Internet unterwegs sind und sich unbemerkt ein Virus bei Ihnen einnistet. Diesem steht innerhalb eines Administratorkontos Tür und Tor offen. Sie sollten daher stets darauf achten, auf dem PC zusätzlich einen Standardbenutzer einzurichten, mit dessen Konto Sie dann alle Alltagsarbeiten verrichten.

» siehe Benutzerkonto (Account), Standardbenutzer

Administratoren in verschiedenen Systemen

System	Bezeichnung
Windows	Administrator
macOS	Admin
Linux	root

Adobe Photoshop: Die Menüübersicht

Wesentliche Elemente von Photoshop, die man auch in vielen anderen Bildbearbeitungsprogrammen findet:

1. Werkzeugleiste
2. Menüleiste
3. Zentraler Bereich mit zu bearbeitendem Bild
4. Eigenschaftsbereich (abhängig vom aktuell gewählten Werkzeug)

Adobe Photoshop

Der Klassiker unter den Bildbearbeitungsprogrammen ist zweifellos Photoshop von Adobe. Es hat sich sogar im alltäglichen Sprachgebrauch eingebürgert, z. B. nach dem Motto »Na, hast du dein Profilbild gephotoshopt?«, also mittels der Bildbearbeitung verändert bzw. aufgewertet. Adobe ist mittlerweile dazu übergegangen, sein teures Vollprodukt Photoshop in einem Abo-Modell anzubieten. Für das günstigste Abo von Photoshop CC (CC steht für Creative Cloud, was wörtlich »kreative Wolke« bedeutet) zahlt man ca. 12 € pro Monat – immer noch ein stolzer Preis für Gelegenheitsnutzer. Wer Photoshop günstiger und vor allem unbegrenzt nutzen möchte, verwendet stattdessen die »Light«-Version Photoshop Elements, für die aktuell einmalig ca. 60 € abgerufen werden. Eine sehr gute und zudem kostenlose Alternative zu Photoshop ist GIMP.

» siehe GIMP, Photoshop Elements

Adobe Reader

Ein Programm des Softwareherstellers Adobe, das es gestattet, PDF-Dokumente zu lesen (engl. »to read«) und mit Kommentaren und Markierungen zu versehen.

» siehe PDF

Adressbuch

Ähnlich seinem Verwandten aus Papier, beherbergt ein elektronisches Adressbuch auf dem PC oder Smartphone Ihre Kontakte-Sammlung. Der große Vorteil besteht hier aber darin, dass eine derartige Sammlung automatisch zwischen unterschiedlichen Geräten abgeglichen wird. Möglich macht's die Anbindung an die mittlerweile überall gebräuchliche Cloud.

» siehe Cloud (Computing), Kontakte

Adresse (E-Mail, Internet)

Wie kontaktiert man z. B. einen Handwerker, eine Behörde oder auch einen Verlag im Internet und informiert sich über deren Angebote? Ganz einfach – indem man deren jeweilige E-Mail- und Internetadresse in Erfahrung bringt. Eine in Deutschland übliche E-Mail-Adresse hat stets die Form *<Name>@<Provider>.de*, also z. B. *Max.Mustermann@gmx.de*. Hat der Anbieter eine eigene Webseite, was heute der Regelfall ist, so können Sie sich unter dieser Adresse im Internet informieren. Eine typische Internetadresse hat die Form *www.<Name der Seite>.de* (wobei *.de* für Deutschland steht), also z. B. *http://www.rheinwerk-verlag.de*. Eine derartige Adresse wird auch URL genannt.

» siehe Anbieter (Provider), Top-Level-Domain, URL, World Wide Web, @

Adressleiste (Internet)

Im oberen Bereich des Browsers im Internet finden Sie eine Zeile zur Texteingabe. Hier geben Sie die Adresse der Webseite ein, die Sie besuchen möchten.

» siehe Browser, Webseite

ADSL

- Asymmetric Digital Subscriber Line
- »Asymmetrischer digitaler Teilnehmeranschluss«

Weiterentwicklung des DSL-Standards zur schnellen Datenübertragung im Internet.

» siehe DSL

A/D-Wandler

- Analog-Digital-Wandler

Wenn Sie beispielsweise Musik in einen Computer einspielen möchten, so haben Sie ein Problem: Ihr Instrument bzw. das Mikrofon liefert kontinuierliche Signale, die sich in ihrer Lautstärke und Tonfrequenz unterscheiden. Derartige Signale bezeichnet man als analog. Der Computer kann aber nur mit Zahlen – digitalen Signalen – umgehen. Folglich benötigt man ein Gerät, welches die Signale zwischen der analogen und digitalen Welt übersetzt. Genau das erledigt der A/D-Wandler.

» siehe Analog, Digital

Adware

> Kunstwort aus Advertising (Werbung) und Software (Programm)

Lästige Software, die man oft »durch die Hintertür« aufgedrückt bekommt, wenn man eine frei zugängliche und kostenlose Software installiert. Hat man also unbemerkt ein Adware-Programm installiert, so wird man durch unerwünschte Werbung bei der Benutzung der eigentlich gewünschten Software belästigt. Im Gegensatz zu Viren und Trojanern ist Adware zwar lästig, aber meist nicht gefährlich. Ein beliebtes Werkzeug zum Aufspüren und Entfernen von Adware ist die Software Ad-Aware von Lavasoft, die Sie auf folgender Webseite finden: *http://de.lavasoft.com*.

» siehe Schadsoftware (Malware), Trojaner, Virus

Aero

> »Authentic, energetic, reflective, open«
> »Echt, energiegeladen, kontrastreich und offen«

Benutzeroberfläche, die erstmals mit Windows Vista eingeführt und mit Windows 7 fortgesetzt wurde. Die in der Abkürzung genannten Eigenschaften (ein Hoch auf das Marketing!) bedeuten für den Normalbenutzer mehr oder weniger spektakuläre Transparenz- und 3D-Effekte, wie z. B. die Rotation von geöffneten Fenstern in Form eines Kartenkarussells (AeroPeek-Funktion) oder das Durchschimmern von überlappenden Fensterinhalten (AeroGlass). Mit Windows 8 hat man dann seitens Microsoft Abstand von derartigen technischen Spielereien genommen und sich auf eine klare, nüchterne Oberfläche beschränkt, Windows 10 bietet wieder etwas mehr Transparenzeffekte, also durchschimmernde Elemente.

» siehe Benutzeroberfläche

AES

> Advanced Encryption Standard
> »Erweiterter Verschlüsselungsstandard«

Ein sehr sicheres Verschlüsselungsverfahren, um Daten vor unberechtigtem Zugriff zu schützen. Bis heute ist kein Fall bekannt, bei welchem die AES-Verschlüsselung geknackt wurde. Daher wird dieses Verfahren auch bevorzugt von Banken, öffentlichen Institutionen etc. eingesetzt.

» siehe Verschlüsseln

Agent

Ein Programm bzw. Modul, das unbemerkt vom Benutzer im Hintergrund seinen Dienst verrichtet. Tritt ein bestimmtes Ereignis auf, macht der Agent mit einer Meldung auf sich aufmerksam. Ein Beispiel: Sie haben auf Ihrem Smartphone eine Wetter-App installiert. Diese benachrichtigt Sie genau dann, wenn Sie in der nächsten halben Stunde mit Regen rechnen müssen – für Zweiradfahrer oder Wanderer ideal!

A-GPS

> Assisted GPS
> »Unterstütztes GPS«

Die Lokalisierung von Satelliten mithilfe des in Ihrem Smartphone befindlichen GPS-Chips wird enorm beschleunigt, wenn das System schon vor dem ersten Satellitenfix ungefähr weiß, wo Sie sich befinden. Das geschieht über eine grobe Lokalisierung Ihres aktuellen Standorts per Mobilfunknetz. Zu diesem Zweck wird die Mobilfunkzelle, in der Sie sich aktuell befinden, zur Positionsbestimmung genutzt.

» siehe GPS

AI

» siehe Artificial Intelligence

AirDrop

Verfahren zur drahtlosen Übertragung von Dateien aller Art zwischen zwei Apple-Geräten (z. B. einem iPhone und einem Mac). In der Praxis müssen beide Geräte mit Apples iCloud verbunden sein, darüber hinaus müssen sowohl WLAN als auch die Bluetooth-Schnittstelle aktiviert sein. Dann lassen sich zwischen den Geräten etwa Kontakte/Visitenkarten oder Bilder drahtlos hin- und herschicken.

» siehe Bluetooth, iCloud, WLAN

AirPlay

Sie möchten Ihrem iPhone mehr Gehör verschaffen und die Partygäste beschallen? Kein Problem: Verbinden Sie das Gerät per AirPlay direkt auf AirPlay-fähige Lautsprecher. Auch Videos können per AirPlay an geeignete TV-Geräte gestreamt werden. Die Übertragung der Daten erfolgt dabei per WLAN.

» siehe AirPort, Streamen/Streaming, WLAN

AirPort

Apple bietet für seine Geräte eine AirPort-Basisstation an, welche prinzipiell als Router arbeitet. Je nach Version sind die AirPort-Stationen zusätzlich mit Festplatten ausgerüstet (AirPort Time Capsule), um eine drahtlose Datensicherung der angeschlossenen Peripheriegeräte, also iMac, MacBook oder auch iPhone, zu gestatten. Darüber hinaus können auch Drucker oder Lautsprecher an die AirPort-Stationen angeschlossen werden. Somit lassen sich auch nicht-AirPlay-fähige Lautsprecher für AirPlay nutzen.

» siehe AirPlay, Router

Ajax

> Asynchronous JavaScript and XML (eXtensible Markup Language)
> »Nicht synchrones Java-Script und erweiterbare Auszeichnungssprache«

Ein Verfahren, um Webseiten schnell im Browser des Benutzers aufbauen zu lassen. Dabei wird bei einer Anfrage des Benutzers überprüft, welche Elemente im Browserfenster sich nach der Rückübermittlung der Antwort ändern, und es werden lediglich diese Elemente neu aufgebaut. Ein Beispiel: Sie schicken bei Google eine Taschenrechneraufgabe per Google-Suchfeld ab. Das Ergebnis wird Ihnen in einer Taschenrechnerumgebung im Browser präsentiert. Wenn Sie nun eine neue Aufgabe per virtuelles Bedienfeld eingeben, dann wird lediglich das Ergebnisfeld geändert, ohne dass die komplette Seite neu aufgebaut wird.

» siehe Browser, JavaScript, XML

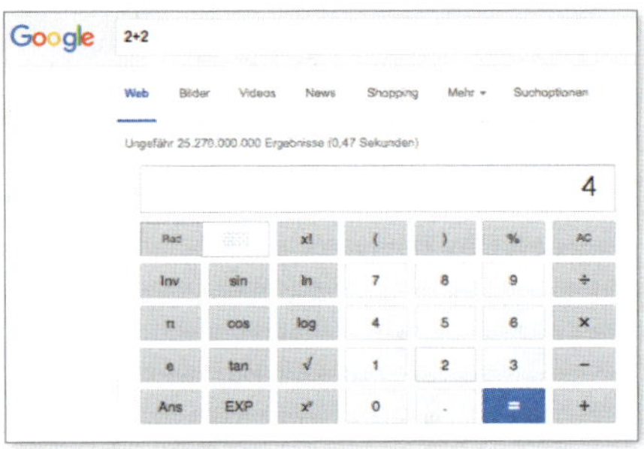

Akronym

Eine Abkürzung, die aus den Anfangsbuchstaben der abzukürzenden Wortfolge besteht. Beispiel: WWW = World Wide Web. Sehr verbreitet in der Internetkommunikation sind Akronyme, welche die Gefühle des Schreibenden zum Ausdruck bringen sollen. Die Akronyme entstammen meist der englischen Sprache. Für eine ausführliche Übersicht siehe im Internet auf der Seite: *https://de.wikipedia.org/wiki/Liste_von_Abkürzungen_(Netzjargon)*.

Die folgende Tabelle zeigt einige gängige Akronyme.

Abkürzung	Bedeutung	Erklärung
AFAIK	As far as I know	Soweit ich weiß
BTW	By the Way	Übrigens
CUL8R	See You Later	Bis später
DAU	DAU	Dümmster anzunehmender User
EOD	End of Discussion	Ende der Diskussion
FACK	Full Acknowledge	Volle Zustimmung
FYI	For Your Information	Zu Ihrer/deiner Information
GN8	Good Night	Gute Nacht
HTH	Hope This Helps	Hoffe, das hilft weiter
IANAL	I am not a lawyer	Ich bin kein Rechtsanwalt
IMO	In my Opinion	Meiner Meinung nach
LOL	Laughing out loud	Lautes Auflachen

Aktiv/Aktivieren

In etlichen Programmen oder Internetformularen finden Sie Optionen, die Sie in Form von Schaltflächen (Radiobuttons bzw. Checkboxen) aktivieren können. Optionen, die sich in dem jeweiligen Zusammenhang nicht verändern lassen, erscheinen dann in einem blasseren Farbton, man spricht von »ausgegraut«.

» siehe Checkbox, Formular, Optionsfeld/-schaltfläche (Radiobutton)

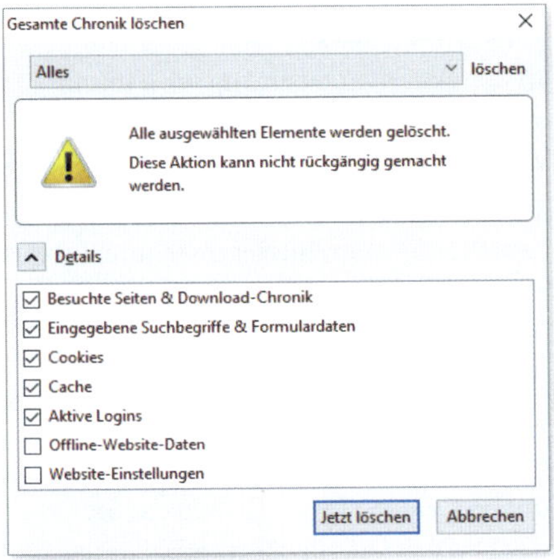

Aktualisierung

> engl. Update

Sie sollten immer darauf achten, dass sowohl Ihr Betriebssystem (dann spricht man von einem Systemupdate) als auch die Programme bzw. Apps, die Sie verwenden, auf dem neuesten Stand sind. Nur dadurch lassen sich Sicherheitslücken, die regelmäßig auftauchen, rechtzeitig schließen. Unter Windows 10 kontrollieren Sie in den **Einstellungen** im Bereich **Update und Sicherheit**, ob die automatische Aktualisierung aktiviert wurde. Updates gibt es nicht nur für die PC-Betriebssysteme, sondern auch für Ihr Smartphone und Tablet. Achten Sie auf entsprechende Meldungen in der Statusleiste.

» siehe Windows Update

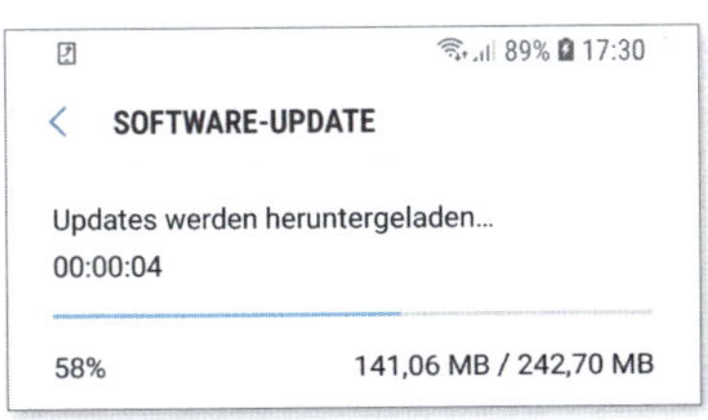

Album

Nicht nur Fotos, sondern auch Musiksammlungen sind auf dem PC und Smartphone in Alben thematisch bzw. nach Interpret geordnet. Google nennt Fotoalben, die in der Cloud gesichert sind, **Sammlungen**.

» siehe Cloud (Computing)

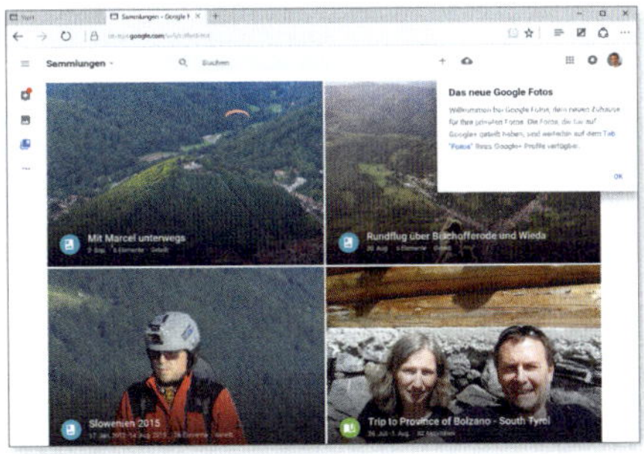

Alexa

Sprachassistentin von Amazon, die gesprochene Kommandos direkt in Computerbefehle umsetzt.

» siehe Sprachassistent(in)

» siehe Übersicht »Künstliche Intelligenz« auf Seite 218

Algorithmus

Eine Folge von Anweisungen (z. B. in einem Computerprogramm), die aus Eingabedaten eindeutig Ausgabedaten herleitet. Beispiel: Sie möchten Spielkarten auf Ihrer Hand nach ihrem Wert sortieren. Dann haben Sie bereits als Kind gelernt, welche Schritte notwendig sind, um diese zu sortieren.

» siehe Übersicht »Künstliche Intelligenz« auf Seite 218 sowie Übersicht »Programmiersprachen – ein Überblick« auf Seite 297

Alias

Steht prinzipiell für eine Abkürzung bzw. einen Zweitnamen und findet in verschiedenen Bereichen Anwendung. Beispiele: Wenn Sie in einem Internetforum nicht unter Ihrem echten Namen erscheinen möchten, dann definieren Sie dort ein Alias, z. B. »Räuber Hotzenplotz«. Auf dem PC kann man mithilfe eines Alias auf eine andere Datei verweisen. Das geschieht unter Windows mittels Verknüpfungen, die man gewöhnlich auf dem Desktop ablegen kann und die sich beliebig benennen lassen.

» siehe Arbeitsoberfläche (Desktop), Forum, Verknüpfung

Aliasing/Anti-Aliasing

> Treppeneffekt

Bei der Darstellung von Bildern, aber auch Schriften kann es auf dem Display zu einem unschönen »Treppeneffekt« kommen. Um dies zu vermeiden, setzt man das sogenannte Anti-Aliasing (siehe die folgende Abbildung) zur Kantenglättung ein.

» siehe Bildbearbeitung

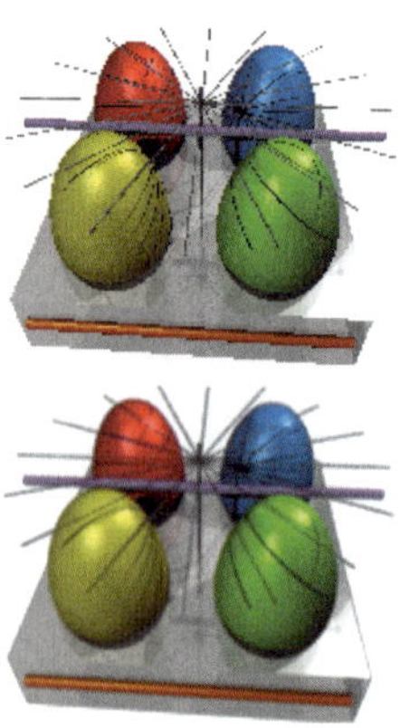

Alphanumerisch

In der Datenverarbeitung wird damit eine Darstellungsform bezeichnet, die sich aus der Menge der alphanumerischen Zeichen zusammensetzt. Diese besteht aus allen Buchstaben und Zahlen zusammengenommen.

AltGr-Taste

Mit dieser Taste rufen Sie bei der typischen PC-Tastatur Sonderzeichen auf. Per `AltGr` + `Q` erzeugen Sie das @-Zeichen, das Bestandteil einer E-Mail-Adresse ist; `AltGr` + `E` liefert das Eurozeichen €.

» siehe Adresse (E-Mail, Internet)

Alt-Taste

> Abkürzung von engl. »alternate« = ändern

Mithilfe der Alt-Taste können Sie den »normalen« Tasten Ihrer PC-Tastatur andere Funktionen zuordnen bzw. die ursprünglich zugeordnete Funktion ändern. Mittels `Alt` + `F4` schließen Sie bei sämtlichen Windows-Systemen das aktuell ausgewählte Fenster bzw. fahren, wenn keine Fenster mehr auf dem Bildschirm zu sehen sind, den Computer herunter.

» siehe Herunterfahren (Shut down)

ALU

> Arithmetic Logical Unit
> »Arithmetisch logische Einheit«

Wie die Auflösung der Abkürzung zeigt, ist damit nicht etwa das gleichnamige Metall gemeint, aus dem die Gehäuse hochwertiger Smartphones gefertigt sind. Vielmehr handelt es sich um den Teil eines Computerprozessors (CPU), der für Rechenaufgaben aller Art zuständig ist.

» siehe Prozessor (CPU)

Amazon App-Shop

Amazon ist seit einigen Jahren auf den Android-Zug aufgesprungen und bietet Apps für das Betriebssystem Android an, die in erster Linie auf Amazons eigene Produktlinie (Fire TV u. a.) abgestimmt sind, aber durchaus auch auf »normalen« Android-Smartphones installiert werden können. Dafür muss die Amazon-App-Shop-App installiert werden.

» siehe Android, App/Applet, Fire TV, Google Play Store

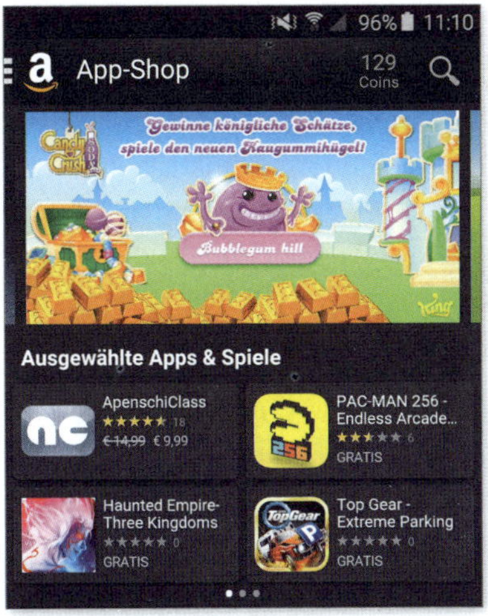

Amazon.com

Größtes Online-Kaufhaus, im Jahr 1995 von Jeff Bezos gegründet.

Amazon Echo

> Smarter Lautsprecher

» siehe Übersicht »Smart Home« auf Seite 340

AMD

> Advanced Micro Devices
> »Fortgeschrittene Mikrogeräte«

Name eines großen Herstellers von Computerchips bzw. CPUs aus den USA und Hauptkonkurrent von Intel. In Deutschland befindet sich eine große Produktionseinrichtung in der Nähe von Dresden.

» siehe Chip, Intel, Prozessor (CPU)

AMOLED

> Active-Matrix Organic Light-Emitting Diode
> »Aktivmatrix Organische Licht aussendende Diode«

Ein Displaytyp, den man bei einer Vielzahl von Smartphones aus dem Hause Samsung vorfindet und neuerdings auch bei TV-Geräten. AMOLED-Displays stellen insbesondere schwarze Bereiche brillant und ohne Grauschleier dar.

» siehe Bildschirm (Screen)

Ampere

Der Strom in einem elektrischen Leiter wird in der Einheit Ampere gemessen. Darunter versteht man die Anzahl der

Ladungen (= Elektronen), die in einem bestimmten Zeitraum durch einen Leiter fließen. Im Computerbereich fließen auf dem Mainboard Ströme im Milliampere-Bereich.

» siehe Hauptplatine (Mainboard), Spannung, Volt

Analog

Ein Signal, welches seine Intensität stufenlos ändern kann, nennt man analog. Ein Beispiel ist die Übertragung von Musik per Radiowellen. Nachteil der analogen Übertragung ist die Tatsache, dass eine Störung des Signals auch stets mit einem Qualitätsverlust einhergeht. Beim analogen Radio nehmen Sie dies z. B. durch ein Rauschen oder Verzerrungen wahr.

» siehe A/D-Wandler, Digital

Analoges Modem

In den Urzeiten des Internets wurden die Informationen über analoge Modems übertragen. Diese verpackten die Daten in Tonfolgen, die auf analoge Trägerwellen aufgeprägt wurden. Das Verfahren war recht fehleranfällig und bedurfte komplexer Korrekturverfahren, um die zu übermittelnden Informationen ohne Verlust beim Empfänger abzuliefern.

» siehe Modem

Anbieter

> engl. Provider

Im Computerbereich sind das im Wesentlichen die Anbieter von Datenkommunikationsleistungen, also z. B. Ihr Mobilfunkanbieter, Ihr Internetanbieter oder auch Ihr Kabel-TV-Anbieter.

Andockstation

> engl. Docking Station

Insbesondere bei Tablets und Laptops häufig zu findendes Extra, das es gestattet, das mobile Gerät zu Hause in eine Art Garage zu fahren und wie einen vollwertigen PC zu nutzen. Die meisten Andockstationen verfügen über eine Vielzahl von Schnittstellen, um weitere Peripherie wie einen Drucker oder einen zweiten Monitor anzuschließen. Aber auch ein iPhone kann über eine Andockstation an einen Lautsprecher angeschlossen werden und verwandelt sich dadurch in eine vollwertige Hi-Fi-Anlage.

» siehe Cradle

Android

Das meistverbreitete Betriebssystem für mobile Geräte wie Smartphones oder Tablets wurde vom Suchmaschinengiganten Google im Jahr 2008 auf den Markt gebracht. Aktuell wurden schon mehr als eine Milliarde Geräte mit dem Betriebssystem Android aktiviert. In Deutschland beträgt der Marktanteil von Android-Geräten derzeit ca. 75 %. Android basiert auf dem freien Betriebssystem Linux. Der kleine grüne Roboter ist das Markenzeichen des Android-Betriebssystems. Eine weitere Bedeutung des Begriffs ist der des menschenähnlichen Roboters, wie man ihn aus etlichen Science-Fiction-Filmen kennt.

» siehe Google, Linux

» siehe Übersicht »Künstliche Intelligenz« auf Seite 218 sowie Übersicht »Robotik« auf Seite 318

Anfügen/Anhang

> engl. Attachment

Sie möchten ein Dokument oder Bild per Mail verschicken? Dann fügen Sie es als Anhang Ihrem E-Mail-Text hinzu. Die meisten E-Mail-Programme sind zu diesem Zweck mit einem büroklammerförmigen Symbol ausgestattet, welches Sie zum Anhängen einer Datei anklicken müssen.

» siehe E-Mail

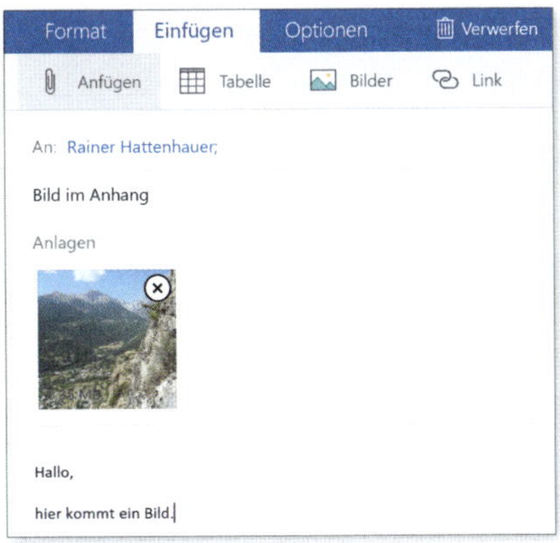

Animation

Eine bewegte Bildfolge, quasi eine Art Zeichentrickfilm. Animationen werden bevorzugt bei Präsentationen à la PowerPoint eingesetzt, um beispielsweise Folienübergänge interessant zu gestalten.

» siehe Microsoft PowerPoint

Animoticon

Ein animiertes, d. h. bewegtes Emoticon.

» siehe Emoji/Emoticon

Anker

» siehe Sprungmarke

Anmeldebildschirm/Anmelden

Wenn sich mehrere Anwender einen PC teilen, so ist es ratsam, dass jeder Anwender auf diesem PC über ein eigenes Konto verfügt. Nach dem Systemstart erscheint der Anmeldebildschirm. Hier kann man dann auswählen, mit welchem Konto man sich am System anmelden möchte.

» siehe Benutzerkonto (Account), Login

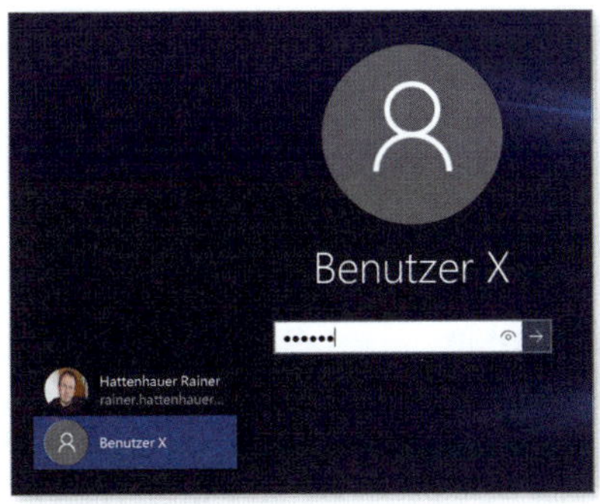

Anonymer Tab

Bei den meisten Browsern wie z. B. Chrome oder Microsoft Edge gibt es die Möglichkeit, einen sogenannten anonymen Tab (also eine Seite) im Browser zu öffnen. Alle Suchanfragen oder Seitenaufrufe, die Sie nun durchführen, werden so weder vom Browser noch von Google protokolliert. Sie bewegen sich sozusagen mit einer Tarnmaske im Internet. Freilich ist diese Tarnung nur oberflächlich: Ihr Provider protokolliert unabhängig davon, ob Sie anonym surfen oder nicht, sämtliche Ihrer Schritte mit. Beim Edge-Browser nennt sich das anonyme Surfen »InPrivate«-Browsen.

» siehe Anbieter (Provider), Browserprotokoll, Chrome, Microsoft Edge, Tab

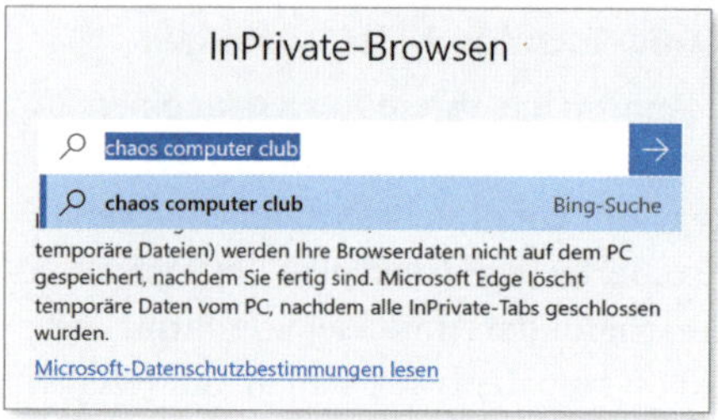

▲ Anonymer Tab

Anonymous FTP

Datenübertragung mit dem FTP-Verfahren, für die keine Zugangskennung (also Login und Passwort) benötigt wird.

» siehe FTP, Login

Anschließen

Verbinden von Computerbauteilen oder Geräten. Sie schließen z. B. einen Monitor oder einen Drucker an einen PC an. Das Smartphone wird an ein Ladegerät angeschlossen usw.

» siehe Hardware, Peripherie

» siehe Übersicht »Ports: Die wichtigsten Anschlüsse am PC« auf Seite 292

Ansicht

Darstellungsform innerhalb von Programmen oder Apps. In einer Textverarbeitung können Sie beispielsweise zwischen Entwurfs-Ansicht, Gliederungs-Ansicht und Drucklayout-Ansicht wechseln, um Ihr Dokument in unterschiedlichen Perspektiven für unterschiedliche Zwecke betrachten zu können.

» siehe Textverarbeitung

ANSI-Zeichensatz

- ANSI = American National Standards Institute
- Nationales Amerikanisches Normungsinstitut

Eine genormte, aus 256 Zeichen bestehende Zeichensammlung, die unter Windows verwendet wird. Hier finden Sie nicht nur sämtliche alphanumerischen Zeichen, sondern auch einige Sonderzeichen wie das @-Symbol sowie griechische Buchstaben.

» siehe Alphanumerisch, @ auf Seite 454

Antivirenprogramm/-software

Unterbindet das Einnisten der berüchtigten digitalen Schädlinge auf Ihrem PC. Im Bereich der Betriebssysteme gilt insbesondere Windows als besonders anfällig, sodass es ratsam ist, hier ein Antivirenprogramm zu installieren. Die Betriebssysteme macOS und Linux sind aufgrund ihrer geringeren Verbreitung seltener das Ziel von Angriffen. Immerhin sind die meisten Antivirenprogramme zumindest in der Basisversion für Windows kostenlos. Der integrierte Defender bietet einen Basisschutz, es ist aber zu empfehlen, ein Programm mit erweiterter Schutzfunktion wie z. B. FreeAV oder AntiVir zu installieren.

» siehe Schadsoftware (Malware), Trojaner, Virus, Windows Defender

Antworten (E-Mail)

Nach Erhalt einer E-Mail können Sie dem Absender rasch antworten, indem Sie das entsprechende Symbol (meist ein Pfeil ❶) anklicken. Wenn die Original-E-Mail an mehrere Empfänger gerichtet war, dann können Sie über die Schaltfläche **Allen antworten** ❷ sämtlichen Empfängern eine Antwort zukommen lassen.

Anwendungsbildschirm

Wenn Sie auf einem Smartphone oder Tablet eine App starten, so füllt diese nach dem Start den kompletten Bildschirm des Geräts.

» siehe App/Applet, Smartphone

Anwendungsprogramm

Ein Programm wie z. B. Microsoft Word oder PowerPoint, welches vom normalen Anwender ohne Administratorrechte gestartet werden kann. Auf dem Smartphone kürzt man den Begriff Anwenderprogramm mit App ab.

» siehe Administrator, App/Applet, Software

Anzeige

Im Bereich **Anzeige** lässt sich bei allen Windows-Systemen die Größe der Desktop-Elemente sowie die Auflösung anpassen. Sie gelangen am schnellsten zu einem entsprechenden Bereich in den **Einstellungen** von Windows, indem Sie einen rechten Mausklick über dem Desktop durchführen und dann den Kontextmenü-Punkt **Anzeigeeinstellungen** auswählen.

» siehe Auflösung, Arbeitsoberfläche (Desktop), Kontextmenü, Mausklick, Rechtsklick

AOL

> America Online

In den 90er-Jahren und Anfang des Millenniums noch ein mächtiger Internetprovider (30 Millionen Mitglieder im Jahr 2000), ist AOL mittlerweile fast in der Versenkung verschwunden und arbeitet unter dem neuen Namen Aol. hauptsächlich als Mail- und Nachrichtenprovider.

» siehe Anbieter (Provider)

Apache

Eine Software, mit der man einen eigenen Internetserver einrichten kann. Mithilfe eines Apache-Servers lassen sich Inhalte wie HTML-Dokumente, aber auch Java-Skripte oder Schnittstellen zu Datenbanken zur Verfügung stellen. Die Apache-Software ist aktuell noch der meistgenutzte Webserver, dicht gefolgt von der Microsoft-Webserver-Software.

» siehe HTML, Server

Apfel-Taste

Diese Taste fand man auf älteren Mac-Tastaturen. Das apfelförmige Logo wurde mittlerweile ersetzt durch ein Symbol aus vier verbundenen Kreisen, welches aussieht wie ein Propeller, und wird von Apple nun Command-Taste (kurz: cmd) genannt. In Verbindung mit der [cmd]-Taste (bzw. auf neueren Tastaturen [command]-Taste) und einem Buchstaben rufen Sie innerhalb von Programmen Funktionen auf.

» siehe Abkürzungstaste (Shortcut), Cmd-Taste, Strg-Taste

API

- Application Programming Interface
- Schnittstelle für Programmierer

Diese Schnittstelle gestattet es Programmierern, in einfacher Weise auf Hardwarebausteine und Softwarebibliotheken zugreifen zu können. Das Rad muss so nicht bei jedem Programm neu erfunden werden.

» siehe Schnittstelle (Interface)

APN

- Access Point Name
- Name eines Zugangspunkts

Der APN wird hauptsächlich beim Smartphone für den Zugang zum mobilen Internet verwendet. Beispiel: Für den Zugang zum T-Mobile-Netz lautet der APN internet.t-mobile. Aber keine Angst: Sie müssen das in der Regel nicht selbst an Ihrem Smartphone einrichten, das erledigt der Provider via eingelegter SIM-Karte meist automatisch.

» siehe Anbieter (Provider), SIM-Karte

App/Applet

- Kurzform von Application oder Applet
- Anwendung/Minianwendung

So heißen heute die kleinen Programme, die man auf den Smartphones und Tablets findet. Aber auch Microsoft nennt seine Programme seit der Windows-Version 8 Apps. Sie finden Apps abhängig vom eingesetzten Betriebssystem im zugehörigen App Store.

» siehe App Store

Apple HomeKit

- Apple Heimsteuerung

Apples Ansatz zur automatischen Steuerung von Elementen und Geräten in den eigenen vier Wänden, z. B. der Heizung oder des Lichts.

» siehe Übersicht »Smart Home« auf Seite 340

Apple-ID

- Apple-Identifikator
- Eindeutige Benutzerkennung für Apple

Sie benötigen eine eindeutige Benutzerkennung, um ein Apple-Gerät zu aktivieren bzw. Software aus dem App Store oder Musik und Filme aus dem iTunes Store erwerben zu können. Die Apple-ID ist in der Regel Ihre E-Mail-Adresse, die Sie regelmäßig verwenden.

» siehe App Store, Benutzerkennung (User-ID), iTunes Store

Apple Pay

- Bezahlen mit Apple

Bezahldienst von Apple, der es ermöglicht, an speziellen Kassen per iPhone zu bezahlen.

» siehe Übersicht »Bezahlen – online und mobil mit dem Smartphone« auf Seite 47

Apple Pencil

- Apple Stift

Spezieller Eingabestift für das iPad von Apple. Der Stift arbeitet druckempfindlich und vermittelt das Schreibgefühl eines echten Stifts.

» siehe iPad/iPad mini/iPad Pro, Stylus

Apps und App Stores

Seit der Einführung des ersten iPhones im Jahr 2007 trat mit dem Apple App Store der erste zentrale Shop für Software bei einem Betriebssystem (iOS) in Erscheinung. Seither bietet jeder namhafte Hersteller für sein Ökosystem derartige Anlaufstellen für Programme an. Google nennt seinen App Store »Play Store«, unter Windows heißt das Ganze kurz »Store« bzw. »Microsoft Store«, und Mac-Nutzer freuen sich über den »App Store«. Der Vorteil eines derartigen Shop-Systems für Software liegt auf der Hand: Die dort angebotenen Programme unterliegen einer verstärkten Qualitätskontrolle, sodass es Verbreiter von Trojanern und Viren schwer haben, ihr digitales Ungeziefer ungefragt unter die Leute zu bringen.

Ein weiterer Vorteil: Eine App bzw. ein Programm, welches in einem App Store erworben wurde, kann meist auf mehreren Geräten installiert werden, vorausgesetzt, diese sind mit derselben eindeutigen Benutzerkennung (Ihren Anmeldedaten) verbunden.

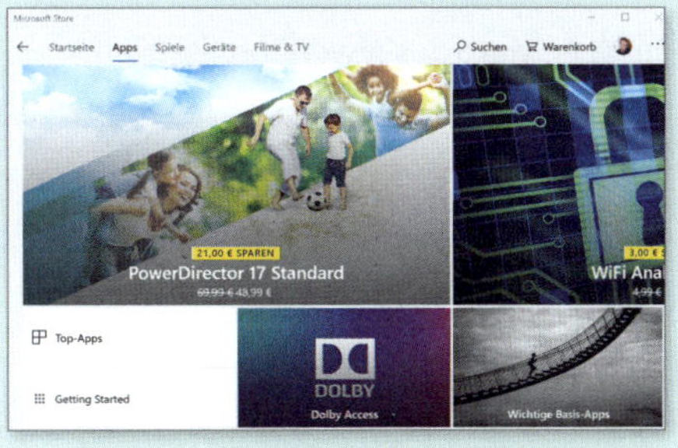

A

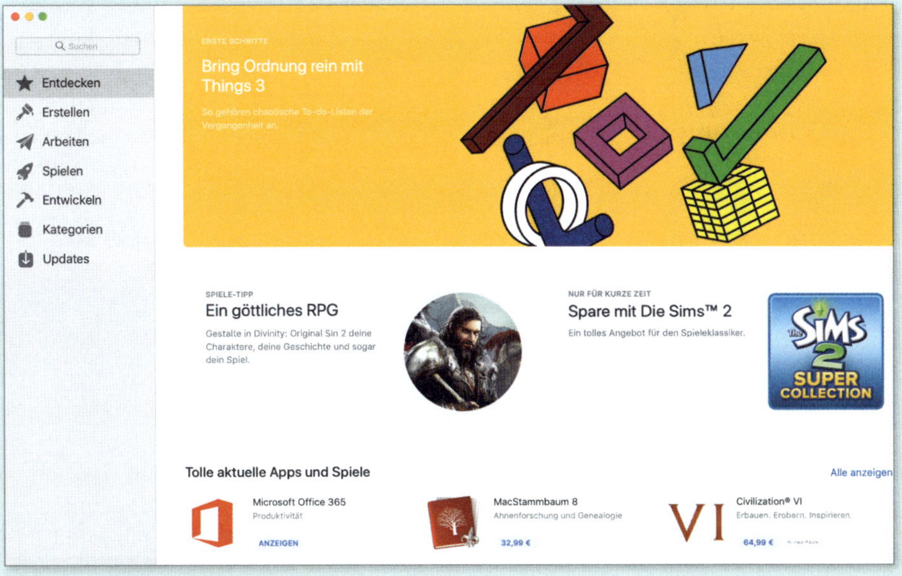

▲ Der »Microsoft Store« (oben) und Apples »App Store« im Vergleich

A

Apple Watch

> Apple Uhr

» siehe Smartwatch

Application

> Anwendung

» siehe App/Applet, Anwendungsprogramm

App Store

> »Geschäft für kleine Programme«

Im App Store des jeweiligen Betriebssystems versammeln sich die kleinen Helferlein, die das Smartphone, das Tablet oder den PC so vielseitig machen: die Apps, welche Sie entweder kostenlos erhalten oder für einen meist kleinen Betrag erwerben können.

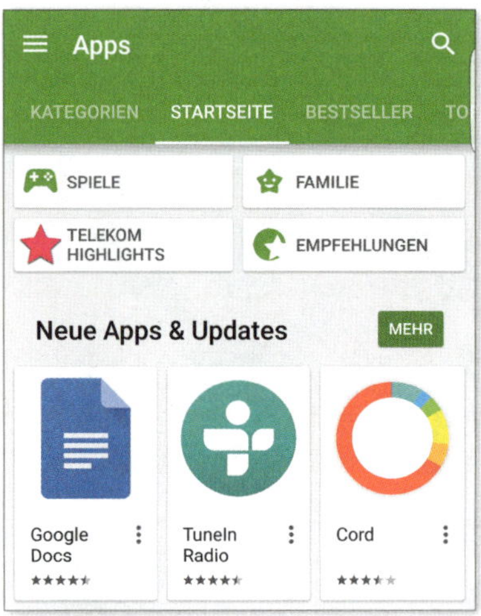

» siehe App/Applet

APT

> Advanced Package Tool

> »Fortgeschrittenes Werkzeug-Paket«

Bei Linux-Systemen findet man Softwaresammlungen mit Tausenden von Programmen. Auf diese greift man mit sogenannten Paketverwaltungswerkzeugen zu, mit denen sich diese Programme einfach installieren lassen. Das APT ist ein solches Werkzeug, welches man beim Debian-Linux-System bzw. dessen Abkömmling Ubuntu Linux findet.

» siehe Debian, Ubuntu

AR

» siehe Augmented Reality

» siehe Übersicht »Virtualität« auf Seite 409

Arbeitsblatt/-mappe

Wenn Sie mit einem Tabellenkalkulationsprogramm ein neues Dokument anlegen, so erstellen Sie zunächst eine Arbeitsmappe. In Excel enthält diese standardmäßig ein Tabellen- bzw. Arbeitsblatt. Über den Reiter mit dem Plussymbol können Sie prinzipiell beliebig viele weitere Arbeitsblätter innerhalb der Mappe ergänzen.

» siehe Microsoft Excel, Tabellenkalkulation

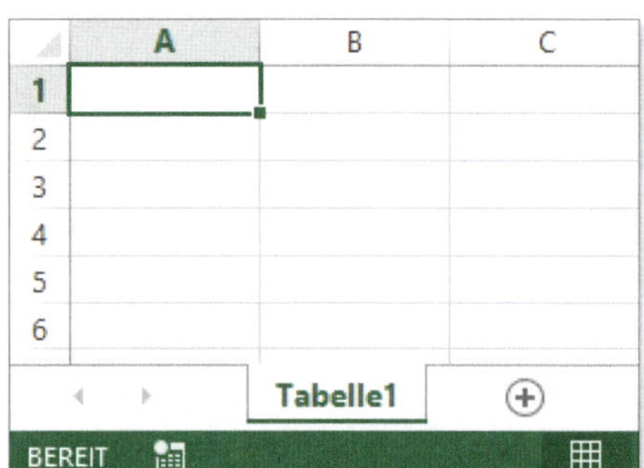

Arbeitsoberfläche: Windows, Mac und Linux im Vergleich

Die drei wichtigsten Desktop-Betriebssysteme Windows (aktueller Verbreitungsgrad in Deutschland: 89 %), Mac OS X bzw. macOS (8 %) und Linux (3 %) sind nur auf den ersten Blick unterschiedlich. Die prinzipiell gleichen Funktionen findet man nach einer kurzen Eingewöhnungsphase auf jedem System wieder, das Kopieren von Dateien und das Öffnen von Programmen funktioniert in allen drei Systemen ganz ähnlich. Die folgenden Abbildungen zeigen die wichtigsten Elemente der Arbeitsoberflächen von Windows 10, macOS und Ubuntu Linux.

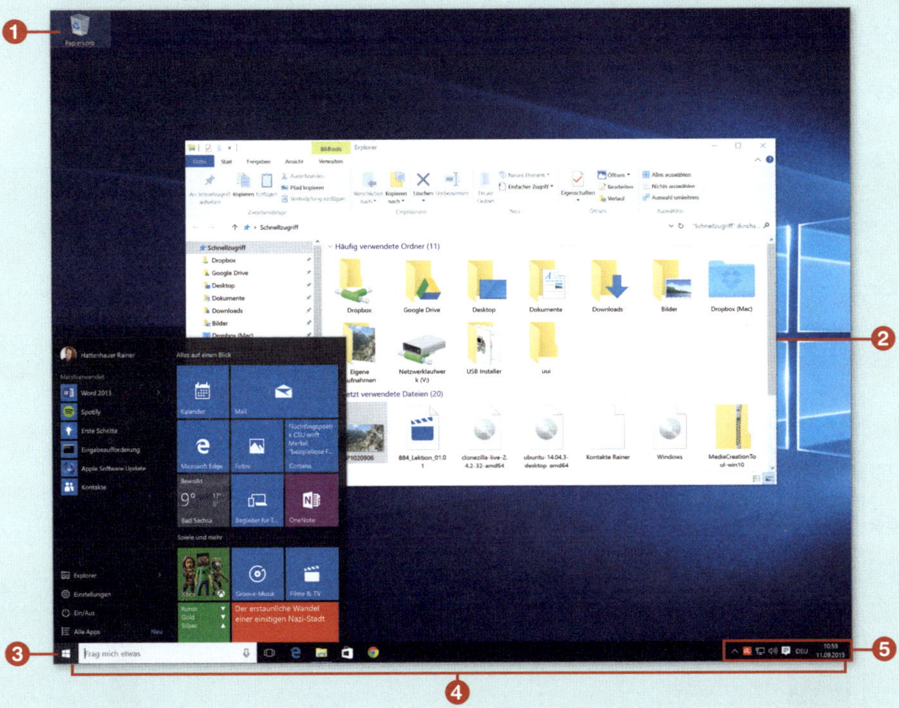

1. Papierkorb
2. Dateimanager (Explorer)
3. Start-Schaltfläche mit Startmenü
4. Taskleiste mit häufig verwendeten Anwendungen
5. Status-Icons einiger Programme im sogenannten Infobereich. Das Lautsprecher-Icon zeigt beispielsweise die aktuell eingestellte Lautstärke an.

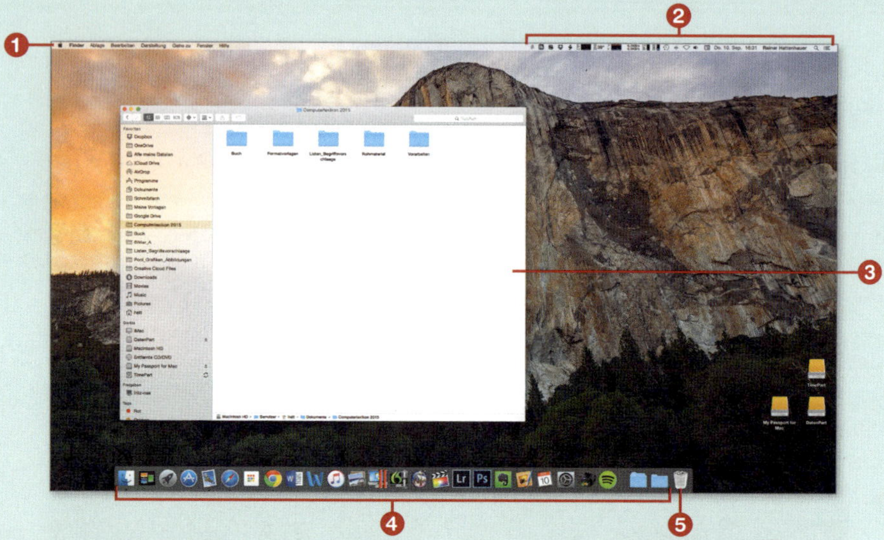

1 Statusleiste mit Menü zum aktuell geöffneten Fenster
2 Statussymbole einiger im Hintergrund laufender Programme (sogenannte Menulets)
3 Dateimanager (Finder)
4 Dock mit Icons von häufig benutzten Programmen
5 Papierkorb

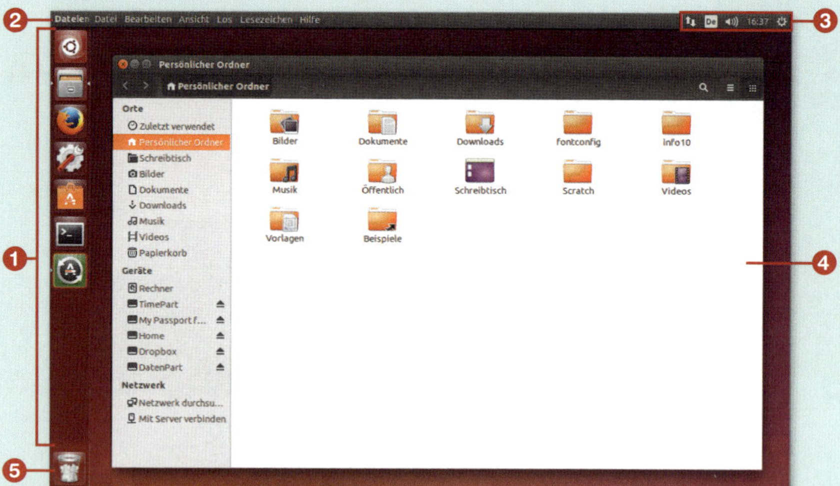

1 Dock mit häufig benutzten Programmen
2 Statusleiste mit Menü des aktuell geöffneten Fensters
3 Statussymbole einiger im Hintergrund laufender Programme
4 Dateimanager
5 Papierkorb

Arbeitsoberfläche

> engl. Desktop
> Schreibtisch, Schreibtischoberfläche

Bei sämtlichen gängigen Betriebssystemen finden Sie hier nach dem Start des Computers und dem Anmelden Ihre persönliche Arbeitsoberfläche vor. Sie können diese nach Belieben verändern, z. B. das Hintergrundbild austauschen oder auch Verknüpfungen mithilfe von Programmsymbolen (engl. Icons) zu häufig verwendeten Programmen ablegen.

Arbeitsplatz

Ein Relikt aus alten Windows-Systemen, z. B. Windows XP. Bei aktuellen Windows-Systemen heißt der entsprechende Bereich **Dieser PC**. Dabei handelt es sich um eine Verknüpfung im Explorer bzw. auf dem Desktop, welche Sie nach Anklicken zu allen wichtigen Ressourcen (Festplatten, DVD-Laufwerken etc.) führt, über die Ihr PC verfügt.

» siehe Arbeitsoberfläche (Desktop), Explorer, Festplatte, Laufwerk (Drive)

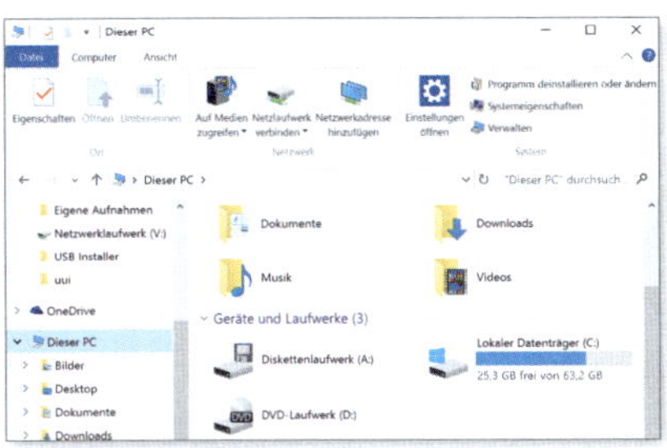

Arbeitsspeicher

> engl. RAM

Während einer Berechnung muss der Prozessor des Computers oder Smartphones häufig Daten flüchtig zwischenspeichern. Dies geschieht im Arbeitsspeicher des Geräts. Schaltet man das Gerät versehentlich aus oder stürzt das System gar ab, dann sind diese Daten futsch, denn der Inhalt des Arbeitsspeichers wird dann gelöscht. Es ist daher wichtig, z. B. während des Verfassens eines Textes mit einem Textverarbeitungsprogramm, den Text häufiger auf einem nicht flüchtigen Datenträger (Festplatte, USB-Stick) abzuspeichern, um keine Arbeit zu verlieren, wenn im Haushalt einmal die Sicherung herausfliegen sollte oder es zu einem Stromausfall kommt. Der Vorteil des Arbeitsspeichers: Im Unterschied zum sogenannten Massenspeicher (z. B. Festplatte oder USB-Stick) können die Daten sehr schnell vom Arbeitsspeicher zum Prozessor hin und zurück transportiert werden. In den Prospekten der Elektronikfachmärkte treffen Sie stets auf die Angabe RAM. Aktuelle PCs sollten über mindestens 8 GB (Gigabyte) RAM verfügen.

» siehe Festplatte, Prozessor (CPU), USB

» siehe Übersicht »Computer & Co. kaufen« auf Seite 59

Archiv/Archivdatei

Wer kennt das nicht? Man hat ein Kleinteil bestellt, z. B. einen Kugelschreiber, und der kommt in einer riesigen Verpackung daher. Schöner wäre es gewesen, wenn der Versender weniger Verpackung verwendet und die Lieferung auf das Notwendigste beschränkt hätte. So etwa kann man sich ein Archiv bzw. eine Archivdatei vorstellen: Die Information wird hier zum Versenden oder Speichern komprimiert, Überflüssiges wird weggelassen. Dadurch kann man das Datenaufkommen oft auf einen Bruchteil der ursprünglichen Größe reduzieren. Eine derart komprimierte Datei kann dann wesentlich schneller im Internet übertragen werden.

» siehe ZIP/Zippen

Arduino

Kleinstcomputer, der gern für Steuerungsaufgaben im Bereich des sogenannten Internets der Dinge – das ist die Automation von alltäglichen Aufgaben im Haushalt – verwendet wird.

» siehe Übersicht »Smart Home« auf Seite 340

Artefakt

Bilder werden in einer Digitalkamera komprimiert abgespeichert, um das Datenvolumen für ein Bild in Grenzen zu halten. Ist die Kompression allerdings zu stark, dann gehen wichtige Informationen verloren, und das Bild zeigt merkwürdige Muster – sogenannte Artefakte.

» siehe Komprimieren

Artificial Intelligence

> Künstliche Intelligenz, Abkürzung: AI

» siehe Übersicht »Künstliche Intelligenz« auf Seite 218

ASCII-Code

> American Standard Code for Information Interchange
> Amerikanischer Standardcode für den Informationsaustausch

Ein Code, der Buchstaben und Sonderzeichen eindeutig Zahlen zuordnet, damit man im PC auch Texte verarbeiten und abspeichern kann. Die folgende Tabelle zeigt einen Auszug aus der Codierungstabelle.

Schriftzeichen	Dezimal	Hexadezimal	Binär
A	65	41	1000001
B	66	42	1000010
C	67	43	1000011

» siehe Binär, Dezimal, Hexadezimal

ASCII-Tastatur

Eine Tastatur, auf welcher diejenigen Zeichen abgebildet sind, die man im Wesentlichen auch beim ASCII-Code findet, also eine ganz normale Computertastatur.

» siehe QWERTZ-Tastatur, Tastatur (Keyboard)

ASP

> Active Server Pages
> »Aktives Server-/Diener-Paket«

Microsofts Antwort auf Ajax: Auch hier werden dynamische Webinhalte mithilfe einer Skriptsprache erzeugt.

» siehe Ajax, Skriptsprache

Assistent

Moderne Betriebssysteme und Apps nehmen Sie an allen erdenklichen Stellen an die Hand und führen Sie Schritt für Schritt durch Aufgabenstellungen.

At

» siehe Klammeraffe, @ auf Seite 354

Athlon

> Name eines Prozessors der Firma AMD

Die Spitzenprozessoren von AMD tragen mittlerweile den Namen Phenom, Athlon wird noch immer für Prozessoren einer günstigeren Serie verwendet.

» siehe AMD, Prozessor (CPU)

Attachment

> »Befestigung«

» siehe Anfügen/Anhang

ATX

> Advanced Technology Extended
> »Fortschrittliche Technologie erweitert«

Der Name eines bestimmten Computerbauformats bzw. eine Norm für die Anordnung von Gehäuse, Netzteilen, Hauptplatinen und Steckkarten von Computern. Mittlerweile findet man in Form des Micro-ATX-Formats auch noch eine wesentlich kompaktere Form.

» siehe Platine

Audible

Ein Anbieter von Hörbüchern, die Sie (ein entsprechendes Konto vorausgesetzt) via Internet auf Ihren PC, Ihr Tablet oder Smartphone herunterladen können. Audible ist ein Tochterunternehmen von Amazon.

» siehe *Amazon.com*, Herunterladen (Download/Downloaden)

Audioausgang/-eingang

» siehe Übersicht »Ports: Die wichtigsten Anschlüsse am PC« auf Seite 292

Audio-CD

Ein Tonträger, der Musik in digitaler Form speichert. Audio-CDs werden mittlerweile mehr und mehr von digitalen Musikläden wie iTunes oder auch Streaming-Diensten wie Spotify verdrängt.

» siehe CD-ROM, iTunes, Spotify, Streamen/Streaming

Audioformate

Musikstücke, die Sie im Internet per Download erwerben, sind meist komprimiert. Die in der Tabelle auf Seite 32 aufgeführten Formate haben sich weitgehend durchgesetzt. Die gefühlte Musikqualität der komprimierten Titel hängt dabei wesentlich von der für die Kompression verwendeten Bitrate ab.

» siehe Bitrate, Herunterladen (Download/Downloaden), Komprimieren

Abkürzung	Name
AAC	Advanced Audio Coding
MP3	MPEG-2 Audio Layer III
OGG-VORBIS	Ogg-Vorbis
RA	Real Audio
WMA	Windows Media Audio

Aufgabenplanung

> engl. Taskplaner

Der moderne Mensch hat meist einen prallvollen Terminkalender und mehrere elektronische Helferlein im Einsatz. Hier haben sich Kalender-Apps mit integriertem Aufgabenplaner bewährt, die sich über sämtliche System- und Gerätegrenzen hinweg synchronisieren lassen. Besonders beliebt ist Microsofts Lösung Outlook.

» siehe Microsoft Outlook, Synchronisieren

Auflösung

Die Auflösung gibt im Wesentlichen an, aus wie vielen Bildpunkten (engl. Pixel) ein Bild besteht. Eine Auflösung von 1.920 × 1.080 bedeutet, dass das dargestellte Bild eine Breite von 1.920 und eine Höhe von 1.080 Bildpunkten hat. Je feiner das Raster ist, desto schärfer erscheint das Bild dem Beobachter. Die folgende Tabelle gibt eine Übersicht über einige gebräuchliche Auflösungen.

» siehe Bildpunkt, Bildschirm (Screen), Pixel, Retina-Display

Format	Breite mal Höhe (Pixel)	Megapixel
DVD-Video	720 × 576	0,41
HDTV (720p)	1.280 × 720	0,92
FullHD (1080p)	1.920 × 1.080	2,07
4k	4.096 × 3.072	12,58
UHXGA	7.680 × 4.800	36,9

Aufnahmemodus

Bei Digitalkameras (in begrenztem Maß auch bei Smartphones) findet man in der Regel die in der folgenden Tabelle aufgeführten Aufnahmemodi für die Fotografie.

Schalterposition	Bedeutung
(i)A	(intelligente) Automatik: Hier erledigt die Kamera alles selbst.
P	Programmautomatik: Der Anwender kann gewisse Parameter wie z. B. die ISO-Zahl oder den Blitz selbst wählen.
A	Blendenvorwahl: Der Nutzer wählt selbst eine Blende aus, die Kameraautomatik passt die Verschlusszeit an.
S	Zeitvorwahl: Der Nutzer wählt selbst eine Verschlusszeit aus, die Kameraautomatik passt die Blende an.
M	Manueller Modus: Der Benutzer wählt sowohl Verschlusszeit als auch Blende manuell aus.
C	Custom-Modus: Vordefinierte Profile, die vom Anwender selbst belegt werden können

» siehe Blende, ISO, Verschlusszeit

Aufrüsten

Wenn Ihr Computer in die Jahre kommt, müssen Sie ihn noch längst nicht zum Alteisen werfen: Viele Komponenten lassen sich problemlos austauschen und durch leistungsfähigere Bauteile ersetzen. Beliebte Tauschobjekte sind hier Festplatten, Grafikkarten und in eingeschränktem Maß auch der Prozessor selbst, vorausgesetzt, Ihr Gerät gestattet deren einfachen Ein- und Ausbau. Nutzer von Apple-Hardware sind diesbezüglich meist benachteiligt: Insbesondere bei den aktuellen MacBooks sind Gehäuse und Komponenten verklebt, was den Austausch bzw. das Aufrüsten nahezu unmöglich macht.

» siehe Festplatte, Grafikkarte, Prozessor (CPU)

Augmented Reality

› Erweiterte Realität, Abkürzung: AR

» siehe Übersicht »Virtualität« auf Seite 409

Ausführen (Programm)

Wenn Sie ein Programm oder eine App starten, dann spricht man im Computerjargon auch von »ausführen«.

Ausgabe

Soll Ihre Arbeit (z. B. ein Text oder ein Bild) nicht auf dem Computer versauern, so müssen Sie Ihr Arbeitsobjekt über einen Ausgabekanal an Ihre Umwelt senden. Typische Ausgabegeräte sind Monitor oder Drucker.

Auslöser

Das kennen Sie schon von Ihrer Analogkamera: Wenn Sie ein Bild schießen möchten, dann müssen Sie den Auslöseknopf ❶ betätigen. Bei der Kamera-App Ihres Smartphones ist dieser meist als runde Schaltfläche realisiert.

Ausloggen

» siehe Abmelden (Logout)

Ausrichtung (Text)

Innerhalb eines Textverarbeitungsdokuments kann ein Text unterschiedlich ausgerichtet werden. Dazu im Folgenden vier Beispiele:

Dieser Text ist linksbündig formatiert.

Dieser Text ist zentriert formatiert.

Dieser Text ist rechts formatiert.

Dieser Text wurde als Blocksatz formatiert und ist links und rechts gleichmäßig ausgerichtet.

Ausrichtungssperre

Obwohl es bei aktuellen Smartphones und Tablets recht praktisch ist, wenn sich das Bild auf dem Display beim Drehen des Geräts vom Hoch- ins Querformat mitdreht, gibt es Situationen, in denen diese Funktion lästig sein kann. In diesem Fall aktiviert man per Softwareschalter die Ausrichtungssperre. Unter Android wird die Ausrichtungssperre über die Schaltfläche **Bildschirm drehen** ❶ aktiviert bzw. deaktiviert. Beim iPhone findet sich diese Schaltfläche im Kontrollzentrum und stellt ein Schloss mit einem Pfeil dar.

» siehe Kontrollzentrum

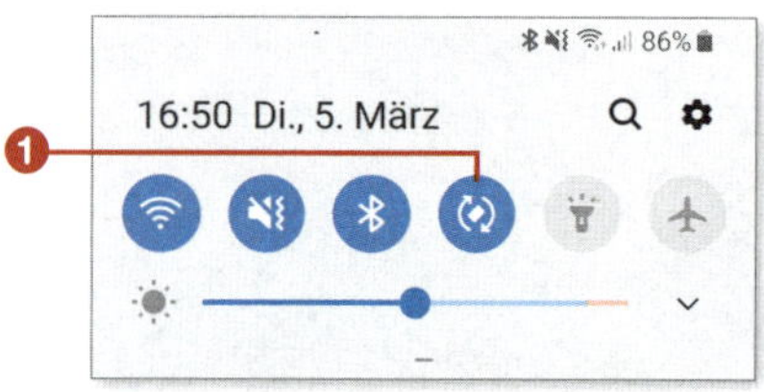

Ausschalten

... sollte man einen PC nicht einfach, indem man länger auf den entsprechenden Knopf am Gehäuse drückt. Moderne Betriebssysteme wollen heruntergefahren werden. Der Ausschalter ist nur das letzte Mittel, wenn das System abgestürzt ist.

» siehe Herunterfahren (Shut down)

Ausschneiden und Einfügen

> engl. Cut and Paste

Markieren Sie einen Textteil mit der Maus, betätigen Sie, um ihn gewissermaßen »auszuschneiden«, zugleich die beiden Tasten [Strg] + [X] (halten Sie also [Strg] immer noch gedrückt, wenn Sie [X] betätigen), wechseln Sie an eine andere Stelle im Text, und betätigen Sie wieder zwei Tasten zugleich, diesmal [Strg] + [V] zum Einfügen: Der Text wird an der ursprünglichen Stelle entfernt und an der neuen Position eingefügt.

» siehe Auswählen/Auswahl, Kopieren und Einfügen (Copy and Paste), Markieren

Auswählen/Auswahl

Um einen Textbereich auszuwählen, bewegen Sie sich mit dem Mauszeiger an den Anfang des Textes, betätigen die linke Maustaste und überstreichen mit gedrückter Maustaste den zu markierenden Bereich. Dieser erscheint dann dunkel hinterlegt. Bei den meisten Textverarbeitungsprogrammen können Sie per Doppelklick auch Wörter, per Dreifachklick ganze Absätze markieren.

» siehe Doppelklick, Dreifachklick, Markieren

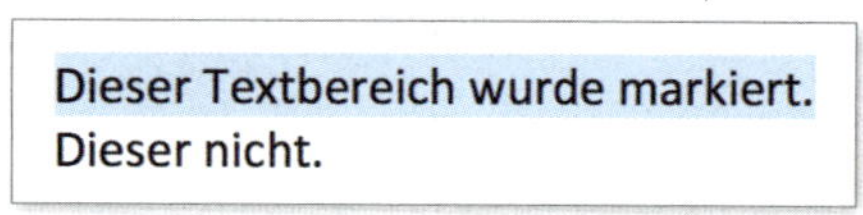

Auswerfen

Sie möchten eine DVD, die sich in Ihrem DVD-Laufwerk befindet, wieder ans Tageslicht befördern. Im einfachsten Fall betätigen Sie dazu die entsprechende Taste am DVD-Laufwerk. Bei den meisten Betriebssystemen finden Sie aber neben dem Laufwerksymbol im sogenannten Dateimanager ebenfalls eine virtuelle Schaltfläche, mit deren Hilfe sich die DVD auswerfen lässt. Alternativ rufen Sie das Kontextmenü des Laufwerksymbols (erreichbar per rechten Mausklick) auf.

» siehe Dateimanager, DVD, Kontextmenü, Laufwerk (Drive)

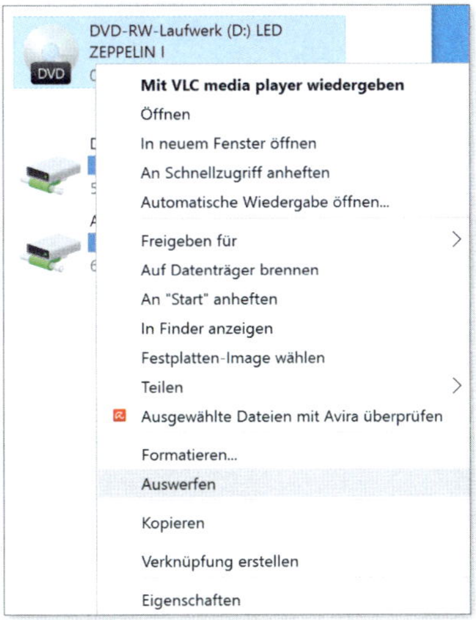

Authentifizierung

... bedeutet nichts anderes, als dass Sie sich bei einem System anmelden, z. B. bei Amazons Online-Shop, um Einkäufe zu tätigen. Das erfolgt in der Regel durch eine Kombination von Login und Passwort.

» siehe Kennwort (Password), Login

Autofokus

Musste man früher bei den alten Analogkameras noch am Objektiv drehen, um ein Objekt scharf zu bekommen, so erledigen das moderne Digitalkameras vollautomatisch. Das kann sowohl Segen als auch Fluch sein: Es kann nämlich passieren, dass die Automatik auf Objekte im Hintergrund fokussiert, also scharfstellt, die man eigentlich gar nicht scharf bekommen möchte. Der Autofokus selbst wird meist über Kontrastmessungen an Hell-Dunkel-Übergängen im Bild realisiert.

Autokorrektur

Das kann manchmal ganz schön nerven, wenn die Textverarbeitung meint, ein bestimmtes Wort oder gar eine Formatierung nach eigenen Vorstellungen ändern zu müssen. Glücklicherweise kann man das dem Programm abgewöhnen, wenn man die entsprechenden Optionen in den Einstellungen deaktiviert, in Microsoft Word z. B. unter **Datei ▸ Optionen ▸ Dokumentprüfung ▸ AutoKorrektur-Optionen**.

» siehe Formatieren, Microsoft Word

Autonomes Fahren

Fahrzeuge, die ohne Zutun des Menschen ihren Weg selbstständig durch den Verkehr finden, fahren autonom. Die amerikanischen Unternehmen Google und Tesla führen auf diesem Gebiet intensive Forschungen durch.

» siehe Übersicht »Künstliche Intelligenz« auf Seite 218 sowie Übersicht »Robotik« auf Seite 318

Autoplay

CD oder DVD rein ins Laufwerk und die Wiedergabesoftware startet automatisch: Das nennt man Autoplay.

Autostart/Autostartgruppe

Beim Systemstart werden unter Windows bereits etliche Dienste und Programme automatisch gestartet. Dafür sorgen die entsprechenden Programmpakete meist selbst.

AutoSumme

Rechnen leicht gemacht. Mit dieser Schaltfläche addieren Sie in Excel beliebig viele Zahlen auf einen Klick.

» siehe Microsoft Excel, Summe-Funktion

AUX (COM1)

> Auxiliary
> »Helfer/Zusatz«

Eine Schnittstelle bzw. ein Stecker-Port am Computer, an den Sie bestimmte Geräte anschließen können. Diesen Port werden Sie heute an aktuellen Geräten allerdings kaum noch finden, da die meisten Geräte per USB-Schnittstelle angeschlossen werden.

» siehe Ports, Schnittstelle (Interface), USB/USB-Stick

Avatar

Dieser Begriff erlangte durch den gleichnamigen Film Berühmtheit. Ein Avatar ist ein Ersatzabbild Ihres Ichs in virtuellen Räumen wie z. B. Chats. Das kann ein kunstvoll verziertes Bildchen sein, aber auch eine dreidimensionale Figur. Letztere ist wichtiger Bestandteil eines Kontos bei der 3D-Welt »Second Life«.

» siehe Chat/Chatten, Second Life

AVC

> Advanced Video Codec
> »Fortgeschrittener Video-Codec«

Ein Codec zum Komprimieren von Videomaterial.

» siehe Codec, MPEG, Videoformate

AVCHD

> Advanced Video Codec High Definition

Ein Codec zum Komprimieren von hochauflösendem Videomaterial.

» siehe Codec, MPEG, Videoformate

AVI

> Audio Video Interleave
> Audio-Video-Verschränkung

Ein von Microsoft verwendetes Videoformat, welches insbesondere in Verbindung mit dem verbreiteten Video-Codec DivX eingesetzt wird.

» siehe DivX, Videoformate

B

... wie Befehl – Ihr Computer gehorcht Ihnen aufs Wort – vorausgesetzt, Sie kennen die entsprechenden Befehle.

Back

» siehe Zurück

Backend

Ein Softwaresystem, das unbemerkt vom Anwender im Hintergrund (»back« für hinten, rückseitig) seinen Dienst verrichtet. Der Anwender hat dann mit einem sogenannten Frontend (»front« für Vorderseite) Zugriff auf das Backend. Ein typisches Beispiel ist ein Datenbanksystem, auf welches der Anwender mit einer Eingabemaske (dem Frontend) zugreifen kann, ohne komplizierte SQL-Befehle eingeben zu müssen.

» siehe Frontend, SQL

Backslash

> Rückwärtsschrägstrich

Damit ist das Zeichen `\` gemeint, welches Sie auf einer Windows-Tastatur durch Betätigen der Tasten `AltGr` + `ß` erzeugen, wobei Sie beide Tasten zugleich gedrückt halten müssen. Unter Windows hat der Backslash insbesondere bei Pfadangaben für auf dem Computer gespeicherte Dateien eine wichtige Funktion: Er trennt Unterverzeichnisse eines Pfades voneinander ab. Den Bildordner Ihres persönlichen Verzeichnisses finden Sie unter Windows z. B. per Eingabeaufforderung unter dem Pfad *C:\Users\<Benutzername>\Pictures*.

» siehe Eingabeaufforderung, Pfad, Slash, Verzeichnis

Backspace-Taste

» siehe Rück-Taste

Backup

> Sicherung

Beliebte Frage bei der PC-Hotline: »Wie stelle ich eine versehentlich gelöschte

Datei wieder her?« Antwort: »Aus dem Backup Ihres Systems!« Diese Sicherung muss nicht unbedingt das komplette System umfassen. Vielmehr kann man auch nur einzelne Bilder und Textdokumente speichern. Das sollte aus Sicherheitsgründen auf einem anderen Datenträger geschehen, z. B. auf einem USB-Stick oder einer externen Festplatte.

» siehe Sichern/Sicherung, Systemabbild (Image), Wiederherstellung (Restore)

Backup: automatische Backups unter Windows und macOS

Die beiden populärsten Betriebssysteme bieten eingebaute Automatiken, um Ihre wertvolle digitale Arbeit zu sichern. Unter Windows haben Sie die Möglichkeit, den Dateiversionsverlauf auf einem externen Laufwerk zu sichern. Dabei werden jeweils nur die durchgeführten Änderungen abgespeichert, wodurch sich der benötigte Speicherplatz in Grenzen hält. Unter macOS hat sich die Software Time Machine bewährt: Damit haben Sie die Möglichkeit, Ihren Mac auf einen alten Zustand zurückzusetzen und daraus auch ggf. gelöschte Dateien wiederherzustellen.

Die Sicherung via Dateiversionsverlauf nehmen Sie unter Windows 10 in den **Einstellungen** vor.

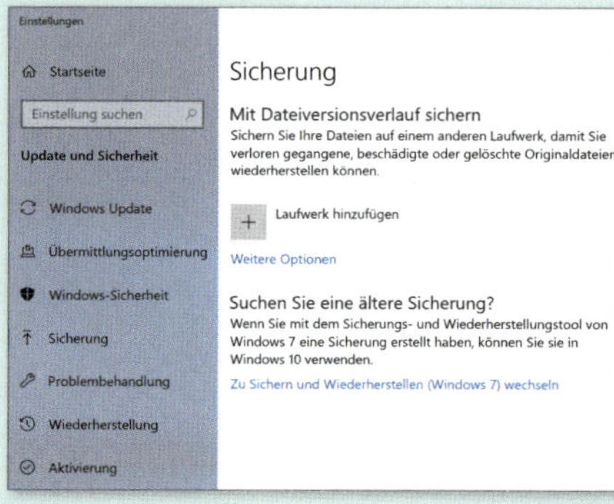

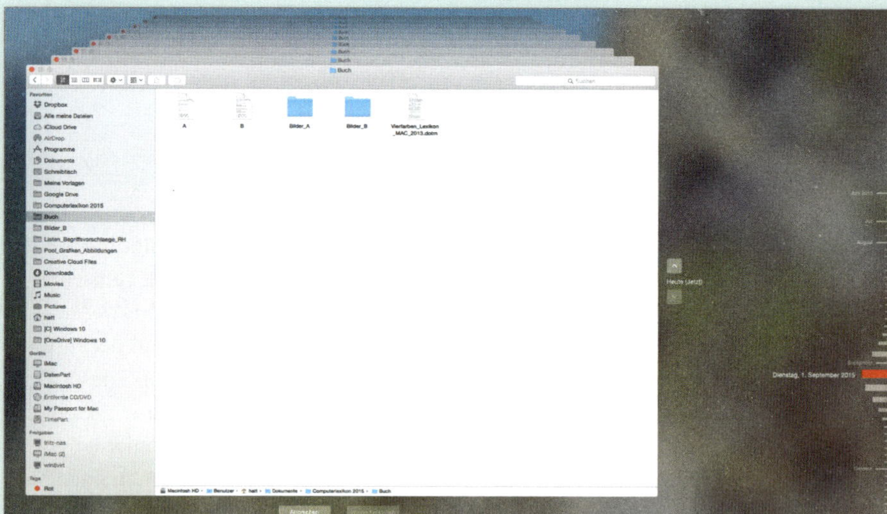

▲ In Time Machine unter macOS lassen sich ganze Verzeichnisse gezielt nach alten Dateiversionen durchsuchen. Dazu wählen Sie am rechten Bildrand das gewünschte Datum zur Wiederherstellung des Verzeichnisses aus.

Bandbreite

> Datenübertragungsrate im Internet

Bandbreite … kann man nie genug haben! Oder wollen Sie im Schneckentempo durch das Internet surfen? Die folgende Tabelle soll verdeutlichen, wie schnell Sie bei vorgegebenen Bandbreiten Dateien aus dem Internet laden können. (Die Angabe »Smartphone« bedeutet, dass die Technik zur mobilen Datenübertragung verwendet wird, »auch Smartphone« heißt, dass dies ein technischer Standard ist, der an einen Internetanschluss gebunden ist, mittlerweile aber auch im mobilen Datenverkehr genutzt werden kann.) Die Einheit kbps (Kilobits per second) steht für Kilobit pro Sekunde (auch kbit/s geschrieben). Die Downloadgröße beträgt bei den schmalbandigen Varianten jeweils 5 MB (Megabyte), das entspricht der durchschnittlichen Größe einer MP3-Musikdatei. Bei den breitbandigen Varianten wird zum Vergleich ein Kinofilm in Full HD heruntergeladen, was einem Datenaufkommen von 8 GB (Gigabyte) entspricht.

» siehe Bps, Full HD, Herunterladen (Download/Downloaden), MP3

Banking

» siehe Online-Banking

Banner

Insbesondere auf Internetseiten, deren Betreiber ihr Geld mit Werbung verdienen, finden Sie kleine Werbebildchen, die Sie dazu verleiten sollen, beherzt darauf zu klicken. Dadurch werden Sie meist zu einem Online-Shop weitergeleitet. Ein Banner ist also so etwas wie eine virtuelle Plakatwand.

» siehe Online-Shop/Online-Shopping

B

Technik	Bandbreite in kbps	Zeit für einen 5-MB-Download in h (Stunden), m (Minuten), s (Sekunden)
GPRS (Smartphone)	53	12 m 34 s
EDGE (Smartphone)	260	2 m 33 s
UMTS (Smartphone)	384	1 m 45 s
HSDPA (Smartphone)	7.200	5 s
LTE (auch Smartphone)	50.000	< 1 s
LTE-Advanced (auch Smartphone)	300.000	< 1 s
DSL 1000	1.024	39 s
DSL 6000	6.016	6 s
		Zeit für einen 8-GB-Download
DSL 16000	16.000	1 h 6 m
VDSL 50	50.000	21 m 20 s
Kabel 100000	100.000	10 m 40 s

Barcode

Einen Bar- bzw. Strichcode finden Sie mittlerweile auf jedem im Handel befindlichen Artikel. Dieser Code erleichtert z. B. der Kassiererin beim Discounter Ihrer Wahl das Erfassen des Preises: Musste dieser früher noch mühevoll in die Registrierkasse eingetippt werden, so erledigt das mittlerweile der Laser-Barcode-Scanner.

» siehe QR-Code, Scanner

Barrierefrei

Menschen mit Behinderungen sind darauf angewiesen, dass ihnen die Programmierer den Zugang zum PC so leicht wie möglich gestalten. So können stark sehbehinderte Anwender beispielsweise eine Bildschirmlupe verwenden, um Texte auf dem Bildschirm stark zu vergrößern, oder sich die Texte vom Betriebssystem vorlesen lassen. Unter Windows 10 können Sie derartige Funktionen in den **Einstellungen** im Bereich **Erleichterte Bedienung** aktivieren.

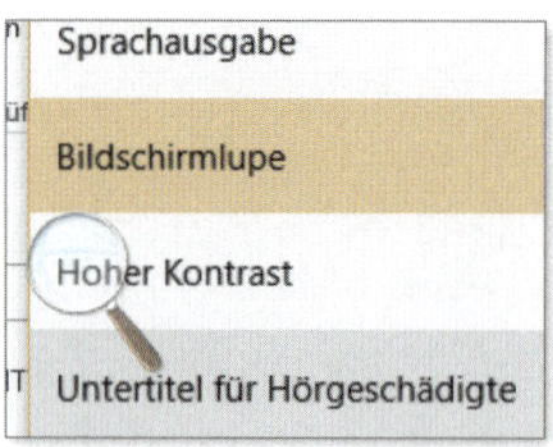

BASIC

» siehe Übersicht »Programmiersprachen – ein Überblick« auf Seite 297

BAT

Die Dateiendung einer Batch-Datei zur Stapelverarbeitung.

» siehe Batch-Datei

Batch-Datei

In den Anfangszeiten des Betriebssystems DOS bzw. auch Windows packte man in eine Batch-Datei eine Befehlsfolge hinein, um diese automatisiert ausführen zu lassen. So konnte man per Batch-Datei zunächst notwendige Treiber laden lassen, bevor ein Programm gestartet wurde, welches die Treiber dringend benötigte. Der Autostart-Ordner kann auch als eine Art Batch-Verzeichnis angesehen werden.

» siehe Autostart/Autostartgruppe, DOS, Treiber (Driver)

Baud

Diese veraltete Einheit ist ein Maß für die Geschwindigkeit, mit der Informationen übertragen werden, und war insbesondere früher üblich, als man noch mit Modems gearbeitet hat. Im Gegensatz zur Bitrate gibt die sogenannte Baudrate an, wie viele Zeichen (also Buchstaben bzw. Zahlen) pro Sekunde übertragen werden.

» siehe Bitrate, Bps, Modem

BCC

> Blind Carbon Copy

» siehe Blindkopie (BCC)

Beamer

> »Strahler«
> umgangssprachlich für Videoprojektor

Unschätzbar bei PowerPoint-Vorträgen oder Diashows: Mit einem Beamer projizieren Sie Bilder aus einem Computer für ein größeres Publikum auf eine Leinwand.

» siehe Microsoft PowerPoint

Bearbeiten

Diesen Menübefehl finden Sie in vielen Computerprogrammen vor. Hier werden u. a. die Standardbefehle **Ausschneiden**, **Kopieren** oder **Einfügen** aufgelistet, mit denen Sie zuvor markierte Textpassagen oder auch Bilder an beliebige Stellen verschieben können. Der Softwarehersteller Microsoft geht bei seinen Programmen mittlerweile einen anderen Weg gegenüber der üblichen Menüstruktur: Das Teilmenü **Bearbeiten** wurde infolge der Verwendung sogenannter Ribbons (Bänder) wegrationalisiert.

» siehe Ausschneiden und Einfügen (Cut and Paste), Kopieren und Einfügen (Copy and Paste), Markieren, Menü, Menüband (Ribbon), Menübefehl

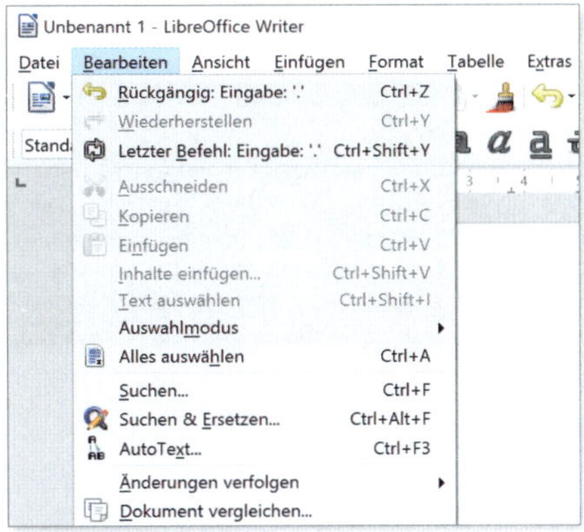

Beenden

> engl. Quit

Sauberer Abschluss eines Programms. Wann immer möglich, sollten Sie ein Programm mit dem von diesem zur Verfügung gestellten Menübefehl beenden, der bei einigen englischsprachigen Programmen »Quit« heißt. Ist ein solcher nicht vorhanden, dann tut's auch die bei Fenstern zu findende Schließen-Schaltfläche (oder bei englischsprachigen Programmen meist die Tastenkombination `Strg` + `Q`).

» siehe Fenster, Schließen (Close)

Befehl

Meist per Tastatur eingegebene Anweisung für den PC, etwas Bestimmtes durchzuführen. Während Menübefehle in Form von Schaltflächen zur Verfügung stehen, werden Befehle meist in einer sogenannten Befehlszeile wie der Eingabeaufforderung unter Windows (siehe Seite 42) eingegeben und per Taste `Enter` oder auch `↵` abgeschickt.

» siehe Eingabeaufforderung, Eingabe-Taste (Return-Taste), Enter-Taste, Menübefehl

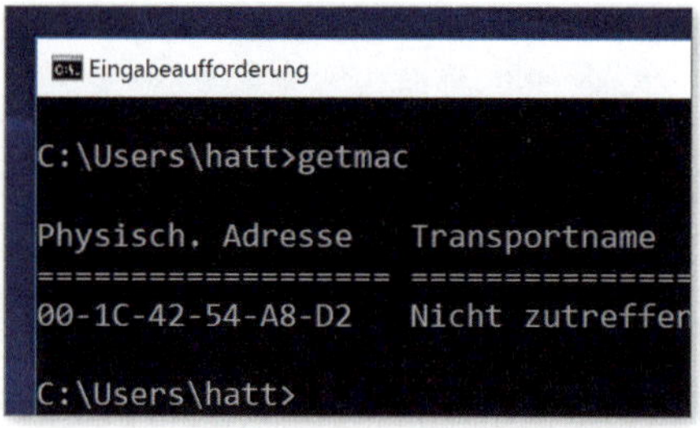

▲ Befehl

Benachrichtigung

Mittlerweile gehört es auch bei PC-Betriebssystemen zum guten Ton, den Anwender per Benachrichtigung zu informieren, wenn sich im System etwas Wichtiges tut, also beispielsweise eine neue E-Mail eingegangen ist. So finden Sie unter Windows 10 alle wichtigen Benachrichtigungen im sogenannten Info-Center, das Sie über ein Symbol im Infobereich der Taskleiste öffnen. Den Komfort, benachrichtigt zu werden, kennen Smartphone-Besitzer schon länger: Hier erscheinen Benachrichtigungen über wichtige Ereignisse sogar auf dem Sperrbildschirm.

» siehe Infobereich, Info-Center, Sperrbildschirm

Benchmark

Ein Test bzw. ein Testprogramm, mit dessen Hilfe man die Leistungsfähigkeit eines Rechners (Computers) feststellen kann.

» siehe Rechenleistung

Benennen

Nennen Sie das Kind beim Namen: Insbesondere bei Textdokumenten ist es sinnvoll, der zugehörigen Datei einen selbsterklärenden Namen zu geben. »A15x7.doc« wäre hier z. B. weniger geeignet als »Heizkostenabrechnung_2019.doc«. Die Umbenennung eines Dokuments führen Sie einfach im Dateimanager (Explorer) durch, indem Sie mit einem rechten Mausklick auf die Datei den Menübefehl **Umbenennen** im Kontextmenü aufrufen.

» siehe Dateiendung/Dateityp, Dateimanager, Dateiname

Benutzer

> engl. User

Ein Anwender am PC, Smartphone oder Tablet, der über ein eigenes Konto verfügt. Ein Benutzer legt auf einem Mehrbenutzer-Betriebssystem ein Konto an. Zu diesem Konto gehört dann ein eindeutiges Benutzerprofil, mit dem die Einstellungen für bestimmte Programme verknüpft sind.

» siehe Benutzerkonto (Account), Benutzerprofil, Konto (hinzufügen)

Benutzerdefiniert

Immer wenn Sie selbst die Möglichkeit haben, ein Programm, eine App oder die Bedieneroberfläche eines Geräts nach Ihren Vorstellungen zu gestalten, spricht man von einer benutzerdefinierten Einrichtung. Ein typisches Beispiel ist die Ausstattung des Windows-Desktops mit einem eigenen Hintergrundbild.

» siehe Arbeitsoberfläche (Desktop), Hintergrundbild

Benutzerkennung

> engl. User-ID

Die Benutzerkennung ist die Identität des Benutzers am Computer und mit dem Benutzerkonto verknüpft. Sie besteht aus einer eindeutigen Buchstaben- bzw. Zahlenfolge, mit deren Hilfe man einen Benutzer identifizieren kann. Beispiel für eine User-ID: Klaus4711.

» siehe Apple-ID, Benutzerkonto (Account)

Benutzerkontensteuerung

Die Benutzerkontensteuerung meldet sich unter Windows immer dann zu Wort, wenn am System Aktionen durchgeführt werden sollen, die Administratorrechte erfordern. Wenn Sie bereits mit einem Konto angemeldet sind, das über Administratorrechte verfügt, dann genügt ein einfacher Klick auf ein entsprechendes **OK**-Feld, um dem entsprechenden Programm derartige Rechte zu verleihen – das ist allerdings kein großartiges Hindernis für Viren und Trojaner, um in das System einzudringen. Es empfiehlt sich daher, unter Windows für die alltäglichen Arbeiten und das Surfen im Internet ein Standardkonto (ein einfaches Benutzerkonto) zu benutzen. Hier werden Sie in derartigen Situationen nach einem Kennwort gefragt. Programme oder Aktionen, die von der Benutzerkontensteuerung betroffen sind, erkennt man am typischen gelb-blau karierten Schild.

» siehe Administrator, Kennwort (Password)

» siehe Übersicht »Benutzerkonto: unter Windows 10 anlegen« auf Seite 44

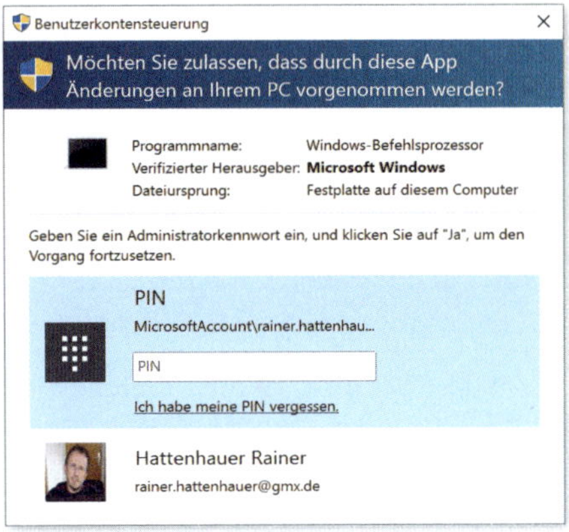

Benutzerkonto

> engl. Account

Account steht im Englischen für Konto. Darunter versteht man den Bereich, der einem Anwender auf einem PC zum Ablegen von Daten, aber auch zum Anpassen der Oberfläche zur Verfügung gestellt wird. Üblicherweise meldet man sich am Login mit seinem Benutzernamen und einem Passwort an, um auf den persönlichen Bereich zugreifen zu können.

» siehe Abmelden (Logout), Anmeldebildschirm/ Anmelden, Login, Kennwort (Password)

» siehe Übersicht »Benutzerkonto: unter Windows 10 anlegen« auf Seite 44

Benutzeroberfläche

Auf Neudeutsch würde man dazu wohl »Look and Feel« – also in etwa »Aussehen und Wohlbefinden« – sagen: die Gestalt, mit der moderne Betriebssysteme daherkommen. Transparente Fenster, aufklappende Benachrichtigungen und nette Animationen – durch all dies zeichnen sich heute Benutzeroberflächen aus.

» siehe Arbeitsoberfläche (Desktop)

Benutzerkonto: unter Windows 10 anlegen

Sie teilen sich mit mehreren Familienmitgliedern ein und denselben PC? Dann sollten Sie für jede Person ein eigenes Konto anlegen. Das geht folgendermaßen:

1. Begeben Sie sich in die Einstellungen in den Bereich **Konten**.
2. Sie finden hier unter Familie und andere Benutzer ❶ die Bereiche **Ihre Familie** und **Andere Benutzer**.
3. Der Unterschied zwischen diesen beiden Kontotypen besteht darin, dass Sie bei Familienkonten weitere Beschränkungen vornehmen können. Zum Beispiel darf der Nachwuchs dann nur zu bestimmten Zeiten ins Internet gehen.
4. Tippen Sie das +-Zeichen ❷ an, um das Konto für ein weiteres Familienmitglied oder für einen weiteren Benutzer ❸ hinzuzufügen. Sie haben die Wahl, als Login-Namen eine E-Mail-Adresse oder einen einfachen Namen zu bestimmen. Letzteres nennt man »Lokales Konto«.
5. Nach Abschluss der Kontoeinrichtung können Sie noch ein Kennwort für das Konto festlegen.

B

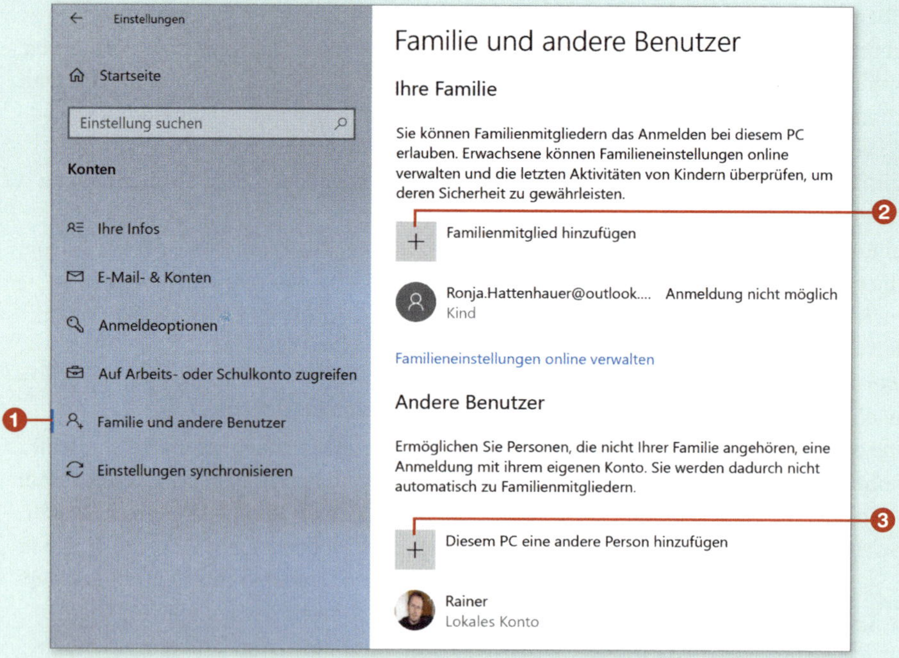

▲ Windows unterscheidet zwischen Familienkonten und weiteren Benutzerkonten.

Benutzerprofil

Zu jedem Benutzer eines Computers, Smartphones oder Tablets gehört ein eindeutiges Benutzerprofil. Damit verbunden sind insbesondere auch die Rechte, welche der Benutzer auf dem System hat, also welche Dateien er manipulieren (lesen, schreiben, löschen) darf.

» siehe Benutzerkonto (Account), Berechtigung

Berechtigung

»Du kommst hier nicht rein!« Berechtigungen sind die digitalen Türsteher Ihres Betriebssystems. Nicht jeder darf wichtige Systemdateien manipulieren oder gar löschen. Dieses strenge Berechtigungssystem schützt Sie nebenbei vor Viren und Trojanern. Unter Windows 10 können Sie die **Berechtigungen** ❶ in den Eigenschaften zu einer Datei einsehen, indem Sie die Datei-Eigenschaften per rechtem Mausklick auf eine Datei im Explorer aufrufen, im Kontextmenü **Eigenschaften** und dort die Registerkarte **Sicherheit** ❷ wählen.

» siehe Eigenschaften, Virus, Trojaner

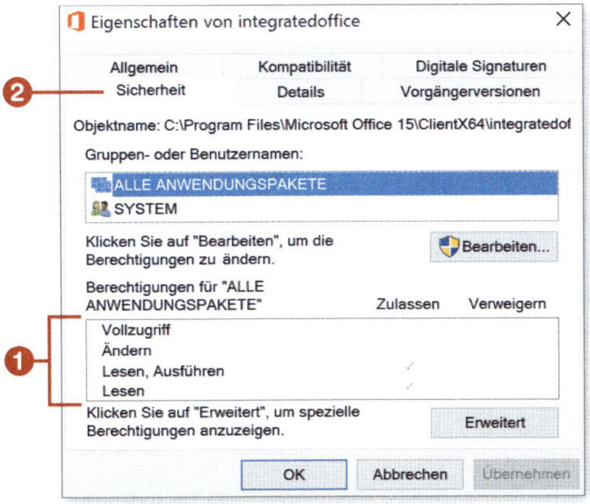

Berührungsempfindlicher Bildschirm

> engl. Touchscreen

Sie finden ihn bei jedem Smartphone: den Bildschirm, der auf Druck bzw. Antippen reagiert. Apple ist mit dem iPhone 6s und der Apple Watch (einer sogenannten Smartwatch) sogar noch einen Schritt weitergegangen und hat den »Force Touch« auf den Bildschirm gebracht: Hier ruft ein kräftiger (»force«) Druck eine andere Funktion als ein schwacher Druck auf. Mittlerweile gibt es neben den Tablet-PCs auch einige Laptops bzw. PC-Monitore, die mit einem berührungsempfindlichen Bildschirm ausgestattet sind. Dieser eignet sich auch gut in Verbindung mit dem Tabletmodus von Windows 10.

» siehe Smartwatch, Tabletmodus

Bestätigen

> engl. Confirm

Wenn in einem Programm ein Dialogfenster »aufpoppt«, also erscheint, so müssen Sie dieses meist über die **OK**-Schaltfläche bestätigen.

» siehe OK-Schaltfläche

Beta-Version

Die Vorversion der finalen Version eines Programms, bei der noch nicht alle Probleme und Fehler ausgemerzt sind. Ein gut gemeinter Tipp: Wenn Sie sicher und reibungslos mit einer Software arbeiten wollen, sollten Sie tunlichst die Finger von Beta-Versionen lassen.

» siehe Software

Betreff

Wenn Sie eine E-Mail schreiben, dann gehört es zum guten Ton, in deren Betreff-Zeile eine kurze Beschreibung des Inhalts zu setzen, damit Ihr Adressat schon beim Empfang sieht, worum es sich handelt. Nichts ist für Anwender, die täglich mit einer Vielzahl der elektronischen Nachrichten zu tun haben, nerviger, als eine E-Mail ohne Betreff zu erhalten. Auf vielen Smartphones z. B. kann der Anwender den Betreff einer eingehenden E-Mail sofort sehen.

» siehe E-Mail

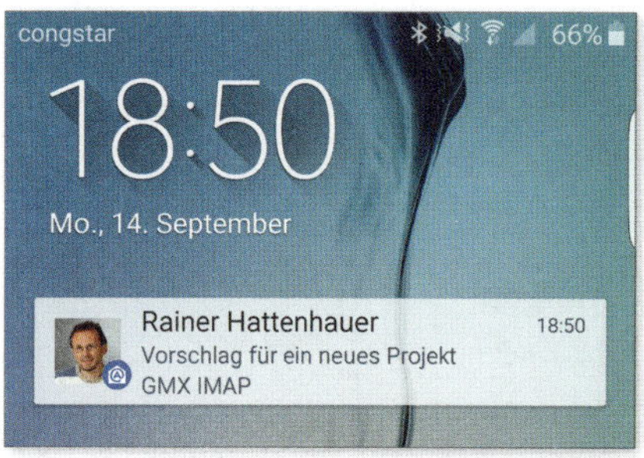

Betriebsanzeige

Eine kleine Leuchtdiode an Ihrem Computer, die Ihnen signalisieren soll, dass irgendein Bauteil arbeitet. Das kann ein grünes Dauerlicht sein, welches meist bedeutet, dass der PC eingeschaltet ist, oder ein flackerndes blaues Lämpchen, welches die Aktivität der Festplatte anzeigt.

» siehe Leuchtdiode (LED)

Betriebssystem

Ohne ein Betriebssystem funktionieren weder der Computer noch das Smartphone noch das Tablet. Dieses stellt die Verbindung zwischen den Anwenderprogrammen (Apps oder Programmen) und der Hardware (also den Bauteilen des Geräts) dar. Im Bereich der Personal Computer (PC) findet man die Systeme Microsoft Windows, macOS und Linux (in verschiedenen Varianten), während sich im Smartphone- und Tablet-Bereich die beiden Systeme Android und iOS gegenüberstehen.

» siehe Arbeitsoberfläche (Desktop)

Bezahldienst

» siehe Übersicht »Bezahlen – online und mobil mit dem Smartphone« auf Seite 47

Bézier-Kurve

Wenn Sie mit einem Grafikprogramm per Maus eine Freihandkurve zeichnen wollen, dann sieht diese im Normalfall nicht sonderlich kunstvoll aus. Besser geht es mit dem Bézier-Kurven-Werkzeug: Hier legen Sie mit einigen Stützpunkten ❶ die ungefähre Kurvenform fest und passen die Krümmungen mithilfe von sogenannten Ankerpunkten ❷ präzise an. So gelingt es auch künstlerisch minderbemittelten Menschen wie mir, saubere gekrümmte Linien zu zeichnen.

» siehe Vektorgrafik

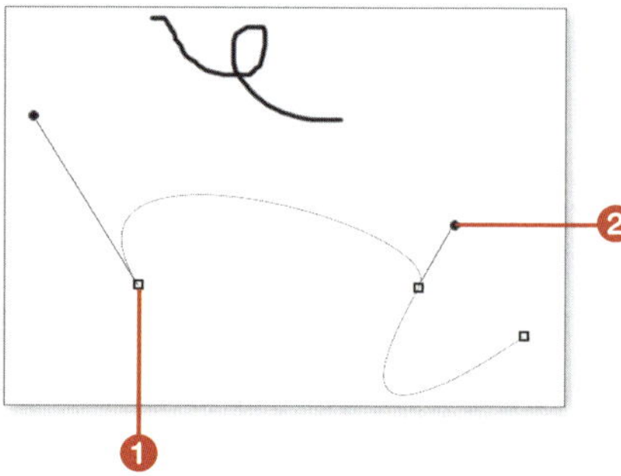

Bezahlen – online und mobil mit dem Smartphone

> engl. E-Payment

Sie sind es leid, immer ein schweres Portemonnaie mit sich herumzuschleppen? Dann bezahlen Sie doch einfach digital, mit dem Gerät, das mittlerweile drei Viertel aller Deutschen und vermutlich auch Sie sozusagen ständig mit sich führen: dem Smartphone. Die Bezahlung per angebundenem Internetdienst ist einfacher denn je – wenn dabei einige elementare Sicherheitsregeln beachtet werden. Bevor diese im Folgenden am Beispiel erklärt werden, hier eine kurze Zusammenfassung dessen, worauf Sie als Nutzer achten sollten:

1. Verwendung einer vertrauenswürdigen Smartphone-App für das Bezahlverfahren
2. Auswahl eines seriösen Bezahldienstes (z.B. *PayPal*) oder einer seriösen Bank zur Umsetzung des Zahlungsverfahrens
3. Einsatz der sogenannten *Zwei-Faktor-Authentifizierung*
4. Absicherung des verwendeten Smartphones gegen die Benutzung durch Unbefugte, z.B. durch Einsatz eines biometrischen Identifikationsverfahrens (Fingerabdruck, Gesichtsscan)

Anbindung des Smartphones an einen Bezahldienst

Grundvoraussetzung dafür, dass Sie mit Ihrem Handy bezahlen können, ist die Verbindung Ihres Smartphones per spezieller App an einen der Smartphone-Bezahldienste. Das kann u.a. *Apple Pay* oder *Google Pay* sein. Alternativ informieren Sie sich bei Ihrer Bank, ob Ihr Giro- oder Kreditkartenkonto in Verbindung mit einem Smartphone-Bezahldienst verwendet werden kann. In Deutschland bietet beispielsweise die Deutsche Bank eine Kooperation mit Apples Bezahlsystem Apple Pay an. Aber auch bekannte Kreditkarten wie die VISA bzw. Mastercard lassen sich als Ab-

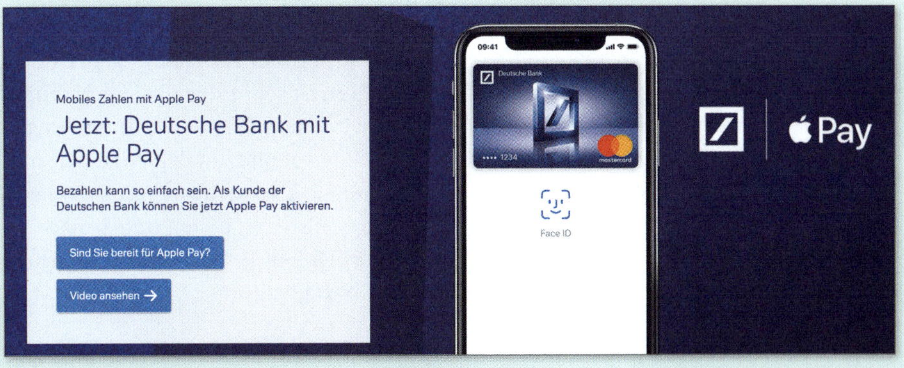

▲ Apple Pay kooperiert in Deutschland mit der Deutschen Bank.

B

rechnungskonten für die entsprechende Handy-App angeben. Das Gleiche gilt für Googles Bezahldienst Google Pay. Auch hier benötigen Sie eine Bank, welche die Anbindung an Google Pay anbietet. Dies ist in Deutschland beispielsweise bei der Commerzbank der Fall. Eine weitere Möglichkeit, per Smartphone zu bezahlen, bietet *HandyPay*: Hier erfolgt die Abrechnung kleiner Beträge (sogenannter Mikrotransaktionen) über Ihre Mobilfunkrechnung (siehe dazu etwa auch die Erklärungen der micropayment GmbH unter *www.micropayment.de/glossar/handypay*).

B

Technische Voraussetzungen

Um an einer beliebigen, das System unterstützenden Kasse bezahlen zu können, muss in der Regel eine spezielle App auf dem Smartphone installiert werden. Im Fall des iPhones in Verbindung mit Apple Pay ist das entweder die *Deutsche Bank Mobile*-App oder *Apple Wallet*. Letztere App (wörtlich übersetzt »Apple Brieftasche«) ist ein eigens von Apple zur Verfügung gestelltes Programm für die Bezahlung per iPhone. Der eigentliche Bezahlvorgang erfordert dann eine weitere Authorisierung. Diese kann bei Apple-Geräten bzw. iPhones über den Fingerabdruck (*Touch ID*) oder per Gesichtsscan (*Face ID*) erfolgen. Sogar eine *Apple Watch* (eine smarte Armbanduhr, die prinzipiell genauso leistungsfähig wie ein Smartphone ist und darüber hinaus als Fitnessarmband fungiert) kann zur Identifizierung eingesetzt werden. Bei vielen Android-Geräten wird eine entsprechende App (*Google Wallet*) in Verbindung mit einem Fingerabdruckscanner verwendet. Wer letzteren nicht besitzt, muss sich per Passwort bzw. PIN legitimieren. Zudem muss Ihr Smartphone mit einem sogenannten *NFC*-Chip ausgestattet sein, um von den Kassen als zugelassene Zahlungsquelle identifiziert werden zu können.

Der Bezahlvorgang

Der eigentliche Bezahlvorgang läuft folgendermaßen ab: Sie starten die jeweilige App und bringen Ihr Smartphone in die Nähe der Kasse bzw. des Kartenterminals. Hier wird nun per Nahfeldkommunikation (NFC) erkannt, dass Sie über ein für Zahlungen legitimiertes Smartphone verfügen. Anschließend identifizieren Sie sich selbst über eine der beschriebenen Methoden (Fingerabdruck, Gesichtsscan, PIN etc.). Die Rechnung wird sofort an die Bank übermittelt und beglichen, und das sogar kontaktlos, d. h., Sie müssen Ihr Smartphone nicht einmal direkt auflegen, sondern lediglich sehr nahe am NFC-Scanner vorbeibewegen. Dieses Verfahren ist sehr sicher. Und noch einen Vorteil erhalten Sie mit der Anbindung Ihres Smartphones an derartige Bezahldienste: Sie können auch in Drittanbieter-Apps, also z. B. beim Pizza-Service oder bei Online-Versanddienstleistern, damit bezahlen.

▲ Kontaktloses Bezahlen per iPhone und Apple Pay

Drahtloses Bezahlen ohne Smartphone

Es geht auch ganz ohne Zusatzgeräte: Wenn Sie im Besitz einer EC-Karte sind, die mit einem NFC-Chip zum drahtlosen Bezahlen ausgestattet ist, dann können Sie damit ebenfalls einfach bezahlen, indem Sie die Karte direkt vor die Leseeinheit eines EC-Terminals halten. Derartige Verfahren nennen sich je nach Anbieter etwa *giropay*, *V Pay* und ähnlich. Das Einstecken der Karte in die Leseeinheit entfällt dadurch. Selbstverständlich müssen Sie zur Absicherung des Verfahrens noch zusätzlich Ihre Karten-PIN eingeben. Das ist freilich etwas umständlicher als die einfache Legitimierung per Gesichtsscan bzw. Fingerabdruck, die bei der Zahlung mit einem Smartphone zur Verfügung stehen.

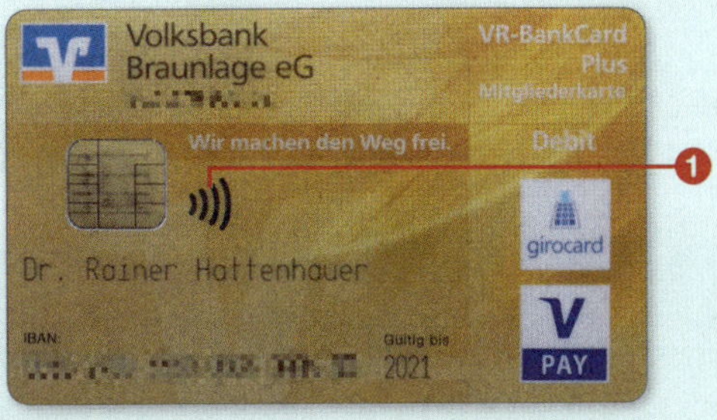

▲ Aktuelle EC-Karten sind ebenfalls mit einem NFC-Chip zur drahtlosen Übermittlung von Zahlungsdaten ausgestattet. Sie erkennen dies am Funknetzsymbol ❶.

Online-Banking – aber sicher!
Ihr Smartphone leistet Ihnen auch dann wertvolle Dienste, wenn es darum geht, Überweisungen vom heimischen Computer aus durchzuführen. Dazu müssen Sie zunächst den Zugriff auf Ihr Konto von Ihrer Bank für das Online-Banking freischalten lassen. Eine Überweisung erfordert immer eine zusätzliche Legitimierung per *TAN* (Transaktionsnummer). Dazu wurden bislang entsprechende Zahlenkombinationen in Form einer SMS verschickt, was aber ein Sicherheitsrisiko darstellt. *Cyber*-Gangster können derartige TANs umleiten und somit das Konto nach Herzenslust plündern. Heute arbeitet man in aller Regel mit dem wesentlich sichereren Verfahren *photoTAN*. Dabei wird für die Überweisung auf dem Bildschirm des Geräts, welches für das Online-Banking verwendet wird, ein kryptisches Muster erzeugt. Dieses ist nun mithilfe einer Banking-App per Smartphone-Kamera einzuscannen. Die TAN wird anschließend direkt in der Banking-App angezeigt. Bei dieser Legitimierung sind also mindestens zwei Faktoren im Spiel, daher spricht man auch von einer *Zwei-Faktor-Authentifizierung*.

» siehe App/Applet, Face ID, NFC, Online-Banking, PayPal, TAN, Touch ID

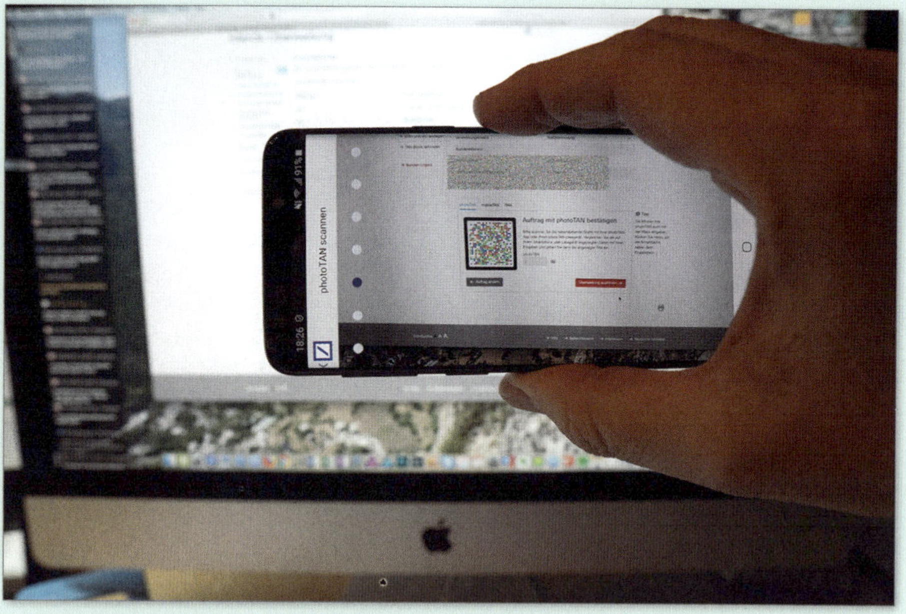

▲ Das photoTAN-Verfahren ermöglicht sichere Überweisungen online.

Bibliothek

Nicht nur wie allgemeinsprachlich bekannt ein Raum mit Büchern: Programmierer greifen gern auf fertige Programmteile (Module) zurück, welche in Softwarebibliotheken zusammengefasst sind. So nutzen z. B. Smartphone-Programmierer ein Modul aus der Bibliothek zum Ansprechen des GPS-Chips, um ein Navigationsprogramm zu erstellen, oder ein Modul aus der 3D-Grafikbibliothek, um ein ansprechendes 3D-Rennspiel zu programmieren. Im Dateimanager Explorer unter Windows bezeichnen die Bibliotheken Verzeichnisse, in denen unabhängig von ihrem ursprünglichen Speicherort **Bilder**, **Dokumente**, **Musik** und **Videos** abgelegt werden.

» siehe Explorer, Modul

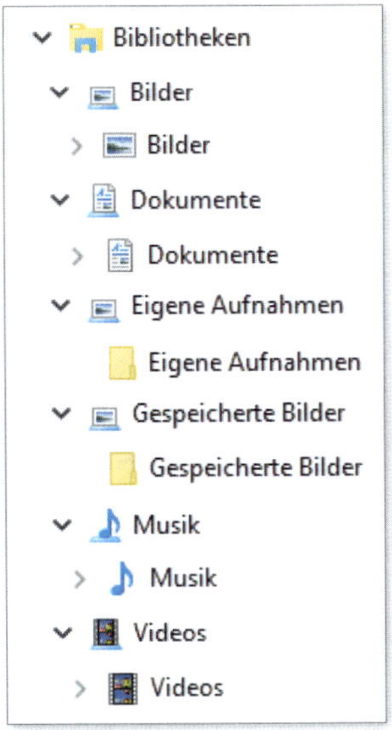

Bidirektionaler Port

> »Zugang/Pforte in zwei Richtungen«

Eine Verbindung bzw. ein Stecker, der Daten in zwei Richtungen übertragen kann. Im weitesten Sinn ist der Hörer eines Festnetztelefons auch ein bidirektionaler Port: Sie können mit Ihrem Gegenüber in zwei Richtungen kommunizieren. In der Zeit, als es noch keine USB-Anschlüsse gab, wurden Drucker per sogenannten Parallel Port (ein typischer bidirektionaler Port) an den PC angeschlossen.

» siehe Parallele Schnittstelle (Parallel Port), USB/USB-Stick

Big Data

> »Große Daten«

Überall dort, wo riesige Berge von Daten anfallen, spricht man von Big Data. Ein Beispiel dazu ist die Suchmaschine Google, deren Mitarbeiter versuchen, Herr über die Abermilliarden Daten zu werden, die täglich einlaufen. Aber auch die komplexe Computeranimation teurer Hollywoodfilme stellt die zuständigen Abteilungen der Filmstudios vor bislang nie da gewesene Herausforderungen.

» siehe Animation, Google, Suchmaschine (Search Engine)

» siehe Übersicht »Datenschutz und Datensicherheit« auf Seite 101

Bildbearbeitung

Musste man früher bei der Analogfotografie noch damit zufrieden sein, was der Apparat nach der Entwicklung im Labor an Bildmaterial lieferte, so gleichen Digitalfotos heute einem Rohdiamanten, der durch den Prozess

Bildbearbeitung

Programm	Betriebssystem	Preis, ca. (Stand Mai 2019)
GIMP	Linux, macOS, Windows	kostenlos
PaintShop Pro	Windows	80 €
Adobe Photoshop	Windows, macOS	im Paket mit Lightroom 12 € pro Monat
Pixelmator	macOS	30 €
DxO Optics Pro	Windows, macOS	199 € (Elite Edition)
Lightroom	Windows, macOS, Android	siehe Photoshop

▲ Dunkelkammer war gestern – heute entwickelt und manipuliert man seine Digitalfotos direkt am PC mit einem professionellen Bildbearbeitungsprogramm wie z. B. Lightroom.

der Bildbearbeitung zum Brillanten veredelt werden kann. Wenn Sie Ihre Digitalbilder im speicherplatzintensiven RAW-Format auf der Kamera erstellen, dann können Sie mithilfe der Bildbearbeitung am PC sogar noch bis zu zwei Blenden in der Belichtung nachkorrigieren. Aber auch Unschärfen lassen sich mit geeigneten Programmen nachträglich beheben. Porträtfotografen verwandeln mit Photoshop und anderen Bildbearbeitungsprogrammen einen unreinen Teint in makellose Haut. Die Tabelle in der Übersicht links gibt Ihnen einen kleinen Überblick über die bekanntesten und beliebtesten Bildbearbeitungsprogramme zur Veränderung bzw. Verschönerung digitaler Bilder.

» siehe Adobe Photoshop, Blende, RAW

Bildcode

In Windows 10 können Sie sich nicht nur mit einem Kennwort oder einer PIN (der persönlichen Identifikationsnummer), sondern auch mit einem Bildcode an Ihrem Benutzerkonto anmelden, was vor allem bei einem Tablet sinnvoll sein kann. Unter **Konten** in den **Einstellungen** und dort unter dem Menüpunkt **Anmeldeoptionen** fügen Sie den Bildcode hinzu, wählen ein Bild auf Ihrem Computer aus und legen auf diesem Bild eine bestimmte Abfolge von sogenannten Gesten bzw. Bewegungen (Linien oder Punkte) fest, die Sie sich dann merken müssen, um sie immer wieder in derselben Reihenfolge bei der Anmeldung auszuführen.

» siehe Benutzerkonto (Account), Kennwort (Password), PIN

Bilddateiformate

Bilder, die per Digitalkamera aufgenommen und auf dem PC weiterverarbeitet werden, sind in der Regel komprimiert oder werden im Rohdatenformat gespeichert. Für Internetseiten ist es wichtig, die Bilddaten stark zu komprimieren, um das Volumen der zu übertragenden Daten im Rahmen zu halten. Folgende wichtigen Dateiformate haben sich etabliert und können Sie an der Dateiendung ablesen:

Dateiendung/ Dateityp	Anwendungsbereich
BMP	Bilder unter Windows
DNG	digitales Negativ, Rohdatenformat von Adobe
GIF	kleine Grafiken auf Webseiten, zum Teil auch animiert, d. h. bewegt
JPEG/JPG	einfache Digitalfotos
PNG	Format für Abbildungen auf Webseiten
PSD	das Photoshop-Format
RAW	Rohdatenformat bei besseren Digitalkameras
TIFF	professionelles Bildformat für hochauflösende Bilder

» siehe Bitmap, Dateiendung/Dateityp, DNG, GIF, JPEG/JPG, Komprimieren, PNG, PSD, RAW, TIFF

Bildlaufleiste

- engl. Scrollbar
- auch »Rollbalken« genannt

Wenn in einem Programmfenster nur Teile des kompletten Inhalts zu sehen sind, dann können Sie das Fenster entweder vergrößern ober aber den gezeigten Inhalt mithilfe der waagerechten ❶ oder senkrechten ❷ Bildlaufleisten verschieben. Dazu positionieren Sie entweder den Mauszeiger auf die schraffierte Schaltfläche und bewegen diese mit gedrückter linker Maustaste nach oben oder unten bzw. nach rechts oder links. Oder Sie verwenden das Scrollrad Ihrer Maus.

» siehe Rollrad (Scrollrad)

Bild-nach-oben-Taste

Mithilfe dieser Taste ❸ »blättert« (engl. »scrollt«) man z. B. in einem Textverarbeitungsprogramm eine Seite zurück bzw. in der Darstellung nach oben.

» siehe Einfügemarke (Cursor), Textverarbeitung

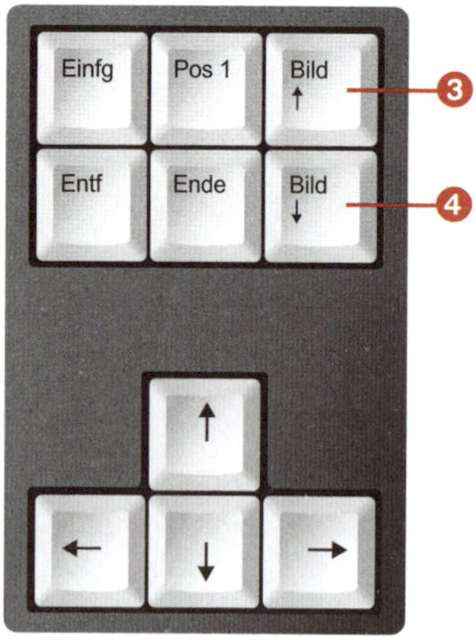

Bild-nach-unten-Taste

Mithilfe dieser Taste ❹ »blättert« (engl. »scrollt«) man z. B. in einer Textverarbeitung eine Seite vor bzw. in der Darstellung nach unten.

» siehe Einfügemarke (Cursor), Textverarbeitung

Bildpunkt

Ein digitales Bild besteht aus quadratischen Bildpunkten, die auch Pixel genannt werden. Das können Sie erkennen, wenn Sie ein Digitalbild in einem Bildbearbeitungsprogramm stark vergrößern.

» siehe Pixel

Bildrauschen

… tritt dann auf, wenn Sie die Empfindlichkeit Ihres Kamerachips zu hoch einstellen, z. B. durch Verwendung einer sehr hohen ISO-Zahl, wie es bei Nachtaufnahmen üblich ist. Dann erhält man die typisch verrauschten Aufnahmen. Lösung: die Kameraautomatik beeinflussen, manuell eine geringere ISO-Zahl wählen und die Kamera auf eine feste Unterlage stellen oder sogar ein Stativ verwenden.

» siehe ISO

Bildschirm

> engl. Screen

Immer noch das Hauptausgabegerät für Informationen, die der Computer liefert. Die Auflösung aktueller Computerbildschirme ist mittlerweile so fein, dass das Auge die einzelnen Bildpunkte kaum wahrnehmen kann. Mehr und mehr setzen sich auch berührungsempfindliche Bildschirme durch, bei denen die Elemente der Oberfläche wie beim Smartphone per Fingerdruck bedient werden können. Auf einem Smartphone können Sie per Wischgeste durch verschiedene Bildschirme (»Screens« genannt) navigieren. Wenn Sie auf die Home-Taste unten in der Mitte Ihres Smartphones tippen, landen Sie auf dem Home-Screen, dem Heim-Bildschirm.

» siehe Auflösung, Bildpunkt, Monitor, Retina-Display

Bildschirmfoto

> engl. Screenshot

Ein Abbild Ihres aktuellen Computer- bzw. Smartphone-Bildschirms. Das kann recht nützlich sein, wenn Sie einem Experten ein Problem mit Ihrem Gerät schildern müssen. Sie können ihm dann zum besseren Verständnis des Problems einen Screenshot per E-Mail schicken. Unter Windows fertigen Sie diesen entweder mit der Taste `Druck` (der gesamte Bildschirm wird dabei abfotografiert) oder mit der Tastenkombination `Alt` + `Druck` (nur das aktivierte Programmfenster wird abfotografiert) an, auf Android-Smartphones drücken Sie dazu gleichzeitig die Tasten Ein/Aus + Home.

» siehe Home-Taste

Bildschirmpräsentation

Wenn Sie öde Daten oder einen langweiligen Vortrag ansprechend aufbereiten möchten, dann führt kein Weg an einem Bildschirmpräsentationsprogramm vorbei. Die folgende Tabelle zeigt die bekanntesten Vertreter dieser Softwarespezies.

» siehe Microsoft PowerPoint

Name	Für System
Microsoft PowerPoint	Windows, Android, macOS
Libre Office Impress	Windows, Linux, macOS
Keynote	macOS, iOS

B

Bildschirmschoner

... braucht heute eigentlich kein Mensch mehr. Diese Prográmmchen dienten früher bei den alten Röhrenmonitoren dazu, das Einbrennen von Bildern, die sich über einen längeren Zeitraum nicht verändern, zu verhindern. Bei modernen Monitoren ist das kein Thema mehr. Aktuelle Bildschirmschoner dienen vielmehr dazu, den Anwender mit einer Diashow (z. B. den Bildern aus dem letzten Urlaub) in den Arbeitspausen zu unterhalten.

Bildschirmtastatur

Insbesondere auf Smartphones und Tablets finden Sie zur Eingabe von Texten auf dem Bildschirm eine virtuelle Tastatur vor, welche einer echten Tastatur nachempfunden ist. Das Tippen gestaltet sich hier mitunter ein wenig knifflig, da insbesondere Menschen mit großen Fingern Probleme haben, die Buchstaben präzise zu treffen. Hier springen die Anbieter spezieller Softwaretastaturen in die Bresche. Damit können Sie z. B. Wörter durch Wischen von Buchstabe zu Buchstabe eingeben (Swype) oder auch Texte diktieren (Nuance/Dragon). Auch Textvorschläge werden oft oberhalb eingeblendet und können direkt ausgewählt werden.

» siehe Swypen

» siehe Übersicht »Tastatur: auf dem PC und Smartphone« auf Seite 374

Bildsensor

Wesentlicher Chip hinter der Optik einer Digitalkamera, der das eintretende Licht in elektronische Informationen umwandelt. Je größer der Bildsensor einer Kamera ist, desto mehr Licht kann eingefangen werden und desto höher ist die Qualität der Bilder. Lassen Sie sich nicht durch die Marketing-Gurus der Kamerahersteller täuschen: Ein Bildsensor, der 20 Megapixel, aber nur 2/3 Zoll misst, hinkt qualitativ hinter einem 1-Zoll-Sensor mit 12 Megapixeln Auflösung hinterher.

» siehe Auflösung

Bildstabilisator

Musste man früher auf Fotoexpeditionen noch schwere Stative mit sich herumschleppen, um die Verwacklungsgefahr bei ungünstigen Lichtverhältnissen auszuschließen, so ist heute jede bessere Digitalkamera mit einem Bildstabilisator ausgestattet. Stellen Sie sich diesen als eine Art dreidimensionalen Kompass vor, mit dessen Hilfe die Lage des Bildsensors in Echtzeit angepasst wird. Dadurch können Sie auch mit langen Verschlusszeiten verwacklungsfreie Bilder machen. Auch beim Drehen von Videos haben sich Bildstabilisatoren bewährt: Das Zittern der Hand des Kameramanns wird durch sie komplett entfernt.

Bildtelefon

In den 1980er-Jahren quasi noch Science-Fiction, verfügt heute jedes aktuelle Smartphone über die Möglichkeit, Bildtelefonate durchzuführen. Alles, was man dazu benötigt, ist eine entsprechende Software bzw. App. Unter iOS verwendet man die FaceTime-App, Android bietet zu diesem Zweck Google Duo an. Und schließlich stellt Microsoft mit Skype den Quasistandard für moderne Bildtelefonie.

» siehe FaceTime, Google Duo, Skype

Binär

Das binäre Zahlensystem kennt nur Nullen und Einsen. Der Computer wiederum kennt bei Berechnungen im Prozessor nur die Zustände »Strom« bzw. »Kein Strom« – somit bietet sich die Verwendung des binären Zahlensystems an, um die Zustände im Computer zu erfassen. Menschenlesbare Dezimalzahlen bzw. Buchstaben müssen für die Berechnungen, die ein Computer durchführt, zunächst umgewandelt werden. Binärzahlen werden auch Dualzahlen genannt.

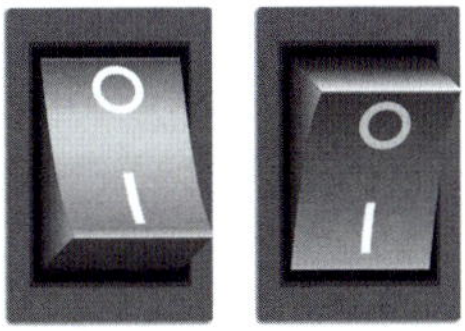

Dezimalzahl	Binärzahl
0	0
1	1
2	10
3	11
4	100
5	101
6	110
7	111
8	1000

Bing

> Suchmaschine von Microsoft

Suchabfragen, die Sie in Windows 10 z. B. in das Cortana-Suchfeld eingeben, werden direkt an Bing weitergereicht. Diese Suchmaschine ist ebenso wie der Google Assistant in der Lage, kontextabhängige Informationen zu einer Suchanfrage zu liefern.

» siehe Cortana, Google Assistant, Suchmaschine (Search Engine)

BIOS

> Basic Input Output System
> Ein-/Ausgabe-System, Basisdatenaustauschsystem

Das BIOS ist ein kleines Softwarepaket, welches beim Start eines PCs noch vor dem eigentlichen Betriebssystem gestartet wird. Es stellt die Verbindung zwischen der Hardware und dem Betriebssystem her. Das BIOS ist in die Jahre gekommen und wird heute mehr und mehr durch seinen Nachfolger UEFI abgelöst.

» siehe UEFI

Bit

Ein Zeichen an Information, welches entweder aus einer Null oder einer Eins besteht. Sämtliche im Computer gespeicherten und verarbeiteten Informationen bestehen aus einer Folge von Bits.

» siehe Binär, Byte

Bitcoin

> »Bit Geldstück« bzw. »digitale Münze«

» Übersicht »Bitcoin – das digitale Gold« auf Seite 59

Maßeinheit (übliche Abkürzungen/ Schreibweisen)	Bezeichnung (ausgeschrieben)	Umrechnung
b/bit	Bit	1 b = 1 b (1 Bit)
B/byte	Byte	1 B = 8 b (8 Bit)
kb/kbit/kBit	Kilobit	1 kb = 1.000 b (1.000 Bit)
Kib/Kibit/KiBit	Kibibit	1 Kib = 1.024 b (1.024 Bit)
kB/KB/KByte	Kilobyte	1 kB = 1.000 B (1.000 Byte)
KiB	Kibibyte	1 KiB = 1.024 B (1.024 Byte)
Mb/Mbit/MBit	Megabit	1 Mb = 1.000 kb (1.000 Kilobit)
Mib/Mibit/MiBit	Mebibit	1 Mib = 1.024 Kib (1.024 Kibibit)
MB/MByte	Megabyte	1 MB = 1.000 kB (1.000 Kilobyte)
MiB	Mebibyte	1 MiB = 1.024 KiB (1.024 Kibibyte)
Gb/Gbit/GBit	Gigabit	1 Gb = 1.000 Mb (1000 Megabit)
Gib/Gibit/GiBit	Gibibit	1 Gib = 1.024 Mib (1.024 Mebibit)
GB/GByte	Gigabyte	1 GB = 1.000 MB (1.000 Megabyte)
GiB	Gibibyte	1 GiB = 1.024 MiB (1.024 Mebibyte)
TB/TByte	Terabyte	1 TB = 1.000 GB (1.000 Gigabyte)
TiB	Tebibyte	1 TiB = 1.024 GiB (1.024 Gibibyte)
PB	Petabyte	1 PB = 1.000 TB (1.000 Terabyte)
PiB	Pebibyte	1 PiB = 1.024 TiB (1.024 Tebibyte)
EB	Exabyte	1 EB = 1.000 PB (1.000 Petabyte)
EiB	Exbibyte	1 EiB = 1.024 PiB (1.024 Pebibyte)
ZB	Zettabyte	1 ZB = 1.000 EB (1.000 Exabyte)
ZiB	Zebibyte	1 ZiB = 1.024 EiB (1.024 Exbibyte)
YB	Yottabyte	1 YB = 1.000 ZB (1.000 Zettabyte)
YiB	Yobibyte	1 YiB = 1024 ZiB (1024 Zebibyte)

Bitcoin – das digitale Gold

Es war einmal im Jahr 2008: Die Börsen rauschten infolge einer gigantischen Spekulationsblase in die Tiefe, hervorgerufen durch die Lehmann-Brothers-Bank in den Vereinigten Staaten. Dabei offenbarte sich eine signifikante Schwäche des bis dahin etablierten Währungssystems: Der Wert einer Währung ist stets mit dem Wohl und Wehe der Operationen diverser mächtiger Banken gekoppelt. Gäbe es doch nur eine Möglichkeit, eine Art Gemeinschaftswährung zur Verfügung zu stellen, die nicht vom Spekulationsgebaren einiger Bank- und Hedgefond-Vorstände abhängt!

▲ Das Logo der digitalen Währung Bitcoin

Derartige Überlegungen müssen wohl einem Informatiker in den Sinn gekommen sein, der unter dem Pseudonym *Satoshi Nakamoto* eine Währung namens *Bitcoin* erfand. Diese ist gerade in den letzten Jahren aufgrund ihres unglaublichen Höhenflugs (und anschließenden Absturzes) in aller Munde. Der Urknall des Bitcoins geschah im Jahr 2010: Hier bezahlte ein neugieriger Programmierer erstmals zwei Pizzen mit 10.000 Bitcoins. Hätte der Lieferant die Bitcoins nicht sofort wieder unters Volk gebracht, so wäre er heute Multimillionär.

Eine dezentrale Währung …

Die grundlegende Idee der digitalen Währung ist die Dezentralisierung: Statt den Geldverkehr über zentrale Bankinstitute abzuwickeln, die zumindest für Überweisungen ins Ausland saftige Gebühren einstreichen, erfolgt der Fluss des digitalen Geldes direkt zwischen Sender und Empfänger. Das spart die komplexe Infrastruktur des mitzufinanzierenden Bankenwesens. Außerdem werden derartige Geldtransaktionen quasi in Echtzeit durchgeführt. Die Fachleute sprechen von einem *Peer-to-Peer*-Netzwerk, einem Verbund von gleichwertigen Partnern (und im digitalen Sinne auch von Computern, also einer Rechner-Rechner-Verbindung).

Im System der sogenannten Kryptowährungen erfolgt die Überweisung direkt zwischen Sender und Empfänger der Zahlung. Die Überweisung wird mit einem komplizierten Verfahren – der Blockchain – verschlüsselt.

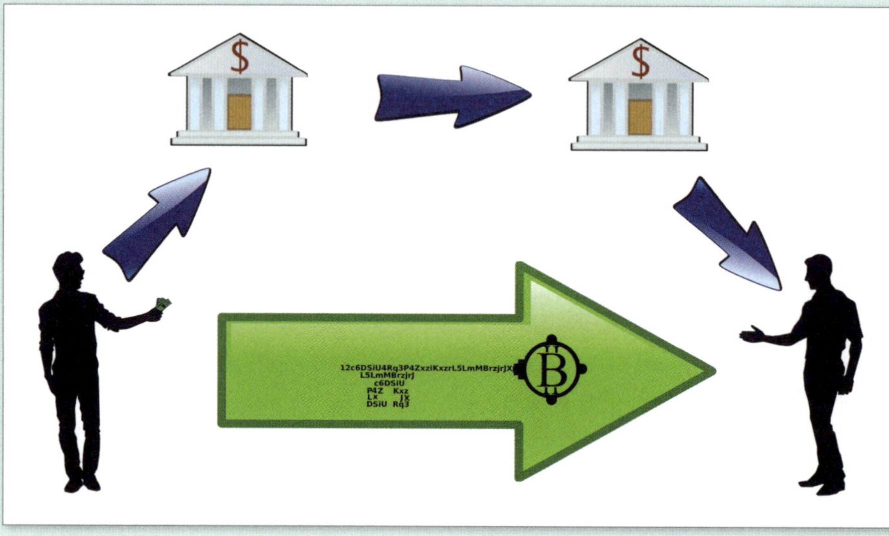

B

… mit digitalem Portemonnaie

Bitcoins werden auf Computern (das können auch Smartphones sein) in speziellen Apps gespeichert, die *Wallets* (»Geldbörsen«) genannt werden. Die Wallet-Apps gibt es für alle verbreiteten Betriebssysteme. Wer eine derartige App (z. B. *Bitcoin Wallet*) installiert und sich auf *wallet.bitcoin.com* eine personalisierte Bitcoin-Adresse besorgt, kann anschließend per SEPA-Banküberweisung »echtes« Geld auf sein Bitcoin-Konto transferieren. Der Betrag in Euro wird dann zum jeweils gültigen Bitcoin-Kurs umgerechnet.

So funktioniert eine Kryptowährung bzw. Kryptografie

Bitcoin zählt zur Gattung der *Kryptowährungen*, d. h., beim Zahlungsverkehr spielt die Verschlüsselung – in der Fachsprache auch *Kryptografie* genannt – eine entscheidende Rolle. Stellen Sie sich eine Überweisung mit der digitalen Währung in etwa so vor: Anstatt ein Bankinstitut dazu in Anspruch zu nehmen, ruft der Überweisende laut in die Gemeinde aller Bitcoin-Nutzer: »Ich überweise X Bitcoins an die Empfängerin Y!« Die Transaktion wird nun von allen Nutzern des Systems in einem Kassenbuch (engl. *ledger*) notiert – das erledigen die verwendeten Wallet-Apps ganz automatisch. Im Kassenbuch werden anschließend die jeweils letzten Transaktionen zu Blöcken zusammengefügt – es entsteht dadurch ein lückenloses, aus Blöcken bestehendes Protokoll, die sogenannte *Blockchain* (»Blockkette«). Damit nun nicht jeder Nutzer beliebig virtuelles Geld abzweigen kann, wird die Blockchain mit einem komplizierten Verfahren verschlüsselt. Das zur Verschlüsselung verwendete Verfahren funktioniert nach folgendem Prinzip: Alle Teilnehmer des Netzwerks besitzen einen gemeinsamen öffentlichen Schlüssel. Jeder einzelne Teilnehmer besitzt zusätzlich einen individuellen, privaten Schlüssel. Beide Schlüssel werden von der Wallet-App über einen komplexen Mechanismus, der u. a. eine große Zufallszahl zu Hilfe nimmt, miteinander verknüpft. Die dadurch entstandene verschlüsselte Datei ist nur dann zu entschlüsseln, wenn man selbst über einen eigenen persönlichen Schlüssel, den öffentlichen Schlüssel und den *Algorithmus* zur Entschlüsselung verfügt. Vorteil des Verfahrens (in Fachkreisen *Pretty Good Privacy* genannt) ist die Tatsache, dass auf diese Weise keine (privaten) Schlüssel über das Netz ausgetauscht werden müssen und somit auch nicht abgefangen werden können. Das bedeutet ein erhebliches Plus an Sicherheit im Vergleich zu den üblichen PIN-, TAN- oder passwortbasierten Verfahren.

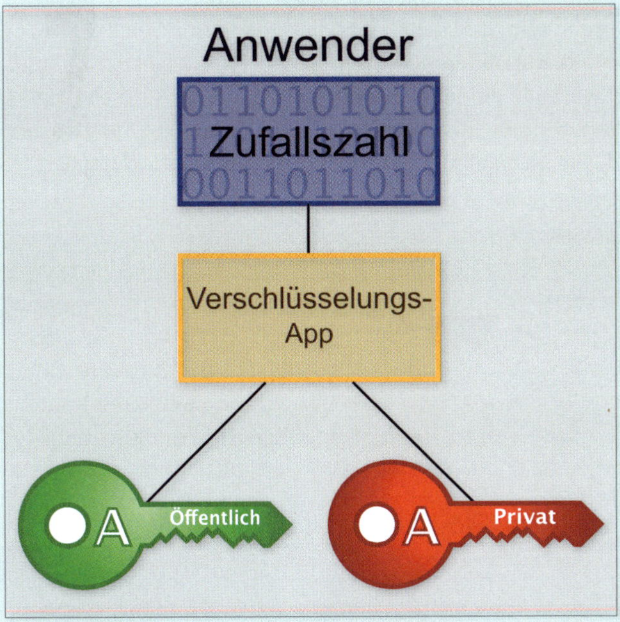

▲ Die zu transferierenden Daten werden mit einem öffentlichen und einem privaten Schlüssel in Verbindung mit einer großen Zufallszahl verschlüsselt.

Mining – Schürfen nach Bitcoins

Ein netter Begleiteffekt der Bitcoin-Kryptowährung ist die Möglichkeit, sich selbst ein kleines Vermögen »errechnen« zu können. Wie bereits oben beschrieben, basiert der Mechanismus der Überweisung auf einem komplizierten Verschlüsselungsverfahren, das große Mengen an Rechenleistung erfordert. Wenn Sie nun selbst eigene Rechenkapazität in Form Ihres PCs zur Verfügung stellen, dürfen Sie an einer Lotterie teilnehmen, die Bitcoins ausschüttet. Je mehr Rechenkapazität Sie dem System zur Verfügung stellen, desto größer ist die Chance, in dieser Lotterie zu gewinnen bzw. Bitcoins abzuschöpfen. Diese Möglichkeit hat einen wahren Sturmlauf auf leistungsfähige Hardware – insbesondere hochpreisige Grafikkarten – ausgelöst. Letztere verfügen über besonders leistungsfähige Prozessoren, gegen die die regulären CPUs der Heimrechner das Nachsehen haben. Der Rummel rund um das Bitcoin-Mining hat einen gewaltigen Nachteil: Der Prozess der Verschlüsselung verschlingt mittlerweile Unsummen an Energien. Ganze Rechenzentren wurden zu diesem Zweck bereits nach Island verlegt, um die Kosten für die Kühlung zu senken. Die Bitcoin-Währung ist übrigens limitiert: Nach der Berechnung der allerletzten Blockchain werden per Definition lediglich 21 Millionen Bitcoins im Umlauf sein. Im Jahr 2032 sollen ca. 98 % des Gesamtwerts »erschürft« worden sein, und das Graben nach den restlichen 2 % wird dann immer schwieriger werden. Mit anderen Worten: Bitcoins werden in der Zukunft einen ähnlichen Stellenwert wie Gold einnehmen – abgesehen von der Tatsache, dass sie keinen physikalischen Wert besitzen. Bis es aber soweit ist, gelten Bitcoins als sehr spekulatives Zahlungsmittel, wie die nachfolgende Abbildung der Entwicklung des Bitcoin-Kurses zeigt.

» siehe Algorithmus, Peer-to-Peer, Prozessor (CPU)

▲ Entwicklung des Bitcoin-Kurses von 2016 bis 2019. Linke Achse: Aktueller Gegenwert in Euro, rechte Achse: prozentuale Veränderung seit Februar 2016. Man beachte den enormen Ausschlag Ende 2017, gefolgt von einem jähen Absturz. (Quelle: *www.finanzen.net/devisen/bitcoin-euro/chart)*

BitLocker

Ein Festplattenverschlüsselungsverfahren (engl. »lock« = »abschließen«), welches bei Pro- und Enterprise-Windows-Versionen zur Datenverschlüsselung eingesetzt wird.

» siehe Verschlüsseln

Bitmap

> Abkürzung: BMP

Eine Bitmap ist eine gerasterte Grafik. Jedem Rasterpunkt (Pixel) wird dabei ein Farb- sowie Helligkeitswert zugewiesen. Dadurch wird die Bildbearbeitung durch einen Computer im eigentlichen Sinn erst möglich. Microsoft verwendet unter Windows das Bitmap-Dateiformat (Dateiendung .bmp) z. B. für Hintergrundbilder auf dem Desktop.

» siehe Bilddateiformate, Pixel

Bitrate

Gibt an, wie viel Bits bei einer Datenfernübertragung pro Zeiteinheit (in der Regel eine Sekunde) übertragen werden.

» siehe Bps

Bixby

Samsungs universeller sprachgesteuerter Assistent ist mittlerweile auf den meisten Oberklasse-Smartphones des südkoreanischen Konzerns zu finden. Bixby bietet ähnlich wie Apples Siri oder der Google Assistant die Möglichkeit, die meisten Funktionen des Smartphones per Sprache zu steuern. Darüber hinaus werden auf der Bixby-Hauptseite Nachrichten in Form eines Überblicks gesammelt. Die Galaxy-S-Serie der Samsung-Smartphones ist mit einem speziellen Knopf ausgestattet, mit dessen Hilfe man den Assistenten aufrufen kann. Bixby umfasst die Apps Bixby Voice (die eigentliche Spracherkennung), Bixby Home (eine Schnittstelle zur Heimautomation), Bixby Reminder (einen sprachgesteuerten digitalen Notiz- bzw. Aufgabenblock) und Bixby Vision (zur Identifizierung von Objekten per Kamera).

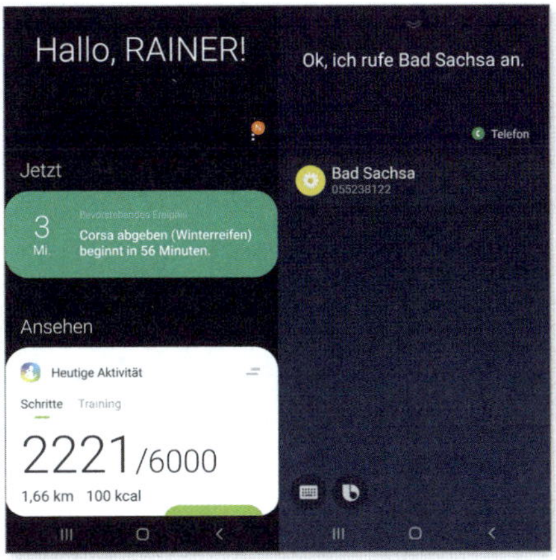

» siehe Google Assistant, Sprachassistent(in)
» siehe Übersicht »Smart Home« auf Seite 340

BlackBerry

> »Brombeere«

Smartphone-Serie des gleichnamigen kanadischen Herstellers vor allem für Geschäftsleute, welche mittlerweile fast vollständig von Android-Smartphones bzw. iPhones verdrängt wurde. Typisches Kennzeichen der älteren BlackBerrys war eine echte Tastatur im unteren Bereich des Geräts.

» siehe iPhone, Smartphone

Blackbox

> »Schwarze Kiste«

Beim Flugzeugabsturz sucht man nach der Blackbox – dem schwarzen Kasten, der Flugschreiber und Stimmenrekorder enthält. In der Computertechnik versteht man unter einer Blackbox ein Bauteil, das eine bestimmte Funktion enthält, die dem Anwender aber verborgen bleibt. Ein Beispiel aus dem Leben: Für die meisten Autofahrer ist der Motor ihres Fahrzeugs auch eine Blackbox. Er treibt das Gefährt an, wenn man aufs Gaspedal drückt. Was genau im Motor vor sich geht, interessiert aber die wenigsten.

Blende

Variable Öffnung in der Optik eines (Digital-)Fotoapparats. Je kleiner man diese Öffnung macht (dies geschieht im Kameraprogramm durch eine Erhöhung der Blendenzahl), desto größer wird der Schärfebereich: Mit einer großen Blendenzahl (z. B. 8) bilden Sie also eine Blume und die dahinterliegende Wiese gleichermaßen scharf ab. Umgekehrt stellen Sie mit einer kleinen Blende (z. B. 2) nur die Blume scharf, sie erscheint dann hervorgehoben vor der verschwommenen Wiese im Hintergrund.

Blindkopie

> engl. Blind Carbon Copy, Abkürzung: BCC

Wenn Sie eine E-Mail an mehrere Empfänger verschicken wollen und nicht möchten, dass einige Empfänger im Adressfeld bei anderen sichtbar sind, dann fügen Sie diese gewissermaßen »blind« in das Schlüsselfeld BCC der E-Mail ein, die jeweiligen Empfänger sehen also nicht, an wen die Mail auch verschickt wurde.

» siehe CC, E-Mail

Blockchain

> Blockkette, Kette aus Blöcken

» siehe Übersicht »Bitcoin – das digitale Gold« auf Seite 59

Blocksatz

Beim Blocksatz sind der linke und rechte Rand des Textes in gleichem Abstand zum Rand ausgerichtet.

» Microsoft Word, Textverarbeitung

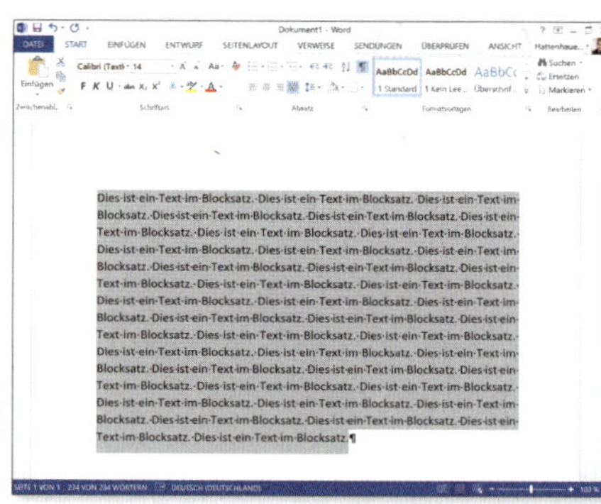

Blog/Bloggen

Blog ist die gebräuchliche Kurzform für den Kunstbegriff »Weblog« (aus »Web« für Internet und »Log« für Logbuch) und bezeichnet also ein Tagebuch, das man im Internet führt. Darin stellen die Verfasser ihre persönliche Sichtweise von bestimmten Themen dar. Das Führen eines Blogs gerät in nicht demokratischen Ländern bisweilen zum Politikum. Nicht selten werden Blogger in diesen Staaten mit Gefängnis bedroht. Zum Führen eines Blogs genügt es, ein Konto bei einem Anbieter wie beispielsweise *wordpress.com* oder *blogger.de* einzurichten.

Blue Screen

> »Blauer Bildschirm«

Computerveteranen kennen ihn noch: den sogenannten »Blue Screen of Death«, den »Blauen Bildschirm des Todes«, der immer dann erschien, wenn eine unsauber programmierte Software die alten Windows-Versionen 95, 98 oder XP abstürzen und damit die gesamte aktuelle Arbeit im Daten-Nichts verschwinden ließ. Derartige Abstürze treten bei den aktuellen Windows-Versionen glücklicherweise kaum noch auf.

» siehe Absturz

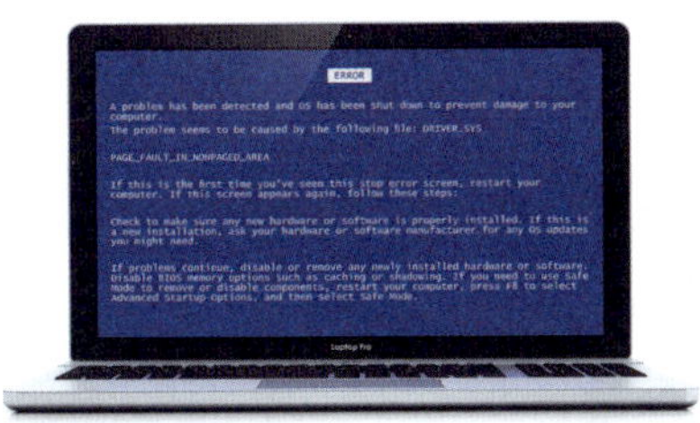

Bluetooth

> »Blauer Zahn«
> Kurzstreckenfunk zur kabellosen Datenübertragung zwischen Geräten

Per Bluetooth verbinden Sie Maus und Tastatur drahtlos mit dem PC, Ihr Smartphone mit der Freisprechanlage Ihres Autos oder die Smartwatch mit dem Smartphone. Ein Nachteil des Bluetooth-Funks ist die kurze Reichweite von nur wenigen Metern. Außerdem kann es vorkommen, dass sich Bluetooth- und WLAN-Funk gegenseitig stören, da die beiden Techniken in einem ähnlichen Frequenzband arbeiten.

» WLAN

Blu-ray (Disc)

Der Nachfolger der DVD zur Speicherung von hochauflösendem (und damit speicherintensivem) Filmmaterial. Im Vergleich zur DVD (maximal 8,4 Gigabyte Speicherplatz) finden auf der Blu-ray Disc bis zu 50 Gigabyte an Daten Platz. Dies wird durch eine dichtere Folge von Datenspuren erreicht, was wiederum durch einen kurzwelligeren blauen Laser realisiert wird. Rein äußerlich kann man eine Blu-ray Disc nicht von einer gewöhnlichen DVD unterscheiden.

» DVD

BMP

» Bitmap

Bookmark

> Buchzeichen/Lesezeichen

Sie möchten eine bestimmte Internetseite oder einen Abschnitt in einem E-Book schnell wiederfinden? Dann legen Sie doch ein Bookmark an! Jeder Browser bzw. E-Book-Reader verfügt über eine spezielle Tastenkombination, mit deren Hilfe sich ein solches Lesezeichen schnell anlegen lässt. Die Bookmarks werden dann in einem speziellen Bereich im Browser oder Reader verwaltet, und die dort gespeicherten Seiten erreichen Sie durch einfaches Antippen der Einträge.

» siehe Browser, E-Book, E-Book-Reader, Reader

B

Booten

> »Die Stiefel schnüren«

Damit ist der Start eines Betriebssystems gemeint, ohne das bekanntermaßen nichts auf dem Computer läuft. Sie können auf einem PC oder Mac auch mehrere Betriebssysteme parallel nebeneinander installieren. Welches System dann gestartet wird, wählen Sie im sogenannten Bootmenü aus, das direkt nach dem Start erscheint. Haben Sie nur ein Betriebssystem (wie z. B. Windows 10) auf Ihrem Computer, müssen Sie gar nichts tun, nach dem Einschalten startet es automatisch.

» siehe Starten (App/Programm)

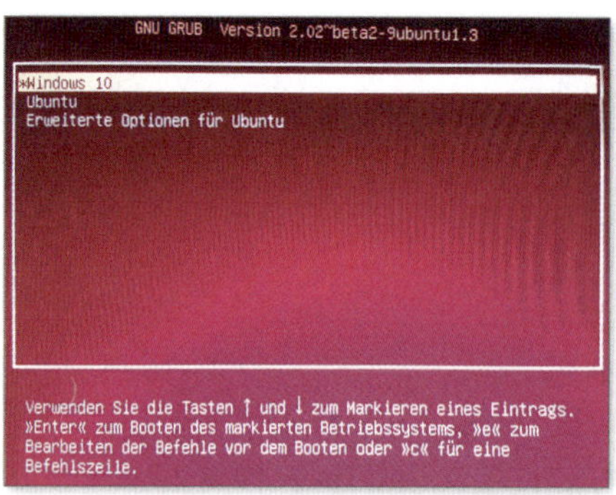

Bot/Bot-Netz

> Abkürzung für Roboter

Im speziellen Fall sind kleine Programme gemeint, die sich einem Virus bzw. Trojaner ähnlich unerlaubt auf Ihrem PC-System einnisten und sich per Internet miteinander verbinden. Ziel ist es, die Rechenkapazität Ihres Systems für illegale Aktivitäten zu nutzen, z. B. für sogenannte DDoS-Attacken oder den Versand von Spam-Mail. Es gibt aber auch legale Bots, z. B. die Helferlein, die für Suchmaschinen wie Google das Internet durchforsten, um neue Seiten in deren Katalog aufzunehmen.

» siehe DDoS, Spam/Spamfilter, Spider

» siehe Übersicht »Künstliche Intelligenz« auf Seite 218

Bouncen

> »Aufprallen, zurückwerfen«

Eine Bounce-Meldung wird von einem Mail-Server erstellt, wenn eine E-Mail nicht an den Adressaten ausgestellt werden konnte. Als Absenderadresse taucht bei einem Bounce häufig die Adresse *MAILER-DAEMON@mailserver* oder *POSTMASTER@mailserver* auf. Ein typisches Problem, welches ein Bouncen auslöst, ist z. B. ein Tippfehler in der E-Mail-Adresse.

» siehe E-Mail, Mail delivery failed

Bps

> Bits per second
> Bits pro Sekunde

Eine Einheit, die insbesondere zur Angabe von Verbindungsgeschwindigkeiten bei der Datenübertragung verwendet wird. Entsprechend bedeutet z. B. kbps (oder auch kbit/s geschrieben) Kilobit pro Sekunde.

» siehe Bandbreite, Bit

Brennen/Brenner

Wenn Sie Ihre Daten selbst auf einer CD, DVD oder gar Blu-ray Disc sichern wollen, benötigen Sie einen entsprechenden Brenner. Das ist ein Laufwerk für die genannten Medien, mit dessen Hilfe die Daten als Bitfolge per Laserstrahl eingebrannt werden.

» siehe Bit, Laufwerk (Drive)

Bridge

> »Brücke«

Damit wird zum einen ein Bauteil in einem Computernetzwerk bezeichnet, welches verschiedene Teile des Netzwerks miteinander verbindet. Andererseits benennt der Grafiksoftwarehersteller Adobe so auch ein Programm, mit dessen Hilfe man alle Teilprogramme der sogenannten Adobe Creative Suite (Photoshop, Lightroom etc.) gesammelt nutzen kann.

» siehe Adobe Photoshop, Netzwerk, Photoshop Lightroom

Browse

> Durchsuchen

Das Surfen im Internet mittels eines Browsers wird neudeutsch auch Browsen von engl. »browse« genannt.

» siehe Browser, Surfen

Browser

> »browse« = »durchstöbern, durchsuchen«
> Programm zum Betrachten von Internetseiten, Kurzform von »Webbrowser«

Das Standardwerkzeug Nummer 1, wenn es darum geht, im Internet zu surfen, also das schier unbegrenzte Angebot an World-Wide-Web-Seiten zu durchforsten. Der Browser stellt dabei Dokumente, die im sogenannten HTML-Format erstellt wurden, ansprechend formatiert

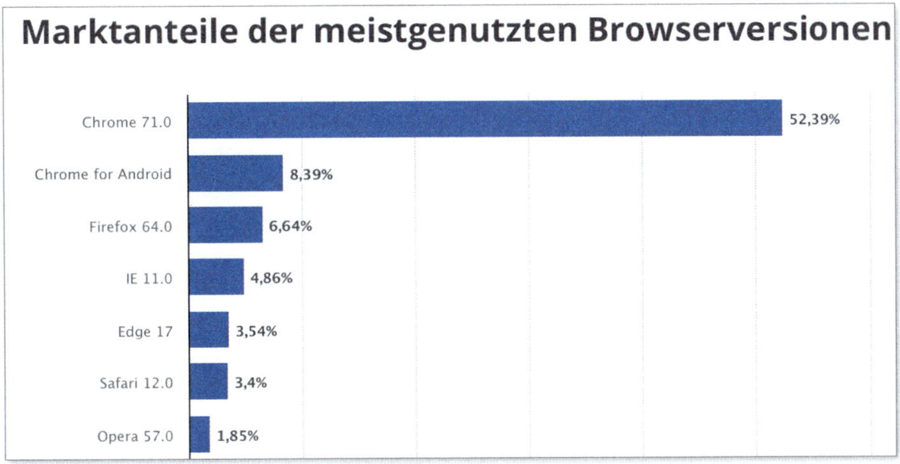

auf dem Endgerät (PC, Tablet, Smartphone) dar. Die folgende Tabelle gibt einen Überblick über die aktuell wichtigsten Browser (und die Abbildung auf Seite 67 zeigt deren Verbreitung).

» siehe HTML, Standardbrowser, World Wide Web

Browser	Hersteller/Vertreiber
Chrome	Google
Edge	Microsoft (ab Windows 10)
Firefox	Mozilla Corporation
Internet Explorer (IE)	Microsoft
Opera	Opera Software
Safari	Apple

Browserprotokoll

Ihr Browser protokolliert im Normalfall Ihre Aktivitäten, also die Seiten, die Sie im Internet besucht haben. Eine Möglichkeit, dies zu verhindern, besteht darin, einen anonymen Tab im Browser zu öffnen – hier wird das Protokoll für eine Sitzung unterbunden. Im Browser Edge von Windows 10 z. B. rufen Sie dieses Verlaufsprotokoll über eine Schaltfläche ❶ auf.

» siehe Anonymer Tab

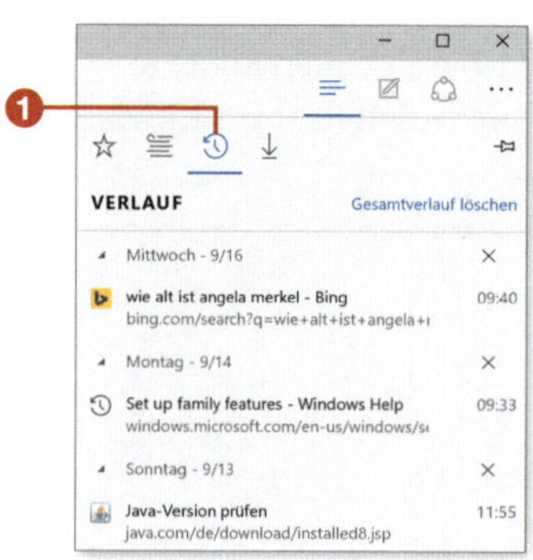

Brute-Force-Angriff

Bei einem Brute-Force-Angriff versucht jemand mit roher Gewalt, in ein Computersystem einzudringen. Damit ist nicht etwa physische Gewalt gemeint. Vielmehr versucht der Angreifer, durch ständiges systematisches Ausprobieren von gemischten Zeichen- bzw. Zahlenfolgen Ihr Passwort zu erraten. Aussichtslos, denken Sie? Nun, dann sehen Sie sich einmal das inoffizielle Ranking der beliebtesten Passwörter in der folgenden Tabelle an.

» siehe Kennwort (Password)

Platz Nr.	Passwort
1	123456
2	passwort
3	qwertz
4	iloveyou
5	geheim
6	letmein
7	superman

Buddy

> »Kumpel, Freund«

Der Begriff hatte seinen Ursprung beim Chat-Programm AOL Instant Messenger. Die dort gelisteten Freunde nannte man »Buddys«.

» siehe Chat/Chatten, Instant Messaging/Messenger

Bug

> »Käfer«

Gemeint ist ein Fehler in einem Programmcode. Historisch verbirgt sich folgende Anekdote hinter dem Begriff: Die Programmiererin Grace Hopper entfernte im Jahr 1945 eine Motte aus dem Großrechner Mark II und behob damit die Fehlfunktion einer elektrischen Schalteinheit.

» siehe Debuggen

Build

Das Build gibt die Entwicklungsstufe einer Software an, ist also in etwa gleichzusetzen mit einer Versionsnummer.

Bulk-Software

Bulk-Software kommt meist ohne eine hübsche Verpackung daher und ist günstiger als das hübsch designte Handelsprodukt des Herstellers. Außerdem haben Anwender, die Bulk-Software installieren, meist keinen Anspruch auf direkten Support vom Hersteller.

» siehe OEM-Software, Retail-Software, Support

Bundesnetzagentur

Zentrale Stelle rund um alle Belange, die etwas mit Netzen jeglicher Art (Strom, Gas, Telekommunikation etc.) zu tun haben. Im Computerbereich betreut die Bundesnetzagentur insbesondere die Telekommunikationsnetze und reguliert diese per Gesetz. Im Internet finden Sie die Bundesnetzagentur unter *http://www.bundesnetzagentur.de*.

Bus

Im Prinzip leistet ein Bus in der Datenverarbeitung dasselbe wie sein Namensvetter im alltäglichen Leben: Er transportiert Passagiere – und das sind beim PC Daten. Diese werden dort allerdings als elektrische Signale über Leiterbahnen befördert. Typische Vertreter eines Busses sind die Steckplätze für die RAM-Speicherriegel in Ihrem Computer.

» siehe Arbeitsspeicher (RAM)

Button

> »Knopf«

Dieses Element finden Sie in Dialogen während des Ablaufs eines Programms: Meist müssen dort Nachfragen der Software über einen Button, eine Schaltfläche, bestätigt werden.

» siehe Optionsfeld/-schaltfläche (Radiobutton)

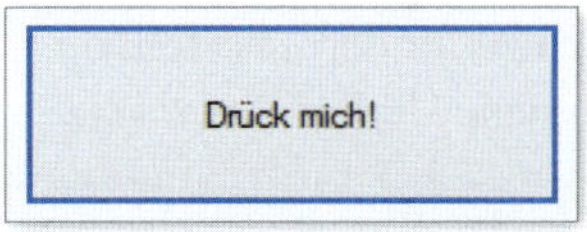

Byte

Ein Byte ist eine Informationseinheit, die aus 8 Bits besteht. Insbesondere im Zusammenhang mit Speicherkapazitäten haben sich die Übereinheiten Kilobyte, Megabyte, Terabyte und Exabyte entwickelt.

» siehe Bit, Speicherkapazität

C

... wie Chip – den kennen Sie bisher als kleinen Dickmacher auf dem Sofa beim Fernsehen, beim Computer leistet er dagegen Schwerstarbeit.

C

C:

Buchstabe für ein Laufwerk bzw. eine Partition (genauer eine Boot-Partition) unter Windows. Bei A: und B: handelt es sich standardmäßig um Laufwerke für Disketten, C: ist das Hauptfestplatten-laufwerk und D: normalerweise das CD- bzw. DVD-Laufwerk des Computers.

» siehe siehe Booten, Festplatte, Laufwerk (Drive), Partition

Cache

Ein Zwischenspeicher, in dem der Prozessor (die CPU), die Festplatte oder das Betriebssystem Daten zwischenlagert. Daten, Programme oder Programmsegmente werden so auf einem sehr schnellen Speichermedium vorgehalten, um im Bedarfsfall bei Berechnungen schnell abgerufen werden zu können und nicht langwierig neu geladen oder berechnet werden zu müssen.

» siehe Festplatte, Prozessor (CPU)

» siehe Übersicht »Computer & Co. kaufen« auf Seite 84

CAD

> Computer-Aided Design
> Computergestütztes Design

Wurden Häuser und Autos früher am Reißbrett konstruiert, so arbeitet man heute selbstverständlich auch in Architektur- und Ingenieurbüros mit dem Computer und entsprechenden Programmen. Diese Software bietet heute auch die Möglichkeit, Modelle für 3D-Drucker herzustellen.

» siehe 3D-Drucker auf Seite 455

Calc

Tabellenkalkulationsprogramm der OpenOffice- bzw. LibreOffice-Software.

» siehe OpenOffice, LibreOffice

Call-by-Call

Kennt man unter dem Stichwort »Billigvorwahl«: Insbesondere bei Telefonaten ins Ausland kann es ratsam sein, auf einer Internetseite wie *billiger-telefonieren.de* nachzuschauen, welche Vorwahl sich für das Zielland anbietet. Dadurch stellt man dann die Verbindung über einen anderen, in der Regel günstigeren Anbieter her.

CAM

> Conditional Access Module

Mit diesem Modul verbinden Sie eine sogenannte Smartcard an einem Satellitenreceiver (engl. »Receiver« = Empfänger) mit dem Gerät selbst, um dadurch verschlüsselte Fernsehprogramme sehen zu können.

Camcorder

Kunstwort aus Camera (Kamera) und Recorder (Aufnahmegerät): also ein (mittlerweile etwas in die Jahre gekommenes) Gerät zur Aufzeichnung von digitalem Videomaterial. Heutzutage dreht man einfache Videos mit dem Smartphone, qualitativ anspruchsvollere Filme lassen sich mit digitalen Spiegelreflexkameras aufzeichnen.

Cancel

» siehe Abbrechen

Caps-Lock-Taste

» siehe Feststell-Taste

Captcha/CAPTCHA

> Completely Automated Public Turing test to tell Computers and Humans Apart
> »Vollständig automatisierter Turing-Test, um Roboter von Menschen zu unterscheiden«

Eine Sicherheitsabfrage im Internet, die dafür sorgen soll, dass sich auf einer Webseite keine Roboter bzw. Bots Zugang verschaffen. Dazu muss man meist eine Zeichenfolge, die durch einen Grafikgenerator verschleiert wurde, korrekt in ein Textfeld eingeben.

» siehe Bot/Bot-Netz, Turing-Test

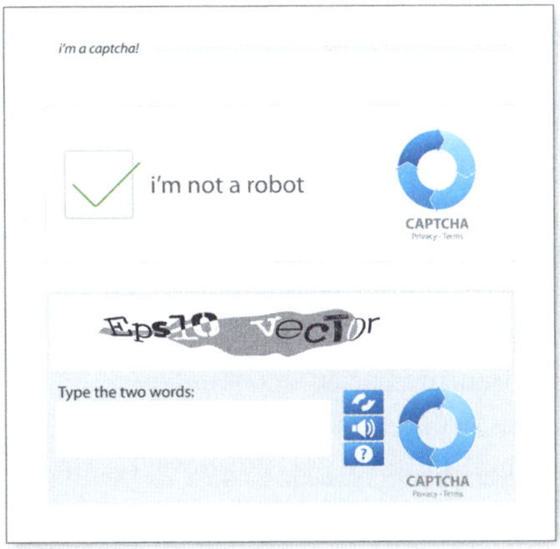

Capture

> Erfassung (von Daten)

Damit wird ein Befehl bezeichnet, um eine Aufzeichnung (in Bild oder Ton) in einer entsprechenden App oder einem Programm zu beginnen.

Card Reader

» siehe Kartenleser

Cartridge

> Patrone, Farbbandkassette

Eine Patrone, die ein Verbrauchsmittel enthält. Ein Beispiel ist die Cartridge, in welcher sich der Toner für einen Laserdrucker befindet.

» siehe CMYK, Toner

CAS

> Computer Algebra System

Sie waren in der Schule nicht gerade der Star beim Lösen von mathematischen Gleichungen? Dann ist ein Computer Algebra System genau das Richtige für Sie. Damit lassen sich mit wenigen Mausklicks Gleichungen der Art *2x + 6 = 10* lösen. Das Online-CAS *GeoGebra Classic* können Sie im Internet unter *www.geogebra.org/classic#cas* einmal ausprobieren und mit seiner Hilfe die gerade genannte Beispielaufgabe für eine Gleichung lösen. Dazu geben Sie in das Eingabefeld am oberen linken Bildrand des Browsers den Befehl *Löse(2x+6=10)* ein und betätigen einmal die Taste ↵ auf Ihrer Tastatur. Die Lösung der Gleichung **{x = 2}** wird augenblicklich angezeigt.

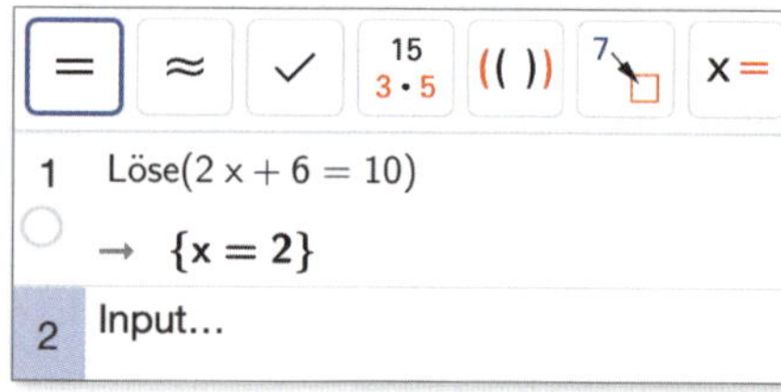

Case Modding

> Computergehäuse-Modifikation

Insbesondere in Computerspielerkreisen beliebt: das optische Aufmotzen eines handelsüblichen PCs. Dazu verwendet man transparente Gehäuse und LED-Leuchtschlangen.

» siehe Gamer

Casual Game

> casual = beiläufig, locker, game = Spiel

Einfache elektronische Spiele, die auch ohne langwierige Lernphase kurzweiligen Spielspaß versprechen. Beliebt in dieser Kategorie sind Quizspiele im Stil von »Wer wird Millionär?« oder das bekannte Quizduell, aber auch einfache Schießspiele wie das legendäre

»Moorhuhn« gehören zu dieser Spezies. Im Prinzip sind die meisten Smartphone-Spiele Casual Games. Das historisch gesehen erste Casual Game war wohl »Tetris« auf Nintendos mobiler Spielekonsole »Gameboy«.

CC

> Carbon Copy
> »Kohlepapierdurchschlag«

In das gleichnamige Feld werden bei einer E-Mail weitere Empfänger eingetragen, welche die gleiche E-Mail erhalten sollen. Im Gegensatz zur Blind Carbon Copy (BCC) ist die Empfängerliste von jedem einzelnen Adressaten einsehbar.

» siehe Blindkopie (BCC), E-Mail

CD

» siehe Change Directory

CD-R

> Compact Disc Recordable
> recordable = beschreibbar

Ein CD-Medium (auch Rohling genannt), welches sich mithilfe eines Brenners genau einmal beschreiben lässt.

» siehe Brennen/Brenner, Rohling

CD-Rohling

Datenträger, der mithilfe eines CD-Brenners beschrieben werden kann.

» siehe Brennen/Brenner, Rohling

CD-ROM

> Compact Disc – Read only memory
> »nur lesbarer Speicher«

Das beliebte silberne, scheibenförmige Speichermedium, auf dem Daten ähnlich einer Schallplatte in Spuren aufgebracht sind. Bei den Daten kann es sich um Audio-, Video- oder auch Binärdaten (z. B. Programme) handeln. Der Platz auf einer CD-ROM ist allerdings für unser heutiges Datenaufkommen arg begrenzt: Lediglich 700 MB (Megabyte) passen auf einen handelsüblichen Rohling. Die CD-ROM wird daher als Speichermedium mehr und mehr von ihren Nachfolgern, der DVD oder der Blu-ray Disc, abgelöst.

» siehe Audio-CD, Blu-ray (Disc), Brennen/Brenner, DVD, Rohling

CD-RW

> Compact Disc – Read Write
> read = lesen, write = schreiben

Ein mehrfach beschreibbarer CD-Rohling. Dieses Speichermedium wird heute kaum noch genutzt, da ein USB-Speicherstick die gleiche Aufgabe erfüllt, wesentlich mehr Speicherplatz bietet und darüber hinaus einfacher zu handhaben ist.

» siehe USB/USB-Stick

Celeron

Bezeichnung eines Prozessortyps der Firma Intel, der weniger leistungsfähig als andere Prozessoren der Firma (z. B. der Pentium Prozessor) ist. Die Celeron-Prozessoren werden überwiegend in Systemen eingesetzt, die nicht das letzte Quäntchen an Leistung benötigen, so z. B. bei Bürocomputern.

» siehe Intel Pentium Prozessor

CEO

> Chief Executive Officer
> geschäftsführendes Vorstandmitglied

Insbesondere bei computeraffinen Unternehmen sind die CEOs deren Aushängeschild, also deren Chefs. Prominente Beispiele sind Jeff Bezos von Amazon und Tim Cook von Apple. Unvergessen bleiben die ehemaligen CEOs Steve Jobs (Apple) und Bill Gates (Microsoft).

CE-Zeichen

> Communauté Européenne

Entgegen weitverbreiteter Meinung kein Gütesiegel, sondern eine Kennzeichnung, dass die entsprechende Ware im europäischen Binnenmarkt frei vertrieben werden darf.

CF

> CompactFlash

Speicherkarte, die früher überwiegend in digitalen Kameras eingesetzt wurde. Die CompactFlash-Karte wurde mittlerweile flächendeckend von (Micro-) SD-Karten abgelöst.

» siehe Micro-SD, SD-Karte

Change Directory

> Abkürzung: CD bzw. cd
> »Wechsle das Verzeichnis!«

Ein Kommandozeilenbefehl, den man in die Eingabeaufforderung bzw. das Terminal eingibt, um in ein bestimmtes Verzeichnis zu wechseln. Angenommen, Sie befinden sich in Ihrem Heimverzeichnis, und darin ist ein Ordner namens »Fotos« enthalten. Sie wechseln dann per folgendem Befehl in diesen Ordner: »cd Fotos«.

» siehe Eingabeaufforderung, Verzeichnis

Charm/Charms-Leiste

Eine seitliche Leiste, die unter Windows 8 auftaucht, wenn man den Mauszeiger in die rechte obere Ecke des Bildschirms bewegt. Die Charms-Leiste enthält Schaltflächen, die auf kurzem Wege zu bestimmten Funktionen, etwa zu den **Einstellungen**, führen. Unter Windows 10 wurde die Charms-Leiste wieder entfernt.

Chatbot

> »Schwatzroboter«

» siehe Übersicht »Künstliche Intelligenz« auf Seite 218

Chat/Chatten

> »Schwatzen«

Genau das tut man in einem Chat mithilfe entsprechender Programme, Apps oder Webseiten-Ergänzungen, die »Messenger« genannt werden. Die Benutzer tauschen sich über Textbotschaften miteinander aus, die nahezu synchron bei allen Beteiligten erscheinen. Die bekanntesten Vertreter sind der Facebook-Messenger und WhatsApp, wobei die letztgenannte App ursprünglich als SMS-Ersatz dienen sollte.

» siehe Instant Messaging/Messenger, WhatsApp

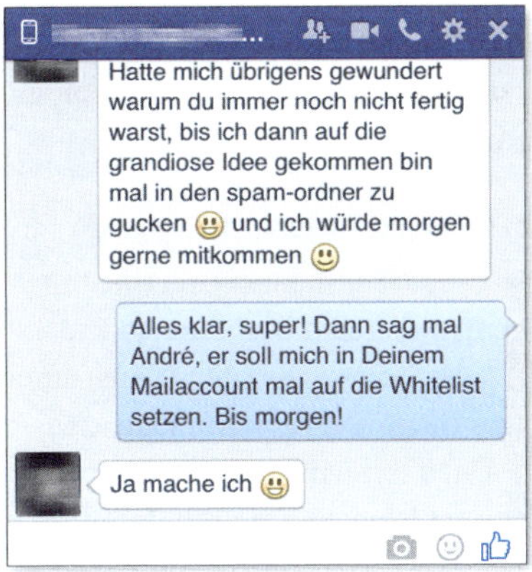

Chatroom

> »Raum zum Schwatzen«

Ein virtueller Bereich auf einer Website, in dem sich die angemeldeten Benutzer per Chat-Funktion miteinander austauschen.

» siehe Chat/Chatten, Virtuell

Checkbox

Ein quadratisches Auswahlfeld, in welchem Sie bestimmte Optionen durch Anklicken aktivieren können. Im Unterschied zu den runden Radiobuttons können Sie von den angebotenen Optionen mehrere oder auch gar keine auswählen.

» siehe Optionsfeld/-schaltfläche (Radiobutton)

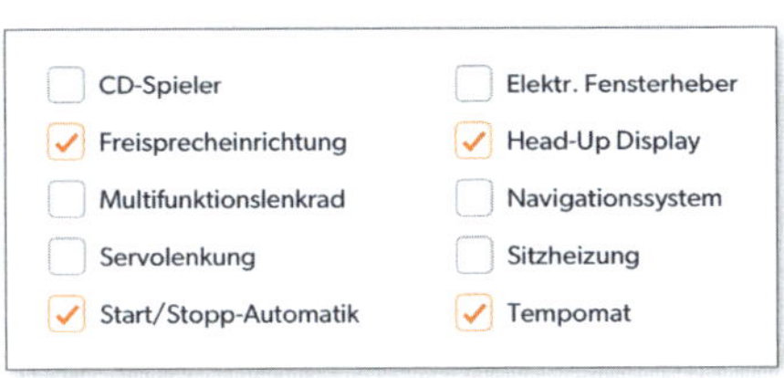

Chip

Elektronisches Bauteil im Computer, welches integrierte Schaltkreise und eine Vielzahl von Transistoren enthält und als Speicher oder Rechenwerk dient. Man versucht, so viele Funktionen wie möglich in einem Chip unterzubringen, was dazu führt, dass die Dichte der Schaltelemente mittlerweile so hoch ist, dass man an Grenzen gelangt ist.

» siehe Mooresches Gesetz

Chrome

Überaus beliebter Browser aus dem Hause Google, der mithilfe von sogenannten Plug-ins bzw. Add-ons in seiner Funktionalität erweitert werden kann. Den Chrome-Browser gibt es für alle drei populären Betriebssysteme (Windows, macOS und Linux). Sie finden die Software im Internet unter *https://www.google.de/chrome/browser/desktop/*.

» siehe Add-on, Browser, Google, Plug-in

Chromecast

Ein kleines rundes Kästchen von Google, das Sie an einen HDMI-Anschluss Ihres TV-Geräts anschließen können und dadurch Zugang zum gesamten Universum der Medien aus dem Google Play Store (Apps, Filme, Musik) bekommen.

» siehe HDMI, Google Play Store

C

Chronik

Verlauf der von Ihnen aufgerufenen Internetseiten, welcher prinzipiell in jedem Browser einsehbar ist. Wenn Sie sich Ihren PC mit anderen Anwendern teilen, dann sollten Sie von Zeit zu Zeit Ihre Browserchronik löschen – andernfalls können neugierige Naturen nachverfolgen, welche Seiten Sie besucht haben. Näheres erfahren Sie in der Dokumentation Ihres Browsers.

» siehe Browserprotokoll

CI

> Common Interface
> Allgemeine Schnittstelle

Diese Schnittstelle dient bei Sat-Receivern (Satellitenfernsehen-Empfangsgeräten) zur Aufnahme einer Smartcard, mit deren Hilfe Sender des Bezahlfernsehens (engl. Pay-TV), also z. B. »Sky«, zugänglich gemacht werden.

» siehe CAM, Smartcard

Cinch (Stecker)

> Stecker aus einem zentralen Stift und einer ihn umgebenden Hülse als zweitem Pol

» siehe Klinkenstecker

Clan

Bedeutet im Bereich der Computerspiele in etwa das, was man auch aus Gangsterfilmen (z. B. »Der Clan der Sizilianer«) kennt: eine Gruppierung von Menschen, welche dieselben Interessen haben, im vorliegenden Fall: gemeinsam ein Computerspiel zu bestreiten. Besonders beliebt ist dabei der Klassiker »World of Warcraft«. Die Nutzer bilden dabei Clans, um gegeneinander anzutreten.

» siehe World of Warcraft

Client

> »Kunde«

Im Computerbereich ist dabei ein Programm gemeint, welches den Dienst eines Anbieters (engl. Server) in Anspruch nimmt. Dazu ein Beispiel: Ein Internetserver bietet Dateien zum Herunterladen über das FTP-Verfahren an. Dann benötigen Sie für diesen Download einen FTP-Client.

» siehe FTP, Herunterladen (Download/Downloaden), Server

ClipArt

> »Bildkunst-Grafik«

Ein Bild sagt mehr als tausend Worte: Mit einer ClipArt-Grafik drücken Sie einen Sachverhalt aus oder stellen einen Gegenstand vereinfacht dar. ClipArt-Bilder sind dabei in der Regel Vektorgrafiken. Eine Unmenge frei verfügbarer ClipArts finden Sie im Internet unter *www.openclipart.org*.

» siehe Vektorgrafik

Clip(-Datei)

Ein Clip ist ein kurzer Film (Videoclip) oder auch ein kurzer Tonschnipsel (Audiodatei).

Close

» siehe Schließen

Cloud (Computing)

> »Daten-/Rechnerwolke«

Das Trendwort des Jahrzehnts im IT-Bereich: Unter der Cloud (»Wolke«) versteht man das Auslagern von Daten und Apps bzw. Programmen auf weltweit per Internet zugängliche Server. Cloud-Dienste stellen Ihnen dann Ihre Daten bzw. auch Programme an jedem beliebigen Ort zur Verfügung. Ein Beispiel dafür sind die Cloud-Dienste von Google: Besitzer eines Android-Smartphones aktivieren auf diesem die Synchronisation ihrer Fotos mit der Cloud »Google Fotos« (im Internet unter *photos.google.com*) und können die Fotos dann auf jedem Endgerät bewundern, auf welchem sie mit ihrem Google-Konto angemeldet sind.

» siehe Dropbox/Dropbox-Konto, Google-Konto, OneDrive, Server, Synchronisieren

» siehe Übersicht »Cloud und Cloud-Speicherdienste« auf Seite 78.

Cloud (Computing): Office in der Cloud

Sowohl Google als auch Microsoft bieten Ihnen Office-Programme an, die Sie direkt per Browser in der Cloud verwenden können. Um in den Genuss der Browserversion von Microsofts Office-Paket (»Office Mobile«) zu gelangen, benötigen Sie ein Office 365-Abonnement. Idealerweise legen Sie dann Ihre Office-Dokumente auf Microsofts Cloud-Speicherdienst OneDrive ab. So haben Sie weltweit Zugriff auf Ihre Dokumente und können sie mit Word, Excel und PowerPoint bearbeiten.

1. Melden Sie sich dazu mit Ihrem Microsoft-Konto im Internet an unter *office.live.com*.
2. Laden Sie die zu bearbeitenden Dokumente per OneDrive (im Explorer bei Windows 10 bereits integriert) auf Microsofts Cloud-Server.
3. Öffnen Sie das gewünschte Dokument in Ihrem OneDrive-Verzeichnis, und bearbeiten Sie es.
4. Speichern Sie das Dokument ab. Sie können es nun auch auf Ihrem PC erneut bearbeiten.

Cluster

Das Wort hat zwei Bedeutungen in der Informatik: Einerseits bezeichnet es eine Zuordnungseinheit für Daten auf einer Festplatte. Andererseits kann mit einem Cluster aber auch ein Zusammenschluss von Computern für umfangreiche Berechnungen gemeint sein. Sie erinnern sich sicher noch an den Film »Titanic«? Die dort gezeigten Spezialeffekte wurden mithilfe eines riesigen Clusters von Linux-Rechnern erzeugt. Das war wesentlich kostengünstiger als das Anmieten eines damals noch als Standard für derartige Aufgaben geltenden Supercomputers.

» siehe Linux, Supercomputer

Cloud und Cloud-Speicherdienste

Wozu nutzt man Cloud-Speicher?
Eine gute Datensicherung erkennt man daran, dass die Daten auf unterschiedlichen Medien (z. B. USB-Sticks oder portablen Festplatten) an verschiedenen Orten gelagert sind. Nur so kann man sicherstellen, dass z. B. im Falle eines Hausbrands noch an einem anderen Ort eine brauchbare Sicherung der wichtigen Arbeitsdaten vorliegt. Die Sache hat allerdings einen entscheidenden Haken: Der bei einem Freund oder Verwandten gelagerte USB-Stick mit der Doktorarbeit spiegelt so gut wie nie den aktuellen Arbeitsstand wieder. Hier bietet sich ein Cloud-Speicher an, der im Prinzip nichts anderes als ein Festplattenbereich auf dem Server des Cloud-Speicher-Anbieters darstellt. Der Zugriff auf diesen Speicher erfolgt mithilfe des Internets. Der Begriff *Cloud* (wörtlich »Wolke«) deutet dabei an, dass Sie nicht wie üblich über einen materiellen Datenträger auf Ihre Daten zugreifen können, sondern vielmehr über die Datenleitungen eines Netzwerks.

Der große Vorteil derartiger Cloud-Speicher besteht darin, dass man die Daten über Betriebssystemgrenzen (z. B. Windows und iOS von Apple) bzw. unterschiedliche Geräteklassen (PC und Smartphone bzw. iPhone) hinweg synchron halten und zur Verfügung stellen kann. Sie können mit jedem beliebigen Endgerät auf die aktuellen Versionen Ihrer Daten zugreifen und diese zeitnah abgleichen.

Die bekanntesten Anbieter von Cloud-Speicher:
- Dropbox
- Google Drive
- Microsoft OneDrive
- Apple iCloud

C

Über die Datenwolke lassen sich Dateien ▲ bequem zwischen unterschiedlichen Endgeräten und Betriebssystemen austauschen. Auch ein Drucker lässt sich per Cloud-Dienst anbinden.

▲ Zugriff auf die Dropbox-Cloud per iPad-App (Apple) und Android-App. Die Apps sind Dateimanager, die transparent ins Betriebssystem eingebunden werden.

Ein Cloud-Speicherdienst hält für diverse Betriebssystem-Plattformen eine spezielle App bereit, die den Cloud-Speicher transparent in das jeweilige Betriebssystem einbindet. Somit können Sie mithilfe des jeweiligen Dateimanagers des gerade verwendeten Systems auf den Cloud-Speicher zugreifen, so als wäre dieser Bestandteil Ihres Geräts und als wären die Dateien direkt auf dem Gerät gespeichert.

Spezialformen der Cloud

Man unterscheidet im Bereich der Cloud-Speicher folgende Varianten:

- **Public Cloud** (öffentliche Cloud): Hier teilen Sie sich den Speicherbereich mit mehreren Anwendern. Ein typisches Beispiel dafür ist ein Fotoalbum auf Google Drive, bei dem beliebig viele Nutzer Bilder hochladen können. So etwas bietet sich etwa bei einem gemeinsamen Urlaub oder Fest im familiären Umfeld an.
- **Private Cloud** (private Cloud): Auf diesen Speicherbereich dürfen nur ausgewählte Benutzer zugreifen. Ein typisches Anwendungsszenario ist das Ablegen von Dateien für ein Firmenprojekt.
- **Hybrid Cloud** (hybride Cloud, also eine Mischform): Hier gibt es einen Bereich, der sowohl private als auch für die Öffentlichkeit zugängliche Daten enthält.
- **Home Cloud** (heimische Cloud): Diese wird im häuslichen Umfeld mithilfe eines Netzwerkspeichers (eines sogenannten *NAS*) realisiert. Dieser besteht aus einem Festplattenverbund, auf den per Netzwerk zugegriffen werden kann.

Cloud-Anwendungen

Viele Cloud-Speicher bieten mittlerweile auch Anwendungen, die es gestatten, die in der Cloud abgelegten Daten direkt per Browser zu nutzen und zu bearbeiten. So stellen Apple und Google beispielsweise jeweils eine vollwertige Office-Software zur Verfügung, die es gestattet, Texte zu bearbeiten, Tabellen zu erstellen und Präsentationen anzufertigen. Das kann auch prinzipiell mithilfe eines mobilen Endgeräts wie einem Smartphone oder Tablet erfolgen. Somit muss der Speicher eines mobilen Geräts auch nicht mehr ganz so üppig ausgelegt sein, da man sich die Daten zur Bearbeitung nur für einen kurzen Zeitraum auf das Gerät herunterlädt.

Sicherheitsaspekte

Nicht jeder legt seine privaten Daten bedenkenlos in die Hand der (zumeist US-amerikanischen) Unternehmen Apple, Google und Co. Problematisch dabei ist, dass die Behörden und Geheimdienste in den Vereinigten Staaten wesentlich größere Befugnisse als hierzulande haben, die Daten von Dritten einzusehen – Stichwort »Patriot Act«. So legen viele deutsche Unternehmen mittlerweile großen Wert darauf, unternehmenskritische Daten auf Servern im Bereich der EU nach EU-Recht abzulegen, um nicht von FBI, CIA und Co. ausspioniert zu werden. Und es gibt durchaus interessante Altenativen für Cloud-Speicher jenseits des großen Teichs. Eine Alternative ist z. B. *Nextcloud*, eine Cloud-Plattform, die auf quelloffene Software (sogenannte *Open Source*) setzt.

» siehe Dropbox/Dropbox-Konto, Google Drive, iCloud, NAS, Nextcloud, OneDrive, Open Source, Server

▲ Per Browser stehen Ihnen in Apples iCloud die wichtigsten Anwendungen der Betriebssysteme macOS und iOS zur Verfügung.

Cmd-Taste

> Command = Befehl

Spezielle Taste auf einer Mac-Tastatur (früher auch Apfel-Taste genannt). Vergleichbar mit der Alt-Taste auf einer Standard-PC-Tastatur.

» siehe Alt-Taste

CMS

> Content Management System
> »System zum Verwalten von Inhalten«

Das mühsame Zusammenbasteln von HTML-Dokumenten für einen ansprechenden Internetauftritt war gestern: Heute verwendet man Content-Management-Systeme, mit denen man die Inhalte von Webseiten bequem verwalten kann. Die Redakteure müssen zum Erstellen eines Artikels nicht mehr über HTML-Kenntnisse verfügen, sondern können mit jedem beliebigen Browser per Internetanbindung auf ein Textverarbeitungs- und Verwaltungssystem zugreifen. Typische Vertreter sind »Joomla« und »Typo3«.

» siehe HTML

CMYK

> Cyan Magenta Yellow Key

CMYK ist ein Farbmodell, welches die Grundlage für den Vierfarbdruck bildet. Die Buchstaben stehen dabei für die Farben Cyan (Blauton), Magenta (Rotton), Yellow (Gelb) und den Schwarzanteil (Key), der gleichbedeutend mit der Farbtiefe ist. Ein Drucker mischt, um beliebige Farben zu erzeugen, die genannten Farbteile so, dass die gewünschte Zielfarbe herauskommt. Das haben Sie als Kind mit Buntstiften oder Ihrem Tuschekasten sicherlich auch probiert: Mischt man Gelb mit Blau, erhält man als Mischfarbe Grün.

» siehe RGB

Code

Regeln zur Verschlüsselung von Daten bzw. Informationen. Das kannte schon Julius Cäsar: Um geheime Botschaften in Textform zu übermitteln, vertauschte er die Buchstaben im Originaltext mit Buchstaben aus dem Alphabet, die um einen sogenannten Schlüsselbuchstaben verschoben waren. Der Schlüsselbuchstabe C bedeutet dabei z. B. die Verschiebung des Alphabets um drei Plätze. Kennt der Empfänger den Schlüsselbuchstaben, so kann er den Text entschlüsseln. Die kleine Tabelle unten zeigt als Beispiel, wie man einen Text mit dem Schlüsselbuchstaben B (d. h. Verschiebung des Alphabets um einen Buchstaben) verschlüsseln kann. Ein bekannter Code in der Informatik ist der ASCII-Code. Eine andere Bedeutung des Begriffs Code ist die Niederschrift eines Programms in einer Programmiersprache.

C

» siehe ASCII-Code

» siehe Übersicht »Programmiersprachen – ein Überblick« auf Seite 297

Original	H	A	L	L	O
Codiert	I	B	M	M	P

Codec

> Kunstwort aus Coder (Codierer = »Verschlüsseler«) und Decoder (Decodierer = »Entschlüsseler«)

Mit einem Codec können Videos oder Audiodateien auf einen Bruchteil ihrer Größe geschrumpft werden.

Codefree

Der Kunstbegriff taucht oft im Zusammenhang mit DVD- bzw. Blu-ray-Playern auf: Hat man sein Abspielgerät »codefree« geschaltet, dann lassen sich damit DVDs bzw. Blu-rays aus beliebigen Ländern abspielen.

Cognitive Computing

> Erkennendes Berechnen

» siehe Übersicht »Künstliche Intelligenz« auf Seite 218

COM

» siehe *.com* auf Seite 457

Community

> Gemeinschaft

Eine Community ist eine Gruppe von Menschen im Internet, die gemeinsame Interessen teilen. So gibt es z. B. die Community der »World of Warcraft«-Spieler.

Compiler

> Zusammensetzer

Ein Compiler übersetzt Programme, die mithilfe eines Editors (das ist ein einfaches Schreibprogramm) von Programmierern in menschenlesbarer Form erstellt wurden, in eine vom Computer interpretierbare Gestalt.

» siehe Übersicht »Programmiersprachen – ein Überblick« auf Seite 297

COM-Port

> Communication Port

Der Kommunikations-Port ist eine nahezu ausgestorbene Schnittstelle, die man gelegentlich an alten PCs noch finden kann. Daran schloss man seinerzeit u. a. Joysticks an.

» siehe Joystick

» siehe Übersicht »Ports: Die wichtigsten Anschlüsse am PC« auf Seite 292

Computer

> compute = berechnen

Sammelbegriff für elektronische Geräte, die in der Lage sind, Berechnungen aller Art durchzuführen. Der englische Begriff Computer (abgeleitet von engl. »compute« und ursprünglich lat. »computare«) bezeichnete ursprünglich Menschen, die zumeist langwierige Berechnungen vornahmen, wie z. B. die Astronomen im Mittelalter. Moderne Computer sind zwar gegenüber den frühesten Geräten in der Lage, nicht nur Zahlen, sondern auch Buchstaben und Töne zu verarbeiten, doch werden diese wiederum vom Computer in Zahlen umgewandelt. Daher nennt man Computer auch synonym »Rechner«.

» siehe Rechner

Computer-based Training

> anderer Ausdruck für E-Learning

Viele Dinge lassen sich auch ohne eine Schulungsveranstaltung vor Ort dank der multimedialen Fähigkeiten des Computers leichter erlernen: sei es eine Sprache, die man sich mithilfe eines computergestützten Sprachlabors in kurzer Zeit aneignen kann, oder ein schwieriges Computerprogramm, das von Experten in Form von Videotrainings vermittelt wird.

Computergrafik

Mit ihrer Hilfe sind zum Teil unfassbar schöne virtuelle Welten entstanden: Die moderne Computergrafik ist mittlerweile in der Lage, die Grenzen zwischen Realität und Fiktion verschwimmen zu lassen. Die Landschaften, die im Rechner entstehen, bestehen aus Daten, die Farbpunkte beschreiben. Eine besonders schöne Form der Computergrafik sind dabei sogenannte Fraktale (u. a. geometrische Muster), die aus einfachen Berechnungsvorschriften erzeugt werden können.

Computername (PC-Name)

Der Name, unter dem Ihr PC eindeutig in einem Netzwerk zu identifizieren ist. Unter Windows 10 finden Sie den PC-Namen in den Einstellungen im Bereich **System ▸ Info**. Dort können Sie Ihren PC auch auf Wunsch umbenennen.

Computer & Co. kaufen

Sie möchten sich einen neuen PC, ein neues Laptop oder Tablet kaufen, wissen aber nicht, welche Geräteklasse für Sie geeignet ist? Und zudem erschlägt Sie die Werbung auch noch mit einer Fülle von unbekannten technischen Begriffen? Die folgenden Seiten sollen Ihnen dabei helfen, etwas Licht ins Dunkel zu bringen.

Geräteklassen

Vor einem Kauf gilt es vor allem zunächst abzuwägen, für welche Zwecke man ein solches Gerät einsetzen möchte. Ist man viel unterwegs bzw. bearbeitet man nicht ständig Bilder und Videos, was einen größeren Monitor und auch Speicher erforderlich macht, ist man ggf. schon mit einem Mobilgerät allein gut beraten. Werden Sie am Computer häufig Büroarbeiten erledigen, so ist dagegen eine Tastatur bzw. ein Laptop und ggf. auch ein Desktop-PC mehr oder weniger Pflicht. Die Tabelle auf Seite 85 stellt Ihnen die Geräteklassen nebst Vor- und Nachteilen vor.

▲ Hybridgerät ❶, Laptop ❷ und Smartphone ❸ sind heute ähnlich leistungsfähig wie klassische Desktop-Computer – mehr Rechenleistung braucht eigentlich keiner!

Geräteklasse	Eigenschaft/ Form	Zielgruppe	Vorteil	Nachteil	Preis
Desktop-PC	Computer ist in einem großen Tower untergebracht, verfügt über extern angeschlossene Tastatur, Maus und Monitor	Büroarbeitskräfte, die ihr Gerät nicht bewegen müssen oder wollen, Spieler leistungshungriger PC-Spiele	bestes Verhältnis zwischen Preis und Rechenleistung	nicht transportabel	ab 500 €
Tablet	per Finger über einen berührungsempfindlichen Bildschirm bedienbarer Computer	Personen, die keine längeren Texte etc. eingeben müssen und für die große Schriften beim Lesen wünschenswert sind	handlich, noch akzeptables Gewicht	keine vollwertige Tastatur, stattdessen eine virtuelle (»simulierte«) Tastatur auf dem Bildschirm	ab 300 €
Hybridgerät bzw. Convertible	Tablet mit andockbarer fester Tastatur, handschriftliche Eingabe per Spezialstift	Grafiker, Freunde handschriftlicher Notizen und echter Tastaturen	Mix zwischen Tablet und Laptop	Standardprogramme (z. B. Office) gibt es nur in abgespeckter Form	ab 400 €
Laptop bzw. Notebook	vollwertiger Computer auf kleinstem Raum	mobile Büroarbeitskräfte, Privatpersonen und mit Einschränkungen auch Computerspieler	gängige PC-Software kann verwendet werden	etwas unhandlicher als Tablets und Hybridgeräte	ab 500 €
Smartphone	der Kleinstcomputer für die Hosentasche	fast alle Menschen, die unterwegs online gehen wollen	ultraportabel	Bildschirm für Textverarbeitung und Grafikarbeiten zu klein	ab 100 €
Phablet/ XL-Smartphone	extragroßes Smartphone, oft mit der Möglichkeit der Stifteingabe	für Anwender, die einen Kompromiss zwischen Smartphone und Tablet suchen	handlich und leistungsstark	eher ungünstiges Preis-Leistungs-Verhältnis	ab 900 €

Einen klassischen PC kaufen

Er ist noch nicht ganz ausgestorben, der gute alte Desktop-Computer, der als großer Kasten unter vielen Schreibtischen der Welt sein Dasein fristet. Und wer weiß, eventuell genügt ja auch Ihnen ein solches Gerät in Ihrem heimischen Büro. Beim Kauf eines stationären Computers muss man sich mit einer Unmenge von technischen Begriffen beschäftigen, um herauszufinden, ob das Gerät für die eigenen Zwecke geeignet ist. Sie haben nicht die geringste Ahnung, was es mit den kryptischen Daten auf sich hat, die ein Computerprospekt füllen? Das folgende Bild gibt Ihnen einen kleinen Überblick, welche Komponenten beim Kauf eine Rolle spielen.

1. Prozessortyp: Der aktuell schnellste Prozessor ist der Intel i9, gefolgt vom i7. Für Büroarbeiten und kleinere Spiele genügt aber auch ein i5 oder i3. Der Hersteller AMD bietet ähnliche Prozessoren an. Deren Prunkstück heißt *Ryzen*. Die Prozessor-Taktfrequenz ist für normale Anwendungen nicht unbedingt maßgeblich, bewegt sich aber in der Regel bei ca. 3 GHz (Gigahertz).
2. Arbeitsspeicher (RAM): Mit weniger als 8 GB (Gigabyte) sollten Sie sich auf modernen Systemen nicht zufriedengeben.
3. Gehäuse bzw. Tower: Hängt von Ihren Platzverhältnissen ab. Generell gilt aber: Je größer das Gehäuse, desto besser kann die Wärme vom Prozessor abgeführt werden.
4. HDD-Festplatte: Hier lagern Sie alle platzraubenden Daten aus, also z. B. Videos, Musik und Bilder. Auf günstigen PCs, die nur mit einer HDD-Festplatte ausgestattet sind, befindet sich darauf auch das Betriebssystem. Moderne Festplatten haben heute eine Kapazität von 3 TB (Terabyte).
5. SSD-Festplatte: Diese Platte besitzt zwar weniger Speicher als die HDD-Platte, ist aber rasend schnell. Bei modernen Systemen gehört sie mittlerweile zum Standard. Man legt darauf das Betriebssystem ab, damit dieses schnell starten kann. Gängige SSDs besitzen aktuell eine Speicherkapazität von 512 GB (Gigabyte).
6. Mainboard: Die Hauptplatine des Rechners. Der Preis bestimmt, wie viele Schnittstellen (Ports) man hier erhält, also wie viele externe Geräte man anschließen kann.
7. Netzteil: Achten Sie auf ein leistungsfähiges Netzteil. Dieses sollte bei aktuellen PCs mindestens 500 Watt an Leistung liefern.
8. DVD- bzw. Blu-ray-Laufwerk/-Brenner: Damit können Sie Filme anschauen oder Daten auf entsprechende Rohlinge brennen. Aufgrund des steigenden Angebots von *Streamingdiensten* (dort werden Musik und Filme direkt per Internet vertrieben) treten DVD und Blu-ray aber mehr und mehr in den Hintergrund.
9. Unabdingbar für moderne Spiele: eine extra Grafikkarte, die in der Lage ist, die Bilderflut schnell zu berechnen und auf den Monitor zu bringen. Hier haben sich Exemplare aus dem Hause NVidia (GeForce-Serie) und AMD (Radeon-Serie) bewährt. Bei günstigen Büro-PCs tut es auch ein einfacher Grafikchip, der auf dem Mainboard sitzt (dann spricht man von »Onboard-Grafik«).

Nicht im Bild: vorinstalliertes Betriebssystem: Hier sollten Sie auf die derzeit aktuellste Version achten. Momentan ist das Windows 10.

C

Die beiden Abbildungen auf dieser und der folgenden Seite zeigen noch einmal am Beispiel, wie sich die unterschiedlichen Ausstattungs- und Leistungsmerkmale deutlich auf den Preis auswirken können. Entscheiden Sie anhand Ihrer Bedürfnisse, ob es tatsächlich der neueste Prozessortyp (Intel i7) sein muss oder ob Ihnen auch ein i3-Prozessor ausreicht ❶. Die Prozessor-Taktfrequenz ❷ ist, wie gesagt, nicht so ausschlaggebend und weicht im Beispiel kaum voneinander ab (3,7 gegenüber 4 Gigahertz). Die den Preis ebenfalls deutlich bestimmende Festplattenkapazität ❸ richtet sich nach Ihrem tatsächlichen Speicherbedarf. Auf 1 TB (Terabyte) lassen sich – je nach Auflösung des Bildes – immerhin rund 200.000 bis zu 10 Millionen Bilder unterbringen.

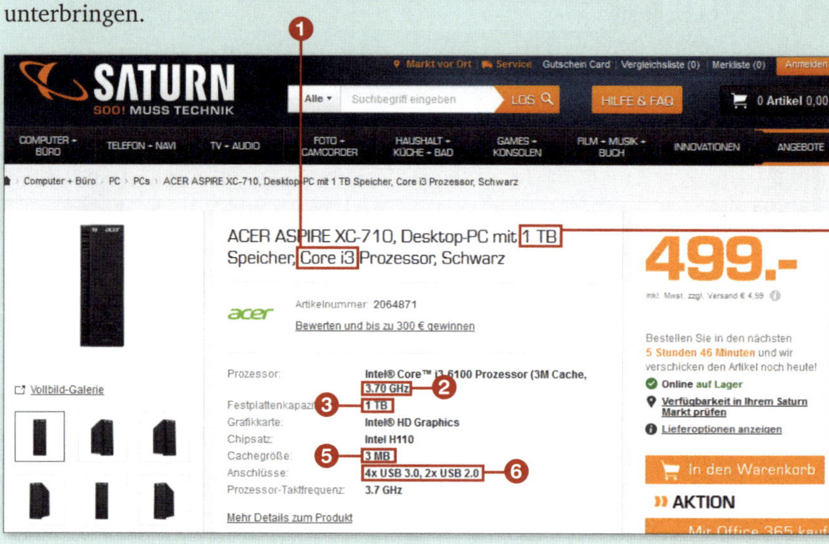

Sollte, wie im Beispiel auf dieser Seite, der Arbeitsspeicher (RAM) (siehe ❹ auf Seite 89) nicht extra angegeben sein, fragen Sie im Handel danach. Die Cache- bzw. Zwischenspeicher-Größe ❺ hat Einfluss auf die Arbeitsgeschwindigkeit. Wenn es bei Ihrer Arbeit mit dem Computer also nicht auf Sekunden ankommt, kommen Sie hier auch mit etwas weniger aus. Im Alltag wichtig sind zudem die Anzahl und Art der Anschlüsse (sogenannte Ports) für externe Medien und Geräte ❻. USB 2.0 ist ein nach wie vor weitverbreiteter Standard, der allmählich durch das neuere USB 3.0 abgelöst wird. Ein Anschluss für einen Multikartenleser ist nicht unbedingt erforderlich – das Kartenlesegerät (Card Reader) für die Speicherkarte Ihrer Digitalkamera lässt sich in aller Regel an die USB-Ports anschließen. Zusammengefasst: Im Zahlen- und Buchstabenwirrwarr können Sie oft gleich in der Überschrift zu einer Werbung drei zentrale Angaben herausfiltern:

Festplattenspeicher (wobei HDD in unserem Beispiel unten nichts anderes als die englische Bezeichnung für »Festplatte«, also kein weiteres Qualitätsmerkmal ist), Arbeitsspeicher (RAM) sowie Typ des Prozessors.

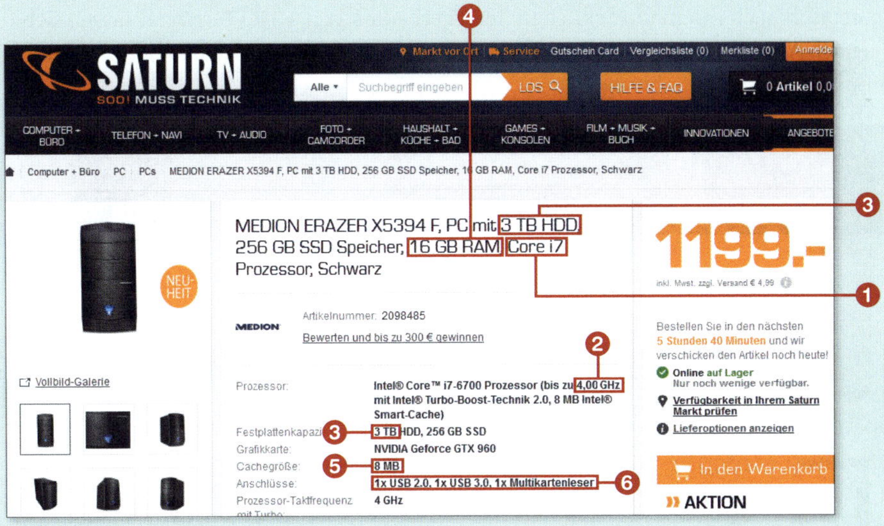

Technische Daten bei Tablet und Smartphone verstehen

Die beiden folgenden Bilder geben einen Einblick darein, welche technischen Daten bei einem Smartphone bzw. Tablet beworben werden:

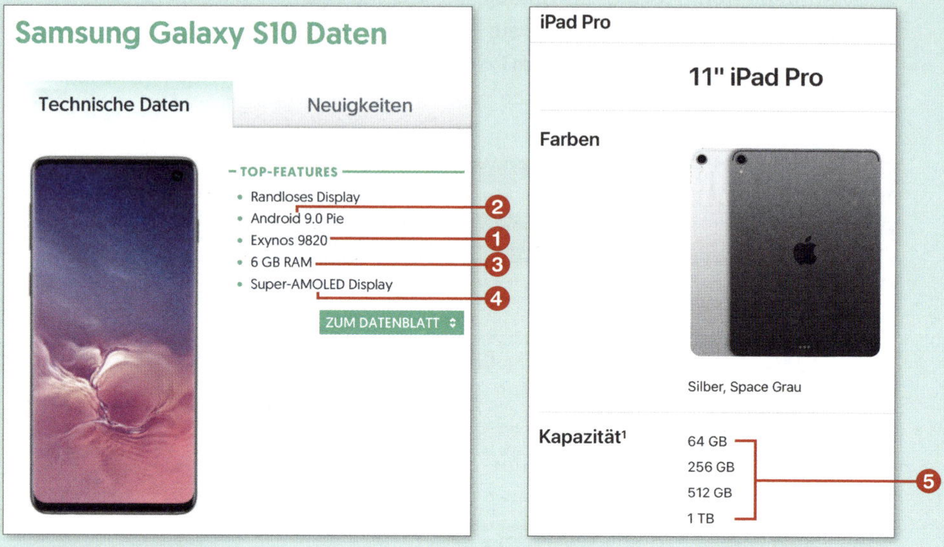

▲ Ein aktuelles Smartphone (Samsung Galaxy S10) und ein aktuelles Tablet (iPad Pro) nebst einigen technischen Daten.

1. Prozessortyp: Aktuelle Smartphones bzw. Tablets besitzen Prozessoren, die meist genauso leistungsfähig sind wie diejenigen in einem großen Mittelklasse-PC.
2. Betriebssystemversion: Mobile Betriebssysteme unterliegen einer rasanten Änderung. Insbesondere bei Android-Smartphones werden für bestimmte Geräte nach zwei Jahren schon keine Updates mehr zur Verfügung gestellt. Anders sieht es bei Apple-Geräten mit iOS aus: Diese werden ca. vier Jahre lang mit Updates versorgt.
3. Interner Speicher (RAM): Dieser Wert bestimmt, wie viele Programme auf dem Mobilgerät gleichzeitig laufen können.
4. Display-Typ: Ein AMOLED-Display garantiert Ihnen satte Schwarzwerte. LCD-Displays sind nicht ganz so brillant, altern dafür aber im Gegensatz zu AMOLED-Displays kaum.
5. Festplatten-Speicher bzw. Kapazität: Dieser Wert bestimmt, wie viele Bilder und Dokumente Sie direkt auf dem Gerät speichern können. Mit weniger als 128 GB sollten Sie sich heute nicht zufriedengeben.

Computersicherheit

Darunter fallen sämtliche Maßnahmen, mit denen man den PC gegenüber Angriffen durch Viren, Trojaner und anderes digitales Ungeziefer schützt, wie ein Virenscanner (Virenschutzprogramm) und eine aktivierte Firewall. Zentraler Anlaufpunkt für derartige Fragen ist unter Windows 10 der Bereich **Systemsteuerung ▶ Sicherheit und Wartung** (zu finden per Suche nach »Sicherheit« im Suchfeld in der Taskleiste).

» siehe Firewall, Virenschutzprogramm, Windows Defender

Computerspiel

Für die einen ist es der Zeitvernichter schlechthin, für die anderen der Schlüssel zur totalen Entspannung: das Computerspiel. Dabei müssen Sie das Spiel Ihrer Wahl nicht unbedingt lokal, also auf Ihrem Computer selbst, installieren – per Internetbrowser können Sie (das Flash-Plug-in vorausgesetzt) bequem auf eine Vielzahl von Spielen zurückgreifen, die zumindest vor zehn Jahren als aktuell galten, wie z. B. »Zelda« von Nintendo. Dem Retro-Charme dieser Vertreter kann ich von Zeit zu Zeit auch nicht widerstehen.

» siehe Flash/(Adobe) Flash Player, Plug-in

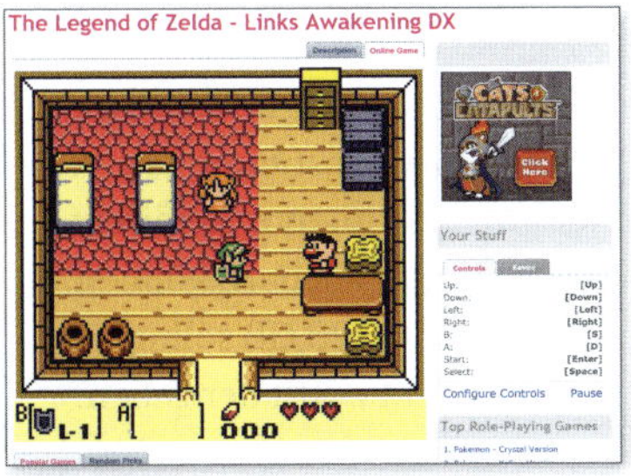

Computerverwaltung

Sollten Sie einmal bei einem Problem mit dem Computer von einem Helfer (ggf. am Telefon) aufgefordert werden, die Computerverwaltung zu öffnen – diese rufen Sie z. B. in Windows 10 im Schnellstartmenü auf. Verwenden Sie zum Öffnen dieses Menüs die Tastenkombination ⊞ + X, und wählen Sie anschließend **Computerverwaltung** aus. Anschließend müssen Sie häufig noch die Anfrage der Benutzerkontensteuerung mit **Ja** bestätigen.

» siehe Benutzerkontensteuerung

Computervirus

» siehe Virus

Computerwurm

» siehe Wurm

CON

Eine Abkürzung für das Wort Console (Konsole), mit der u. a. eine sogenannte Kommandozeile bezeichnet wird. In Windows ist diese als Desktop-App Eingabeaufforderung in das System integriert.

» siehe Eingabeaufforderung

Confirm

» siehe Bestätigen

Container

Ein (Software-)Container (= Behälter) beherbergt in der Regel Audio- oder Videodateien, die mithilfe eines Codecs auf einen Bruchteil ihrer ursprünglichen Größe geschrumpft wurden. So sind in einem MP4-Container Videodateien enthalten, die z. B. mit dem H.264-Codec geschrumpft wurden. Derartige Container können auch mehrere Tonspuren enthalten.

» siehe Codec, MP3, MP4

Content

> Inhalt

Wohl dem, der seine Internetseiten mit ansprechendem Content füllen kann. Damit ist deren Informationsinhalt gemeint. Dazu zählen nicht nur die Texte, sondern auch andere Medien, die Inhalte transportieren, wie Fotos, Videos oder Hörbeiträge.

» siehe CMS

Continue

» siehe Fortfahren/Fortsetzen

Controller

> Steuerung

Bezeichnet im Computerbereich ein Hardwareteil, welches der Steuerung und Regelung dient. Ein Beispiel ist der auf der Hauptplatine (Mainboard) verbaute Festplatten-Controller, der die angeschlossenen Festplatten steuert. Ein anderes Beispiel ist die Steuerungseinheit von Spielekonsolen, z. B. der von der PlayStation her bekannte »Dual Shock Controller«.

» siehe Festplatte, Hauptplatine (Mainboard), PlayStation, Spielekonsole

Convertible

> Verwandelbarer Rechner

» siehe Übersicht »Computer & Co. kaufen« auf Seite 84

Cookie

> »Keks«

Haben Sie sich schon oft gefragt, woher Online-Shops wie z. B. Amazon Ihre Vorlieben kennen? Immer wenn Sie deren Webseiten aufsuchen, erscheinen für Sie passende Angebote. Das Geheimnis sind hier sogenannte Browser-Cookies: Das sind kleine Markierungen, die immer dann gespeichert werden, wenn Sie nach bestimmten Artikeln im Shop suchen. Sie hinterlassen bei Ihrem Besuch der Shops im Internet also gewissermaßen Kekskrümel. Dies können Sie nicht ohne Weiteres unterbinden. Immerhin fragen seriöse Anbieter nach, ob Sie die Cookies, die häufig Voraussetzung für die Nutzung des Shop-Angebots sind, zulassen.

» siehe Browserprotokoll

» siehe Übersicht »Datenschutz und Datensicherheit« auf Seite 101

Coprozessor

Der Hauptprozessor eines PCs lagert einige Berechnungen meist auf einen Coprozessor aus. Dieser ist dann z. B. für umfangreiche mathematische Rechnungen verantwortlich. Aber auch Grafikkarten bieten Coprozessoren (sogenannte GPUs) für aufwendige grafische Berechnungen an.

» siehe Grafikprozessor (GPU), Prozessor (CPU)

Copy and Paste

> Kopieren und Einfügen

Core

> Kern

Damit ist ein Block innerhalb eines Prozessors gemeint, der von zentraler Bedeutung für Berechnungen aller Art ist. Besitzt der Prozessor mehrere dieser Blöcke (engl. »Multicore«), so lassen sich die Berechnungen darauf verteilen.

» siehe Multi-Core-Prozessor

Cortana

Sprachassistentin für Suchanfragen aller Art in Windows 10, die auch umgangssprachliche Formulierungen (»Wird es morgen im Harz regnen?«) erkennt. Sie finden die Cortana-Sucheingabemaske unten links in der Taskleiste, gleich neben dem Windows-Logo zum Öffnen des Startmenüs.

» siehe Google Assistant, Siri

Cover

> Deckblatt

Ein Cover ist das Bild, welches die Hülle einer Musik-CD ziert. Diese Bilder werden mittlerweile in digitaler Form in iTunes und Co. verwendet.

» siehe iTunes

CPS

> Characters per second

Gibt entweder bei einem Drucker die Anzahl der gedruckten Zeichen pro Sekunde an oder ist in der Datenfernübertragung ein Maß für die pro Sekunde übertragenen Zeichen.

CPU

> Central Processing Unit

» siehe Prozessor

Cracker

> engl. crack = »knacken«

Ein Cracker ist jemand, der ein kopiergeschütztes Programm mithilfe geeigneter Softwarewerkzeuge so manipuliert, dass er das Programm auf beliebigen Rechnern nutzen kann, ohne es erneut kaufen zu müssen.

Cradle

> »Wiege«

Ein Einschub, in den man früher Taschencomputer hineinstecken konnte, um diese zu laden und gleichzeitig Daten mit einem angeschlossenen PC austauschen zu können.

» siehe Andockstation (Docking Station)

Crash

> »Unfall/Zusammenstoß«

»Rien ne va plus«, wie der Franzose sagt – nichts geht mehr! Wenn Ihr Computer auf keine Eingaben mehr reagiert und eventuell sogar den berühmt-berüchtigten Blue Screen zeigt, dann spricht man von einem Crash bzw. Absturz.

» siehe Absturz, Blue Screen

Crawler

> kurz für Webcrawler

» siehe Spider

C

Crossfire

> »Kreuzfeuer«

Eine Methode, um zwei Grafikkarten in einem PC gleichzeitig verwenden zu können und dadurch die grafische Leistungsfähigkeit erheblich zu steigern.

» siehe Grafikkarte

Crossposting

> cross = quer, posting = Aushang, Beitrag
> Zweitveröffentlichung an anderer Stelle

Wenn Sie sich aktiv in einer Internet-Nachrichtengruppe (Newsgroup) oder in einem Forum austauschen, dann werden die dort diskutierten Beiträge in Themenbereiche geordnet. Sie haben dann mit einem Crossposting die Möglichkeit, einen Beitrag in mehreren Themengebieten gleichzeitig zu veröffentlichen.

» siehe Forum, Newsgroup, Posten/Posting

CSS

> Cascading Style Sheets
> »Geschachtelte/gestufte Stilelemente«

Eine Möglichkeit, Inhalte auf einer Webseite anzuordnen. Dabei handelt es sich wie bei HTML um eine Beschreibungssprache, mit deren Hilfe man u. a. die Lage der Elemente auf einer Webseite definiert. Mithilfe von CSS können neben dem Layout auch Farben und Schriftarten einer Webseite unabhängig von der HTML-Auszeichnung festgelegt werden.

» siehe HTML

CSV-Datei

> Comma-separated values
> »Durch Kommata getrennte Werte«

In einer CSV-Datei werden Daten als Buchstaben und Zahlen gespeichert. Einzelne Datenblöcke werden durch Kommata voneinander getrennt. Das hat den Vorteil, dass CSV-Datentabellen von nahezu jedem beliebigen Editor oder Tabellenkalkulationsprogramm gelesen werden können.

» siehe Editor

Ctrl-Taste

> Control-Taste = Steuer(ungs)-Taste

Eine Taste auf der Mac-Tastatur, mit deren Hilfe man Zweitfunktionen aufruft. Vergleichbar mit der Strg-Taste auf einer Standard-PC-Tastatur.

» siehe Strg-Taste

CU

Im Internet beliebter Ausdruck als Kurzform für »see you« – »wir sehen uns«.

» siehe Akronym

CUA

> Common User Access
> »Allgemein gebräuchlicher Benutzerzugang«

Eine Richtlinie, welche die Gestaltung von Benutzeroberflächen vorgibt. Unter Windows ist es beispielsweise üblich, dass jedes Fenster eine Menüleiste am oberen Rand besitzt.

» siehe Arbeitsoberfläche (Desktop)

Cuesheet

Eine Datei, die beim Brennen einer Audio-CD die Titelliste der einzelnen Musikstücke enthält. Sie erkennen diese Dateien an der Endung .cue.

» siehe Brennen/Brenner

CUL8RA

> See you later alligator

Internetslang: Erweiterung von CU. Erinnert an das gleichnamige Lied von Bill Haley.

» siehe CU

Cursor

> engl. mit lateinischem Ursprung: »Läufer«

» siehe Einfügemarke

Cursor-Tasten

» siehe Pfeil-Tasten

Cut and Paste

» siehe Ausschneiden und Einfügen

CVBS

> Composite Video Baseband Signal

Ein Verfahren, mit dem analoge Fernsehfarbbilder übertragen werden.

Cyber(-café, -crime, -sex, -space)

Die Vorsilbe »Cyber« wird heute überall dort verwendet, wo Aktivitäten beschrieben werden, die sich in den virtuellen Welten des Internets abspielen. Als Wortbestandteil findet sich Cyber auch im Begriff »Kybernetik« wieder.

» siehe Kybernetik

D

… wie Demo – nicht etwa eine Zusammenkunft für eine gerechte Sache, sondern vielmehr die Testversion eines Programms.

D

D:

Bezeichnung eines zweiten Laufwerks neben dem Hauptlaufwerk *C:* bzw. einer zweiten Festplatte unter Windows-Betriebssystemen, normalerweise das CD- bzw. DVD-Laufwerk des Computers.

» siehe Festplatte, Laufwerk (Drive), Partition

Daemon

> »Dämon«

Ein Programm, welches auf Linux- bzw. Unix-Systemen im Hintergrund abläuft und gewisse Dienste zur Verfügung stellt. Möglicherweise haben auch Sie schon einmal eine E-Mail vom Mailer-Daemon erhalten. Das ist ein Gruß vom Mailserver, der Sie darauf hinweist, dass eine von Ihnen adressierte Mailadresse nicht existiert. In der Regel haben Sie sich dann bei der Eingabe der Mailadresse vertippt. Also einfach noch einmal versuchen!

» siehe Linux, Unix, Server

Dashboard (Mac)

> »Armaturenbrett«

Das kennen die Mac-Anwender der ersten Stunde: eine Seite des Desktops, auf der man praktische Helferlein (Widgets genannt) ablegen kann, wie die Anzeige von Aktienkursen, der Uhrzeit, der Google-Suche, eines Taschenrechners oder des lokalen Wetters. Das Dashboard ist bei aktuellen macOS-Versionen mittlerweile deaktiviert, kann aber über die Systemeinstellungen im Bereich Mission Control wieder zum Vorschein gebracht werden.

» siehe macOS, Mission Control, Widget

Data Mining

> »Datengrabung«, »Schürfen nach Daten«

Darunter versteht man das gezielte Sammeln von Daten.

» siehe Übersicht »Datenschutz und Datensicherheit« auf Seite 101

Data Science

> Datenwissenschaft, Wissenschaft von den Daten

» siehe Übersicht »Künstliche Intelligenz« auf Seite 218

Datei

> engl. File

Allgemeiner Begriff für etwas, mit dessen Hilfe man Informationen speichert. So gibt es beispielsweise Audio-, Video-, Text- und Bilddateien, aber auch Programme kommen als ausführbare Dateien daher. Mit Dateien können Sie einiges anstellen: sie können kopiert, verschoben, gelöscht und in ein anderes Format umgewandelt werden. Zentrales Werkzeug zum Umgang mit Dateien in einem Betriebssystem ist der Dateimanager. Bei älteren Windows-Versionen landeten Sie direkt nach dem Start direkt im Ordner **Eigene Dateien**, bei Windows 10 finden Sie im Explorer separate Verzeichnisse für die wichtigsten Dateitypen unter **Dieser PC**.

» siehe Dateimanager, Explorer

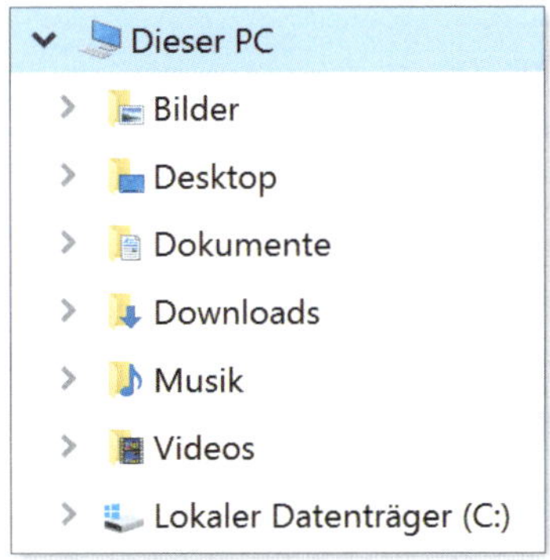

Dateiendung/Dateityp

Diese beiden Begriffe hängen eng miteinander zusammen: Die Dateiendung besteht in der Regel aus drei (manchmal auch mehr) Buchstaben, die durch einen Punkt vom Dateinamen getrennt sind. Diese Erweiterung des Dateinamens (fachsprachlich auch »Extension« genannt) gibt dann auch gleichzeitig den Typ der betreffenden Datei an. Beispiel: Die Endung *.doc* steht für ein Word-Dokument (das kompatibel mit den Versionen Word 97 bis 2003 ist), *.txt* für eine Textdatei und *.jpg* für ein Bild im JPEG/JPG-Format. Jedem Dateityp ist in der Regel ein (besonders) geeignetes Programm zugeordnet, mit dem sich die Datei öffnen lässt. Daher sollte man diese Endung nicht beliebig ändern. Im Explorer in Windows 10 können Sie sich den Dateityp anzeigen lassen: Klicken Sie auf den Reiter **Ansicht**, und versehen

Sie das Kontrollkästchen vor **Dateinamenerweiterungen** im Bereich **Ein-/ausblenden** mit einem Häkchen.

» siehe Bilddateiformate, Dateiname, Öffnen mit

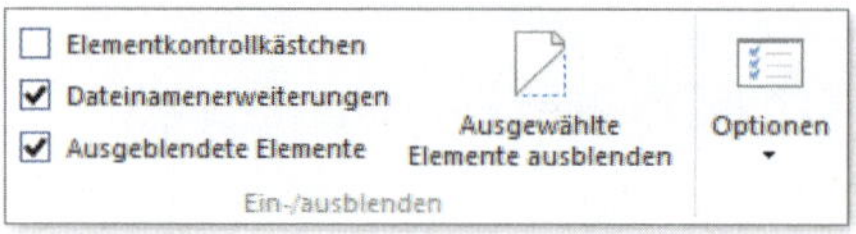

Datei-Explorer

Bezeichnung des Dateimanagers unter Windows.

» siehe Dateimanager, Explorer

Dateigröße

Die Dateigröße wird in Kilobyte (kB/KB), Megabyte (MB) oder gar Gigabyte (GB) angegeben. Sie können diese in der Detailansicht im Dateimanager (im Explorer in Windows) ablesen. Unter dem Stichwort »Bit« finden Sie eine Tabelle mit allen Maßeinheiten.

» siehe Bit

Dateimanager

Dieses universelle Werkzeug finden Sie auf jedem Betriebssystem. Mit seiner Hilfe können Sie sich durch die hierarchisch geordnete Struktur Ihres Dateiablage-Systems wie des Computers insgesamt hangeln, Verzeichnisse und Unterverzeichnisse erstellen sowie die Dateien selbst umbenennen, an einen anderen Ort verschieben, kopieren oder löschen.

» siehe Explorer, Verzeichnis

» siehe Übersicht »Dateimanager im Vergleich« auf Seite 99

Dateiname

Eindeutiger Name einer Datei, mit dessen Hilfe man Ordnung in das persönliche Datenchaos bringen kann. Selbsterklärende Bezeichnungen sind empfehlenswert, also z. B. »Belege_Steuer_2019.doc« anstelle von »BSt19.doc«. Derartig eindeutig benannte Dateien lassen sich auch einfacher mit der Suchfunktion des Dateimanagers aufspüren.

» siehe Dateiendung/Dateityp

Dateiordner

» siehe Ordner

Dateisystem

Zur Organisation aller Daten, die ein Betriebssystem oder auch Datenträger (wie eine Festplatte) enthält, wird ein Dateisystem verwendet. Diesem ist je nach Betriebssystem eine unterschiedliche Formatierung zugewiesen. Unter Windows wird das Format NTFS verwendet, auf dem Mac ist es aktuell Mac OS Extended, und Linux-Anwender benutzen zurzeit das ext4-Format. Im Windows-Betriebssystem werden Programme, Dateien und Massenspeicher (wie Festplatten oder USB-Sticks) über Laufwerksbuchstaben geordnet, beim Mac und bei Linux dagegen wird alles gleichwertig wie eine Datei behandelt.

» siehe C:, NTFS

Dateiverknüpfung

» siehe Verknüpfung

Daten

Sammelbegriff für Informationen, die in irgendeiner Weise auf Ihrem PC gespei-

Dateimanager im Vergleich

Unter Windows arbeiten Sie mit dem Explorer, Mac-Nutzer verwenden den Finder, und auch Linux-Freunde können ihre Dateien mit einem entsprechenden Werkzeug verwalten. Auf dem beliebten GNOME-Desktop ist das der Nautilus-Dateimanager. Der prinzipielle Aufbau der Werkzeuge ist nahezu identisch: Auf der linken Seite des Fensters, im sogenannten Navigationsbereich, ist die Dateistruktur des Betriebssystems abgebildet. Im Inhaltsbereich rechts finden Sie dann die Dateien und Ordner aus dem Verzeichnis wieder, das Sie links ausgewählt haben. Zudem bietet jeder Dateimanager die Möglichkeit, durch Eingabe von Stichwörtern gezielt nach bestimmten Dateien zu suchen.

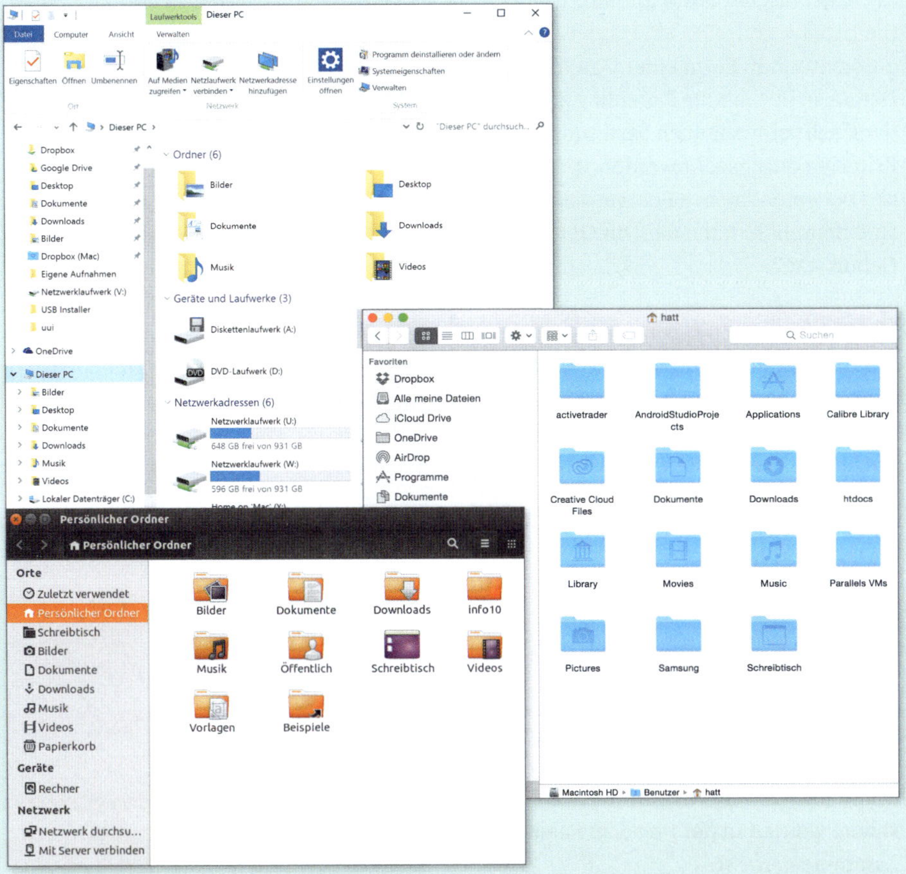

▲ Die drei wichtigsten Dateimanager im Vergleich: Explorer (Windows), Finder (macOS), Nautilus (Ubuntu Linux)

chert wurden. Ein Bestand an Daten ist die Grundvoraussetzung für die elektronische Datenverarbeitung (EDV). Daten können verarbeitet, verändert, verschlüsselt, gelöscht oder wiederhergestellt werden.

» siehe EDV, Löschen (Delete), Verschlüsseln

Datenbank

Eine strukturierte Sammlung von Daten. Beispiel: Sie speichern Ihr Adressbuch in elektronischer Form auf Ihrem Smartphone oder PC ab. Das geschieht automatisch in Form einer Datenbank. Der darin enthaltene Datenbestand kann dann sehr einfach nach bestimmten Kriterien durchsucht werden, z. B.: »Welche Personen meines Bekanntenkreises sind männlich und haben im Oktober Geburtstag?«.

Datenbit

Für die Datenübertragung gilt: Sind in einem übertragenen Bit konkrete Informationen (also z. B. Bilddaten oder Buchstaben) enthalten, so spricht man von Datenbits. Eine andere Variante sind Steuerbits, welche die Übertragung der Information steuern.

» siehe Bit, Datenübertragung

Datenkomprimierung

» siehe Komprimieren

Datenpaket

Daten, die fernübertragen werden sollen, werden in der Regel zu Paketen zusammengefasst.

Datenrate

Das Maß für die Geschwindigkeit einer Datenübertragung, üblicherweise gemessen in Bits pro Sekunde (Bps).

Datenschutz

» siehe Übersicht »Datenschutz und Datensicherheit« auf Seite 101

Datenschutz-Grundverordnung

> Abkürzung: DSGVO

» siehe Übersicht »Datenschutz und Datensicherheit« auf Seite 101

Datensicherheit

Darunter versteht man im engeren Sinn den Schutz vor unerwünschten Fremdzugriffen auf Daten sowie vor der Manipulation dieser Daten. Auch Sie als Benutzer können Dateien mit einem Schreibschutz vor (beabsichtigter oder versehentlicher) Veränderung schützen oder den Zugriff nur bestimmten Personen durch Festlegung eines Kennworts bzw. eine Freigabe gewähren. Vor allem bei der Ablage von Daten in einer Cloud ist dies wichtig. Zudem ist damit auch die Sicherung von Daten vor Verlust gemeint.

» siehe Backup, Berechtigung, Cloud (Computing), Freigeben, Sichern/Sicherung

» siehe Übersicht »Datenschutz und Datensicherheit« auf Seite 101

Ich habe doch nichts zu verbergen!
So lautet das Totschlagargument vieler naiver Menschen, die kein Problem damit haben, dass die digitalen Großkonzerne Apple, Google und Facebook ungeniert eine Unmenge an persönlichen Daten von ihnen sammeln. Worin genau besteht eigentlich das Problem, wenn ich ein Foto meiner letzten Mahlzeit auf *Facebook* oder bei dem Fotodienst *Instagram* veröffentliche oder per *Google Maps* meinen aktuellen Standort für andere freigebe?

Kritisch zu sehen ist hier die mögliche Vernetzung und unkontollierte Weitergabe der Daten. Stellen Sie sich vor, Sie möchten eine Lebensversicherung abschließen. Der Versicherungsdienstleister schaut sich direkt nach Ihrem Antrag zunächst einmal Ihre Instagram-Einträge an, die Sie in der Regel beim üppigen Schlemmen in diversen Restaurants zeigen. Ihr Bewegungsprofil haben Sie dummerweise über eine Fitness-App freigegeben – mehr als durchschnittlich 500 Schritte am Tag haben Sie in den letzten Wochen nicht geschafft. Dumm gelaufen – Ihr Antrag auf eine Lebensversicherung wird abgelehnt, denn Sie gehören einer Risikogruppe an: ungesundes Essen, gepaart mit wenig Bewegung.

Big Data
… und also große Mengen an Daten sammeln die oben genannten großen Unternehmen jede Sekunde von ihren Nutzern. Denn Daten sind der neue begehrte Rohstoff des 21. Jahrhunderts – wertvoller als Öl, gefährlicher als Nuklearwaffen. Mit den gesammelten Daten kann das Kaufverhalten der Menschen registriert und manipuliert werden, sogar Wahlen lassen sich durch gezielte Datenanalyse und -manipulation beeinflussen. Durch die exponenzielle Verbreitung der Smartphones hat mittleweile jeder Nutzer den Spion in der eigenen Jackentasche. Bewegungsprofile werden unbemerkt erstellt, denn aus Bequemlichkeit lässt man den Ortungsdienst stets mitlaufen. Wer's nicht glaubt und ein Android-Smartphone mit verknüpftem *Google-Konto* besitzt, der sollte sich einmal auf die Seite *https://www.google.com/maps/timeline?pb* begeben. Hier können Sie sehen, dass Google jeden Ihrer Schritte protokolliert hat (siehe die Abbildung auf Seite 102). Der gläserne Mensch ist längst keine Utopie mehr.

Auch Ihr Kaufverhalten wird ausspioniert – von Online-Händlern wie z. B. Amazon. Dabei wird beim Aufruf einer Seite mit einem Produkt ein sogenanntes *Cookie* gesetzt. Wenn Sie den Online-Händler wieder besuchen, dann wird Ihnen zielgerichtet Werbung für ähnliche Produkte präsentiert.

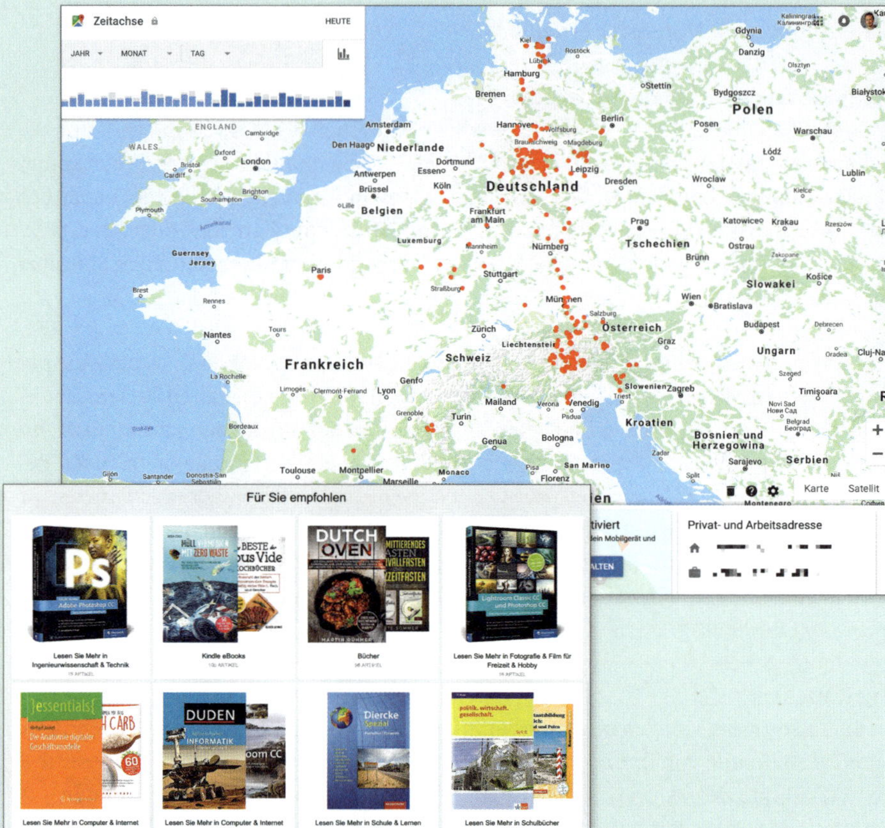

▲ Google schaut Ihnen bei jedem Ihrer Schritte über die Schulter, und die großen Online-Kaufhäuser registrieren Ihr Kaufverhalten, um zielgerichtet Werbung zu schalten – mithilfe von Cookies.

Ihr gutes Recht – die DSGVO

Mittelweile müssen Sie nicht mehr schutzlos zusehen, wie man sich beliebig an Ihren Daten bedient. Die Datenschutz-Grundverordnung – kurz DSGVO – ist im Mai 2018 in Kraft getreten und sichert Ihnen seither europaweit das Bestimmungsrecht über Ihre persönlichen Daten zu. Das haben Sie sicher schon dadurch bemerkt, dass Sie von einer Vielzahl von Institutionen und Anbietern – vom Autohändler bis zum Hausarzt – dazu aufgefordert wurden, die zweckgebundene Nutzung Ihrer Daten per Unterschrift zu genehmigen. Auch mit dem ungefragten Versenden von (Werbe-)E-Mails soll es nun ein Ende haben: Wer dies ungefragt tut, muss mittlerweile mit empfindlichen Strafen rechnen. Kritische Geister stehen der Neuregelung aber durchaus auch skeptisch gegenüber, da sie eine Tür für abmahnungsfreudige Rechtsanwälte geöffnet hat.

Maßnahmen zum Schutz Ihrer persönlichen Daten

Was können Sie selbst konkret unternehmen, damit Ihre persönlichen Daten nicht in die Hände krimineller Individuen gelangen?

- Der wichtigste Schritt besteht in der Absicherung Ihrer Online-Accounts (Benutzerkonten im Internet). Hier sind komplexe Passwörter von größter Wichtigkeit – *12345* scheidet da von vornherein aus. Wenn Sie nicht gewillt sind, sich komplizierte Passwörter zu merken, dann gibt es zu diesem Zweck Passwortsafe-Apps bzw. Programme, die ein zentrales Passwort für den Zugang zu allen Ihren wichtigen Passwörtern nutzen. Derartige Apps können Sie parallel auf Smartphone und PC verwenden.
- Verwenden Sie für wichtige Konten stets das Verfahren der *Zwei-Faktor-Authentifizierung*. Hier müssen Sie nach Eingabe des Passworts für ein Online-Konto stets noch eine weitere Kennzahl eingeben, die auf einem Gerät erzeugt wird, das ausschließlich Ihnen zugeordnet werden kann, also z. B. Ihr Smartphone.

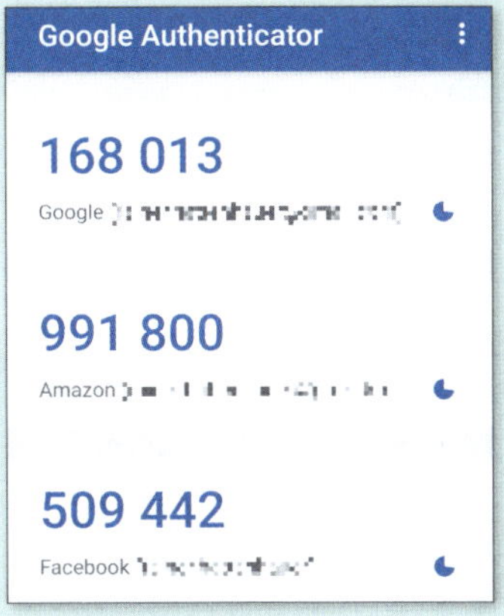

▲ Mithilfe einer Authenticator-App, die auf Ihrem Smartphone installiert ist, können Sie in einfacher Weise eine Zwei-Faktor-Authentifizierung vornehmen.

- Dämmen Sie die Datensammelwut von Facebook und Co. dadurch ein, dass Sie sich in die Einstellungen der jeweiligen Seiten begeben und dort die Freigabe Ihrer Beiträge bzw. Daten streng prüfen und anpassen.
- Verwenden Sie in Online-Shops den *anonymen Modus* Ihres Browsers. In diesem Fall werden keine Cookies gespeichert.
- Führen Sie regelmäßig Datensicherungen auf unterschiedlichen Speichermedien durch. Dadurch ist sichergestellt, dass Sie im Falle eines Angriffs von außen (z. B. durch *Ransomware*) Ihre persönlichen Daten in einen sicheren Hafen gebracht haben.
- Lassen Sie sich am Telefon nicht dazu verleiten, Details zu Online-Konten preiszugeben. Dazu gehören auch Namen von Verwandten, Tieren oder Geburtsdaten. Diese Praxis von Kriminellen wird *Social Hacking* genannt.
- Und nicht zuletzt: Gönnen Sie sich ab und zu einmal eine Auszeit fern von sozialen Netzwerken – das Ganze nennt sich *Digital Detoxing*, also »digitales Entgiften«.

» siehe Anonymer Tab, Cookie, Hacking, Konto (hinzufügen), Ransomware

Datensicherung

» siehe Sichern/Sicherung

Daten-Roaming

» siehe Roaming

Datentarif

Preis für die Übertragung von Daten. So kostet in Deutschland die Übertragung von 1 MB (Megabyte) Daten via Mobilfunknetz derzeit 25 Cent.

Datenträger

Alle denkbaren (Speicher-)Medien, auf denen sich Daten befinden. Dazu zählen Festplatten, USB-Sticks, Speicherkarten (in Digitalkameras und Smartphones) sowie CDs und DVDs.

» siehe CD-ROM, DVD, Festplatte, Laufwerk (Drive), Micro-SD, Speicherkarte (Memory Card), SD-Karte, USB/USB-Stick

» siehe Übersicht »Datenträger: Eine Datenträgerbereinigung durchführen« auf Seite 105

Datenübertragung

Die Beförderung von Daten von Ort A zu Ort B. Das kann innerhalb eines Prozessors erfolgen, aber auch über Tausende Kilometer über Kontinente hinweg. Im engeren Sinne ist darunter aber auch eine Übertragung von Daten bzw. Dateien auf ein anderes Gerät gemeint.

» siehe Prozessor (CPU)

Datenübertragungsrate

» siehe Datenrate

Datenverarbeitung

> Kurzform für Elektronische Datenverarbeitung (EDV)

» siehe EDV

Datenverschlüsselung

» siehe Verschlüsseln

Datum und Uhrzeit

Sehr wichtig: der Abgleich Ihres PCs, Smartphones oder Tablets mit der universellen Zeit (UTC = Universal Time Coordinated). Dadurch ist sichergestellt, dass Ihre Dateien korrekt datiert sind. Und zudem ist es natürlich sehr nützlich, bei der Arbeit am PC die Uhrzeit im Blick zu haben. Unter Windows erledigen Sie die korrekte Zeiteinstellung entweder manuell per Mausklick über dem Uhrenfeld in der rechten unteren Bildschirmecke, oder Sie vertrauen dem System, welches in der Standardeinstellung einen Zeit- bzw. Datumsabgleich über einen Zeitserver vornimmt.

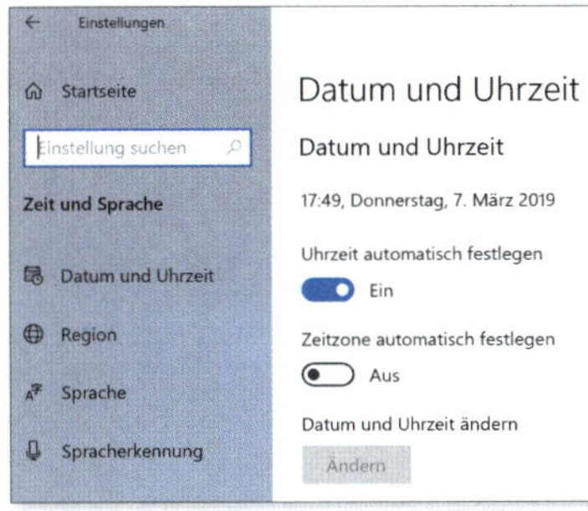

Datenträger: Eine Datenträgerbereinigung durchführen

Windows bietet eine Möglichkeit, überflüssige Daten von Ihrer Festplatte zu entfernen. Das geht folgendermaßen:

1. Navigieren Sie zunächst im Explorer zum Datenträger, der bereinigt werden soll.
2. Führen Sie einen rechten Mausklick über dem entsprechenden Laufwerksbuchstaben durch, und wählen Sie aus dem Kontextmenü den Punkt **Eigenschaften**.
3. Betätigen Sie im Bereich **Allgemein** schließlich die Schaltfläche **Bereinigen** ❶.
4. Wählen Sie im folgenden Dialog die Elemente aus, die entfernt werden sollen. Darauf wird das Laufwerk von nicht mehr benötigten, sogenannten temporären Dateien befreit. Über den Punkt **Systemdateien bereinigen** ❷ können Sie zusätzlich Platz schaffen.

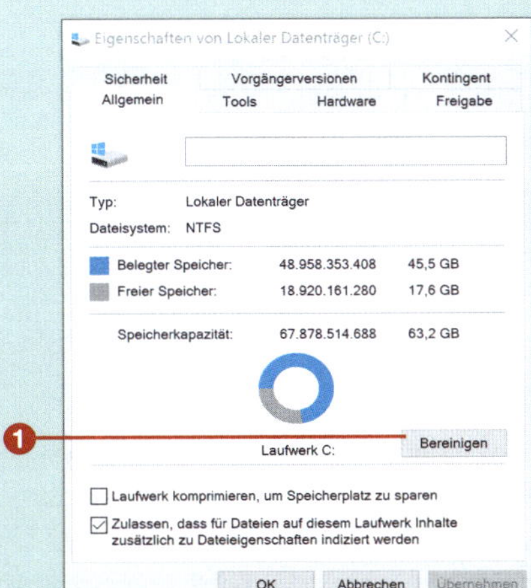

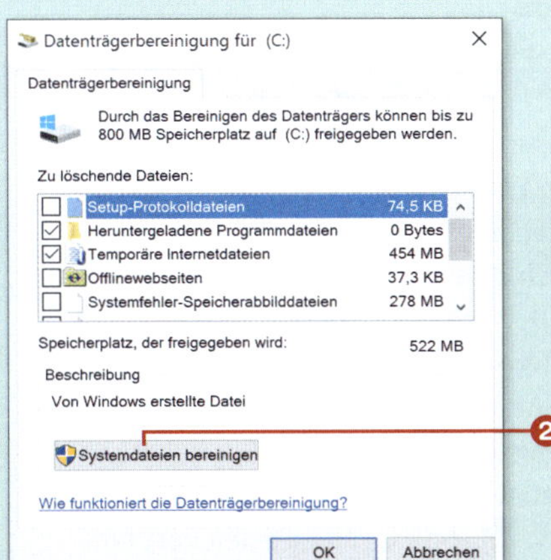

▲ Datenträgerbereinigung unter Windows 10

DBMS

> Datenbank-Management-System

Ein System, mit dessen Hilfe sich eine Datenbank erstellen und verwalten lässt. Bekannte Vertreter sind MySQL, Microsoft SQL Server und Access.

» siehe Access, Datenbank, Microsoft SQL Server, MySQL

DCIM

> Digital Camera Images

Diesen Ordner finden Sie auf jeder Speicherkarte einer digitalen Kamera oder auch auf dem Smartphone. Hier werden alle Bilder gespeichert, die Sie mit dem entsprechenden Gerät angefertigt haben.

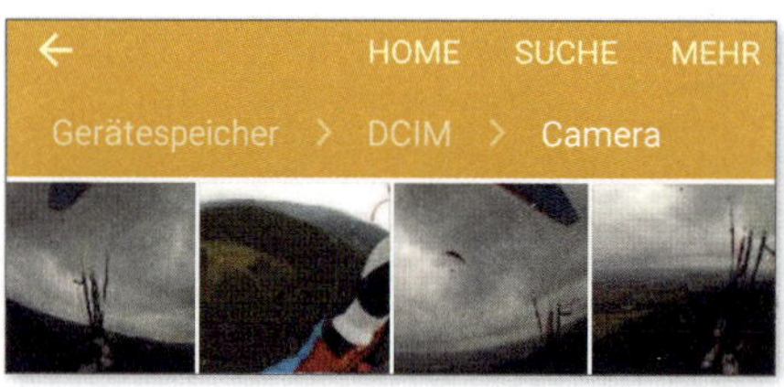

DDoS

> Distributed Denial of Service
> »Verteilte Dienstverweigerung«

Ein Angriff auf einen Internetserver, an dem (meist ohne es zu wissen) viele Einzelrechner beteiligt sind. Diese wurden durch einen Angriff von außen meist in ein Bot-Netz eingebunden und überfordern nun den angegriffenen Server mit Anfragen, sodass dieser faktisch lahmgelegt wird. Stellen Sie sich dazu einen Kellner vor, der in einer Gaststätte plötzlich von tausend Gästen gerufen wird und so gar nicht mehr weiß, wo ihm der Kopf steht.

» siehe Bot/Bot-Netz

DDR

> Double Data Rate
> »Doppelte Datenrate«

Spezielle Speicherbausteine (RAM), welche sich aufgrund einer gesteigerten Datenrate schneller mit dem System austauschen.

» siehe Arbeitsspeicher (RAM), Datenrate

De

» siehe .de auf Seite 457

Deaktivieren

Eine bestimmte Funktion abschalten. Beim Smartphone lassen sich über die Schnellschaltleiste beispielsweise viele Stromverbraucher wie z. B. der GPS-Chip deaktivieren. Die deaktivierte Funktion erscheint dann meist in einem blassen Farbton, man spricht dann auch von »ausgegraut«.

Debian

Eine spezielle Variante des Betriebssystems Linux, die als besonders stabil gilt und hauptsächlich auf (lebens-)wichtigen Servern eingesetzt wird.

» siehe Linux

Debuggen

Fehler in einem Computerprogramm aufspüren und entfernen.

» siehe Bug

» siehe Übersicht »Programmiersprachen – ein Überblick« auf Seite 297

Decoder

> Entschlüsseler

Eine Software, die ein verschlüsseltes Signal entschlüsseln kann. Ein Beispiel: Um das digitale Fernsehsignal, das von Ihrer Satellitenschüssel empfangen wird, auf Ihrem TV-Gerät darzustellen, benötigen Sie einen Decoder.

» siehe Codec

DECT

> Digital Enhanced Cordless Telecommunications

Weitverbreiteter Standard zur Datenübertragung bei schnurlosen Haustelefonen.

Deep Learning

> Tiefgehendes Lernen

» siehe Übersicht »Künstliche Intelligenz« auf Seite 218

Defender

» siehe Windows Defender

Defragmentieren

Wenn Sie ständig Dateien auf Ihrer Festplatte löschen und diese wieder mit neuen Daten beschreiben, dann entsteht mit der Zeit ein ziemlich zerfranstes System von Datenbruchstücken (Fragmenten). Wenn Sie dann ein Programm starten oder eine Datei öffnen wollen, benötigt das System länger dazu. Bei der Defragmentierung versucht man, diese brüchige Struktur wieder zu glätten. Bei modernen Betriebssystemen müssen Sie sich aber diesbezüglich keine Gedanken machen: Die Defragmentierung des Dateisystems erledigt Windows 10 diskret im Hintergrund. Das Dateisystem von macOS und Linux fragmentiert aufgrund seines speziellen Designs nicht.

Deinstallieren

> engl. Uninstall

Im Normalfall kommt jede Software, die Sie unter Windows installieren, auch mit einem sogenannten Uninstall-Programm daher. Dies sorgt dafür, dass Sie die Software bei Nichtgefallen problemlos und vor allem ohne Rückstände deinstallieren können. Unter Windows erledigen Sie das in den **Einstellungen** im Bereich **Apps ▸ Apps & Features** durch Auswahl des zu deinstallierenden Programms. Bei macOS genügt es, die betreffende App einfach in den Papierkorb zu schieben.

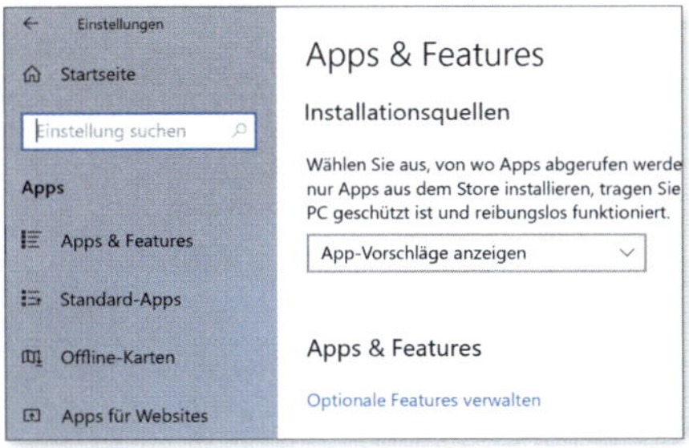

Dekodieren

Das Entschlüsseln von verschlüsselten Daten.

» siehe Code, Decoder

D

Dekomprimieren

» siehe Entpacken (Unzip)

Delete

» siehe Löschen

Delete-Taste

> Löschen-Taste

» siehe Entfernen/Entf-Taste

De-Mail

> Deutschland-Mail

D

Der Versuch, jedem Bundesbürger eine eindeutige Mailkennung zuzuweisen, hat sich noch nicht flächendeckend durchgesetzt. Sie können jederzeit bei Ihrem Provider eine De-Mail-Adresse beantragen. Der Vorteil der De-Mail ist eine gesteigerte Sicherheit aufgrund der Einzigartigkeit der Adresse. Ihr Gegenüber weiß dann beim Empfang, dass die Mail eindeutig von Ihnen stammt.

» siehe Anbieter (Provider)

Demo(version)

Sie kaufen nicht gern die Katze im Sack? Bei Computerprogrammen können Sie sich oft vor dem Erwerb einer teuren Software eine Demoversion vom Hersteller herunterladen und in Ruhe ausprobieren. Diese ist meist im Funktionsumfang eingeschränkt, z. B. lässt sich damit Ihre Arbeit nicht speichern, oder die Software verweigert nach einer gewissen Testzeit den Start.

Design

Das Aussehen eines grafischen Elements auf dem Computer, wie z. B. einer Schaltfläche.

Desktop

> »Schreibtisch«

» siehe Arbeitsoberfläche

Desktop-Computer

Im Unterschied zu einem tragbaren Computer mit aufklappbarem Display (Laptop bzw. Notebook) ein Computer (Tower), den Sie in der Regel für Büroarbeiten verwenden und der daher neben dem separaten Monitor und der Tastatur auf Ihrem Schreibtisch oder darunter Platz findet.

» siehe Laptop, Tower

» siehe Übersicht »Computer & Co. kaufen« auf Seite 84

Desktop-Publishing

> Abkürzung: DTP

> »Publizieren vom Schreibtisch aus«

Zeitungen und Druckwerke aller Art werden mit Desktop-Publishing-Software gesetzt. Bekannte Vertreter dieser Kategorie sind QuarkXPress und Adobe InDesign. Während diese Programme sehr teuer sind, bekommen Sie die Open-Source-Software Scribus zum Nulltarif.

» siehe InDesign, Open Source, QuarkXPress, Scribus

Dezibel

> Abkürzung: dB

Physikalische Einheit für den Schalldruck bzw. die Lautstärke einer Tonquelle. Die folgende Tabelle gibt Ihnen dazu einige Anhaltspunkte. Beachten Sie, dass die Dezibel-Skala nicht linear zu verstehen ist, d. h., eine Zunahme um 10 Dezibel entspricht einer Verdopplung der Lautstärke.

Lautstärke/dB	Schallquelle
10	Atmen
20	Ticken einer Armbanduhr
30	Flüstern
40	leise Musik
50	Regen
60	Nähmaschine
70	Rasenmäher
80	Telefonklingeln
90	Lastwagen
100	Stereoanlage auf einer Party
110	Motorsäge
120	Gewitterdonner in unmittelbarer Nähe
130	Düsenjet beim Start oder Rockkonzert

Dezimal

Bezeichnet unser übliches Zahlensystem, das aus den zehn (von Lateinisch »decem«) Ziffern 0, 1, 2, ..., 9 besteht. Im Computerbereich ist das Binär- bzw. Dualsystem verbreitet.

» siehe Binär, Duales System

DFÜ

> Datenfernübertragung

Dieser Begriff ist ein Relikt aus der Zeit, in der Daten noch per Modem über Telefonleitungen übertragen wurden. Streng genommen findet aber auch heute noch über den Breitbandkabelanschluss oder das Mobilfunknetz Datenfernübertragung im klassischen Sinn statt.

» siehe Bandbreite, Modem

DHCP

> Dynamical Host Configuration Protocol

Jeder Computer muss in einem Netzwerk mit einer eindeutigen Adresse versehen sein, um die Datenpakete korrekt empfangen zu können. Diese Adressen vergibt der Router bei der ersten Anmeldung eines Rechners (oder auch Smartphones, Tablets) im Netz in der Regel automatisch. Er verwendet dazu einen DHCP-Server, um eine freie Adresse nach Aufforderung dynamisch (d. h. je nach Verfügbarkeit) an einen PC zu verteilen. Der Gegenentwurf ist die Zuordnung von statischen Adressen.

» siehe IP-Adresse, Router, Statische IP-Adresse

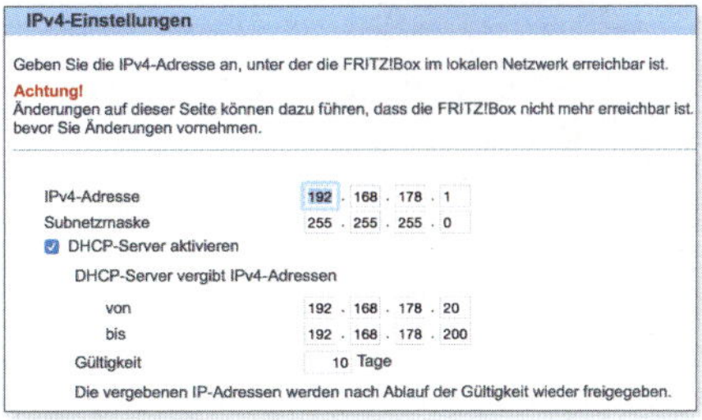

D

DHTML

> Dynamic HyperText Markup Language

Eine Erweiterung der HTML-Beschreibungssprache, welche u. a. nette Effekte auf einer Internetseite produzieren kann: aufklappende Menüs, automatisches Ausfüllen von Formularfeldern oder die skriptgesteuerte Hervorhebung von Text.

» siehe HTML, JavaScript

Diagnosesoftware

Ein Programm, welches die Funktionsfähigkeit einer Hardware oder eines Softwaresystems untersucht. Das kennen Sie beispielsweise aus Ihrer Autowerkstatt: Bei jeder Inspektion muss Ihr vierrädriger Liebling zunächst an den Diagnosecomputer, um den Fehlerspeicher nach Störungen zu durchsuchen.

Diagramm

Viele Informationen lassen sich besser in Form eines Bildes vermitteln. Hier schlägt dann die große Stunde der Diagramme, die es in zahllosen Varianten gibt, z. B. als Säulen- oder auch Kreis- bzw. Tortendiagramm.

Dialer

> »Wähler«
> Einwahlprogramm

Mittlerweile ist er zumindest im PC-Bereich ausgestorben: In den Zeiten, in denen man sich noch per Telefonleitung und Modem ins Internet begab, konnte man sich beim Surfen auf dubiosen Seiten einen Dialer einfangen. Dieser baute dann im Hintergrund Verbindungen zu sehr teuren Sonderdiensten auf. Das böse Erwachen kam dann beim Öffnen der Telefonrechnung. Heute findet man ähnliche Gefahren nur noch in Mobilfunknetzen, wenn das Smartphone durch einen Virus- oder Trojanerbefall ungefragt SMS an teure Sondernummern verschickt.

» siehe SMS, Trojaner, Virus

Dialogfeld/-fenster

Das kennen Sie vom Windows-Betriebssystem: Ab und zu öffnen sich kleine Fenster, in die Sie Informationen eingeben müssen bzw. in denen solche bestätigt werden wollen.

» siehe Fenster

Diashow

Immer wenn Sie Ihre Bilder in einer Bildersammlung auf dem Computer abgelegt haben, finden Sie dort meist auch die Möglichkeit, diese in Form einer Diashow wiederzugeben, die den ganzen Bildschirm ausfüllt.

DIB

> Device Independent Bitmap

Eine geräteunabhängige Variante des Windows-Bitmap-Formats.

» siehe Bitmap

Dienst(programm)

Sammelbegriff für Programme, die diskret im Hintergrund ihren Dienst verrichten und bei Bedarf vom System aufgerufen werden. Ein Beispiel wäre der Druckerdienst, der immer dann in Erscheinung tritt, wenn Dokumente ausgedruckt werden sollen.

Digicam

> Kurzform für Digitalkamera

» siehe Digitalkamera

Digital

> lat. digit = Ziffer

> »Aus einer Folge von zwei Ziffern bestehend«

Digitale Informationen bestehen aus Nullen und Einsen. Der Vorteil gegenüber analogen Informationen besteht darin, dass digitale Signale weit weniger störanfällig sind. Wenn Sie seinerzeit noch analoges Fernsehen per Satellitenschüssel oder gar Fernsehantenne empfangen haben, dann erinnern Sie sich sicher noch gut daran, dass das Bild häufig verrauscht war. Das kommt bei der heutigen Digitaltechnik nicht mehr vor.

» siehe Analog

Digital Detoxing

> Digitales Entgiften

Das ist sehr zu empfehlen: Ab und zu mal das Smartphone beiseitelegen, den Computer ausgeschaltet lassen und das Leben genießen.

Digitale Ethik

Darf man wirklich alles über jeden speichern? Die digitale Ethik gibt dafür Richtlinien vor.

» siehe Übersicht »Datenschutz und Datensicherheit« auf Seite 101

Digitaler Assistent

» siehe Übersicht »Smart Home« auf Seite 340

Digitaler Zwilling

Der digitale Nachbau eines real existierenden Objekts oder Ablaufs auf einem Computer. Dadurch testen Wissenschaftler und Ingenieure mithilfe von Simulationen das Verhalten des simulierten Objekts bzw. Ablaufs in der Realität. Ein Beispiel ist die Simulation eines Autos am Computer und die anschließende Analyse der Strömungseigenschaften. Das spart aufwendige Tests in teuren Windkanälen.

Digitalisieren

Das Wandeln eines analogen Signals in ein digitales Signal zum Zweck der Speicherung oder Übertragung.

» siehe A/D-Wandler

Digitalisieren: Der Weg von »analog« zu »digital«

Die folgende Grafik demonstriert die prinzipielle Umwandlung eines analogen Signals in ein digitales Signal: Die Tonquelle (Sänger/Sängerin) wird per Schallwandler (Mikrofon) als elektrisches Analogsignal erfasst. Das Analogsignal wird mit einem A/D-Wandler (Analog-Digital-Wandler) abgetastet. Der Signalhöhe werden dabei Zahlen zugeordnet.

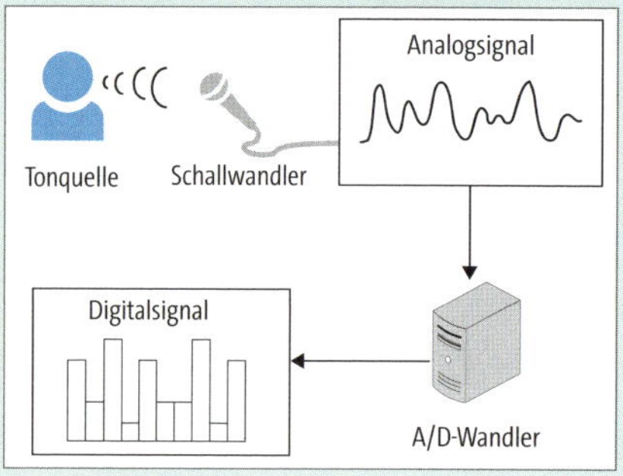

Digitalkamera

Eine Revolution in der Fotografie: Bilder, die mit einer Digitalkamera aufgenommen werden, können sofort begutachtet und anschließend am PC weiterverarbeitet werden. Im Inneren der Kamera befindet sich ein sogenannter CCD-Chip, der Lichtsignale in elektrische Signale umwandelt. Letztere werden in digitaler Form auf einem Standarddatenträger (SD-Karte) abgespeichert.

» siehe SD-Karte

Diode

Ein Halbleiterbauelement, mit dessen Hilfe man Wechselstrom gleichrichten kann, insofern eine Diode den Strom nur in einer Richtung durchlässt. Dioden werden aber auch als Signalgeber (LED) verwendet und sind wesentlich beim Bau von Solarzellen.

» siehe Leuchtdiode (LED)

DIR/Directory

Ein Befehl in der Eingabeaufforderung zum Anzeigen des Inhalts des aktuellen Verzeichnisses.

» siehe Eingabeaufforderung

DirectX

Eine Sammlung von Softwarewerkzeugen bzw. eine Bibliothek, welche die Programmierung von Spielen unter Windows deutlich vereinfacht. Stellen Sie sich dazu eine Art Legobaukasten für anspruchsvolle Computerspiele vor.

» siehe Bibliothek

Disclaimer

> Haftungsausschluss

»Wenn Sie diese Software verwenden, dann dürfen Sie den Programmierer nicht dafür verantwortlich machen, wenn die damit erstellten Rechnungen nicht stimmen oder ein Atomkrieg ausbricht.« So oder ähnlich schützen sich Programmierer per Disclaimer vor rechtlichem Ungemach, der ihnen durch Verwendung ihrer Software entstehen kann.

Diskette/Diskettenlaufwerk

Die Diskette (gerne auch als Floppy Disk bezeichnet) ist der Urvater aller Speichermedien. Diese konnte man in einem Diskettenlaufwerk lesen und beschreiben. Heute kann man sich nicht mehr so recht vorstellen, dass man seinerzeit Windows Version 3.1 mithilfe von sechs Disketten à 1,44 MB (Megabyte) installieren konnte. Für Windows 10 bräuchte man aktuell ca. 4.000 Stück. Ein schier aussichtsloses Unterfangen, zumal Windows 10 auch keine Unterstützung mehr für Diskettenlaufwerke anbietet. Diese sind längst durch das CD- bzw. DVD-Laufwerk ersetzt worden.

» siehe C:, Laufwerk (Drive)

Diskussionsforum

» siehe Forum

Display

> »Anzeige«

Ein Sammelbegriff für Bildschirme aller Art beim Computer, Smartphone oder auch Tablet

» siehe AMOLED, Bildschirm (Screen)

DisplayPort

Eine Anschlussbuchse für einen Monitor am PC oder Mac. Hier gibt es einen ganzen Zoo möglicher Varianten. Flächendeckend hat sich bei PCs aber mittlerweile der DVI-Port durchgesetzt. Apple hatte seinerzeit die MacBooks mit einer Eigenentwicklung namens Mini DisplayPort ausgestattet. Dieser wurde mittlerweile durch den universelleren Thunderbolt-Anschluss ersetzt.

» siehe DVI, Thunderbolt

» siehe Übersicht »Ports: Die wichtigsten Anschlüsse am PC« auf Seite 292

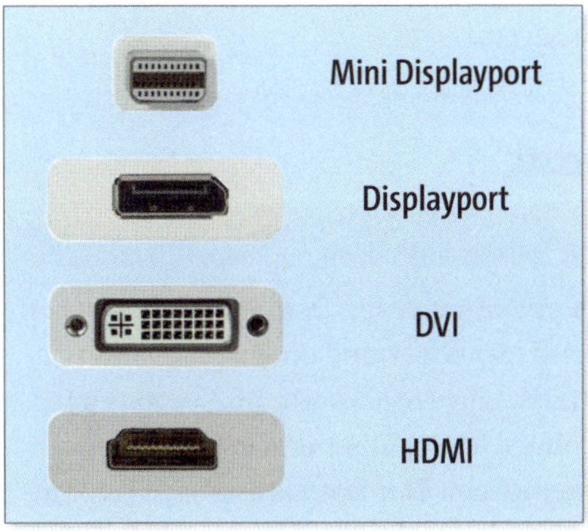

DivX

Ein Video-Codec, der es ermöglicht, digitales Videomaterial bei annähernd gleichbleibender Qualität auf einen Bruchteil seiner ursprünglichen Größe zu schrumpfen.

» siehe Codec

DLC

> Download Content
> Inhalte zum Herunterladen

Bei vielen Computerspielen, sei es für den PC, die Xbox oder die PlayStation, erhält man zusätzlich zu dem auf DVD bzw. Blu-ray gelieferten Spiel noch Erweiterungen, die man erst aus dem Internet herunterladen muss.

» siehe Herunterladen (Download/Downloaden)

DLL

> Dynamic Link Library

Eine Windows-Programmbibliothek, die während des Programmablaufs dynamisch in das Programm eingebunden wird, um (RAM-)Speicherplatz zu sparen.

» siehe Arbeitsspeicher (RAM)

DMA

> Direct Memory Access
> Speicherdirektzugriff

Per DMA werden Daten direkt zwischen dem Speicher und einem Adressaten (z. B. einer Steckkarte im Computer) ohne Umweg über den Prozessor ausgetauscht. Der Datenaustausch funktioniert dadurch schneller.

» siehe Prozessor (CPU)

DNG

> Digital-Negative-Format
> Digitales Negativ

Ein universelles Rohdatenformat von Adobe zum Speichern von RAW-Dateien in der digitalen Fotografie.

» siehe Bilddateiformate, RAW

DNS

> Domain Name System

Das DNS beschreibt das Namens- und Bezeichnungssystem im Internet und funktioniert ähnlich wie eine Adressauskunft. Beispiel: Sie geben die Adresse *www.google.de* in die Adresszeile Ihres Browsers ein. Diese wird vom DNS in eine eindeutige Ziffernfolge umgewandelt. Das kann eine IPv4-Adresse (194.122.80.39) oder eine IPv6-Adresse (2001:0db8:85a3:08d3:1319:8a 2e:0370:7344) sein.

» siehe Browser, Internetadresse, IP-Adresse

DOC/DOCX

DOC bzw. .doc ist eine Dateiendung, die im Unterschied zu DOCX (Microsoft-Word-Dokument ab Office-Version 2007) ein älteres Word-Dokument (Version 97–2003) kennzeichnet. Wenn Sie jemandem z. B. eine mit Word 2016 oder 2019 erstellte Datei übermitteln möchten, der noch eine ältere Word-Version benutzt, dann sollten Sie Ihr Dokument in diesem Format abspeichern – denn das Format DOCX kann in älteren Versionen nicht ohne Weiteres gelesen werden, es ist also nicht »abwärtskompatibel«.

Den Dateityp Ihres Dokuments legen Sie in Word im Dialog **Speichern unter** fest.

» siehe Dateiendung/Dateityp, Dateiname, Microsoft Word

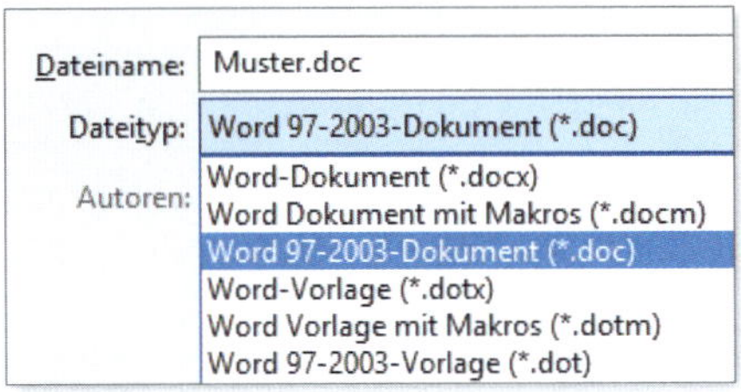

Dock

Schnellstartleiste mit Verknüpfungen zu Programmen, die sich bei macOS am unteren Bildschirmrand befindet. Bei Windows entspricht dem die Taskleiste.

» siehe Taskleiste

Docking Station

» siehe Andockstation

Dokument

Eine mit einem Textverarbeitungsprogramm (z. B. Microsoft Word, LibreOffice) erstellte Datei wird als Dokument bezeichnet.

» siehe DOC/DOCX, LibreOffice, Microsoft Word

Dokumentvorlage

Ein vorgefertigtes Textdokument, das als Grundlage für ein eigenes, individuelles Dokument dient.

» siehe Vorlage

Dolby Atmos

Eine spezielle Tontechnik, die es gestattet, besonders realistische Klangeffekte zu erzeugen. Die meisten modernen Kinos sind mit der Dolby-Atmos-Technik ausgestattet.

Domain

> Domäne

Ein Teilbereich des Internetnamensraums. So bezeichnet etwa *rheinwerk-verlag.de* die Domäne des Rheinwerk Verlags, *spiegel.de* ist diejenige der Online-Redaktion des bekannten Nachrichtenmagazins. Eine Domäne ist somit Teil der URL, eines weltweit einmaligen Namens unterhalb einer bestimmten sogenannten Top-Level-Domain (z. B. *.de*), und somit eine eindeutige Adresse im Internet. So kann die Domain *musterfirma.org* von der Domain *musterfirma.com* unterschieden werden. Auch wenn der Bestandteil musterfirma unterhalb der Top-Level-Domains *.com* und *.org* liegt und also streng genommen eine Subdomain ist, wird dies allgemeinsprachlich als Domain (oder auch »Second-Level-Domain« für Domain der zweiten Ebene) bezeichnet. Die Domain insgesamt kann also im hierarchisch geordneten Domain Name System (DNS) wiederum in verschiedene Subdomains untergliedert sein, was jeweils mithilfe eines Punkts (engl. »dot«) erfolgt. So lassen sich auch verschiedene Server im Internet (*www.musterfirma.com* z. B. für den Webserver und *mail.musterfirma.com* für den Mailserver) oder auch verschiedene Firmenstandorte und ihre Domains (*berlin.musterfirma.com* und *hamburg.musterfirma.com*) adressieren.

» siehe DNS, Subdomain, Top-Level-Domain, URL

Dongle

> »Kopierschutzstecker«

Bei sehr teuren Programmen, z. B. AutoCAD, wurde früher ein Kopierschutz durch einen Hardwarestecker (einen sogenannten Dongle) realisiert. Das entsprechende Programm konnte nicht gestartet werden, wenn der Dongle fehlte. Heute gibt es für Kleinstcomputer wie den Raspberry Pi auch Dongles mit bestimmten Funktionalitäten, z. B. einen WLAN- bzw. Wi-Fi-Dongle.

» siehe Raspberry Pi

Doppelklick

Um mit der Maus ein Programm zu starten oder ein Dokument mit dem ihm zugeordneten Programm zu öffnen, führt man zwei schnelle Klicks mit der linken Maustaste über dem entsprechenden Symbol durch. Wenn Ihnen die voreingestellte Klickfrequenz nicht zusagen sollte, dann können Sie diese in Windows 10 in den **Einstellungen** anpassen.

» siehe Klickgeschwindigkeit

» siehe Übersicht »Klicken mit einer Computermaus« auf Seite 211

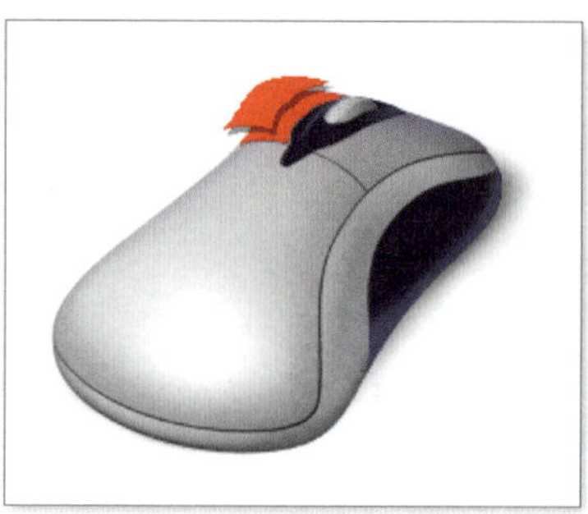

DOS

> Disk Operating System
> »System zur Verwaltung von Disketten/scheibenförmigen Speichermedien«

Ein früher verwendetes Betriebssystem, welches sehr minimalistisch ausgestattet ist. Die Befehle müssen in eine Kommandozeile eingegeben werden, und das System kann kaum mehr als Dateien kopieren und Diskettenlaufwerke verwalten – daher auch der Name. Es gibt verschiedene Varianten des DOS, die je nach eingesetzter Plattform benannt wurden: AmigaDOS, Apple DOS, MS-DOS. Der Urahne von Windows ist dabei MS-DOS: Mit diesem Betriebssystem startete Bill Gates seine steile Karriere.

» siehe Kommandozeile

Dot

> Punkt

» siehe Domain

Dotcom

Sammelbeschreibung für kommerzielle Internetauftritte, erkennbar am Endkürzel (der Top-Level-Domain) *.com* (daher der Name). Ende der 90er-Jahre des vergangenen Millenniums schossen die Dotcom-Firmen wie Pilze aus dem Boden, um nach dem berüchtigten Börsencrash (Dotcom-Blase genannt) wieder zu verschwinden.

» siehe Top-Level-Domain

Double Layer

> »Zwei Lagen«

Verfahren, um bei DVDs mehr Daten auf einen einzelnen Datenträger zu packen: Man verwendet zwei Schichten, um auf gleichem Raum doppelt so viel Daten unterzubringen.

» siehe DVD

Download/Downloaden

» siehe Herunterladen

DPI

> Dots per Inch
> Punkte pro Zoll

Das Maß DPI/dpi beschreibt die Auflösung eines Druckers oder eines Displays und gibt an, wie viel Druck- bzw. Bildpunkte auf einem Inch (ca. 2,54 cm) untergebracht werden können. Bei den Smartphone-Displays ist man mittlerweile bei der Auflösung in eine Dimension geraten, bei der man die Bildpunkte mit bloßem Auge nicht voneinander unterscheiden kann – man spricht hier von Retina-Displays.

» siehe Auflösung, Retina-Display

Drag and Drop

> Ziehen und Fallenlassen

Drahtlos

> engl. Wireless

Datenübertragung ohne Verwendung von Kabeln.

» siehe WLAN

Dreamweaver

Ein beliebtes Werkzeug zur Erstellung von Internetseiten aus dem Hause Adobe. Die Software Dreamweaver gehört zur Kategorie der HTML-Editoren.

» siehe Editor, HTML

Dreifachklick

Während Sie mit einem Maus-Doppelklick u. a. ein ganzes Wort markieren, können Sie mit einem Dreifachklick in vielen Textverarbeitungsprogrammen gleich einen ganzen Absatz markieren.

» siehe Doppelklick, Markieren, Mausklick

Drive

» siehe Laufwerk

Drive-by-Downloads

Darunter versteht man das unerwünschte und unbemerkte Herunterladen von Schadsoftware von entsprechend manipulierten Internetseiten.

» siehe Herunterladen (Download/Downloaden), Schadsoftware (Malware)

Driver

» siehe Treiber

DRM

> Digital Rights Management
> Digitale Rechteverwertung

Was können Vertreiber von rechtlich geschützten Online-Medien wie z. B. Musik, E-Books oder Videos tun, damit diese nicht ungerechtfertigt kopiert und dann kostenlos weitergegeben werden? Sie versehen die Dateien mit einem digitalen Rechtemanagement. Das erkennen Sie z. B. bei E-Books von Amazon, die nur auf einer begrenzten Anzahl von Endgeräten gelesen werden können. Diese Geräte müssen zudem mit Ihrem Amazon-Konto verknüpft sein. Apple ist bei seiner Musik aus dem iTunes Store mittlerweile erfreulicherweise vom DRM abgerückt. Sie können dort erworbene Titel auf beliebig vielen Endgeräten genießen.

» siehe E-Book, iTunes

Drohne

Ein Flugroboter, der in der Regel mit Kameras zur Produktion von Luftbildern ausgestattet ist.

» siehe Übersicht »Robotik« auf Seite 318

Dropbox/Dropbox-Konto

Der Speicherdienst Nr. 1, wenn es darum geht, Ihre wertvollen Daten auf einem sicheren Internetserver abzulegen. Dropbox ist der Vorreiter in Sachen Cloud-Speicherdienst. Die Einrichtung eines Kontos bei Dropbox ist kinderleicht.

» siehe Cloud (Computing)

» siehe Übersicht »Dropbox-Konto einrichten« auf Seite 119

Drop-down-Menü

> Aufklappmenü

Ein Auswahlmenü, welches man innerhalb eines aktiven Programmfensters durch Anklicken aufklappt.

» siehe Menü

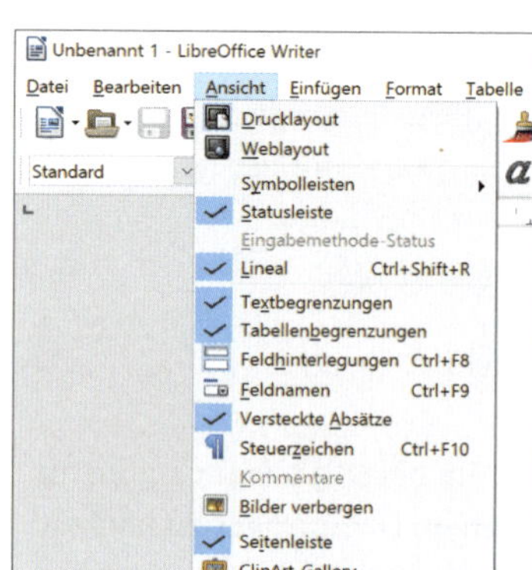

Dropbox-Konto einrichten

Stellvertretend für alle anderen Cloud-Speicherdienste soll im Folgenden die Einrichtung eines Dropbox-Kontos gezeigt werden.

1. Begeben Sie sich auf *www.dropbox.com*, und registrieren Sie sich auf der Startseite mithilfe des entsprechenden Dialogs.
2. Nach der Registrierung wird unmittelbar ein Dropbox-Installationsprogramm passend für Ihr verwendetes Betriebssystem heruntergeladen. Führen Sie die Installation durch.
3. Das Dropbox-Programm wird automatisch gestartet. Melden Sie sich mit Ihren Kontodaten an.
4. Dropbox taucht in Ihrem Dateimanager (unter Windows im Explorer) auf. Sie können nun Daten, die sich lokal auf Ihrem PC befinden, und Daten, die online in Ihrer Dropbox liegen, hin und her tauschen.

Druckauftrag

Immer wenn Sie ein Dokument per **Drucken**-Befehl an den Drucker schicken, landet dieses zunächst in der Drucker-Warteschlange. Solange der Druckauftrag besteht, erscheint unter Windows 10 im Infobereich der Taskleiste ein Druckersymbol. Wird dieses dort nicht aufgeführt, klicken Sie zunächst auf den Pfeil ❶, um das Druckersymbol ❷ im aufklappenden Auswahlfeld anzuzeigen. Mit einem Doppelklick darauf öffnen Sie die Drucker-Warteschlange. Hier genügt ein Rechtsklick auf einen der Druckaufträge, um ihn anzuhalten oder ganz abzubrechen. Das ist dann praktisch, wenn man ein großes Dokument geladen hat und statt der beabsichtigten einzelnen Seite versehentlich einen Komplettausdruck veranlasst hat. In vielen Betriebssystemen lässt sich die Liste mit den Druckaufträgen auch im Geräte-Manager öffnen.

» siehe Geräte-Manager, Infobereich

Drucken

> engl. Print

Wie sagte schon Heinrich von Pierer: »Das papierlose Büro ist genauso weit weg wie das papierlose Klo.« Irgendwann werden Sie nicht umhin kommen, Ihr Werk auf Papier zu bannen. Dazu verwendet man am PC und Mac einen Drucker – sei es ein Tintenstrahler oder Laserdrucker.

Druck-Taste

Mithilfe dieser Taste ❶ wird bei Windows-Betriebssystemen ein aktuelles Bildschirmfoto (ein Screenshot) erstellt und in der Zwischenablage gespeichert. Dessen Inhalt kann dann jederzeit in einem Bildbearbeitungsprogramm, aber auch in einem Textverarbeitungsprogramm wie Word mit der Tastenkombination `Strg` + `V` eingefügt werden.

» siehe Bildschirmfoto (Screenshot)

Drucken: Einen Drucker unter Windows nutzen

Es ist keine Hexerei, einen Drucker unter Windows in Betrieb zu nehmen:

1. Installieren Sie zunächst die Software des Herstellers, die Ihrem Drucker beiliegt.
2. Schließen Sie erst jetzt Ihren Drucker mithilfe des Kabels an den Computer an, und schalten Sie den Drucker ein. Daraufhin installiert Windows automatisch die notwendigen Treiber.
3. Begeben Sie sich in den Bereich **Hardware und Sound ▶ Geräte und Drucker** in der Systemsteuerung, und schauen Sie nach, ob Ihr Gerät dort auftaucht.
4. Führen Sie einen rechten Mausklick über dem Gerät durch, wählen Sie den Punkt **Druckereigenschaften**, und drucken Sie im erscheinenden Menü eine Testseite aus.

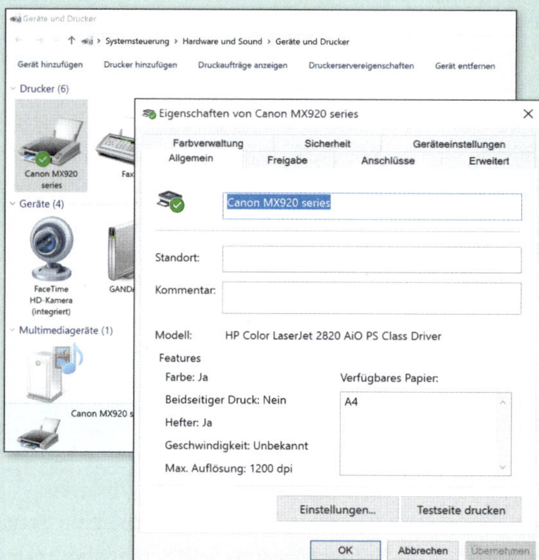

◄ Fertig! Sie können Ihren Drucker nun aus jedem beliebigen Windows-Programm heraus nutzen.

DSGVO

> Datenschutz-Grundverordnung

» siehe Übersicht »Datenschutz und Datensicherheit« auf Seite 101

DSL

> Digital Subscriber Line
> Digitale Teilnehmeranschlussleitung

Eine Variante des Zugangs zum Internet. DSL bietet dabei eine sehr schnelle Verbindung im Vergleich zur früher verwendeten Modem- bzw. ISDN-Technik. Die folgende Tabelle auf Seite 121 zeigt die aktuellen DSL-Varianten und die damit möglichen Geschwindigkeiten. Downstream (bzw. Download) bedeutet dabei das Herunterladen, Upstream (bzw. Upload) das Hochladen von Daten.

» siehe Bandbreite, Bit, ISDN, Modem

Verfahren	Max. Downstream MBit/s	Max. Upstream MBit/s
ADSL	8	1
ADSL2+	25	3,5
HDSL	2	2
VDSL	52	11
VDSL2	100	20

▲ DSL-Varianten im Vergleich

DTP

» siehe Desktop-Publishing

Dual-Core-Prozessor

Eine bestimmte Prozessorbauart, bei der die Rechnungen auf zwei Kerne verteilt werden und dadurch quasi parallel abgearbeitet werden können. Merke: Je mehr Kerne ein Prozessor besitzt, desto flotter kann man damit rechnen (entsprechend angepasste Programme vorausgesetzt).

» siehe Core

» siehe Übersicht »Computer & Co. kaufen« auf Seite 84

Duales System

Ein Zahlensystem, das nur aus den Ziffern 0 und 1 besteht und im Computerbereich verbreitet ist.

» siehe Binär

Duplexeinheit

Das können mittlerweile viele moderne Drucker und Scanner: Seiten beidseitig bedrucken bzw. doppelseitig bedruckte Seiten von beiden Seiten her einscannen. Dazu benötigt man am Drucker bzw. Scanner eine Duplexeinheit.

DVB

> Digital Video Broadcasting
> »Digitaler Video-Rundfunk«

Der Einstieg in das digitale und somit störungs- und rauschfreie Fernsehen. Mittlerweile empfängt man per Satellit fast ausschließlich Sender, die ihr Programm mit dem DVB-Verfahren übertragen. Für hochauflösende Programme nutzt man dessen Nachfolger DVB-S2. Je nach Übertragungsweg unterscheidet man die Verfahren DVB-C (per Kabel), DVB-S (per Satellit) und DVB-T (per erdgebundener Antenne).

DVD

> Digital Versatile Disc

Der erste kommerzielle Datenträger für Videomaterial ist mittlerweile auch in die Jahre gekommen. Abgelöst wurde er durch die Blu-ray Disc, die aufgrund ihrer höheren Speicherkapazität auch hochaufgelöstes und damit speicherintensives Material beherbergen kann, sowie durch die Vielzahl der aktuellen Streaming-Anbieter wie NetFlix, WatchEver und Amazon Instant Video. Mit DVD-RW (RW = Read Write = Lesen Schreiben) wird ein mehrfach beschreibbarer Datenträger bezeichnet.

» siehe Blu-ray (Disc), Streamen/Streaming

D

DVI

> Digital Visual Interface
> Digitale visuelle Schnittstelle

DVI gilt heute zumindest im PC-Bereich als Standard, wenn es darum geht, einen externen Monitor mittels DVI-Kabel an einen PC anzuschließen.

» siehe DisplayPort, HDMI, Monitor, VGA, Videoports

» siehe Übersicht »Ports: Die wichtigsten Anschlüsse am PC« auf Seite 292

D

DxO OpticsPro

Eine professionelle Software zur Bearbeitung und Verwaltung von digitalen Bildern. Bevorzugt bearbeitet man mit der Software Rohdatenbilder.

» siehe RAW

Dynamische IP-Adresse

Eine dynamische IP-Adresse wird z. B. an Ihr Smartphone vergeben, wenn sich dieses an Ihrem heimischen WLAN-Router anmeldet. Diese Adresse gilt dann für die Zeit, in der das Smartphone mit dem Router verbunden ist. Danach steht die Adresse nach einiger Zeit wieder für andere Geräte zur Verfügung. Wie lange diese Zeitspanne dauert, bestimmen Sie mithilfe der sogenannten Lease-Time (»Leihdauer«) am Router.

» siehe IP-Adresse, Router

E

Einrichten kann man sich nicht nur mithilfe eines großen skandinavischen Möbelhauses, sondern auch in den digitalen vier Wänden auf dem Computer – z. B. mit einem schönen Hintergrundbild.

E-Bay

»3-2-1 meins!« Auf dieser bekannten Auktionsplattform können Sie gebrauchte, aber auch neue Dinge erstehen und selbst Ihren Dachboden gegen Bares entrümpeln.

Ebene

In Bildbearbeitungsprogrammen können Sie während der Bildbearbeitung mehrere Ebenen erzeugen. Stellen Sie sich das in etwa so vor, als würden Sie mehrere Folien mit Objekten ausstatten (z. B. einem Reh, einer Wiese und einem Wald) und diese dann übereinander auf einen Projektor legen. In der Summe ergibt sich das Bild eines Rehs auf einer Wiese vor einem Wald. Die einzelnen Objekte können als Ebene separat bearbeitet und aktiviert werden.

» siehe Bildbearbeitung

E-Book

> Elektronisches Buch

Büchergenuss so ganz ohne Papier – das bieten die E-Books. Das sind Dateien, die auf entsprechenden Lesegeräten (E-Book-Reader) oder mit speziellen Programmen auf dem PC, Smartphone oder Tablet wiedergegeben werden.
Der Vorteil eines E-Books: Es nimmt keinen Platz im Stubenschrank ein, und Sie können es mithilfe einer ausgefeilten Suchfunktion nach Stichworten durchsuchen, virtuelle Lesezeichen mit anderen Lesern per Internet auf der ganzen Welt austauschen und vieles mehr.
Wenn Sie beim Lesen an einer Stelle stehen geblieben sind, können Sie an der gleichen Stelle auf einem völlig anderen Gerät fortfahren.

» siehe E-Book-Reader

E-Book-Reader

> Lesegerät für E-Books

Ein Gerät, mit dem man E-Books lesen kann, oft auch einfach E-Reader genannt. E-Book-Reader zeichnen sich durch eine präzise, von gedrucktem Papier nicht mehr unterscheidbare Darstellung von Texten aus. Darüber hinaus besitzen sie – obwohl akkubetrieben – äußerst lange Laufzeiten: Mit einer einzigen Akkuladung läuft ein moderner E-Book-Reader mehrere Wochen. Der Nachteil: Die Darstellung der Druckwerke erfolgt momentan noch ausschließlich in Schwarz-Weiß. Dazu wird eine Art künstliche Tinte verwendet (E-Ink genannt). Momentan findet man auf dem E-Book-Reader-Markt hauptsächlich den Kindle Reader von Amazon sowie den freien Reader Tolino, der vor allem vom freien deutschen Buchhandel propagiert wird.

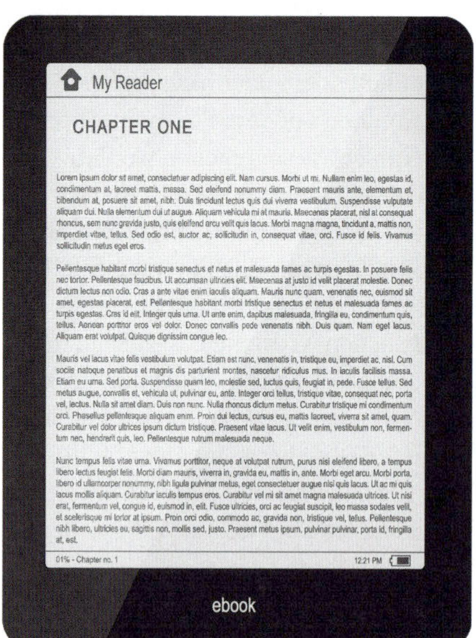

E-Business

> Electronic Business

Alle Arten von Geschäftsvorgängen, die man mithilfe von Internet, Computer und Co. abwickeln kann. Dazu gehören der eigene kleine Online-Shop, aber auch alle komplett automatisch abwickelbaren Geschäftsprozesse in einem DAX-Unternehmen.

» siehe E-Commerce

Echo (Dot)

Intelligenter Lautsprecher von Amazon, der die Funktionen der Sprachassistentin Alexa bietet.

» siehe Alexa

» siehe Übersicht »Smart Home« auf Seite 340

Echtzeit(übertragung)

Haben Sie sich bei der letzten Fußball-WM auch gewundert, dass Ihre Nachbarn schon einige Sekunden, bevor ein Tor auf Ihrem Fernsehgerät gefallen ist, gejubelt haben? Das lag daran, dass die Nachbarn das Spiel per analoges TV in Echtzeit verfolgt und Sie das Fernsehsignal digital aufbereitet und damit zeitverzögert geliefert bekommen haben. Unter Echtzeit versteht man somit die unmittelbare, verzögerungsfreie Übertragung von elektrischen Signalen.

E-Commerce

> Electronic Commerce

Handel auf elektronischem Weg, also beispielsweise der Online-Shop von Amazon. Mittlerweile kann es existenzgefährdend sein, wenn man die Zeichen der Zeit nicht erkennt und neben dem konventionellen Laufkunden-Ladengeschäft nicht auch für die Kunden eine Möglichkeit anbietet, die Waren rund um die Uhr per Internet zu erwerben.

» siehe Online-Shop/Online-Shopping

EDGE/Edge

> Enhanced Data Rates for GSM Evolution
> engl. Edge = Kante/Rand

Dieser Begriff hat mittlerweile drei Bedeutungen: EDGE beschreibt ein Verfahren, um Daten im normalen Mobilfunknetz schneller zu übertragen. Und Edge bezeichnet zum einen eine neue Baureihe von Samsung-Smartphones, deren Display bis zum Rand des Geräts reicht, und ist zum anderen der Name bzw. die Kurzform für den neuen Browser Microsoft Edge unter Windows 10.

» siehe Bandbreite, LTE, Microsoft Edge, UMTS (3G)

Edition

Eine Edition bezeichnet die besondere Version eines Programms oder eines Geräts. Berühmt-berüchtigt war beispielsweise die Windows-Millennium-Edition.

» siehe Windows

Editor

Ein sehr einfaches Schreibprogramm, auch Texteditor genannt, mit dessen Hilfe man Texte ohne großen Formatierungsschnickschnack verfassen kann. Editoren werden auch in der Programmierung zum Verfassen von Programmquelltexten, etwa für Internetseiten, verwendet. Dann spricht man von einem HTML-Editor (wie z. B. Dreamweaver). Auch Windows 10 verfügt über eine App namens Editor.

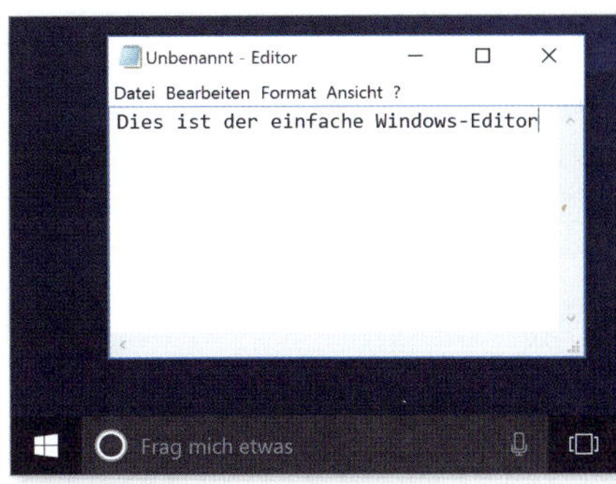

Edutainment

> Kunstwort aus Education (Bildung) und Entertainment (Unterhaltung)

Gemeint sind hier Programme, die auf spielerische Art Bildungsinhalte vermitteln. So ist beispielsweise das beliebte Smartphone-Spiel »Quizduell« ein Vertreter dieser Kategorie.

EDV

> Elektronische Datenverarbeitung

In der elektronischen Datenverarbeitung (kurz: EDV) dreht sich alles um die Möglichkeiten, die der Computer bietet, um Daten zu erfassen, zu verändern, zu filtern und auszuwerten. Der Begriff EDV wird mittlerweile auch in Deutschland zunehmend durch das Kürzel IT (Information Technology) ersetzt.

Effekte/Effektfilter

Sie möchten ein Foto so verwandeln, dass es wie ein Gemälde aussieht? Dann verwenden Sie doch Effektfilter. Diese finden Sie in jedem besseren Bildbearbeitungsprogramm.

» siehe Bildbearbeitung

Eigene Dateien

Diesen speziellen Ordner gab's noch bis einschließlich Windows 7: den Bereich **Eigene Dateien**, in dem man Musik sowie Bilder und Videos ablegte. »Eigen« bedeutet hier, dass die Dateien nur vom eigenen Benutzerkonto (Account) aus erreichbar sind. Seit Windows 10 findet man die persönlichen Unterverzeichnisse im Bereich **Dieser PC**.

» siehe Benutzerkonto (Account)

Eigenschaften

Bestimmte Merkmale eines Objekts, z. B. einer Datei. Unter Windows rufen Sie die Eigenschaften einer Datei im Explorer auf, indem Sie per rechtem Mausklick auf die Datei ein Kontextmenü öffnen und dort den Eintrag **Eigenschaften** anklicken.

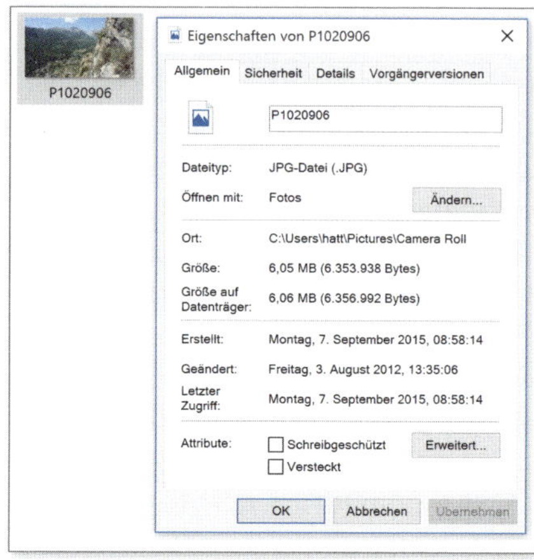

Einfg

» siehe Einfügen-Taste

Einfügemarke

> engl. Cursor

Meist ein kleiner blinkender senkrechter Strich, der in Programmen zur Textverarbeitung oder in Texteingabefeldern die aktuelle Schreibposition anzeigt und somit als Orientierung und Einfügemarke dient.

» siehe Textverarbeitung

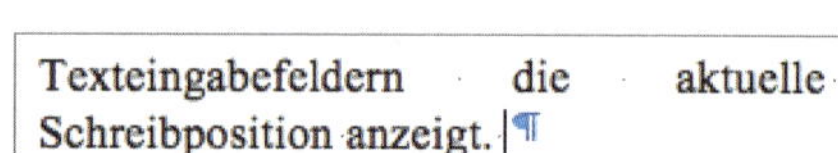

Einfügen

> engl. Paste

Beim Einfügen wird ein Objekt, z. B. ein Textausschnitt oder ein Bild, das sich im sogenannten Zwischenspeicher befindet, an einer bestimmten Stelle platziert. Meist wird der Befehl in Verbindung mit dem Kopieren (Copy and Paste) oder Ausschneiden (Cut and Paste) verwendet. Das Tastaturkürzel des Einfügen-Befehls ist `Strg` + `V`. Zudem findet sich der Befehl in vielen Kontextmenüs, die man mit einem rechten Mausklick auf ein Objekt bzw. eine Datei öffnet.

» siehe Ausschneiden und Einfügen (Cut and Paste), Kopieren und Einfügen (Copy and Paste)

Einfügen-Taste

Mit der Taste `Einfg` schaltet man zwischen den beiden Eingabemodi »Einfügen« und »Überschreiben« um. Dabei werden die Zeichen direkt nach dem Cursor in den laufenden Text eingefügt bzw. überschrieben. In aktuelleren Word-Versionen (ab 2010) ist der Überschreibmodus standardmäßig ausgeschaltet. Sie können ihn in den erweiterten Optionen (**Datei ▸ Optionen ▸ Erweitert**) aktivieren, indem Sie die beiden Kontrollkästchen vor **EINF-Taste zum Steuern des Überschreibmodus verwenden** sowie **Überschreibmodus verwenden** anklicken.

» siehe Entfernen/Entf-Taste

Eingabe

Teil eines fundamentalen Prinzips in der Informatik: Bevor Daten verarbeitet werden können, müssen diese zunächst eingegeben werden. Dies geschieht auf dem PC mit der Tastatur und der Maus, auf Smartphone und Tablet mit dem Touchscreen.

» siehe EVA-Prinzip

Eingabeaufforderung

Normalanwender bekommen die Eingabeaufforderung unter Windows meist nicht zu sehen. Damit kann man das Betriebssystem mit eingetippten Befehlen steuern – ein Überbleibsel aus den guten alten DOS-Zeiten. Aber auch heute noch kann es recht nützlich sein, wenn man sich mit der Eingabeaufforderung und deren Befehlen einigermaßen auskennt. Spätestens wenn Windows nicht mehr starten mag und man zwecks Reparatur auf eine sogenannte Konsole wechseln muss, sind derartige Fertigkeiten gefragt. Sie finden die Eingabeaufforderung durch Eingabe des Worts »Eingabe« in das Suchfeld von Windows 10. Die Eingabeaufforderung wird auch Konsole oder Terminal genannt.

» siehe DOS, Konsole, Terminal

Eingabeaufforderung: Wichtige Befehle

Die folgende Tabelle zeigt Ihnen einige nützliche Befehle für die Eingabeaufforderung in Windows.

Befehl	Wirkung	Beispiel
shutdown	Fährt den Rechner herunter.	shutdown -s
ipconfig	Zeigt eine Liste aller Netzwerkverbindungen.	ipconfig /all
tasklist	Zeigt eine Liste aller laufenden Prozesse bzw. Anwendungen.	tasklist
cd	Wechselt das Verzeichnis.	cd Ordner
mkdir	Erstellt ein Verzeichnis.	mkdir Ordner
rmdir	Löscht ein Verzeichnis.	rmdir Ordner
del	Löscht eine Datei.	del datei.txt
dir	Zeigt den Inhalt des aktuellen Verzeichnisses an.	dir
color	Stellt die Farbe zur Schriftdarstellung um.	color 9
help	Zeigt alle Befehle für die Eingabeaufforderung.	help

Eingabeaufforderung

```
C:\Users\Rainer>help
Geben Sie HELP "Befehlsname" ein, um weitere Informationen zu einem bestimmten
Befehl anzuzeigen.
ASSOC          Zeigt Dateierweiterungszuordnungen an bzw. ändert sie.
ATTRIB         Zeigt Dateiattribute an bzw. ändert sie.
BREAK          Schaltet die erweiterte Überprüfung für STRG+C ein bzw. aus.
BOOTCFG        Legt Eigenschaften zur Steuerung des Startladenvorganges in der
               Startdatenbank fest.
CACLS          Zeigt Datei-ACLs (Access Control List) an bzw. ändert sie.
CALL           Ruft eine Batchdatei von einer anderen Batchdatei aus auf.
CD             Zeigt den Namen des aktuellen Verzeichnisses an bzw. ändert
               diesen.
CHCP           Zeigt die aktive Codepagenummer an bzw. legt sie fest.
CHDIR          Zeigt den Namen des aktuellen Verzeichnisses an bzw. ändert
               es.
CHKDSK         Überprüft einen Datenträger und zeigt einen Statusbericht an.
CHKNTFS        Zeigt die Überprüfung des Datenträgers beim Start an bzw.
               verändert sie.
CLS            Löscht den Bildschirminhalt.
CMD            Startet eine neue Instanz des Windows-Befehlsinterpreters.
COLOR          Legt die Hintergrund- und Vordergrundfarben für die Konsole
               fest.
COMP           Vergleicht den Inhalt zweier Dateien oder Sätze von Dateien.
COMPACT        Zeigt die Komprimierung von Dateien auf NTFS-Partitionen an bzw.
               ändert sie.
CONVERT        Konvertiert FAT-Volumes in NTFS. Das aktuelle Laufwerk kann
               nicht konvertiert werden.
COPY           Kopiert eine oder mehrere Dateien an eine andere Stelle.
DATE           Zeigt das Datum an bzw. legt es fest.
```

▲ Der Befehl »help« zeigt alle Befehle der Eingabeaufforderung im Überblick.

Eingabehilfe

Menschen mit Beeinträchtigungen fällt der Umgang mit Computer und Smartphone oft nicht leicht. Aus diesem Grund haben sich die Hersteller diverse Dinge zur Erleichterung der Eingabe einfallen lassen. Bei einem Samsung-Smartphone gibt es in den Einstellungen ein Menü **Eingabehilfe**, in welchem Sie entsprechende Anpassungen vornehmen können. In Windows finden Sie entsprechende Optionen unter **Einstellungen ▸ Erleichterte Bedienung**.

» siehe Erleichterte Bedienung

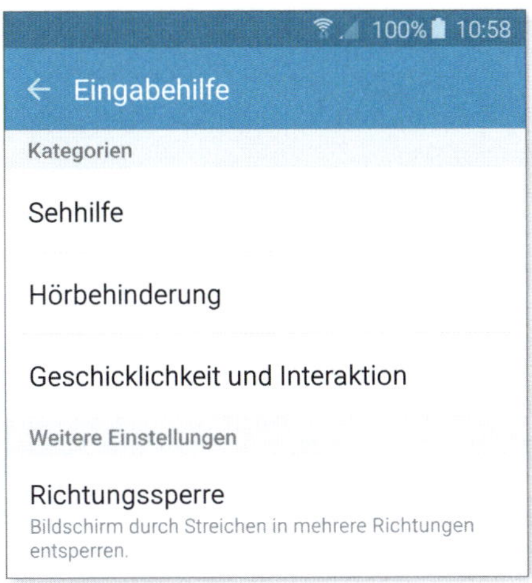

Eingabe-Taste

> engl. Return-Taste

Die wohl wichtigste und zudem größte Taste auf einer PC-Tastatur: Mit der Taste [↵] schließen Sie die Eingabe eines Befehls ab oder erzeugen in einer Textverarbeitung eine neue Zeile, was mit dem gebogenen Pfeil angedeutet wird. Damit kehren Sie also auch wieder, wie der englische Ausdruck andeutet (Return = Rückkehr), zum Anfang einer Zeile zurück. Oft wird die Eingabe-Taste aber auch mit dem englischen Begriff Enter-Taste synonym verwendet, doch dabei handelt es sich um eine eigene Taste [Enter] im Nummernblock Ihrer Tastatur.

» siehe Enter-Taste

Eingeschränkte Rechte

Nicht jeder darf alles auf einem PC-Betriebssystem. Wäre ja auch noch schöner, wenn Ihr Filius aus Spaß wichtige Systemdateien löschen würde und der Computer danach den Start verweigert. Um derartige Szenarien zu verhindern, besitzen Normalbenutzer auf allen Betriebssystemen nur eingeschränkte Rechte. Unter Windows können Sie die Berechtigungen über die Eigenschaften von Dateien und Verzeichnissen selbst anpassen.

» siehe Berechtigung, Eigenschaften

Einloggen

... bedeutet nichts anderes, als sich am Betriebssystem anzumelden. Sollten Sie auf Ihrem PC nun einen einzigen (Standard-)Benutzer eingerichtet haben, dann entfällt für diesen in der Regel die Anmeldung. Das können Sie aber in Windows 10 z. B. in den **Einstellungen** unter **Konten ▸ Anmeldeoptionen** dadurch ändern, dass Sie dem Benutzer ein Passwort zuweisen.

» siehe Administrator, Benutzerkonto (Account)

Einrichten

Ein PC oder Mac muss beim ersten Start zunächst einmal eingerichtet werden. Dazu durchlaufen Sie anfangs eine Konfigurationsroutine, die ein sogenannter Assistent vorgibt. Hier werden dann der Benutzername und ggf. ein Passwort von Ihnen festgelegt, außerdem wird geprüft, ob eine Verbindung zum Internet besteht, und diese dann ebenfalls eingerichtet. Beim späteren Anmeldevorgang sind dann diese Angaben nicht mehr nötig.

» siehe Konfigurieren

Einschalten

Auf Los geht's los: Ohne den Druck auf den Einschalter geht beim PC, Tablet oder Smartphone gar nichts. Der Einschalter ist dabei zugleich der Ausschalter. Bevor Sie diesen betätigen, sollten Sie jedoch unter dem entsprechenden Stichwort nachlesen!

» siehe Ausschalten

Einstellungen

› engl. Settings

Die zentrale Anlaufstelle, wenn es um Konfigurationsarbeiten unter Windows 10 geht. Rufen Sie dazu direkt im

Startmenü die **Einstellungen** auf. Unter macOS und Linux finden Sie übrigens ganz ähnliche Bereiche, in denen Sie den Computer unter verschiedenen Hinsichten als Benutzer konfigurieren können.

» siehe Systemsteuerung

Einwahlprogramm

Zu den guten alten Zeiten der Datenfernübertragung per Modem war dieser Begriff noch nicht negativ belegt. Schließlich benötigte jeder Anwender ein Einwahlprogramm, um mit seinem PC ins Internet zu gelangen. Später haben sich Kriminelle dieser Methode bedient, um ahnungslose Anwender per Dialer auf teure Servicerufnummern umzuleiten.

» siehe Dialer

Einzug

Dieser Begriff ist mehrdeutig: Zunächst ist mit dem Einzug der Randbereich eines Dokuments oder Absatzes gemeint. Zum anderen besitzt ein Drucker einen Einzug, um das Papier aus dem Papierstaufach zum Druckkopf zu transportieren.

E-Learning

- Elektronisches Lernen
- im engeren Sinne auch Computer-based Training genannt

Beschreibt die Möglichkeit, Lernstoff per Computer und Internet multimedial aufbereitet an die Frau bzw. den Mann zu bringen. Die Spannweite reicht von kommerziellen Videotrainings über virtuelle Sprachlabors, in denen Fremdsprachen durch Muttersprachler vermittelt werden, bis hin zu den unzähligen Erklärvideos auf der Videoplattform YouTube.

Elektronisches Formular

Von der Wiege bis zur Bahre begleiten uns mittlerweile auch elektronische Formulare. Ein typisches Beispiel dafür ist eine Online-Banküberweisung, bei der Sie die entsprechenden Felder mit der Bankverbindung und dem Betrag nicht auf Papier, sondern im Formular auf der Internetseite ausfüllen.

» siehe Online-Banking

ELSTER

- Elektronische Steuererklärung

Das einstige ehrgeizige Vorhaben des Unions-Politikers Friedrich Merz, das eine Steuererklärung auf einen Bierdeckel passen solle, ist leider noch nicht Realität. Stattdessen können Sie Ihre Steuererklärung per elektronischer Schnittstelle ELSTER abgeben. Diese ist in den meisten Steuerprogrammen (z. B. WISO Steuer) integriert. Wer auf ein Steuerprogramm verzichtet, kann die Steuerangaben auch auf *www.elster.de* machen.

E-Mail

- Electronic Mail
- Elektronische Post

Mittlerweile ein Klassiker bei der modernen Kommunikation, wobei die jüngere Generation aber mittlerweile schon wieder von der E-Mail (kurz auch Mail genannt) abgerückt ist und schneller per Messenger kommuniziert.

» siehe Adresse (E-Mail, Internet), Anfügen/Anhang (Attachment), Antworten (E-Mail), Benutzerkonto (Account), Betreff, Blindkopie (BCC), CC, E-Mail-Provider, IMAP, Instant Messaging/Messenger, Junk-E-Mail, POP3-Konto, Ungelesene E-Mails, Weiterleiten (E-Mail)

E-Mail-Provider

> Anbieter von E-Mail-Diensten

E

Meist erhalten Sie bereits von Ihrem Internetanbieter eine eigene E-Mail-Adresse. Der Nachteil: Sollten Sie einmal den Internetdienstleister wechseln, dann ist auch Ihre Mailadresse futsch. Es lohnt sich daher, nach einem providerunabhängigen Maildienstleister Ausschau zu halten. Die folgende Tabelle gibt einen kleinen Überblick über die aktuell wichtigsten Anbieter in Deutschland nebst deren Serverdaten. Eine vollständige Liste finden Sie im Internet unter *http://www.patshaping.de/hilfen_ta/pop3_smtp.htm*.

» siehe SMTP(-Server)

» siehe Übersicht »E-Mail: Konto einrichten und nutzen« auf Seite 133

Provider	Posteingang/Port (»Zugang«)	Postausgang/Port
GMX	imap.gmx.net/993	mail.gmx.net/465
WEB.DE	imap.web.de/993	smtp.web.de/587
Gmail	imap.gmail.com/993	smtp.gmail.com/465
Yahoo!	imap.mail.yahoo.com/993	smtp.mail.yahoo.com/465

Emoji/Emoticon

Sparen Sie sich Zeit und gute Worte: Bei der modernen Kommunikation per Chat bzw. Messenger verwendet man gern kleine Bildchen, welche aktuelle Gefühlsregungen (Emotionen) oder Situationen ausdrücken sollen. Diese bezeichnet man daher auch als Emoticons oder Emoji. Auf dem Smartphone erreicht man sie über eine spezielle Schaltfläche auf der Tastatur.

Empfangsbestätigung

Sie möchten absolut sicher sein, dass Ihre E-Mail auch vom Adressaten gelesen wird? Dann fordern Sie eine Empfangsbestätigung an! Diese können Sie ggf. beim Verfassen der Mail in den erweiterten Optionen des Programms aktivieren. Beachten Sie aber: Diese Möglichkeit ist meist den »besseren« Mailprogrammen (wie z. B. Mozilla Thunderbird, siehe die Abbildung auf Seite 134) vorbehalten. Und viele Empfänger (insbesondere Behörden) betrachten es als unhöflich, durch eine Empfangsbestätigung unter Druck gesetzt zu werden.

» siehe E-Mail, Mozilla Thunderbird

E-Mail: Konto einrichten und nutzen

Nachfolgend soll beispielhaft gezeigt werden, wie man ein E-Mail-Konto auf einem PC anlegt und Mails mithilfe eines geeigneten Programms verfasst und abruft. Dabei bevorzuge ich den Mailabruf per sogenanntem IMAP (gegenüber dem sogenannten POP3-Konto) und verwende als Betriebssystem Windows 10. Die Anleitung lässt sich aber auch prinzipiell auf andere Betriebssysteme bzw. ein Smartphone oder Tablet übertragen.

1. Installieren Sie entweder ein E-Mail-Programm wie Mozilla Thunderbird, oder verwenden Sie die in Windows 10 vorinstallierte App **Mail** aus dem Startmenü.

2. Recherchieren Sie bei Ihrem E-Mail-Dienstanbieter (GMX, web.de etc.), welche IMAP-Server-Einstellungen zu verwenden sind. Das erledigen Sie schnell mit einer Google-Recherche nach »e-mail imap [Name Ihres E-Mail-Providers]«.

3. Starten Sie (unter Windows 10) das Mailprogramm durch einen Klick auf die Kachel im Startmenü. Beim ersten Start führt Sie ein Assistent durch die Einrichtung des Kontos. Klicken Sie auf **Konto hinzufügen**, wählen Sie dann in der sich öffnenden Liste Ihren Provider (u. a. Outlook und Google-Mail) aus oder klicken Sie auf **Anderes Konto**. Hier müssen Sie lediglich Ihre E-Mail-Adresse, das Kennwort sowie ggf. die im zweiten Schritt recherchierten Serverdaten parat halten. Wählen Sie falls möglich das IMAP-Verfahren zum Mailabruf.

4. Schicken Sie sich selbst eine E-Mail. Dazu betätigen Sie die **+**-Schaltfläche ❶ zum Erzeugen einer neuen Mail, geben die E-Mail-Adresse ❷ ein, erstellen einen Betreff ❸, verfassen einen kleinen Text und betätigen die **Senden**-Schaltfläche ❹. Landet die Mail in Ihrem **Posteingang** ❺, so beantworten Sie diese mithilfe der **Antworten**-Schaltfläche ❻. Klappt auch das, dann haben Sie Ihr E-Mail-Konto korrekt eingerichtet.

Genauso versenden Sie E-Mails an andere Adressen. Sie können zudem Dateien (z. B. Bilder) als Anhang ergänzen.

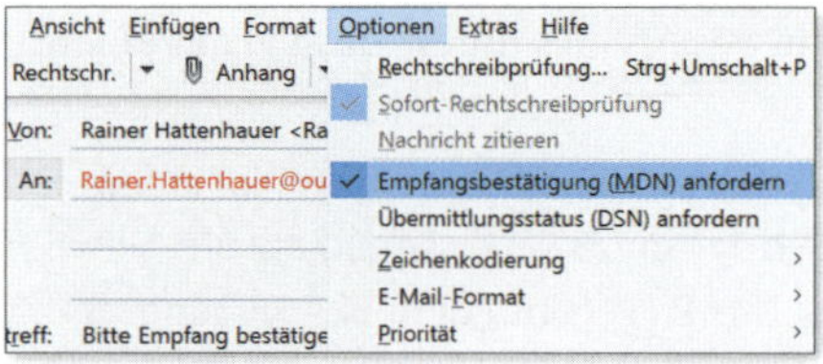

▲ Empfangsbestätigung

Encoder

Ein Encoder komprimiert eine Audio- bzw. Videodatei, um Speicherplatz zu sparen.

» siehe Codec

Endbenutzerlizenzvertrag

> engl. End User License Agreement, Abkürzung: EULA

Wenn Sie bereits ein Betriebssystem oder Anwenderprogramm selbst installiert haben, dann kennen Sie das sicher: Vor der Installation muss ein langwieriger Vertrag mit dem Vertreiber der Software durch Anklicken einer Einverständniserklärung abgenickt werden. Erst dann sind Sie berechtigt, das Programm zu nutzen.

Ende-Taste

Die Taste im Bereich des Cursorblocks einer PC-Tastatur, mit deren Hilfe Sie an das Ende eines Dokuments navigieren können.

» siehe Pos-1-Taste

Endlospapier

Zu Zeiten des Nadeldruckers äußerst beliebte Papierform für einen Drucker: Das Papier bestand aus perforierten Endlosbögen, die mithilfe eines zahnradförmigen Einzugs in den Drucker befördert wurden. Die heutigen Papiereinzüge sind für den Einzelblatteinzug optimiert, sodass diese vorsintflutliche Methode heute kaum noch zu finden ist.

Energiesparmodus

Man findet ihn sowohl beim PC als auch beim Smartphone: den Energiesparmodus, der das System entweder in den »Schlaf« fährt (PC) oder aber die Hauptverbraucher des Geräts in den Ruhezustand schickt (Smartphone). Dadurch erreicht man bei mobilen Geräten eine längere Akkulaufzeit und sorgt bei stationären Geräten dafür, dass diese nach Betätigen des Einschalters ohne langwierigen Startvorgang sofort einsatzbereit sind. In Windows 10 rufen Sie diesen Modus zur Auswahl auf, indem Sie zuerst auf das Startmenü-Logo ❶ klicken (wie gewohnt mit der linken Maustaste) und anschließend mit einem rechten Mausklick auf **Ein/Aus** ❷ klicken.

Enter-Taste

Alternativ zur Taste [↵] können Sie prinzipiell auch die [Enter]-Taste zum Erzeugen eines neuen Absatzes und zur Bestätigung von Eingaben nutzen, sofern Ihre Tastatur über einen sogenannten Ziffern- bzw. Nummernblock verfügt. Dort befindet sie sich unten rechts.

» siehe Eingabe-Taste (Return-Taste), Nummernblock

Entfernen/Entf-Taste

> engl. Delete-Taste

Mithilfe dieser Taste löschen Sie das Zeichen, welches sich aktuell hinter (rechts neben) der Schreib- bzw. Einfügemarke (Cursor) befindet. Die Delete-Taste finden Sie nur auf einer PC-Tastatur, in der deutschen Variante ist sie mit [Entf] für Entfernen beschriftet. Bei manchen MacBooks fehlt die Taste, hier erhalten Sie die gleiche Funktionalität durch die Tastenkombination [Fn] + [←].

» siehe Einfügemarke (Cursor), Einfügen-Taste, Rück-Taste (Backspace-Taste)

Entpacken

> engl. Unzip

Das Öffnen eines komprimierten Dateiarchivs (Ordner im ZIP-Dateiformat) bezeichnet man als Entpacken. Unter Windows führen Sie das per Kontextmenü des Archivs durch, das Sie mit einem rechten Mausklick öffnen. Hier wählen Sie den Befehl **Alle extrahieren** oder auch – in anderen Programmversionen – einen ähnlich lautenden Befehl wie **Hier entpacken**.

» siehe ZIP/Zippen

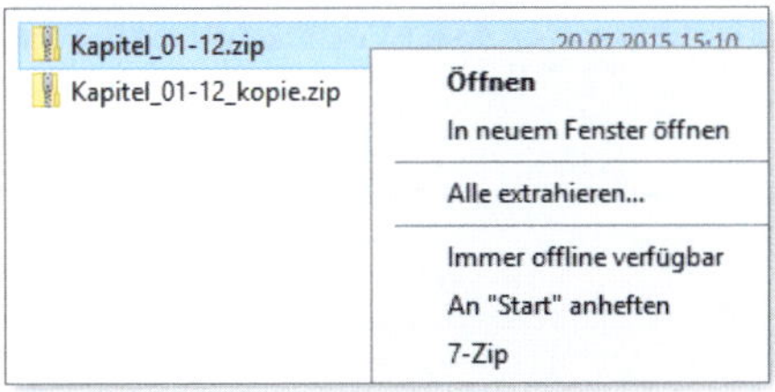

Entschlüsseln

Wenn vertrauliche Nachrichten übermittelt werden sollen, dann werden sie vom Sender verschlüsselt. Der Empfänger muss diese nach Erhalt wieder entschlüsseln, um die Botschaft lesen zu können.

» siehe Code

Entwicklertools

Damit sind (Software-)Werkzeuge gemeint, die Programmierer zum Erstellen von Programmen benötigen. Auch Microsoft Word z. B. verfügt über derartige Werkzeuge im Hauptregister **Entwicklertools** (❶ auf Seite 136) des Menübandes. Sollte das Register mit seinen Befehlsgruppen nicht sichtbar sein, so können Sie es, wie andere Register auch, einblenden. Klicken Sie dazu mit der rechten Maustaste auf das Menüband, wählen Sie im Kontextmenü den Befehl **Menüband anpassen**, und aktivieren Sie per Häkchen im Auswahlmenü zu den Hauptregisterkarten das Register

▲ Entwicklertools

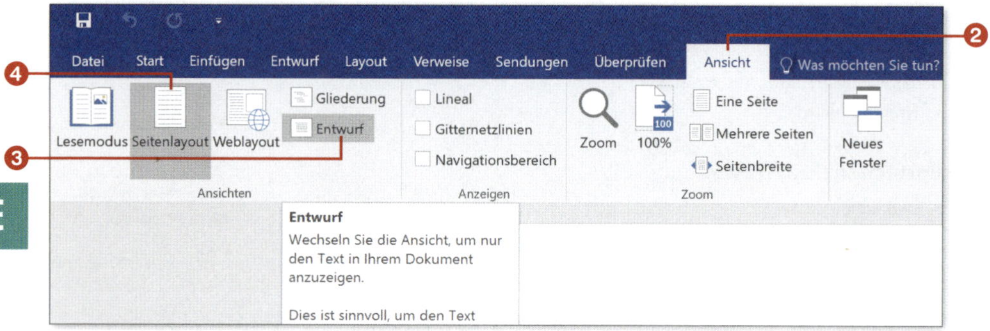

▲ Entwurfsansicht

Entwicklertools. Hier können Sie dann (entsprechende Programmierkenntnisse vorausgesetzt) Word-Erweiterungen – sogenannte Makros – programmieren.

» siehe Makro, Menüband (Ribbon)

Entwurfsansicht

Diese Form der **Ansicht** ❷ und eine entsprechende Schaltfläche **Entwurf** ❸ finden Sie in jedem Textverarbeitungsprogramm: Hier wird das Layout des Dokuments auf das Wesentliche beschränkt, um die Konzentration ganz auf den Inhalt, nicht aber auf das Format zu lenken. In aller Regel arbeiten Sie aber in der Ansicht **Seitenlayout** ❹.

» siehe Seitenlayout

E-Payment

> Elektronische Bezahlung

Die Möglichkeit, Geld auf elektronischem Weg zu transferieren. Ein Beispiel ist die flächendeckende Ausstattung von ALDI-Filialen mit Kassen, die in der Lage sind, die Bezahlung in Verbindung mit einer Datenübertragung vom Handy des Kunden vorzunehmen. Dazu wird ein sogenannter NFC-Chip eingesetzt. Das Geld wird dann vom Mobilfunkkonto abgebucht.

» siehe NFC

» siehe Übersicht »Bezahlen – online und mobil mit dem Smartphone« auf Seite 47

EPG

> Electronic Program Guide
> Elektronischer Programmführer

Die klassische Fernsehzeitschrift hat ausgedient: Heute empfängt man die aktuellen Fernsehprogrammdaten auf dem gleichen Weg, auf dem auch das TV-Programm eingespeist wird. Jedes aktuelle, intelligente Fernsehgerät besitzt daher auf der Fernbedienung eine EPG-Taste.

Mit deren Hilfe wird das TV-Programm des aktuellen Senders für die nächsten Stunden dargestellt.

EPS

> Encapsulated PostScript

Ein Grafikdateiformat, das insbesondere bei Vektorgrafikprogrammen aus dem Hause Adobe sehr beliebt ist. Neben der gängigen Dateiendung *.eps* gibt es auch die Formate *.epsf* und *.epsi*.

» siehe Bilddateiformate, Dateiendung/Dateityp

Equalizer

> Klangregelung

Eine Erweiterung innerhalb eines Musikprogramms oder einer App zur Musikwiedergabe, die es ermöglicht, das Klangbild den eigenen Vorstellungen anzupassen.

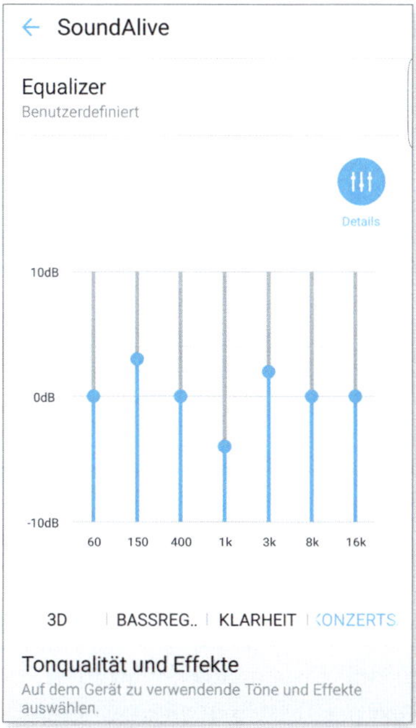

Erleichterte Bedienung

Windows bietet in den **Einstellungen** im Menü **Erleichterte Bedienung** verschiedene Optionen an, die es Menschen mit Seh- oder Hörbehinderungen ermöglichen, dennoch produktiv mit dem PC zu arbeiten. Hier können Sie u. a. eine **Bildschirmlupe** starten oder haben die Möglichkeit, sich per **Sprachausgabe** Text vom Bildschirm vorlesen zu lassen.

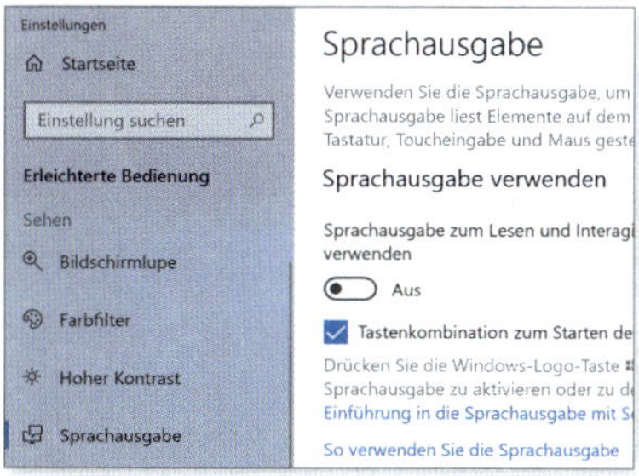

Error

> Fehler

Dieser Begriff taucht immer dann auf, wenn Programme aus unerfindlichen Gründen abstürzen und der Programmierer entsprechende Fehlermeldungen nur in englischer Sprache verfasst hat.

» siehe Absturz

Ersetzen

» siehe Suchen und Ersetzen

Erweiterungsfeld

Oft versteckt man in einem Programmdialog Optionen, die nur selten benutzt werden, in einem Erweiterungsfeld. Dieses klappt auf, wenn man einen entsprechenden Pfeil antippt.

» siehe Pull-down-Menü

E

E

Escape/Esc-Taste

> »Flucht, Ausweg«

Sie ist der Schleudersitz der PC-Anwendungen: Durch Betätigen der Taste [Esc] gelangen Sie jederzeit aus einem Dialog oder einem Menü einen Schritt zurück. Beim Mac verlassen Sie durch Betätigen dieser Taste den Vollbildmodus.

eTAN

> Elektronische Transaktionsnummer

Um Online-Überweisungen sicher durchzuführen, benötigen Sie zunächst eine PIN, um sich am Konto anzumelden. Wenn Sie dann die Überweisung selbst tätigen wollen, ist eine TAN gefragt. Wird diese von einem Extra-Elektronik-Kästchen erzeugt, spricht man von einer eTAN.

» siehe PIN, TAN

» siehe Übersicht »Bezahlen – online und mobil mit dem Smartphone« auf Seite 47

Ethernet

Eine Netzwerktechnik, die vorwiegend dort anzutreffen ist, wo Computer in Bürogebäuden, aber auch im heimischen Bereich miteinander vernetzt werden sollen. Dabei werden die Computer mit sogenannten Patch-Kabeln und für diese Steckdosen passenden Kabeln verbunden. Entsprechende Software zur Datenübertragung ist ebenfalls per Ethernet-Standard spezifiziert. Im Unterschied zu kabellosen Netzwerken (WLAN) ist diese Technik für lokale Datennetzwerke (LAN) gedacht.

» siehe LAN, WLAN

Ethernet-Kabel

Kabel zur Einrichtung von Computernetzwerken nach dem Ethernet-Standard.

» siehe Ethernet

EULA

> End User License Agreement

» siehe Endbenutzerlizenzvertrag

EVA-Prinzip

> Eingabe-Verarbeitung-Ausgabe-Prinzip

Grundprinzip sämtlicher Datenverarbeitungssysteme für den Datenfluss: Daten müssen zunächst eingegeben werden (z. B. Text per Tastatur), diese werden vom Computer verarbeitet (z. B. im Textverarbeitungsprogramm) und zu guter Letzt ausgegeben (am Bildschirm oder per Drucker).

Excel

» siehe Microsoft Excel

Exchange Server

» siehe Microsoft Exchange

EXE-Datei

Die Dateinamenerweiterung .exe steht unter Windows für »executable«, was nichts anderes als »ausführbar« bedeutet. So verrät die Endung, dass dahinter ein Programm steht, das Sie per Doppelklick auf diese Datei auf Ihrem Computer installieren können. Der beliebte Videoplayer VLC für Windows trägt z. B. den vollständigen Dateinamen vlc.exe. Im Dateimanager Explorer können Sie solche Dateinamenerweiterungen ein- und ausblenden.

» siehe Dateiendung/Dateityp

Exif

> Exchangeable Image File Format
> Austauschbares Bilddateiformat

Die Exif-Daten dienen der genauen Beschreibung der Parameter eines Fotos, also z. B. von Blende, Verschlusszeit, Aufnahmedatum, geografischer Position, an der das Foto erstellt wurde, etc. Diese sogenannten Metadaten werden in die fertige Bilddatei (also z. B. in eine JPEG/JPG-Datei) integriert und können dann später am PC mit dem Bildbearbeitungsprogramm ausgelesen werden.

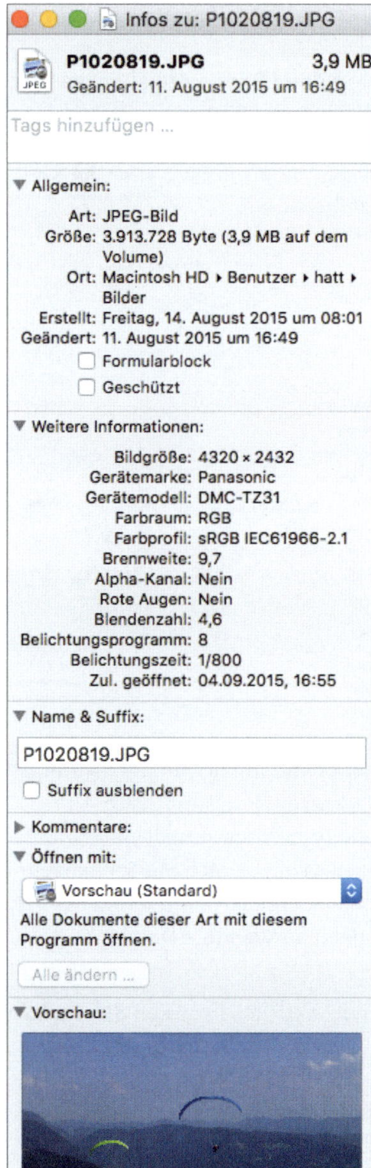

Exoskelett

» siehe Übersicht »Robotik« auf Seite 318

Explorer im Überblick

Die folgende Abbildung zeigt die wichtigsten Elemente des Explorers mit ausgeklapptem Menüband. Letzteres erreichen Sie, wenn Sie auf den kleinen Pfeil am rechten oberen Fensterrand klicken:

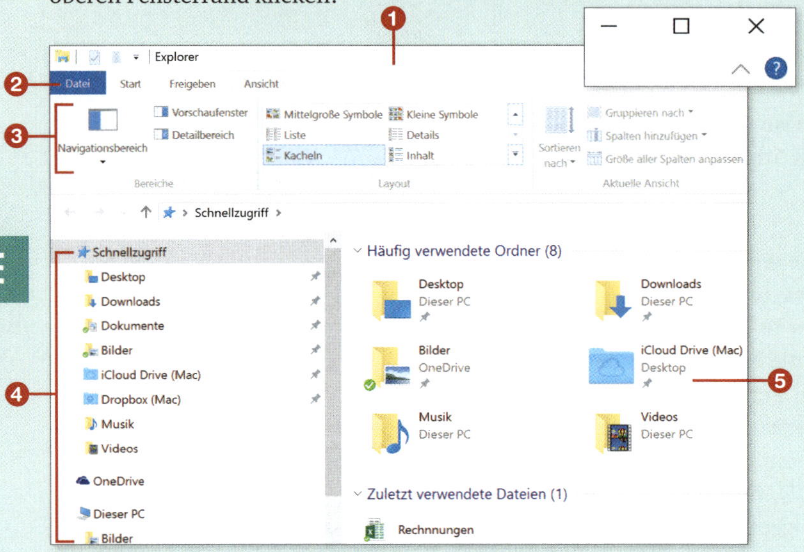

❶ Titelleiste

❷ Menüband mit den Reitern **Datei**, **Start**, **Freigeben** und **Ansicht** (hier mit geöffnetem Register **Ansicht**)

❸ Funktionen des aktuell ausgewählten Registers **Ansicht** (z. B. **Sortieren nach**)

❹ Navigationsbereich mit **Schnellzugriff** und **Dieser PC**

❺ Inhaltsbereich (hier mit den Bereichen **Häufig verwendete Ordner** und **Zuletzt verwendete Dateien** in **Kachel**-Ansicht)

Folgende Aktionen können Sie im Explorer u. a. durchführen:

- Datei löschen: rechter Mausklick auf Datei, Kontextmenüpunkt **Löschen**
- Datei kopieren: rechter Mausklick auf Datei, Kontextmenüpunkt **Kopieren**, per Explorer in das Zielverzeichnis wechseln, dort aus dem Dateimenü den Punkt **Einfügen** wählen
- Ein komprimiertes Archiv erstellen: rechter Mausklick auf Datei, Kontextmenüpunkt **Senden an ▸ Zip-komprimierter Ordner**
- Ändern der Ansicht: Über den Bereich **Ansicht** lässt sich der Darstellungsmodus (Extra große Symbole, Liste, Details, Kacheln etc.) verändern.

Explorer

Der Explorer (früher »Windows-Explorer«) ist das zentrale Werkzeug zur Verwaltung von Dateien jeglicher Art unter Windows, ein sogenannter Dateimanager. In der Übersicht »Explorer im Überblick« auf Seite 140 werden die wichtigsten Elemente und Funktionen des Explorers unter Windows 10 erklärt.

Exportieren

Wenn Sie beispielsweise ein Bild in einem Bildbearbeitungsprogramm verändert haben, so können Sie dieses entweder im Originalformat speichern oder in ein anderes Dateiformat exportieren. Gleiches gilt, wenn Sie ein Tabellendokument im Excel-2019-Format erstellt haben, Ihr Arbeitskollege jedoch nur eine veraltete Excel-Version besitzt: Hier empfiehlt sich der Export in das Format »Excel 97-2003-Arbeitsmappe (*.xls)«, das Sie nach dem Befehl **Speichern unter** im Feld **Dateityp** auswählen können. Auch bei der Übertragung von z. B. Kontaktdaten aus einem E-Mail-Programm in ein anderes spricht man von Exportieren.

Express-Einstellungen

Nach dem ersten Start muss ein Programm meist im Rahmen einer Einrichtungsprozedur an die eigenen Bedürfnisse angepasst werden. Dazu stellt ein Assistent entsprechende Fragen. Wenn Sie schnell durch die Prozedur gelangen wollen, dann wählen Sie einfach die Express-Einstellungen, die nahezu jedes Programm anbietet.

Extension

> Erweiterung

» siehe Dateiendung/Dateityp

Externe Festplatte/Externer Speicher

Ein wichtiges Hilfsmittel zur Sicherung von Daten: Wenn Sie Ihre Daten von Zeit zu Zeit auf einen externen Speicher überspielen, der im Normalfall per USB-Schnittstelle an den PC angeschlossen wird, dann können Sie die wertvollen Daten entweder mit sich tragen oder auch an einem anderen Ort lagern. Das schützt Sie vor dem unwiederbringlichen Verlust all Ihrer Daten, wenn der Computer von heute auf morgen kaputtgeht.

» siehe Externe Schnittstelle, Festplatte

Externe Schnittstelle

Anschlussmöglichkeit für ein externes Gerät, z. B. eine USB-Festplatte oder einen Drucker am PC. Der USB-Port ist eine typische externe Schnittstelle.

» siehe USB/USB-Stick

» siehe Übersicht »Ports: Die wichtigsten Anschlüsse am PC« auf Seite 292

Extranet

Ein Extranet verbindet ein internes Firmennetzwerk (Intranet) mit der Außenwelt und gibt Außenstehenden die Möglichkeit, von beliebigen Standorten auf geschützte Informationen zugreifen zu können.

» siehe Ethernet, Intranet

Eyetracking

> Augenverfolgung

» siehe Übersicht »Virtualität« auf Seite 409

E

F

... wie Fenster – dadurch schauen Sie für gewöhnlich ins Grüne. Am Computer erhalten Sie damit Einblicke in laufende Programme.

Facebook

Das Tummelbecken Nummer 1 für Junge und Junggebliebene: In diesem sozialen Netzwerk trifft man sich häufig zum Austausch lebenswichtiger Informationen im Stile von »Was gab's bei mir heute zu Mittag?« oder »Von welchem Urlaubsort aus kann ich Euch neidisch machen?«. Spaß beiseite: Facebook kennt und nutzt mittlerweile fast jeder. Die Übersicht »Facebook in der Praxis« auf Seite 144 erläutert Ihnen die grundlegenden Möglichkeiten.

>> siehe Like/Liken, Posten/Posting, Soziale Netzwerke (Social Networks)

Face ID

> Gesichtsidentifikation

Ein von Apple eingeführtes Verfahren, um mobile Geräte wie das iPhone oder das iPad durch Blick in die Frontkamera zu entsperren. Im Gegensatz zur Technik der Konkurrenz ist Apples Face ID relativ fälschungssicher und funktioniert sogar bei absoluter Dunkelheit.

>> siehe iPad/iPad mini/iPad Pro, iPhone

FaceTime

Eine Videokonferenzsoftware von Apple, die es ermöglicht, mit Nutzern der Betriebssysteme macOS und iOS (iPhone) per Bild und Ton in Verbindung zu treten.

>> siehe Videokonferenz

Familienfreigabe

Eine praktische Sache aus dem Hause Apple: Mithilfe der iCloud-Familienfreigabe können sich bis zu sechs Familienmitglieder bei iTunes, iBooks oder im App Store getätigte Einkäufe teilen, ohne dass die unterschiedlichen Geräte an dasselbe Konto gebunden werden müssen.

>> siehe iBooks, iCloud, iTunes

Family Safety

> Familiensicherheit

Unter Windows 10 gibt es die Möglichkeit, Familienmitglieder mit einem speziellen Benutzerkontotyp zu versehen. Hier können Sie dann z. B. die PC- bzw. Online-Aktivitäten der jüngeren Familienmitglieder einsehen und beschränken.

» siehe Übersicht »Benutzerkonto: unter Windows 10 anlegen« auf Seite 44

FAQ

> Frequently Asked Questions
> Häufig gestellte Fragen

In nahezu jedem Forum, das ja in der Regel dem Wissensaustausch dienen soll, findet man eine Sammlung häufig gestellter Fragen, um zu verhindern, dass dieselben Fragen immer wieder aufs Neue gestellt werden.

» siehe Forum

FAT

> File Allocation Table
> Datei-Zuordnungstabelle

Ein schon recht betagtes Dateisystem, welches insbesondere bei USB-Sticks eingesetzt wird. Aktuell unterscheidet man hier die Varianten FAT16, FAT32 und exFAT. Die folgende Tabelle gibt einen Überblick über deren Unterschiede.

» siehe Bit, Dateisystem, USB/USB-Stick

Dateisystem	Max. Größe des Dateisystems	Max. Größe einer Datei
FAT16	4 GB	2 GB
FAT32	8 TB	4 GB
exFAT	512 TB	512 TB

Favicon

Ein kleines Bildchen (Icon genannt), welches das miniaturisierte Logo ❶ der entsprechenden Website eines Unternehmens oder auch – wie hier – eines Verlags in der Adressleiste des Browsers zeigt.

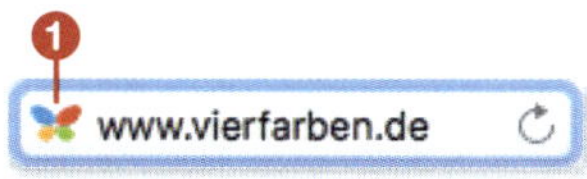

Favorit

Eine Internetseite, die man häufig besucht und für die man sich dann im Browser ein Lesezeichen (einen sogenannten Favoriten) anlegt. Dies geschieht im Edge-Browser von Microsoft am schnellsten mit der Tastenkombination `Strg` + `D`.

» siehe Microsoft Edge

Feature

> Merkmal, Eigenschaft

Im Computerjargon bezeichnet Feature die besondere Eigenschaft eines Programms oder einer Hardwarekomponente: Beispiel: Windows 10 bewirbt die Sprachassistentin Cortana als Feature.

» siehe Cortana

Feedreader

> »Lesegerät für die Versorgung (mit Nachrichten)«

Die meisten Nachrichtenseiten im Internet bieten ihre Inhalte auch in komprimierter Form als sogenannte Newsfeeds an (siehe die Abbildung auf Seite 146). Um diese nutzen zu können, benötigt man ein Lesewerkzeug: den Feedreader.

» siehe Newsfeed

Facebook in der Praxis

Der Weg zum eigenen Facebook-Konto ist schnell beschritten: Begeben Sie sich auf *www.facebook.com*, und registrieren Sie sich dort gleich auf der Startseite.

Die Registrierung bei Facebook ist im Handumdrehen erledigt.

F

Danach sollten Sie sich umschauen, wer von Ihren Freunden bei Facebook aktiv ist. Das geschieht am einfachsten über die eingebaute Suchfunktion. Sind Sie fündig geworden, so verschicken Sie an die betreffende Person eine Freundschaftsanfrage. So füllt sich nach und nach Ihre Freundesliste. Auch Nachrichtenanbieter oder Interessengruppen können darin aufgenommen werden. In der sogenannten Chronik erscheinen dann sämtliche Beiträge von Mitgliedern Ihrer Freundesliste. Gefällt Ihnen ein Artikel, so können Sie das per Klick auf die Schaltfläche **Gefällt mir** ❶ dokumentieren. Diesen Vorgang nennt man Liken.

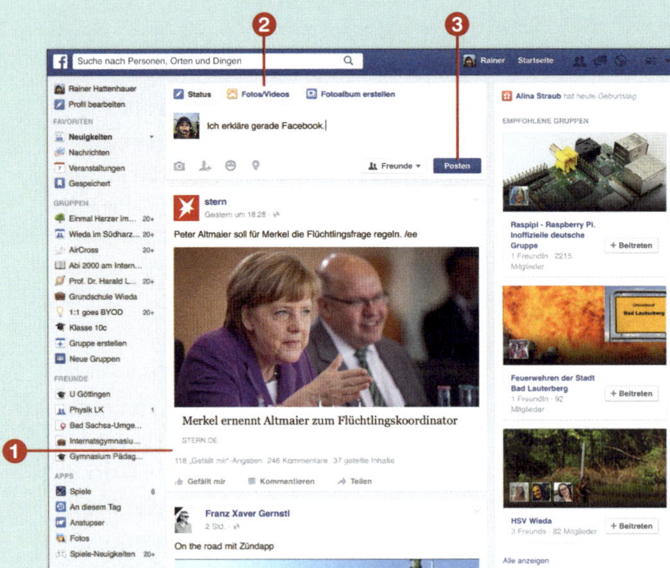

Die Facebook-Chronik hält Sie auf dem Laufenden, was in der Welt und Ihrem Freundeskreis so geschieht.

Aber auch Sie selbst können am bewegten Leben bei Facebook aktiv teilnehmen, indem Sie Ihren Status per Statusfeld ❷ eingeben und diesen per Schaltfläche **Posten** ❸ veröffentlichen. Dadurch füllt sich dann auch Ihre persönliche Chronik ❹.

▲ Die persönliche Chronik ist eine Übersicht Ihrer Beiträge. Hier können Sie z. B. auch herausfinden, was Sie vor genau einem Jahr getan haben.

Fehlt noch das Wichtigste: Überprüfen Sie in Facebook Ihre Sicherheitseinstellungen durch Antippen des Menüpfeils im rechten oberen Fensterbereich ❺. Unter dem Menüpunkt **Einstellungen** ❻ können Sie u. a. festlegen, wer Ihre Beiträge sehen darf.

▲ Verwaltung der Sicherheitseinstellungen

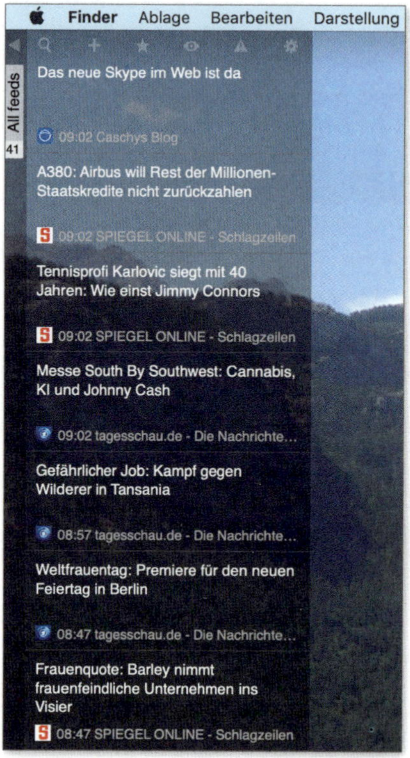

▲ Feedreader

Fehlerbehebung

Die hohe Kunst, wenn mal etwas an Ihrem Computersystem klemmt: Wo finde ich geeignete Informationen, um den Fehler zu beheben? In der Regel genügt es meist, beim Auftreten einer Fehlermeldung nach dieser zu googeln, also im Internet nach einer Lösung zu suchen. Oder aber den beliebten Hotline-Trick anzuwenden, der in nahezu 90 % aller Fälle funktioniert: »Haben Sie es schon einmal mit Ein- und Ausschalten probiert?«

Fehlermeldung

Der Hinweis eines Programms, dass etwas nicht stimmt. Die Fehlermeldung taucht bei Windows-Programmen meist in Form von Pop-up-Fenstern auf. Eine Sammlung lustiger Windows-Fehlermeldungen (wie diejenige in der Abbildung) finden Sie im Internet auf der Seite *www.gregor-jonas.de*.

» siehe Pop-up

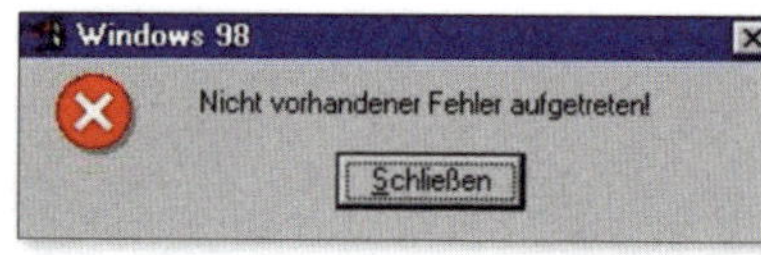

Fenster

Grundlegendes Element moderner grafischer Betriebssysteme. Sämtliche neu gestarteten Programme erscheinen in Form eines Fensters. Die Übersicht »Fenster unter Windows, macOS und Linux« auf Seite 147 gibt Ihnen weiterführende Informationen zu den Besonderheiten von Fenstern unter Windows, macOS und Linux und zeigt u. a. auch, wie man diese Fenster schließen kann.

Fernsteuerung/Fernzugriff

> engl. Remote

Die Möglichkeit, per Fernsteuerung auf ein Computersystem zuzugreifen. Dies hat sich insbesondere bei der Wartung von Servern, die in der Regel in dunklen, kühlen Kellerräumen ihr Dasein fristen, bewährt. Aber auch im Privatbereich ist es sinnvoll, wenn man mit einer Software wie dem TeamViewer mal auf die schnelle Unterstützung von einem

Fenster unter Windows, macOS und Linux

Die prinzipielle Handhabung von Fenstern ist in allen drei Systemen sehr ähnlich. Sie finden an jedem Fenster folgende Standardelemente (hier demonstriert für die drei wichtigsten Betriebssysteme anhand eines Browserfensters):

❶ Fenster schließen

❷ Fenster minimieren, d. h. auf die Taskleiste befördern

❸ Fenster verkleinern bzw. wieder maximieren (auf Vollbild vergrößern)

Ob nun Windows, macOS oder Linux – Sie können ein Fenster jederzeit verschieben, indem Sie mit der linken Maustaste in die Titelzeile klicken und es mit gedrückter linker Maustaste in die gewünschte Position bringen. Fenster lassen sich auf ähnliche Weise vergrößern und verkleinern, indem man sie mit der Maus an einer Ecke »anfasst« und dann auf das gewünschte Maß zieht.

▲ Windows

▲ macOS

◄ Linux

Computerexperten aus der Familie zurückgreifen möchte.

» siehe TeamViewer

Festnetz

Der klassische Anschluss, der Telefon und Internet per Kabel in Ihr Haus bringt. In abgelegenen Gegenden mittlerweile vollständig durch den Zugang per Mobilfunknetz ersetzt.

» siehe Mobilfunknetz

F

Festplatte

Dasjenige Hardwarebauteil in Ihrem Computer, auf welchem Daten – im Unterschied zum flüchtigen Arbeitsspeicher – permanent gespeichert werden und somit auch nach dem Aus- und wieder Einschalten vorhanden sind. Auf der Festplatte werden insbesondere das Betriebssystem des PCs sowie sämtliche Arbeitsdaten gespeichert. Mithilfe einer externen Festplatte, die per USB-Port angeschlossen wird, führen Sie eine Datensicherung durch.

» siehe Arbeitsspeicher (RAM), Externe Festplatte/Externer Speicher, HDD, SSD

Feststell-Taste

> engl. Caps-Lock-Taste

Sie können sich nicht in Ihrem Betriebssystem anmelden, obwohl Sie sich hundertprozentig sicher sind, das richtige Passwort eingegeben zu haben? Dann sollten Sie überprüfen, ob Sie versehentlich die Feststell-Taste ❶ aktiviert haben. DADURCH WERDEN ALLE BUCHSTABEN; DIE SIE EINGEBEN; GROSSGESCHRIEBEN BZW. WIRD DIE ZWEITBELEGUNG ALLER TASTEN AUFGERUFEN. Im Unterschied zur Umschalt-Taste [⇧] ❷ müssen Sie die Feststell-Taste [⇩] nur einmal betätigen und nicht gedrückt halten. Durch nochmaliges Drücken wird sie wieder deaktiviert.

» siehe Umschalt-Taste (Shift-Taste)

Fett

Sie haben in jedem Textverarbeitungsprogramm die Möglichkeit, einen Text **fett gedruckt** darzustellen. Dazu markieren Sie einen Text und klicken oder tippen die entsprechende Schaltfläche ❶ in der Menüleiste an.

» siehe Markieren

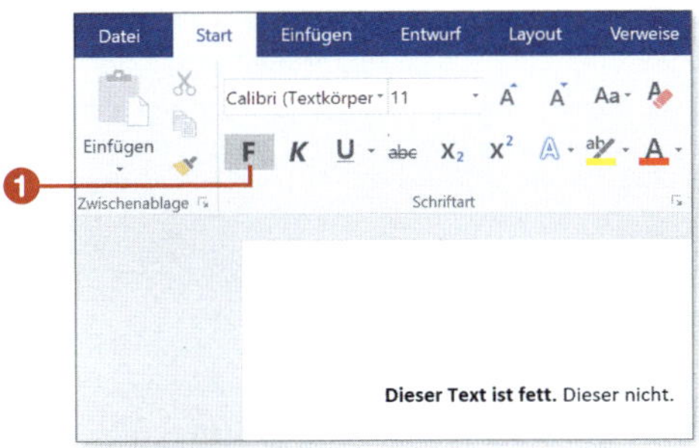

File

» siehe Datei

Fileserver

Ein Fileserver bietet Speicherplatz für Dateien an, die dann in einem Netzwerk getauscht werden können.

» siehe Netzwerk, Server

Filesharing

> Datenaustausch

Per Filesharing tauscht man Dateien in einem Netzwerk aus, oft auch illegal, z. B. wenn man seine komplette Musik- oder Videosammlung per Internet zugänglich macht. Das geschieht heute bevorzugt über das sogenannte BitTorrent-Verfahren. Dabei werden Dateien in kleine Pakete zerlegt und über eine Vielzahl von Teilnehmern bzw. Rechnern gestreut verteilt. Früher war man der Meinung, dass diese Verteilung vor Strafe schützt, da man so keinen eindeutigen Urheber eines Copyright-Verstoßes ausfindig machen kann. Aktuelle Urteile besagen jedoch, dass im Falle der Verbreitung von urheberrechtlich geschütztem Material jeder Teilnehmer zur Rechenschaft gezogen werden kann.

» siehe Tauschbörse

Filter

Das Wort hat zwei Bedeutungen: In einem Bildbearbeitungsprogramm verändert man mithilfe eines Filters die Farbdarstellung eines Bildes oder fügt diesem Effekte hinzu. In einer Suchabfrage im Internet kann man mithilfe eines Filters die Suche präzisieren und gewisse Elemente ausschließen. Möchten Sie z. B. nach dem griechischen Dichter Homer suchen, so werden Sie sicher auch diverse Treffer zu dem bekannten Protagonisten einer Zeichentrick-TV-Serie oder auch zu einer Stadt in Alaska erhalten. Tragen Sie daher in das Suchfeld »homer -simpson -stadt« ein, und Sie erhalten fast ausschließlich relevante Suchergebnisse.

» siehe Übersicht »Suchbegriff: Strategien bei der Internetsuche« auf Seite 362

Finder

So lautet der Name des Dateimanagers im Betriebssystem auf dem Mac.

» siehe Dateimanager

Fingerabdrucksensor

Technik bei topaktuellen Smartphones (derzeit bei Samsungs Galaxy S10), die es ermöglicht, das Gerät mit dem eigenen Fingerabdruck zu entsperren. Dieses Feature kann u. a. auch zum Bezahlen per Smartphone benutzt werden.

» siehe Feature

» siehe Übersicht »Bezahlen – online und mobil mit dem Smartphone« auf Seite 47

Fingerbedienung/-eingabe

> Auch Gestensteuerung genannt

Insbesondere beim Tablet und Smartphone das Mittel der Wahl, um mit dem Gerät zu kommunizieren: Per Fingergeste hangeln Sie sich durch die Oberfläche, vergrößern Bilder oder starten Apps. Die nebenstehende Übersicht »Fingerbedienung/-eingabe: Die wichtigsten Gesten am Smartphone und Tablet« zeigt die gängigsten Gesten.

Firefox

» siehe Mozilla Firefox

Fire TV

Kleines Kästchen aus dem Hause Amazon, das Sie per HDMI-Anschluss an Ihr TV-Gerät anschließen können, um Zugriff auf Amazons reichhaltiges Angebot an Filmen und Serien per Streaming zu erhalten.

» siehe HDMI, Streamen/Streaming

Fingerbedienung/-eingabe: Die wichtigsten Gesten am Smartphone und Tablet

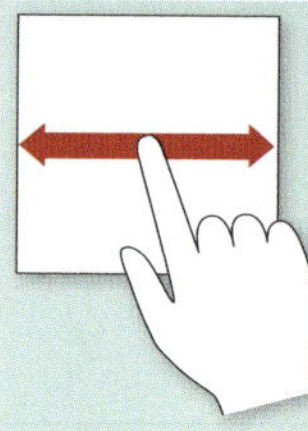
Bildschirm wechseln, horizontal blättern

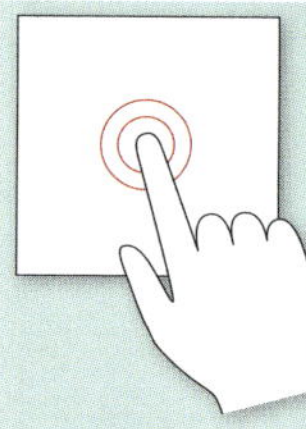
App starten

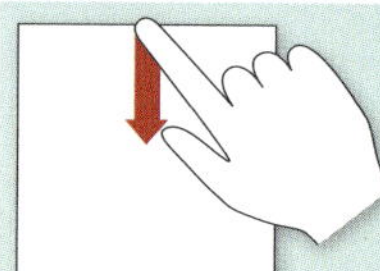
Menü (auf dem Smartphone) öffnen oder (z. B. bei Windows auf dem Tablet) eine geöffnete App beenden

Bild rotieren

Bild vergrößern

Bild verkleinern

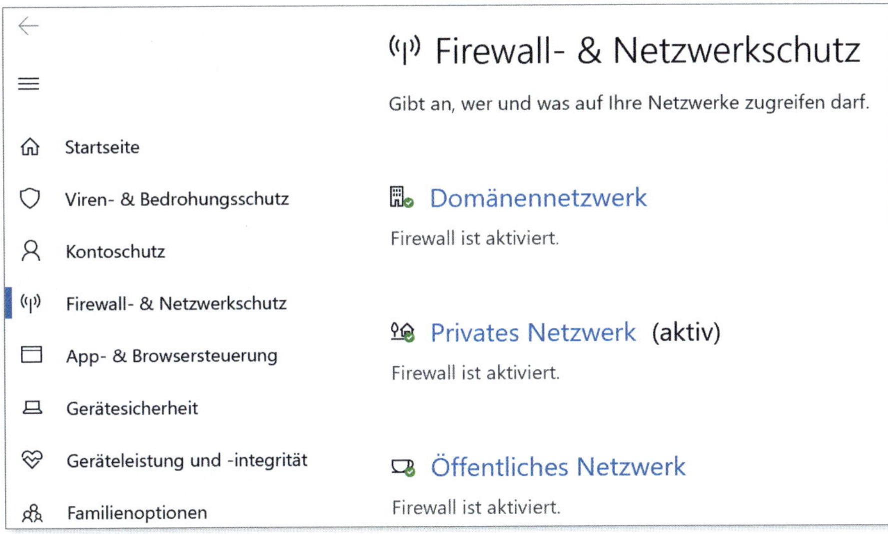

Firewall

> »Brandmauer«

In alle aktuellen Betriebssysteme eingebaute Software, deren Zweck es ist, die Systeme vor Angriffen von außen zu schützen. Im Gegensatz zu Virenscannern, deren Aufgabe es ist, heruntergeladene Dateien zu prüfen, überwacht die Firewall-Software den Datenverkehr aus dem und in das Internet. Verdächtige Bewegungen werden dabei sofort abgeblockt. Unter Windows 10 konfiguriert man die Firewall in den Einstellungen im Bereich **Firewall & Netzwerkschutz**. Sie ist bereits standardmäßig aktiviert.

» siehe Computersicherheit, Virenschutzprogramm

FireWire

> »Feuerkabel/-draht«

Eine schnelle, von Apple patentierte Schnittstelle, die früher hauptsächlich zur Übertragung von Videomaterial aus Camcordern genutzt wurde und heute mehr und mehr durch die schnelle USB-Variante 3.0 bzw. Thunderbolt verdrängt wird.

» siehe Schnittstelle (Interface), Thunderbolt, USB/USB-Stick

Firmware

> »Feste Ware«

Die Firmware ist diejenige Software, die fest auf einem System installiert ist und auch nach dessen Abschalten darauf verbleibt. Ein Beispiel ist das Betriebssystem eines Handys, das fest im sogenannten ROM eingespeichert ist und lediglich bei

Vorliegen eines Updates geändert wird. Dazu muss das Gerät neu gestartet und die aktuelle Software installiert werden. Man spricht hier vom »Flashen« des Handys. Aber auch Ihr Router wird von Zeit zu Zeit mit einer neuen Software versehen, um beispielsweise Sicherheitslücken zu schließen.

» siehe Aktualisierung (Update), ROM

Fitness-App

Kleines Programm auf dem Smartphone, das ein Trainingsprogramm zur Steigerung bzw. Erhaltung der Fitness vorgibt. Ein Beispiel dafür ist die Fitify-App.

» siehe App/Applet, Health (App)

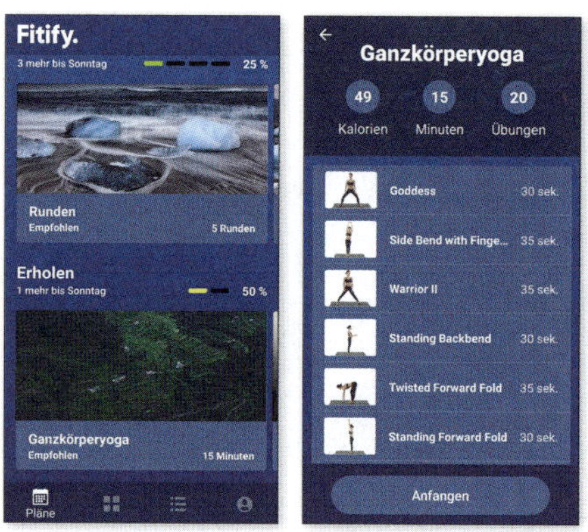

Flash/(Adobe) Flash Player

Experten raten mittlerweile von der Nutzung von Flash-Inhalten ab: Diese netten animierten Internetseiten, die auf der Software von Adobe beruhen, bieten Angreifern immer wieder Sicherheitslücken an, die Ihr System schwächen. Zeitnahe Updates dieser Software sind daher angeraten. Mein Tipp: Verzichten Sie auf die Nutzung des Flash Players in Ihrem Browser. Das hat dann in aller Regel höchstens zur Konsequenz, dass Sie auf einigen wenigen Internetseiten manche multimedialen Inhalte (wie z. B. Videos) nicht betrachten können.

Flat/Flatrate

> Festpreis

Der Begriff Flatrate (kurz auch Flat) wurde ursprünglich im Bereich der Internetzugänge eingeführt. Damit war dann gemeint, dass Sie für einen bestimmten monatlichen Festbetrag so viele Daten, wie Sie wollten, aus dem Internet herunterladen konnten. Durch das mobile Internet hat sich die Bedeutung des Begriffs relativiert: Sie dürfen das Internet zwar im Rahmen eines Mobilfunkvertrags mit Flatrate unbegrenzt nutzen, ab einem bestimmten Downloadvolumen wird Ihnen aber die schnelle Verbindung zum Internet gekappt. Die Daten träufeln dann zäh wie Honig in Ihr Smartphone.

» siehe Herunterladen (Download/Downloaden), Mobilfunktarif

Flickr

Ein Bilderdienst, bei dem Sie sich anmelden und Ihre Bilder zur Schau stellen können, sozusagen ein digitales Online-Fotoalbum. Flickr ist ein Dienst von Yahoo.

» siehe Yahoo!

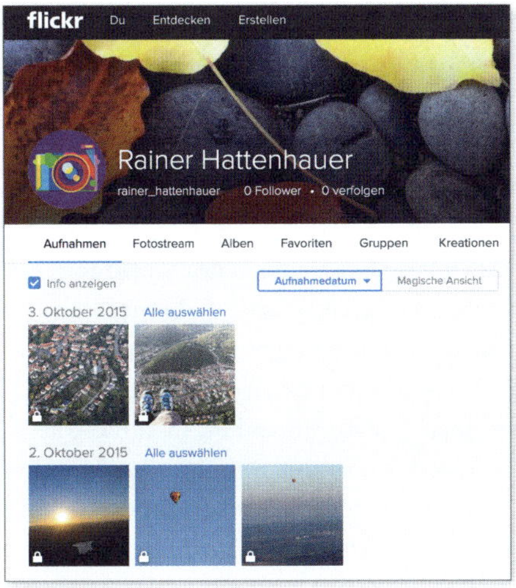

Flüchtiger Speicher

Bezeichnet jede Form von Speicher, dessen Inhalt nach dem Ausschalten eines Geräts gelöscht wird. Ein Beispiel ist der RAM-Speicher Ihres PCs.

» siehe Arbeitsspeicher (RAM)

Flugzeugmodus

> Auch Offline-Modus genannt

Sie möchten den Energieverbrauch Ihres Smartphones auf ein Minimum reduzieren und darüber hinaus nicht gestört werden? Dann aktivieren Sie den Flugzeugmodus! Beim iPhone geschieht das z. B., indem Sie das Kontrollzentrum (mit einem Fingerwisch von unten nach oben) aufrufen, bei Android-Geräten ziehen Sie dazu die Statusleiste herunter und tippen die entsprechende Schnellschaltfläche mit dem Flugzeugsymbol an. Den aktivierten Flugzeugmodus erkennen Sie bei beiden an einem kleinen Flugzeugsymbol in der Statusleiste (am oberen Bildschirmrand), und Sie können ihn durch nochmaliges Betätigen der gleichen Schaltfläche auch wieder abschalten.

» siehe Kontrollzentrum, Statusleiste

Flussdiagramm

Ein Flussdiagramm ist ein klassischer Diagrammtyp neben Säulen- und Tortendiagramm. Damit werden in aller Regel Handlungsabfolgen veranschaulicht (siehe die Abbildung auf Seite 154). Im Tabellenkalkulationsprogramm Microsoft Excel finden Privatanwender und Geschäftsleute eine schier unüberschaubare Anzahl von Diagrammvorlagen, die sich zum Teil auf Knopfdruck aus dem Zahlen- und Datenmaterial erstellen lassen.

» siehe Microsoft Excel, Säulendiagramm, Tortendiagramm

F

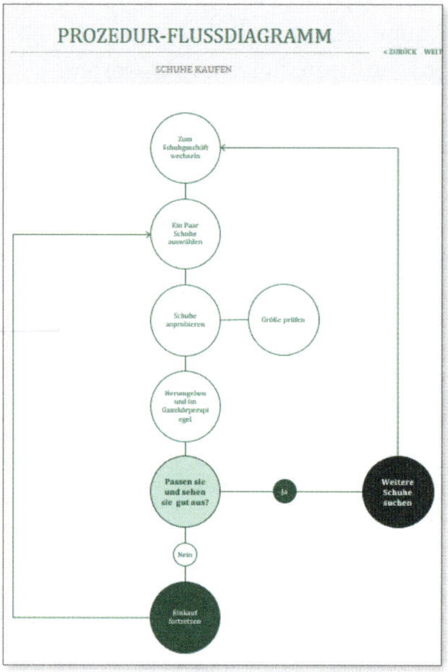

▲ Flussdiagramm

Folienmanager

Der Folienmanager ist ein wichtiger Bestandteil des Präsentationsprogramms Microsoft PowerPoint. Damit können Sie die einzelnen Folien einer Präsentation in einer Miniaturansicht am linken Bildrand einsehen, sortieren und Mustervorlagen aussuchen.

» siehe Microsoft PowerPoint

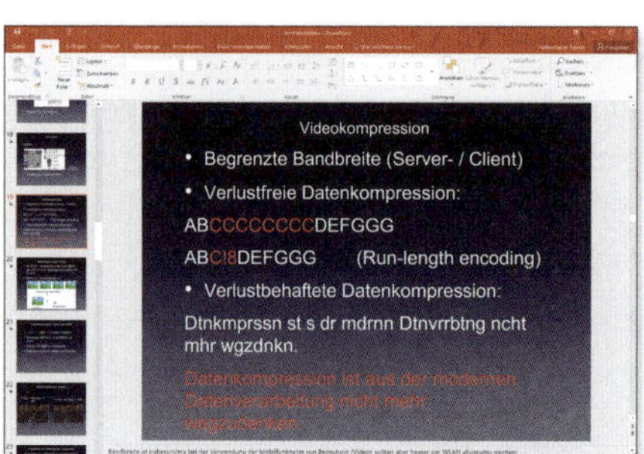

Follower

› »Folgende«

Eine insbesondere beim sozialen Netzwerk Twitter interessante Frage: Wie viele Menschen folgen meinen Äußerungen? Um den geistigen Ergüssen eines Twitter-Protagonisten selbst zu folgen, tippt man in dessen Profil die Schaltfläche **Folgen** an.

» siehe Profil, Soziale Netzwerke (Social Networks), Twitter

Font

› Digitale Version einer Schriftart

Das haben Sie sicher schon in Ihrer Lieblingstextverarbeitung bemerkt: Sie können die Schriftart leicht über das entsprechende Drop-down-Menü ändern. Die auf Ihrem PC installierten Schriftarten finden Sie unter Windows 10 in der Kategorie **Personalisierung** der Einstellungen im Bereich **Schriftarten**.

» siehe Schriftart/Schriftgrad, Systemsteuerung

Format

Eine bestimmte Anordnung des Textes in einem Dokument (am einfachsten realisiert über eine Formatvorlage) oder der Typ einer Datei, z. B. *.doc* für ein Word-Dokument.

» siehe Bilddateiformate, Dateiendung/Dateityp, Formatvorlage

Formatieren

Bevor ein Datenträger (eine Festplatte oder auch ein USB-Stick) benutzt werden kann, muss er mit einem Dateisystem versehen werden. Diesen Vorgang bezeichnet man als Formatieren. USB-Sticks und Festplatten kommen aber (in aller Regel) schon vorformatiert in den Handel. Wenn Sie einmal das Bedürfnis haben, sämtliche Daten auf einem schon benutzten Datenträger zu löschen, dann können Sie diesen zu diesem Zweck formatieren. Unter Windows führen Sie dazu im Explorer einen rechten Mausklick über dem Datenträgersymbol durch und wählen den Menüpunkt **Formatieren**.

» siehe Dateisystem, Datenträger, Explorer, Laufwerk (Drive)

Formatvorlage

Mittels einer Formatvorlage werden Textdokumente (Word) oder auch Kalkulationstabellen (Excel) in eine strukturell stimmige und optisch ansprechende Form gebracht. Möchten Sie dann beispielsweise in Word die Schriftarten für die Überschriften im gesamten Dokument auf einmal ändern, so lässt sich das einfach per Mausklick mithilfe der entsprechenden Formatvorlage vornehmen. Formatvorlagen zum Anklicken und gefahrlosen Ausprobieren (alles lässt sich per Klick oder Tastenkombination wieder ändern bzw. rückgängig machen) finden Sie z. B. in den Microsoft-Office-Programmen im Menüband gleich unter dem Register **Start**.

» siehe Microsoft Excel, Microsoft Word, Rückgängig machen

Formel

Berechnungsvorschrift in Excel, um Daten zu verarbeiten. Beispiel: Sie möchten aus einer Zahl, die in der Zelle C4 steht, die Quadratwurzel ziehen und den Inhalt der Zelle C5 addieren. Die entsprechende Formel lautet dann **=Wurzel(C4)+C5**.

» siehe Microsoft Excel, Zelle

Formular

» siehe Elektronisches Formular

Fortfahren/Fortsetzen

> engl. Continue

Diese Schaltfläche begegnet Ihnen in Dialogfenstern – häufig im Internet und auch besonders dann, wenn Sie sich mitten in der Prozedur bei der Installation eines Programms befinden. Ohne Ihre Einwilligung als Nutzer geht es dann nämlich nicht mehr weiter. Apropos: **Weiter** ist ebenfalls eine neben **OK** häufig anzutreffende Schaltfläche, die vor allem im Rahmen der Bedienung eines Programms nach Ihrer Zustimmung heischt.

» siehe Weiter-Schaltfläche (Next)

Forum

> Kurzform für Internetforum

Ein Bereich auf einer Internetseite, in dem man sich mit Gleichgesinnten austauschen kann. Dazu muss man sich zunächst anmelden bzw. vorab registrieren und kann anschließend über spannende Themen wie das »Liebesleben von Pflastersteinen unter Einwirkung der Dunkelheit« diskutieren, will sagen: Es gibt eigentlich zu jedem Thema ein Forum im Internet. Es empfiehlt sich, vor den ersten Schritten die FAQ des Forums aufmerksam durchzulesen, um keine überflüssigen, bereits beantworteten Fragen zu stellen.

» siehe FAQ, Newsgroup

Foto-CD

Tritt heute mehr und mehr in den Hintergrund: Auf einer Foto-CD speichert man Bilder so auf einem CD-Rohling ab, dass man das Medium anschließend per DVD-Player am heimischen TV-Gerät wiedergeben kann. Mittlerweile können Sie Ihre Bilder aber auch direkt per USB-Stick an den meisten aktuellen TV-Geräten wiedergeben.

» siehe CD-Rohling, USB/USB-Stick

Fotogalerie

Generell gebräuchlicher Ausdruck für ein Bildverwaltungsprogramm oder eine App innerhalb eines Betriebssystems. Mithilfe dieser App können Bilder sortiert, bearbeitet oder gelöscht bzw. auch in Form einer Diashow präsentiert werden.

Fotos-App (Android)

Nicht nur das iPhone (iOS) und der Apple-Computer (Mac), auch das mobile Betriebssystem Android kann mit einer Fotos-App aufwarten. Sie dient dem Sichten und Sortieren von Smartphone- bzw. Tablet-Fotos und erlaubt, diese in begrenztem Umfang auch zu bearbeiten.

Fotos-App (iOS, Mac)

Der Nachfolger der beliebten App iPhoto auf dem Mac-Betriebssystem. Die Fotos-App ist seit der Version OS X 10.10 Yosemite fester Bestandteil des Systems und soll mit den mobilen Apple-Geräten (iPhone, iPad) noch besser harmonieren, denn in der mobilen Betriebsversion iOS gibt es die App schon länger. Damit können Sie Ihre Fotos katalogisieren und u. a. sogenannte RAW-Bilder entwickeln. Die App ist zwar natürlich nicht so funktionsreich wie die Bildbearbeitungsprogramme Adobe Photoshop oder Lightroom, reicht aber für den Normalanwender mehr als aus.

» siehe Bildbearbeitung, RAW

Fotostream

> Fotostrom

Eine Folge von Bildern, die meist online präsentiert wird. Bei Instagram kann man beispielsweise dem Fotostrom von Freunden folgen und so keinen wichtigen Augenblick verpassen, den diese fotografisch festgehalten haben.

» siehe Instagram

fragFINN

Die Internetsuchmaschine für die Jüngsten: Wenn Sie einmal mit Ihren Kindern oder Enkelkindern im Internet unterwegs sein sollten, dann bietet sich *fragFINN.de* an, um auf alles eine kindgerechte Antwort zu erhalten und auch vor anstößigen Inhalten im Internet geschützt zu sein. So können Sie die Kleinen auch getrost eine Weile allein am Computer sitzen lassen.

» siehe Suchmaschine (Search Engine)

Fragmentieren

Ein Problem, das besonders bei älteren Dateisystemen auftritt: Beim ständigen Beschreiben und Löschen zerfranst die Datenstruktur auf dem Datenträger. Abhilfe schafft hier eine Defragmentierung.

» siehe Datenträger, Defragmentieren

Frame

> Rahmen

Das Wort hat zwei Bedeutungen im PC-Bereich: Es bezeichnet zum einen ein einzelnes Bild eines Videofilms, zum anderen einen kleinen Bereich auf einer Internetseite, in dem z. B. das Inhaltsverzeichnis der Seite gesondert untergebracht ist.

Freak

> Verrückter

Im Computerbereich ein Synonym für einen Experten, dessen Leben sich komplett um die digitalen Kisten dreht. Andere beliebte Bezeichnungen für derartige Zeitgenossen sind Nerd oder auch Geek.

» siehe Nerd

Freeware

Software, die kostenlos erhältlich und nutzbar ist.

» siehe Open Source

F

Freier Speicherplatz

Kritisch für das Betriebssystem: Sollte der Speicherplatz knapp werden, so laufen die Anwendungen im Schneckentempo. Gut, wenn man von Zeit zu Zeit einmal nachschaut, wie viel freier Speicherplatz auf der Festplatte noch zur Verfügung steht. Dazu führt man unter Windows einen rechten Mausklick über dem entsprechenden Laufwerkssymbol durch und wählt den Menüpunkt **Eigenschaften**.

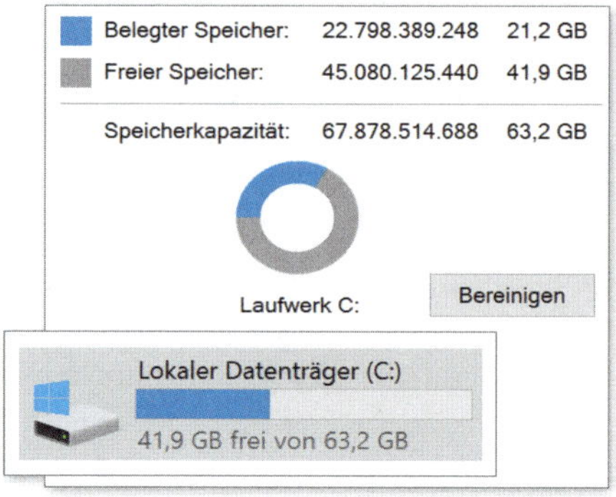

Freigeben

Sie möchten, dass andere Familienmitglieder in Ihrem Netzwerk auf Ihre Dateien oder Verzeichnisse zugreifen können? Dann erstellen Sie eine Freigabe. Unter Windows können Sie im Explorer jeden Ihrer Ordner per rechtem Mausklick durch Auswahl des Menüpunkts **Freigeben für** und die anschließende Auswahl der entsprechenden Personen mit ihnen teilen.

» siehe Teilen (Share)

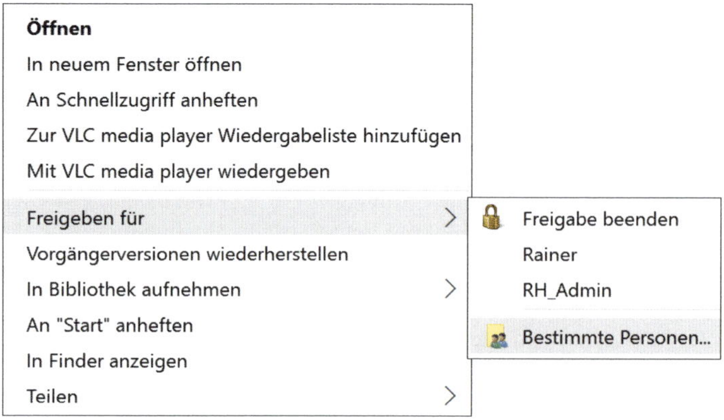

FRITZ!Box

Der wohl meistverkaufte Router in Deutschland: Internet, Telefonie, Dateiserver – all das kann die FRITZ!Box des deutschen Herstellers AVM. Schauen Sie doch mal neben Ihren Computer – mit hoher Wahrscheinlichkeit werden auch Sie mit einer FRITZ!Box an das Internet angebunden sein.

» siehe Router

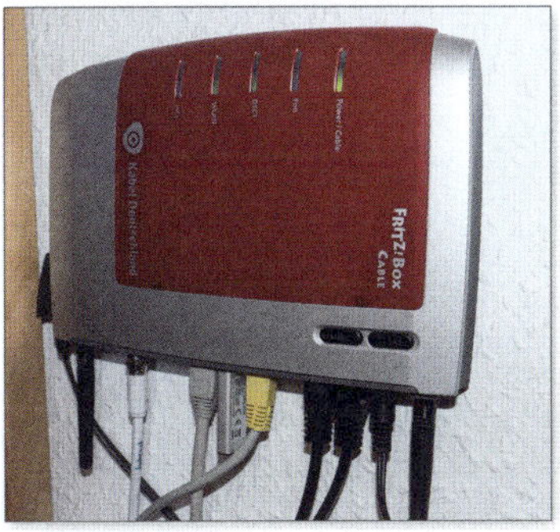

Frontend

Eine Eingabemaske für Programmierer, um auf kompliziertere Systeme, die im Hintergrund (Backend) laufen, zurückgreifen zu können. Ein typisches Beispiel ist hier ein Eingabeformular, mit dessen Hilfe Daten in eine Datenbank eingegeben bzw. aus dieser ausgelesen werden.

» siehe Backend

F-Tasten

» siehe Funktionstasten

FTP

> File Transfer Protocol
> Datenübertragungsprotokoll

Ein Übertragungsstandard, um Dateien aus dem Internet auf den heimischen PC zu befördern. Insbesondere Universitäten bieten öffentlich zugängliche FTP-Server an, um freie Software wie z. B. Linux oder LibreOffice unters Volk zu bringen.

» siehe Server

Fuchsia

Potenzieller Name des Nachfolgers vom beliebten mobilen Betriebssystem Android von Google. Das neue Betriebssystem ist mit Stand Mai 2019 allerdings noch nicht offiziell angekündigt und steht somit bisher auch nicht zur Verfügung.

» siehe Android

Full HD

> Full High Definition
> »Volle Hochauflösung«

Hochaufgelöstes Bildformat mit einer Auflösung von 1.920 × 1.080 Bildpunkten, oft auch mit 1080p bezeichnet.

» siehe Auflösung, HDTV

Funknetzwerk

Jegliche Art der Datenübertragung per Funk, insbesondere auch nach dem WLAN-Standard.

» siehe WLAN

Funktastatur

Bezeichnung für eine Tastatur, die kabellos mit dem PC, Laptop oder auch Smartphone verbunden ist. Dazu nutzt man heute in der Regel die Bluetooth-Technik.

» siehe Bluetooth

» siehe Übersicht »Tastatur: auf dem PC und Smartphone« auf Seite 374

Funktionstasten

Sie möchten wissen, was es mit diesen seltsamen Tasten F1 bis F12 im oberen Bereich Ihrer Tastatur auf sich hat? Nun, jede von ihnen ruft eine bestimmte Sonderfunktion auf. Unter der regulären Windows-10-Systemoberfläche sind die Tasten beispielsweise mit den in der nebenstehenden Tabelle aufgeführten Funktionen belegt. Beachten Sie: Die Belegung kann sich von Programm zu Programm bzw. Betriebssystem zu Betriebssystem ändern.

» siehe Übersicht »Tastatur: auf dem PC und Smartphone« auf Seite 374

Taste	Funktion
F1	Ruft die Hilfe auf.
F2	Umbenennen von Dateinamen und Ordnern
F3	Suchfunktion aufrufen
F4	in Verbindung mit Alt: aktuelles Fenster schließen oder Herunterfahren
F5	Laufwerke im Explorer neu einlesen
F6	Cursor innerhalb von Fensterbereichen verschieben
F7	keine Funktion in Normalbelegung
F8	Beim Start gedrückt: Ruft erweiterte Startoptionen auf.
F9	keine Funktion in Normalbelegung
F10	Wechsel in die Menüleiste
F11	Wechselt beim Internet Explorer zwischen Vollbild und Fenstermodus.
F12	keine Funktion in Normalbelegung

Fußnote

Eine Textergänzung, die am unteren Ende einer Dokumentseite in einer Textverarbeitung erscheint. Unter Microsoft Word 2019 erstellen Sie eine Fußnote über das Menü im Register **Referenzen** per Schaltfläche **Fußnote einfügen** ❶.

» siehe Microsoft Word

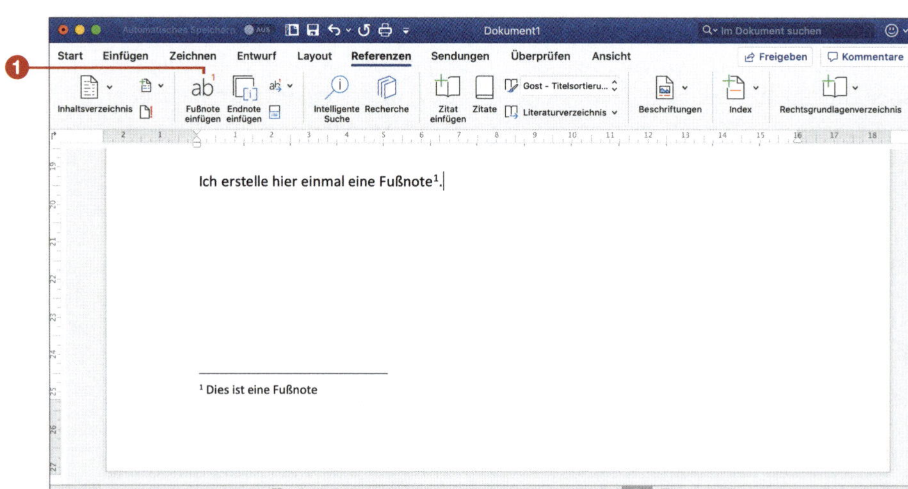

Fußzeile

Im Bereich der Fußzeile erscheinen in einer Textverarbeitung Fußnoten oder auch Seitenzahlen. Sie wechseln vom Hauptbereich Ihres Dokuments in den Bereich der Fußzeile, indem Sie im Seitenlayout-Modus doppelt auf den unteren Rand der Seite klicken. Dann können Sie auch die Kopfzeile bearbeiten, die sich entsprechend am oberen Rand befindet.

» siehe Fußnote, Kopfzeile, Seitenlayout

FYI

- For Your Information
- Zu Ihrer/deiner Information

Eines von vielen sogenannten Akronymen, die allesamt gerne in der schnelllebigen digitalen Kommunikation verwendet werden.

» siehe Akronym

G

… wie Galerie – normalerweise ein Ort, um kostspielige Bilder zu erwerben. Am Computer hingegen steht sie Ihnen in Form Ihrer ganz privaten Bildersammlung kostenlos offen.

G

Gadget

> Gerät/Apparat

Irgendein technisches Gerät, das insbesondere Nerds in Verzückung versetzt. Nach einer Weile tauchen diese dann auch im Normalverbraucher-Bereich auf. Ein typisches Gadget in diesem Zusammenhang ist die Smartwatch, welche den verlängerten Arm zum Smartphone darstellt.

» siehe Nerd, Smartwatch

Gästebuch

Ein Bereich auf einer Website, in dem man sich gegenüber dem Gastgeber, dem Website-Betreiber, verewigen kann.

Galaxy

Eine Geräteserie von Samsung im Bereich der Android-Smartphones und -Tablets. Für die Galaxy-Geräte gibt es einen speziell ausgerichteten App Store.

» siehe App Store, Samsung

Galaxy Home

> Smarter Lautsprecher von Samsung

» siehe Übersicht »Smart Home« auf Seite 340

Galerie

» Fotogalerie

Game

> Spiel

Computer-, Konsolen-, Smartphone- oder Browserspiel: Darunter fällt alles, was der elektronischen Unterhaltung dient.

Gamepad

> auch Joypad (Joy = Freude) genannt

Ein Gerät, mit dessen Hilfe Computerspiele gesteuert werden können (siehe die Abbildung auf der folgenden Seite). Mittlerweile gibt es Gamepads auch für Smartphones und Tablets, um den Spielgenuss durch eine exakte Steuerung zu steigern. Gamepads werden in der Regel per Bluetooth-Kurzstreckenfunk an das Endgerät (PC, Konsole, Smartphone, Tablet) gekoppelt. Das Gamepad ist eines von vielen Steuerungsgeräten unter den sogenannten Gamecontrollern. Im Unterschied etwa zum Joystick muss es mit zwei Händen bedient werden.

» siehe Bluetooth, Joystick

Gameport

Mittlerweile veralteter Anschluss an PCs, an dem ein Joystick angeschlossen wird.

» siehe Joystick

» siehe Übersicht »Ports: Die wichtigsten Anschlüsse am PC« auf Seite 292

Gamer

> Spieler

Mittlerweile auch in Deutschland gebräuchliche Bezeichnung für die Freunde von Computerspielen aller Art. Den Vorurteilen der allgemeinen Bevölkerung nach sitzt der typische Gamer 24 Stunden am Tag, 7 Tage in der Woche in einem dunklen Keller, ernährt sich von Pizza und Kaffee und taucht in die virtuellen Welten von »World of Warcraft« und Co. ab.

» siehe World of Warcraft

Gamescom/Games Convention

Die Gamescom ist die Messe Nummer 1 für Gamer in Deutschland, ja sogar in der ganzen Welt. Sie findet alljährlich in Köln statt. Dort erfahren und erleben Interessierte sämtliche neuen Trends in der Computerspielszene. Früher fand eine ähnliche Messe unter dem Namen Games Convention in Leipzig statt.

Gatekeeper

> Torwächter

Ein Sicherheitssystem von Apple, das seit der Version OS X 10.8 den Mac vor digitalem Ungeziefer wie Viren oder Trojanern schützt. Wie so oft auf dem Mac bekommt der Nutzer von diesem wirksamen Schutz nichts mit – der Gatekeeper werkelt diskret im Hintergrund.

» siehe Virenschutzprogramm

Gateway

> Tor/Durchgang

Ein Gateway verbindet unterschiedliche Netzwerke miteinander. Ein Beispiel: Sie möchten eine SMS per Internet verschicken, z. B. über smsgott.de. Dann wird die von Ihnen verfasste SMS aus dem Internet über ein SMS-Gateway an das Mobilfunknetz weitergeleitet.

» siehe Mobilfunknetz, SMS

GB/GByte

» siehe Gigabyte

Geek

> »Streber«

» siehe Freak

GEMA

> Gesellschaft für musikalische Aufführungs- und mechanische Vervielfältigungsrechte

Noch vor einigen Jahren waren spezielle Videos bei YouTube nicht zu sehen. Stattdessen erschien eine eigenartige Fehlermeldung. Dies lag daran, dass in den entsprechenden Fällen zur Unterlegung des Videos Musik verwendet wurde, bei der sich die GEMA nicht mit YouTube bzw. Google bezüglich der Verwertungsrechte einigen konnte. Das ist allerdings seit 2016 nicht mehr der Fall. In diesem Jahr haben die GEMA und YouTube einen entsprechenden Vertrag geschlossen.

» siehe YouTube

Genius

Ein von Apple patentiertes Verfahren, um aus Ihrer Musiksammlung auf dem iPhone oder dem iMac mithilfe des Programms iTunes eine Liste mit ähnlich klingenden, Ihrem persönlichen Musikgeschmack entsprechenden Stücken zu erstellen. Das klappt meiner Erfahrung nach recht gut.

» siehe iTunes, Wiedergabeliste (Playlist)

Geocaching

> engl. caching = versteckend

Ein probates Mittel, die Jugend weg vom PC hinaus in die Natur zu locken: Beim Geocaching sucht man mithilfe eines Smartphones per GPS-Position versteckte »Schätze«. Das sind meist in kleinen schwarzen Filmdosen untergebrachte Namenslisten, in die man sich dann als Finder einträgt. Als wegweisende App auf dem Smartphone hat sich c:geo bewährt. Ein Spaß für die ganze Familie!

» siehe GPS

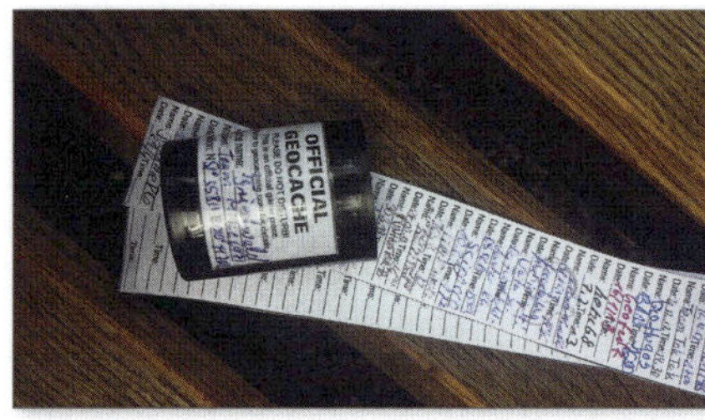

Gepackte Datei

Zum Versenden von großen Dateien (z. B. Bitmap-Bildern) bietet es sich an, diese zunächst zu komprimieren, d. h. ihre Größe zu reduzieren. So etwas erledigt ein sogenanntes Zip-Programm.

» siehe Komprimieren, ZIP/Zippen

Gerät

Sammelbegriff für sämtliche internen und externen Hardwarekomponenten, die an ein Computersystem angeschlossen sind bzw. werden. Dazu zählt die im Computer eingebaute Grafikkarte genauso wie der Drucker, die Tastatur oder auch eine externe Festplatte. Unter Windows werden sämtliche Geräte mithilfe des Geräte-Managers verwaltet.

» siehe Geräte-Manager, Grafikkarte

Gerät: unter Windows anschließen

Sie haben eine neue Grafikkarte, einen neuen Drucker oder eine neue Festplatte gekauft und möchten diese mit Ihrem PC bekannt machen? Gehen Sie dazu folgendermaßen vor:

1. Schauen Sie zunächst, ob der Hersteller sogenannte Treiber für das Gerät in Form einer CD oder DVD mitgeliefert hat. Falls ja, installieren Sie diese nach den Vorgaben des Herstellers.

   Oft ist es sinnvoll, auf der Internetseite des Herstellers nach aktualisierten Treibern Ausschau zu halten.

2. Schließen Sie nach der Installation das neue Gerät an Ihren PC an bzw. bauen Sie es ein. Windows erkennt das Gerät und installiert die für seinen Betrieb notwendigen Treiber.

Optional: Schauen Sie im Geräte-Manager von Windows nach, ob das Gerät korrekt erkannt wurde. Sollte das nicht der Fall sein, so erscheint vor dem Geräteeintrag ein gelbes Ausrufezeichen. In diesem Fall sollten Sie Ausschau nach aktuelleren Treibern halten. Die meisten aktuellen Geräte (z. B. USB-Sticks oder externe Festplatten) funktionieren übrigens unter Windows auch ohne spezielle Herstellertreiber. Mit Letzteren erhalten Sie oft aber Zugang zu erweiterten Funktionen.

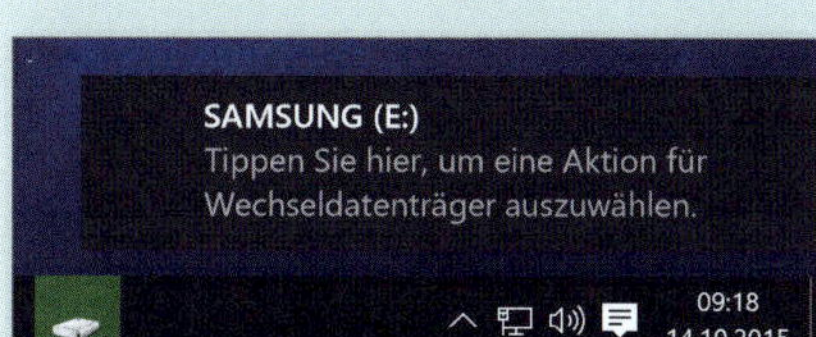

▲ Eine externe Festplatte wurde an den Computer angeschlossen. Links unten zu sehen: die Automatische Treibererkennung (AMD).

Geräte-Manager

Zentrale Anlaufstelle unter Windows zur Verwaltung von Geräten. Sie finden den Geräte-Manager am schnellsten durch Eingabe des Worts »Gerät« in die Cortana-Suchmaske.

» siehe Cortana

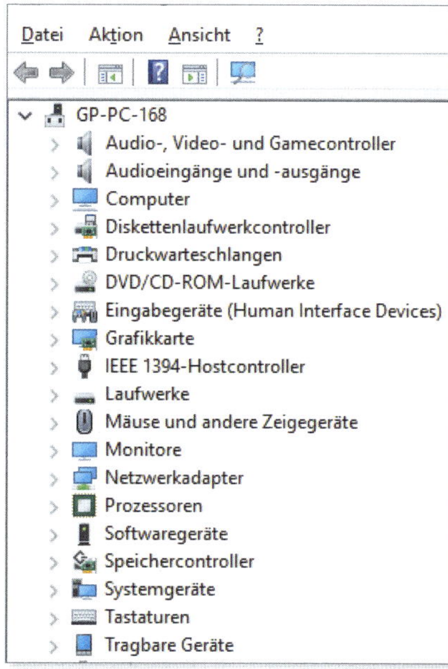

Geräte-Treiber

» siehe Treiber (Driver)

Gesendet

Ein Unterbereich Ihres E-Mail-Postfachs. Hier finden Sie alle Mails, die Sie vom aktuellen Gerät (Smartphone, Tablet oder PC) bzw. E-Mail-Account (E-Mail-Konto) aus gesendet haben.

» siehe Übersicht »E-Mail: Konto einrichten und nutzen« auf Seite 133

Gesichtserkennung

Auch das ist mittlerweile technisch möglich: Sie blicken Ihr Smartphone an, die Frontkamera registriert Ihr Gesicht und autorisiert Ihren Zugriff, wodurch der Bildschirm entsperrt wird (statt dazu z. B. eine PIN eingeben zu müssen). Apple hat das Verfahren unter dem Namen Face ID (Gesichtsidentifikation) eingeführt. Aber auch moderne Bildbearbeitungsprogramme bieten eine Gesichtserkennung an, um Personen auf Fotos, welche Sie angefertigt haben, automatisch einem Namen zuzuordnen.

» siehe Face ID, Personenerkennung, Sperrbildschirm

Gestensteuerung

Insbesondere bei fingergestützter Eingabe auf einem berührungsempfindlichen Bildschirm, wie er bei Smartphones bzw. Tablets zu finden ist, anzuwenden: Gesten mit mehreren Fingern führen bestimmte Aktionen auf dem Bildschirm aus. Besonders beliebt ist z. B. das Vergrößern eines Bildes in der Galerie mit gespreizten Fingern.

» siehe Übersicht »Fingerbedienung/-eingabe: Die wichtigsten Gesten am Smartphone und Tablet« auf Seite 150

Geteilter Bildschirm

Mittlerweile sowohl auf Computern als auch bei Smartphones anzutreffen: die Möglichkeit, dass sich zwei Programme bzw. Apps den Bildschirm teilen.

GHz

» siehe Gigahertz

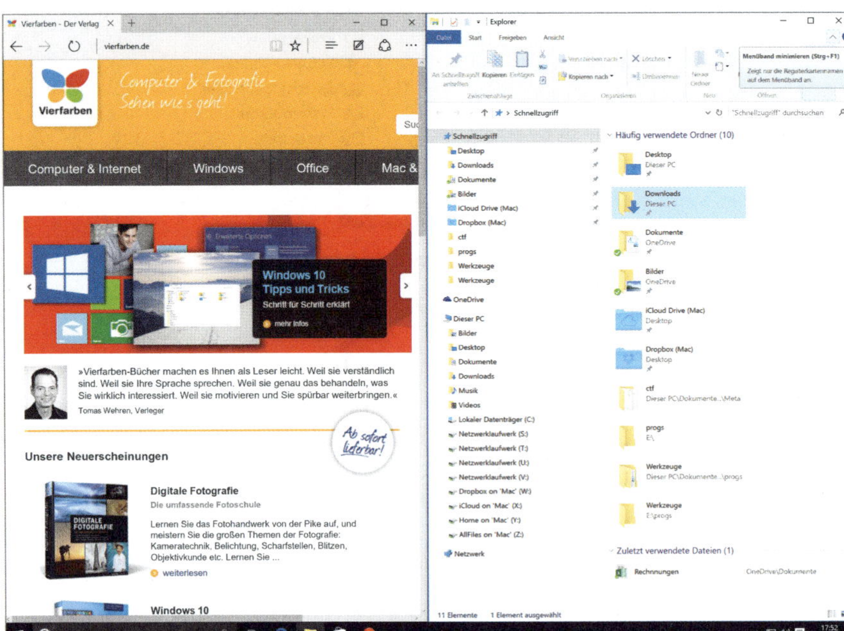

GiB

> Gibibyte

» siehe Gigabyte

GIF

> Graphics Interchange Format
> Austauschformat für Grafiken

Ursprünglich vom Internetprovider CompuServe entwickeltes Grafikformat, mit dem auch mehrere Einzelbilder zu einer Animation zusammengefasst werden können.

» siehe Bilddateiformate

Gigabyte

> Abkürzung GB/GByte

Vielfaches der Grundeinheit Byte (1 Byte = 8 Bit): Ein Gigabyte sind 10^9 Byte = 1.000.000.000 Byte. Daneben gibt es noch die Einheit Gibibyte (GiB), welche auf dem System der Zweierpotenzen basiert: Ein Gibibyte sind 2^{30} Byte und somit 1.073.741.824 Byte. Diese beiden unterschiedlichen Einheiten sind der Grund dafür, dass die Kapazitätsangaben bei Speichermedien mit Vorsicht zu genießen sind: Eine Händlerangabe von 1 Terabyte = 1.000 GB bei einer Festplatte resultiert in netto nutzbaren 931 GiB – diese Zahl wird dann vom Betriebssystem angezeigt.

» siehe Bit

Gigahertz

> Abkürzung GHz

Ein Maß für die Taktfrequenz eines Prozessors. Ein Gigahertz wären dabei eine Milliarde Schaltzyklen pro Sekunde. Stellen Sie sich das so vor, als müssten Sie z. B. pro Sekunde jeweils zwei Ziffern addieren – der Computer schafft das dann eine Milliarde Mal.

» siehe Hertz

GIMP

> GNU Image Manipulation Program

Bekanntes kostenloses Bildbearbeitungsprogramm.

» siehe Bildbearbeitung

girogo

Ein mobiles Bezahlsystem. Zahlen Sie einfach per Smartphone!

» siehe Übersicht »Bezahlen – online und mobil mit dem Smartphone« auf Seite 47

Gmail (Google Mail)

Googles Dienst zum E-Mail-Versand. Diesen können Sie (ein Google-Konto vorausgesetzt) sowohl von Ihrem PC per Browser als auch von Ihrem Smartphone per App aus nutzen.

» siehe Google-Konto

GMX

> Global Message eXchange
> Globaler Austausch von Nachrichten

Einer der beliebtesten kostenlosen E-Mail-Anbieter in Deutschland. Eine E-Mail-Adresse können Sie unter *www.gmx.net* einrichten.

» siehe E-Mail-Provider

Googeln

Vom Namen Google abgeleitetes Verb zur allgemeinen Beschreibung einer Recherchetätigkeit im Internet – unabhängig davon, ob tatsächlich Google als Suchmaschine genutzt wird.

» siehe Google

Google

Von der beliebtesten Suchmaschine des Internets weiter ausgebaut zum multinationalen Konzern: Google mischt überall mit – sei es beim am weitesten verbreiteten Mobilfunkbetriebssystem Android oder auch beim Kartografiedienst Google Earth. Wer solide Informationen sucht, kommt an Google kaum vorbei. Den Grundstock für das Unternehmen Google Inc. legten Larry Page und Sergey Brin im Jahr 1998. Daraus ist im Oktober 2015 die Alphabet Inc. hervorgegangen. Netterweise hat sich Google zu diesem Zweck neben *alphabet.com* gleich die Internetadresse *abcdefghijklmnopqrstuvwxyz.com* gesichert. Laut Bestsellerroman »Per Anhalter durch die Galaxis« von Douglas Adams ist übrigens die Zahl 42 die Antwort auf alle Fragen des Lebens …

» siehe Suchmaschine (Search Engine)

Google+

Google+ war einst Googles Antwort auf Facebook. Mittlerweile wurde das Projekt eines alternativen sozialen Netzwerks von Google eingestellt.

» siehe Facebook, Soziale Netzwerke (Social Networks)

Google Assistant

> Sprachassistent »Google Assistent«

Der Google Assistant (ehemals: Google Now) ist Googles Interpretation einer universellen Sprachassistentin wie Apples Siri oder Samsungs Bixby. Stellen Sie dem Google Assistant beliebige Fragen, z. B. »Wie alt ist Angela Merkel?« – der Sprachassistent gibt sofort bereitwillig Auskunft. Auch Folgefragen (»… und wo wurde sie geboren?«) werden korrekt dem Kontext entsprechend beantwortet. Den Google Assistant gibt es als eigenständige App für das Smartphone. Damit rufen Sie den Assistenten durch das gesprochene Kommando »OK Google« auf. Sie können den Assistenten aber auch jederzeit auf dem PC im Browser Chrome durch Anklicken des Mikrofonsymbols nutzen. Auf dem Smartphone bietet der Google Assistant noch einen weiteren Vorteil: Die App versucht automatisch, zu erkennen, welche Informationen Sie gerade benötigen, und stellt diese in Form von intelligenten Karten dar.

» siehe Bixby

» siehe Übersicht »Künstliche Intelligenz« auf Seite 218 sowie Übersicht »Smart Home« auf Seite 340

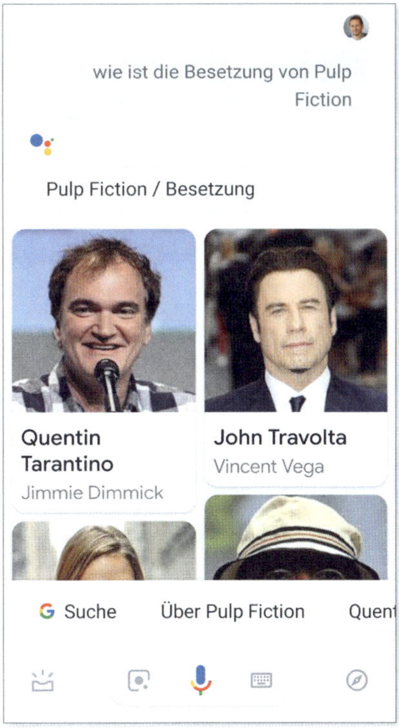

Google Drive

> »Google Laufwerk«

Googles Cloud-Speicherdienst nennt sich Google Drive. Nachdem Sie ein Google-Konto angelegt haben (das geschieht übrigens automatisch, wenn Sie ein Android-Smartphone aktivieren), steht Ihnen ein Cloud-Speicherplatz von bis zu 15 GB (Gigabyte) zur Verfügung. Dort können Sie Ihre Dokumente ablegen und auf beliebig vielen Endgeräten per Internet nutzen.

» siehe Cloud (Computing)

» siehe Übersicht »Cloud und Cloud-Speicherdienste« auf Seite 78.

Google Duo

Der Messenger Google Duo ist Googles Antwort auf Apples FaceTime. Damit können Sie unter dem Betriebssystem Android Videokonferenzen durchführen. Aber auch einfache Chats sind damit machbar.

» siehe Chat/Chatten, FaceTime, Instant Messaging/Messenger, Videokonferenz

Google Earth

> »Google Erde«

Googles Blick auf die Erde: Google Earth können Sie sowohl per Browser als auch mit einer speziellen App nutzen. Diese gibt es für alle gängigen PC- und Smartphone-Betriebssysteme. Mit Google Earth können Sie z. B. vom Schreibtischstuhl aus zum Eiffelturm reisen …

Google Fotos

» siehe Übersicht »Künstliche Intelligenz« auf Seite 218

Google Home

> »Google Zuhause«

» siehe Übersicht »Smart Home« auf Seite 340

Google-Konto

Die Grundlage jeglicher Aktivitäten rund um Google: Wenn Sie ein Konto bei Google besitzen, dann erhalten Sie eine eigene Gmail-Adresse, bekommen kostenlosen Cloud-Speicher bei Google Drive und können Videokonferenzen oder Chats mit Google Duo durchführen. Ein Google-Konto ist außerdem zwingend notwendig, wenn Sie Apps im Google Play Store für das Smartphone-Betriebssystem Android erwerben wollen. Ein Google-Konto richten Sie ganz einfach im Browser Ihrer Wahl ein. Gehen Sie auf *www.google.de*, wählen Sie **Anmelden** und anschließend **Konto erstellen**. Geben Sie auf der Formularseite Ihre Daten ein, und vergeben Sie ein Passwort.

Google Maps

> »Google Straßenkarten«

Googles eingebauter Kartendienst – auf Wunsch auch als Navigationssystem zu verwenden. Rufen Sie dazu in einem Browser *maps.google.com* auf, und geben Sie eine Route (bei Bedarf auch mit Zwischenstationen) ein. Den Rest erledigt Maps. Selbstverständlich können Sie das Ganze auch auf einem Smartphone mit der passenden Maps-App durchführen.

» siehe Google Street View

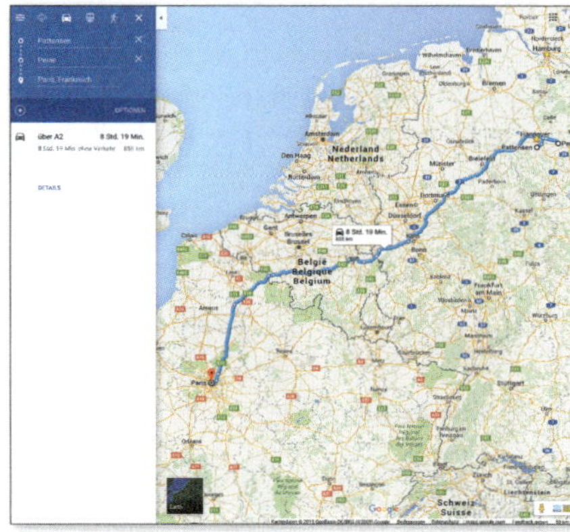

Google Pay

> »Google Bezahlen«

» siehe Übersicht »Bezahlen – online und mobil mit dem Smartphone« auf Seite 47

Google Play Store

> »Google Spiele-Laden«

Dort erhalten Sie alles, was Ihr Android-Smartphone zum Leben erweckt: Apps, Musik, Videos und E-Books.

» siehe App Store

Google Street View

> »Google Straßenansicht«

Ein probates Mittel, wenn man eine Unterkunft im Ausland erstmalig gebucht hat und kurz einmal nachschauen möchte, wie die Gegend vor Ort ausschaut:

Starten Sie Google Maps, und navigieren Sie zu der Adresse, die Sie sich näher anschauen möchten. Ziehen Sie dann das kleine gelbe Männchen-Symbol ❶ (»Pegman« genannt) auf die Karte – Sie werden staunen, wie real Ihnen die Street-View-Ansicht einen Eindruck von der Gegend vermittelt.

» siehe Google Maps

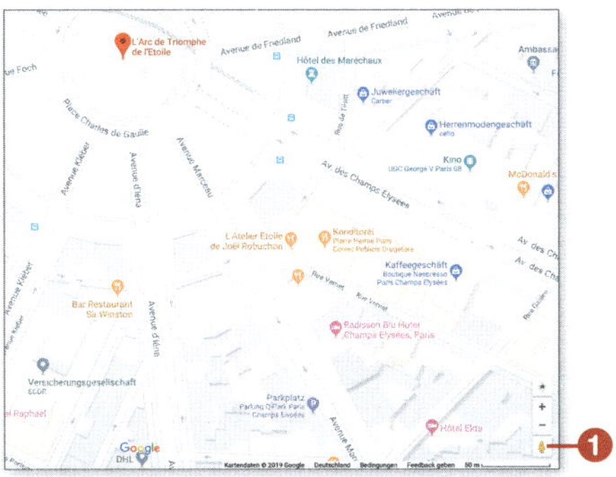

Google Wallet

> »Google Brieftasche/Geldbörse«

Googles Bezahlsystem. Hier können Sie alle Einkäufe, die Sie im Google Play Store getätigt haben, einsehen und darüber hinaus auch ein geeignetes Zahlungsmittel für Ihre Einkäufe definieren. Rufen Sie dazu die Seite *wallet.google.com* auf, und loggen Sie sich anschließend mit Ihren Google-Konto-Daten ein.

» siehe Google-Konto, Google Play Store

» siehe Übersicht »Bezahlen – online und mobil mit dem Smartphone« auf Seite 47

GPRS

> General Packet Radio Service

Mit diesem Standard können Sie Datenpakete per Mobilfunknetz übertragen. GPRS ist als Vorfahre von UMTS, LTE und Co. zu sehen. Das Verfahren wird auch heute noch eingesetzt, und zwar dann, wenn kein schnelles Mobilfunknetz für die Internetverbindung zur Verfügung steht.

» siehe Bandbreite, Mobilfunknetz

GPS

> Global Positioning System
> Satellitennavigationssystem

Basierend auf einem weltumspannenden System von Satelliten, ist mittlerweile jeder Smartphone-Besitzer in der Lage, mithilfe eines eingebauten Chips diese Satelliten zu orten und durch eine entsprechende App seine Position metergenau zu bestimmen.

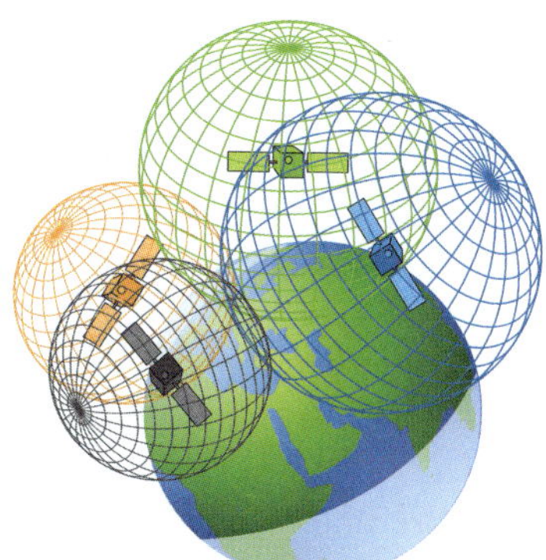

GPU

> Graphics Processing Unit

» siehe Grafikprozessor

Grafik

Ein auf dem Computer nutzbares Objekt, welches Bildinformationen enthält. Das kann eine auf dem Computer erzeugte Zeichnung sein, aber auch ein Digitalfoto. Erstere gehört zur Kategorie der Vektorgrafiken, Letztere zur Kategorie der pixelgestützten Grafiken.

» siehe Pixel, Vektorgrafik

G

Grafikkarte

Wesentliches Bauteil in einem Computer zur Darstellung von Bildinhalten auf dem Display. Zwei Anbieter teilen sich aktuell den Markt: Nvidia und AMD. Wenn Sie stets die aktuellsten Computerspiele mit hoher Bildrate, also einer hohen Bildwiederholfrequenz, spielen möchten, dann kommen Sie um den Erwerb einer speziellen Grafikkarte nicht herum. Diese Bauteile können je nach Leistungsfähigkeit bis zu 1.000 € kosten.

» siehe Übersicht »Computer & Co. kaufen« auf Seite 84

Grafikprozessor

> engl. Graphics Processing Unit, Abkürzung: GPU

Spezieller Prozessor, der den Hauptprozessor (die CPU) bei aufwendigen grafischen Berechnungen entlasten soll. Mittlerweile sind Grafikprozessoren wesentlich leistungsfähiger als »normale« Prozessoren, sodass sie oft bei rechnerisch anspruchsvollen Aufgaben (z. B. dem Umrechnen von Videos in ein anderes Format) zusätzlich zur CPU eingesetzt werden.

» siehe Prozessor (CPU)

Grafische Benutzeroberfläche

> engl. Graphical User Interface, Abkürzung: GUI

Das sind im Prinzip sämtliche Betriebssystemoberflächen, die man mit der Maus (am PC bzw. Mac) oder den Fingern (unter Android und iOS) bedienen kann und die dazu noch hübsch anzusehen sind.

» siehe Arbeitsoberfläche (Desktop)

Green Computing

> »Grünes Computerarbeiten«

Im Prinzip alles, was den Zweck hat, ein Computersystem möglichst energiesparend und ökologisch zu betreiben. Dazu gehört das zeitnahe Versetzen des Systems in den Ruhezustand, wenn es gerade nicht gebraucht wird, um Energie zu sparen, aber auch das Wiederverwenden von gebrauchten Druckerpatronen.

» siehe Ruhemodus/Ruhezustand

Groove-Musik

Name der Musik-App, die mit Windows 10 neu eingeführt wurde.

Groupware

> Gruppensoftware

Mit dieser Software wird eine Art virtueller Projektraum geschaffen. Ein typisches Beispiel ist die gemeinsame Bearbeitung eines Dokuments auf Google Drive, auf das sämtliche Mitglieder einer ausgewählten Gruppe Zugriff haben.

» siehe Google Drive

Gruppe

Entweder eine Anordnung von Bildelementen (z. B. Kachelgruppen unter Windows 10) oder eine Zusammenfassung von Nutzern. Beispielsweise gibt es bei Facebook Gruppen zu bestimmten Interessensgebieten, oder aber Sie fassen sämtliche Familienmitglieder auf Ihrem Smartphone zu einer WhatsApp-Gruppe zusammen. Auch im Bereich der Betriebssysteme gibt es die Möglichkeit, Nutzer zu Gruppen zusammenzufassen und somit das Rechtesystem effizienter zu gestalten.

» siehe Berechtigung, Facebook, Freigeben, WhatsApp

Gruppennachricht

Sehr praktisch, wenn man alle rasch an den Küchentisch zum Essen rufen möchte: Erstellen Sie einfach für Ihre Lieben eine WhatsApp-Gruppe, und verschicken Sie eine Gruppennachricht. Auf das Vibrieren des Smartphones achtet die Jugend heute eher als auf den Ruf der Mutter.

» siehe WhatsApp

Gruppenrichtlinien

Eine Möglichkeit unter Windows, die Rechte von Computerbenutzern auf dem System zu definieren.

GSM

> Global System for Mobile Communications

Ein Standard für den digitalen Mobilfunk, den Sie immer dann benutzen, wenn Sie Telefonate mit Ihrem Handy durchführen.

GUI

> Graphical User Interface

» siehe Grafische Benutzeroberfläche

H

... wie Hacker – nicht zu verwechseln mit jemandem, der Holz zerkleinert. Ein Hacker ist im Computerbereich eher jemand, der Kleinholz aus geheimen Systemen macht.

Hacker

> »Datenpirat«

Äußerst versierte Experten, die sich normalerweise unerlaubt Zugriff zu Computersystemen verschaffen. Das muss aber nicht unbedingt mit unlauteren Absichten verbunden sein: Größere Unternehmen beschäftigen Hacker, um gezielt Schwachstellen in ihren Computern ausfindig zu machen.

Hacking

Gesetzwidriges Eindringen in Computer und Konten und Aneignung von Passwörtern sowie anderen personenbezogenen Daten.

» siehe Social Hacking

» siehe Übersicht »Datenschutz und Datensicherheit« auf Seite 101

Halten

Führt man ein Telefongespräch mit mehreren Personen, so werden einzelne Teilnehmer oft in die Halteposition versetzt. Man kann dann zwischen den einzelnen Teilnehmern hin und her schalten und diese ganz nach Bedarf aus der Warteschleife nehmen. Sicher kennen Sie dazu die Ansage: »Please hold the line.«

» siehe Makeln, Telefonkonferenz

Handoff

> »Übergabe«

Damit wird das Zusammenspiel von bestimmten Apps auf verschiedenen Apple-Geräten mittels Bluetooth bezeichnet. So kann man mittels Handoff z. B. eine unterwegs auf dem iPhone angefangene E-Mail zu Hause im Mailprogramm auf dem Mac-Rechner beenden.

» siehe Bluetooth

Handy

Schon leicht betagte Bezeichnung für Mobiltelefone aus der Zeit, als es noch keine Smartphones gab. Der Begriff ist in der englischen Sprache übrigens nicht zu finden. Der Legende nach wird die Einführung des Begriffs einem Schwaben zugeschrieben – »Hän di ka Schnur? «

» siehe Smartphone

HandyPay

> Bezahlen mit dem Handy

» siehe Übersicht »Bezahlen – online und mobil mit dem Smartphone« auf Seite 47

Hardcopy

> Bildschirm-/Papierausdruck

Sie möchten sich nicht damit begnügen, ein Foto auf dem Monitor zu betrachten, sondern ein Bild auf Papier in Ihren Händen halten? Dann fertigen Sie in diesem Fall eine Hardcopy an. Auch Ausdrucke von Texten werden so bezeichnet.

» siehe Drucken (Print)

Hard Reset

> Kurzform von Hardware-Reset

Wenn bei einem elektronischen Gerät absolut gar nichts mehr geht bzw. dieses auf Eingaben nicht reagiert, dann führt man einen kompletten Reset des Systems durch, startet es also neu bzw. »setzt es zurück«. Das geschieht bei den meisten Geräten durch einen sehr langen Druck auf den Ein-/Aus-Schalter. Zu beachten ist, dass durch diese Prozedur beim PC oder Smartphone sämtliche Daten im flüchtigen RAM-Speicher gelöscht werden.

» siehe Arbeitsspeicher (RAM), Neustart/Neu starten (Reboot/Rebooten), Zurücksetzen (Reset)

Hardware

> »Computerteile«

Alles, was man an einem Computersystem anfassen kann. Vergleicht man die Hardware mit einem Klavier, dann entsprechen die Noten der Software.

» siehe Gerät, Software

Hashtag

> Rautezeichen #

Eine Markierung für Stichworte in sozialen Netzwerken. Ein Hashtag wird durch ein vorangestelltes Rautensymbol (#) definiert. Ein bekanntes Beispiel dazu ist das Hashtag #Neuland. Dieses entstand, als sich Bundeskanzlerin Angela Merkel zu der etwas unglücklichen Formulierung hinreißen ließ, »das Internet ist für uns alle ja noch Neuland«.

» siehe Soziale Netzwerke (Social Networks)

Hauptdisplay

Sollten Sie an Ihrem Laptop einen externen Monitor angeschlossen haben, dann lässt sich einer der Monitore (das Laptop-Display oder der externe Monitor) als Hauptdisplay festlegen, d. h., hier befindet sich dann die eigentliche Arbeitsoberfläche.

Hauptmenü

Zentraler Bereich eines Programms oder einer App, von dem aus in funktionelle Unterbereiche verzweigt wird.

» siehe Menü

Hauptspeicher

» siehe Arbeitsspeicher (RAM)

Hauptplatine

> engl. Mainboard

Zentrales Bauteil eines Computersystems: Auf dieser Platte befinden sich alle wichtigen Elemente wie Speicher, Prozessor und Grafikkarte (siehe die Abbildung auf der folgenden Seite).

▲ Hauptplatine

H

HBCI

> Home Banking Computer Interface

Ein sicheres Verfahren zur Durchführung von Bankgeschäften von zu Hause aus per Internet. Im Normalfall wird dazu ein Chip-Lesegerät verwendet, in welches Sie Ihre EC-Karte hineinstecken und das per USB-Anschluss mit dem Computer verbunden wird. Das Verfahren gilt als sicher gegenüber dem verbreiteten PIN/TAN-Verfahren, da man für eine Überweisung auf jeden Fall im Besitz der EC-Karte sein muss.

» siehe eTAN, PIN, TAN

Hcell

Ein Tabellenkalkulationsprogramm, das in der bekannten Smartphone-App Hancom Office enthalten ist.

» siehe Tabellenkalkulation

HD

> High Definition

» siehe Hohe Auflösung

HDCP

> High-bandwidth Digital Content Protection
> Digitaler Schutz von Inhalten mit hoher Bandbreite

Ein Kopierschutzverfahren, das sicherstellt, dass hochaufgelöste Videoinhalte nicht per Mitschnitt kopiert werden.

HDD

> Hard Disk Drive
> Festplattenlaufwerk

Auf dieser Festplatte des Computers werden alle platzraubenden Daten (u. a. Videos, Musik, Bilder) dauerhaft gespeichert. Bei PCs, die nur mit einer HDD-Festplatte ausgestattet sind, befindet sich dort auch das Betriebssystem. Modernere Computer verfügen meist zusätzlich über eine SSD-Festplatte, auf der dann das Betriebssystem abgelegt wird.

» siehe Festplatte, Laufwerk (Drive), SSD

» siehe Übersicht »Computer & Co. kaufen« auf Seite 84

HDMI

> High Definition Multimedia Interface
> Schnittstelle für hochaufgelöstes Video

Diese Schnittstelle finden Sie an allen modernen TV-Geräten, um Blu-ray-Player oder Medienplayer wie Amazons Fire TV oder Apple TV anzuschließen. Sie befindet sich aber auch am Computer neben anderen sogenannten Videoports wie DVI und VGA (zum Anschluss des Monitors).

» siehe DVI, Fire TV, VGA, Videoports

» siehe Übersicht »Ports: Die wichtigsten Anschlüsse am PC« auf Seite 292

HDR/HDR+

> High Dynamic Range
> Hoch dynamischer Bereich

HDR bzw. HDR+ ist ein Verfahren in der Fotografie, bei dem man anhand von Belichtungsserien starke Kontrastunterschiede auf Fotos ausgleicht.

HD-Ready

> High Definition-Ready

In der Startphase des hochauflösenden Fernsehens geschaffenes Logo, welches dem Käufer signalisieren sollte, dass sein Gerät zur Wiedergabe von hochaufgelöstem Bildmaterial prinzipiell geeignet (»ready« = bereit) ist.

HDSL

> High Data Rate Digital Subscriber Line
> »Hohe Datenfrequenz des digitalen Teilnehmeranschlusses«

Eine verbesserte DSL-Technik zur schnellen Übertragung von Daten. Der wesentliche Unterschied zur konventionellen DSL-Technik ist die Fähigkeit, Daten mit identischen Raten hoch- und herunterzuladen.

» siehe Datenrate, DSL, Herunterladen (Download/Downloaden), Hochladen (Upload/Uploaden)

HDTV

> High Definition Television
> Hochauflösendes Fernsehen

Bezeichnet eine Reihe von TV-Normen (siehe die folgende Tabelle), die zur Wiedergabe von hochaufgelösten Fernsehbildern eingesetzt werden.

HDTV-Norm	Auflösung (Bildpunkte)
PAL	702 × 576
Full HD	1.080 × 1.920
HDTV 720p	1.280 × 720
HDTV 1080p	1.920 × 1.080
QFHD (Quad Full High Definition) (4K2K)	3.840 × 2.160
Ultra HD UHD 1 (4K)	4.096 × 2.160
UHDTV (Ultra High Definition Television) UHD 2 (8K)	7.680 × 4.320

HDV

> High Definition Video

Sammelbegriff für hochauflösendes Videomaterial, welches insbesondere im Bereich der Aufzeichnung verwendet wird. Bekanntester Vertreter der Gattung ist das AVCHD-Format.

» siehe AVCHD

Header

> Kopfzeile/Überschrift

Ein Bereich, der z. B. bei HTML-Dateien Metainformationen über das jeweilige Dokument bzw. die Datei beinhaltet. Den Begriff verwendet man auch im

H

Bereich der E-Mail. Hier findet man im Header Informationen zum Versand der Mail.

» siehe HTML

Rainer Hattenhauer
An: Isabella Bleissem
Content-Type: multipart/alternative; boundary="Apple-Mail=_68CEE6A0-074D
X-Smtp-Server: B4DEAC8C-5467-4EC4-89B3-710D2294C536
X-Universally-Unique-Identifier: 6F4B32FE-4182-4F41-9DBB-F094111BCE94
Message-Id: <D99912FC-9BEB-4BB6-B7C0-C1A0DE02F0C4@gmx.de>
Mime-Version: 1.0 (Mac OS X Mail 9.1 \(3096.5\))
Guter Artikel zu Creative Commons

Headset

> Kopfhörersatz/Set aus Kopfhörer und Mikrofon

Eine Mischung aus Kopfhörer bzw. Ohrstöpseln und einem Mikrofon, die es möglich machen, die Umwelt auszublenden und störungsfrei zu kommunizieren. Headsets gibt es für das Smartphone (links) und den PC (rechts) und sind insbesondere für Videokonferenzen geeignet.

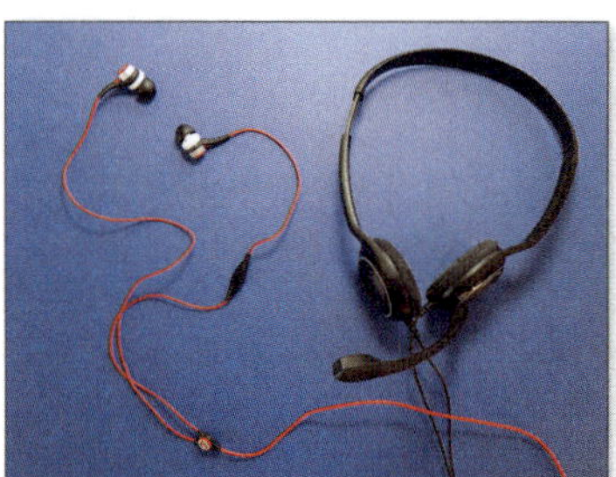

Health (App)

> Gesundheit (App)

Insbesondere auf Samsung-Smartphones vorinstallierte App (hier: S Health), die in der Lage ist, Ihre Schritte mithilfe eines Beschleunigungssensors zu erfassen, und dafür sorgt, dass Sie sich am Tag genügend bewegen.

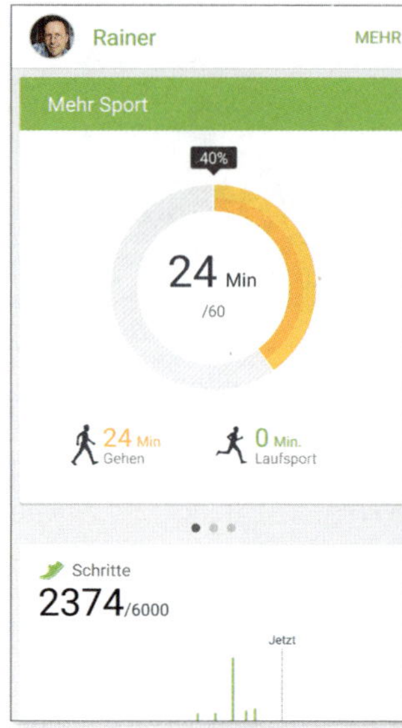

Heimautomation

» siehe Übersicht »Smart Home« auf Seite 340

Heimnetzgruppe

Eine Möglichkeit, unter älteren Windows-Versionen, mehrere Computer zu einer Gruppe zusammenzufassen und darüber Dateien (Bilder, Fotos, Videos) allen Mitgliedern der Gruppe zugänglich zu machen. In Windows 10 ist die Heimnetzgruppe mittlerweile nicht mehr verfügbar.

» siehe Heimnetzwerk

Heimnetzwerk

Spätestens wenn Sie mehr als einen Computer besitzen und obendrein noch per Router ins Internet gehen, bietet es sich an, diese Rechner zu vernetzen. Das erledigt man in Form eines Heimnetzwerks, auch LAN genannt.

» siehe LAN, Router

Helligkeitssensor

Haben Sie es schon bemerkt? Immer wenn Sie mit Ihrem Smartphone ins Freie gehen, wird das Display automatisch heller. Dies regelt ein sogenannter Helligkeitssensor, der sich meist am oberen Bildschirmrand befindet.

Helpdesk

> Hilfebereich

In einem Helpdesk-System wird Kunden, die technische Probleme haben, geholfen. Das System ist dabei in mehrere sogenannte Level aufgeteilt. Im ersten Level wird das Kundenproblem erfasst und bei einfachen Fragestellungen ggf. sofort gelöst. Sollte auf dem ersten Level keine Lösung möglich sein, so wird es an den Zweit-, bei sehr schwierigen Fällen den Drittlevel-Support weitergereicht. Zur Verfolgung der Problemlösung erhält der Kunde ein sogenanntes Ticket.

» siehe Support

Hertz

> Abkürzung Hz

Eine nach dem Physiker Heinrich Hertz benannte physikalische Einheit, welche die Taktfrequenz eines Computersystems bzw. Prozessors (CPU) misst. Grob gesagt gilt: Je höher die Taktfrequenz, desto schneller arbeitet die CPU. Die folgende Tabelle gibt Aufschluss über verschiedene gebräuchliche Vorsätze der Einheit Hertz und darüber, in welchem Bereich diese bevorzugt zu finden sind. (Mit einem »Einheitenvorsatz« ist übrigens das Vielfache oder der Teil einer Maßeinheit gemeint, der es ermöglicht, Zahlen ohne allzu viele Stellen anzugeben.)

» siehe Prozessor (CPU)

Frequenz	Potenz	Bereich
Kilohertz	10^3	hohe, hörbare Töne
Megahertz	10^6	Rundfunksignale
Gigahertz	10^9	Taktfrequenz einer CPU

Herunterfahren

> engl. Shut down

Das sollte man immer tun: den Rechner über ein entsprechendes Menü im Betriebssystem sauber herunterfahren. Unter Windows finden Sie den Punkt **Herunterfahren** im Startmenü unter der Schaltfläche **Ein/Aus**.

» siehe Hochfahren

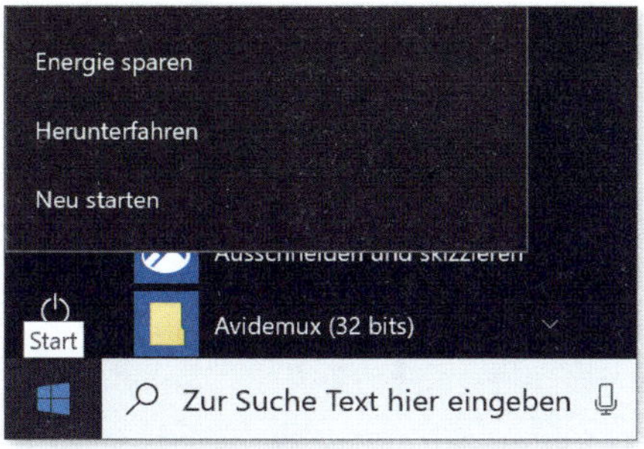

Herunterladen

> engl. Download/Downloaden

Wenn Sie Daten (Bilder, Programme, Musik etc.) aus dem Internet auf Ihren heimischen Rechner übertragen, dann nennt man diesen Vorgang Herunterladen. Das geschieht legal über Shops, die entsprechende Inhalte kostenlos oder

kostenpflichtig anbieten, z. B. der Download eines Musikstücks oder Albums aus einem Online-Musikshop wie iTunes oder eines Computerspiels, das online vertrieben wird, aber auch illegal über sogenannte Tauschbörsen.

» siehe iTunes, Tauschbörse

Hexadezimal

Ein Zahlensystem, das im Computerbereich weitverbreitet ist und aus 16 Ziffern besteht, wobei als Zeichen für die letzten 6 Ziffern Buchstaben verwendet werden. Die folgende Tabelle zeigt Hexadezimalzahlen im Vergleich zum Dezimalsystem.

Dezimalzahl	Hexadezimalzahl
0	0
1	1
2	2
3	3
4	4
5	5
6	6
7	7
8	8
9	9
10	A
11	B
12	C
13	D
14	E
15	F

Hierarchisches Dateisystem

Ein Dateisystem, welches Sie sich wie einen auf den Kopf gestellten Baum vorstellen können: Ausgehend vom Stamm, verzweigen sich die Programmverzeichnisse bzw. Dateiordner, deren Unterverzeichnisse und die dort jeweils abgelegten Dateien wie Äste im System. In Ihrem Dateimanager (bei Windows der Explorer) können Sie selbst innerhalb der vorgegebenen Laufwerke eine hierarchische Ablagestruktur Ihrer persönlichen Daten vornehmen. Legen Sie z. B. unter **Dieser PC** einen Ordner **Finanzen** an, dort ein Unterverzeichnis **Steuer**, darin einen Ordner **Steuer_2019** und darin Ihre einzelnen Dokumente und Belege zur Einkommensteuererklärung 2019. Im Dateimanager erzeugen Sie mit einem Rechtsklick beliebig viele Ordner bzw. Unterverzeichnisse.

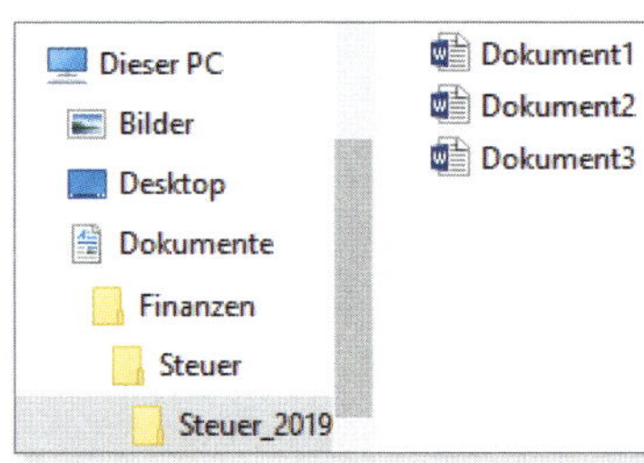

» siehe Explorer, Neuer Ordner, Ordner, Verzeichnis

Hilfe

... ist bei den aktuellen Betriebssystemen und Programmen oft nur einen Tastendruck entfernt: Per Taste F1 rufen Sie die integrierte Hilfe Ihres Computers auf.

» siehe Funktionstasten

Hintergrundbild

Richten Sie Ihr digitales Wohnzimmer doch einfach nach Ihren eigenen Vorstellungen ein. Unter Windows führen Sie dazu auf dem Desktop einen rechten Mausklick über dem bestehenden Hintergrundbild durch, wählen **Anpassen** im Menü und gelangen in den Bereich **Personalisierung ▸ Hintergrund** der Einstellungen, in welchem Sie Ihr bevorzugtes Hintergrundbild auswählen können.

Hintergrunddienst

Ein Programmteil, welches unauffällig im Hintergrund seinen Dienst verrichtet. Beispiel: Die Mail-App auf Ihrem Smartphone läuft im Hintergrund und checkt alle paar Minuten, ob eine neue Mail eingegangen ist.

Hinzufügen

Universelles Wort im PC-Bereich. Sie können einen Computer einer Netzwerkgruppe hinzufügen, aber auch Freunde Ihrem Freundeskreis bei Facebook.

History

> »Historie/Geschichte«

Ein allgemeiner Ausdruck für einen Verlauf in einem Programm. Darunter versteht man z. B. die Liste der Internetseiten, die man per Browser besucht hat, aber auch die einzelnen Schritte bei der Bearbeitung eines Bildes, die man im Rahmen der Bildbearbeitung mittels Bildbearbeitungsprogramm dann auch wieder rückgängig machen kann.

Hoax

Eine meist witzig gemeinte Falschmeldung aus dem Computerbereich, die bevorzugt per Internet verbreitet wird, meist in Form von E-Mail-Kettenbriefen.

Hochfahren

Wenn man einen Rechner startet und das Betriebssystem lädt (der sogenannte Bootvorgang), dann bezeichnet man diesen Vorgang als Hochfahren.

» siehe Booten, Herunterfahren (Shut down)

Hochformat

Standardformat zum Verfassen eines Artikels oder Briefs in einer Textverarbeitung (z. B. Word, dort im Register **Layout** unter der Schaltfläche **Ausrichtung**). Auch Smartphones oder Tablets benutzt man bevorzugt im Hochformat.

» siehe Querformat

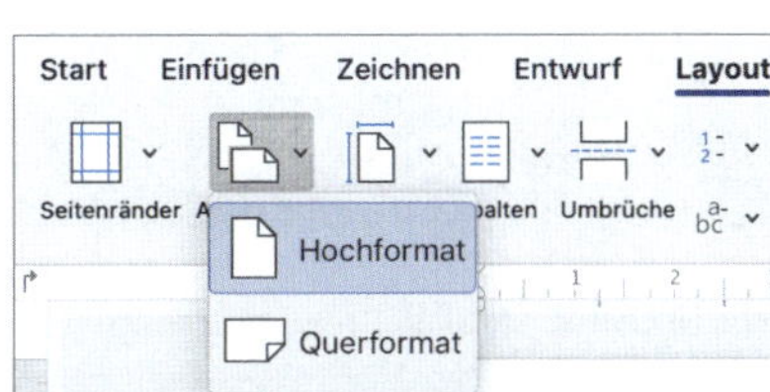

H

Hochladen

> engl. Upload/Uploaden

Immer wenn Sie Daten auf Servern im Internet ablegen, also z. B. bei einem Cloud-Speicherdienst, nennt man diesen Vorgang Hochladen bzw. »Uploaden«.

» siehe Cloud (Computing), Herunterladen (Download/Downloaden)

Hohe Auflösung

> engl. High Definition, Abkürzung: HD

Ein Sammelbegriff für hochaufgelöste Videoformate, wie man sie z. B. auf einer Blu-ray Disc, aber auch bei 4K oder UHDTV vorfindet. Ab einer Bildauflösung von 1.280 × 720 Bildpunkten spricht man bei TV-Bildmaterial von einer hohen Auflösung.

» siehe Blu-ray (Disc), UHDTV, 4K auf Seite 456

HoloLens

> »Holografische Linse«

Eine Datenbrille aus dem Hause Microsoft, die virtuelle Bilder in die reale Welt einblendet bzw. im Blickfeld des Betrachters überlagert. Dadurch können etwa Reparaturen an Maschinen per Videoanleitung auch von Laien durchgeführt werden.

» siehe Übersicht »Virtualität« auf Seite 409

Homebanking

> »Heimbankgeschäfte«

Das Durchführen von Bankgeschäften per Computer über einen Internetanschluss. Dies geschieht entweder per Browser oder durch Anbindung spezieller Programme an Ihre Bank per Internet. Zur Legitimierung benötigen Sie zunächst zur Anmeldung eine PIN, für eine Überweisung oder andere kritische Anweisungen eine TAN.

» siehe PIN, TAN

Home Cloud

> »Heimische Cloud«

» siehe Übersicht »Cloud und Cloud-Speicherdienste« auf Seite 78

Home Office

> »Heimbüro«

Wenn es Ihr Arbeitgeber gestattet, dann können Sie Ihren Arbeitsplatz auch nach Hause verlagern und Ihre Arbeit per PC und Internetanschluss erledigen. In diesem Fall spricht man von einem Home Office.

Homepage

> »Heimatseite«

Ihre persönliche Präsenz im Internet: Mithilfe eines Baukastensystems bieten heute viele Internetanbieter die Möglichkeit, Ihren eigenen digitalen Platz im Internet zu gestalten. Größere Unternehmen pflegen selbstverständlich eine Firmenhomepage. Auch wenn der Begriff von der Einzahl ausgeht – diese setzt sich natürlich in aller Regel aus mehreren Internetseiten zusammen.

» siehe Webseite

HomePod

> »Heimkapsel«
> Smarter Lautsprecher von Apple

» siehe Übersicht »Smart Home« auf Seite 340

Homescreen

> »Heimbildschirm«

Der Haupt- oder auch Startbildschirm eines Smartphones, zu dem Sie stets gelangen, wenn Sie die sogenannte Home-Taste betätigen. Diese befindet sich bei den meisten Geräten gut zugänglich unten in der Mitte.

» siehe Home-Taste, Startbildschirm

Home-Taste

> »Zuhause«-Taste

Die Home-Taste ist auf der PC-Tastatur mit dem Aufdruck [Pos 1] beschriftet. Sie führt nach dem Betätigen innerhalb einer Textverarbeitung ganz an den Anfang des Textes. Auf einem Smartphone gelangen Sie mithilfe der Home-Taste (1) stets auf den Startbildschirm (Homescreen). Mittlerweile haben viele Smartphone-Hersteller die physische Home-Taste, die durch Drücken betätigt wird, durch eine virtuelle Taste ersetzt, die durch einen Fingertipp auf den Bildschirm bedient werden kann. Dadurch sind die Displays entsprechender Geräte insgesamt größer geworden.

Horizontale Bildlaufleiste

Um Inhalte in der Breite eines Programmfensters, etwa in einem Excel-Arbeitsblatt, betrachten zu können, die nicht mehr auf dem Bildschirm angezeigt werden, können Sie die horizontale Bildlaufleiste am unteren Fensterrand benutzen.

» siehe Bildlaufleiste (Scrollbar)

Host

> »Gastgeber«

Ein Computer in einem Netzwerk, der bestimmte Dienste zur Verfügung stellt. Das kann der Zugang zum Internet sein, aber auch Speicherplatz für Dateien.

» siehe Server

Hotkey

> »Heiße Taste«
> Schnelltaste

Eine Taste oder Tastenkombination, mit deren Hilfe man rasch zu einer speziellen Funktion gelangt. Beispiele: Die Taste [F1] führt in der Regel zum Hilfesystem des Computers, [Strg] + [C] kopiert einen markierten Text.

» siehe Markieren

Hotlink

> »Heiße Verknüpfung«

Mit einem Hotlink bindet man Medien, die sich an einer anderen Stelle im Internet befinden, in die eigene Webseite ein, um Bandbreite zu sparen. Ein typisches Beispiel ist der Verweis auf ein YouTube-Video.

» siehe Bandbreite, Hyperlink, OLE, Verknüpfung

Hotline

> Kundentelefon

Ansprechstelle eines Herstellers oder Dienstleisters, die man in der Regel telefonisch erreichen kann, wenn man Probleme mit erworbener Hardware bzw. Software hat. Die mit Abstand beliebteste Frage nach der Beschreibung eines Problems vom Hotline-Gegenüber: »Haben Sie es schon einmal mit Aus- und Einschalten probiert?«

Hotmail

> »Heiße Post«

Ein ehemaliger E-Mail-Dienst von Microsoft, der mittlerweile von *Outlook.com* abgelöst wurde.

» siehe *Outlook.com*

Hot Spot

> »Brennpunkt«

Danach sucht jeder Jugendliche, der ein Smartphone besitzt: An einem Hot Spot (oft auch als Hotspot »eingedeutscht«) können Sie sich drahtlos per WLAN mit dem Internet verbinden, ohne Ihr Mobilfunkkonto zu strapazieren. Einen Hot Spot erkennt man am typischen WLAN- bzw. (engl.) Wi-Fi-Zeichen. Steht auch noch »free« dabei, können Sie sich sicher sein, dass der Zugang kostenlos ist.

» siehe WLAN

HSDPA

> High Speed Downlink Packet Access

Schneller Übertragungsstandard im Mobilfunkbereich, mit dem DSL-ähnliche Geschwindigkeiten beim Herunterladen (»Downlink«) von Daten zu erzielen sind.

» siehe Bandbreite, DSL

HSPA/HSPA+

> High Speed Packet Access

Erweiterungen des HSDPA-Übertragungsstandards, die höhere Datenübertragungsraten ermöglichen.

HTML

> Hypertext Markup Language
> Hypertext-Auszeichnungssprache

Eine formale Beschreibungssprache zur Erstellung von Dokumenten (Internetseiten), die als Grundlage des World Wide Webs (WWW) dienen, also des Teils des Internets, den Sie mithilfe Ihres Browsers anschauen können. Der HTML-Code wird dabei in sogenannten Tags erfasst. Das Tag <p></p> z. B. führt zur Erzeugung eines Absatzes auf der Webseite (p steht für engl. paragraph = Absatz). Der Betrachter sieht dabei aber nur den zwischen den Tags stehenden Text (Inhalt).

» siehe Browser, Hypertext, World Wide Web

HTTP

> Hypertext Transfer Protocol
> Hypertext-Übertragungsprotokoll

Mit diesem Protokoll werden die Daten im World Wide Web (WWW) übertragen. Das erkennen Sie u. a. an dem Adressanfang, den Sie im Browser eingeben müssen: »http://«.

HTML: Mein erstes HTML-Dokument

Sie möchten auch einmal ein Dokument erstellen, das per Browser gelesen werden kann? Nur zu: Geben Sie den folgenden Text in ein beliebiges Textverarbeitungsprogramm ein, und speichern Sie das Dokument als HTML-Datei (**Speichern unter ▸ HTML**). Öffnen Sie das Dokument anschließend mit Ihrem Lieblingsbrowser, indem Sie diesen starten und das Dokument per Drag and Drop (Ziehen und Fallenlassen) in das Browserfenster schieben. Danach können Sie ja mal per Google oder YouTube auf die Suche nach HTML-Kursen für Einsteiger gehen. Sie werden staunen, was mit der HTML-Sprache so alles möglich ist.

```
<html>
<head>
<title>Meine erste HTML-Seite</title>
</head>
<body>
<p>Das sind meine ersten Gehversuche in
HTML</p>
</body>
</html>
```

HTTPS

Die »sichere« Variante des Hypertext-Protokolls HTTP. Darauf sollten Sie achten, wenn Sie sicherheitskritische Seiten aufrufen, also z. B. Online-Banking betreiben möchten. Hier beginnen die entsprechenden Adressen immer mit *https://*.

» siehe HTTP, Online-Banking

Hub

> »Knotenpunkt/Netzknoten«

Ein Hub ist ein Gerät, mit dessen Hilfe mehrere Computer in einem Netzwerk miteinander verbunden werden, sodass diese dann über den Hub Daten austauschen können. Äußerst beliebt in Anwenderkreisen sind auch USB-Hubs, mit deren Hilfe man die Anzahl der USB-Ports eines PCs vervielfachen kann.

» siehe USB-Hub

» siehe Übersicht »Ports: Die wichtigsten Anschlüsse am PC« auf Seite 292

Hybrid Cloud

> »Hybride Cloud«

» siehe Übersicht »Cloud und Cloud-Speicherdienste« auf Seite 78

Hybridgerät

> Computer-Geräteklasse bzw. Mischform aus zwei Geräten

» siehe Übersicht »Computer & Co. kaufen« auf Seite 84

Hyperlink

> Kurzform: Link

> »Querverweis«, »Verknüpfung«

Eine Verknüpfung in einem HTML-Dokument, die, wenn man sie anklickt, zu einem anderen HTML-Dokument, also einer Internetseite führt. Dadurch kann sehr einfach ein Verweissystem zwischen Dokumenten aufgebaut werden. Läuft die Verknüpfung ins Leere, so spricht man auch von einem »toten Link«.

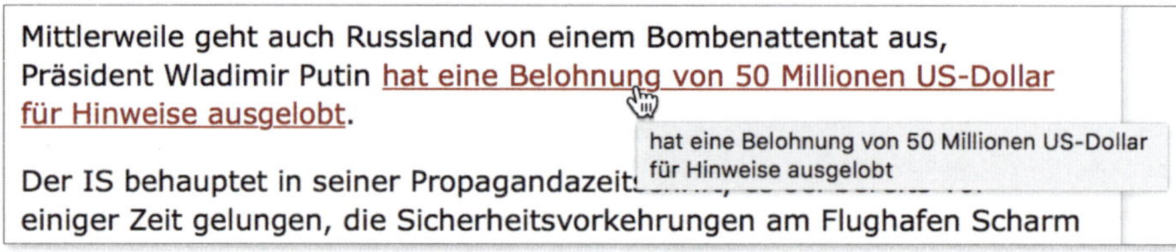

▲ Hyperlink

Musste man früher zur Erstellung von wissenschaftlichen Arbeiten noch ganze Tage in der Bibliothek verbringen, um sich von einem Buch zum anderen zu hangeln, so geschieht dies heute per Mausklick über online verfügbare Hypertext-Dokumente. Ein Link bzw. Hyperlink auf Text wird meist unterstrichen dargestellt. Fahren Sie mit dem Mauszeiger darüber, verwandelt sich dieser in eine Hand. Oft liegt aber auch auf Bildern ein Hyperlink, den Sie anklicken können, etwa um eine Bildergalerie zu starten.

» siehe Hypertext, Verknüpfung

Hypertext

› Querverweisender Text

Eine Textform, die sich durch besondere Vernetzungsmöglichkeiten auszeichnet. Beispiele für das Hypertext-Format sind die Beschreibungssprachen HTML und XML.

» siehe HTML, XML

Hyper-V

Eine Virtualisierungstechnik von Microsoft.

» siehe Virtualisierung

Hz

» siehe Hertz

I

... wie Image – man sollte stets an seinem guten Image arbeiten. Das umso mehr im Computerbereich: Hier sorgt es dafür, dass Sie im Notfall, z. B. nach einem Virenangriff, Ihren PC wiederherstellen können.

IBM

> International Business Machines Corporation

Ein amerikanisches Unternehmen, das als Wegbereiter des PCs gilt. Nicht umsonst sprach man in den 1980er-Jahren vom IBM-PC.

iBooks

> »Ich (und meine) Bücher«

Die Buchabteilung in iTunes von Apple: Hier finden Sie elektronische Bücher, die Sie auf dem Mac, dem iPad und dem iPhone genießen können.

» siehe E-Book, iTunes

iCloud

> »Ich (und meine) Wolke«

Apples Lösung zum Speichern von Daten in der Cloud. Bereits bei der Einrichtung eines Apple-Geräts wird Ihnen Speicherplatz in der iCloud zur Verfügung gestellt. Hier können Sie dann auf einem virtuellen Laufwerk namens iCloud Drive Daten ablegen, Ihre Bilder über Gerätegrenzen hinweg mit der iCloud Photo Library (Foto-Bibliothek) synchron halten und wichtige Passwörter im iCloud-Schlüsselbund speichern.

» siehe Schlüsselbund

» siehe Übersicht »Cloud und Cloud-Speicherdienste« auf Seite 78

Icon

> Kleines Bild

Ein Icon ist ein kleines stilisiertes Bild, welches ein bestimmtes Objekt (z. B. eine App oder ein Programm) symbolisiert. Ein bekanntes Icon in Windows ist der Papierkorb.

» siehe Papierkorb

ICQ

Ein Messenger (Chat-Programm), dessen Abkürzung ICQ wie »I seek You« (»Ich suche Dich«) ausgesprochen wird. ICQ wurde mittlerweile von WhatsApp und Co. abgelöst.

» siehe Chat/Chatten, Instant Messaging/Messenger

ID

> Identifikator

Eine ID ist eine eindeutige Kennung, mit deren Hilfe Sie sich an einem Computersystem anmelden, also z. B. »paul62«. Mit einer ID kann aber auch ein Schlüssel in einer Datenbank gemeint sein, mit dessen Hilfe ein Datensatz identifiziert wird.

» siehe Anmeldebildschirm/Anmelden

IDE

> Integrated Development Environment
> Integrierte Entwicklungsumgebung

» siehe Übersicht »Programmiersprachen – ein Überblick« auf Seite 297

IE

» siehe Internet Explorer

iMac

> »Ich (und mein) Mac«
> Mac = Kurzform von Macintosh

Ein Alles-in-allem-Computer aus dem Hause Apple: Hier sind mittlerweile Monitor und Rechnereinheit in einem schicken schlanken Gehäuse vereint.

» siehe Mac

Image

> Abbild

» siehe Systemabbild

IMAP

> Internet Message Access Protocol
> Internet-Nachrichten-Zugriffs-Protokoll

Per IMAP lassen sich E-Mails bequem auf unterschiedlichen Geräten vorhalten und verwalten. Dabei wird auf dem Mailserver eine Verzeichnisstruktur erstellt, die dann auf allen Geräten, die mit dem E-Mail-Konto verknüpft sind, gleichermaßen erscheint.

» siehe Mailserver

» siehe Übersicht »E-Mail: Konto einrichten und nutzen« auf Seite 133

IMEI

> International Mobile Station Equipment Identity

Eine eindeutige Kennung für Handys und Smartphones, anhand derer diese im Falle eines Diebstahls oder Verlustes identifiziert werden können. Sie finden die IMEI meist in den Einstellungen Ihres Smartphones im Bereich **System ▸ Über das Telefon ▸ Status** oder ähnlich lautend.

iMessage

> »Ich (und meine) Nachricht(en)«

Der eingebaute Messenger-Dienst auf Apple-Geräten. Zur Nutzung von iMessage benötigen Sie eine Apple-ID, die während der Einrichtung des Systems von Ihnen erzeugt bzw. gewählt werden kann.

» siehe Apple-ID, Instant Messaging/Messenger

Immersion

> Eintauchen

» siehe Übersicht »Virtualität« auf Seite 409

Immunisieren/Immunisierung

Auch ein Computer kann sich »erkälten« und funktioniert dann nicht mehr richtig. Das allerdings nicht mit den uns Menschen schädlichen biologischen Viren, sondern mit der digitalen Variante. Um derlei zu verhindern, immunisiert man das gute Stück am besten mit entsprechenden Apps bzw. Programmen, die dem vorbeugen. In diesem Zusammenhang ist etwa das Programm Spybot zu nennen.

» siehe Spybot

IMO

Typisches Akronym, das für engl. »In My Opinion« (»Meiner Meinung nach«) steht. Weitere solcher Abkürzungen, die gerne in der digitalen Kommunikation (vor allem SMS) verwendet werden, finden Sie unter dem Stichwort »Akronym«.

» siehe Akronym

iMovie

> »Ich (und mein) Film/Kino«

Apples Videoschnittprogramm, welches mit jedem Mac-Rechner ausgeliefert wird. Damit können auch Einsteiger erstaunlich schnell ansehnliche Werke erstellen.

◂ iMovie

Import/Importieren

Das Einbringen von Daten, welche in einem Programm erstellt wurden, in ein anderes Programm. Beispiel: Sie haben eine PowerPoint-Präsentation auf einem Windows-System erstellt und möchten diese in Apples Präsentationsprogramm Keynote bearbeiten und darstellen. Dann muss die betreffende PowerPoint-Datei in Keynote importiert werden. Ein anderes Beispiel ist der Import von Outlook-Kontaktdaten in Ihr Google-Konto.

» siehe Exportieren, Google-Konto, Keynote, Microsoft Outlook

Impressum

Ein rechtlicher Stolperstein: Wenn Sie eine eigene Internetseite planen, dann müssen Sie sich im Impressum als Verantwortlicher mit vollem Namen und Ihrer Adresse zu erkennen geben. Das Impressum darf sich von jeglicher Internetseite Ihrer Homepage ausgehend nur einen Klick entfernt befinden.

» siehe Homepage

In-App-Kauf

Ein legaler Trick der Softwarehersteller, um mit scheinbar kostenlosen Programmen bzw. Apps Geld zu verdienen. Die App wird zunächst kostenlos im App Store angeboten und kann von dort aus installiert und benutzt werden. Irgendwann trifft man dann aber auf eine Option, die man nur nutzen kann, wenn man diese innerhalb der App freischalten lässt. Das erfolgt gegen Bezahlung über den entsprechenden App Store. So sind bei einigen Smartphone- bzw. Tablet-Spielen die ersten Level (Niveaus) kostenlos, die spannenderen höheren Level müssen dann aber per In-App-Kauf freigeschaltet werden.

» siehe App Store

In-App-Menü

Kontextabhängiges Menü (abhängig also von dem zuvor ausgewählten Bereich) innerhalb einer App, mit dessen Hilfe diese konfiguriert werden kann bzw. hinter dem sich weitere Funktionen verbergen. Unter Android z. B. erkennt man ein In-App-Menü an drei senkrechten Punkten ❶ bzw. drei waagerechten Strichen ❷.

» siehe Konfigurieren, Menü

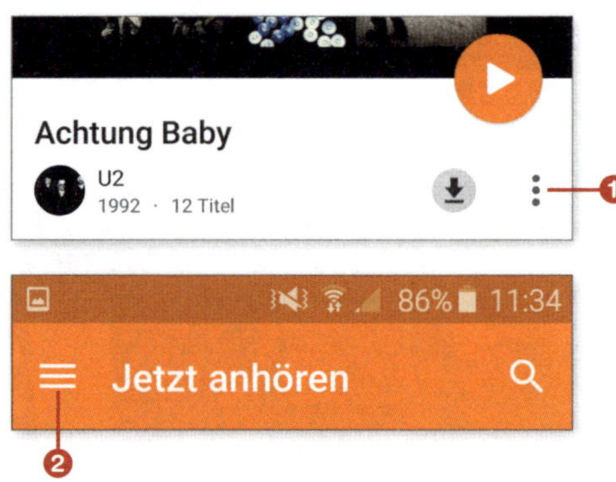

InDesign

Ein Programm von Adobe zur Erstellung von professionellen Druckwerken. InDesign gehört zur Kategorie der DTP-Programme (Desktop-Publishing).

» siehe Desktop-Publishing

Index

Ein Stichwortverzeichnis, das nicht nur beim Verfassen größerer Werke für den Leser nützlich sein kann. Auch Google verwendet einen Index, um bei Suchanfragen schnell auf entsprechende Seiten verweisen zu können.

Infinity-O-Display

> »Unendlichkeits-O-Bildschirm«

Neue Display-Form, die Samsung bei seiner Galaxy-Smartphone-Serie verbaut hat. Beim O-Display findet man innerhalb des Bildschirms eine runde Aussparung für die Frontkamera. Eine andere Variante zur Unterbringung der Frontkamera stellt die Notch dar.

» siehe Notch

Influencer

> als deutsches Lehnwort auch: Influencerin
> Beeinflusser(in)

Eine Person, die sich mit neuen Artikeln (Kosmetik, Bekleidung, Technik) beschäftigt und diese im Internet, vor allem auf YouTube, präsentiert und diejenigen, die ihr dabei regelmäßig zuschauen (Follower), also entsprechend beeinflusst, was wiederum im Interesse verschiedener Hersteller von Produkten ist. Durch das Setzen und Bedienen von Trends kann man also, je nach Einflussgröße, beachtlich viel Geld verdienen.

» siehe Follower, YouTube

Infobereich

Auch unter Windows 10 finden Sie wie schon in früheren Versionen rechts unten in der Taskleiste den Infobereich mit verschiedenen Symbolen (u. a. für die Uhrzeit, Netzverbindung, den Lautsprecher). Neu ist dort ein kleines Sprechblasensymbol ❶ hinzugekommen, mit dessen Hilfe man das sogenannte Info-Center des Betriebssystems öffnet.

» siehe Info-Center, Taskleiste

Info-Center

Im neu unter Windows 10 hinzugekommenen Info-Center (zu öffnen über einen Mausklick auf das Symbol im Infobereich) finden Sie oberhalb der Schnellschaltflächen als Anwender verschiedene Meldungen vor, die vom Betriebssystem, aber auch von Apps bzw. Programmen gesendet werden (siehe die Abbilung auf Seite 192). Ist das Sprechblasensymbol weiß hinterlegt (❶ auf dieser Seite), so gibt es neue Benachrichtigungen für Sie. Auf dem Mac und iPhone z. B. gibt es für diesen übersichtlichen Service schon länger die sogenannte Mitteilungszentrale.

» siehe Benachrichtigung, Infobereich, Mitteilung/Mitteilungszentrale

▲ Info-Center

Informatik

Die Wissenschaft der Verarbeitung von Informationen. Aber anders, als man annehmen möchte: Um Informatik zu betreiben, benötigt man nicht unbedingt einen Computer – oft genügen auch Bleistift und Papier, um Probleme mit informatischen Methoden zu lösen. So ist es z. B. ohne Weiteres möglich, eine beliebige Landkarte mit vier Farben so auszufüllen, dass keine zwei identischen Farben aneinandergrenzen. Den dazu notwendigen Algorithmus liefert die Informatik.

» siehe Algorithmus

Infotainment

> Kunstwort aus Information und Entertainment (Unterhaltung)

Hier wird versucht, trockene Inhalte locker und unterhaltsam zu vermitteln. Ein sehr schönes Beispiel ist die Internetseite *www.wdrmaus.de/extras/mausthemen/digitalisierung/filme/internet.php5* des WDR, auf der das Internet sehr anschaulich erklärt wird.

» siehe Edutainment

Infrarotmaus

Nahezu ausgestorbener Vertreter der Gattung »Computermaus«: Bei der Infrarotmaus wird das Bewegungssignal drahtlos mit Infrarotlicht ähnlich einer TV-Fernbedienung an einen am PC angeschlossenen Infrarotempfänger übermittelt. Nachteil dieser Technik ist, dass sich kein Hindernis zwischen Sender und Empfänger befinden darf – sonst würde der Übertragungsweg gestört. Heute verwendet man in der Regel Bluetooth-Mäuse.

» siehe Bluetooth, Maus

Initialisierungsdatei

Wird ein Programm gestartet, so sucht es während des Starts nach einer Konfigurations- bzw. Initialisierungsdatei, um die Programmoberfläche so einzustellen, wie sie der Nutzer beim letzten Mal verlassen hat. Diesen Vorgang nennt man Initialisierung.

innogy Smart Home

» siehe Übersicht »Smart Home« auf Seite 340

InPrivate-Browsen

Eine Möglichkeit, in Microsofts aktuellem Browser Edge anonym im Internet unterwegs zu sein.

» siehe Anonymer Tab, Browser

Instagram

Ein insbesondere bei der Jugend äußerst beliebter Fotodienst, bei dem man ähnlich wie bei Facebook kurze Statements abgibt, hier aber ausschließlich in Form eines Bildes. Das klassische quadratische Bildformat von Instagram ist ebenso ein Markenzeichen wie eine Vielzahl von Filtern zur Verfremdung der Bilder.

» siehe Facebook

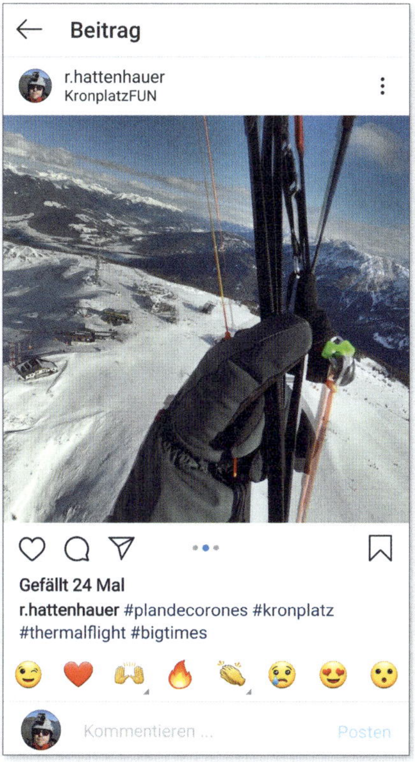

Install

» Installieren

Installieren

> engl. Install

Bevor ein Programm genutzt werden kann, muss es auf dem PC, dem Smartphone oder Tablet installiert werden. Dazu lädt man es entweder aus dem entsprechenden App Store oder führt einen Doppelklick über der Installationsdatei durch. Den Rest erledigt das Betriebssystem.

» siehe Deinstallieren (Uninstall), EXE-Datei

Instant Messaging/Messenger

> Nachrichten-Sofortübermittlung

Der legitime Nachfolger der guten alten SMS: Mit einem Messenger-Programm übermitteln Sie im Handumdrehen Sofortnachrichten an einen Gesprächspartner, der das gleiche Programm nutzt. Das Verfahren nennt man Instant Messaging, die zugehörigen Apps Messenger. Prominente Beispiele für Messenger sind WhatsApp, der Facebook-Messenger oder ICQ. Auch für die verschiedenen Betriebssysteme werden eigene Messenger angeboten: z. B. die FaceTime-App von Apple (für Mac, iPhone und Co.) und Google Duo (für Android-Geräte).

» siehe Facebook, FaceTime, Google Duo, ICQ, SMS, WhatsApp

Intelligenter Netzwechsel

Insbesondere bei aktuellen Smartphones anzutreffen: Stellen Sie sich vor, Sie befinden sich in Ihren eigenen vier Wänden. Dann wäre es doch sinnvoll, wenn

Sie dort per (kostengünstigem) WLAN ins Internet gehen würden (anstatt über das Mobilfunknetz). Ihr Smartphone erkennt das eigenständig und wechselt in diesem Fall intelligent vom Mobilfunknetz ins WLAN.

» siehe Mobilfunknetz, WLAN

Intel

> Integrated Electronics
> Integrierte Elektronik

Amerikanisches Unternehmen, das insbesondere durch seine Prozessoren (Pentium, i3, i5, i7) bekannt ist.

» siehe Intel Pentium Prozessor, Prozessor (CPU)

Intel Pentium Prozessor

Bezeichnung eines Prozessors der Firma Intel. Der Pentium ist mittlerweile zumindest bei den normalen Heim-PCs veraltet und wurde durch die Core-i-Serie (i3, i5, i7) ersetzt.

» siehe Core

» siehe Übersicht »Computer & Co. kaufen« auf Seite 84

Interaktiv

Programme, Spiele, aber auch Videos, die wechselseitig mit dem Benutzer in Verbindung treten und diesen in einen aktiven Dialog einbinden. Beispiel: In einem interaktiven Krimi können Sie durch Anklicken von Schaltflächen bestimmen, welcher Handlungsstrang fortgesetzt werden soll.

Interface

» siehe Schnittstelle

Interner Speicher

Fest im Computer verbauter Speicher

» siehe Arbeitsspeicher (RAM), Externe Festplatte/Externer Speicher

Interne Schnittstelle

Eine Schnittstelle (Interface), die sich im Inneren eines Computers befindet. Ein Beispiel dafür ist der Festplattenanschluss für intern verbaute Festplatten auf dem Mainboard: Der Anwender hat im Gegensatz zum externen USB-Anschluss hier keinen direkten Zugang, es sei denn, er schraubt das Gehäuse auf.

» siehe Hauptplatine (Mainboard)

Internet

> Kurzform von Internetwork
> Internationales Netzwerk

Für so manchen ist es »Neuland«, andere fühlen sich dort heimisch: Das Internet ist ein weltumspannendes Computernetzwerk, ohne das heute fast gar nichts mehr geht. Häufig wird es auch Word Wide Web (WWW) genannt, obwohl dieses nur einen Teilbereich des Internets insgesamt ausmacht, nämlich denjenigen, der aus einer Ansammlung verknüpfter Internetseiten besteht (siehe die Übersicht »Internet: Was ist das eigentlich?« auf Seite 195). Hervorgegangen ist es aus dem Militärprojekt ARPA, welches zu Zeiten des Kalten Krieges angestoßen wurde. Es sollte verhindern, dass die komplette Verteidigung der USA im Falle eines atomaren Volltreffers im damaligen zentralen Rechenzentrum ausgehebelt würde. Stattdessen entwickelte man das ARPA-Net als

Internet: Was ist das eigentlich?

Die meisten Menschen denken, das Internet besteht lediglich aus allen Seiten, die man per Browser erreichen bzw. aufrufen kann. Weit gefehlt! Das Internet ist eine Sammlung unterschiedlicher Dienste und Übertragungsprotokolle. Die Grafik soll etwas Licht ins Dunkel bringen. Begriffe, die Ihnen noch unbekannt sind, schlagen Sie am besten im vorliegenden Lexikon nach.

▲ Die Dienste und Möglichkeiten des Internets

Verteidigungsnetz, das aus mehreren dezentralen Rechnern bestand. Diese grundsätzliche Idee findet man heute auch beim Internet.

Internetadresse

Eine Adresse, die man in die Adresszeile des Browsers eingibt, um eine Internetseite aufzurufen. Diese hat in der Regel die Struktur *http://www.<Name_der_Domäne>.<Kürzel für das Land>*, also beispielsweise *http://www.spiegel.de*.

» siehe Domain

Internetdienstanbieter

> engl. Internet Service Provider, Abkürzung: ISP

Wenn Sie Zugang zum Internet erhalten möchten, dann benötigen Sie einen Anbieter (Provider). In Deutschland sind dies die Telekom, O2, die regionalen Kabelnetze und 1&1, um nur einige wenige der geläufigsten zu nennen. Eine Übersicht der Anbieter finden Sie im Internet unter *providersuche.org*.

» siehe Anbieter (Provider)

Internetbrowser

» siehe Browser

Internetcafé

Nur im weiteren Sinne ein Café – in erster Linie eine Lokalität, in der diverse Computer fest installiert sind, um den Gästen einen günstigen Internetzugang anzubieten.

Internet der Dinge

> engl. Internet of Things, Abkürzung: IoT

» siehe Übersicht »Smart Home« auf Seite 340

Internetdienst

Ein Internetdienst ist eine der vielen Kommunikations- und Datenübertragungsmöglichkeiten, die das Internet zur Verfügung stellt. Beispiele sind der E-Mail-Dienst oder das Telefonieren per Voice over IP (VoIP).

» VoIP

» siehe Übersicht »Internet: Was ist das eigentlich?« auf Seite 195

Internet Explorer

> Abkürzung: IE

Mittlerweile betagter Browser von Microsoft, der bevorzugt in den älteren Windows-Betriebssystemen als Standardbrowser, aber auch noch bei Windows 10 (neben dem aktuellen Browser Edge) zu finden ist. Geben Sie dazu in die Cortana-Suchleiste die Stichworte »internet explorer« ein.

» siehe Cortana, Microsoft Edge

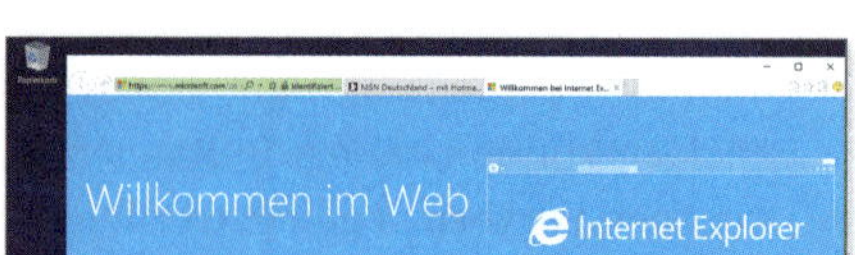

Internetflatrate

» siehe Flat/Flatrate

Internetforum

» siehe Forum

Internetlink

» siehe Hyperlink

Internet of Things

> Abkürzung: IoT

> Internet der Dinge

» siehe Übersicht »Smart Home« auf Seite 340

Internetoptionen

In Microsofts Internet Explorer konfigurieren Sie im Bereich **Internetoptionen** das Verhalten des Browsers, z. B. welche Startseite direkt nach dem Öffnen des Browsers angezeigt werden soll. Sie erreichen die Internetoptionen durch Anklicken des kleinen Zahnrads ❶ oben rechts im Browserfenster. In anderen Browsern, etwa in Mozilla Firefox, finden Sie diese Optionen in einem **Einstellungen** genannten Bereich. Die Schaltflächen, die zu solchen Einstellungsmöglichkeiten generell führen, sind in aller Regel als Zahnrad- oder auch als Menüsymbol (Striche oder Punkte) ganz gut zu identifizieren.

» siehe In-App-Menü

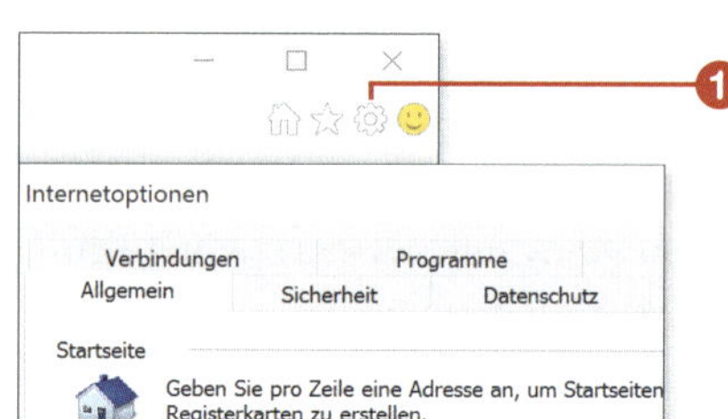

Internetportal

> »Tor zum Internet«
> Kurzform: Portal

Ein Portal kann beispielsweise eine Suchmaschine bzw. -webseite wie Google, Yahoo! oder Bing sein, aber auch T-Online oder GMX bieten auf ihrer Startseite die Möglichkeit, anhand einer Vielzahl von dargebotenen Artikeln in die Tiefen des Internets einzusteigen.

» siehe Suchmaschine (Search Engine)

Internetprovider

» siehe Internetdienstanbieter

Internetradio

Das gute alte Transistorradio hat ausgedient: Heute kommt die Musik digital per Internet zum Endverbraucher. Die meisten Radiosender bieten dazu eigene Streams an, aber auch Spartensender findet man im reichhaltigen Angebot von iTunes, Spotify und Co. Es gibt sogar Radiogeräte, die in der Lage sind, per WLAN-Anbindung alle Internetradiosender in Küche und Wohnzimmer wiedergeben.

» siehe iTunes, Spotify, Streamen/Streaming

Internetseite

» siehe Webseite

Internetstick

> auch Surfstick genannt

Ein Stick, der an den USB-Anschluss Ihres Computers angeschlossen wird und in Verbindung mit einer SIM-Karte eine Internetverbindung über das Mobilfunknetz herstellt.

» siehe SIM-Karte

Internettelefonie

Die Möglichkeit, per Headset und geeignetem Programm (z. B. Skype) mit anderen Personen über das Internet sprechen zu können. Die meisten Telefonanbieter haben ihre Telefonie-Angebote bereits auf VoIP-Verfahren (so nennt man die Internettelefonie in Fachkreisen) umgestellt.

» siehe Headset, Skype, Voice over IP

Internetverbindung

»Bin ich schon drin oder was?« Der legendäre alte Werbespruch von Boris Becker soll darauf hindeuten, dass eine Verbindung mit dem Internet hergestellt wurde. Unter Windows kontrollieren Sie in den *Einstellungen* im Bereich **Netzwerk und Internet**, ob eine derartige Verbindung besteht.

Intranet

Ein lokales Netzwerk, welches sich z. B. in einem Firmenkomplex befindet und auf das angemeldete Mitarbeiter Zugang haben. Hier können dann z. B. Dateien auf internen Servern abgelegt werden.

» siehe LAN, Server

I/O

> Input/Output
> Eingabe/Ausgabe

Alles, was sich um die Eingabe und Ausgabe (von Daten) auf Computersystemen dreht, wird mit dem Kürzel I/O bezeichnet. So verwendet auch Google für seine alljährliche Entwicklerkonferenz die Bezeichnung Google I/O.

iOS

Der kleine Bruder des Apple-Betriebssystems macOS, der auf dem iPhone und dem iPad seinen Dienst verrichtet. iOS kann, historisch betrachtet, als erstes modernes Smartphone-Betriebssystem angesehen werden.

IoT

> Internet of Things
> Internet der Dinge

» siehe Übersicht »Smart Home« auf Seite 340

iPad/iPad mini/iPad Pro

> »Ich (und mein) Notiz-/Schreibblock«

Apples Tablet-Serie hat es geschafft, den Markt auf breiter Front aufzumischen: Nachdem diverse Hersteller in den 2000er-Jahren versucht hatten, Tablet-Computer auf den Markt bzw. an den Mann zu bringen, hat Apple mit dem iPad im Jahr 2010 den großen Wurf gelandet und die Geräteklasse des Tablets quasi neu definiert. Mittlerweile schielen auch Grafikprofis auf das bereits 2015 neu vorgestellte iPad Pro, welches per intelligentem Stift, dem Apple Pencil, bedienbar ist und exzellente Skizzen ermöglicht.

IP-Adresse

> Internet-Protocol-Adresse

Ein Computer wird in einem Netzwerk anhand seiner IP-Adresse identifiziert. Man unterscheidet hier den Adressstandard IPv4 und IPv6. Der bisherige Adressstandard IPv4 hat den Nachteil, dass die verfügbaren Adressen mittlerweile knapp geworden sind. Man kann maximal vier Milliarden definieren, sodass die großen Firmen und Provider mittlerweile zum neuen Standard IPv6 gewechselt sind. Eine IPv4-Adresse besteht aus vier Zahlenkolonnen im Bereich von 0 bis 255. Beispiel: 192.168.1.98. Eine IPv6 Adresse ist 128 Bit lang, ein Beispiel wäre hier 2001:0db8:85a3:08d3:1319:8a2e:0370:7344. Die IPv6-Adressen bestehen aus hexadezimalen Zahlenkolonnen.

» siehe Bit, DHCP, Hexadezimal

iPhone

> »Ich (und mein) Telefon«

Das erste Smartphone von Apple, welches vom Visionär Steve Jobs persönlich auf der Macworld Conference & Expo im Jahr 2007 vorgestellt wurde und eine völlig neue Sicht auf die Kommunikation in den Zeiten des Internets brachte. Viele Hersteller, so auch der damalige Marktführer Nokia, verkannten die Bedeutung des Geräts und gerieten rasch ins Hintertreffen.

iPhoto

> »Ich (und mein) Foto«

iPhoto war ein Bildbearbeitungs- und Organisationsprogramm unter der Betriebssystemversion Mac OS X. Das Programm wurde mittlerweile von der App Fotos abgelöst.

» siehe Fotos-App (iOS, Mac)

iPod

> »Ich (und meine) Kapsel«

Eine weitere Revolution aus dem Hause Apple, die erstmals 2001 auf den Markt kam. Der iPod ist im Prinzip ein Massenspeicher, der mit einer Musikwiedergabemöglichkeit ausgestattet ist. Vor der iPod-Ära nannte man das MP3-Player. Die eigentliche Revolution des Geräts war aber das Ökosystem, an das es angeschlossen wurde: Der iTunes Online-Shop mit Millionen von Musikstücken krempelte die gesamte Musikbranche um und läutete das Ende der Musik-CD ein. Mittlerweile ist der iPod auch als Taschenkino oder mobile Spielekonsole einsetzbar.

» siehe iTunes Store, MP3

IRC

> Internet Relay Chat
> Relay = Übertragung/Vermittlung

Ein Chat-System, das heute in den Zeiten von WhatsApp und Co. nur noch von Experten genutzt wird. Der Vorteil des IRC besteht darin, dass man sich spezielle Kanäle aussuchen kann, in denen sich

Experten zu bestimmten Themengebieten treffen.

» siehe Chat/Chatten

ISDN

> Integrated Services Digital Network
> Dienstintegrierendes digitales Netz

Im Unterschied zu den früheren analogen Telefonanschlüssen ermöglicht das digitale Telefonnetz die Integration auch anderer Dienste (Fernschreibnetz und Teletex zur Übermittlung von Texten). Mit ISDN können Sie sich u. a. schneller ins Internet einwählen als mit einem Telefon-Modem, und es können gleichzeitig mehrere Leitungen an einem Anschluss genutzt werden. Mittlerweile tritt – seit der flächendeckenden Einführung des Breitbandinternets – die ISDN-Telefonie zunehmend in den Hintergrund, da die meisten Telefonanbieter auf Kombianschlüsse setzen, bei denen die Telefonie per Voice over IP über das Internet erfolgt.

» siehe Modem, Voice over IP

ISDN-Modem

Für die ISDN-Telefonie notwendiges Gerät, welches die digital übertragenen Gespräche umwandelt.

» siehe ISDN

ISO

Empfindlichkeitsstufe bei digitalen Kameras. Je höher die ISO-Zahl, desto besser gelingen Aufnahmen bei wenig Licht. Allerdings nimmt bei einer gesteigerten Empfindlichkeit des Bildsensors auch das digitale Rauschen in der Aufnahme zu. Bei Tageslicht haben sich daher ISO-Einstellungen zwischen 125 und 400 bewährt.

» siehe Bildrauschen

ISO-Datei/ISO-Image

Ein ISO-Image ist ein Abbild eines kompletten Dateisystems. Haben Sie dieses auf einer CD oder DVD gespeichert, können Sie mithilfe dieses sogenannten Systemabbilds nicht nur das Betriebssystem (z. B. Windows), sondern auch alle Programme, Ihre Dateien und weitere Einstellungen neu auf Ihren oder auch einen anderen Computer aufspielen und also neu installieren. Voraussetzung für das Erstellen der ISO-Datei auf einem Datenträger (Speichermedium) ist ein geeignetes Brennprogramm.

» siehe Datenträger

ISP

> Internet Service Provider

» siehe Internetdienstanbieter

iStockphoto

Eine Bildagentur, die eine riesige Online-Sammlung von lizenzfreien Fotos zur Verfügung stellt. Lizenzfrei bedeutet allerdings nicht kostenlos: Wenn Sie ein Bild bei iStockphoto erwerben, dann sind die Ansprüche des Rechteinhabers abgegolten, und Sie dürfen es elektronisch oder per Printmedium weiterverbreiten.

IT

> Information Technology
> Informationstechnik

Der englische Sammelbegriff für alles rund um den Computer und die Informatik, der mittlerweile so in aller Munde ist, dass der früher übliche deutsche Begriff EDV im Vergleich weniger vertraut wirkt.

» siehe Informatik

iTAN

> Indizierte TAN-Liste

Ein schon etwas älteres Verfahren, bei welchem die TANs für eine Online-Banking-Aktion einer nummerierten Liste entnommen werden. Sie werden dann vom Banking-Programm beispielsweise aufgefordert, die TAN Nummer 19 aus der Liste herauszusuchen und einzugeben. Neuere Verfahren sind eTAN und mTAN.

» siehe eTAN, mTAN, Online-Banking

iTunes

> »Ich (und meine) Melodien«

Apples Medienzentrale – erhältlich für Windows, macOS und iOS. Hier finden Sie Millionen von Songs, Zigtausende von Filmen, E-Books und Apps für Ihr iPhone. Es gibt mittlerweile wohl kaum einen renommierten Künstler, der neben den klassischen Vertriebswegen per CD und DVD seine Werke nicht auch über iTunes anbietet. Das Programm können Sie kostenlos herunterladen unter *https://www.apple.com/de/itunes/download/*.

iTunes Match

> match = zuordnen/angleichen

Ein geschickter Schachzug von Apple: Per iTunes Match überführen Sie Ihre komplette Musiksammlung in vollwertige, qualitativ hochwertige AAC-Dateien. Das Ganze kostet aktuell 24,99 € im Jahr, wird als Option in iTunes gebucht und funktioniert sogar mit qualitativ minderwertigen Webradio-Mitschnitten.

» AAC

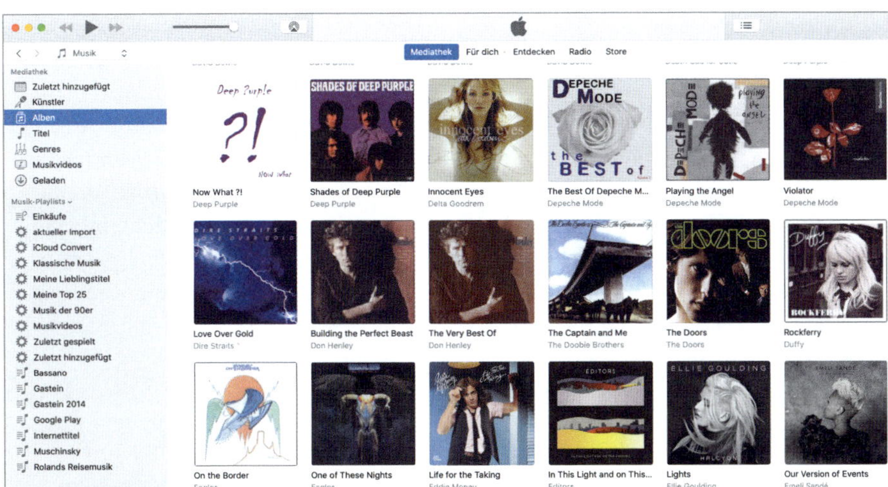

▲ iTunes Store

iTunes Store

> Online-Shop in iTunes

Hier können Sie Musik kaufen und Videos erwerben oder ausleihen.

iWork

> »Ich (und meine) Arbeit«

Frühere Bezeichnung für Apples Bürosoftwarepaket, bestehend aus einer Textverarbeitung (Pages), einer Tabellenkalkulation (Numbers) und einem Präsentationsprogramm (Keynote) für den Mac, das mit Microsoft Office kompatibel ist. Die Programme stehen auch in der iCloud zur Verfügung und können also auch über das Internet genutzt werden.

» siehe iCloud, Microsoft Office/Office Mobile

I

J

... wie Joker – wie beim Kartenspiel eine willkommene Option, um etwas abzukürzen oder zu ersetzen.

Jailbreak

> »Gefängnisausbruch«

Eine Möglichkeit, die totale Kontrolle über ein iPhone zu erhalten: Per Jailbreak hebeln Hacker die Sicherheitsmechanismen von iOS aus und können dadurch sämtliche Dateien manipulieren.

» siehe Hacker, iOS, iPhone

Java

Java ist eine Programmiersprache der Firma Sun Microsystems (mittlerweile im Besitz von Oracle) für verschiedene Programme (z. B. die sogenannten Java-Applets), die entweder direkt auf dem Computer oder in einem Webbrowser, d. h. im Internet, laufen können. Diese Applets werden dann direkt auf der Benutzerseite (dem sogenannten Client) ausgeführt, zum Server müssen dabei keine Daten gesendet werden. Das Besondere an Java ist, dass es auf unterschiedlichen Betriebssystemen wie Windows, macOS, Linux etc. funktioniert. Um Java nutzen zu können, müssen Sie die sogenannte Java-Laufzeitumgebung (Java Runtime Environment) unter *http://www.java.com* herunterladen und installieren. Die Sicherheitsvorkehrungen zur Ausführung von Java-Applets in einem Browser sind mittlerweile sehr restriktiv, da Java auf einem PC ein potenzielles Sicherheitsrisiko darstellt.

» siehe Client, Server

» siehe Übersicht »Programmiersprachen – ein Überblick« auf Seite 297

JavaScript

JavaScript ist eine Programmiersprache für kleine Programme, die vor allem auf Webseiten ausgeführt wird. Mit der Programmiersprache Java hat JavaScript fast nur den Namen gemein. JavaScript ist eine Skriptsprache, was bedeutet, dass die Programmquelltexte nicht extra von einem sogenannten Compiler übersetzt werden müssen, sondern sofort laufen. Typische Funktionen von JavaScript auf Webseiten sind z. B. die Prüfung, ob Sie ein Formularfeld auf einer Buchungsseite im Internet korrekt ausgefüllt haben, oder das Unterbreiten von Vorschlägen für alternative Suchbegriffe. Auch die Anzeige von Werbebannern lässt sich mit JavaScript realisieren.

» siehe Banner, Compiler, Skriptsprache

Joker

Als Joker werden Platzhalter für andere Zeichen bezeichnet. Ein anderer Name hierfür ist Wildcard. Bekannte Joker sind die Zeichen *, ?, % und #. Die folgende Tabelle gibt Aufschluss über die Funktion und Verwendung von Jokerzeichen.

Zeichen	Bedeutung	Beispiel
?	Ersetzt genau ein Zeichen.	Fr?gezeichen
*	Ersetzt mehrere Zeichen.	Datei.*
#	nummerischer Wert	X#
%	beliebige Zeichenfolge in SQL	Informa%

Joomla

Joomla ist ein sogenanntes Content-Management-System (CMS), mit dem Webseiten verwaltet und dargestellt werden können.

» siehe CMS

Joypad

> Joy = Freude

Ein Joypad ist ein Gerät zum Steuern von Spielekonsolen. Es wird üblicherweise mit beiden Händen gehalten und hat mehrere Tasten, über die man in der Regel seine Spielfigur beim Bewegen oder beim Abschießen von Waffen steuert.

» siehe Gamepad

Joystick

> Stick = Steuerknüppel

Ein Joystick ist ein Gerät zum Steuern von Spielekonsolen, das aus einem Hebel besteht, der in alle Richtungen bewegt werden kann. In der Regel wird der Joystick bei Autorennen- oder Flugsimulator-Spielen verwendet.

JPEG/JPG

> Joint Photographic Experts Group

JPEG ist ein Dateiformat für digitale Bilder. JPEG wird häufig verwendet, da es sehr viele Farben darstellen kann, gleichzeitig aber relativ wenig Speicherplatz braucht. Nahezu alle Digitalkameras können ihre Fotos im JPEG-Format abspeichern. Zudem lässt sich das Bildformat auf jedem Webbrowser, also im Internet darstellen.

» siehe Bilddateiformate

Jump-and-Run-Spiele

> »Spring-und Laufspiele«

Ziel ist es, mit einer Spielfigur durch einen Parcours zu laufen bzw. zu springen und dabei eventuell auch Gegenstände einzusammeln. Ein klassisches Jump-and-Run-Spiel ist »Tomb Raider« mit Lara Croft, das auch (mit Angelina Jolie in der Hauptrolle) verfilmt worden ist.

Jumplist

» siehe Sprungliste

Junk-E-Mail

Als Junk-E-Mail (kurz Junkmail) oder auch als Spam bezeichnet man eine E-Mail, die unverlangt verschickt wurde und meistens Werbung enthält. Die meisten E-Mail-Anbieter (z. B. GMX, Web.de) verwenden umfangreiche Filter, um Junk-E-Mails schon auszusortieren, bevor sie den Benutzer erreichen.

» siehe Spam/Spamfilter

K

… wie Kaltstart – den verträgt Ihr PC ebenso wenig wie Ihr Auto, ist aber oft die letzte Option, um den digitalen Freund wieder zum Leben zu erwecken.

Kabel

Auch wenn es mittlerweile flächendeckend drahtlose Internetzugänge gibt – auf Kabel kann man beim PC nur schlecht verzichten, sei es zum Anschluss einer externen Festplatte oder für den direkten Anschluss des PCs an einen Router.

» siehe Netzkabel, Router

Kachel

So nennt man die mit Windows 8 neu eingeführte Optik der Apps (Programme) auf der Oberfläche des Betriebssystems. Damit wollte man das Aussehen der Programme an Apps anpassen, die auf einem Smartphone oder Tablet per Fingergesten bedient werden. Im neuen Startmenü von Windows 10 finden Sie nun links eine Liste mit Apps bzw. Programmen und rechts einige dieser Apps in Kachel-Gestalt vor, während die Kacheln im sogenannten Tabletmodus den gesamten Bildschirm einnehmen. Kacheln können Sie per Kontextmenü (rechter Mausklick auf die Kachel) in der Größe verändern und darüber hinaus frei auf der Oberfläche verschieben. Standard-Apps von Windows und damit auch die dazugehörigen Kacheln lassen sich im Unterschied zu Programmen, die Sie dort selbst über **An "Start" anheften** als Kachel hinzugefügt haben, nicht von der Oberfläche entfernen. Eine Kachel selbst hat zweierlei Funktionen: Einerseits dient sie dem Start des damit verknüpften Programms, andererseits werden durch sie Informationen des Programms dargestellt, beispielsweise die Wetterdaten. In diesem Fall spricht man von einer Live-Kachel.

» siehe Live-Kachel/Live-Vorschau, Startmenü, Tabletmodus, Verknüpfung

» siehe Übersicht »Fingerbedienung/-eingabe: Die wichtigsten Gesten am Smartphone und Tablet« auf Seite 150

Kalender

In den Zeiten der Cloud wird er mittlerweile in elektronischer Form realisiert: der gute alte Terminkalender. Dieser ist mit einem Konto, z. B. bei Google oder Microsoft, verknüpft. Auf dieses Konto kann man dann sowohl per Smartphone oder Tablet als auch auf dem PC zugreifen und die in den damit verbundenen Kalender eingetragenen Termine systemübergreifend synchronisieren.

» siehe Cloud (Computing)

Kaltstart

Darunter ist zunächst ganz generell das Starten eines zuvor ausgeschalteten Computers gemeint. Im spezielleren Sinn erlaubt der Begriff, einen Vorgang zu kennzeichnen, der vom sogenannten Warmstart unterschieden wird: Wenn man also einen Computer, der etwa im laufenden Betrieb Probleme bereitet, kurz komplett ausschaltet, einen Augenblick abwartet und danach wieder einschaltet, so bezeichnet man dies als einen Kaltstart, da dabei die Bauelemente zumindest kurzfristig vom Strom getrennt werden und man ihnen die Chance gibt, »kalt« zu werden. Das Ausschalten eines Rechners, ohne ihn sauber herunterzufahren, kann manchmal die letzte Lösung sein, wenn das Betriebssystem nicht mehr reagiert. Sowohl beim PC als auch beim Smartphone wird ein Kaltstart durch längeres (d. h. mehr als 3 Sekunden) Drücken des Ein-/Aus-Schalters eingeleitet.

» siehe Herunterfahren (Shut down), Warmstart

Kamera

Als Einzelgerät eine aussterbende Spezies: Die meisten Menschen fertigen ihre Urlaubserinnerungen mittlerweile mit der im Smartphone eingebauten Kamera an. Fast nur noch Profis greifen heute auf digitale Spiegelreflexkameras oder sogenannte Bridge-Kameras zurück, die infolge ihrer exzellenten wechselbaren Optik qualitativ die Nase vorn haben. In der Auflösung sind aktuelle DSLR-Kameras heute bereits im Auflösungsbereich des als Königsklasse geltenden analogen Kleinbildformats angekommen.

» siehe Auflösung, Digitalkamera

Kamera-App

Eine App auf dem Smartphone oder Tablet, die auf den integrierten Kamerachip zugreift und das Anfertigen von Bildern

Kamera-App: die wichtigsten Funktionen

Die folgende Abbildung zeigt einige Elemente, die man bei nahezu jeder Kamera-App vorfindet:

1. Auslöser
2. Videomodus
3. Wechsel zwischen Haupt- und Frontkamera
4. Modus-Schaltfläche
5. Vorschaubild der letzten Aufnahme
6. Blitz-LED (hier deaktiviert)
7. Einstellungen
8. HDR-Modus (Kontrastabgleich)

und Videos ermöglicht. In punkto Bedienung kocht hier jeder Hersteller sein eigenes Süppchen. Die grundlegenden Elemente wie z. B. Auslöser oder Blitzfunktion findet man jedoch bei jeder App leicht wieder (siehe dazu die Übersicht »Kamera-App: die wichtigsten Funktionen« oben).

Kapazität

Ganz allgemein ein Maß für die Fähigkeit, etwas zu speichern. Das kann die Menge der elektrischen Energie sein, die in einem Akku gespeichert ist, aber auch die Menge Speicherplatz, die auf einer Festplatte zur Verfügung steht.

Karte

Ein mehrdeutiger Begriff: Im geografischen Bereich die Abbildung eines Gebiets der Erde. Hier greift man am PC gern auf Googles Software Maps zurück. Andererseits gibt es im Computer- bzw. Smartphone-Bereich Hardwareelemente, die man Karten nennt. Beispiele sind hier SIM-Karten für Telefone oder Erweiterungskarten für den PC.

» siehe Google Maps, Maps (App), SIM-Karte

Kartenleser

> engl. Card Reader

In dieses Gerät, auch Speicherkartenlesegerät genannt, stecken Sie eine entsprechende Karte, auf der Ihre Mediendateien gespeichert sind (z. B. Fotos auf einer SD-Karte in Ihrer Digitalkamera) und schließen anschließend den Kartenleser mit dieser Karte an den Computer an, um die Dateien zu übertragen.

» siehe SD-Karte

Kartenslot

» siehe Slot

Kaufen im Internet

» siehe Online-Shop/Online-Shopping

kb/kbit/kBit

> Kilobit

Obereinheit von Bit: Ein Kilobit sind 1.000 Bit.

» siehe Bit

kB/KB/KByte

> Kilobyte

Kennwort

> engl. Password
> synonym mit Passwort verwendet

Immer wenn Sie irgendwo ein Konto anlegen, benötigen Sie zur Anmeldung neben Ihrem Benutzernamen auch ein Kennwort. Dieses sollte idealerweise aus Großbuchstaben, Kleinbuchstaben, Zahlen und Sonderzeichen bestehen, also z. B. »V!erFar8en«.

» siehe Benutzerkonto (Account)

Kernel

Der zentrale Softwarebereich (Kern) eines Betriebssystems. Der Kernel des Betriebssystems Linux umfasst über 20 Millionen Zeilen Quellcode.

» siehe Quellcode/Quelltext

Keyboard

» Tastatur

Keylogger

> »Tasten-Sammler«

Ein Spionageprogramm, das ohne Wissen des Benutzers auf dem Computersystem installiert wurde und heimlich alle Tastatureingaben aufzeichnet. Dadurch gelangen Hacker an sensible Informationen wie beispielsweise Passwörter.

» siehe Hacker

Keynote

> »Grundsatz/Hauptgedanke«

Ein zentraler Vortrag, auf dem eine wichtige Neuerung thematisiert wird. Legendär waren die Keynotes, bei denen Steve Jobs, der ehemalige Chef von Apple, neue Produkte vorstellte. Apples Präsentationsprogramm aus der früher als iWorks bezeichneten Bürosoftware heißt ebenfalls Keynote.

KI

> Künstliche Intelligenz

» siehe Übersicht »Künstliche Intelligenz« auf Seite 218

Kies

Software von Samsung, die der Synchronisation und Sicherung von Samsung-Smartphones via PC oder Mac dient. Bei moderneren Geräten wurde Kies mittlerweile von der Software Smart Switch abgelöst.

Kilobyte

> Abkürzung: kB/KB/KByte

Obereinheit von Byte: Ein Kilobyte sind 1.000 Byte.

» siehe Bit

Kindle (Reader)

Ein Gerät bzw. eine spezielle Software zum Lesen elektronischer Bücher. Das Lesegerät und die Software bieten Zugriff auf Millionen von Büchern, die Amazon im Kindle-Shop im Angebot hat.

» E-Book-Reader

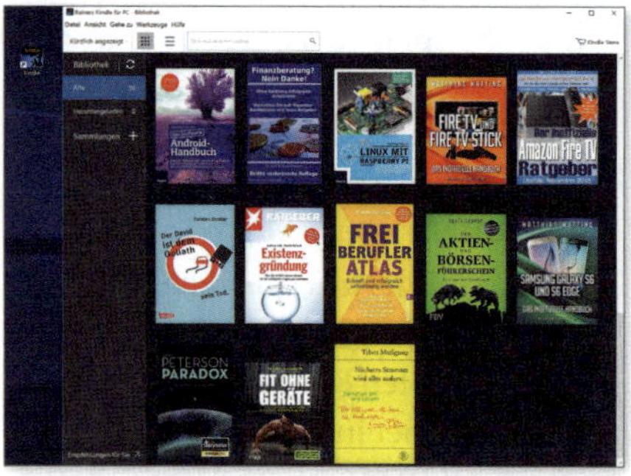

Kindersicherung

Alle modernen Betriebssysteme verfügen über eine Möglichkeit, den PC für eine kindgerechte Nutzung zu konfigurieren. Dazu gehört die Einschränkung des Browsers im Hinblick auf die Webseiten, die das betreffende Kind aufrufen kann. Aber auch die Zeiten, in denen das Kind den Computer benutzen kann, lassen sich anpassen. Besonders komfortabel geht das unter macOS.

» siehe Übersicht »Benutzerkonto: unter Windows 10 anlegen« auf Seite 44

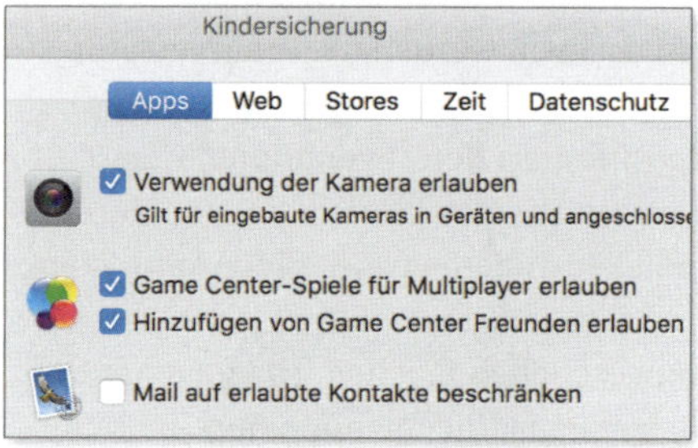

Kippschalter

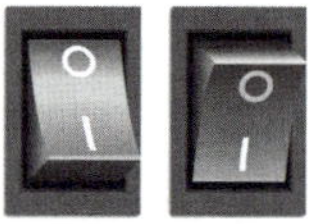

Ein Schalter, der zwei mögliche Positionen besitzt. Bei vielen PCs befindet sich ein solcher Schalter in der Nähe des Netzteils bzw. direkt am Netzteil. An Laptops finden Sie dagegen den üblichen flachen Power-Schalter.

» siehe Netzteil, Power-Schalter

KitKat

Eine beliebte, wenn auch mittlerweile veraltete Version des Smartphone-Betriebssystems Android. KitKat trägt intern die Versionsnummer 4.4.

» siehe Android

Klammeraffe

> umgangssprachlich für das Zeichen @

» siehe @ auf Seite 454

Klicken

Neben dem Hin- und Herschieben der Computermaus, bei dem man den Mauszeiger auf dem Bildschirm bewegt, ist das Klicken eine Standardaktion, die man mit einer Computermaus durchführt. Durch Anklicken von Schaltflächen oder anderen Objekten auf dem Bildschirm werden diese ausgewählt, das Klicken in einem Textdokument positioniert den sogenannten Cursor an der gewünschten Stelle, und durch Klicken auf eine freie Fläche kann man so manche (ungewollte) Auswahl wieder ungeschehen machen. Die folgende Übersicht »Klicken mit einer Computermaus« zeigt, auf welche verschiedenen Arten man dabei klicken kann.

» siehe Einfügemarke (Cursor), Mausklick, Mauszeiger

Klicken mit einer Computermaus	
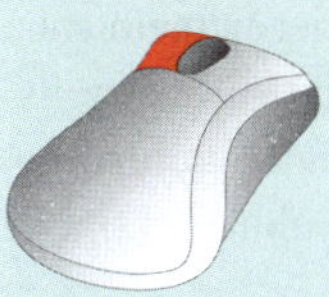	Linker Mausklick: Wählt ein Element aus oder startet in Verbindung mit einer Schaltfläche eine Aktion.
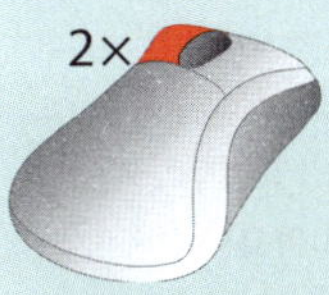	Doppelklick (nur links möglich): Startet ein Programm oder öffnet eine Datei mit dem ihr zugeordneten Programm.
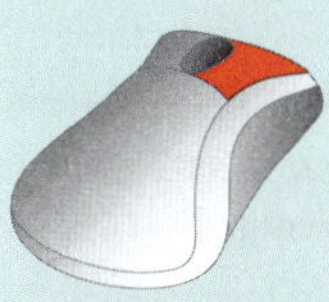	Rechter Mausklick: Öffnet das Kontextmenü zu einer Datei. Hier finden Sie dann weitere Befehle in Abhängigkeit von der Art der Datei.

Klickgeschwindigkeit

Anfänger tun sich besonders dabei schwer: bei einem Doppelklick mit der Maus, der bisweilen zum Starten von Programmen notwendig ist. Die linke Maustaste muss dabei in rascher Folge zweimal hintereinander betätigt werden. Sollten Ihnen das schwerfallen, dann können Sie in Windows 10 die **Doppelklickgeschwindigkeit** anpassen unter **Einstellungen ▸ Geräte ▸ Maus und Touchpad ▸ Weitere Mausoptionen**.

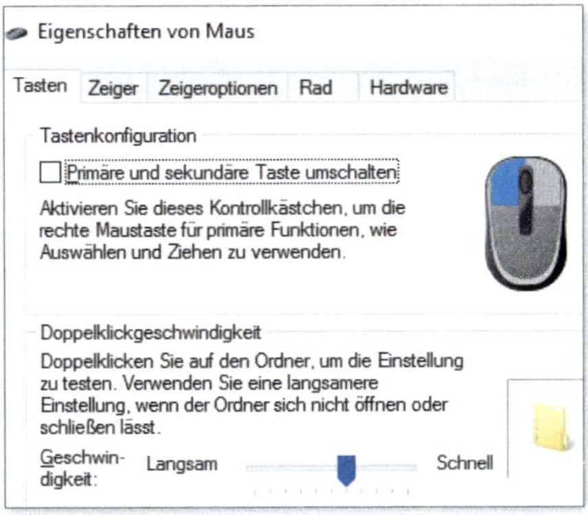

Klingelton

Ja, ich geb's zu: Auch ich habe auf meinem Smartphone einen mehr oder weniger individuellen Klingelton. Diese findet man im Internet in Hülle und Fülle, und sie sind in der Regel auch kostenlos. Um ein Musikstück auf Ihr Smartphone zu befördern, suchen Sie danach einfach per Google oder in einer Musikbibliothek wie iTunes und kopieren den Titel per USB-Kabel in das Klingelton-Verzeichnis »Ringtones« auf Ihrem Smartphone.

» siehe iTunes

Klinkenstecker

> meist gleichbedeutend mit engl. Cinch (Stecker) verwendet

Damit werden beispielsweise Lautsprecher mit Ihrem PC oder Ihrer HiFi-Anlage verbunden.

» siehe Übersicht »Ports: Die wichtigsten Anschlüsse am PC« auf Seite 292

Kombinierte Ansicht

In der kombinierten Ansicht werden in einem E-Mail-Programm mehrere Mailkonten gemeinsam dargestellt. So erscheinen neu eigehende E-Mails stets im Ordner »Posteingang«, was die Übersichtlichkeit deutlich erhöht.

» siehe E-Mail

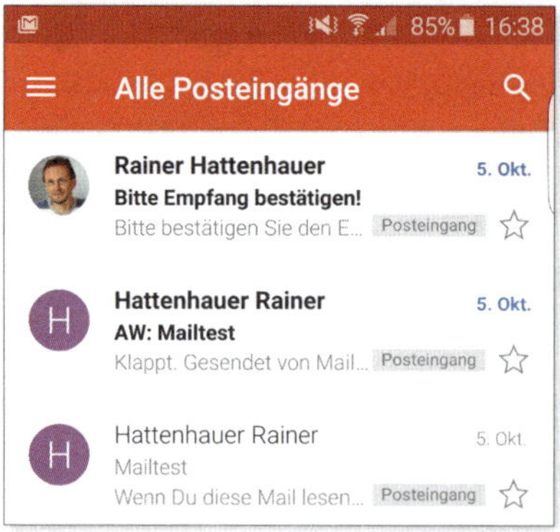

Kommandozeile

Damit ist ein spezieller Eingabebereich gemeint, mit dem ein Programm (eine Software) vom Benutzer gesteuert wird. Die Kommandozeile wird häufig auch Befehlszeile genannt und synonym mit Konsole und Terminal verwendet. In Windows 10 heißt die Kommandozeile Eingabeaufforderung.

» siehe Befehl, Eingabeaufforderung, Konsole, Terminal

Kompatibel/Kompatibilität

Bedeutet im eigentlichen Sinn »passend«: Wenn Sie beispielsweise versuchen, ein topaktuelles Smartphone mit einem USB-C-Anschluss mithilfe eines alten USB-Kabels an den PC anzuschließen, so wird das nicht funktionieren, da die Stecker nicht kompatibel sind. Auch beim Wechsel zu einer höheren Version eines Betriebssystems kann es passieren, dass bestimmte Programme dort nicht mehr laufen, weil sie mit den neuen Systemanforderungen nicht kompatibel sind.

Komponente

Ein bestimmtes Bauteil an einem PC, z. B. eine Grafikkarte, der Prozessor oder die Festplatte.

» siehe Festplatte, Grafikkarte, Prozessor (CPU)

Komprimieren

Darunter versteht man das Reduzieren von Datenmengen, ohne dass die damit verbundenen Informationen selbst verloren gehen. Kompressionsverfahren werden bei Texten, Bildern, Videos und Musikstücken angewendet.

» siehe AC3, Bilddateiformate, ZIP/Zippen

Komprimieren: Wie geht das?

Stellen Sie sich vor, Sie müssen die Zeichenkette AAAAABBBBBBCCC komprimieren, ohne dass Informationen verloren gehen sollen. Dann könnte man z. B. den folgenden Code wählen: A5B6C3. Die Ziffern stehen hier für die Häufigkeit des Vorkommens. Dadurch wurde die Datenmenge von 14 Zeichen auf gerade einmal 6 Zeichen reduziert, die Information bleibt erhalten. Bei Bildern funktioniert das ganz ähnlich: Hier werden gleichfarbige, benachbarte Pixel gezählt, sodass nicht sämtliche Pixel mit allen Farbinformationen gespeichert werden müssen.

Konferenz(schaltung)

Eine Kommunikation via Telefon oder Internet, an der mehrere Teilnehmer beteiligt sind. So können Sie beispielsweise bei Microsoft Skype oder Google Duo ein virtuelles Treffen arrangieren, an dem eine größere Anzahl von Freunden teilnimmt.

» siehe Telefonkonferenz, Videokonferenz

Konfigurieren

Manche Programme müssen vor dem ersten Start zunächst einmal konfiguriert, d. h. eingerichtet werden. Videokonferenzsoftware wird mit der angeschlossenen Hardware wie z. B. Kamera oder Mikrofon bekannt gemacht, und die Bild- und Tonübertragung wird getestet. Auch wenn Sie bestimmte Einstellungen des Computers Ihren Bedürfnissen anpassen, z. B. ein anderes Hintergrundbild wählen, die Uhrzeit verändern oder ein Konto für einen Benutzer anlegen, spricht man von Konfigurieren.

» siehe Standardkonfiguration

Konsole

Meist wird dieser Ausdruck verwendet im Zusammenhang mit speziell für einen bestimmten Zweck ausgelegten Computern, also z. B. Spielekonsolen. Hier trifft man dann auf Geräte wie die Sony PlayStation, die Xbox von Microsoft (siehe Abbildung) oder Nintendos Wii. Darunter versteht man zweitens ein Benutzerendgerät, das auch als Terminal bekannt ist. Die sogenannte Befehlszeile unter dem Betriebssystem Linux (in anderen Systemen auch Kommandozeile genannt) wird dabei im engeren Sinne als Konsole bezeichnet. Unter Windows heißt diese Eingabeaufforderung.

» siehe Eingabeaufforderung, Gamepad, Kommandozeile, Terminal

Kontakte

Früher nannte man es Adressbuch: Im Kontakteverzeichnis Ihres PC- oder Smartphone-Betriebssystems werden die Daten Ihrer Freunde und Geschäftspartner gespeichert. Zur Verwaltung nutzt man eine spezielle App (siehe Seite 214).

▲ Kontakte

Kontaktfoto

Ein kleines Bild für einen Kontakt in der Kontakte-App, das es leicht ermöglicht, den entsprechenden Kommunikationspartner bei einem Anruf oder einer Chat-Anfrage sofort zu erkennen.

Kontaktloses Bezahlen

» siehe Übersicht »Bezahlen – online und mobil mit dem Smartphone« auf Seite 47

Kontextmenü

Ein Menü, das abhängig von einer bestimmten Vorauswahl oder Ausgangslage in einem Betriebssystem oder einem Programm erscheint. Unter Windows öffnen Sie das Kontextmenü zu einem Element (z. B. einem Ordner oder einer Datei im Explorer) auf der Oberfläche, indem Sie einen rechten Mausklick darüber ausführen. Hier finden Sie dann etwa Befehle zum Öffnen, Kopieren, Löschen oder Umbenennen einer Datei bzw. des Verzeichnisses. Je nach Zusammenhang (Kontext) variiert hier aber, wie gesagt, die Auswahl für mögliche Befehle.

» siehe Übersicht »Klicken mit einer Computermaus« auf Seite 211

Konto (hinzufügen)

Bei Online-Diensten jeglicher Art, also z. B. Google oder Microsoft, ist es erforderlich, ein Konto anzulegen, mit dessen Hilfe man dann in den Genuss aller Funktionen des Dienstes kommt. Am bequemsten geht das im Browser Ihres PCs: Begeben Sie sich auf die Internetseite des Anbieters, und suchen Sie dort nach einer Möglichkeit, ein Konto zu erstellen. Ein Assistent führt Sie durch die Einrichtung des Kontos, bei der Sie wie in der Abbildung auf Seite 215 Ihre

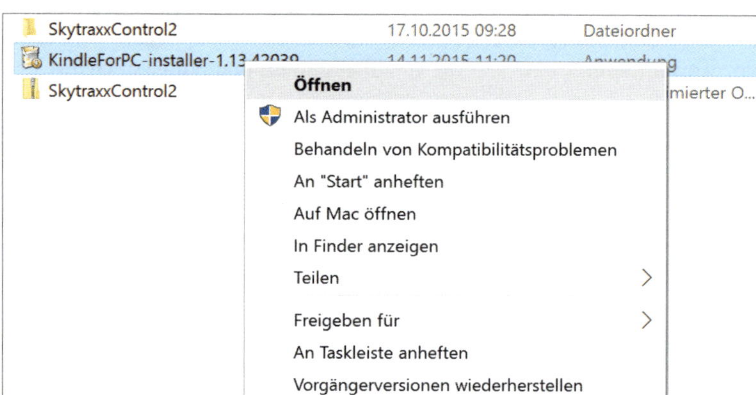

Daten in ein Formular eintragen und ein Passwort (Kennwort) für Ihr zukünftiges Konto festlegen, damit nur Sie Zugriff darauf haben.

» siehe Kennwort (Password)

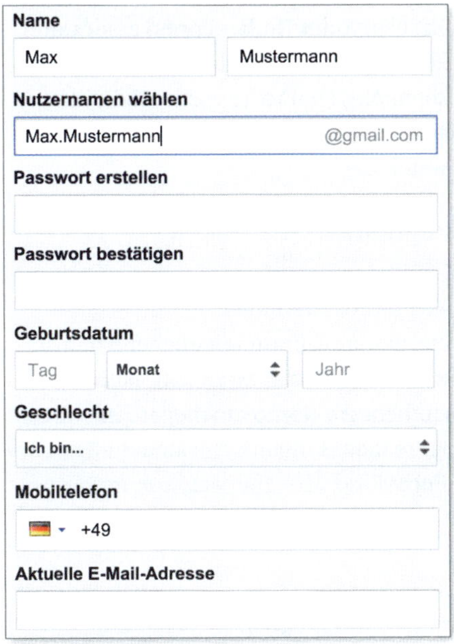

Kontrast

Ein Maß dafür, wie gut der Unterschied zwischen reinem Schwarz und reinem Weiß auf einem Monitor oder Smartphone-Display dargestellt wird. Ein schlechtes Kontrastverhältnis hat beispielsweise ein einfacher Beamer mit 500:1, während es ein Plasma-TV auf 1.000.000:1 bringen kann.

Kontrollkästchen

Eine Schaltfläche, die man innerhalb eines Menüs (mit einem Mausklick) aktivieren oder deaktivieren kann, um bestimmte Funktionen in einem Programm zu erhalten. Die jeweils aktivierten Kontrollkästchen werden dann oft mit einem Häkchen als Symbol versehen. Kontrollkästchen können im Unterschied zu einer Optionsschaltfläche häufig auch mehrfach ausgewählt werden.

» siehe Optionsfeld/-schaltfläche (Radiobutton)

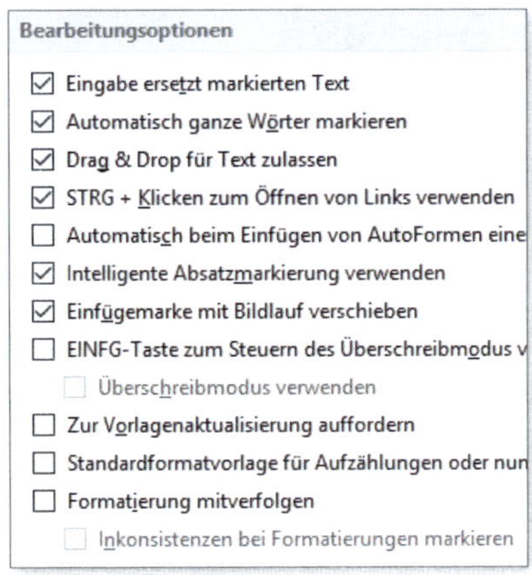

Kontrollzentrum

Eine zentrale Stelle, um bestimmte Eigenschaften auf einem PC oder einem Smartphone zu konfigurieren bzw. den eigenen Wünschen entsprechend anzupassen. Beim iPhone (siehe die Abbildung auf Seite 216) öffnen Sie das Kontrollzentrum, indem Sie mit einer sogenannten Geste vom unteren Bildschirmrand nach oben wischen.

» siehe Fingerbedienung/-eingabe

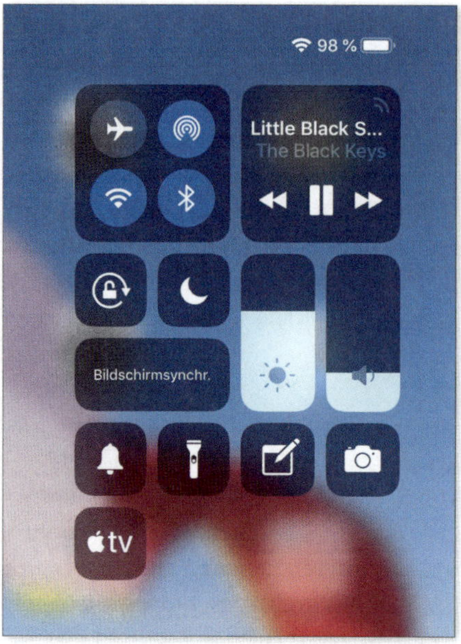

▲ Kontrollzentrum

Konversation

Ein Gesprächsverlauf innerhalb einer Chat-, Mail- oder SMS-App. Dort werden hin- und herwechselnde Nachrichten in einem einzigen Verlauf dargestellt. Dieser wird in Fachkreisen auch Thread genannt.

» siehe Chat/Chatten

Konvertieren

Bezeichnet allgemein die Umwandlung von Daten. Beispiel: Sie möchten Lieder, die sich auf einer CD befinden, auf Ihrem Smartphone wiedergeben. Dann müssen Sie die Titel der CD mit einem geeigneten Programm (z. B. iTunes) auslesen und diese in MP3- oder AAC-Dateien konvertieren. Das erledigt iTunes sogar automatisch für Sie.

» siehe AAC, iTunes, MP3

Kopfhörer

Ein kleines Paar Lautsprecher, das man sich mit einem Bügel auf den Kopf setzt, um die Umgebung mit dem eigenen Musikgeschmack zu verschonen. In der einfachen Variante auch als kleine Stöpsel realisiert, die man sich in die Ohren steckt.

» siehe Headset

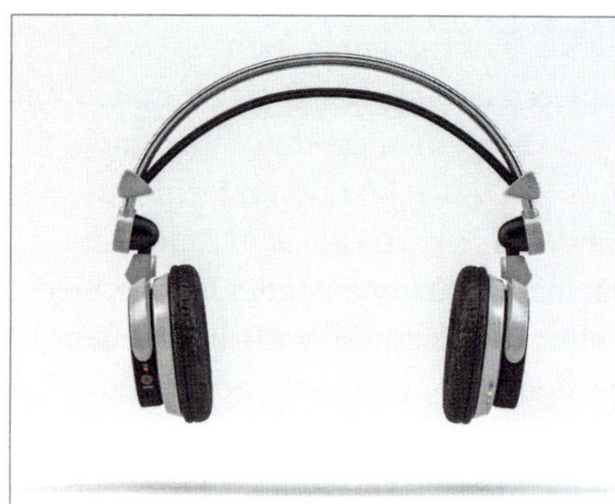

Kopfzeile

Der obere Bereich in einem Textverarbeitungsdokument, in welchem man z. B. die Seitenzahlen oder einen Text, der auf

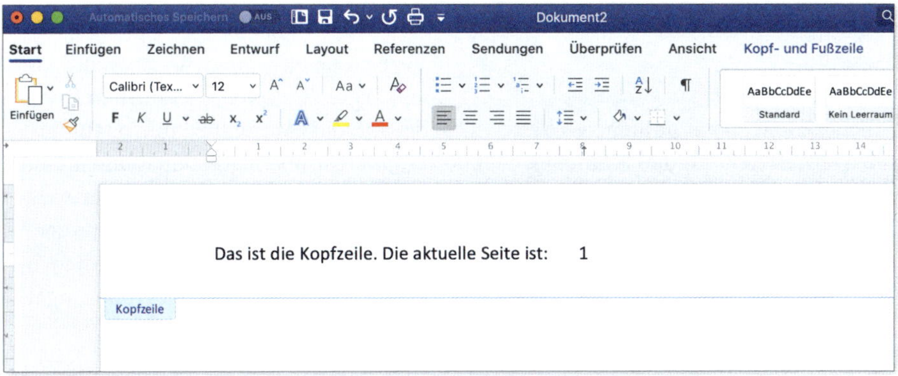

jeder Seite erscheinen soll, unterbringt. Der untere Bereich heißt entsprechend Fußzeile.

» siehe Fußzeile

Kopieren und Einfügen

> engl. Copy and Paste

Der Stoff, aus dem so manche Doktorarbeiten sind: Text (oder auch ein Bild oder eine Datei) per Maus markieren, mit der Tastenkombination Strg + C kopieren und mit der Tastenkombination Strg + V in ein anderes Dokument einfügen. Auch im Kontextmenü, das Sie mit einem rechten Mausklick auf eine Datei im Explorer aufrufen, finden Sie die Befehle **Kopieren** und anschließend **Einfügen**.

Kopiergeschützt/Kopierschutz

Wenn Sie selbst Urheber einer digitalen Leistung (eines Bildes, Videos oder Musikstücks) sind, dann haben Sie sicher etwas dagegen, wenn jeder so mir nichts, dir nichts Ihre Arbeit kopiert und kostenlos unters Volk bringt. Damit das nicht geschehen kann, gibt es eine Vielzahl von Software-, aber auch Hardwaremechanismen, um digitale Werke vor dem unberechtigten Kopieren zu schützen. Bei E-Books und Musik gibt es beispielsweise das DRM (Digital Rights Management), um zu verhindern, dass einmal käuflich erworbene Musik oder E-Books beliebig verteilt werden können.

» siehe DRM

Korrektur

» siehe Rechtschreibprüfung

Kryptografie

» Übersicht »Bitcoin – das digitale Gold« auf Seite 59

Kryptowährung

» siehe Übersicht »Bitcoin – das digitale Gold« auf Seite 59

Künstliche Intelligenz

> engl. Artificial Intelligence, Abkürzung: KI

» siehe Übersicht »Künstliche Intelligenz« auf Seite 218

Künstliche Intelligenz

- Abkürzung: KI
- engl. Artificial Intelligence, Abkürzung: AI

Etliche Science-Fiction-Filme greifen das Thema auf, dass Maschinen in einer nicht allzu fernen Zukunft den Menschen ebenbürtig, ja sogar überlegen sein werden. Und in der Tat sind die Fortschritte, die auf diesem Gebiet in letzter Zeit erzielt wurden, sehr beachtlich. Sie sind noch nie Kontakt mit einer künstlichen Intelligenz getreten? Nun, ganz bestimmt, denn die beliebte Suchmaschine Google basiert auf genau dem Prinzip, eine Vielzahl von Informationen intelligent vernetzen zu können.

K

Wie definiert man Intelligenz bei Maschinen?

Einer der Pioniere der Informatik, Alan Turing, hat einen speziellen Test erdacht, mit dessen Hilfe man entscheiden kann, ob ein Kommunikationspartner, den man nicht sehen kann, ein Mensch oder eine Maschine ist. Etwas allgemeiner formulierte ein weiterer Vater der KI-Forschung, John McCarthy, im Jahr 1955: »Eine Maschine ist dann intelligent, wenn sie etwas tut, wofür man beim Menschen Intelligenz voraussetzen würde.« Um es vorwegzunehmen: Bis heute existiert noch kein Computer, der den sogenannten *Turing-Test* bestanden hat. Wohl aber gibt es Computer, die den Menschen auf einigen Spezialgebieten schon sehr weit voraus sind. So sind moderne Schachcomputer in der Lage, alle aktuellen Großmeister zu schlagen. Google hat eine künstliche Intelligenz names *Alpha GO* programmiert, die das Gleiche beim wesentlich komplexeren Brettspiel GO leistet. Und als besonderes Highlight wurden einige Profispieler im Jahr 2019 beim äußerst komplexen Computerspiel *Starcraft 2* von Googles künstlicher Intelligenz *AlphaStar* besiegt.

Was kann künstliche Intelligenz heute?

Sämtliche Assistenten, die es gestatten, einen Computer per Sprache zu steuern, sei es Amazons *Alexa*, der *Google Assistant* oder Apples *Siri*, setzen bereits auf Programme, deren Sprachschatz sich selbstständig vergrößert. Je mehr Menschen diese Assistenten nutzen, umso mehr Sprachdaten werden vom System gespeichert. Dadurch lernt die Spracherkennung sogar verschiedene Dialekte. Aber auch diverse Computerspiele simulieren Gegner, die bemerkenswert lernfähig sind. In der Medizin katalogisiert die künstliche Intelligenz *Watson* von IBM bereits Krebszellen und hilft dadurch bei der Früherkennung der gefährlichen Krankheit. Google bietet bei seinem Fotodienst *Google Fotos* einen KI-*Algorithmus*, der in der Lage ist, aus einer Vielzahl von digitalen Bildern diejenigen mit gewünschten Eigenschaften bzw. Motiven zielsicher herauszusuchen.

Welche Perspektiven bzw. Gefahren bietet die künstliche Intelligenz?

Sicher sind wir noch ein gutes Stück von intelligenten, menschenähnlichen

Robotern (*Androiden* genannt) im Stile der Filme *Terminator* oder *Blade Runner* entfernt. Generell wird die KI in den nächsten Jahren aber spürbar nicht nur in der industriellen Fertigung eine Rolle spielen, sondern auch die folgenden Bereiche dominieren:

- Diagnose von Krankheiten
- Krankenpflege
- selbstständige Bewegung von Fahrzeugen (sogenanntes *autonomes Fahren*)
- Analyse und Interpretation großer Datenmengen, z.B. in der Meteorologie
- Bildanalyse, auch in Verbindung mit Überwachungsszenarien
- Erstellung vollautomatisierter Nachrichtentexte im Bereich des Journalismus

Wichtige KI-Begriffe

Folgende Begriffe tauchen im Zusammenhang mit der künstlichen Intelligenz häufig auf:

Chatbot

> »Schwatzroboter«

Streng genommen steckt hinter einem Chatbot keine künstliche Intelligenz im eigentlichen Sinn. Vielmehr ist dieser ein Programm, das die Kommunikation mit einem Menschen simuliert. Sie begegnen ihm z. B. in einem Online-Shop. Während Sie sich hier umsehen, kann es sein, dass plötzlich ein kleines Dialogfenster erscheint und Sie gefragt werden, ob man Ihnen behilflich sein kann. Der historische Vorfahre der modernen Chatbots ist das Programm *Eliza* des Informatikers Joseph Weizenbaum aus dem Jahr 1966 (siehe dazu die Abbildung auf Seite 220). Es simuliert täuschend echt das Frage- und Antwortspiel zwischen einem Psychotherapeuten und einem Patienten. Möchten Sie das Programm selbst einmal testen, so begeben Sie sich per Browser einfach auf die Seite *www.med-ai.com/models/eliza.html.de*.

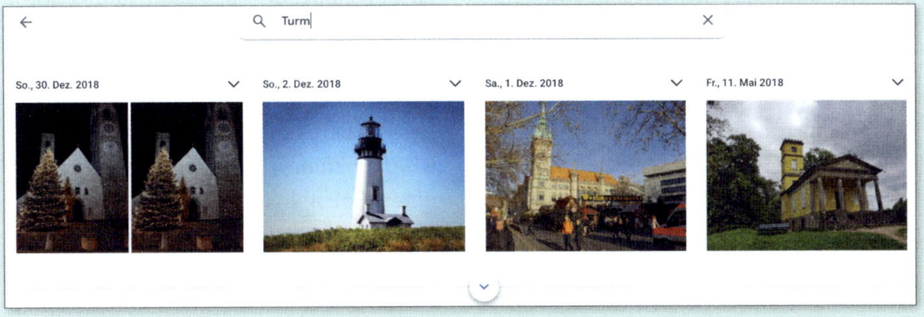

▲ Googles Bildsuche im Bereich *fotos.google.de* ist ein Beispiel für die Anwendung von künstlicher Intelligenz im digitalen Alltag. Im vorliegenden Beispiel werden Bilder von Türmen in der privaten Bildersammlung gefunden, ohne dass diese mit speziellen Stichworten (sogenannten Tags) versehen sind. Das erleichtert das Sortieren bzw. Katalogisieren von Fotos ungemein.

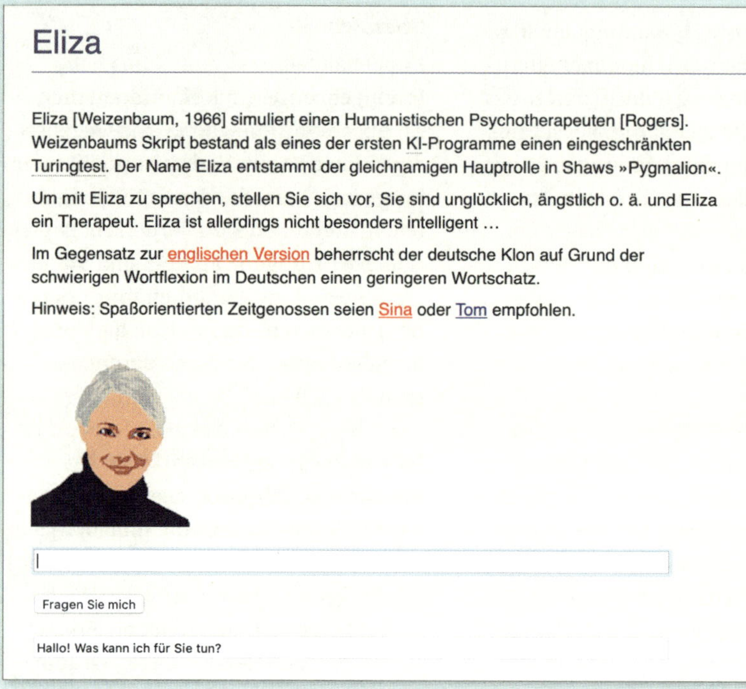

▲ Eliza, die virtuelle Psychotherapeutin

Cognitive Computing

> Erkennendes Berechnen

Mit dieser Technik werden menschliche Denkprozesse simuliert, um diese auf der Basis von gesammelten Daten Probleme ohne Vorgabe eines speziellen Schemas selbstständig vom Computer lösen zu lassen.

Data Science

> Wissenschaft von den Daten

Auf diesem interdisziplinären Gebiet trifft man Wissenschaftler an, die sich damit beschäftigen, wie man Daten ver- und bearbeitet. Dabei werden in letzter Zeit auch Methoden des maschinellen Lernens (*Machine Learning*) eingesetzt.

Deep Learning

> Tiefgehendes Lernen

Eine Spezialform des maschinellen Lernens, bei der bestehende neuronale Netzwerke durch geschickte Algorithmen permanent optimiert werden. Vereinfacht kann man sagen, dass mithilfe des Deep-Learning-Konzepts Computern das Lernen beigebracht wird.

Machine Learning

> Maschinelles Lernen

Das maschinelle Lernen ist eine der wesentlichen Säulen künstlicher Intelligenz. Dabei werden Computer mit vielen Daten gefüttert, welche diese mit vorgegebenen Programmen bzw. Algorithmen auf Muster hin untersuchen, mit dem Ziel, diese bei neu hinzugefügten Daten unmittelbar zu identifizieren. Als Beispiel kann die weiter oben beschriebene Google-Objekterkennung in Fotos angeführt werden. Das Progamm bzw. der Algorithmus wird im vorliegenden Fall mit vielen Bildern von Türmen gefüttert, um bei einem neu hinzugefügten Bild direkt zu erkennen, dass auf dem Bild ein Turm dargestellt ist.

Neuronales Netzwerk

Ein Neuron ist eine Schaltzelle im menschlichen Gehirn. Davon gibt es ca. 100 Milliarden. Sämtliche Zellen sind miteinander vernetzt und bilden den biologischen Computer, als den unser Gehirn angesehen werden kann. In der Computerwissenschaft versucht man, mithilfe künstlicher neuronaler Netzwerke das menschliche Gehirn nachzubilden.

Schwache KI

Dabei handelt es sich um künstliche Intelligenzen, die für einen speziellen Zweck erschaffen wurden. Im Gegensatz zur starken KI ist eine schwache KI nicht in der Lage, verschiedene Aufgabenbereiche miteinander zu vernetzen. Beispiele für eine schwache KI sind Systeme zur Sprach- bzw. Bilderkennung oder Navigationssysteme, welche die Route bei bevorstehenden Staus automatisch ändern.

Starke bzw. superintelligente KI

Ein starke KI ist in der Lage, genau wie ein Mensch verschiedene Aufgaben- und Wissensgebiete zu vernetzen, selbstständig Schlüsse zu ziehen und den Wissensschatz permanent auszubauen. Somit kann eine starke KI der Intelligenz eines Menschen als ebenbürtig angesehen werden. Die Superintelligenz übertrifft den Menschen sogar noch in seiner intellektuellen Leistung. Aktuell gibt es weder starke noch superintelligente KI-Systeme.

» siehe Algorithmus, Chat/Chatten, Google Assistant, Siri, Sprachassistent(in), Tag, Turing-Test

» siehe Übersicht »Robotik« auf Seite 318

K

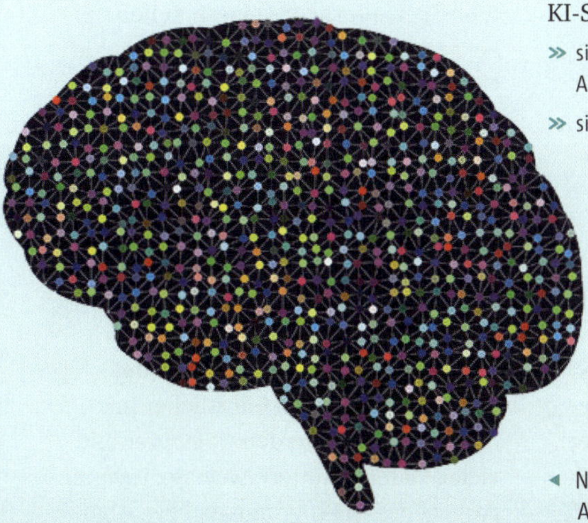

◂ Neuronale Netzwerke sind ein digitales Abbild des menschlichen Gehirns.

Kursiv

Dieser Text wurde kursiv geschrieben – also auf gut Deutsch schräg. In Word können Sie im Bereich **Schriftart** über die Schaltfläche **K** zuvor markierten Text auf diese Weise formatieren.

» siehe Fett

Kurznachricht

» siehe SMS

K

Kybernetik

Im weitesten Sinne eine Wissenschaft darüber, wie man gewisse Dinge steuert. Das können technische Geräte, aber auch lebende Individuen sein. So steuert eine Fotozelle beispielsweise in Abhängigkeit vom Sonnenstand eine Sonnenblende vor einer Fensterfront. Ein Musterbeispiel aus dem Bereich der Kybernetik ist außerdem das Bestreben der Menschen, Roboter mit möglichst menschlichen Eigenschaften (sogenannte Androiden) zu konstruieren, deren Sensoren dann ein weitgehend eigenständiges künstliches »Leben« ermöglichen.

L

… wie Laden – da konnte man früher alles vom Schnürsenkel bis zur Konservendose bekommen. Heute geraten die Jugendlichen in Panik, wenn sie keine Lademöglichkeit für ihre elektronischen Spielzeuge finden.

Label

> Etikett

Eine Markierung, mit der man z. B. beim Google-Mail-Programm Gmail eingegangene E-Mails versieht, um diese später besser wiederzufinden. So kann man Rechnungen beispielsweise mit dem Label »Rechnungen« versehen. Ein Label ersetzt dann prinzipiell einen Ordner im Postfach mit dem Unterschied, dass eine Mail durchaus mehrere dieser Etiketten (»Rechnungen«, »Amazon«, »2019«) erhalten und also gleichzeitig verschiedenen Ordnern zugeordnet werden kann. Auch im Dateimanager vieler Betriebssysteme kann man mittlerweile Dateien mit Labeln kennzeichnen.

» siehe Dateimanager, E-Mail

Ladeadapter/-kabel

Ein Ladeadapter für die Steckdose sorgt dafür, dass Ihr Mobilgerät mit Strom versorgt werden kann. Mittlerweile funktioniert das Aufladen eines Smartphones auch schon ganz ohne lästige Ladekabel: Bei geeigneten Geräten kann das Aufladen induktiv erfolgen. Dieses Verfahren nennt man Qi.

» siehe Qi

Laden

Ohne elektrische Energie läuft im Computerbereich gar nichts. Insbesondere transportable Geräte wie Smartphone, Laptop oder Tablet müssen regelmäßig an die Steckdose. Mithilfe eines speziellen Ladekabels bzw. -adapters werden die Mobilgeräte dann geladen. Häufig zeigt eine Animation auf dem Bildschirm den Ladevorgang (im Englischen nennt sich das »Charging«) an.

LAN

> Local Area Network
> Lokales Netzwerk

Ein Netzwerktyp, der insbesondere im häuslichen Bereich sehr verbreitet ist. Immer wenn Sie Ihren PC mit einem Kabel an den Router anschließen, haben Sie schon den ersten Schritt zur Einrichtung eines LAN getan. LAN wird in Fachkreisen auch Ethernet genannt. So finden Sie in Windows 10 die LAN-Verbindung in den **Einstellungen** im Bereich **Netzwerk und Internet** unter dem Menüpunkt **Ethernet**.

» siehe Ethernet, FRITZ!Box, Router

Laptop

> »Auf dem Schoß«

Ein im Unterschied zum Desktop-Computer tragbarer Computer mit aufklappbarem Bildschirm, der (zusammengeklappt) in die Aktentasche passt und für das mobile Arbeiten gedacht ist. Oft wird ein solches Gerät auch als Notebook (engl. für »Notizbuch«) bezeichnet.

» siehe Desktop-Computer

» siehe Übersicht-»Computer & Co. kaufen« auf Seite 84

Laserdrucker

Ein Drucker, der das zu druckende Dokument zunächst über die Reflexion eines Laserstrahls auf eine lichtempfindliche Walze überträgt. Diese wird dann mit Druckerfarbe (dem sogenannten Toner) belegt, die nur an den belichteten Stellen haften bleibt. Die Walze wird schließlich über ein Blatt Papier geführt und gibt dort die Farbe ab. Das prinzipielle Verfahren findet man auch bei gewöhnlichen Fotokopierern wieder, dort wird es als Xenografie bezeichnet.

Laufweite

Unter der Laufweite versteht man den Abstand zwischen den Buchstaben eines Textes bzw. einer Schrift. In einigen Textverarbeitungsprogrammen können Sie die Laufweite in einem Text selbst verändern.

Laufwerk

> engl. Drive

Allgemeine Bezeichnung für einen Massenspeicher. Das kann eine Festplatte, ein Blu-ray- oder DVD-Laufwerk oder auch ein vorübergehend an den PC oder Laptop angeschlossener USB-Stick sein. Unter Windows findet man die angeschlossenen Laufwerke stets im Explorer im Bereich **Dieser PC**. Anders als ein Laufwerk, das sich im Gerät selbst befindet, wird z. B. ein angeschlossener USB-Stick dort dann nicht als Laufwerk, sondern als lokaler Datenträger bezeichnet. Microsoft nennt seinen Cloud-Speicherdienst übrigens OneDrive.

» siehe Datenträger, OneDrive

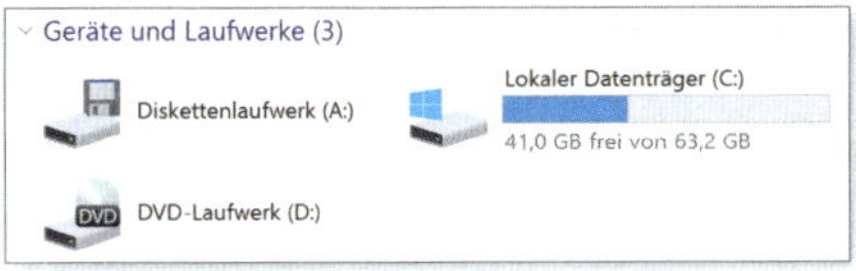

Launch

> Erstveröffentlichung einer Webseite

» siehe Relaunch

Launcher

> »Abschussgerät«, Starter

Ein Programm bzw. eine App, mit deren Hilfe man die auf dem System installierten Programme startet. Unter Windows ist z. B. das Startmenü ein Launcher, unter Android dient das App-Menü als Ausgangspunkt zum Starten eines Programms.

» siehe Startmenü

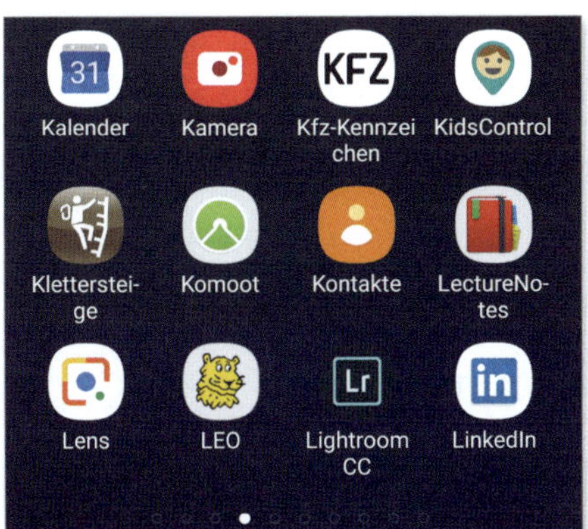

Lautlos(-Modus)

Unbezahlbar in einer Konferenz: zu wissen, wie man seinem Smartphone das Klingeln abgewöhnt. Dafür gibt es den Lautlos-Modus, der meist über eine spezielle Schaltfläche ❶ in den Einstellungen aktiviert bzw. deaktiviert werden kann. Auch auf der Fernbedienung Ihres Fernsehers finden Sie eine entsprechende Funktion. Dort heißt die Taste meist »Mute« (engl. für »stumm«).

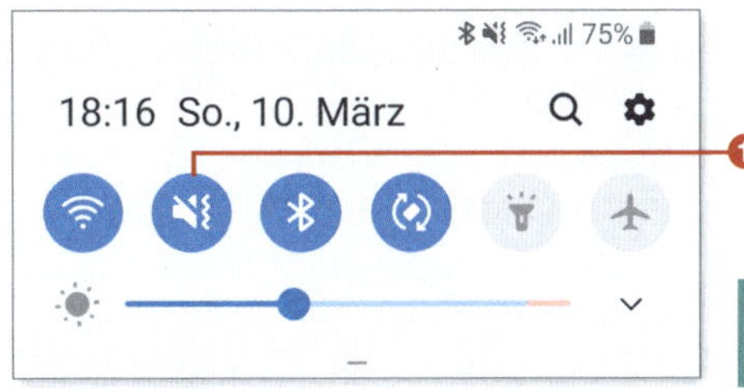

Lautsprecher

Unter Jugendlichen früher respektlos »Brüllwürfel« genannt: Damit bringen Sie den Ton aus dem PC oder Smartphone in die Außenwelt. Im Infobereich der Taskleiste von Windows 10 genügt ein Klick auf das kleine Lautsprechersymbol ❶, und schon können Sie den integrierten Lautsprecher an- und abschalten ❷ und darüber hinaus die Lautstärke über den Regler ❸ einstellen. Für den Anschluss externer Lautsprecher gibt es am Computer einen entsprechenden Port.

» siehe Übersicht »Ports: Die wichtigsten Anschlüsse am PC« auf Seite 292

L

LCD

> Liquid Crystal Display
> Flüssigkeitskristall-Bildschirm

Also ein Bildschirm, der aus sogenannten Flüssigkeitskristallen besteht. Deren Kontrast kann mittels elektrischen Stroms geändert werden. Dadurch lassen sich Buchstaben, Zahlen und Grafiken darstellen – meist allerdings nur in Schwarz-Weiß. Dazu im Unterschied arbeitet ein LED-Fernseher mit Leuchtdioden als bilderzeugenden Elementen und ist in der Lage, auch farbige Bilder darzustellen, während ein Plasma-TV-Gerät unterschiedliche Farben mithilfe von Gasentladungen erzeugt.

» siehe Leuchtdiode (LED), Plasma-Bildschirm

Leak

> Leck

Lecks spielen bei Programmierern eine wichtige Rolle: Es gilt Speicherlecks zu vermeiden, bei denen Programme bzw. Apps den flüchtigen Hauptspeicher »volllaufen« lassen – das ist natürlich nicht gewünscht. Der Begriff »Wikileaks« ist ebenfalls in aller Munde: Dabei handelt es sich um eine Enthüllungsseite im Internet, auf der Wissen von Geheimnisträgern preisgegeben wird.

LED

> Light Emitting Diode
> Licht aussendende Diode

» siehe Leuchtdiode

Leertaste

» siehe Übersicht »Tastatur: auf dem PC und Smartphone« auf Seite 374

Lesefehler

Das kommt häufig bei verkratzten CDs oder DVDs vor: Das Wiedergabegerät kann diese nicht mehr lesen und gibt einen Lesefehler aus. Moderne CD-/DVD-Player verfügen aber mittlerweile über eine hervorragende Korrekturfunktion, mit der auch arg mitgenommene Datenträger ausgelesen werden können.

Leseliste

Eine beliebte Option im Browser Microsoft Edge unter Windows 10: Wenn Sie eine interessante Internetseite finden, die Sie später noch einmal genauer lesen möchten, so können Sie diese per Lesezeichen zu Ihrer Leseliste hinzufügen. Hier finden Sie dann alle bislang gesetzten Favoriten, so nämlich nennt man das Speichern von Lieblingswebseiten in anderen Browsern.

» siehe Lesezeichen

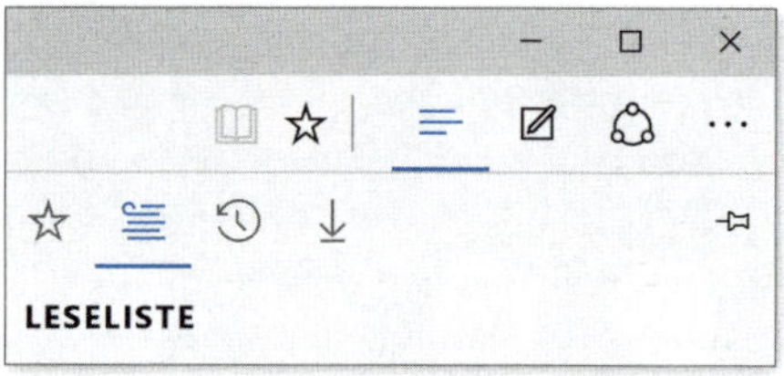

Lesemodus

Ihnen erscheinen viele Internetseiten mit Bildern und Werbung geradezu überfrachtet? Dann schauen Sie doch mal, ob Ihr Browser nicht über einen Lesemodus verfügt. Unterstützt die aufgerufene Webseite den Lesemodus, dann können Sie diese entsprechend »abgespeckt« im Browser darstellen.

Lesezeichen

Eine Markierung, die man in einem Browser setzt, um eine bestimmte Internetseite schnell wiederzufinden. Die Markierungen werden in der Lesezeichenliste gesammelt. Ein Lesezeichen kann man in nahezu jedem Browser mit einer bestimmten Tastenkombination setzen, beim Browser Mozilla Firefox und bei Googles Browser Chrome ist es die Tastenkombination [Strg] + [D].

Let's Play

> »Lasst uns spielen«

Auf YouTube, dem beliebten Videodienst von Google, gibt es etliche Videos, in denen ambitionierte Videospieler dem Publikum zeigen, wie das eine oder andere Videospiel ausschaut. Diese Videos werden »Let's Plays« (LPs) genannt.

» siehe YouTube

Leuchtdiode

> engl. Light Emitting Diode, Abkürzung: LED

Ein typisches Signalelement an einem elektronischen Gerät, das dessen Funktion oder eingehende Benachrichtigungen anzeigt. Bei einer externen Festplatte zeigt eine Leuchtdiode beispielsweise an, wenn Daten von der Platte gelesen bzw. diese beschrieben wird. An vielen Smartphones befindet sich im oberen Bereich eine LED ❶, die den Eingang von Nachrichten signalisiert. LEDs werden am Smartphone darüber hinaus als Blitz für Fotos benutzt. Im Bereich der TV-Geräte ist ein LED-Fernseher im Unterschied zum Plasma-TV weniger energiehungrig, da die Bilddarstellung mithilfe stromsparender Leuchtdioden erfolgt.

» siehe LCD, Plasma-Bildschirm

LibreOffice

Ein kostenloses sogenanntes quelloffenes (Open Source) Bürosoftwarepaket, das aus dem damals verbreiteten OpenOffice nach dessen Übernahme durch Sun bzw. Oracle als komplett frei zugängliche Programmsammlung entstanden ist. LibreOffice besteht aus den Programmen Writer (Textverarbeitung), Calc (Tabellenkalkulation), Impress (Präsentation), Draw (Zeichenprogramm) und Base (Datenbank).

Lightroom

» siehe Photoshop Lightroom

Like/Liken

> Mögen

Im beliebten sozialen Netzwerk Facebook drückt man damit aus, dass man einen Beitrag mag:

Über die Schaltfläche **Gefällt mir** neben dem Daumen-hoch-Symbol wird der Like-Zähler hochgeschraubt – je mehr Likes, desto besser für das Ego des Artikelurhebers.

» siehe Facebook

Lineal

Ein virtuelles Bildelement, das in einer Textverarbeitung ähnlich einem richtigen Lineal das Abschätzen von Abständen im Text ermöglicht. Damit lassen sich insbesondere auch sogenannte Tabstopps exakt positionieren. Das Lineal kann in Word im Register **Ansicht ▸ Anzeigen** über ein Kontrollkästchen aus- und eingeblendet werden.

» siehe Tabulator

Link

» siehe Hyperlink

LinkedIn

Ein soziales Netzwerk, das sich insbesondere für Geschäftsbeziehungen bewährt hat. Hier werden Kontakte angebahnt oder auch neue Mitarbeiter rekrutiert.

» Soziale Netzwerke (Social Networks)

Linksklick

» siehe Klicken

Linux

Ein freies (d. h. auch kostenloses) Betriebssystem, dessen Kern vom damals 22-jährigen finnischen Studenten Linus Torvalds programmiert wurde und seitdem beständig von einer riesigen Schar freiwilliger Programmierer weiterentwickelt wurde. Ein Großteil der Software, die Linux ausmacht, wurde darüber hinaus von Richard Stallman mit dem Projekt GNU entwickelt (»GNU is not Unix«/»GNU ist nicht Unix«). Sie haben noch nie etwas von GNU/Linux gehört und halten es für ein Nischenprodukt? Nun, Linux läuft in Gestalt des Betriebssystems Android mittlerweile weltweit auf ca. 85 % aller Smartphones. Außerdem laufen ca. 50 % aller Internetserver ebenfalls mit Linux, ja sogar auf Supercomputern findet man fast ausschließlich dieses freie Betriebssystem. Tux, der Pinguin, ist das Wahrzeichen von Linux.

» siehe Android, Betriebssystem

Liste

Eine Sammlung von Daten, z. B. von bereits besuchten Internetseiten. Listen sind stets eindimensional, d. h., sie werden in einer Richtung erstellt und gelesen. Ein weiteres Beispiel für eine Liste sind die alphabetisch geordneten Nachnamen der Mitglieder eines Vereins.

Listenansicht

Ein Darstellungsmodus im Dateimanager (bei Windows im Explorer), bei dem die abgebildeten Elemente übersichtlich und platzsparend in Listenform dargestellt werden. Schalten Sie, etwa bei Bildern, im Register **Ansicht** dagegen z. B. auf **Extra große Symbole** um, sehen Sie nicht nur den Dateinamen, sondern können Ihre Fotos selbst betrachten. Unter der Ansicht **Details** erfahren Sie u. a., wie groß die Bilder sind und wann sie dort abgespeichert wurden.

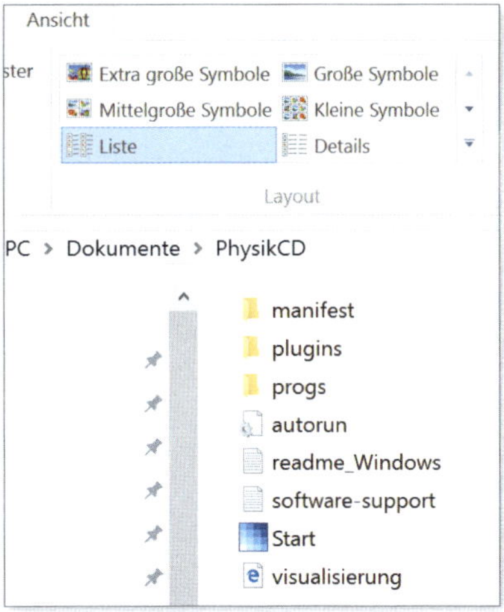

Listenfeld

Ein Auswahlfeld in einem Programm oder in einem Internetformular, das mehrere Punkte anbietet. Davon kann aber nur einer durch Anklicken ausgewählt werden. Beim Drucken eines Dokuments aus Microsoft Word heraus legen Sie dabei z. B. fest, wie viele Seiten pro Blatt ausgedruckt werden.

» siehe Menü

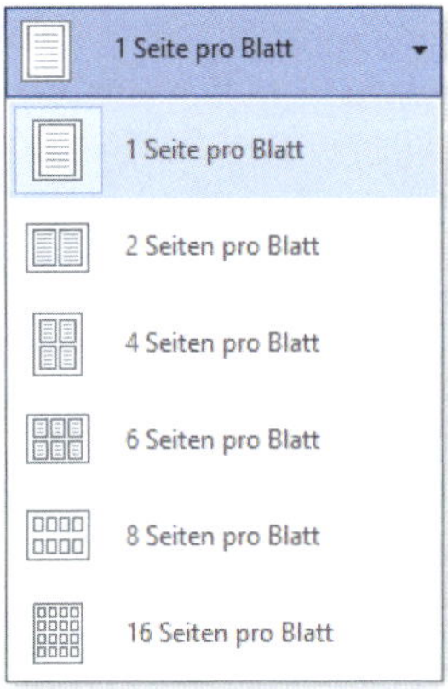

Live-Kachel/Live-Vorschau

Seit Windows 8 gibt es die Möglichkeit, auf der Startseite bzw. – nun in Windows 10 – im Startmenü einige der Kacheln mit einer Live-Vorschau zu versehen. Klicken Sie z. B. mit der rechten Maustaste auf die Kachel **Fotos**, wählen Sie **Mehr ▸ Live-Kachel aktivieren**, und schon werden dort im Wechsel die auf Ihrem Computer gespeicherten Bilder angezeigt. Und die Kachel der App **Wetter** zeigt bei aktivierter Funktion das aktuelle Wetter an.

» siehe Kachel

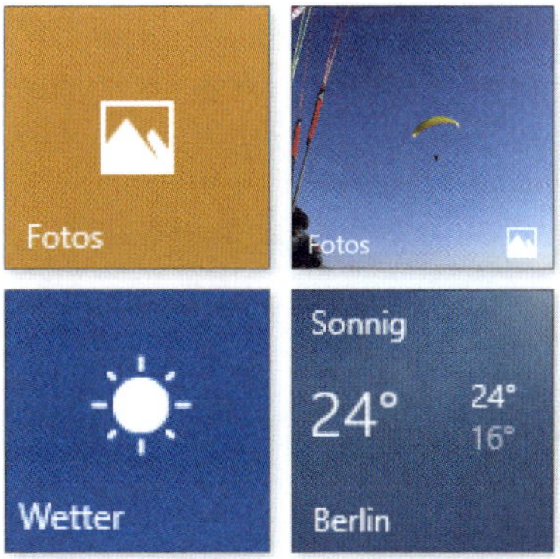

Livestream

> »Lebendiger Strom«

Die Möglichkeit, z. B. eine Fernsehübertragung oder einen Radiobeitrag statt auf dem TV-Gerät oder am Radio im Internet zu verfolgen. Dabei werden die zugrunde liegenden Audio- und Videodateien der aktuell ausgestrahlten Sendungsangebote (etwa der großen Rundfunk- und Fernsehsender WDR und ARD) nach und nach (wie ein Strom) auf

L

Ihren Computer heruntergeladen, und Sie können diese »live«, also in Echtzeit der Ausstrahlung, verfolgen.

» siehe Herunterladen (Download/Downloaden)

Lizenz(vertrag)

Zur Nutzung eines Computerprogramms müssen Sie sich während der Installation mit den Lizenzbedingungen einverstanden erklären. Diese regeln beispielsweise, ob die entsprechende Software auf mehreren Geräten genutzt werden darf und ob die Benutzung zeitlich eingeschränkt ist. Letzteres ist etwa bei Microsofts Office-Paket der Fall, das im Rahmen des »Office 365« genannten Abos ein Jahr nach Erwerb genutzt werden kann und danach verlängert werden muss.

» siehe Endbenutzerlizenzvertrag (EULA)

Lock

> Sperren

Löschen

> engl. Delete

Sie können beispielsweise eine Datei löschen, indem Sie diese per rechtem Mausklick im Dateimanager (Explorer) anwählen und aus dem Kontextmenü den Eintrag **Löschen** ❶ wählen (linker Mausklick). In einer Textverarbeitung wird ein zu löschender Textbereich zunächst markiert. Anschließend betätigt man die Taste [←].

» siehe Markieren, Mausklick

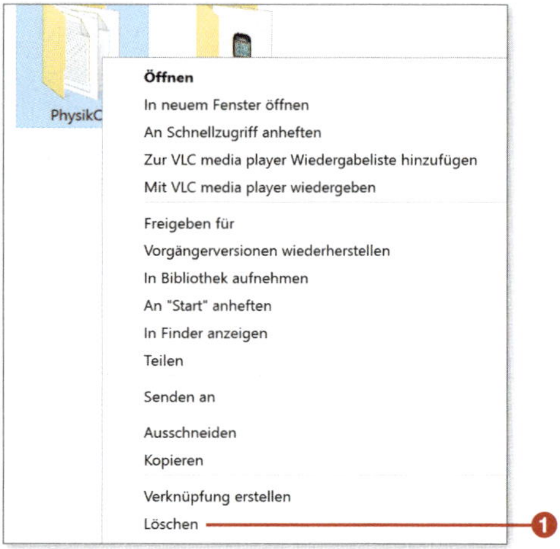

Login

> Anmeldung

Der Vorgang des Anmeldens an einem Computersystem oder in einem internetgestützten System wie beispielsweise einem Online-Shop wie Amazon. Für ein Login benötigen Sie einen Login-Namen sowie ein Passwort. Unter Windows ist nur dann ein Login erforderlich, wenn dies in den Systemeinstellungen explizit aktiviert wurde bzw. sich mehrere Benutzer einen Rechner teilen.

» siehe Anmeldebildschirm/Anmelden

Logout

» siehe Abmelden

Lokal

Lokal ist prinzipiell alles, was direkt auf dem PC stattfindet. Daten sind lokal auf der Festplatte gespeichert im Gegensatz zu Cloud-basierten Speicherdiensten, die Ihre Daten auf einem Internetserver vorhalten. Wenn Sie ein Speichermedium

(z. B. einen USB-Stick) vorübergehend an einen PC oder ein Laptop anschließen, so wird er unter den Laufwerken als »Lokaler Datenträger« aufgeführt. Bei der Installation von Windows 10 können Sie wählen zwischen einem lokalen Konto und einem Microsoft-Konto. Ein Local Area Network (LAN) ist ebenfalls auf einen lokalen Bereich, beispielsweise Ihr Zuhause, beschränkt.

» siehe Cloud (Computing), LAN, Laufwerk (Drive), Microsoft-Konto

Lokalisieren

Ein Synonym für »den Standort ermitteln«. Die Lokalisierung findet man nicht nur auf Smartphones, wo sie etwa dazu dient, die eigene Position in Google Maps und Co. per GPS herauszufinden. Lokalisierung spielt auch auf dem heimischen PC eine Rolle, um den Anwendern gezielt Werbung aus dem näheren geografischen Umfeld anzubieten.

» siehe Google Maps, GPS

LOL

> Laughing Out Loud
> Lautes Auflachen

» siehe Akronym

Lollipop

Wie KitKat eine mittlerweile veraltete Version des Smartphone-Betriebssystems Android, die aber immer noch auf vielen Geräten zu finden ist.

» siehe Android, KitKat

LTE

> Long Term Evolution
> »Langfristige Entwicklung«

Ein Standard zur schnellen Datenübertragung im Mobilfunknetz.

» siehe Bandbreite

Lüftungsschlitz

Die Bauteile von elektronischen Geräten, also z. B. Ihrem PC, entwickeln teilweise eine beachtliche Wärme. Diese muss abgeführt werden, damit die Geräte nicht überlastet werden. Die Hersteller statten zu diesem Zweck die Gehäuse mit Lüftungsschlitzen aus.

Lupe

> auch Bildschirmlupe

Die virtuelle Lupe dient in Windows dazu, durch Vergrößerung von Text und Bildschirmelementen sehbehinderten Menschen zu helfen. Dann sehen Sie, wie in der folgenden Abbildung demonstriert, alle Bildschirminhalte stark vergrößert, wobei Sie über die Symbole für Minus und Plus den Grad der Vergrößerung selbst bestimmen können. Sie können die Bildschirmlupe durch Eingabe des Wortes »Lupe« in die Cortana-Suchleiste aufspüren und aktivieren.

» siehe Erleichterte Bedienung

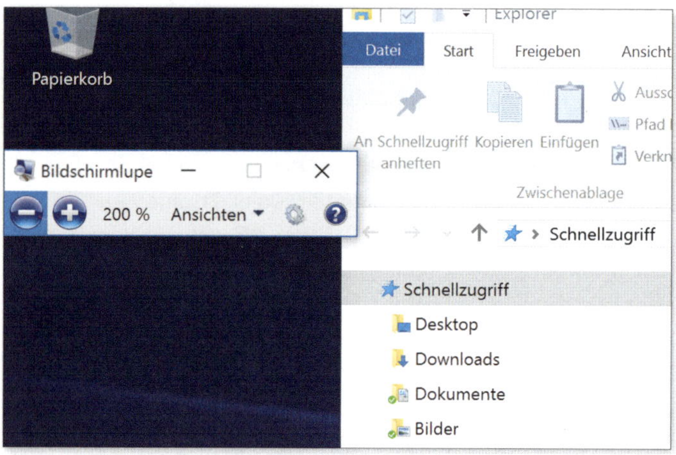

M

... wie Maus – den possierlichen kleinen Nager findet man auch am PC vor, mittlerweile auch ohne Schwanz, d. h. in drahtloser Form. Damit navigieren Sie durch Ihr Betriebssystem und bedienen es per Klick.

Mac

»Mac« ist eine Kurzform von »Macintosh«, was vermutlich auf die Apfelsorte McIntosh zurückgeht, und bezeichnet die Computerreihe der Firma Apple (= Apfel). Die Bürorechner für den Schreibtisch tragen die Bezeichnung iMac, die portablen Computer (Notebooks bzw. Laptops) werden MacBooks genannt.

» siehe iMac

MAC-Adresse

Eine eindeutige Adresse für Hardwarebauteile, die an ein Computernetzwerk angeschlossen werden. Das kann die LAN-Schnittstelle Ihres PCs, aber auch der WLAN-Empfänger Ihres Smartphones sein, der dort in den Systemeinstellungen ausfindig gemacht werden kann (siehe die Abbildung rechts). Bei Firmenroutern, die ein gesichertes WLAN zur Verfügung stellen, werden in der Regel nur Geräte verbunden, deren MAC-Adresse zuvor im Router eingegeben wurde. So können keine fremden Personen das Firmennetz nutzen.

» siehe LAN, Router, WLAN

Machine Learning

> Maschinelles Lernen

» siehe Übersicht »Künstliche Intelligenz« auf Seite 218

macOS

Der neue Name für das altbewährte Betriebssystem (Mac) OS X von Apple wurde von Tim Cook auf der Entwicklerkonferenz im Sommer 2016 vorgestellt.

» siehe OS X

Mac OS X

Ursprüngliche Bezeichnung für das Betriebssystem OS X von Apple, das 2016 durch die Version 10.12 namens macOS (Sierra) abgelöst wurde.

» siehe macOS, OS X

◂ MAC-Adresse

Magenta SmartHome

Smart-Home-Technologie der Telekom, bei der Geräte über das Smartphone gesteuert werden können.

» siehe Übersicht Smart Home« auf Seite 340

Magic Mouse

> »Magische Maus«

Anders als die klassische PC-Maus mit zwei Tasten und einem Scrollrad in der Mitte verfügt diese Apple-Maus für den Mac gewissermaßen nur über eine Taste. (Eine zweite virtuelle Taste auf der rechten Seite kann im System aktiviert werden.) Hier wird nicht geklickt, sondern wie beim Smartphone oder Tablet über Gesten und Fingerberührungen (Touch-Oberfläche) gesteuert. Das Streichen mit einem Finger nach oben oder unten führt z. B. zum Scrollen durch ein Dokument.

» siehe Mausklick

» siehe Übersicht »Fingerbedienung/-eingabe: Die wichtigsten Gesten am Smartphone und Tablet« auf Seite 150

M

Magic Trackpad

> »Magisches Tastfeld«

Ein spezielles Eingabegerät für Apple-Computer, welches es gestattet, den Mauszeiger per Fingerstreich zu bewegen. Das Trackpad kennt darüber hinaus diverse Gesten. So können Sie beispielsweise durch Spreizen der Finger auf dem Trackpad ein Bild vergrößern oder verkleinern – ganz so, wie Sie es von Ihrem Smartphone gewohnt sind.

» siehe Touchpad

» siehe Übersicht »Fingerbedienung/-eingabe: Die wichtigsten Gesten am Smartphone und Tablet« auf Seite 150

Mail

> Post

Allgemein übliche Abkürzung für den Begriff E-Mail. Häufig auch der Name einer App bzw. eines Programms, mit welchem man E-Mails lesen und schreiben kann.

» siehe E-Mail

Mailbox

> Postfach

Das virtuelle Postfach für ein E-Mail-Konto wird Mailbox genannt und befindet sich auf dem Server Ihres E-Mail-Dienstanbieters (Provider) im Internet.

Mail delivery failed

> Mailversand fehlgeschlagen

Wenn Sie eine derartige Nachricht in Ihrem Mailpostfach erhalten, bedeutet das, dass eine Ihrer verschickten Mails nicht an den Adressaten zugestellt werden konnte. Der Grund ist hier in den meisten Fällen ein Tippfehler bei der Eingabe der E-Mail-Adresse des Adressaten.

» siehe Bouncen

Mail Drop

> »Postversand«

Eine Möglichkeit unter dem Betriebssystem macOS, große Dateien (z. B. Videos) per iCloud-Mail zu verschicken. Dazu erstellen Sie in der Cloud-App namens iCloud-Mail per Mail Drop einen Verweis auf die betreffende Datei. Diese wird dann beim Verschicken in den iCloud-Speicher hochgeladen, und der Empfänger der Mail erhält die Berechtigung, um darauf zuzugreifen. So können Sie Inhalte bis zu einer Größe von 5 Gigabyte versenden.

» siehe iCloud

Mailserver

Ein Server, dessen wesentliche Aufgabe der Versand von E-Mails ist.

» siehe Server

Mainboard

» siehe Hauptplatine

Makeln

Bei diversen Telefonanlagen, aber auch per Mobiltelefon ist es möglich, mit mehreren Personen gleichzeitig oder zeitversetzt zu sprechen. Das Umschalten zwischen einzelnen Gesprächspartnern bezeichnet man als Makeln.

» siehe Telefonkonferenz

Makro

Eine Zusammenfassung mehrerer Befehle, die gern im Zusammenhang mit Office-Programmen angewendet werden. Ein Beispiel: Sie möchten mehrere Textabschnitte in einem Dokument gleichzeitig fett, unterstrichen und mit rotem Hintergrund darstellen. Dann können Sie ein Makro erstellen, welches die drei Formatierungsschritte auf einen Streich erledigt. Komplexe Makros lassen sich mit der Programmiersprache VBA erstellen.

» siehe VBA

Malware

> »Schlechte Software«

» siehe Schadsoftware

Manual

> Handbuch

Mittlerweile finden Sie nahezu alle Handbücher zu computertechnischen Geräten als PDF-Datei zum Download im Internet.

» siehe Herunterladen (Download/Downloaden), PDF

Maps (App)

> Karten

App, die Zugriff auf Googles Kartendienst Maps bietet. Auf Android-Smartphones heißt die App **Maps** (siehe die Abbildung auf der folgenden Seite), auf dem iPhone **Karten**.

» siehe Google Maps

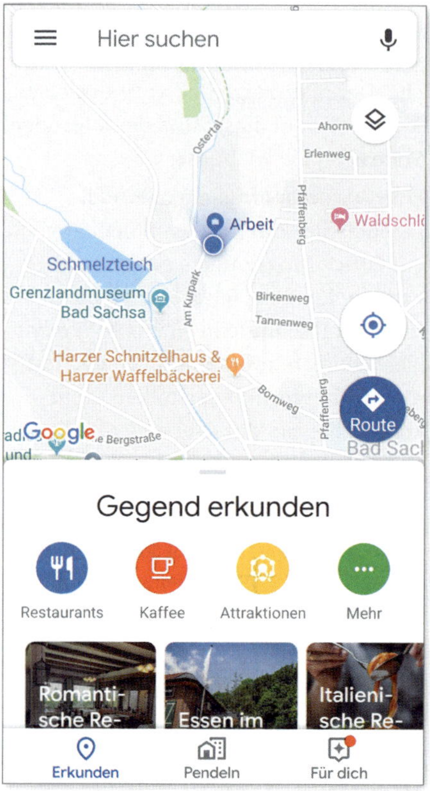

▲ Maps (App)

Markieren

Das Überstreichen eines Textes mit gedrückter linker Maustaste führt dazu, dass dieser markiert wird. Anschließend kann der ausgewählte Text nach Wunsch formatiert werden, z. B. fett oder in einer anderen Schriftgröße.

» siehe Minisymbolleiste

Dieses Wort ist markiert.

Marshmallow

Wie KitKat und Lollipop Bezeichnung für eine Version des Betriebssystems Android mit der Versionsnummer 6.0.

» siehe Android

Massenspeicher

Speichermedien, die große Mengen von Daten aufnehmen können, also z. B. Festplatten, USB-Sticks, DVDs.

» siehe DVD, Festplatte, USB/USB-Stick

Maus

Ein Eingabegerät, das vom modernen PC nicht mehr wegzudenken ist. In der einfachen Variante wird die Maus per USB-Kabel am PC angeschlossen. Bessere Modelle bieten die drahtlose Signalübertragung per Bluetooth-Kurzstreckenfunk. Zur Positionierung des Mauszeigers auf der Arbeitsoberfläche des Computerbildschirms wird die Maus auf dem Schreibtisch in alle Richtungen verschoben. Beim Laptop ersetzt das Touchpad die Maus.

» siehe Bluetooth, Touchpad, USB/USB-Stick

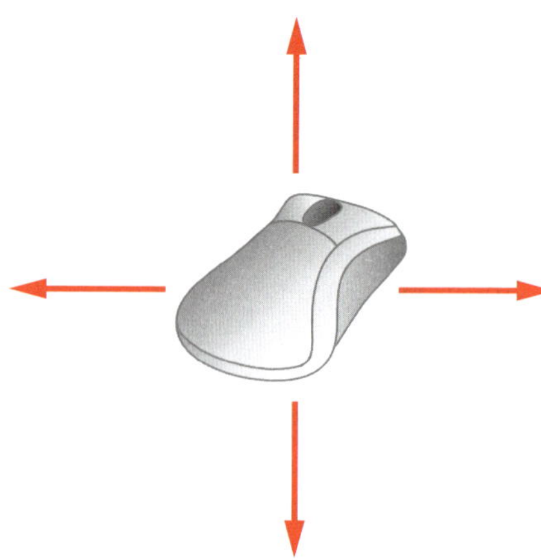

Mausklick

Eine gewöhnliche PC-Maus besitzt zwei Tasten und oft auch ein Rad auf der Oberseite, Rollrad oder Scrollrad genannt. Den Klick mit der linken Maustaste nennt man Primärklick, einen Klick mit der rechten Maustaste Sekundärklick. Damit können verschiedene Aktionen durchgeführt werden (siehe die folgendeTabelle).

» siehe Klickgeschwindigkeit, Rollrad (Scrollrad)

» siehe Übersicht »Klicken mit einer Computermaus« auf Seite 211

Taste/Rad	Aktion	Effekt
links	Klick	Objekt (z. B. eine Datei) auswählen
links	Doppelklick	Programm starten
rechts	Klick	Kontextmenü öffnen
Rad	Drehen	durch Seiten blättern (scrollen)

Mauszeiger

Letztlich Ihre interaktive Verbindung mit dem Computer. Sie bewegen dieses grafische Symbol auf dem Bildschirm mittels Maus, Touchpad oder sonstigem dafür gedachtem Eingabegerät. Damit zeigen Sie zunächst bloß auf die Elemente (Text, Dateien, Menüschaltflächen), manchmal wird dabei auch ein Infotext sichtbar, der sogenannte Tooltip bzw. die Quickinfo. Erst wenn Sie dann zusätzlich eine der Maus- oder Touchpad-Tasten einfach oder doppelt betätigen oder gedrückt halten, platzieren Sie z. B. die Einfügemarke in einem Textdokument, nehmen eine Auswahl vor, erteilen den Befehl für eine Bearbeitung oder verschieben ein Element auf der Oberfläche. Der Mauszeiger hat viele Gesichter, die Tabelle auf dieser und der folgenden Seite zeigt die wichtigsten.

» siehe Einfügemarke (Cursor), Mausklick, Quickinfo, Touchpad

Mauszeiger	Symbol	Bedeutung
normale Auswahl		Element vor dem Anklicken oder Festhalten anvisieren
Textauswahl	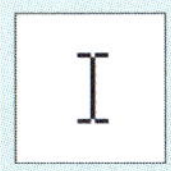	Zeigt an, dass an dieser Stelle Text (über die Tastatur) eingegeben werden kann.
Präzisionsauswahl		Mit dem Fadenkreuz kann z. B. in Bildern oder Grafiken ein Punkt exakt getroffen werden.
Pfeilkreuz		Element kann verschoben werden.
Markierungspfeil		Zeigt in einer Textverarbeitung diejenige Stelle an, an der Text (eine Zeile oder ein Absatz) per Mausklick markiert werden kann.
Verknüpfungsauswahl		Zeigt im Internet die Möglichkeit zum Anklicken eines verknüpften Elements (Hyperlink).
nicht verfügbar		Zeigt an, dass ein Element z. B. nicht an eine bestimmte Stelle verschoben werden kann.

▲ Mauszeiger (Bitte umblättern)

Mauszeiger	Symbol	Bedeutung
Doppelpfeile	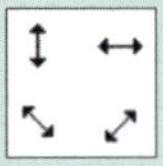	Zeigen an, dass Objekte wie z. B. Programmfenster oder Bilder in entsprechender Richtung (horizontal, vertikal, diagonal) vergrößert bzw. verkleinert werden können.
Ausgelastet		Der Computer ist gerade mit Berechnungen beschäftigt, der Nutzer muss mit seinen Aktionen warten. In älteren Betriebssystemen war hier häufig das Symbol einer Sanduhr zu sehen.
Hintergrundaktivität		Der Computer ist zwar bereit, Befehle entgegenzunehmen, führt diese aber erst später aus, sodass sich die Weiterarbeit verzögert.

▲ Mauszeiger (Fortsetzung)

Maximieren

Ein Fenster nach Möglichkeit bildschirmfüllend darstellen. Das geschieht unter Windows mit einem Klick auf das **Maximieren**-Symbol ❶ im rechten oberen Bereich eines Programmfensters. Bei einem Mac-Computer hat das **Maximieren**-Symbol eine andere Gestalt ❷ und befindet sich im Gegensatz zu Windows im linken oberen Bereich des Fensters. Sobald das **Maximieren**-Symbol betätigt wurde, verwandelt es sich in das **Verkleinern**-Symbol, mit dem Sie das Programmfenster entsprechend wieder auf die vorherige Größe bringen. Die **Minimieren** genannte Schaltfläche ❸ dient dagegen nicht dem Verkleinern, sondern hat eine andere Funktion.

» siehe Fenster, Minimieren

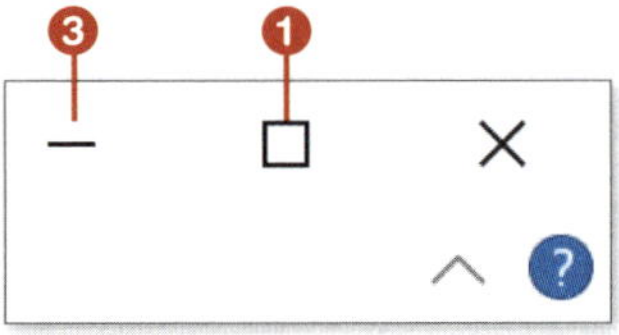

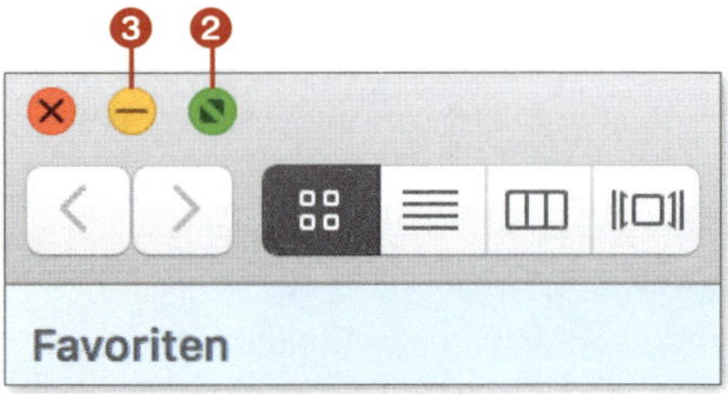

Mb/Mbit/MBit

> Megabit

Ein Vielfaches von einem Bit: Ein Megabit sind eine Million Bit.

» siehe Bit

MB/MByte

» siehe Megabyte

Media Player

> »Medienabspielgerät«

Nicht wirklich ein Gerät, sondern eine universelle Software zur Wiedergabe und Verwaltung von Audio- und Videodateien, also von Musik und Filmen. Zudem die Kurzbezeichnung für den Windows Media Player.

» siehe VLC Media Player, Windows Media Player

Mediathek

Eine Sammlung von Audio- und Videodateien auf Ihrem PC, Tablet oder Smartphone. Unter Windows können Sie mithilfe des Windows Media Players auf Ihre Mediathek zugreifen, auf Apple-Geräten ist iTunes die zentrale Musik- und Filmbibliothek. iTunes gibt es auch für Windows. Zudem bieten Fernsehsender wie ARD, ZDF und WDR ihre Programminhalte im Internet unter der Rubrik »Mediathek« an.

» siehe iTunes, Livestream

Medienbibliothek

» siehe Mediathek

Megabyte

> Abkürzung: MB/MByte

Übereinheit von einem Byte: Ein Megabyte sind eine Million Byte.

» siehe Bit

Megapixel

Eine Million Bildpunkte: Megapixel ist das Maß für die Auflösung von Digitalkamera-Aufzeichnungschips. Die einst goldene Regel »Je mehr Megapixel, desto besser« gilt heute allerdings nicht mehr uneingeschränkt. Bedeutender für die Bildqualität ist mittlerweile die Größe des Sensors geworden.

Meldungsfenster

Immer wenn Ihr System etwas zu melden hat, springt ein kleines Fenster mit einer Meldung auf. Das nennt man dann auch Pop-up-Fenster. Im Browser lassen sich derartige, meist mit Werbung verbundene Fenster über einen Pop-up-Blocker unterbinden.

» siehe Pop-up

Memo (App)

Insbesondere auf Smartphones verbreitete App, die dazu dient, sich kurze

Geistesblitze oder auch Einkaufslisten in Form von sogenannten Memos zu notieren. Memo ist die Kurzform von Memorandum, was natürlich etwas mehr als eine bloße Notiz bezeichnet.

» siehe Notizen (App)

Memory Card

» siehe Speicherkarte

Memory Stick

» siehe Speicherstick

Menü

Ein Auswahlbereich mit verschiedenen Befehlen in einem Programm. Microsoft ist mittlerweile von der klassischen Menüstruktur, bestehend aus einem Text- ❶ und einem Icon-Menü ❷, abgerückt und verwendet stattdessen Menübänder.

» siehe Icon, Kontextmenü, Menüband (Ribbon)

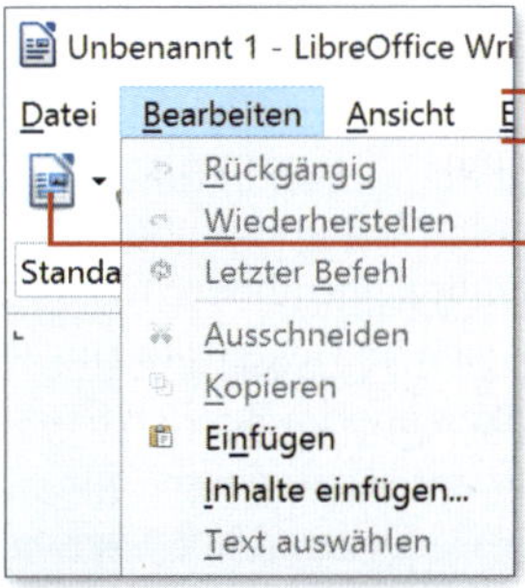

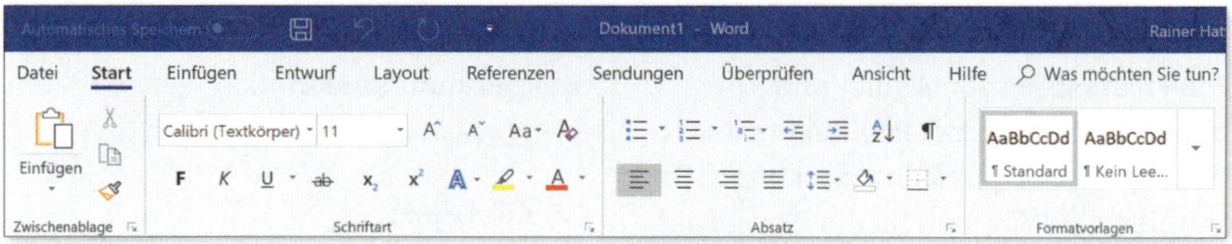

Menüband

> engl. Ribbon

Eine mittlerweile etablierte Lösung von Microsoft, bei der alle Elemente zur Menüsteuerung, Symbolleisten sowie Dialoge auf einem Band vereint sind. Von daher spricht man auch von einer Multifunktionsleiste. Abweichend von der Ursprungsidee des reinen Bandes, sind die Ribbons der Microsoft-Programme in Registerkarten untergliedert, um das Ganze noch einigermaßen übersichtlich zu halten. Hier finden Sie als Anwender dann die jeweils im gegebenen Zusammenhang relevanten Befehle vor. Unter dem Register **Einfügen** z. B. lassen sich nicht nur Bilder, Diagramme und Tabellen, sondern auch Kopf- und Fußzeilen in Word-Dokumente einfügen, auf dem Register **Start** finden Sie u. a. alle für die grundsätzliche Formatierung Ihres Textes wichtigen Befehlsgruppen. (Die Abbildung zeigt nur einen kleinen Bereich davon.) Wichtig ist, dass durch die Auswahl von Registern, aber auch durch die Auswahl von bestimmten Elementen (wie Tabellen und Bildern), jeweils andere Befehle auf der Multifunktionsleiste sichtbar werden. So etwas nennt man übrigens »kontextsensitiv«.

» siehe Dialogfeld/-fenster, Registerkarte, Symbolleiste für den Schnellzugriff

Menübefehl

Ein einzelner Befehl aus einem Menü. Beispiel: Sie markieren einen Textausschnitt und wollen diesen kopieren. Dazu verwenden Sie den Befehl **Kopieren** aus dem Menübereich **Bearbeiten**.

» siehe Befehl

Menulets

Kleine Apps bzw. Programme, die in der Statusleiste beim Mac-Rechner untergebracht werden können.

» siehe Übersicht »Arbeitsoberfläche: Windows, Mac und Linux im Vergleich« auf Seite 27

Messaging/Messenger

» siehe Instant Messaging/Messenger

Metadaten

Das sind Daten, die über andere, größere Datenmengen zusammenfassend Auskunft geben sollen. Ein Beispiel: Wer eine Internetseite erstellt, legt natürlich großen Wert darauf, dass diese auch von Google und Co. gefunden wird. Zu diesem Zweck schreibt man in den Kopf der HTML-Seite Metadaten hinein, welche von der Suchmaschine registriert werden und dadurch bei einer Suchanfrage auf die entsprechende Seite verweisen. Dieses Vorgehen wird Suchmaschinenoptimierung (SEO) genannt.

» siehe HTML

Microblogging

> »Mikro Bloggen«

Ein Online-Tagebuch, das aus kurzen, SMS-ähnlichen Einträgen besteht. Im Prinzip ist Twitter eine Art Mikro-Blog.

» siehe Blog/Bloggen, SMS, Twitter

Micro-SD

> Micro-SecureDigital

Eine spezielle Speicherkarte, die insbesondere bei Smartphones zur Speichererweiterung eingesetzt wird. Die Abbildung zeigt eine Micro-SD-Karte ❶ sowie eine Micro-SIM-Karte ❷.

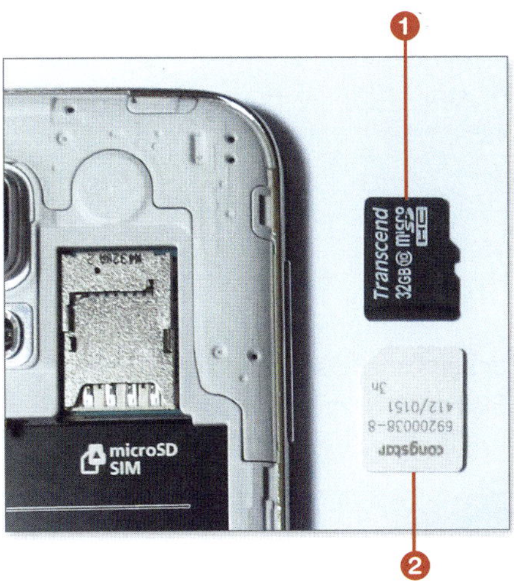

Micro-SIM

Kleine Variante einer SIM-Karte für ein Handy, die bei Mittelklassegeräten zum Einsatz kommt (siehe die Abbildung zu Micro-SD oben).

» siehe SIM-Karte, Nano-SIM

Microsoft

Großer Software- und Hardwarekonzern, der insbesondere durch sein weitverbreitetes Betriebssystem Windows weltbekannt ist. Microsoft wurde 1975 von Bill Gates und Paul Allen gegründet und wird aktuell von Satya Nadella geleitet.

Microsoft Edge

Neuer Browser des Betriebssystems Windows 10, kurz auch Edge genannt. Das Besondere an Edge ist seine Kommentarfunktion für Webseiten. So können Sie mithilfe einer Werkzeugleiste für Sie Wichtiges gleich auf der jeweiligen Internetseite unterstreichen oder auch Notizen erstellen.

» siehe Browser

Microsoft Excel

Das Tabellenkalkulationsprogramm Nummer 1, das mittlerweile in der Version 2019 erschienen ist. Excel bietet eine Vielzahl von Funktionen und Formeln aus allen erdenklichen Bereichen (wie z. B. Finanzmathematik und Statistik) an, eignet sich aber auch für private Anwender hervorragend, um Kosten zu berechnen und auch andere Daten (wie Kontakte) zu verwalten.

» siehe Tabellenkalkulation

» siehe Übersicht »Microsoft-Excel: die Programmoberfläche« auf Seite 242

M

Microsoft Excel: die Programmoberfläche

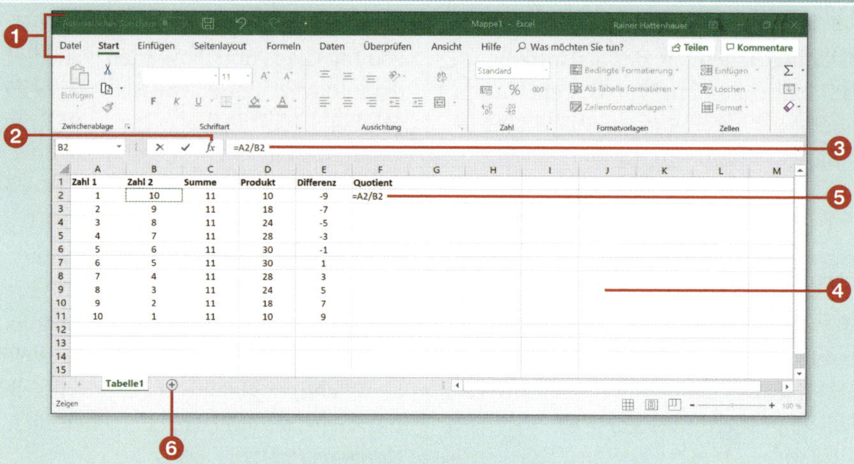

❶ Menüband (Ribbon) mit verschiedenen Funktionsbereichen
❷ Funktionsauswahlfeld
❸ Eingabezeile für Formeln zur Berechnung von Werten
❹ Tabellenblatt
❺ Zelle mit Formel
❻ Erzeugen eines neuen Blatts in der aktuellen Arbeitsmappe

Microsoft Exchange

Eine Bürosoftware zur Organisation der Kommunikation z. B. eines Unternehmens, die u. a. als Mailserver arbeitet und darüber hinaus auch Termine und Notizen in einer Arbeitsgruppe bereitstellen kann. Auf Anwenderseite greift man auf einen Exchange Server idealerweise mit dem Programm Microsoft Outlook zu.

» siehe Microsoft Outlook, Server

Microsoft Exchange Server

Eine Software von Microsoft zur servergestützten professionellen Verwaltung von E-Mails. Insbesondere im geschäftlichen Umfeld setzt man sehr häufig Exchange Server ein.

» siehe Server

Microsoft-Konto

Ein solches Benutzerkonto ist erforderlich, wenn Sie Microsoft-Software (z. B. Windows oder Office) registrieren oder Apps aus dem Microsoft Store erwerben möchten. Auch bestimmte Funktionen innerhalb von Apps stehen nur mit einem Microsoft-Konto zur Verfügung. Wenn Sie bei der Verwendung von Windows nicht ohnedies dazu aufgefordert werden, können Sie ein Microsoft-Konto im Internet anlegen unter *https://www.microsoft.com/de-de/*

account. Davon unterschieden wird ein lokales Benutzerkonto, das für alle gängigen Arbeiten am PC völlig ausreichend ist – vor allem wenn man nicht wünscht, dass Microsoft zu viele Daten über einen sammelt.

» siehe Benutzerkonto (Account), Lokal, Microsoft Store

Microsoft Office/Office Mobile

Oberbegriff für sämtliche Büroprogramme aus dem Hause Microsoft, die mittlerweile in der Version 2019 vorliegen. Den Nutzern steht im Rahmen der unterschiedlichen Angebote für Heimanwender (Home), Studenten (Students) oder Geschäftsleute (Business) ein jeweils unterschiedlicher Programmumfang zur Verfügung. Die Standardprogramme Word, Excel und PowerPoint sind überall dabei, und es gibt sie mittlerweile auch für Smartphones und Tablets – dort heißt das Paket Office Mobile und erfordert ein Abonnement namens Office 365. In den umfangreicheren und entsprechend teureren Ausgaben sind in aller Regel auch noch die Programme OneNote (bis 2016), Access (für Datenbankmanagement), Publisher (für Anwendungen im Bereich Desktop-Publishing) und Outlook mit dabei.

» siehe Desktop-Publishing, Microsoft Excel, Microsoft OneNote, Microsoft Outlook, Microsoft PowerPoint, Microsoft Word

Microsoft OneNote

OneNote ist ein digitaler Notizblock, den Sie auch unabhängig von Ihrem PC nutzen können. Erstellen Sie getippte Textnotizen und handschriftliche Notizen, oder speichern Sie unter OneNote Bilder ab. Sie können dann an jedem Ort der Welt und von jedem beliebigen Endgerät darauf zurückgreifen. In Windows 10 steht OneNote als Standard-App auch für alle, die kein Office installiert haben, mit allen Funktionen zur Verfügung. Wer OneNote bereits mit Microsoft Office 2016 installiert hatte, kann wahlweise auch weiterhin mit OneNote 2016 arbeiten. Wer Office 2019 oder Office 365 neu und zum ersten Mal auf einem PC installiert, für den steht standardmäßig nur OneNote für Windows 10 zur Verfügung.

Microsoft Outlook

> Outlook = »Perspektive, Aussicht«

Microsofts universelles Organisationsprogramm beinhaltet ein E-Mail-Programm, einen Terminplaner (Kalender) sowie eine Kontaktverwaltung. Damit bekommen Sie Ihren Büroalltag problemlos in den Griff. Es ist allerdings nicht in allen Editionen von Microsoft Office enthalten.

» siehe Microsoft Office/Office Mobile

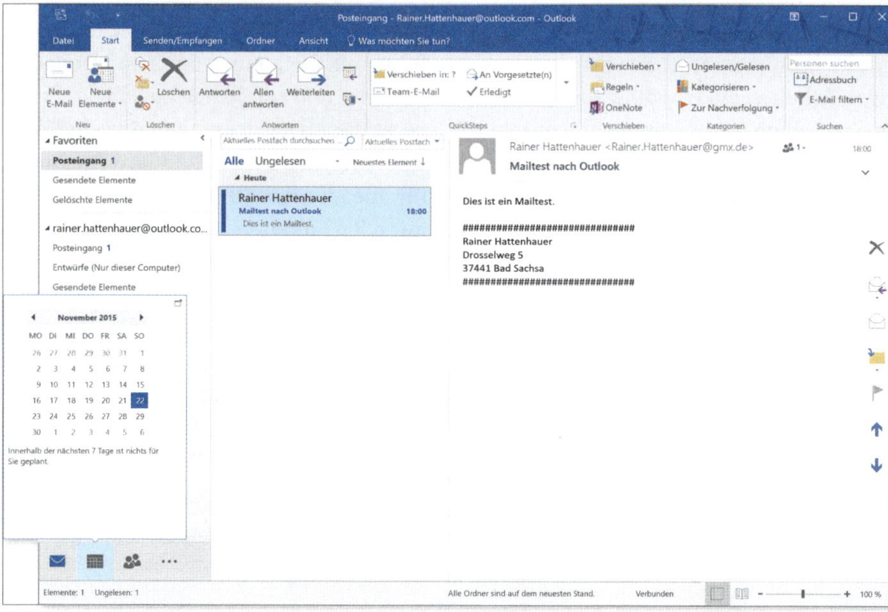

▲ Microsoft Outlook

Microsoft PowerPoint

PowerPoint (siehe die Abbildung auf Seite 245 unten) ist ein Präsentationsprogramm aus dem Hause Microsoft, mit dessen Hilfe Sie wunderschön animierte Vorträge auf sogenannten Folien gestalten können, die dann per Beamer einem Publikum vorgeführt werden. Bei der Erstellung unterstützt u. a. der programmeigene Folienmanager.

» siehe Beamer, Folienmanager

Microsoft Solitaire Collection

Daran erinnern sich Computerveteranen gern: Nächtelange Sitzungen mit dem berühmten Spiel Windows Solitär, welches erstmalig in der Windows-Version 3.0 enthalten war. Dabei handelt es sich um ein sogenanntes Patience-Kartenspiel, bei welchem Karten in einer bestimmten Reihenfolge umstrukturiert werden müssen. Unter Windows 10 können Sie diesen Zeitvertreib mithilfe der App Microsoft Solitaire Collection nachempfinden, die kostenlos im Microsoft Store heruntergeladen werden kann.

» siehe Microsoft Store

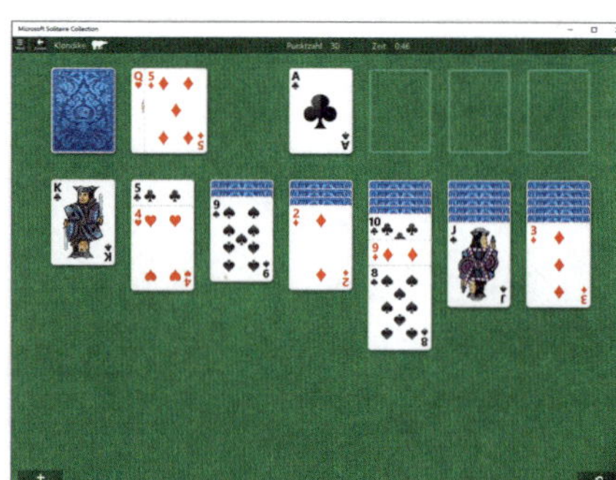

Microsoft SQL Server

Eine Datenbankserver-Software von Microsoft. Dabei handelt es sich um ein sogenanntes relationales Datenbanksystem.

» siehe Relationale Datenbank, Server

Microsoft Store

> Microsoft-Laden(geschäft)

Dies ist der zentrale Anlaufpunkt, um Apps und Medien jeglicher Art für Ihren Computer mit Windows 10 zu erwerben – oder auch kostenlos Apps herunterzuladen, sodass Sie im Startmenü zur Verfügung stehen. In der Standardeinstellung finden Sie ein Symbol des Stores in der Taskleiste. Wenn Sie dieses anklicken, dann landen Sie direkt im Microsoft Store.

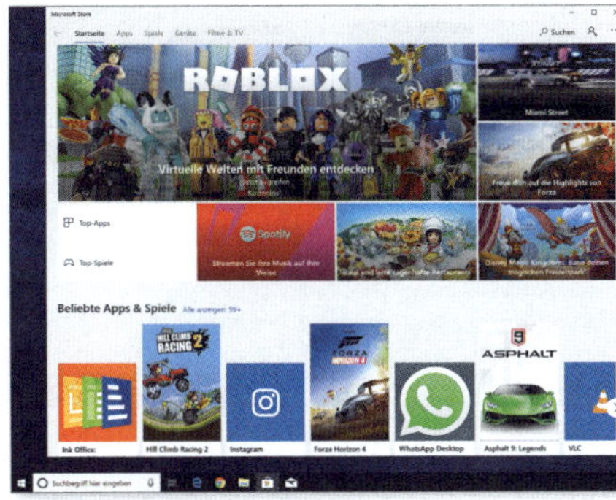

» siehe App/Applet, Taskleiste

Microsoft Surface

Eine Tablet-Serie aus dem Hause Microsoft (siehe die Abbildung auf Seite 246), die sich insbesondere durch eine ansteckbare, leichte Tastatur auszeichnet.

» siehe Tablet/Tablet-PC

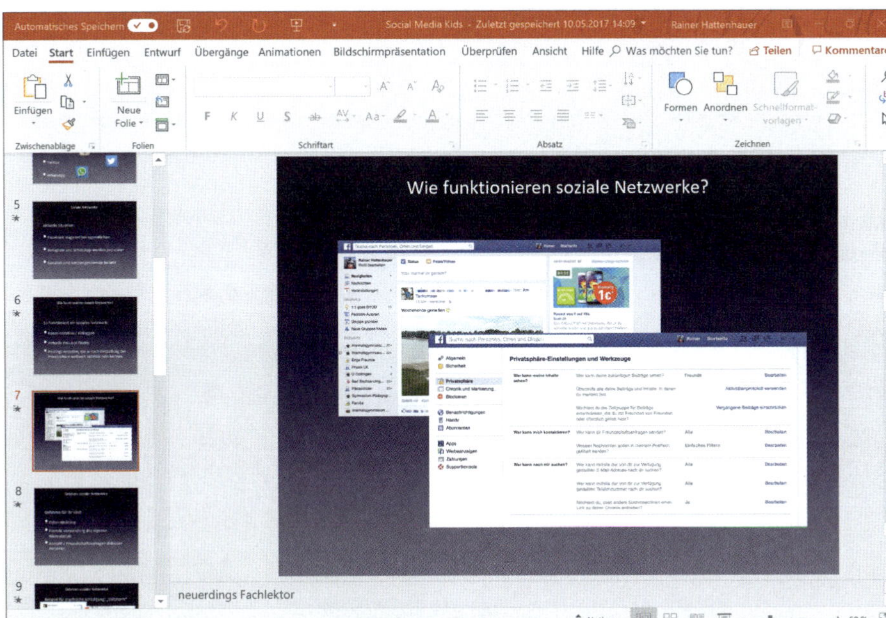

▲ Microsoft PowerPoint

▲ Microsoft Surface

Microsoft Windows

Das meistverbreitete PC-Betriebssystem, mittlerweile in der Version 10 erhältlich.

» siehe Windows

» siehe Übersicht »Windows: die Benutzeroberfläche« auf Seite 429

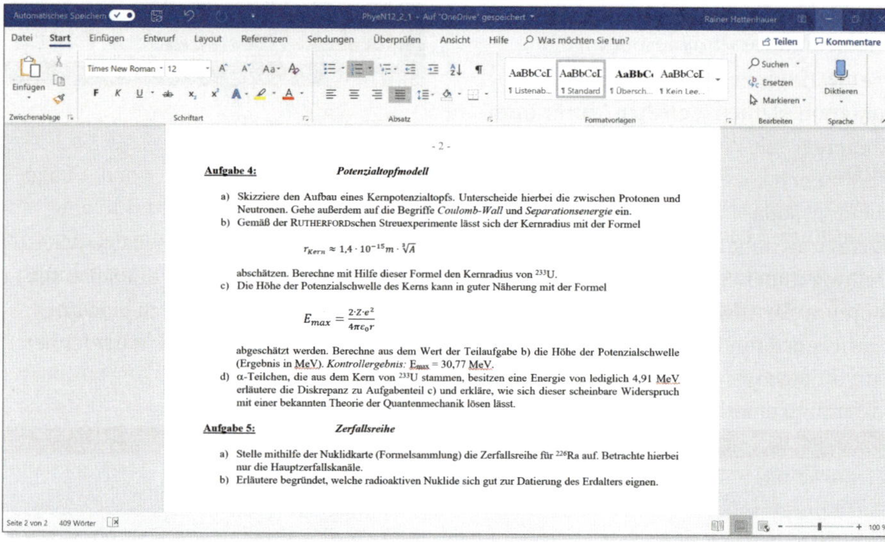

- 2 -

Aufgabe 4: ***Potenzialtopfmodell***

a) Skizziere den Aufbau eines Kernpotenzialtopfs. Unterscheide hierbei die zwischen Protonen und Neutronen. Gehe außerdem auf die Begriffe *Coulomb-Wall* und *Separationsenergie* ein.

b) Gemäß der RUTHERFORDschen Streuexperimente lässt sich der Kernradius mit der Formel

$$r_{Kern} \approx 1{,}4 \cdot 10^{-15} m \cdot \sqrt[3]{A}$$

abschätzen. Berechne mit Hilfe dieser Formel den Kernradius von ^{233}U.

c) Die Höhe der Potenzialschwelle des Kerns kann in guter Näherung mit der Formel

$$E_{max} = \frac{2 \cdot Z \cdot e^2}{4\pi\varepsilon_0 r}$$

abgeschätzt werden. Berechne aus dem Wert der Teilaufgabe b) die Höhe der Potenzialschwelle (Ergebnis in MeV). *Kontrollergebnis:* E_{max} = 30,77 MeV.

d) α-Teilchen, die aus dem Kern von ^{233}U stammen, besitzen eine Energie von lediglich 4,91 MeV erläutere die Diskrepanz zu Aufgabenteil c) und erkläre, wie sich dieser scheinbare Widerspruch mit einer bekannten Theorie der Quantenmechanik lösen lässt.

Aufgabe 5: ***Zerfallsreihe***

a) Stelle mithilfe der Nuklidkarte (Formelsammlung) die Zerfallsreihe für ^{226}Ra auf. Betrachte hierbei nur die Hauptzerfallskanäle.

b) Erläutere begründet, welche radioaktiven Nuklide sich gut zur Datierung des Erdalters eignen.

▲ Microsoft Word

Microsoft Word: Version	Jahr der Einführung	Anmerkungen
1	1983	erste Version, lief seinerzeit noch unter DOS
6.0	1993	eine beliebte Version für Windows, erstmals Vereinheitlichung mit der Versionsnummer für den Mac
97	1997	Urvater der aktuellen Word-Versionen
2003	2003	Bestandteil von Office 2003
2007	2007	Einführung der Ribbons (Menübänder) für verschiedene Funktionen
2010	2010	Weiterentwicklung der Ribbons
2013	2013	letzte alleinstehende Version
2016	2015	Bestandteil von Office 365
2019	2018	Bestandteil von Office 365

Microsoft Word

Das Textverarbeitungsprogramm von Microsoft Office. Word, das aktuell in der Version 2019 vorliegt, ist immer noch das weltweit am häufigsten verwendete Programm, wenn es darum geht, Texte zu erstellen – vom Brief bis zum Buchmanuskript. Eine wesentliche Grundlage sind hierbei sogenannte Formatvorlagen, die den Text einheitlich und professionell gestalten.

MIDI

> Musical Instrument Digital Interface
> Schnittstelle für digitale Musikinstrumente

Wenn Sie am Computer Musik komponieren wollen, können Sie ein spezielles Klaviertastenfeld per MIDI-Schnittstelle (früher eine serielle Schnittstelle, heute meist über einen USB-Anschluss) mit Ihrem PC verbinden. So lassen sich Musikstücke mit einer Klaviatur in spezielle Musikprogramme eingeben.

» siehe Schnittstelle (Interface)

» siehe Übersicht »Ports: Die wichtigsten Anschlüsse am PC« auf Seite 292

Migration/Migrationsassistent

Migration bedeutet, zwischen unterschiedlichen Programmen bzw. Betriebssystemen zu wechseln. Ein Beispiel: Sie haben jahrelang ein Android-Smartphone besessen und möchten sich nun ein iPhone zulegen. Zu diesem Zweck bietet Apple einen Migrationsassistenten (bzw. eine App namens Move) an, der Ihnen dabei hilft, Ihre bisherigen Daten (z.B. Adressen und Telefonnummern) vom alten Gerät auf das neue übertragen zu lassen. In der umgekehrten Richtung bietet Samsung zu diesem Zweck eine App namens Smart Switch an.

Mikroprozessor

Ein Computerbaustein, der in der Lage ist, Berechnungen aller Art durchzuführen und die Daten an die entsprechenden Stellen, an denen sie benötigt werden, weiterzuleiten. Ein bekannter Vertreter der Kategorie Mikroprozessor ist das Herz Ihres PCs, die sogenannte CPU.

» siehe Prozessor (CPU)

Minimieren

Bedeutet, ein geöffnetes Programmfenster so zu verkleinern, dass es nur noch als Symbol auf der Leiste am unteren Bildrand (in Windows die sogenannte Taskleiste) zu sehen ist. Dazu klickt man im oberen Fensterbereich auf das **Minimieren**-Symbol (❶ auf Seite 248), welches sowohl bei Windows als auch bei macOS die Form eines waagerechten Strichs hat. Um das minimierte Programm wieder als Fenster auf den Bildschirm zu befördern, muss man auf sein Symbol in der Leiste klicken. Unter dem Maximieren eines Fensters wird dagegen eine andere Fenster-Funktion verstanden.

» siehe Fenster, Maximieren

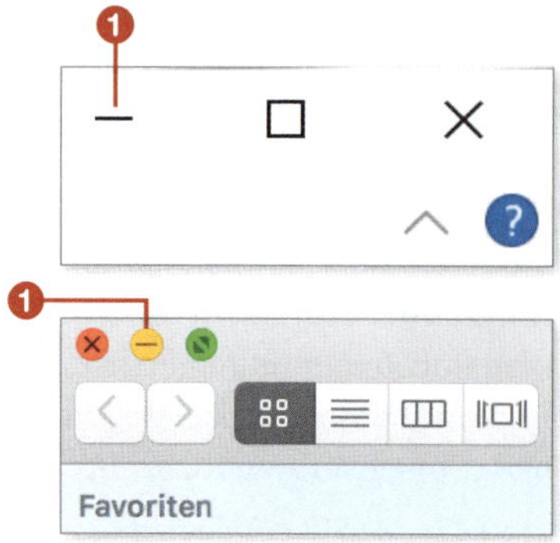

▲ Minimieren

Mining

> Bergbau, Gewinnung, Ausbeutung

» siehe Übersicht »Bitcoin – das digitale Gold« auf Seite 59

Minisymbolleiste

Seit der Version Microsoft Office 2007 steht in den entsprechenden Programmen wie Word und Excel diese Leiste zur Verfügung, mit der direkt an Ort und Stelle die wichtigsten Formatierungen vorgenommen werden können, anstatt sie im umfangreichen Menüband aufzusuchen. Sichtbar wird die Leiste, sobald man z. B. Text markiert hat.

» siehe Markieren, Menüband (Ribbon)

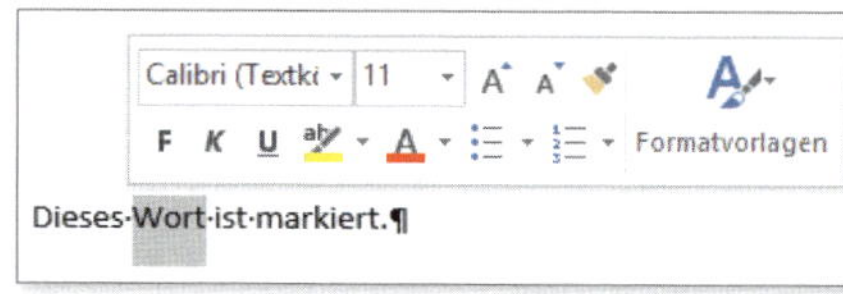

Mission Control

Geht zurück auf einen Begriff für die Flugkontrolle in der Raumfahrt. Apple nennt so die Darstellungsweise in seinem Betriebssystem macOS, mit deren Hilfe man einen Überblick über sämtliche geöffnete Programmfenster in Miniaturansicht ❶ direkt auf der Arbeitsoberfläche (Desktop) erhält. So

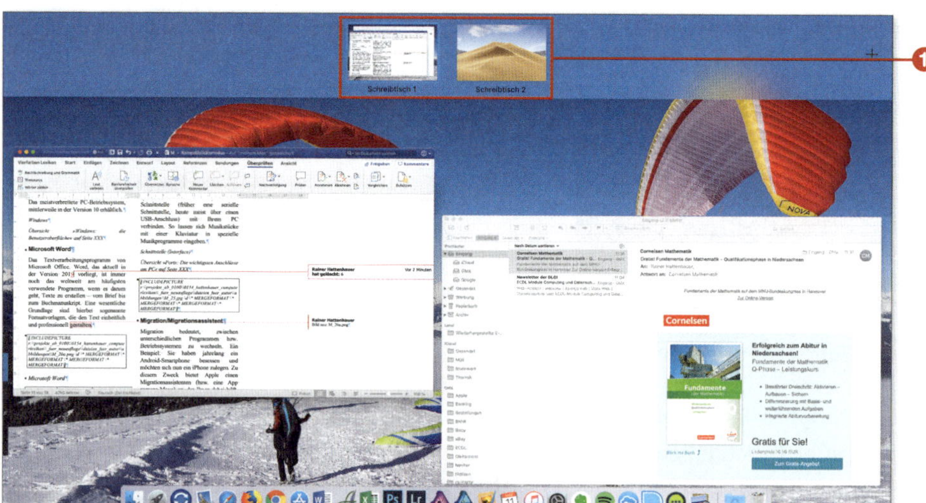

▲ Mission Control

kann bei vielen übereinander geöffneten Programmfenstern schnell ein Wechsel zum gewünschten durchgeführt werden. Um Mission Control zu öffnen, gibt es verschiedene Möglichkeiten. Auf einem Trackpad streicht man dazu einfach mit drei Fingern gleichzeitig nach oben. Ist Mission Control aktiv, so findet man auch im Dock das entsprechende Icon (Programmsymbol). In Windows 10 gibt es dafür aktuell die sogenannte Taskansicht.

» siehe Arbeitsoberfläche (Desktop), Dock, Magic Trackpad, Taskansicht

Mitteilung/Mitteilungszentrale

Im Computerbereich ganz allgemein eine Benachrichtigung, die von Ihrem Betriebssystem stammt. Unter Windows 10 und macOS gibt es dafür eine Mitteilungszentrale, in welcher Sie alle Systembenachrichtigungen und abonnierten Nachrichtenkanäle einsehen können. Bei Windows heißt diese Info-Center.

» siehe Info-Center

Mixed Reality

> Gemischte Realität, Abkürzung: MR

» siehe Übersicht »Virtualität« auf Seite 409

MMS

> Multimedia Messaging Service
> Multimedia-Nachrichtendienst

Ein Dienst der Mobilfunkanbieter, mit dessen Hilfe man Bilder, Tonmitschnitte oder auch Videos an eine gewöhnliche SMS anhängen und verschicken kann. Das Ganze ist insbesondere aus dem Ausland heraus ein recht teurer Spaß. In Deutschland kostet eine MMS derzeit 39 Cent. Die meisten Smartphone-Besitzer tauschen ihre Urlaubsbilder mittlerweile über WhatsApp oder andere Messenger-Programme aus.

» siehe SMS, WhatsApp

MNP

> Mobile Number Portability
> Rufnummernmitnahme

Die Möglichkeit, seine Mobilfunknummer beim Wechsel des Anbieters zum neuen Provider mitzunehmen.

» siehe Anbieter (Provider)

M

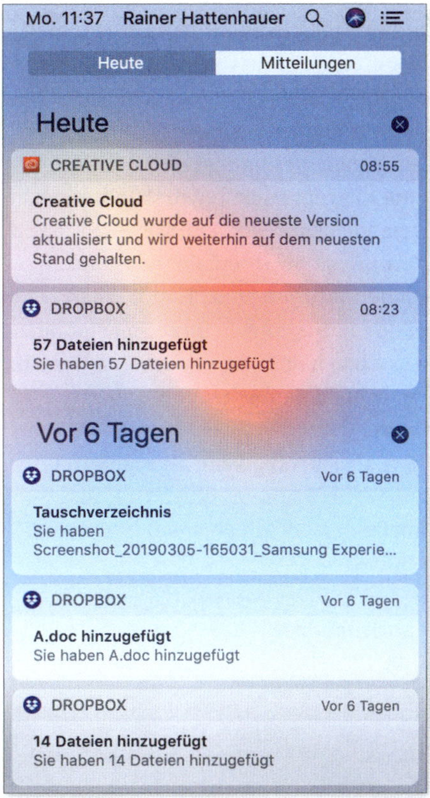

▲ Mitteilung/Mitteilungszentrale

Mobile Computing

Darunter ist die Nutzung portabler (und kabelloser) Computer zu verstehen, seien dies Laptops, Smartphones oder Tablets. Die dadurch ermöglichte mobile Kommunikation (von unterwegs) und mobile Nutzung des Internets sind die wesentlichen Vorzüge des Mobile Computing, das daher zunehmend an Bedeutung gewinnt und die klassische Heimcomputertechnik in punkto Wachstum längst überholt hat.

Mobile Daten

Wichtig, wenn Sie per Smartphone ins Internet gehen wollen: Der mobile Datenzugang muss aktiviert sein. In der Regel ist das automatisch der Fall. Schwieriger ist es, Ihrem Handy abzugewöhnen, permanent die Verbindung zum Internet zu halten und dadurch Daten herunterzuladen, sodass Ihr Kontingent bei Ihrem Provider oft sehr schnell verbraucht ist. Hier können Sie in den Einstellungen Ihres Smartphones Ausschau halten, ob es dort eine Option zur Mobildatenbegrenzung gibt, bzw. immer dann den Zugriff auf das mobile Netz abschalten, wenn alternativ WLAN zur Verfügung steht (etwa zu Hause über einen entsprechenden Internetanschluss).

» siehe Übersicht »Netzwerk: Computernetze knüpfen« auf Seite 263

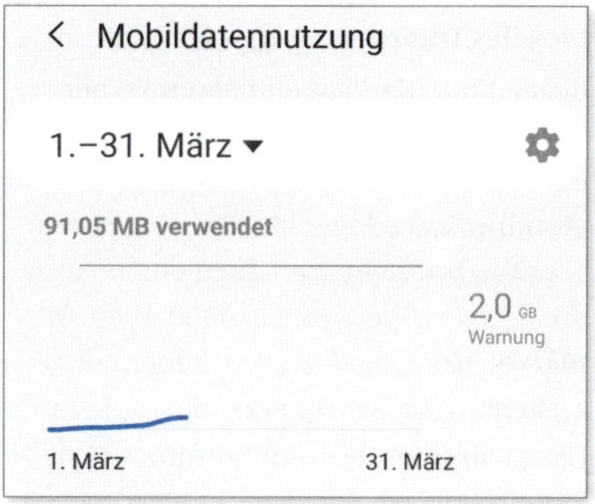

Mobile First

> »Mobile Geräte zuerst«

Trend, dass Internetseiten zunehmend für die Darstellung auf einem mobilen Gerät (Smartphone oder Tablet) optimiert werden, da mittlerweile deutlich mehr Anwender mithilfe eines solchen Geräts online gehen.

» siehe Responsive Webdesign

Mobile Payment

> Mobiles Bezahlen

» siehe siehe Übersicht »Bezahlen – online und mobil mit dem Smartphone« auf Seite 47

Mobiler Hot Spot

> »Mobiler Brennpunkt«

Sie können jedes internetfähige Smartphone in einen mobilen Zugangspunkt für andere Geräte wie z. B. Tablets oder Laptops verwandeln. Das Handy dient dann als mobiler Hot Spot, das Verfahren nennt sich Tethering.

» siehe Hot Spot, Tethering

Mobiles Internet

Bezeichnet den Zugang zum Internet an beliebigen Orten ohne Zuhilfenahme eines Routers, somit also über das Mobilfunknetz.

» siehe Mobile Computing, Router

mTAN

> Mobile Transaktionsnummer

Eine Transaktionsnummer für das Online-Banking, die von der Bank per SMS an Ihr Handy übermittelt wird, z. B. wenn Sie eine Überweisung tätigen möchten. Es gibt verschiedene TAN-Verfahren, die als unterschiedlich sicher gelten.

» siehe Online-Banking, TAN

Mobilfunknetz

Mobiles Netzwerk für die Telefonie, aber auch den Zugang zum Internet per Smartphone. In Deutschland fand die Entwicklung vom einfachen GSM-Netz hin zum Datenturbo LTE statt. In Letzterem können Sie genauso schnell wie im kabelgebundenen Netz im Internet surfen.

» siehe Bandbreite, GSM

Mobilfunktarif

Dieser Tarif bzw. Vertrag bestimmt die Konditionen, zu denen Sie mobil per Handy telefonieren oder im Internet surfen. Einen optimalen Überblick über aktuelle Angebote diverser Anbieter (Provider), insbesondere im Hinblick auf die Nutzung des mobilen Internets, finden Sie unter der Internetadresse *http://www.laptopkarten.de*.

Modem

Ein Gerät, mit dessen Hilfe man vor allem in den Anfangszeiten des Internets über die analoge Telefonleitung Daten übertragen und so eine Verbindung zu anderen Computern hergestellt hat. Bei der Bezeichnung handelt es sich um ein Kunstwort, das die Funktionsweise verdeutlicht: Modem ist eine Abkürzung von Modulator und Demodulator. Da der Computer digitale Signale sendet, müssen diese vor der Übertragung über die Steckdose des Telefonnetzes in analoge umgewandelt (»moduliert«) und anschließend wieder zurückverwandelt (»demoduliert«) werden. Heute verwendet man zur schnellen Datenübertragung Kabel- bzw. DSL-Modems.

Moderierte Newsgroup

Eine Nachrichtengruppe im Internet, in der man sich über spezielle Themen austauscht. Da es hier themenabhängig oft zu hitzigen Diskussionen kommt, wird ein Moderator eingesetzt, der unqualifizierte Bemerkungen löschen und auffällige Teilnehmer ggf. maßregeln kann.

» siehe Newsgroup

Modul

Ein Software- oder Hardwarebaustein, der Teil eines kompletten Systems ist. Beispiele: In einem Computerprogramm sorgt ein Grafikmodul für die Darstellung der Daten auf dem Bildschirm. In einem PC werden Speichermodule in dafür vorgesehene Plätze eingesteckt (siehe die Abbildung auf Seite 252).

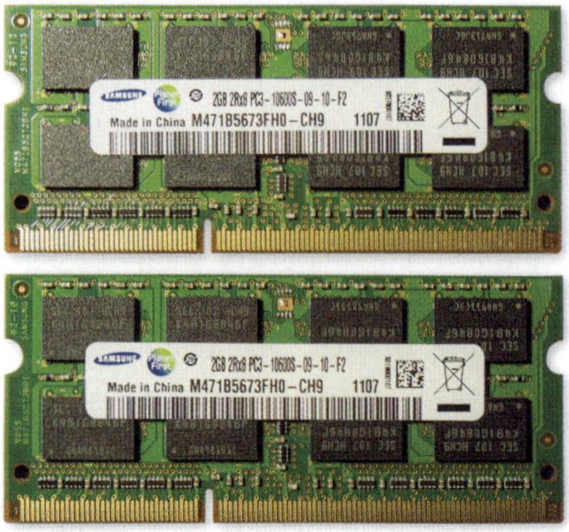

▲ Modul

Monitor

So nennt man den Bildschirm eines PCs. Die Röhrenungetüme des 20. Jahrhunderts haben sich ähnlich wie bei der Entwicklung von Fernsehgeräten mittlerweile zu schicken Flachbildschirmen gemausert, die Bilder und Videos in Ultrahochauflösung präsentieren.

» siehe Auflösung, Bildschirm (Screen)

Mooresches Gesetz

Der Informatiker Gordon Moore formulierte 1965 ein Gesetz, das besagt, dass sich die Anzahl der Transistoren auf einem integrierten Schaltkreis ca. alle ein bis zwei Jahre bei gleicher Baufläche verdoppelt. Für Sie bedeutet das in der Praxis, dass Sie nächstes Jahr einen 64-Gigabyte-USB-Stick für den halben Preis bekommen.

Motherboard

> »Mutterplatine«

» siehe Hauptplatine (Mainboard)

Mouseover

So nennt man den Effekt, dass man etwas auf der Betriebssystemoberfläche zum Vorschein bringt, wenn man mit dem Mauszeiger darüberfährt. In der Regel ist das ein sogenannter Tooltip (bzw. eine Quickinfo: ein kleiner Text, der Aufschluss über die Funktion einer Schaltfläche bzw. eines Symbols geben soll.)

» siehe Mauszeiger

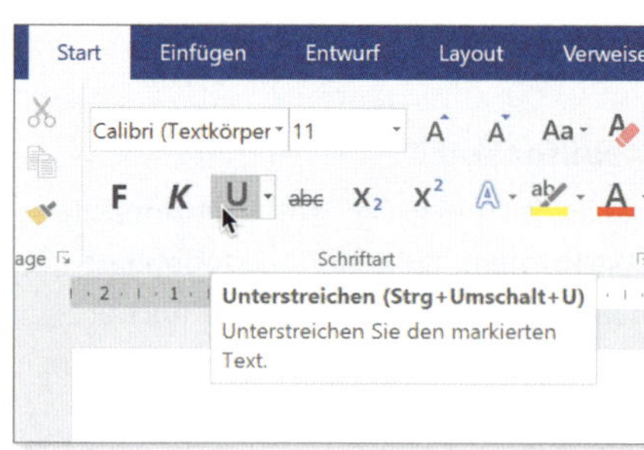

Mousepad

> Mausmatte/Mausunterlage

Eine Unterlage für die Maus, damit diese nicht die schöne Schreibtischoberfläche zerkratzt bzw. damit deren Bewegungen vom Computer besser erkannt werden.

MOV

> Movie file format
> Film-Dateiformat

Dateiendung einer Videodatei, die mit dem Apple-QuickTime-Videostandard erstellt wurde.

» siehe QuickTime, Videoformate

Mozilla Firefox

Der beliebte Browser des sogenannten Mozilla-Projekts, den es für alle populären Betriebssysteme (Windows, Mac etc.) gibt. Firefox ist ein sogenanntes quelloffenes Projekt (Open Source), d.h., die Programmquellen sind für jedermann frei zugänglich.

» siehe Browser, Open Source

Mozilla Thunderbird

Ein E-Mail-Programm des sogenannten Mozilla-Projekts, das Programme als Open Source (»quelloffen«) zur Verfügung stellt. Mit Thunderbird können Sie ähnlich wie mit Microsoft Outlook Ihr elektronisches Postfach verwalten – kostenlos. Mittlerweile wurden auch ein Kalender und eine Terminverwaltung in das Programm integriert.

» siehe Microsoft Outlook, Open Source

MP3

> MPEG-1 Audio Layer 3

Verfahren zur Kompression von Audiodateien, das von Professor Karlheinz Brandenburg am Fraunhofer-Institut Erlangen entwickelt wurde. Zur Verdeutlichung: Eine gewöhnliche Audio-CD fasst etwa 700 Megabyte an Daten. Durch das MP3-Kompressionsverfahren werden diese auf ca. ein Zehntel, also ca. 70 Megabyte reduziert und können dadurch z.B. auch an langsame Internetanschlüsse per Streaming übertragen werden. Der vor einigen Jahren noch verbreitete MP3-Player wird heute zunehmend durch Smartphones ersetzt, die für den mobilen Musikgenuss sorgen.

» siehe Audio-CD, Bit, Streamen/Streaming

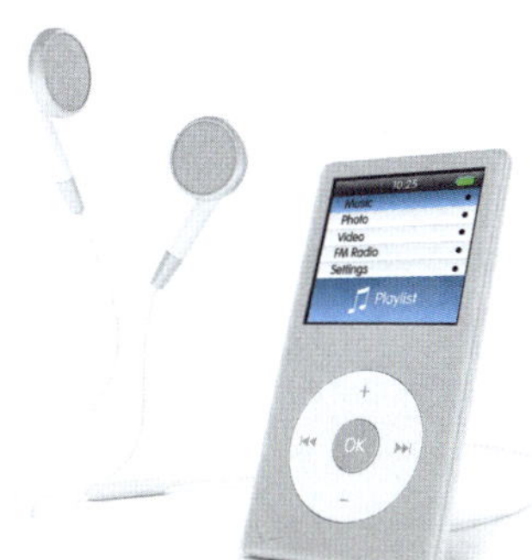

MP3: der psychologische Trick, Datenmengen zu reduzieren

Beim MP3-Audiokompressionsverfahren arbeitet man mit einem sogenannten psychoakustischen Verfahren: Man lässt gezielt Töne weg, die dem menschlichen Gehör im allgemeinen Klangbrei nicht fehlen würden. Das erleben Sie z. B., wenn Sie sich mit Ihrem Gegenüber auf einer lauten Party unterhalten – die Umgebungsgeräusche werden von Ihrem Gehirn automatisch ausgeblendet. Ein ähnliches Verfahren sorgt übrigens dafür, dass Sie den folgenden Text sinngemäß lesen können: n dsm Txt wrdn smtlch Vkl wgglssn. Dnnch st hr Ghrn n dr Lg, dn Txt ngrmßn z vrsthn.

M

MP4

Endung einer Datei, in der sich ein mit dem MPEG-4-Verfahren codiertes Video befindet.

» siehe MPEG

MPEG

> Motion Picture Experts Group
> »Expertengruppe für bewegte Bilder«

Sammelbegriff für diverse Videokompressionsformate. Aktuell werden Filme bevorzugt im Format MPEG-2 (DVDs, DVB) bzw. MPEG-4 (Blu-ray, HDTV) komprimiert.

» siehe Codec, Videoformate

MR

> Mixed Reality

» siehe Übersicht »Virtualität« auf Seite 409

MS-DOS

> Microsoft Disk Operating System
> Microsoft-Betriebssystem für Festplatten

Der Urahne der Windows-Betriebssysteme: Die Rechte für MS-DOS erwarb Microsoft 2981 von IBM. MS-DOS läutete die Ära des PCs in den 1980er-Jahren ein und diente als Basis für die älteren Windows-Versionen von Windows 3.1 bis einschließlich Windows ME.

» siehe Übersicht »Windows: 30 Jahre Geschichte« auf Seite 430

MSN

> The Microsoft Network
> Microsoft-Netzwerk

Das Internetportal von Microsoft, das in den Anfängen von Windows 10 als Startseite erschien, wenn man den Browser Edge geöffnet hat. Heute ist es ein sogenannter Newsfeed, der u. a. aktuelle länderspezifische Nachrichten auf der Startseite in Edge anzeigt. Die Seite MSN selbst erreichen Sie, wenn Sie die Internetadresse *www.msn.com* aufrufen. MSN ist an die Suchmaschine Bing angebunden.

» siehe Bing, Microsoft Edge, Newsfeed

MS-Office

» siehe Microsoft Office/Office Mobile

Multi-Core-Prozessor

> Mehrkernprozessor

Während die älteren PC-Prozessoren (sogenannte CPUs) lediglich über einen Kern verfügten, der dann im Fall von aufwendigen Berechnungen komplett ausgelastet war, besitzen moderne Systeme eine CPU mit mehreren Kernen, welche sich die Berechnungen untereinander aufteilen – echtes Teamwork also. Voraussetzung dafür ist, dass die verwendete Software so programmiert wird, dass auch alle Kerne genutzt werden. Selbst in Smartphones findet man aktuell mindestens Quad-Core-Prozessoren – das sind also CPUs, die vier Kerne besitzen.

» siehe Prozessor (CPU)

» siehe Übersicht »Computer & Co. kaufen« auf Seite 84

Multifunktionsdrucker

Sie werden sich mittlerweile damit schwertun, Drucker im Handel zu finden, die nur drucken können. Vielmehr arbeiten moderne Drucker auch als Kopierer, Scanner und Faxgerät.

» siehe Scanner

Multifunktionsleiste

Die Multifunktionsleiste wird auch Ribbon oder Menüband genannt.

» siehe Menüband (Ribbon)

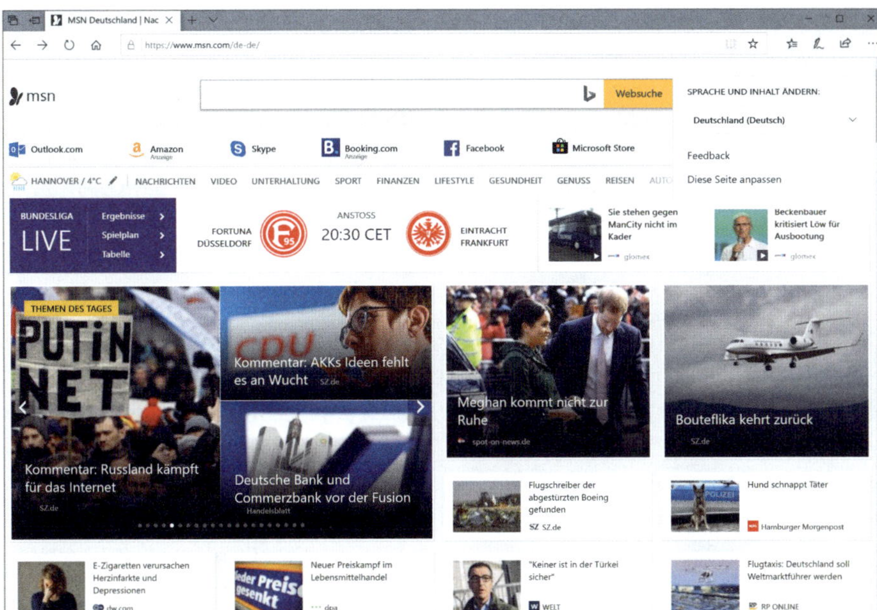

▲ MSN

Multikartenleser

» siehe Kartenleser (CardReader)

Multilayer Disc

Eine CD bzw. DVD, die aus mehreren Schichten besteht, um mehr Daten darauf unterbringen zu können.

» siehe CD-ROM, DVD

Multimedia

> »Mehr bzw. viele Medien«

Sammelbegriff für alles, was mit Informationen und Darbietungen in Bild und Ton zu tun hat. Bei einem multimedialen Vortrag etwa präsentiert man die Inhalte gemischt in Form von Standbildern, Videos und begleitender Musik. Ein Multimedia-PC ist dafür ausgelegt, Medien aller Art wiederzugeben und muss daher entsprechend leistungsfähig sein. Eine Multimedia-Dose, so wie sie beispielsweise bei den Kabelanbietern üblich ist, bündelt Anschlüsse für Kabel-TV, Kabel-Radio und Internet.

Multiroom-System

> Mehrraum-System

Tonanlagen, die Musik in mehrere Räume übertragen. Das ist auch mithilfe von sogenannten smarten Lautsprechern möglich.

» siehe Übersicht »Smart Home« auf Seite 340

Multitasking

> Mehrprogrammbetrieb

Die Fähigkeit eines Computersystems, mehrere Aufgaben scheinbar parallel abzuarbeiten. Wenn Sie beispielweise unter der Dusche ein Lied vor sich hin trällern, dann arbeiten Sie bereits im Multitasking-Modus: Sie waschen sich und singen gleichzeitig. Beim PC und Smartphone erkennen Sie die Multitasking-Fähigkeit daran, dass mehrere Fenster mit unterschiedlichen Inhalten geöffnet sein können.

» siehe Multi Window

Multitouchpad/-touchscreen

Ein Eingabegerät für den Computer bzw. eine Eingabefläche am Mobilgerät, welche die Steuerung des Geräts mittels Mehrfingergesten gestatten. Beim Smartphone ist dies das komplette Display.

» siehe Fingerbedienung/-eingabe, Magic Trackpad

Multi User Mode

> Mehrbenutzermodus

Immer wenn mehrere Benutzer auf ein System zugreifen können, spricht man von einem Multi User Mode. Dieser hat mittlerweile auch auf Smartphones und Tablets Einzug gehalten. Voraussetzung ist die Unterscheidung verschiedener

Benutzerkonten, die der Anwender auf seinem PC selbst einrichten kann.

» siehe Übersicht »Benutzerkonto: unter Windows 10 anlegen« auf Seite 44

Multi Window

> »Mehrere Fenster«

Die Option bei aktuellen Smartphones aus dem Hause Samsung, mehrere Apps parallel darzustellen und somit den Mehrfensterbetrieb auf einem PC zu simulieren. Unter Windows 10 kann man die verschiedenen, meist einander überlagernden Programmfenster über die sogenannte Taskansicht übersichtlich darstellen. Im Apple-Betriebssystem macOS geschieht das über Mission Control.

» siehe Mission Control, Taskansicht

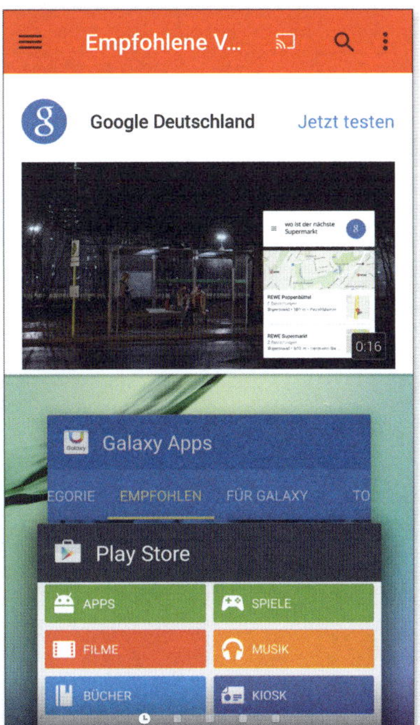

Music (App)

Programm unter Android, das Ihre Musiksammlung auf dem Smartphone verwaltet und darüber hinaus Zugriff auf das Musikangebot des Google Play Stores bietet. Die Musik-App, die in Windows 10 als Kachel im Startmenü zur Verfügung steht, heißt übrigens Groove-Musik.

» siehe Google Play Store

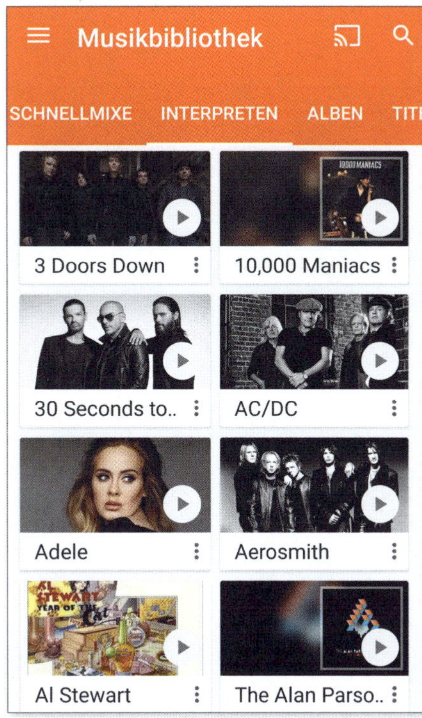

Musicload

Ein Online-Musikanbieter, der eine große Vielzahl von Musikstücken zum Streamen und Downloaden anbietet.

» siehe Herunterladen (Download/Downloaden), Streamen/Streaming

MySQL

Wie der Microsoft SQL Server ein sogenanntes relationales Datenbankverwaltungssystem, das aber auch als Open-Source-Version, d. h. kostenfrei zur Verfügung steht.

» siehe Microsoft SQL Server

M

N

... wie Neustart – Träumen Sie auch manchmal davon, im Leben ganz von vorn zu beginnen? Bei Ihrem PC ist das eine Sache von wenigen Sekunden ...

Nachricht

Sammelbegriff für eingehende Textinformationen. Beispiele sind SMS und WhatsApp-Nachrichten. Im erweiterten Sinn sind auch E-Mails Nachrichten.

» siehe E-Mail, SMS, WhatsApp

Nachrichten (App)

App, um Textnachrichten (SMS) auf dem iPhone oder auf Smartphones von Samsung zu versenden und zu empfangen. Bei den allermeisten Android-Smartphones wurde mittlerweile der Versand der schon vom guten alten Handy bekannten SMS in die App Google Duo integriert.

» siehe Google Duo

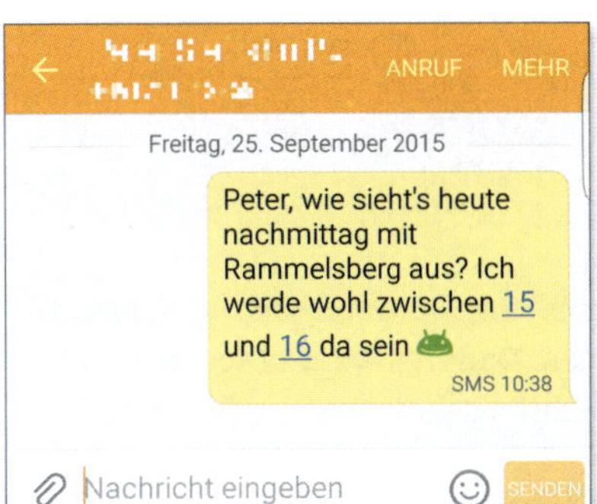

Nano-SIM

Kleinste Form der SIM-Karte, die für die Telefonie in einem Handy bzw. Smartphone benötigt wird. Nahezu alle aktuellen hochpreisigen Geräte (iPhone X, Galaxy S10) benötigen zum Betrieb eine Nano-SIM-Karte. Die Abbildung zeigt von links nach rechts: Mini-SIM, Mikro-SIM und Nano-SIM.

» siehe SIM-Karte

NAS

- Network Attached Storage
- Netzwerkgebundener Speicher

Ein Speichermedium (z. B. eine Festplatte oder ein USB-Stick), welches beispielsweise an einen Router angebunden wird, um den Speicher im ganzen Netzwerk zur Verfügung zu stellen.

» siehe Router

» siehe Übersicht »Cloud und Cloud-Speicherdienste« auf Seite 78

Navigation: So funktioniert's

Mit dem Smartphone zu navigieren und also zu wissen, wo genau man sich gerade befindet und wo es hingehen soll, ist kinderleicht. Die folgenden Schritte sind auf einem Android-Smartphone notwendig, um die eigene Position mit dem eingebauten GPS herauszufinden und anschließend zu einem beliebigen Ort zu navigieren:

1. Aktivieren Sie den GPS-Chip, indem Sie die Statusleiste herunterziehen und die entsprechende Schaltfläche ❶ antippen. Im Beispiel (Smartphone mit Android 9) ist diese mit **Standort** beschriftet.
2. Starten Sie die App Google Maps, und warten Sie einen Augenblick, bis das kleine Lokalisierungssymbol ❷ zu blinken aufhört.
3. Tippen Sie in Maps auf die Lokalisierungsschaltfläche ❸.
4. Möchten Sie nun zu einem Ort navigieren, dann tippen Sie kurz das Navigationssymbol ❹ an und geben im sich öffnenden Dialog einen Zielort ❺ ein.
5. Starten Sie schließlich die Navigation durch Antippen von Starten ❻.

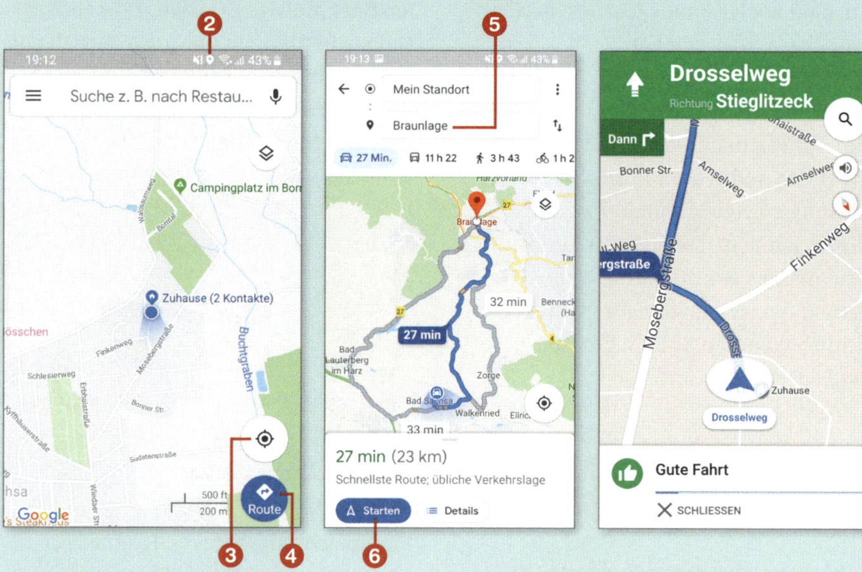

Navigation/Navigationsgerät

Mittlerweile befindet sich in jedem Smartphone ein Chip zum Empfang von GPS-Satellitensignalen, der es ermöglicht, das Gerät zur Navigation zu nutzen. Dadurch werden spezialisierte Navigationsgeräte mehr oder weniger überflüssig.

» siehe GPS

Navigationsbereich/-leiste

Im Windows-Dateimanager Explorer finden Sie links den sogenannten Navigationsbereich, mit dem Sie Dateien und Verzeichnisse per Mausklick auswählen, die dann rechts im Inhaltsbereich angezeigt werden. In der Leiste darüber ❶ können Sie den sogenannten Pfad der jeweils ausgewählten Datei bzw. des Verzeichnisses ablesen und zudem über die Pfeil-Schaltflächen ❷ sowie die kleinen Dreiecke innerhalb der Pfadangabe ❸ durch Ihre Dateiablage navigieren. Bei einem Browserfenster finden Sie in der Leiste oben neben der Adressleiste, in die Sie die Internetadresse eintragen, und ggf. verschiedenen Reitern mit geöffneten Internetseiten (sogenannten Tabs) ebenfalls Pfeil-Schaltflächen ❹, mit deren Hilfe Sie sich durch eine Folge von Internetseiten bewegen können.

» siehe Pfad, Tab

Nerd

Ursprünglich stand das Wort aus dem Amerikanischen für eine Art Trottel, heute verwendet man es eher ehrfürchtig, wenn man damit Menschen bezeichnet, die überdurchschnittliche Fähigkeiten am Computer besitzen. Der beste Freund des Nerds ist sein Computer – was einiges über dessen soziale Kompetenzen aussagt.

Net

> Netz

Englisches Wort für Netzwerke im Allgemeinen. Damit kann sowohl das »Inter-Net« als auch lokale Netzwerke (LANs) gemeint sein.

» siehe Internet, LAN

» siehe .NET auf Seite 458

Netbook

> »Netzbuch«

Ein kleiner, meist leistungstechnisch eher schwacher portabler Computer aus der Kategorie der Notebooks, dessen vorrangige Aufgabe es ist, als permanente Surfstation für das Internet zu dienen oder auch einfache Büroarbeiten durchzuführen. Ein Netbook eignet sich nicht für aufwendige grafikintensive Computerspiele.

» siehe Notebook

Netflix

Ein Videostreaming-Anbieter, der viele spannende amerikanische Fernsehserien im Programm hat.

» siehe Streamen/Streaming

Netikette/Netiquette

Ein Kunstwort aus den Begriffen »Net« für Netz bzw. Netzwerk und »Etikette«. Die Netikette beschreibt den Verhaltenskodex beim Umgang mit anderen Zeitgenossen im Internet. Beispielsweise gehört es vor dem Stellen einer Frage in einem Internetforum zum guten Ton, zunächst einmal die Forumsregeln oder die sogenannten FAQ zu studieren. Übrigens: Wer mal sehen möchte, wie man es nicht machen sollte, der sollte einmal im Forum des Heise-Verlags (*www.heise.de*) die Diskussionen beobachten. Hier prügelt man sich gern verbal.

» siehe FAQ, Forum

N

Netzkabel

Dieses stecken Sie am einen Ende in Ihren Computer, genauer gesagt, in sein Netzteil, und am anderen Ende in eine Steckdose und versorgen Ihren Desktop-Computer dadurch mit dem für seinen Betrieb dauerhaft notwendigen Strom. Ein Laptop dagegen muss, wenn seine Akkus aufgeladen sind, nicht permanent mit dem Netzkabel an den Strom angeschlossen sein – das macht ihn zu einem portablen Gerät. Auch die Akkus in Smartphones und Tablets werden bei Bedarf über ein entsprechendes Ladegerät aufgeladen.

» siehe Netzteil

» siehe Übersicht »Ports: Die wichtigsten Anschlüsse am PC« auf Seite 292

Netzlaufwerk

Eine Festplatte bzw. ein Festplattenbereich, der durch einen Server in einem Netzwerk als Speicher zur Verfügung gestellt wird.

» siehe NAS

Netzneutralität

Prinzipiell bedeutet Netzneutralität, dass das Internet und seine Dienste allen Menschen »gehört«. Freilich wollen dieses Prinzip einige Internetkonzerne derart aushebeln, dass man gegen Bezahlung bevorzugt behandelt werden soll, also beispielsweise Downloads schneller erhält. Das Internet droht somit, sich in ein Zweiklassensystem zu verwandeln.

Netz-SSID

» siehe SSID

Netzteil

Dieses Bauteil in Ihrem Computer, an das Sie das Netzkabel anschließen, versorgt Ihren PC mit dem notwendigen Strom, indem es die haushaltsübliche Spannung von 230 Volt auf die PC-verträgliche Spannung von 3 bis 5 Volt heruntertransformiert. Auch Laptops besitzen (in aller Regel externe, also nicht im Computer eingebaute) Netzteile, die per Kabel mit Strom versorgt werden können. Die externen Netzteile bei Smartphones und Tablets kommen zum Aufladen der Akkus in die Steckdose und werden zuvor mit einem USB-Kabel mit dem jeweiligen Gerät verbunden.

» siehe Laden, Netzkabel, USB/USB-Stick

» siehe Übersicht »Computer & Co. kaufen« auf Seite 84

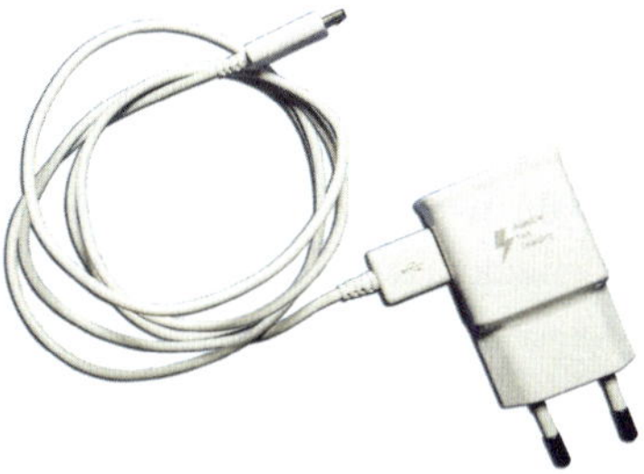

Netzwerk

Ohne die Anbindung an ein Netzwerk nutzen Sie Ihren PC nur zu einem Bruchteil. Die Grafik in der nebenstehenden Übersicht »Netzwerk: Computernetze knüpfen« zeigt Ihnen grob, wie eine solche Vernetzung aussieht. Auch einen Drucker kann man in ein solches Netzwerk einbinden, sodass verschiedene Personen auf ein Gerät zugreifen können.

Netzwerkanschluss

Hier ❶ stecken Sie das Netzwerkkabel ein, um Ihren PC mit dem Router zu verbinden und somit eine Verbindung zum Internet herzustellen.

» siehe Netzwerkkabel, Router

» siehe Übersicht »Ports: Die wichtigsten Anschlüsse am PC« auf Seite 292

Netzwerk: Computernetze knüpfen

Mittlerweile ist es auch für Laien machbar, ein Computernetz in den eigenen vier Wänden zu knüpfen. Alles, was Sie dazu benötigen, sind ein Router, der die Verbindung zum Internet herstellt, und ggf. einige LAN-Kabel. Mobile Geräte werden per drahtloses Funknetz (WLAN) an den Router angebunden. Stationäre Computer (Desktop-Computer) verbindet man am besten per LAN-Kabel mit dem Router, dadurch ist die Netzanbindung um einiges schneller. Die Konfiguration des Routers übernimmt im Normalfall Ihr Internetprovider.

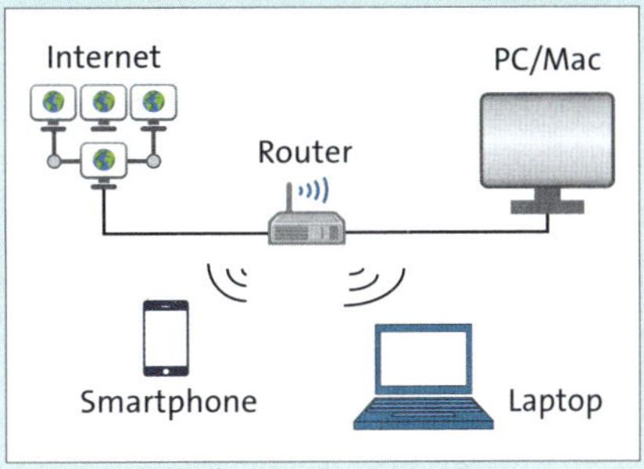

Netzwerkkabel

Das eine Ende des Netzwerkkabels stecken Sie in den Netzwerkanschluss Ihres Computers, das andere kommt in den Router, um ein lokales Netzwerk (LAN) und damit die Verbindung Ihres PCs mit dem Internet herzustellen. Dieses Kabel (siehe die Abbilung auf Seite 264) wird auch Ethernet-Kabel genannt, weil in Fachkreisen eher von Ethernet als von LAN die Rede ist.

» siehe Ethernet, LAN, Netzwerkanschluss, Router

N

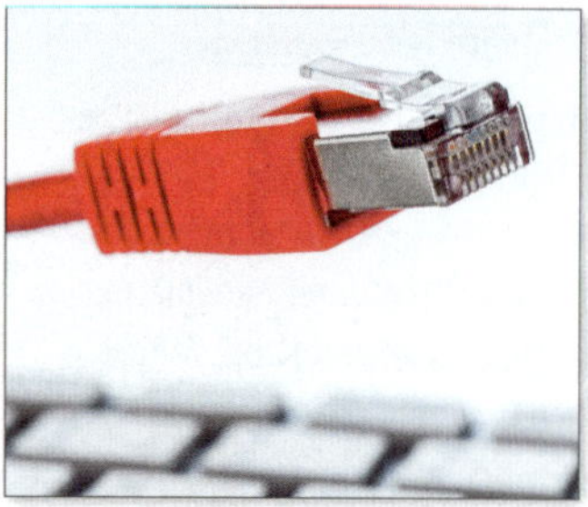

▲ Netzwerkkabel

Neu aufsetzen

Ein beliebtes Spiel in den »guten alten« Windows-Zeiten (Versionen 95, 98, 2000, XP): Wenn das Betriebssystem immer träger wurde, installierte man es einfach neu. Das nannte man dann »neu aufsetzen«. Dann allerdings waren sämtliche mühsam getätigten Konfigurationen des Rechners und die nachinstallierten Programme futsch. Solch ein Neuaufsetzen konnte dann schon mal ein Wochenende in Anspruch nehmen. Das ist heute glücklicherweise nicht mehr notwendig: Die aktuellen Betriebssysteme laufen auch nach Jahren noch wie am ersten Tag.

» siehe Konfigurieren

» siehe Übersicht »Windows: 30 Jahre Geschichte« auf Seite 430

Neue Datei

In fast jedem Office- oder Grafikprogramm haben Sie die Möglichkeit, eine neue Datei aus dem Programm heraus zu erstellen. Im Textverarbeitungsprogramm Microsoft Word z. B. geschieht das in der sogenannten Backstage-Ansicht (engl. Backstage = »hinter der Bühne/hinter den Kulissen«), die über das Register **Datei** im Menüband aufgerufen wird, und über die Auswahl der Schaltfläche **Neu**. Anschließend haben Sie die Wahl zwischen **Leeres Dokument** und verschiedenen Formatvorlagen.

» siehe Formatvorlage, Menüband (Ribbon)

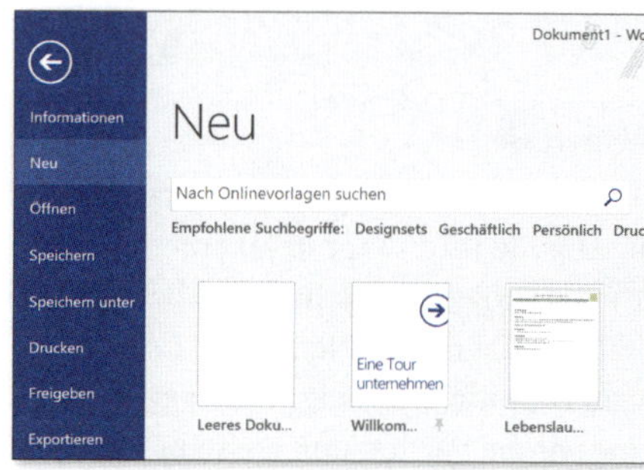

Neuer Ordner

Einen neuen Ordner können Sie jederzeit in Ihrem Dateimanager (in Windows im Explorer) u. a. über eine entsprechende Schaltfläche im Menüband oder auf der Systemoberfläche erstellen, indem Sie einen Rechtsklick mit der Maus auf dem Desktop durchführen und dann im erscheinenden Kontextmenü **Neu ▸ Ordner** wählen.

» siehe Arbeitsoberfläche (Desktop), Explorer, Mausklick

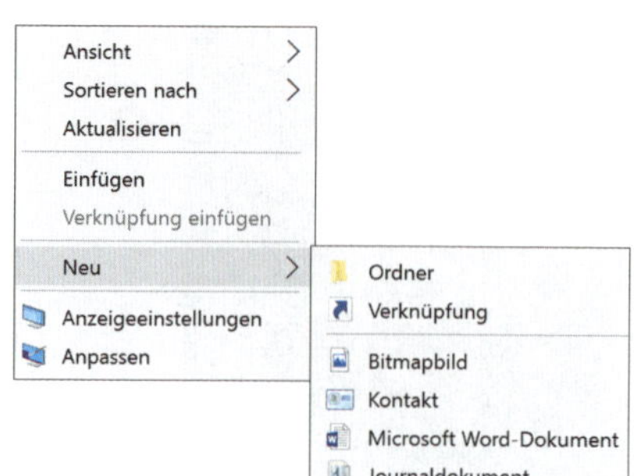

Neustart/Neu starten

> engl. Reboot/Rebooten

Wenn nichts mehr am PC, Laptop, Smartphone oder Tablet geht: Ein Neustart wirkt oft Wunder. Dabei wird der Systemzwischenspeicher geleert, und so werden die Probleme beseitigt. Die Option **Neu starten** rufen Sie in Windows mit einem Mausklick auf die Schaltfläche **Ein/Aus** auf.

» siehe Zurücksetzen (Reset)

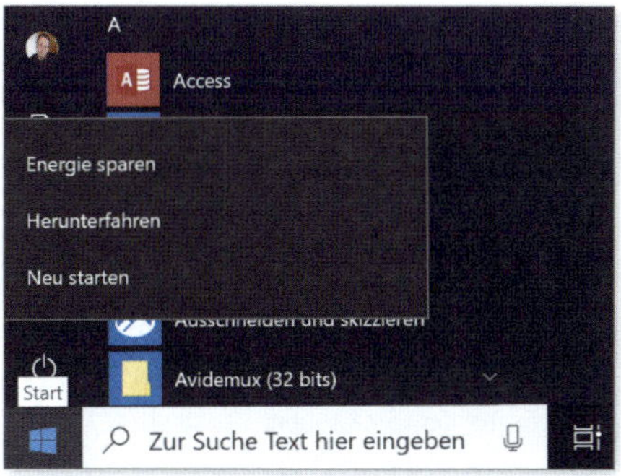

News (App)

> Nachrichten (App)

Eine App, welche die neuesten Nachrichten aus verschiedenen Quellen in Form einer Übersicht präsentiert. Die Nachrichtenquellen können Sie dabei in der Regel selbst auswählen. In Windows 10 trägt die App die Bezeichnung **Microsoft News – Nachrichten** und ist unter der englischen Kurzbezeichnung **News** bereits im Startmenü als Kachel vorhanden. Hinter der App mit der deutschen Bezeichnung **Nachrichten** steht dagegen ein Dienst, der in bestimmten Fällen SMS am PC anzeigt.

» siehe SMS, Startmenü

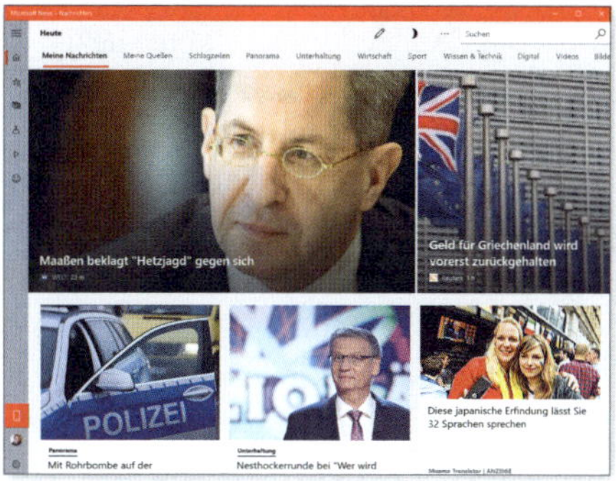

Newsfeed

> Nachrichtenkanal

Ein Nachrichtenkanal stellt Informationen in handlichen, kurzen Stichworten zur Verfügung. Zur Darstellung eines Newsfeeds benötigen Sie einen Newsreader bzw. eine News-App.

» siehe News (App), Newsreader

Newsgroup

> Nachrichtengruppe

Ein Nachrichtenforum, in dem sich Gleichgesinnte zu beliebigen Themen austauschen. Dabei werden die Beiträge als elektronische Nachricht einem größeren Publikum zur Verfügung gestellt. Um an dem bewegten Leben einer Newsgroup teilnehmen zu können, benötigen Sie einen Newsreader. Der Bereich des Internets, in dem sich die Newsgroups tummeln, heißt übrigens Usenet.

» siehe Forum, Newsreader, Usenet

Newsletter

> »Brief mit Nachrichten/Neuigkeiten«

Ein Newsletter ist im Grunde nichts anderes als eine E-Mail, die an eine große Anzahl von Empfängern geschickt wird, die Neuigkeiten zu einem speziellen Thema erhalten möchten. Sehr beliebt sind Newsletter als Werbeträger von Firmen. Darin werden Sie dann in der Regel über Produkte und Sonderangebote informiert. Newsletter können allerdings auch manchmal recht nervig sein. Am Ende eines jeden Newsletters finden Sie daher einen Link, um sich ggf. aus dem Verteiler abzumelden.

» siehe E-Mail

Newsreader

› »Lesegerät für Nachrichten«

Eine App bzw. ein Programm, mit dessen Hilfe man Inhalte von Nachrichtengruppen (sogenannten Newsgroup bzw. halb eingedeutscht auch Newsgruppen) lesen kann. Ein klassisches Beispiel ist der universelle Mail- und Newsreader Mozilla Thunderbird. Um auf eine Newsgruppe zugreifen zu können, muss in Thunderbird zunächst ein Konto für einen Newsserver erstellt werden.

» siehe Mozilla Thunderbird

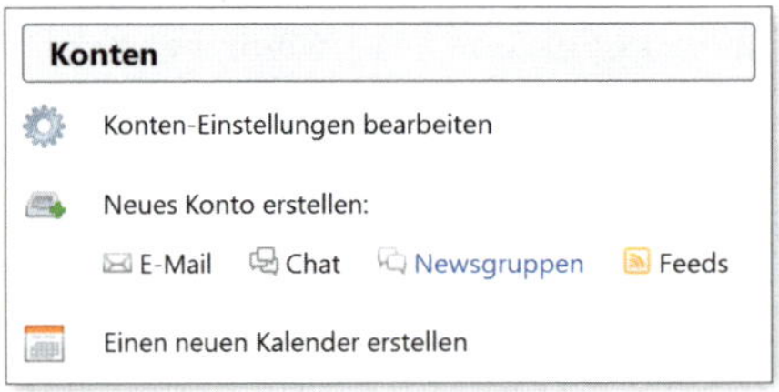

Next

» siehe Weiter-Schaltfläche

Nextcloud

› »Die nächste Wolke«

Eine spezielle Software zur Bereitstellung einer eigenen Datenwolke (Cloud).

» siehe Übersicht »Cloud und Cloud-Speicherdienste« auf Seite 78

NFC

› Near Field Communication
› Nahfeldkommunikation

Ein spezieller Übertragungsstandard, der dafür sorgt, dass Sie mit Ihrem Smartphone mittlerweile auch an der Supermarktkasse bezahlen können. Dazu wird das Handy in die Nähe eines passenden Empfängers an der Kasse gebracht, und die notwendigen Zahlungsdaten werden per Kurzstreckenfunk übertragen.

» siehe Übersicht »Bezahlen – online und mobil mit dem Smartphone« auf Seite 47

Nickname

› Spitzname

Insbesondere wenn man im Internet mehr oder weniger anonym unterwegs sein will, legt man sich einen Nicknamen zu, z. B. »Ted I. Bär«. Dieser schafft dann in Verbindung mit einem Avatar eine neue Existenz, mit der man unerkannt bleibt.

» siehe Avatar

Notch

› Nut

Aussparung im Display eines Smartphones, die es gestattet, die Frontkamera platzsparend im Bildschirm unterzubringen. Zu finden ist sie u. a. beim iPhone X. Eine andere Variante ist das Infinity-O-

Display, bei dem sogar nur ein kleines Loch (dafür steht das O) im Display für die Kamera ausgespart wird.

» siehe Infinity-O-Display, iPhone

Notebook

› »Notizbuch«

Tragbarer Computer mit aufklappbarem Display. Ein anderes Wort für Notebook ist Laptop.

Notfalldatenträger

Wenn Ihr Computer gar nicht mehr starten will, dann haben Sie über einen Notfalldatenträger (auch Systemreparaturdatenträger genannt) noch die Chance, »von außen« auf das Betriebssystem zuzugreifen. Unter diesem Stichwort finden Sie im Internet entsprechende Anleitungen. In Windows 10 benötigen Sie dafür eine leere CD oder DVD. Geben Sie »Systemsteuerung« in das Cortana-Suchfeld der Taskleiste ein. Wählen Sie **Sichern und Wiederherstellen (Windows 7)**. Lassen Sie sich nicht von der Versionsbezeichnung Windows 7 irritieren, die Sicherung bezieht sich auf Windows 10. Wählen Sie **Systemreparaturdatenträger erstellen**, bestätigen Sie den folgenden Dialog der Benutzerkontensteuerung mit **Ja**, und folgen Sie den weiteren Anweisungen (CD oder DVD ins Laufwerk des Computers einlegen). Klicken Sie schließlich auf **Datenträger erstellen**. Ihre persönlichen Dateien und Programme aber werden auf diese Weise nicht mitgesichert und wären in einem solchen Notfall tatsächlich verloren – diese sollten Sie also grundsätzlich auf einer externen Festplatte sichern. Denn eine Sicherung sowohl des Betriebssystems (Windows) als auch Ihrer persönlichen Dateien würde die Erstellung eines Systemabbilds in Form einer sogenannten ISO-Datei erfordern, was aber ein sehr komplexer Vorgang ist.

» siehe ISO-Datei/ISO-Image, Sichern/Sicherung, Wiederherstellung (Restore), Zurücksetzen (Reset)

Notiz

Einen Gedankengang oder eine Liste können Sie auch digital festhalten. Dazu verwenden Sie ein spezielles Notiz-Programm wie Microsoft OneNote oder eine auf dem Computer vorinstallierte App für Notizen.

» siehe Microsoft OneNote

Notizen (App)

Sowohl auf dem Smartphone als auch auf PCs vorhandene App, mit deren Hilfe man typische Notizen (z. B. Einkaufslisten oder Gedankenstützen) erstellen kann. In Windows 10 gibt es dafür die App **Sticky Notes** (Haftnotizen), die Sie über die Cortana-Suchfunktion in der Taskleiste aufrufen können.

» siehe Memo (App)

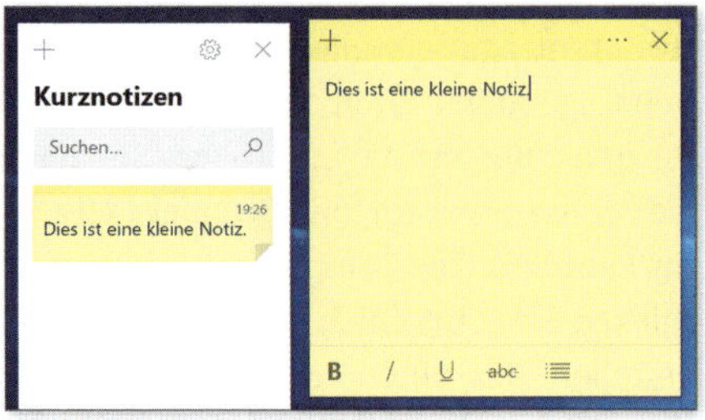

▲ Notizen (App)

NPU

> Neural Processing Unit
> Neurale verarbeitende Einheit

Spezieller Chip, der im Bereich der künstlichen Intelligenz eingesetzt wird, um Berechnungen, die an der Struktur des menschlichen Gehirns angelehnt sind, optimal berechnen zu können.

» siehe Übersicht »Künstliche Intelligenz« auf Seite 218

NTFS

> New Technology File System
> »Dateisystem nach neuer Technologie«

Standarddateisystem von Microsoft, welches seit der Windows-Version NT (dem Vorfahren von Windows 2000) verwendet wird.

» siehe Dateisystem

Numbers

> »Zahlen«

Tabellenkalkulationsprogramm für Apples macOS und iOS, welches Daten optisch ansprechend aufbereiten kann. Numbers wird mittlerweile mit allen aktuellen Apple-Computern mitgeliefert.

» siehe iOS, macOS, Microsoft Excel, Tabellenkalkulation

NumLock-Taste

Mithilfe dieser Taste ❶ aktivieren bzw. deaktivieren (von engl. »lock« für »abschließen«) Sie den Zahlen- bzw. Nummernblock auf einer PC-Tastatur. Ist die Funktion nicht gewählt, dann arbeitet der Block als Steuerfeld für die Cursor-Tasten.

» siehe Nummernblock, Pfeil-Tasten (Cursor-Tasten)

Nummernblock

Ein Tastenblock auf der PC-Tastatur, auf dem sich Zahlen befinden. Um diese einzugeben, muss zuvor die NumLock-Taste ❶ einmal betätigt werden. Die Aktivierung erkennen Sie an dem leuchtenden Lämpchen darüber.

Nutzer

» siehe Benutzer

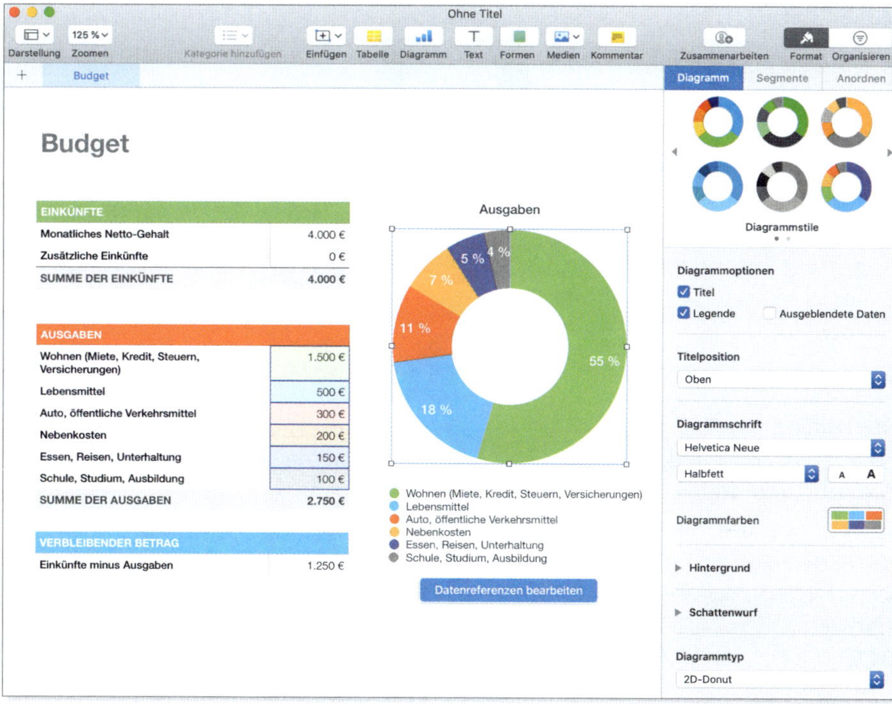

Ohne Titel
Darstellung
Zoomen
Kategorie hinzufügen
Einfügen
Tabelle
Diagramm
Text
Formen
Medien
Kommentar
Zusammenarbeiten
Format
Organisieren
Budget
Diagramm
Segmente
Anordnen
Budget
EINKÜNFTE
Monatliches Netto-Gehalt 4.000 €
Zusätzliche Einkünfte 0 €
SUMME DER EINKÜNFTE 4.000 €
AUSGABEN
Wohnen (Miete, Kredit, Steuern, Versicherungen) 1.500 €
Lebensmittel 500 €
Auto, öffentliche Verkehrsmittel 300 €
Nebenkosten 200 €
Essen, Reisen, Unterhaltung 150 €
Schule, Studium, Ausbildung 100 €
SUMME DER AUSGABEN 2.750 €
VERBLEIBENDER BETRAG
Einkünfte minus Ausgaben 1.250 €
Ausgaben
55 %
18 %
11 %
7 %
5 %
4 %
Wohnen (Miete, Kredit, Steuern, Versicherungen)
Lebensmittel
Auto, öffentliche Verkehrsmittel
Nebenkosten
Essen, Reisen, Unterhaltung
Schule, Studium, Ausbildung
Datenreferenzen bearbeiten
Diagrammstile
Diagrammoptionen
Titel
Legende
Ausgeblendete Daten
Titelposition
Oben
Diagrammschrift
Helvetica Neue
Halbfett
Diagrammfarben
Hintergrund
Schattenwurf
Diagrammtyp
2D-Donut

▲ Numbers

N

O

... wie Ordner – quasi der Türsteher auf Ihrem Computer. Mit Ordnern sorgen Sie dafür, dass sich Ihre Daten ordentlich benehmen.

O

Oberfläche

Damit ist die Gestalt Ihres Betriebssystems gemeint: wie der Startbildschirm aussieht, wie sich die einzelnen Fenster präsentieren etc.

» siehe Arbeitsoberfläche (Desktop)

OCR

> Optical Character Recognition
> Texterkennung

Wäre das nicht schön? Sie besitzen einen Textausdruck und müssten diesen eigentlich abtippen. Stattdessen scannen Sie den Text ein, und Ihr PC wandelt die erkannten Buchstaben in Zeichen um, die Sie weiter bearbeiten können. Genau dies leisten OCR-Programme in Verbindung mit einem Scanner bzw. einer entsprechenden App auf dem Smartphone.

» siehe Scanner

Öffentlich/Öffentliches Verzeichnis

Bereiche auf dem PC, auf welche andere Benutzer per Netzwerk Zugriff erhalten, nennt man öffentlich. Ein typisches Beispiel ist die Heimnetzgruppe und deren öffentlich freigegebene Verzeichnisse unter Windows.

» siehe Heimnetzgruppe, Verzeichnis

Öffnen

> engl. Open

Wenn Sie z. B. einen Text in einer Textverarbeitung bearbeiten möchten, dann müssen Sie diesen zunächst in das entsprechende Programm laden. Den Vorgang, bei dem Dateien in die zugehörigen Programme geladen werden, bezeichnet man als Öffnen. Sie finden daher stets einen entsprechenden Punkt im **Datei**-Menü des Programms. Über den Befehl **Öffnen mit**, den Sie im Kontextmenü zu einer Datei finden, das Sie per Rechtsklick aufrufen, können Sie häufig ein Programm aus verschiedenen Optionen wählen, mit dem die Datei geöffnet werden soll, ein Bild also z. B. mit dem Programm Windows-Fotoanzeige statt mit der Fotos-App.

OEM-Software

> Original Equipment Manufacturer
> Erstausrüster-Software

Hersteller von Computersystemen bekommen Software zu Vorzugspreisen. In diesen Genuss können auch Sie kommen, wenn Sie sogenannte OEM-Software erwerben. Danach können Sie im Internet suchen. Geben Sie dazu in Google die Suchwörter »OEM« sowie den Programmnamen gleich dahinter ein. Nachteil der OEM-Programme: Sie erwerben damit in der Regel keinen Anspruch auf Hilfestellung (Support) vom Hersteller. Erwerben Sie einen PC mit vorinstallierter OEM-Software, so liegt diesem in der Regel auch kein Datenträger wie eine CD bei.

» siehe Bulk-Software

Office/Office Mobile/Office 365

» siehe Microsoft Office/Office Mobile

Offline

> Nicht am Netz

Immer wenn Sie Ihre Verbindung vom Internet gekappt haben, z. B. durch Auswahl des Flugzeugmodus ❶ auf Ihrem Smartphone, sind Sie offline, d. h. nicht mit dem Internet verbunden. Daher heißt die entsprechende Schaltfläche auf manchen Smartphones **Offline-Modus**. Der entsprechende Gegenbegriff lautet »online«.

» siehe Flugzeugmodus, Online

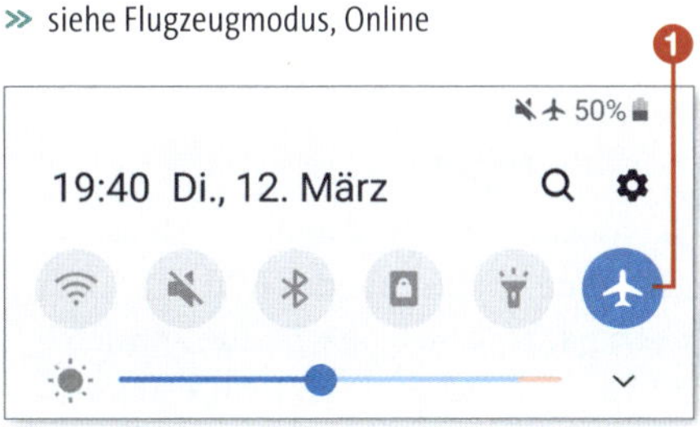

OK Google

Kommando zur Aktivierung von Googles Suchassistenten Google Assistant: Geben Sie per Sprache einfach den Befehl »OK Google« ein, gefolgt von einer beliebigen Frage auf Ihrem Android-Smartphone. Das System steht Ihnen dann Rede und Antwort. Der Google-Assistent verbirgt sich hinter dem entsprechenden Widget auf dem Android-Startbildschirm.

» siehe Google Assistant, Widget

OK-Schaltfläche

Unter Windows übliche Schaltfläche, um eine Aktion bzw. einen Dialog zu bestätigen.

▲ OK-Schaltfläche

OLE

> Object Linking and Embedding
> Objekte verknüpfen und einbetten

Sie möchten ein Bild in einen Fließtext einbauen, sodass Sie das Bild ggf. auch noch nachträglich bearbeiten können? Dann verwenden Sie OLE: Fügen Sie das Bild über das **Einfügen**-Menü in Ihren Text ein. Wenn Sie das Bild nun noch verändern möchten, dann können Sie das über entsprechende Werkzeuge innerhalb der Textverarbeitung per OLE tun.

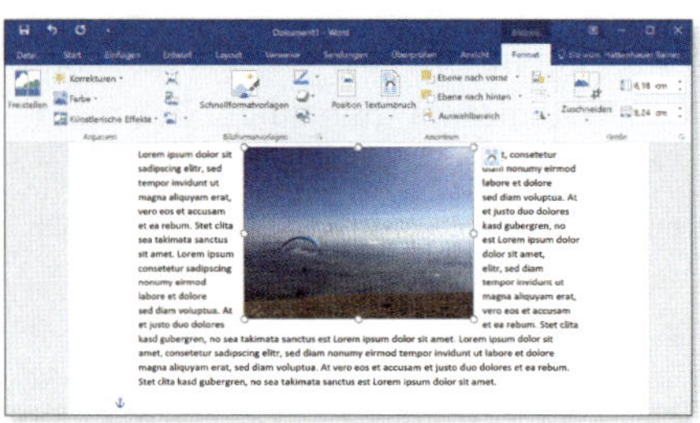

Onboard

> »Auf der Platine«

Bezeichnung für Bauteile, die sich bereits bei der Auslieferung auf der Hauptplatine eines Computers befinden, wie z. B. ein Grafikchip oder ein WLAN-Modul.

» siehe Hauptplatine (Mainboard)

OneDrive

> »Ein Laufwerk«

Microsofts Cloud-Lösung zum Speichern von Daten im Internet, sodass von jedem beliebigen Ort aus darauf zugegriffen werden kann. OneDrive ist in Windows 10 in den Explorer integriert worden und kann wie ein lokaler Speicher angesprochen werden. Die Einrichtung von OneDrive unter Windows ist ähnlich einfach wie diejenige des Konkurrenzdienstes Dropbox.

» siehe Dropbox/Dropbox-Konto

» siehe Übersicht »Cloud und Cloud-Speicherdienste« auf Seite 78

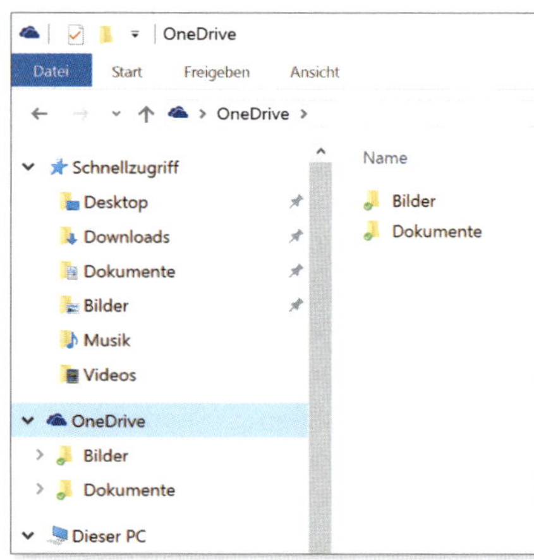

OneNote

» siehe Microsoft OneNote

Online

> Eingeschaltet/angeschlossen

Immer wenn Sie mit Ihrem Gerät (PC, Smartphone, Tablet) mit dem Internet verbunden sind, sind Sie online. Nur so können Sie E-Mails abrufen, im Netz surfen oder WhatsApp-Nachrichten empfangen. Der entsprechende Gegenbegriff lautet »offline«.

» siehe Offline

Online-Auktion

Hier können Sie gebrauchte oder neuwertige Artikel zu günstigen Preisen erstehen und auch selbst den Dachspeicher gegen Bares leer räumen. Die klassische Auktionsplattform ist E-Bay (in der Eigennamenschreibweise: eBay).

» siehe E-Bay

Online-Banking

Alles rund ums Geld online erledigen: Ob Überweisungen zu tätigen oder Aktien zu kaufen sind, all dies ist mittlerweile per Internet möglich. Alles, was Sie dafür benötigen, ist eine PIN (persönliche Identifikationsnummer) von Ihrer Bank. Für jede Überweisung benötigen Sie zusätzlich eine TAN (Transaktionsnummer). Als besonders sicheres Verfahren gilt dabei HBCI.

» siehe HBCI, PIN, TAN

» siehe Übersicht »Bezahlen – online und auf dem Smartphone« auf Seite 47

Online-Bilderdienst

Damit können Sie Ihre digitalen Bilder zu Papier bringen. Ein bekanntes Beispiel ist hier der CEWE-Bilderdienst, aber auch bei ALDI und Rossmann können Sie online die Entwicklung Ihrer Bilder beauftragen. Eine andere Variante sind Bilder-Communitys wie beispielsweise Flickr. Hier können Sie Ihre Aufnahmen in der Cloud speichern, diese mit anderen Nutzern teilen und von jedem Ort der Welt darauf zugreifen.

» siehe Cloud (Computing), Flickr

Online-Buchhandel

Damit ist Amazon groß geworden: mit dem Verkauf von Büchern über das Internet. Bekanntermaßen hat der Versandriese mittlerweile alle erdenklichen Artikel im Angebot, und Bücher kauft man dort auch nicht mehr ausschließlich auf Papier, sondern zunehmend auch als E-Book für den hauseigenen Kindle E-Book-Reader.

» siehe E-Book, E-Book-Reader

Online-Community

> Online-Gemeinschaft

Eine Gemeinschaft, die ähnliche Interessen hat und sich über eine Internetseite austauscht. Das kann z. B. ein Forum sein. Die größte bekannte Internet-Community ist Facebook.

» siehe Facebook, Forum

Online-Lexikon

Das Gegenteil dessen, was Sie gerade in der Hand halten: In einem Online-Lexikon werden Begriffe und Sachverhalte auf einer Internetseite erklärt. Ein Beispiel hierfür ist die allseits bekannte und beliebte Wikipedia-Seite *www.wikipedia.de*. Der Vorteil eines Online-Lexikons gegenüber seinen gedruckten Verwandten ist die ständige Möglichkeit zur Aktualisierung. Der Nachteil ist, dass infolge des raschen Informationsflusses und der häufig anonymen Verfasserschaft die Qualität und Verständlichkeit der Erläuterungen zuweilen auf der Strecke bleiben.

» siehe Wikipedia

Online-Mediathek

Eine Sammlung von Medien (also Musik, Videos oder Bücher), auf die per Internet zugegriffen werden kann. Nahezu jeder große Systemanbieter hat mittlerweile eine eigene Mediathek. Bei Apple ist das iTunes, bei Google der Play Store. Gegen Bezahlung können Sie hier die aktuellsten Kinofilme, Serien oder Musikalben erwerben.

» siehe iTunes, Google Play Store

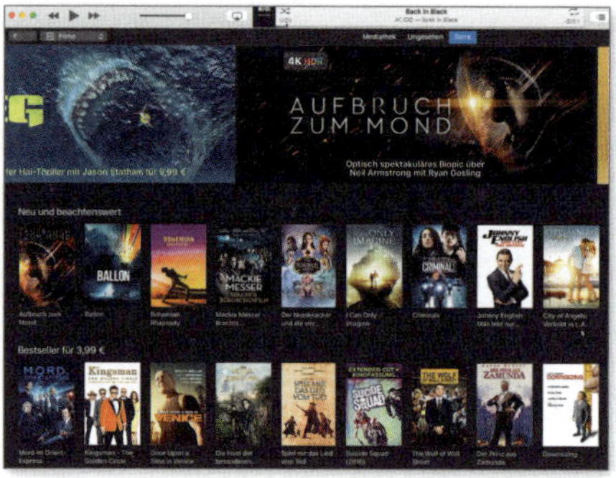

Online-Shop/Online-Shopping

> Internet-Ladengeschäft/per Internet einkaufen

Äußerst praktisch: Mittlerweile können Sie alle Dinge des alltäglichen und nicht alltäglichen Bedarfs per Internet bestellen. Das ist bequem und günstig. Händler, die ihre Produkte online anbieten wollen, benötigen dafür einen Server mit einer speziellen Software, um damit einen virtuellen Laden zu simulieren.

Online-Speicher

Eine Möglichkeit, die eigenen Daten fernab der häuslichen Umgebung auf einem Internetserver zu speichern. Bekannte Lösungen sind hier Dropbox, Google Drive sowie Microsoft OneDrive.

» siehe Dropbox/Dropbox-Konto, Google Drive, OneDrive

Online-Wörterbuch

Äußerst praktisch: Sollten Sie einmal im Ausland unterwegs sein oder an einer Textübersetzung arbeiten, dann kann Ihnen ein Online-Wörterbuch bei unbekannten Vokabeln aus der Patsche helfen. Der bekannteste Vertreter ist hier *dict.leo.org*.

Open

» siehe Öffnen

OpenOffice

> »Offenes Büro«

Das ehemals freie Bürosoftwarepaket, das eine gute und vor allem kostenfreie Alternative zu den Office-Programmen von Microsoft (Word, Excel, PowerPoint u. a.) bietet, hat sich mittlerweile in mehrere Zweige aufgespalten. Komplett freie Ableger sind das Apache-OpenOffice-Projekt sowie das LibreOffice-Projekt. Die Firma Oracle, aktueller Besitzer der Marke OpenOffice, hat einen kommerziellen Zweig eröffnet. Das entsprechende Paket wird hier allerdings nur halbherzig weiterentwickelt. Mac-Anwender schätzen den Ableger NeoOffice.

» siehe LibreOffice

Open Source

> Quelloffen

Software, die kostenlos verteilt werden darf und deren Programmquelltexte darüber hinaus zur freien Verfügung stehen, sodass jedermann das Projekt nach Belieben seinen Bedürfnissen anpassen kann. Ein typisches Beispiel ist das freie Betriebssystem Linux, aber auch das Büropaket LibreOffice zählt zu dieser Kategorie.

» siehe LibreOffice, Linux

Opera

Ein mittlerweile quelloffener Browser (Open Source) der norwegischen Firma Opera Software. Opera schneidet in vielen Browsertests gut ab und erfreut sich an einer wachsenden Zahl von Anhängern.

» siehe Browser, Open Source

Optical Disc Drive

> Optisches Laufwerk

Sammelbegriff für Massenspeicherlaufwerke, die auf dem Prinzip der optischen Abtastung basieren. Dazu zählen das CD-/DVD- bzw. Blu-ray-Laufwerk an Ihrem PC. Infolge der Verbreitung von Medien durch Streamingdienste werden Computer nur noch selten mit einem optischen Laufwerk hergestellt.

» siehe Blu-ray (Disc), CD-ROM, DVD, Streamen/Streaming

Option(en)

Optionen sind Wahlmöglichkeiten. Wenn Sie beispielsweise ein Auto auf einer Gebrauchtwagenbörse im Internet suchen, dann können Sie dort die gewünschten Eigenschaften durch Optionsfelder markieren.

» siehe Optionsfeld/-schaltfläche (Radiobutton)

Optionsfeld/-schaltfläche

> engl. Radiobutton

Kennen Sie noch die ganz alten Radios, bei denen man über mechanische Knöpfe die gespeicherten Sender wechseln konnte? Nach exakt diesem Prinzip funktionieren Radiobuttons als Schaltelemente in Dialogfenstern oder Internetformularen. Damit lässt sich – im Unterschied zum Kontrollkästchen (❶ auf Seite 276) – aus einem Block immer nur eine Option ❷ auswählen.

» siehe Kontrollkästchen

O

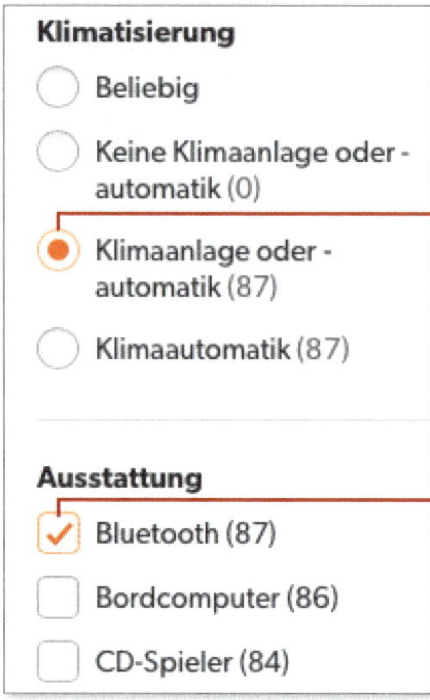

▲ Optionsfeld/-schaltfläche

Ordner

Ein thematisch geordneter Bereich im Dateisystem des Computers, vergleichbar mit einem beschrifteten Aktenordner in Ihrem Büroschrank: Dort können Sie alle Unterlagen (beim PC »Dateien«) zu einem bestimmten Thema, also z. B. »Bilder_Sommer_2019« oder »Steuern 2016« geordnet ablegen. (Wie Sie den sogenannten Unterstrich anstelle des Leerschritts in einem Ordnernamen erzeugen, lesen Sie im entsprechenden Stichworteintrag.) Und das Beste: Ob nun im Dateimanager oder auf dem Desktop der Arbeitsoberfläche – Sie selbst erstellen solche Ordner per Mausklick.

» siehe Neuer Ordner, Unterstrich

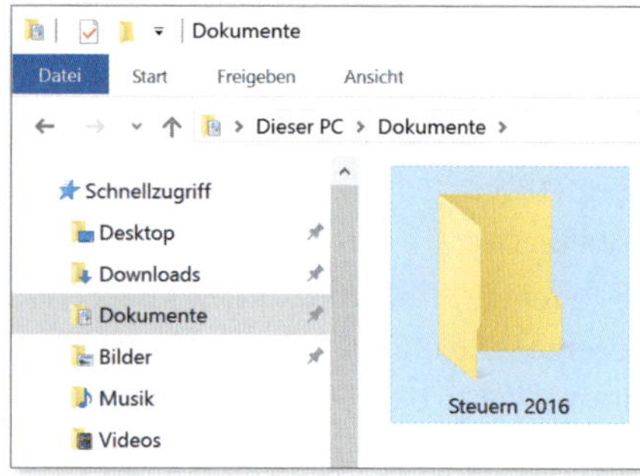

ORG

» siehe *.org* auf Seite 458

Ortung/Ortungsdienst

Eine Möglichkeit, die eigene Position anhand von Lokalisierungsinformationen festzustellen. Das leistet z. B. der GPS-Chip in Ihrem Smartphone, aber auch über das Mobilfunknetz kann Ihr Smartphone Ihre aktuelle Position über die relative Entfernung zu den nächstgelegenen Mobilfunkantennen Ihres Anbieters zumindest grob ermitteln. Eine Ortung ist unerlässlich, wenn Sie Ihr Smartphone als Navigationsgerät verwenden möchten. Beim PC erhalten Programme die aktuellen Positionsdaten über Informationen, welche Ihr Internetanbieter zur Verfügung stellt.

» siehe Mobilfunknetz, Navigation/Navigationsgerät

Osterei

> engl. Easteregg

Eine kleine Spielerei, die humorvolle Programmierer versteckt in ein Programm eingebaut haben. Zur Zeit des

Star-Wars-Trubels, der anlässlich des siebten Teils der Kino-Saga (auf Deutsch »Krieg der Sterne«) Ende des Jahres 2015 das Internet überrollte, hatte Google ein Osterei in der Suchmaschine versteckt. Gab man den Satz »A long time ago in a galaxy far far away« (»Vor langer Zeit in einer weit entfernten Galaxie«) ein, so erschienen die Suchmaschinenergebnisse in der typischen Gestalt des Star-Wars-Filmabspanns.

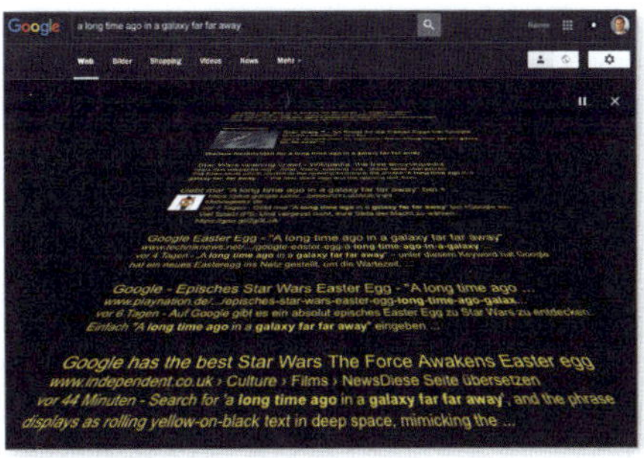

OS

> Operating System
> Betriebssystem

Der englische Sammelbegriff für Betriebssysteme aller Art, also z. B. Windows, macOS und Android.

» siehe Betriebssystem

OS X

> auch Mac OS X genannt

Bis September 2016 Bezeichnung des Betriebssystems von Apple für die Mac-Computerserie. OS steht für Operating System (Betriebssystem), das X für die römische 10, was die Nachfolge zum Vorgänger Mac OS 9 markiert. Typisch ist die Programmstartleiste am unteren Bildschirmrand, die »Dock« genannt wird. Anders als bei Windows findet man hier das Menü zum jeweils aktuellen (aktivierten) Programmfenster in der Statusleiste am oberen Bildschirmrand vor. Eine Abbildung mit Erklärungen zu den wichtigsten Elementen der Programmoberfläche finden Sie unter dem Stichwort »Arbeitsoberfläche (Desktop)«. Das Besondere an diesem Betriebssystem: Es gibt so gut wie keine ernsthaften Viren, es verfügt über eine aufgeräumte und intuitiv zu bedienende Oberfläche und ermöglicht problemlose Updates von einer Version zur nächsten – auch auf älteren Geräten. Seit Oktober 2016 hat Apple durch Weglassen des X im Namen mit seiner mehrjährigen Tradition gebrochen. Die neue Generation des Betriebssystems heißt seither macOS.

» siehe Aktualisierung (Update), macOS

» siehe Übersicht »Arbeitsoberfläche: Windows, Mac und Linux im Vergleich« auf Seite 27

Outlook

» siehe Microsoft Outlook

Outlook.com

Der Cloud-Ableger von Microsoft Outlook im Internet: Auf der Seite *outlook.com* erhalten Sie Zugriff auf Ihr Microsoft-Konto und können darüber hinaus Outlook (wörtlich so viel wie »Perspektive, Aussicht«) sowie diverse andere Microsoft-Office-Programme direkt im Browser als Cloud-Anwendung nutzen (siehe die Abbildung auf Seite 278).

» siehe Cloud (Computing), Microsoft-Konto, Microsoft Office/Office Mobile, Microsoft Outlook

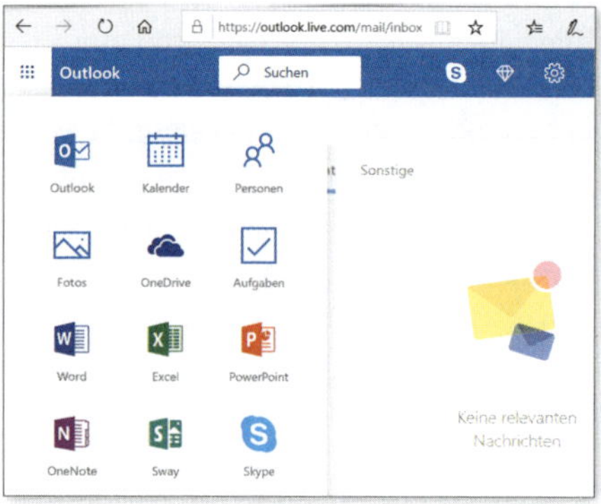

▲ *Outlook.com*

O

Outlook Express

Mittlerweile veralteter Ableger der Vollversion von Outlook. Outlook Express besitzt bzw. besaß deutlich weniger Funktionen als Outlook und war bis Windows Vista Bestandteil von Windows. Ab Vista wurde Outlook Express durch Windows Live Mail abgelöst. Outlook Express stand seinerzeit im zweifelhaften Ruf, eine »Virenschleuder« zu sein, d. h., es begünstigte die Ausbreitung von Computerviren dadurch, dass virenbefallene Anhänge von E-Mails oft ohne weitere Aktion des Anwenders automatisch geöffnet wurden.

» siehe E-Mail, Virus, Windows Live Mail

Over-the-Air-Update

Insbesondere bei Smartphones und Tablets beliebte Form der Aktualisierung des Betriebssystems: Das OTA-Update (so die gebräuchliche Abkürzung) wird per WLAN-Anbindung auf das Gerät gespielt, kommt also quasi durch die Luft (»over the air«) zum Endanwender.

» siehe Aktualisierung (Update), WLAN

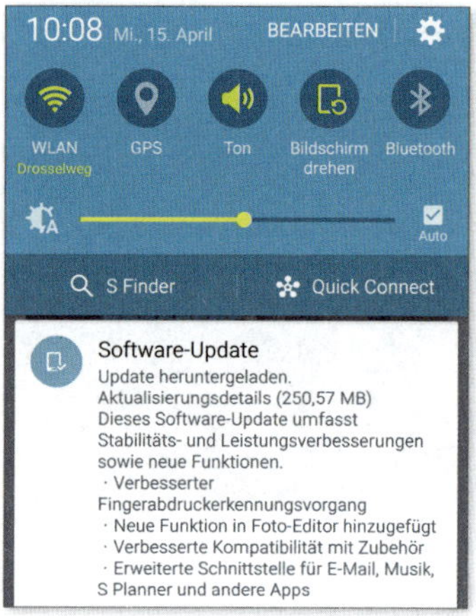

P

... wie Pfad – da geht's lang! Pfade im Betriebssystem Ihres Computers sorgen wie im echten Leben dafür, dass Sie sich nicht in unwegsamem Gelände verirren.

Packen

Darunter versteht man das Komprimieren (Zippen) von Dateien, um diese mit verringerter Dateigröße z. B. per E-Mail verschicken zu können.

» siehe Entpacken (Unzip), ZIP/Zippen

Pages

> »Seiten«

Apples Textverarbeitungsprogramm. Mit Pages erstellen Sie ansprechende Briefe oder Broschüren.

» siehe Textverarbeitung

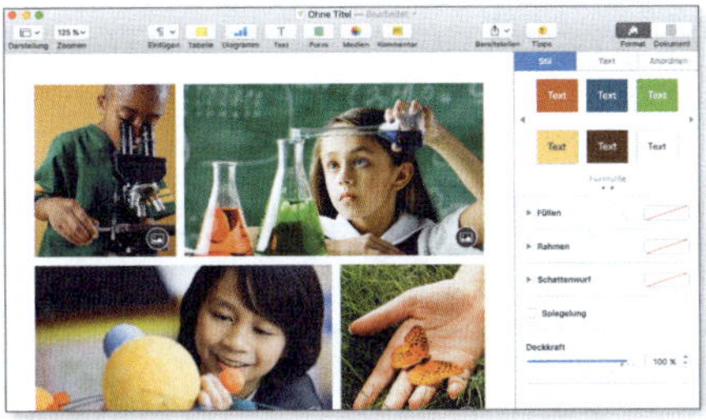

Paketverwaltung

» siehe APT

Panel

> »Platte«

Ein grafisches Element auf einer Betriebssystemoberfläche, auf dem verschiedene Funktionen zusammengefasst werden. Bekanntestes Panel unter Windows ist die Systemsteuerung.

» siehe Systemsteuerung

Panorama

Eine besondere Funktion bei Digitalkameras oder Smartphones, die es gestattet, eine weitreichende Landschaft in großer Breite abzulichten. Dabei werden mehrere Aufnahmen nebeneinander angefertigt und von der Kamera- bzw. Smartphone-Software aneinandergehängt.

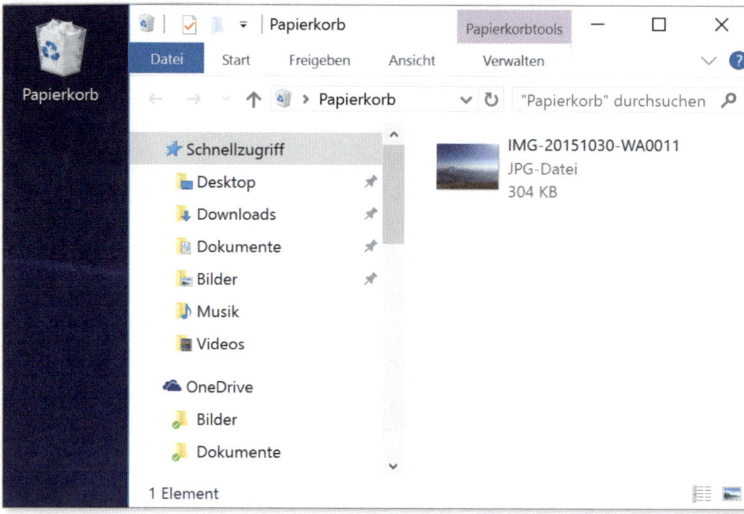

P

Papierkorb

Bevor eine Datei endgültig gelöscht wird, landet sie bei den meisten Betriebssystemen in einem virtuellen Papierkorb. Er findet sich als Icon auf der Arbeitsoberfläche Ihres Computers, aber auch im Dateimanager (in Windows im Explorer). Sollten Sie es sich anders überlegen, dann kann die entsprechende Datei immer noch aus dem Papierkorb wiederhergestellt werden. Dazu öffnen Sie den Papierkorb durch doppeltes Anklicken und ziehen die zuvor dort abgelegte Datei wieder an die gewünschte Stelle.

» siehe Icon

» siehe Übersicht »Arbeitsoberfläche: Windows, Mac und Linux im Vergleich« auf Seite 27

Parallele Schnittstelle

> engl. Parallel Port

Eine mittlerweile veraltete Schnittstelle, an die man früher zumeist Drucker angeschlossen hat. Heute ist die parallele Schnittstelle nahezu vollständig durch den USB-Anschluss verdrängt worden. Bei einer parallelen Schnittstelle gehen Daten bei einer Übertragung durch mehrere Kanäle, vergleichbar mit Menschen, die in ein Stadion strömen, das mehrere Eingänge besitzt.

» siehe Übersicht »Ports: Die wichtigsten Anschlüsse am PC« auf Seite 292

Parallel Port

» siehe Parallele Schnittstelle

Parallels Desktop

Eine sogenannte virtuelle Umgebung, mit deren Hilfe eine parallele Arbeitsoberfläche (Desktop) innerhalb eines Fensters auf einem Betriebssystem

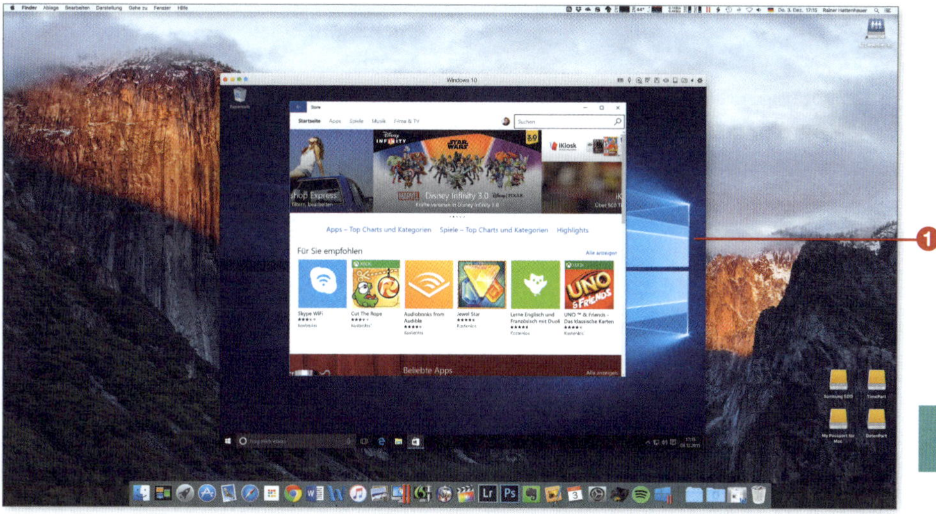

genutzt werden kann, also z. B. Windows ❶ auf einem Mac. Für diesen speziellen Fall benötigt man ein Programm namens VMware Fusion.

» siehe Arbeitsoberfläche (Desktop), Virtualisierung

Parship

› von engl. Partnership = Partnerschaft abgeleitetes Kunstwort

Eine der unzähligen Partnervermittlungen im Internet, die auch Singlebörsen (»Single« = Alleinstehende) genannt werden.

Partition

Der Teilbereich einer Festplatte. Die Partitionen werden bei der Installation eines Betriebssystems festgelegt. Entgegen dem früher üblichen Vorgehen, persönliche Daten (Texte, Bilder, Musik oder Videos) auf einer gesonderten Partition zu speichern, verwendet man heute meist eine einzige Partition für die komplette Festplatte. Sicherungen nimmt man dann auf externen Festplatten vor. Im Explorer können Sie die verschiedenen Partitionen (auch Laufwerke genannt) anhand der Buchstaben, z. B. *C:* für das Hauptfestplattenlaufwerk Ihres Computers, erkennen.

» siehe C:, Festplatte, Laufwerk (Drive)

Password

› Passwort, synonym mit Kennwort

» siehe Kennwort

Passwortmanager

Wer sich Passwörter (Kennwörter) schlecht merken kann, der verwendet einen Passwortmanager. In einem solchen Programm können Sie Ihre ganzen Passwörter abspeichern und müssen sich dann nur ein zentrales Passwort merken. Beispiele für derartige Programme sind mSecure, Passwort Safe oder 1Password.

Paste

» siehe Einfügen

Patch

> Flicken

Eine Fehlerkorrektur an einer App, einem Programm oder einem Betriebssystem, welche vom Hersteller der Software zur Verfügung gestellt wird.

» siehe Patchday

Patchday

Ein bestimmter Tag, an dem ein bestimmter Hersteller eine größere Anzahl von Softwarekorrekturen (Patches) meist automatisch unters Volk bringt. Microsoft ist bekannt dafür, mindestens einmal pro Monat einen Patchday durchzuführen.

» siehe Patch

Pause-Taste

Mittlerweile von der Funktion her veraltet, findet man die Pause-Taste dennoch weiterhin auf vielen Computertastaturen. Früher ließ sich mithilfe der Pause-Taste der Start des Betriebssystems unterbrechen.

» siehe Unterbrechen-Taste

» siehe Übersicht »Tastatur: auf dem PC und Smartphone« auf Seite 374

PayPal

Ein Bezahldienst im Internet, der mittlerweile von seinem Mutterkonzern E-Bay abgespaltet wurde. Wenn Sie bei PayPal Ihre Konto- bzw. Kreditkartendaten hinterlegen, können Sie später in Online-Shops nur auf Basis Ihrer PayPal-Anmeldedaten bezahlen. Das ist nicht ganz ungefährlich: Zahlreiche sogenannte Phishing-Mails sind darauf ausgelegt, Ihre PayPal-Zugangsdaten zu erbeuten und dann mit deren Hilfe Ihr (Kreditkarten-)Konto abzuräumen.

» siehe Online-Shop/Online-Shopping, Phishing

» siehe Übersicht »Bezahlen – online und mobil mit dem Smartphone« auf Seite 47

Pay-TV

> Bezahlfernsehen

Hat nichts mit den gesetzlich vorgeschriebenen Rundfunkbeiträgen zu tun. Sobald Sie für den Empfang von Programminhalten der privaten Sender oder auch für andere Dienste, wie den Anschluss ans Kabelfernsehen, Beiträge leisten, ist von Pay-TV die Rede.

PC

> Personal Computer

Der Urvater des Computers für die eigenen vier Wände und auch heute noch ein Synonym für den klassischen Desktop-Computer. Während der Vorsitzende der Weltfirma IBM im Jahr 1943 noch verkündete, es gäbe einen Weltmarkt für vielleicht fünf Computer, kann man sich heute den eigenen Computer nicht mehr aus dem Haushalt wegdenken. Seinen Siegeszug begann der PC in den 1970er-Jahren.

» siehe Desktop-Computer

PCI-Card

Eine Steckkarte zur Erweiterung der Funktionen eines Computers, die auf das Mainboard gesteckt wird.

» siehe Hauptplatine (Mainboard)

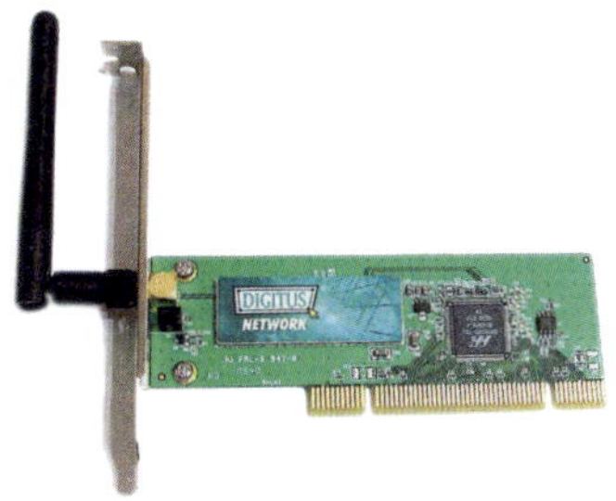

PDF

> Portable Document Format
> »Transportierbares Dokumenten-Format«

Ein spezielles Dateiformat, welches es gestattet, Dokumente mit beliebigem grafischen Layout über unterschiedliche Betriebssysteme hinweg auszutauschen. Derartige Dokumente sehen überall gleich (gut) aus. Alles, was Sie dazu benötigen, ist ein Programm, welches die PDF-Dateien darstellen kann. Ein solches ist mittlerweile in jedem Betriebssystem enthalten. Wenn Sie alle Möglichkeiten ausschöpfen möchten, dann empfiehlt sich der Einsatz des Adobe (Acrobat) Readers. Während mittlerweile jedes Dokument mit einem Office-Programm in das PDF-Format exportiert, also übertragen werden kann, lassen sich PDF-Dokumente nur mithilfe spezieller Programme auch bearbeiten und die Inhalte somit verändern. Eines davon ist das genannte Programm von Adobe.

Peer-to-Peer

> Gleich zu gleich
> Rechner-Rechner-Verbindung

Spezieller Typ eines Computernetzwerks, bei dem die Computer gleichberechtigt miteinander verknüpft sind. Das Gegenteil wäre ein Netzwerk, in dem sich ein bevorzugter Server-Computer befindet, der viele Client-Computer bedient. Die digitale Währung Bitcoin funktioniert nach dem Peer-to-Peer-Prinzip.

» siehe Client, Server

» siehe Übersicht »Bitcoin – das digitale Gold« auf Seite 59

Pentium

» siehe Intel Pentium Prozessor

Peripherie

All das, was man an einen Computer anschließen kann, nennt man Peripherie. Dazu gehören Drucker, Scanner, aber auch Monitor und Internetrouter.

» siehe Scanner, Router

Personalisierung

Sie möchten nicht die 08/15-Oberfläche des Herstellers auf dem PC, Tablet oder Smartphone vor Augen haben? Dann richten Sie diese doch nach Ihren persönlichen Vorlieben ein. Verwenden Sie ein persönliches Hintergrundbild oder auch andere Farben für die Menüs. Das können Sie unter Windows in den **Einstellungen** unter dem Punkt **Personalisierung** ändern. Für Smartphones gibt es mittlerweile Themendesigns, die Sie aus den entsprechenden App Stores herunterladen können.

» siehe App Store, Einstellungen (Settings)

Personenerkennung

Mittlerweile gehört es in Bildbearbeitungsprogrammen zum Standard: das Erkennen von Personen in Bildern. Die Bildbearbeitungssoftware scannt dabei Ihre Fotosammlung und schlägt Ihnen dann Gesichter vor, die Sie benennen können. Dadurch fällt es Ihnen später leichter, bestimmte Personen in Ihrer Bildsammlung ausfindig zu machen. Die Personenerkennung in Lightroom funktioniert sogar mit »verkleideten« Gesichtern. Und Apples Face ID gilt als nahezu fälschungssicher, wenn es darum geht, sich Zugang zu einem Smartphone oder Tablet zu verschaffen.

» siehe Face ID, Photoshop Lightroom

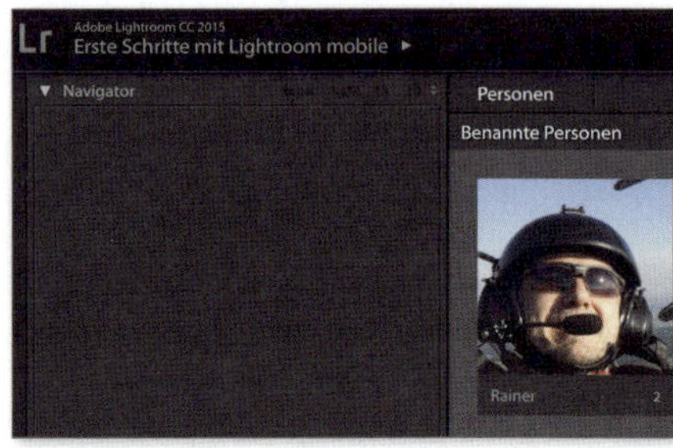

Pfad

Der Pfad beschreibt, an welcher Stelle im Dateisystem sich eine bestimmte Datei oder ein Ordner befindet. So führt Sie beispielsweise die Eingabe des Pfades *»C:\Users\<Benutzername>\Pictures«* in der Eingabeaufforderung ❶ oder gleich in der Navigationsleiste des Explorers ❷ in Ihr persönliches Bilder-Verzeichnis unter Windows 10 (für *<Benutzername>* geben Sie dann, ohne eckige Klammern, Ihren persönlichen Namen an). Das Zeichen \ (der sogenannte Backslash) trennt hierbei die Unterverzeichnisse voneinander. Diesen Pfad können Sie in Windows 10 auch einfach dadurch aufrufen, dass Sie zunächst **Dieser PC** und dann **Bilder** anklicken. Auch die Adresse einer Internetseite wird als Pfad bezeichnet.

» siehe Backslash, Eingabeaufforderung, Navigationsbereich/-leiste, Verzeichnis

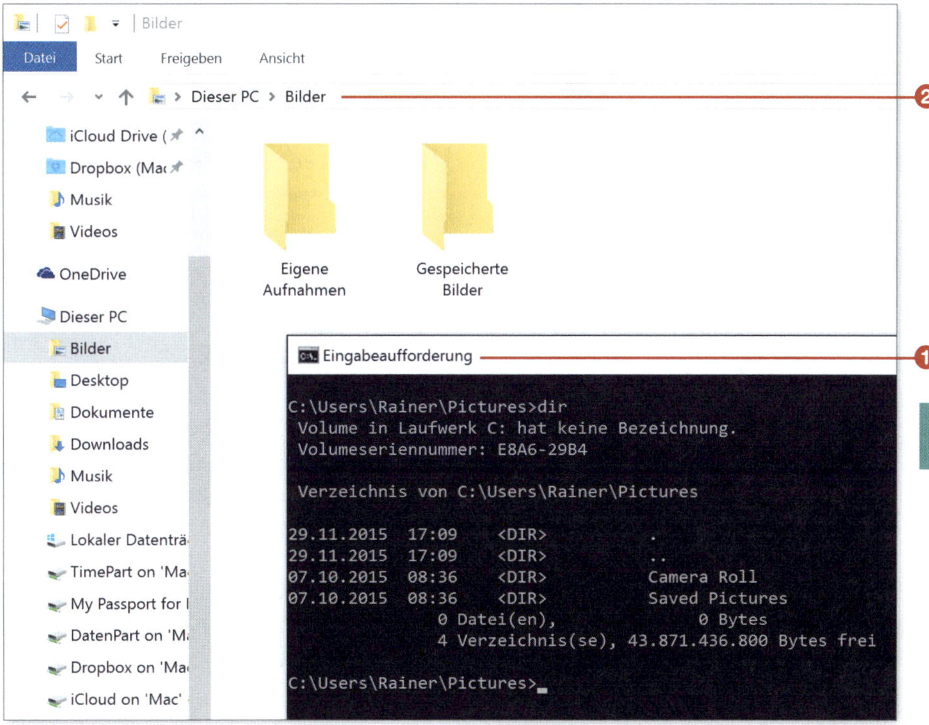

Pfeil-Tasten

> engl. Cursor-Tasten

Mithilfe der Pfeil-Tasten auf Ihrer Tastatur bewegen Sie die Einfügemarke (den Cursor) durch einen Text. Die Bewegungsrichtung ergibt sich aus derjenigen Richtung, die auf der entsprechenden Pfeil-Taste aufgedruckt ist.

» siehe Einfügemarke (Cursor)

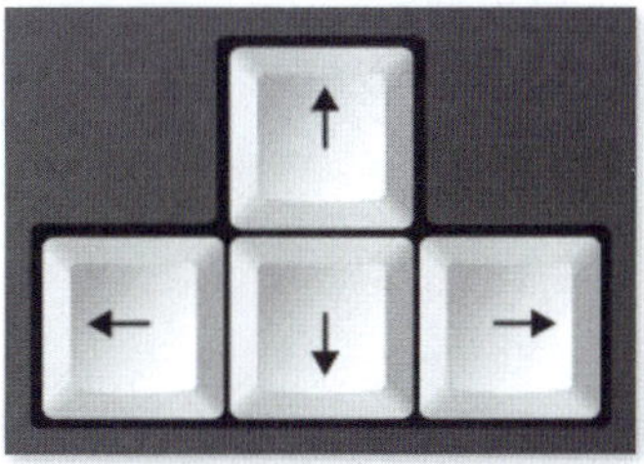

Phablet

Ein Kunstwort aus Phone (Telefon, kurz für Smartphone) und Tablet: Das Phablet ist die überdimensionierte Version eines Smartphones und von seiner Größe her schon fast mit einem Tablet zu vergleichen. Typische Vertreter dieser Kategorie sind das Samsung Galaxy Note sowie das Apple iPhone 7 Plus. Phablets lassen sich meist auch mit einem induktiven Stift bedienen, sodass man das Gefühl hat, man würde auf Papier schreiben.

» siehe Smartphone, Tablet/Tablet-PC

» siehe Übersicht »Computer & Co. kaufen« auf Seite 84

Phishing

> Kurzform für Password Phishing
> das betrügerische Entlocken sensibler Daten

Haben Sie auch schon einmal eine E-Mail erhalten, in der Sie darüber benachrichtigt wurden, dass von Ihrem Konto aus merkwürdige Überweisungen getätigt wurden? Wenn Sie jetzt auf den Link in der Mail klicken und anschließend Ihre Kontodaten (also z. B. PIN und TAN) eingeben, sitzen Sie in der Falle: Dann haben Internetgangster vollen Zugriff auf Ihr Konto. Dieses Verfahren nennt man Phishing.

» siehe Kennwort (Password), Online-Banking

Photoshop

» siehe Adobe Photoshop

Photoshop Elements

Die »Sparvariante« von Adobe Photoshop: Mit Elements dürften die meisten Benutzer gut bedient sein. Allerdings fehlen hier einige Funktionen, die gerade Profis schätzen.

» siehe Adobe Photoshop

Photoshop Lightroom

> Lightroom = »Dunkelkammer«

Ein Programm von Adobe zum Verwalten und Bearbeiten von Digitalbildern. Insbesondere die Entwicklung sogenannter RAW-Bilder ist die Domäne von Lightroom.

» siehe Bildbearbeitung, RAW

photoTAN

» siehe TAN

» siehe Übersicht »Bezahlen – online und mobil mit dem Smartphone« auf Seite 47

PHP

> PHP Hypertext Preprocessor
> PHP Hypertext-Vorbearbeitung

Eine Programmier-Skriptsprache, die insbesondere bei modernen Webseiten bzw. Homepages eingesetzt wird.

» siehe Homepage, Skriptsprache

» siehe Übersicht »Programmiersprachen – ein Überblick« auf Seite 297

Physisches Laufwerk

Im Gegensatz zu einer Partition oder einer Netzwerkfreigabe, die unter Windows auch einen eigenen Laufwerksbuchstaben (z. B. *D:*) erhalten kann, ist ein physisches Laufwerk real vorhanden. Dabei kann es sich z. B. um ein CD/DVD-Laufwerk handeln. Die Abbildung eines solchen Laufwerks finden Sie unter dem Stichworteintrag zu »Audio-CD«.

» siehe Audio-CD, D:, Partition

Picasa

Picasa war ein Bildbearbeitungs- und Verwaltungsprogramm von Google, mit dem sich einfache Bildkorrekturen direkt im Internetbrowser vornehmen ließen. Es wurde mittlerweile von Google Fotos (*photos.google.com*) ersetzt.

» siehe Bildbearbeitung, Google Fotos

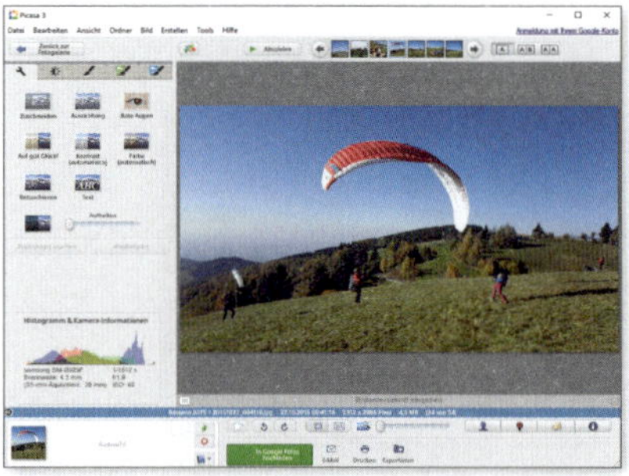

PIN

> Personal Identification Number
> Persönliche Identifikationsnummer

Eine Zahl, die Sie immer dann eingeben müssen, wenn Sie Ihre Identität bestätigen sollen. Das kann z. B. nach dem Start Ihres Handys (Smartphones) sein, aber auch zum Anmelden bei Ihrem Online-Bankkonto bzw. am Geldautomaten.

» siehe Online-Banking, Sperrbildschirm

Pinch to Zoom

> Per Zwei-Finger-Zoom auf- und zuziehen

Das Vergrößern bzw. Verkleinern eines Fotos per Fingergeste auf dem Bildschirm eines Smartphones. Dabei legen Sie zwei Finger auf das Display und ziehen diese auseinander bzw. zusammen.

» siehe Zoom/Zoomen

» siehe Übersicht »Fingerbedienung/-eingabe: Die wichtigsten Gesten am Smartphone und Tablet« auf Seite 150

Pinterest

Ein soziales Netzwerk, bei dem Benutzer Bilder ähnlich wie auf einer Pinnwand anordnen, veröffentlichen und so mit anderen Benutzern teilen können.

» siehe Soziale Netzwerke (Social Networks), Teilen (Share)

Pipe

> Umgangssprachliche Bezeichnung für den senkrechten Strich |

» siehe | (Pipe) auf Seite 454

Pixel

> Geläufigere Bezeichnung für Bildpunkt

Das Kunstwort setzt sich aus den beiden englischen Begriffen Picture (Bild) und Element zusammen und beschreibt einen einzelnen Punkt eines digitalen Bildes bzw. Fotos. Nehmen Sie doch einfach einmal Ihre Lieblingsbildbearbeitung, öffnen Sie ein Bild Ihrer Wahl, und vergrößern Sie dieses mehrfach – Sie werden dann die einzelnen Pixel erkennen, die das Bild ausmachen. Jedem Bildpunkt ist eine Information über dessen Farbe zugeordnet. Sind die Pixel bei einer bestimmten Bildgröße unbeabsichtigt sichtbar, so spricht man auch von »verpixelt« (siehe die Abbildung auf Seite 288).

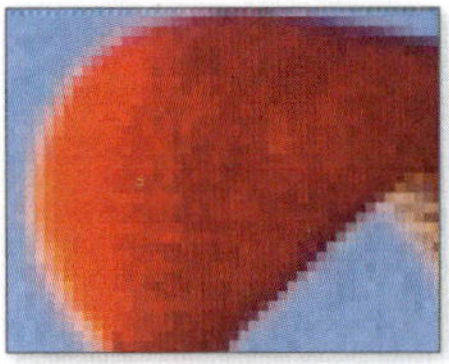

▲ Pixel

Pixelmator

Erstklassiges Bildbearbeitungsprogramm für den Mac. Pixelmator ist eine echte Alternative zur berühmten Bildbearbeitung Adobe Photoshop. Das Programm gibt es mittlerweile auch in einer Pro-Version für professionelle Anwender.

» siehe Adobe Photoshop, Mac

Plasma-Bildschirm

Stellen Sie sich vor, Ihr Monitor ist aus lauter winzigen Leuchtstoffröhren zusammengesetzt – das ist in etwa das Prinzip eines Plasma-Bildschirms. Diese Spezies sieht man in den Elektronikmärkten so gut wie gar nicht mehr. Die Technik war sehr empfindlich, z. B. durfte man die Monitore nicht liegend transportieren, außerdem verbrauchten sie sehr viel Energie. Heute werden nahezu ausschließlich sparsame LCD-Monitore verkauft, die Zukunft liegt bei sogenannten AMOLED-Displays.

» siehe AMOLED, LCD

Platine

Ein Bauteil im PC, auf dem bestimmte Funktionsgruppen (Speicher, Prozessor) aufgesteckt sind.

» siehe Hauptplatine (Mainboard)

Plattform

Ein anderer Ausdruck für Betriebssystem.

» siehe Betriebssystem

Play

> Spiel/Spielen

Zum einen der Sammelbegriff von Google für einen virtuellen Laden (Store), der Bücher, Spiele, Zeitschriften, Spielfilme und Musik beinhaltet. Zum anderen die englische Bezeichnung einer Schaltfläche, mit der man z. B. das Abspielen eines Videos im Internet starten kann.

» siehe App Store, Google Play Store

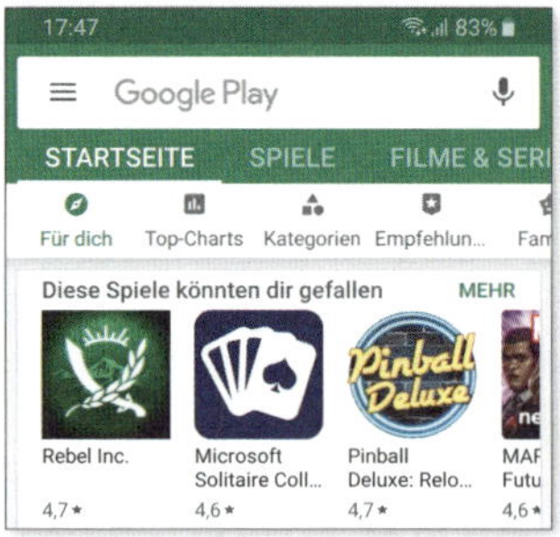

Player

> Spieler

Teilnehmer an einem Computerspiel werden Player genannt.

Playlist

> Wiedergabeliste

PlayStation

> Gebräuchliche Abkürzung: PS

Eine überaus beliebte Spielekonsole (in Europa 60 % Marktanteil) aus dem Hause Sony, die zurzeit die vierte Version (PS4) erreicht hat. Mit der PlayStation lassen sich grafisch äußerst anspruchsvolle Videospiele spielen, die fast den Eindruck erwecken, es handle sich um reale Filmsequenzen. Mittlerweile erfreut sich die PlayStation auch bei der älteren Generation großer Beliebtheit: Damit gelangen die aktuellen Spiele auf das Fernsehgerät ins Wohnzimmer. Die PlayStation verfügt über eine WLAN-Anbindung ans Internet und besitzt ein Blu-ray-Laufwerk. Intensivspieler können auch auf die PlayStation pro zurückgreifen. Diese bietet u. a. eine verbesserte Auflösung und dynamischen Kontrast (HDR) in den Spielen.

» siehe Blu-ray (Disc), HDR/HDR+, WLAN

Play Store

» siehe Google Play Store

Plug and Play

> Einstöpseln und Spielen

Ein Schlüsselbegriff, der seit dem Erscheinen von Windows 95 in aller Munde ist. Wenn man neue Hardware für den Computer kauft, dann sollte es prinzipiell genügen, diese einfach an den PC zu stecken, und schon läuft das betreffende Gerät. Die Realität sieht meist anders aus: Vor dem Einstecken müssen zumindest noch Treiber installiert werden. Windows 10 übernimmt das aber in aller Regel automatisch für Sie.

» siehe Treiber (Driver)

Plug-in

> Erweiterung

Eine Erweiterung im Bereich der Software. So lassen sich beispielsweise die meisten Internetbrowser über Plug-ins so erweitern, dass damit z. B. Medien jeglicher Art (Musik und Videos) wiedergegeben werden können.

PNG

> Portable Network Graphics
> »Transportierbare Netzwerk-Grafik«

Ein Grafikformat, das sich insbesondere zur Weitergabe von Bildern aller Art eignet. Das besondere Kennzeichen der PNG-Dateien ist deren verlustfreie Kompression: Die Bilder lassen sich so (im Gegensatz zu JPEG-Dateien) ohne Informationsverlust auf einen Bruchteil ihrer Datengröße bringen.

» siehe Bilddateiformate, Komprimieren

P

Podcast

Kunstwort, das sich aus den Begriffen iPod (ein Musikabspielgerät von Apple) und Broadcast (Rundfunk) zusammensetzt: Mit diesem speziellen Medienformat bringen Sie z. B. Nachrichten in Form einer Ton- oder Videodatei auf Ihr Smartphone. Für Android-Smartphones hat sich hier die App AntennaPod bewährt. Damit können Sie dann u. a. die Tagesschau als Podcast auf Ihrem Smartphone (kostenlos) abonnieren.

» siehe iPod

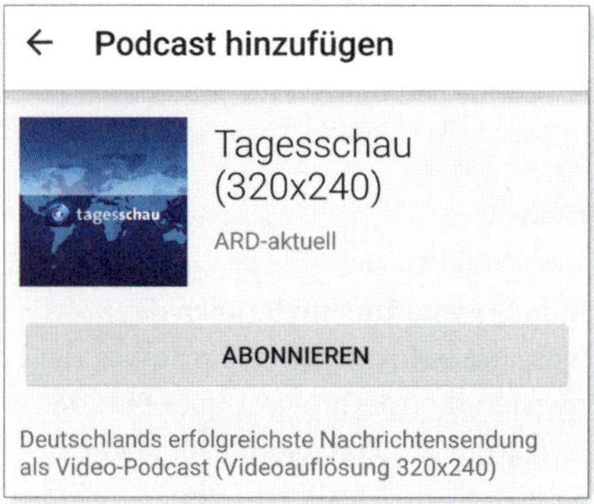

Pokémon GO

Im Sommer 2016 konnte man vielerorts Jugendliche beobachten, die bereitwillig aus dem Haus gingen, freiwillig viele Kilometer zu Fuß zurücklegten und dabei ihr Smartphone dicht vor die Nase hielten. Schuld daran war ein neues Trendspiel namens Pokémon GO. Dabei mussten die Spieler Ausschau nach Monstern in der realen Umgebung halten und diese durch Werfen eines virtuellen Balls per Smartphone einfangen. Das Spiel wurde von Googles Tochterfirma Niantic in Zusammenarbeit mit dem bekannten Spielekonsolen-Hersteller Nintendo vertrieben. Mittlerweile ist die Begeisterung ein wenig abgeebbt. In den Startlöchern steht aber schon ein neues Spiel ähnlicher Couleur: Harry Potter – Wizards Unite. Dieses spielt in der Welt des bekannten Zauberlehrlings Harry Potter.

» siehe Spielekonsole

» siehe Übersicht »Virtualität« auf Seite 409

POP3-Konto

› Post-Office-Protocol-3-Konto

POP3 steht für die Version 3 des Post Office Protocol zur Übertragung von E-Mails. Dieses Verfahren ist sehr einfach und erlaubt lediglich das Auflisten, Empfangen und Löschen der elektronischen Post vom Mailserver. Hierarchische Ordnerstrukturen, wie sie das IMAP-Verfahren bietet, findet man bei POP3 nicht.

» siehe IMAP

» siehe Übersicht »E-Mail: Konto einrichten und nutzen« auf Seite 133

Pop-up

› »Plötzlich auftauchen«

Das nervt: Wenn Sie auf einer beliebten Internetseite sind, dann »poppen« ab und zu kleine Fenster auf, die Sie mit Werbung bedenken. Wenn Sie das unterbinden möchten, dann können Sie in Ihrem Browser den Pop-up-Blocker aktivieren. Möchten Sie sich einmal ansehen, wie Pop-ups aussehen, dann begeben Sie sich auf die nicht ganz ernst gemeinte Internetseite *www.bambusratte.com/klickerei.php*.

» siehe Pop-up-Blocker

Pop-up-Blocker

Ein Werkzeug innerhalb des Browsers, um Pop-up-Fenster zu unterdrücken. Halten Sie dazu in den Einstellungen Ihres Internetbrowsers nach einem entsprechenden Punkt Ausschau. Im Browser Edge in Windows 10 finden Sie diesen Punkt im Menü **Mehr** (die drei Punkte) unter **Einstellungen ▸ Datenschutz und Sicherheit**. Einfach den Regler unter **Popups blockieren** per Maus auf **Ein** ❶ stellen.

» siehe Microsoft Edge

Portal

» siehe Internetportal

Ports

> »Pforten«

Grob gesagt, die Anschlüsse an Ihrem PC und somit der jeweilige Zugang zu den Elementen, die sich hinter dem Gehäuse verbergen. Drehen Sie das gute Stück einmal um, und Sie werden wie in der Übersicht auf Seite 292 viele Ports entdecken.

» siehe DVI, HDMI, Kippschalter, Klinkenstecker, Netzkabel, Netzteil, Netzwerkkabel, Parallele Schnittstelle (Parallel Port), Power-Schalter, Serielle Schnittstelle, USB/USB-Stick, VGA, Videoports

Pos-1-Taste

Mithilfe dieser Taste navigieren Sie in einer Textverarbeitung wie Word an den Anfang eines Dokuments.

» siehe Ende-Taste

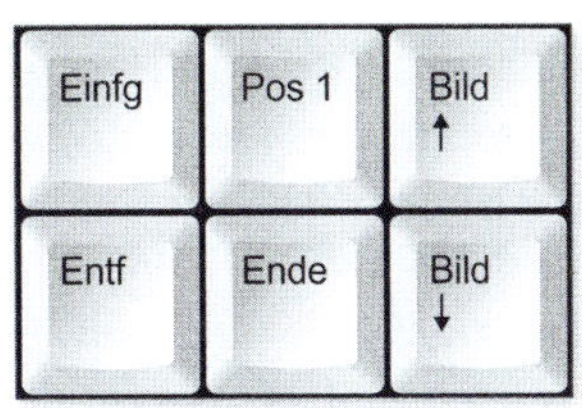

Postausgang

Immer wenn Sie eine E-Mail schreiben und diese versenden wollen, landet diese zunächst im Postausgang Ihres E-Mail-Programms. Da aber die meisten E-Mail-Programme als Standardeinstellung den sofortigen Versand ausgewählt haben, wird die Mail aus dem Postausgang sofort abgeschickt.

» siehe E-Mail

Ports: Die wichtigsten Anschlüsse am PC

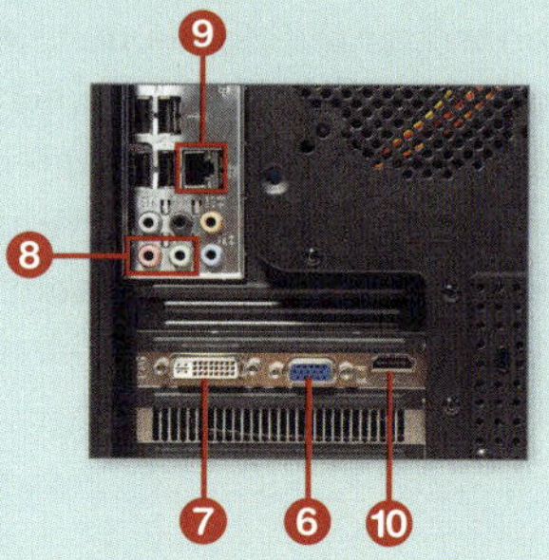

1. Anschluss für das **Netzkabel** (Stromkabel). Bei diesem Modell befindet sich der Power-Schalter oder auch Kippschalter zum Ein- und Ausschalten auf der Vorderseite des Geräts, bei älteren Modellen könnte er sich aber auch gleich hier, in der Nähe des Netzteils, befinden.
2. **PS/2**-Anschlüsse für Tastatur und Maus (an moderneren Geräten heute oft nicht mehr vorhanden und durch USB-Anschlüsse ersetzt)
3. **USB**-Port (Bei diesem Modell finden sich wie bei vielen jüngeren PCs die meisten USB-Anschlüsse auf der Vorderseite des Geräts.)
4. **Serielle Schnittstellen** (als ältere Anschlüsse z. B. für einen Joystick)
5. **Parallele Schnittstelle** (Parallel Port), ebenfalls als veraltete Anschlussstelle für einen Drucker
6. **VGA**-Ausgang der Grafikkarte und damit (ältere) Anschlussmöglichkeit für einen Monitor
7. **DVI**-Ausgang der Grafikkarte und damit der modernere Videoport zum Anschluss eines Monitors
8. **Audioaus- und -eingänge**: In die hellgrüne Buchse kommt der Klinkenstecker für einen Lautsprecher, die rosa Buchse ist für den Anschluss eines Mikrofons vorgesehen.
9. An den **Netzwerkanschluss** Ihres Computers schließen Sie das eine Ende des Netzwerkkabels (auch Ethernet-Kabel genannt) an, das andere kommt in den Router, um ein lokales Netzwerk (LAN) und damit die Verbindung zum Internet herzustellen.
10. Die **HDMI**-Schnittstelle, die Sie auch an modernen TV-Geräten vorfinden, befindet sich vor allem an neueren Computern als zusätzlicher Videoport neben der VGA- und DVI-Schnittstelle und dient dem Anschluss eines Monitors.

Postausgangsserver

Ihr E-Mail-Anbieter teilt Ihnen den Namen eines Servers mit, über den Sie Ihre elektronische Post empfangen können. Dieser Server wird Postausgangsserver genannt. Eine kleine Google-Recherche führt ebenfalls zu Listen von Postausgangs- bzw. Posteingangsservern. Achten Sie darauf, dass die Server die Daten verschlüsselt übertragen. Ein entsprechender Server bei T-Online ist beispielsweise *securesmtp.t-online.de*.

» siehe Posteingangsserver

Posteingang

Der Bereich in Ihrem E-Mail-Programm, in dem neue Mails eintreffen.

» siehe E-Mail

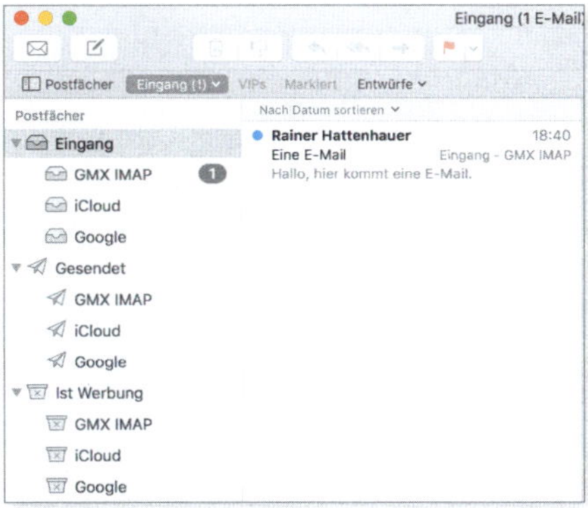

Posteingangsserver

Derjenige Server bei Ihrem E-Mail-Anbieter, über den Sie Ihre elektronische Post empfangen. Ein verschlüsselnder Server bei T-Online beispielsweise ist *securepop.t-online.de*.

» siehe Postausgangsserver

Posten/Posting

> Veröffentlichen/Veröffentlichung

Darunter versteht man das Verfassen eines Artikels in einem öffentlichen Raum im Internet. Wenn Sie also beispielsweise eine Statusmeldung bei Facebook absondern (»Bin gerade aufgewacht und mache mir jetzt Frühstück«), dann gilt das im weiteren Sinn auch als Posting. Der einzelne Beitrag wird auch Post genannt.

» siehe Facebook

Postfach

Der Bereich in Ihrem E-Mail-Programm, der mit einem oder mehreren E-Mail-Konten verknüpft ist. In einem gemeinsamen Postfach treffen dann die Mails von allen Konten ein, die Sie mit dem E-Mail-Programm verknüpft haben.

» siehe Übersicht »E-Mail: Konto einrichten und nutzen« auf Seite 133

PowerPoint

» siehe Microsoft PowerPoint

Power-Schalter

Das ist der Ein-/Aus-Schalter Ihres Computers, der sich beim Notebook meist oberhalb der Tastatur und an Ihrem PC auf der Vorderseite des Gehäuses befindet.

» siehe Kippschalter

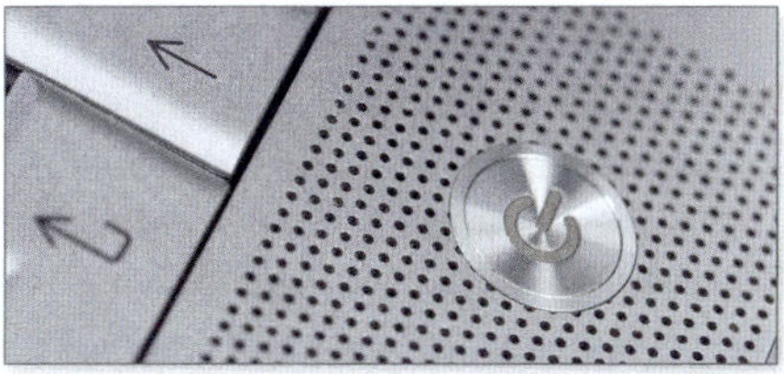

P

P

PowerShell

Eine sogenannte Umgebung für Experten unter Windows, mit deren Hilfe man Kommandos per Tastatur eingeben und Skripte zur Automatisierung von Aufgaben ausführen kann. Die PowerShell ist quasi eine erweiterte Eingabeaufforderung, an die sich auch etwas fortgeschrittene Anwender am Computer herantrauen können.

» siehe Eingabeaufforderung

Power-User

> Leistungs-Nutzer

Jemand, der sein elektronisches Spielzeug (PC, Smartphone oder Tablet) intensiv bis exzessiv nutzt. Wenn Sie beispielsweise Ihre Einkaufsliste auf dem Smartphone statt auf einem Zettel erstellen und alle zwei Minuten Ihren Facebook-Status aktualisieren, dann gehören Sie wahrscheinlich auch zur Kategorie der Power-User.

Preissuchmaschine

Vor dem Einkauf zunächst im Internet recherchieren: Das geht am besten mit einer Preissuchmaschine. Äußerst beliebt in diesem Zusammenhang ist die Seite *www.guenstiger.de*. Geben Sie einfach das gesuchte Produkt ein, und informieren Sie sich über das Preisgefüge am Markt.

Prepaid

> Vorausbezahlt

Die sichere Variante, einen Handy-Vertrag abzuschließen, ohne später böse Überraschungen zu erleben: Bei Prepaid-Verträgen zahlen Sie vor dem Telefonieren oder dem Surfen im Internet Guthaben ein oder beschaffen sich dieses über Guthabenkarten, die es mittlerweile an jeder Tankstelle gibt. Ist das Guthaben aufgebraucht, dann können Sie zwar nicht mehr telefonieren bzw. surfen, laufen aber auch nicht Gefahr, Ihr Konto zu überziehen.

» siehe Surfen

Primärer Klick/Primärklick

Darunter versteht man den ganz normalen Klick mit der linken Maustaste auf ein beliebiges Objekt auf dem Bildschirm des Computers, um dieses auszuwählen.

» siehe Mausklick, Sekundärer Klick/Sekundärklick

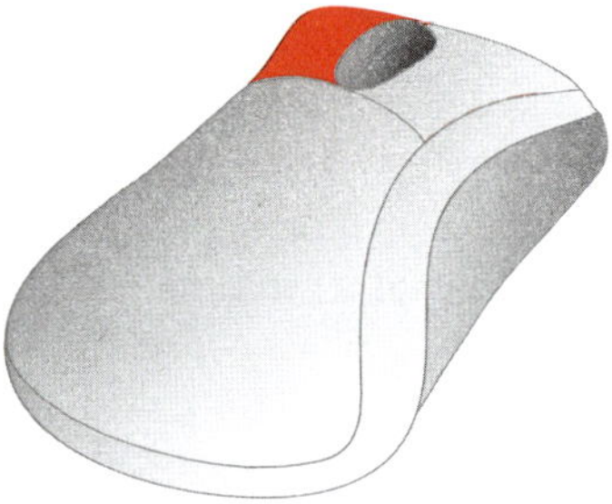

Print

» siehe Drucken

Private Cloud

» siehe Übersicht »Cloud und Cloud-Speicherdienste« auf Seite 78

Privater Modus/Privates Surfen

Sie möchten nicht, dass jemand Ihre Spuren bei den Ausflügen ins Internet nachverfolgt? Dann aktivieren Sie im Browser Ihrer Wahl den privaten Modus. Diesen finden Sie meist unmittelbar im Hauptmenü. Im Browser Edge in Windows 10 wird er über die Schaltfläche **Neues InPrivate-Fenster** aktiviert.

Privatsphäre-Einstellungen

Gerade unter Windows 10 ist das ein sensibles Thema: Wie viel möchte ich von meiner Privatsphäre preisgeben? Windows 10 sendet mehr Daten an Microsoft, als es Ihnen vielleicht lieb ist. Das können Sie dem System aber zumindest ein wenig abgewöhnen, wenn Sie in den **Einstellungen** das Menü **Datenschutz** aufrufen und dort die entsprechenden Voreinstellungen deaktivieren.

» siehe Einstellungen (Settings)

Pro

Die Abkürzung, die sich bei manchen Programmen (wie z. B. Windows 10 Pro) findet, steht für »professionell« und bezieht sich meist auf leistungsfähigere bzw. mit mehr Möglichkeiten ausgestattete Software bzw. Hardware.

» siehe Übersicht »Windows: Editionen der Version Windows 10« auf Seite 431

Problembehandlung

Eine Möglichkeit unter Windows, per Assistent hartnäckigen Computerproblemen zu Leibe zu rücken. Die Windows-Problembehandlung finden Sie auch noch in der alten Systemsteuerung. Am besten geben Sie aber in das Cortana-Suchfeld gleich den Begriff »Problembehandlung« ein, und Sie landen an der richtigen Stelle innerhalb der Einstellungen.

» siehe Cortana

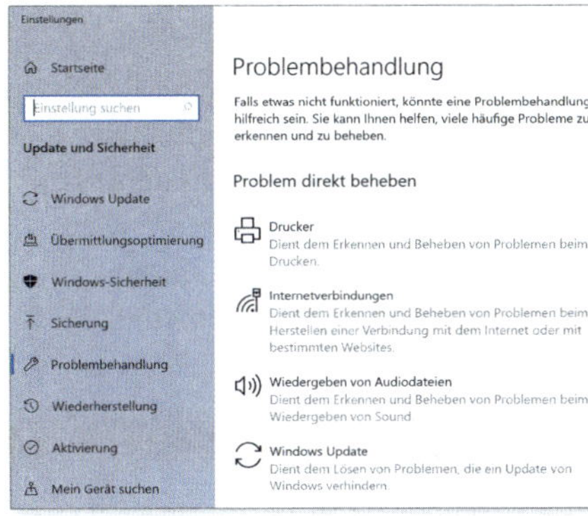

Product Key

> Produktschlüssel

Eine Kombination aus Buchstaben und Zahlen, die zur Aktivierung eines Programms erforderlich ist und vom Benutzer vor der Installation einzugeben ist. Ohne den Produktschlüssel können Sie die Software nicht installieren.

» siehe Produktaktivierung

Produktaktivierung

Insbesondere Microsoft-Programme müssen nach erfolgter Installation per Internet aktiviert werden, sonst stellen sie nach einiger Zeit (meist sind das 30 Tage) ihren Dienst ein. Bei Windows und Office geschieht die Aktivierung automatisch, sobald der PC eine Internetverbindung aufgebaut hat. Sie können die

Aktivierung in den Systemeinstellungen kontrollieren. Unter Windows 10 geben Sie dazu einfach das Suchwort »Aktivierung« in die Cortana-Suchleiste am unteren linken Bildrand ein und wählen anschließend den angebotenen Menüpunkt **Überprüfen, ob Windows aktiviert ist**.

Profil

Der Begriff hat zwei Bedeutungen: Zum einen ist unter einem Betriebssystem (z. B. Windows) mit jedem Benutzerkonto auch ein Benutzerprofil verknüpft. Darin enthalten sind alle Ihre persönlichen Einstellungen, z. B. welches Hintergrundbild Sie aktuell für den Bildschirm gewählt haben. Andererseits ist ein Profil auch eine Art Steckbrief, den Sie nach der Anmeldung bei einem sozialen Netzwerk (z. B. Facebook) von sich erstellen.

» siehe Benutzerkonto (Account), Facebook, Soziale Netzwerke (Social Networks)

Programm

Alles, was man auf einem Computer oder einem anderen dafür geeigneten Gerät zum Laufen bringen kann: ob Textverarbeitung, Bildbearbeitung oder Spiel, all das gehört zur Kategorie der Programme, die auch Software genannt werden. Auf Smartphones und Tablets heißen die Programme Apps. Seit der Version 8 nennt auch Windows seine Programme für den Desktop-Computer Apps.

» siehe Desktop-Computer, Smartphone, Tablet/Tablet-PC

Programmfenster

In Betriebssystemen wie Windows, macOS oder Linux erscheinen Programme direkt nach dem Start in einem »Fenster«. Dieses können Sie dann beliebig mithilfe der Maus auf dem Bildschirm positionieren, sodass dadurch auch mehrere Programme nebeneinander betrieben werden können. Wie man u. a. die Größe eines Programmfensters verändert, lesen Sie im Eintrag »Fenster«.

» siehe Fenster

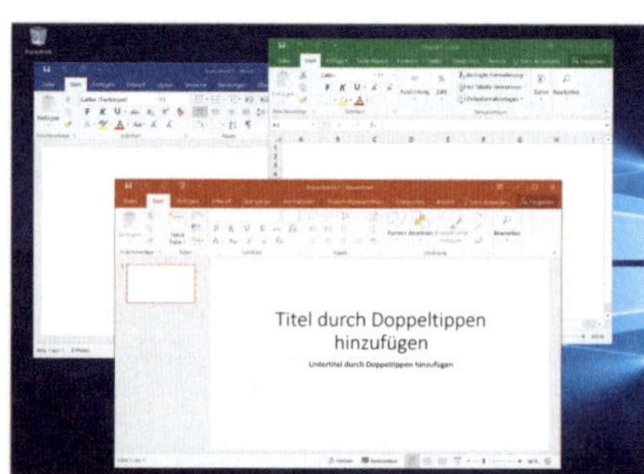

Programmiersprachen – ein Überblick

Mithilfe einer Programmiersprache wird ein Problem, das in Form eines Plans für das umzusetzende Projekt (im Computerjargon auch *Algorithmus* genannt) vorliegt, in eine dem Computer verständliche Form übersetzt. Ein solcher Plan kann beispielsweise so wie in dem rechts gezeigten Struktogramm aussehen.

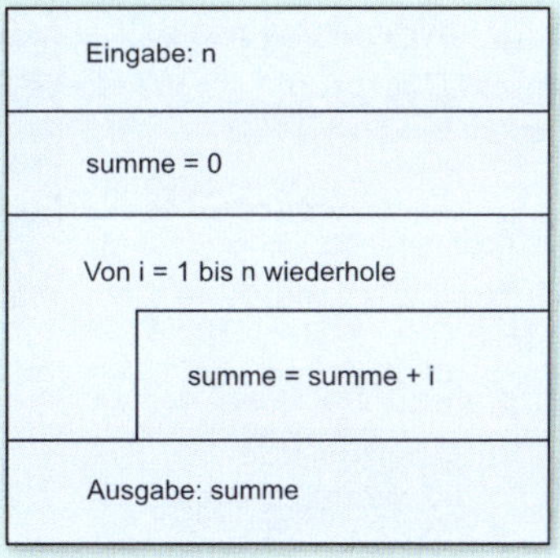

▲ In diesem Struktogramm werden alle Zahlen von 1 bis n zu einer vom Benutzer einzugebenden Zahl n summiert.

Ein Meer an Sprachen

Wie viele Programmiersprachen gibt es? Grob geschätzt findet man aktuell ca. 2.000, von denen sicher einige recht exotisch anmuten. Gemäß des sogenannten *TIOBE-Index* sind die zurzeit populärsten fünf: *Java*, *C*, *Python*, *C++* und *Visual Basic.NET*. Der TIOBE-Index wird mithilfe von großen Suchmaschinen wie beispielsweise Google erstellt. Diese analysieren, wie viel Zeilen Programmtext (auch *Code* genannt) alle Programmierer weltweit in einer bestimmten Sprache erstellen.

Scratch – der blitzschnelle Einstieg in die Programmierung

Sie möchten versuchsweise auch einmal ein Programm schreiben und dabei nicht allzu viele Dinge berücksichtigen müssen? Dann sind Sie bei der Programmiersprache *Scratch* goldrichtig! Ein Scratch-Programm kann mit jedem beliebigen Browser erstellt werden – eine Internetverbindung natürlich vorausgesetzt:

1. Begeben Sie sich auf die Seite *https://scratch.mit.edu/projects/editor*, und stellen Sie, sofern erforderlich, zunächst die Sprache mithilfe der kleinen Weltkugel (❶ auf Seite 298) oben links auf Deutsch um.
2. Die Blöcke in der linken Spalte sind Programmbefehle, die nach bestimmten Kategorien geordnet sind. Beginnen Sie mit der Kategorie **Ereignisse** ❷, und ziehen Sie den Block **Wenn angeklickt wird** ❸ mit der Maus in die mittlere Spalte ❹.
3. Wählen Sie nun die Kategorie **Steuerung** ❺ und dort den Block **wiederhole fortlaufend**.
4. Suchen Sie in den jeweiligen Kategorien nach den hier in der Abbildung gezeigten weiteren Blöcken in der mittleren Spalte (die Farben geben Ihnen einen Anhaltspunkt, in welcher Kategorie Sie jeweils suchen müssen), und ziehen Sie diese ebenfalls nacheinander mit der Maus in das zentrale Fenster, jeweils in die passenden Aussparungen. Die Blöcke rasten aneinander ein wie Lego-Bausteine.

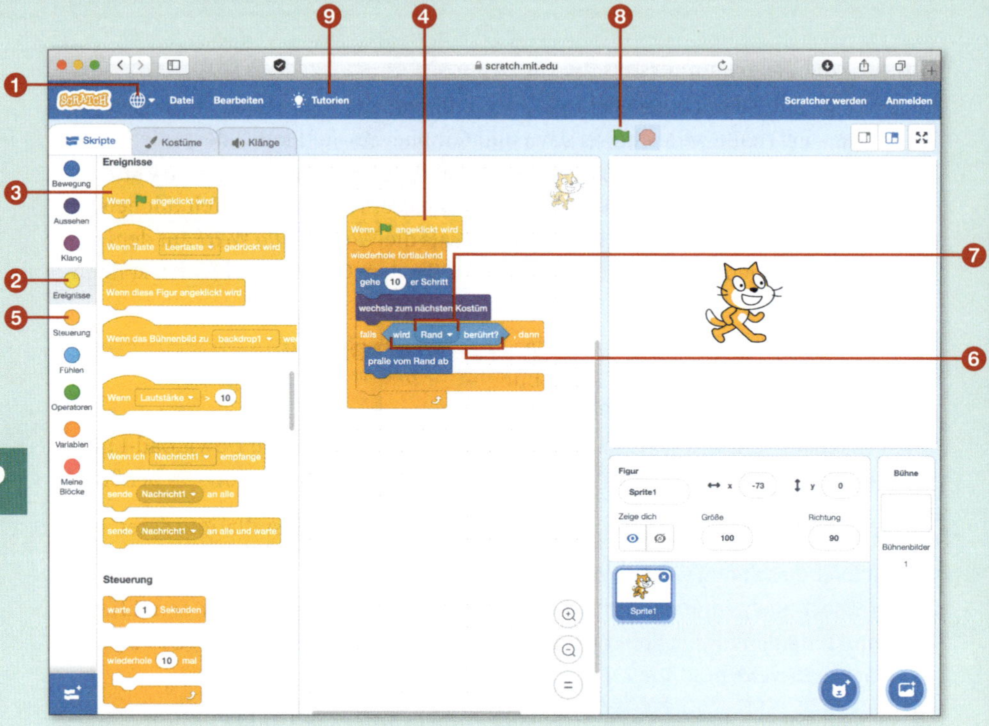

▲ Das einfache Scratch-Programm wird mithilfe der Blöcke auf der linken Seite erstellt. Die Blöcke sind farblich in Kategorien sortiert. Der Bereich »Aussehen« ist violett markiert, die Steuerungsblöcke orange usw.

Achtung: Es gibt auch verschachtelte Blöcke, etwa den Block **falls ..., dann** in der Kategorie **Steuerung**. Wählen Sie hier zunächst diesen Block und dann seinen Inhalt (im Beispiel: **wird Rand berührt** ❻) aus. Innerhalb einiger Blöcke haben Sie zusätzliche Optionen, die Sie nach einem Klick auf den kleinen Pfeil auswählen können (im Beispiel steht im Block zunächst **wird Mauszeiger berührt**; nach einem Klick auf **Mauszeiger** steht alternativ **Rand** ❼ im erscheinenden Menü zur Auswahl).

5. Klicken Sie auf die grüne Flagge ❽, um das Programm zu starten. Dabei bewegt sich die Katze im rechten Bereich des Fensters hin und her – auf dem Rückweg sogar kopfüber. Um die Katze wieder zu stoppen, klicken Sie auf die nun rote Flagge.

6. Sollten Sie Spaß an der Programmierung in Scratch gefunden haben, dann finden Sie über die Schaltfläche **Tutorien** ❾ einige spannende Programme.

Python – die Programmiersprache für Experten

Möchten Sie einmal mit einer »echten« Programmiersprache arbeiten, dann bietet sich Python an – im TIOBE-Index hinter Java und C immerhin auf Platz 3 der beliebtesten Sprachen notiert. Wir beginnen ganz klassisch und schreiben ein *Hallo Welt!*-Programm in Python. Damit freunden sich Programmierer rund um die Welt mit neuen Sprachen an. Das Programm tut nicht anderes, als die Worte *Hallo Welt!* auf dem Bildschirm auszugeben, und demonstriert, dass Sie dem Computer befehlen können, was er zu tun hat.

1. Laden Sie von *https://thonny.org* das Programm *Thonny* (das ist eine Umgebung für Programmieranfänger) für Ihr Betriebssystem auf Ihren PC, indem Sie einen der vorgegebenen Download-Links anklicken. Die meisten von Ihnen werden die Version für Windows ❶ benötigen.

2. Installieren Sie das Programm per Doppelklick über der Installationsdatei, und starten Sie es anschließend.

3. Schreiben Sie in den oberen Fensterteil in die beiden Zeilen hinter den Ziffern 1 und 2 den im Bild gezeigten Text inklusive der Sonderzeichen ❷. Das ist der Programmcode.

4. Klicken Sie auf die **Start**-Schaltfläche ❸. Sie werden dazu aufgefordert, den Programmquelltext (ein anderer Begriff für *Code*) unter einem beliebigen Namen abzuspeichern. Wählen Sie dazu *HalloWelt*. Die Datei wird automatisch mit der Endung *.py* für Python versehen.

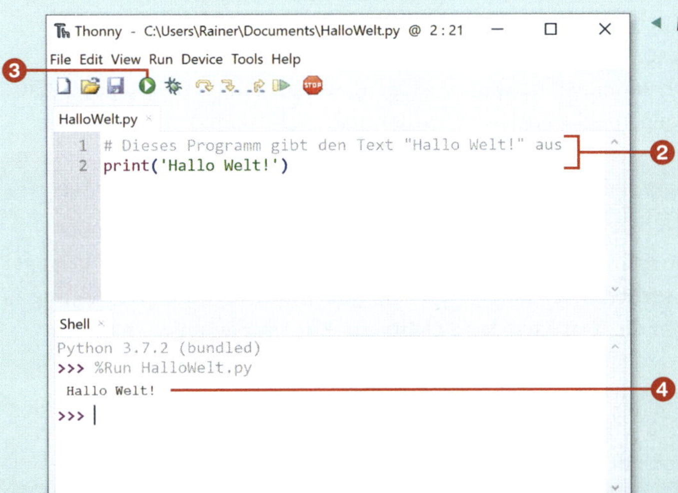

◂ Mit Thonny schreiben Sie Ihr eigenes Python-Programm.

5. Nun sollten Sie als Ergebnis den Text **Hallo Welt!** (4 auf Seite 299) im Ausgabebereich lesen. Glückwunsch! Sie haben Ihr erstes Python-Programm geschrieben.

6. Möchten Sie tiefer in die Materie eindringen, dann können Sie sich einmal die Python-Tutorials unter *https://www.python-kurs.eu/python3_kurs.php* anschauen.

Wichtige Begriffe

Folgende Begriffe tauchen im Zusammenhang mit Programmiersprachen bzw. der Programmierung häufig auf:

P

BASIC

> Beginner's All-purpose Symbolic Instruction Code
> Allzweck-Programmiersprache für Anfänger

Die Mutter aller Einsteiger-Programmiersprachen, heute noch zu finden in Form von VBA bei der Programmierung von Microsoft-Office-Programmen.

Code

Ein von Menschen lesbarer Text, geschrieben in einer speziellen Programmiersprache, der vom *Compiler* übersetzt wird.

Compiler

> Zusammensetzer

Dieses Hilfsprogramm übersetzt einen Programmquelltext in ein vom Computer ausführbares Programm.

Debugger

> Entwanzer

Mit diesem Hilfsprogramm spürt man Fehler (engl. *Bugs*) in Programmen auf.

Flussdiagramm

Ein grafisches Diagramm, welches das Ziel bzw. die Funktionen eines Programms darlegt und so dem Programm eine Ordnung vorgibt.

IDE

> Integrated Development Environment
> Integrierte Entwicklungsumgebung

Eine Oberfläche, die das Schreiben und Testen von Programmen stark erleichtert. Ein Beispiel ist die IDE Thonny für die Programmiersprache Python.

Struktogramm

Ähnlich wie ein Flussdiagramm eine Grafik, die die Struktur eines Programms vorgibt.

PHP

> PHP Hypertext Preprocessor
> PHP Hypertext-Vorbearbeitung

Eine Programmier-Skriptsprache, die insbesondere bei modernen Webseiten bzw. Homepages eingesetzt wird.

Swift

Eine Programmiersprache für Apple-Betriebssysteme.

VBA

> Visual BASIC for Applications
> Visuelle Basis für Anwendungen

Eine Skriptsprache zur Programmierung von Microsoft-Office-Anwendungen.

» siehe Algorithmus, Java, VBA

Programmierung

» siehe Übersicht »Programmiersprachen – ein Überblick« auf Seite 297

Programmsymbol

Das Programmsymbol wird im Englischen auch »Icon« genannt und dient zur eindeutigen Identifizierung eines bestimmten Programms. Wenn Sie das Programm gestartet haben, finden Sie dessen Symbol unten auf der Taskleiste.

» siehe Taskleiste

Protokoll

Nicht etwa die Mitschrift einer langweiligen Sitzung, sondern eine Vorschrift, wie Daten zu übertragen sind. Beispiel: Internetseiten, die Sie per Browser aufrufen, folgen dem Hypertext Transfer Protocol, bekannter unter der Abkürzung HTTP.

» siehe HTTP

Provider

> Anbieter

Proxy(-Server)

Ein Proxy-Server (kurz: Proxy) stellt die Verbindung zum Internet her und bietet dabei die Möglichkeit, bestimmte Inhalte auszufiltern. Derartige Proxys werden meist in Firmen und Bildungsinstitutionen eingesetzt, um zu verhindern, dass sich die Schützlinge auf »verbotenen« Seiten herumtreiben. Um per Proxy ins Internet zu gelangen, müssen meist im Browser im Bereich **Netzwerkverbindungen** entsprechende Einstellungen vorgenommen werden. Bei allen prominenten Betriebssystemen gibt es darüber hinaus eine Option, den Zugang zum Proxy auf dem Computer einzustellen. In Windows 10 finden Sie den Menüpunkt in den **Einstellungen** im Bereich **Netzwerk und Internet**.

Prozessor

> engl. CPU

Sozusagen das Herz Ihres Computers und daher im Englischen auch als CPU (Central Processing Unit = Zentraleinheit) benannt. Heute wird die Leistungsfähigkeit einer CPU weniger durch die angegebene Taktfrequenz (z. B. 3,3 GHz) bestimmt, mit der gern in Verkaufsprospekten zu PCs geworben wird, sondern vielmehr durch die Anzahl der in ihr enthaltenen sogenannten Kerne (engl. Cores).

» siehe Core, Gigahertz

» siehe Übersicht »Computer & Co. kaufen« auf Seite 84

Prüfsiegel

... gibt es zuhauf im PC-Bereich. Als Endverbraucher sollten Sie insbesondere

P

darauf achten, dass Ihr Gerät möglichst sparsam mit dem Strom umgeht. Das stellt das »Energy Star«-Siegel sicher. Die Ergonomie eines Systems (also z. B. die Augenfreundlichkeit von Monitoren) bestätigt das TCO-Siegel.

PS/2-Port/-Schnittstelle

» siehe Übersicht »Ports: Die wichtigsten Anschlüsse am PC« auf Seite 292

PS4

> PlayStation 4

Die meistverkaufte Spielekonsole aus dem Hause Sony. Alle wichtigen Konsolenspiele werden für diese Spielekonsole veröffentlicht, die eine faszinierende Grafik bietet, wie hier am Beispiel von »Uncharted 4« (wörtlich »Auf keiner Karte 4«) gezeigt, ein Abenteuerspiel, bei dem man sich durch spannende Klettereinlagen und wilde Schießereien einem Piratenschatz nähert.

» siehe PlayStation

PSD

> Photoshop Dokument

Das Bilddateiformat des Bildbearbeitungsprogramms Adobe Photoshop.

» siehe Adobe Photoshop, Bilddateiformate

Public Cloud

> Öffentliche Cloud

» siehe Übersicht »Cloud und Cloud-Speicherdienste« auf Seite 78

PUK

> Personal Unblocking Key
> Persönlicher Entsperrcode

Sie haben Ihre PIN am Smartphone dreimal falsch eingegeben? Dann lässt sich das Gerät nur noch über einen PUK-Schlüssel entsperren. Fragen Sie Ihren Mobilfunkanbieter danach, er wird Ihnen sicher weiterhelfen.

» siehe PIN

Pull-down-Menü

> »Herunterzieh-Menü«

Ein Programm- oder App-Menü, welches erst dann sichtbar und zugänglich wird, wenn man es öffnet, was meist nach dem Klick auf einen entsprechenden Pfeil geschieht. Hier sind dann verschiedene Unterpunkte platzsparend untergebracht.

» siehe Menüband (Ribbon)

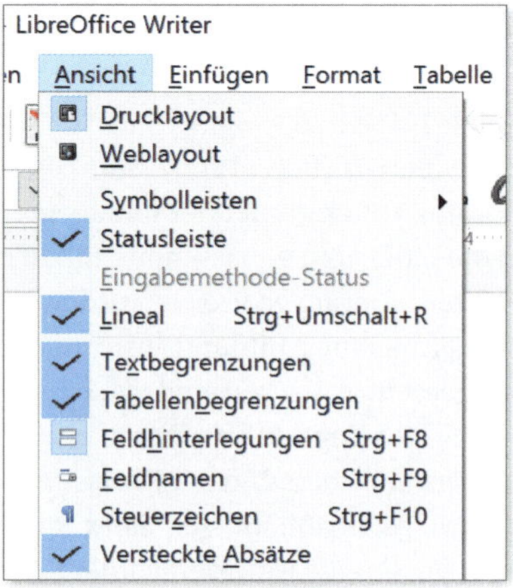

Push-Mail

Bei dieser Form der E-Mail-Auslieferung schickt (push = schieben) der Server die elektronische Post unmittelbar auf das Endgerät (also z. B. auf Ihren PC oder Ihr Smartphone), ohne dass dieses die Mail explizit anfordert. Das ist heute auch die Regel. Sie können testen, ob das Push-Mail-Verfahren bei Ihrem Provider funktioniert, indem Sie sich selbst eine Mail schicken. Kommt diese sofort nach dem Versand gleich wieder bei Ihnen an, dann arbeitet der Server nach diesem Prinzip. Achtung: Gegebenenfalls muss die Push-Option in Ihrem Mailprogramm eigens aktiviert werden.

» siehe E-Mail-Provider

Python

Programmiersprache, die in letzter Zeit insbesondere im Bereich der künstlichen Intelligenz von sich reden gemacht hat.

» siehe Übersicht »Künstliche Intelligenz« auf Seite 218 sowie Übersicht »Programmiersprachen – ein Überblick« auf Seite 297

Q

... wie Quote – die gibt es auch auf dem PC, zumindest in einem E-Mail-Programm. Damit machen Sie Zitate kenntlich.

QR-Code

> Quick Response Code
> »Schneller Rückmeldungs-Code«

Sie haben sicherlich auch schon die kleinen pixeligen Quadrate entdeckt, die mittlerweile viele Dinge des täglichen Lebens zieren? Dabei handelt es sich um Codes, die Nachrichten oder Internetverweise enthalten können. Zur Entschlüsselung müssen Sie den Code mit einer geeigneten Scanner-App auf Ihrem Smartphone oder Tablet einscannen (sozusagen abfotografieren). Diese entziffert dann den Code.

» siehe App/Applet

Quad-Core-Prozessor

Ein Prozessor, der vier Kerne enthält. Jeder einzelne Kern wird (geeignete Programme vorausgesetzt) für die Rechenaufgaben im Computer herangezogen. Ein Quad-Core-Prozessor, der heutige Standard, ist also viel leistungsfähiger und schneller als ein Prozessor mit nur zwei Kernen (Dual Core).

» siehe Dual-Core-Prozessor, Multi-Core-Prozessor, Prozessor (CPU)

QuarkXPress

Ein beliebtes Layoutprogramm für PC und Mac, welches sich insbesondere im journalistischen Bereich großer Beliebtheit erfreut. Damit werden Zeitungen, Zeitschriften und Illustrierte gesetzt. QuarkXPress ist ein sogenanntes Desktop-Publishing-Programm.

» siehe Desktop-Publishing

Quantencomputer

Ein neuartiger Typ Computer, dessen Grundlagen der aktuellen physikalischen Forschung – im Speziellen der Quantenphysik – entspringen. Während klassische Computer mit den Zuständen

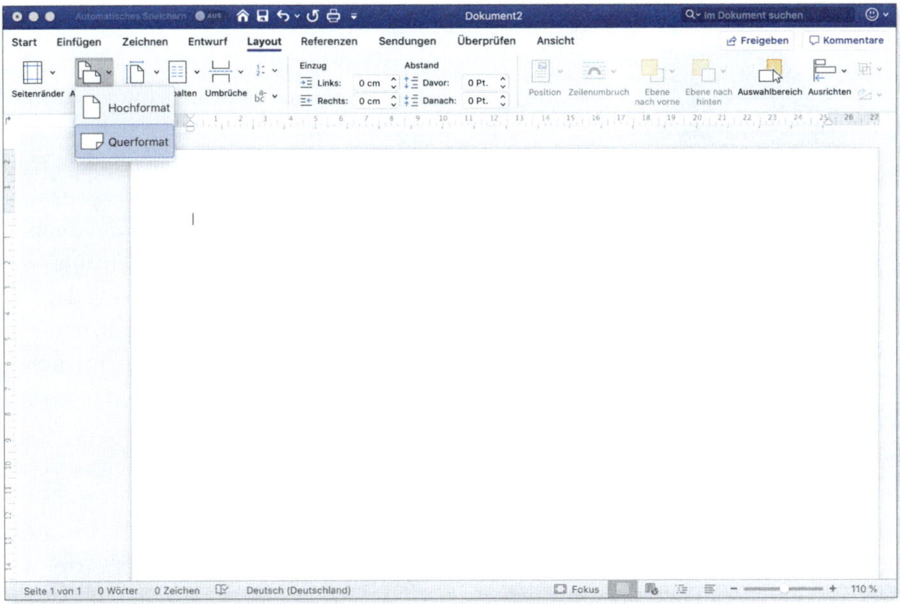

0 und 1 (»Strom aus« bzw. »Strom an«) rechnen, arbeiten Quantencomputer auf atomarer Ebene mit Zwischenzuständen – sogenannten QuBits (Quantenbits). Mit deren Hilfe lassen sich viele Rechnungen effizienter und schneller durchführen.

» siehe Bit

Quellcode/Quelltext

Wer ein Computerprogramm schreiben möchte, muss dies in einer Programmiersprache tun. Das Programm wird dann im sogenannten Quellcode bzw. Quelltext formuliert. Im Browser Mozilla Firefox z. B. können Sie sich den Quellcode einer Internetseite ganz einfach einmal ansehen. Öffnen Sie eine beliebige Seite, und drücken Sie dann die Tasten `Strg` + `U`.

» siehe Mozilla Firefox

Querformat

In einigen Bildbearbeitungsprogrammen auch Landschaftsmodus genannt: Im Querformat gestalten Sie Ihre Dokumente so, als hätten Sie ein DINA4-Blatt quer vor sich liegen. In Word 2019 finden Sie die Schaltfläche zum Umschalten zwischen Hoch- und Querformat im Register **Layout** ▸ **Ausrichtung**.

Qi

Das Wort Qi stammt aus dem Chinesischen und bedeutet »Lebensenergie«. Im Computerbereich ist diese Lebensenergie elektrischer Natur und wird bei der Qi-Ladetechnik drahtlos per Induktion von der Ladestation zum Smartphone befördert (siehe die Abbildung auf Seite 306).

» siehe Laden

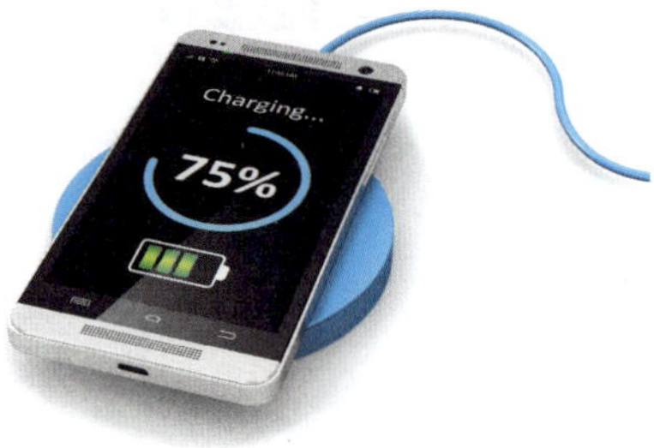

▲ Qi

Quickinfo

> Schnellinfo
> wird im Englischen selbst als Tooltip bezeichnet

Ein kurzer Informationstext, der erscheint, wenn man mit der Maus bzw. dem Mauszeiger über ein Bildschirmelement fährt (sogenanntes Mouseover). Der Text gibt dann Aufschluss darüber, welche Funktion sich hinter dem betreffenden Element verbirgt.

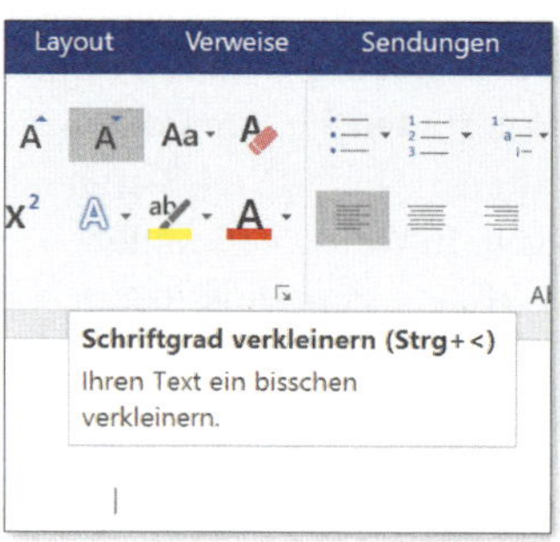

QuickTime

> »Schnelles Tempo«

Ein sogenanntes Containerformat für Videos aus dem Hause Apple. Für derartige Dateien bietet Apple auch die entsprechende Software zur Wiedergabe der Videos, den QuickTime Player.

» siehe Container

QuickType

> »Schnell tippen«

Eine Option für eine Smartphone-Tastatur, um schneller schreiben zu können: Beim QuickType-Verfahren erhalten Sie Vorschläge für Wörter, die Sie höchstwahrscheinlich als Nächstes schreiben würden. Dazu analysiert die entsprechende App den Zusammenhang des Geschriebenen. Durch Antippen der kompletten Wortvorschläge steigern Sie dann Ihre Tippgeschwindigkeit beträchtlich.

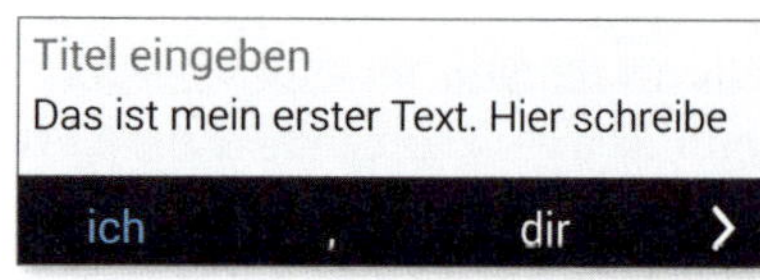

» siehe Bildschirmtastatur

Quit

> »Verlassen«

» siehe Beenden

Quote

> Zitat

Wenn Sie eine E-Mail beantworten, dann können Sie die Originalmail des Absenders mit einbeziehen. Um diese von Ihrem eigenen Text zu unterscheiden, verwendet man meist ein Quote-Zeichen. Dieses ist im Normalfall das Zeichen >. Moderne E-Mail-Programme machen vom Quote-Zeichen kaum noch Gebrauch und markieren stattdessen die zitierte Passage durch einen senkrechten Strich ❶.

» siehe E-Mail

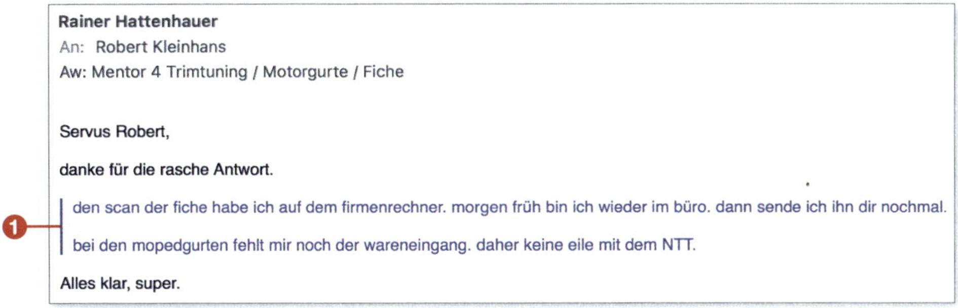
Rainer Hattenhauer
An: Robert Kleinhans
Aw: Mentor 4 Trimtuning / Motorgurte / Fiche

Servus Robert,

danke für die rasche Antwort.

1
> den scan der fiche habe ich auf dem firmenrechner. morgen früh bin ich wieder im büro. dann sende ich ihn dir nochmal.
>
> bei den mopedgurten fehlt mir noch der wareneingang. daher keine eile mit dem NTT.

Alles klar, super.

QWERTZ-Tastatur

Bezeichnung für die »normale« deutsche Tastatur: Dort ist die obere Buchstabenreihe in der Reihenfolge QWERTZ angeordnet. Im englischen Sprachraum ist die Anordnung QWERTY üblich. Die unterschiedlichen Tastaturlayouts berücksichtigen, welche Buchstaben in den jeweiligen Sprachen beim Schreiben häufiger benötigt werden.

» siehe Übersicht »Tastatur: auf dem PC und Smartphone« auf Seite 374

R

... wie Rohling – ein ungehobelter Klotz? Nicht beim PC, denn hier sind Rohlinge zum Speichern von Daten sehr nützlich.

Radiobutton

> »Radioknopf«

» siehe Optionsfeld/-schaltfläche

RAM

> Random Access Memory
> Direktzugriffsspeicher

» siehe Arbeitsspeicher

Ransomware

> engl. ransom = Lösegeld

Eine Schadsoftware, die die Festplatte des PCs und den für die Entschlüsselung notwendigen Schlüssel erst nach Zahlung eines Lösegelds herausgibt. Ein probates Mittel, sich vor Ransomware zu schützen, ist ein aktueller Virenscanner und die regelmäßige Erstellung von Systembackups auf einem externen Datenträger.

» siehe Backup, Schadsoftware (Malware), Virus

» siehe Übersicht »Datenschutz und Datensicherheit« auf Seite 101

Raspberry Pi

Ein äußerst beliebter Minicomputer, der mit dem Betriebssystem Linux läuft. Das liebevoll »Raspi« genannte Gerät ist so groß wie eine Zigarettenschachtel und wird von Bastlern gern für die Hausautomatisierung verwendet. So kann der Raspi beispielsweise für eine sprachgesteuerte Kaffeemaschine oder auch als automatische Hundefütterstation eingesetzt werden. Einen kleinen Überblick über besonders spektakuläre Projekte finden Sie im Internet unter *http://t3n.de/news/raspberry-pi-projekte-434138/*.

» siehe Linux

» siehe Übersicht »Smart Home« auf Seite 340

Raster

Prinzipiell ist jedes digitale Bild in Form eines Rasters aufgebaut, d. h., man hat ein System, bestehend aus horizontalen und vertikalen Linien, in deren Schnittpunkten sich die Bildelemente (Pixel genannt) befinden. Raster findet man in der Computertechnik aber auch in anderen Bereichen: Jedes Excel-Kalkulationsblatt ist als Raster, bestehend aus Zeilen und Spalten, aufgebaut. In der Drucktechnik verwendet man Raster, um Zwischenfarbtöne zu produzieren.

» siehe Microsoft Excel, Pixel

Raubkopie

Wenn Sie Computerprogramme oder Medien (Filme, Musik) unrechtmäßig kopieren bzw. besitzen, dann nennt man das eine Raubkopie. Der Weg zu Raubkopien führt heute in der Regel über illegale Tauschbörsen im Internet. Beachten Sie, dass Raubkopien kein Kavaliersdelikt sind: Bis zu 5 Jahre Haft können hier je nach Schwere des Falls verhängt werden. Eine Ausnahme stellen Kopien zu privaten Zwecken dar. Sie können beispielsweise eine Musik-CD mithilfe eines CD-Brenners auf einen CD-Rohling kopieren und im CD-Player Ihres Autos nutzen, ohne dass Sie sich strafbar machen.

» siehe Brennen/Brenner, Rohling

RAW

> Roh(datenformat)

Ein Dateiformat, das in der Digitalfotografie von Experten genutzt wird. Damit werden die Bilder so in der Kamera gespeichert, wie sie vom Lichtsensor erfasst werden, und unterliegen nicht der Kompression und damit einem Qualitätsverlust, wie es beim Einsatz des JPEG-Formats üblich ist. Die RAW-Bilder sind allerdings auf dem PC nicht unmittelbar verwendbar: Sie müssen zunächst mit einer geeigneten Software wie z. B. Adobe Lightroom »entwickelt« werden.

» siehe Bilddateiformate, Komprimieren, Photoshop Lightroom

RCA-Stecker

> »Radio Corporation of America«

Eine andere Bezeichnung für Cinch (Klinkenstecker).

» siehe Klinkenstecker

Reader

> »Leser/Lesegerät«

Allgemeine Bezeichnung für eine Software oder ein Gerät, mit dessen Hilfe man Dokumente in einem bestimmten Format lesen kann. Dazu zählen z. B. der Adobe Reader zum Lesen bzw. Betrachten von PDF-Dateien sowie der Kindle Reader für Amazon E-Books.

» siehe Adobe Reader, Kindle (Reader)

Readme-Datei

> »Liesmich-Datei«

README.txt

Eine Textdatei, die einem Programm beiliegt und Informationen zu diesem Programm enthält. Meist lassen die Programmentwickler darin noch neueste Informationen einfließen, falls sich kurz vor der Veröffentlichung etwas Wesentliches am Programm geändert haben sollte. In jedem Fall sind darin wichtige Informationen zur Nutzung des Programms enthalten.

» siehe TXT

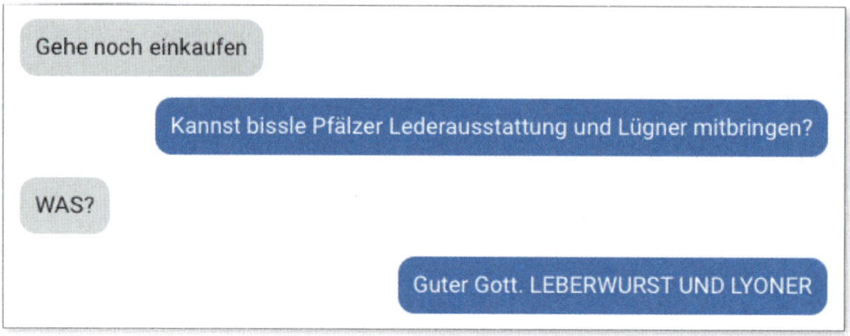

▲ Rechtschreibprüfung

R

Reboot/Rebooten

> Neustart/Neu starten

Rechenleistung

Wie kann man die Leistung eines PCs, Tablets oder Smartphones generell messen? Dazu verwendet man sogenannte Benchmark-Tests, die in Form von Programmen oder Apps daherkommen. Bei Großrechenanlagen gibt man die Rechenleistung in der Einheit Teraflops an: Ein Teraflop sind 10^{12} Operationen pro Sekunde. Die schnellsten Computer der Welt sind mittlerweile sogar in die Region der Petaflops (10^{15} Operationen pro Sekunde) vorgedrungen.

Rechner

Ein anderer Begriff für Computer bzw. PC, der historisch bedingt ist. Früher diente ein Computer lediglich zur Auswertung großer Zahlenkolonnen, heute hat sich das gute Stück längst zum universellen Multimediagerät gewandelt.

Rechner-App

Sie benötigen auf die Schnelle einen Taschenrechner? Dann halten Sie doch einmal auf Ihrem PC oder Ihrem Smartphone danach Ausschau. Jede Wette, dass Sie dort eine entsprechende App finden.

Rechtschreibprüfung

Auf dem PC liebt man sie, auf dem Smartphone wird sie eher verflucht: die eingebaute Rechtschreibprüfung bzw. Korrektur. Damit erscheinen falsch geschriebene Wörter in der Textverarbeitung auf dem PC meist rot unterkringelt. Das Smartphone-Betriebssystem korrigiert vermeintlich falsch geschriebene Wörter meist selbstständig, was zu unerwünschten Effekten führen kann. In Word kann man diese unerwünschte Autokorrektur abschalten.

» siehe Autokorrektur

Rechtsklick

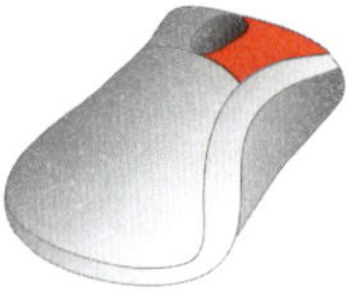

Mit einem Klick der rechten Maustaste ruft man ein sogenanntes Kontextmenü auf. Dieses zeigt dann situationsabhängige Inhalte.

» siehe Kontextmenü, Mausklick

Recovery-DVD

> Wiederherstellungs-DVD

PCs oder Laptops, die Sie im Elektrofachhandel erwerben, kommen meist mit vorinstalliertem Betriebssystem daher. Sollte einmal etwas schiefgehen und sollten Sie das System unbeabsichtigt zerstören, z. B. durch das Löschen einer systemwichtigen Datei, dann haben Sie mithilfe einer Recovery-DVD und einer versteckten Recovery-Partition auf der Systemfestplatte immer noch die Möglichkeit, Ihr Gerät in den Urzustand zu versetzen und von Grund auf neu zu konfigurieren. Dadurch gehen dann aber leider Ihre persönlichen Daten (Bilder, Texte, Musik und Videos) verloren. Moderne Betriebssysteme wie Windows 10 haben mittlerweile recht gute Selbstheilungsmechanismen eingebaut, sodass Sie nur noch selten auf das Recovery-System zurückgreifen müssen.

» siehe Wiederherstellung (Restore)

Registerkarte

Alle Programme von Microsoft Office verfügen im Menüband über verschiedene Registerkarten, auf denen thematisch zusammengehörige Befehle gruppiert sind. Durch Klicken auf die Registerkarte, die dadurch optisch hervorgehoben wird, werden die zugehörigen Befehlsgruppen sichtbar. In Word 2019 heißen die Registerkarten **Start**, **Einfügen**, **Zeichnen**, **Entwurf** etc. Unter **Start** z. B. finden Sie dann die Befehlsgruppen **Zwischenablage**, **Schriftart**, **Absatz** etc. Auch in anderen Programm- oder Dialogfenstern werden Registerkarten verwendet, um verschiedene Inhalte platzsparend zu präsentieren. Mit einem Klick auf eine der Registerkarten ❶, sehen Sie darunter die jeweils zugehörigen Inhalte.

» siehe Menüband (Ribbon)

Registrieren

> engl. Sign up

Nach der Installation eines Programms oder dem Erwerb einer Hardware (z. B. einer Maus oder Tastatur) empfiehlt es sich, diese auf der Internetseite des Herstellers zu registrieren. Nur so haben Sie Anspruch auf die volle Garantie bzw. Gewährleistung seitens des Herstellers.

Registry

» siehe Windows Registry

Relationale Datenbank

Eine Datenbank, die aus etlichen Tabellen besteht. Zwischen den Tabellen existieren dann Beziehungen – sogenannte Relationen. Stellen Sie sich vor, Sie besitzen einen Online-Shop. Dann legen Sie beispielsweise eine Tabelle mit den Adressen Ihrer Kunden an, eine weitere Tabelle über Ihren Warenbestand und schließlich noch eine Tabelle über getätigte Bestellungen. Es besteht nun eine Beziehung (Relation) zwischen der Tabelle der Bestellungen zu den anderen beiden Tabellen: Der Kunde X hat die Bestellung Y getätigt und dabei die Ware Z bestellt. Warum man das nicht in eine Tabelle schreibt? Dadurch hätten Sie wesentlich mehr Daten zu speichern, denn dann müssten bei jeder Bestellung z. B. jedes Mal die Adressdaten des Kunden von Neuem eingegeben werden. Das Programm Microsoft Access ist ein solches Programm für Datenbankanwendungen, hier am Beispiel der Zuordnung der Beziehungen zwischen Schülern und Erziehungsberechtigten dargestellt.

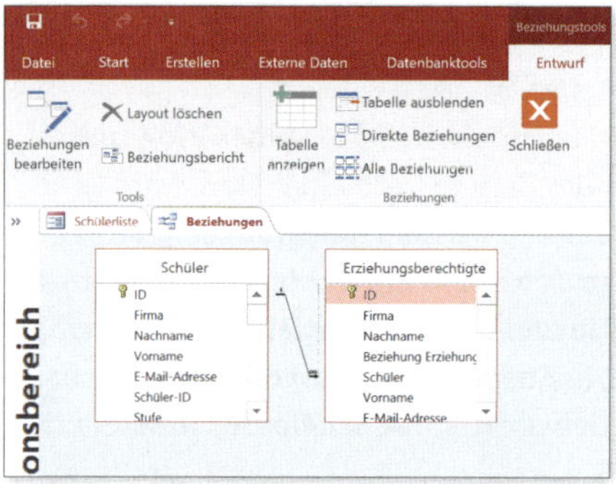

Relativer Zellbezug

Nützlich beim Kopieren von Feldern in Tabellenkalkulationen: Relative Zellbezüge sorgen dafür, dass Inhalte bzw. Bezüge von Formeln beim Kopieren automatisch angepasst werden.

» siehe Microsoft Excel

Relaunch

> »Neustart«

Wenn ein Produkt mit neuem Design oder neuen Möglichkeiten auf den Markt gebracht wird, spricht man von einem Relaunch. Mancher Leser wird sich sicher noch an den VW Käfer erinnern. Dieser erhielt einen Relaunch als VW Beetle. Vor allem die Websites größerer Unternehmen werden häufig »relaunched«, um für die Kunden attraktiv zu bleiben.

» Website

Release

> Veröffentlichung

Immer dann, wenn ein neues Gerät oder ein neues Programm veröffentlicht wird, spricht der Hersteller von einem Release. Die Veröffentlichung eines Smartphones der Samsung-Galaxy-Serie erfolgt beispielsweise immer im Frühjahr, Apple präsentiert seine neuen iPhones meist im Herbst.

» siehe Galaxy, iPhone

Remote

> »Entfernt«

» siehe Fernsteuerung/Fernzugriff

Remote Boot

> »Fernstart«

Die Möglichkeit, Ihren PC per Internetverbindung aus der Ferne zu starten. Stellen Sie sich vor, Sie befinden sich im Urlaub und Ihr Chef benötigt eine wichtige Datei, die sich auf Ihrem Computer zu Hause befindet. Dann können Sie idealerweise Ihren Heim-PC per Internetzugriff starten und die Datei von dem entfernten PC per E-Mail an Ihren Chef schicken – das ist allemal günstiger, als den Urlaub abzubrechen. Eine Möglichkeit, einen PC ferngesteuert zu starten, ist das Wake-on-LAN-Verfahren.

» siehe Wake-on-LAN

Relativer Zellbezug: der Unterschied zwischen absoluten und relativen Zellbezügen

Das folgende Beispiel soll Ihnen den Unterschied zwischen einem absoluten und einem relativen Zellbezug in einer Tabellenkalkulation verdeutlichen.

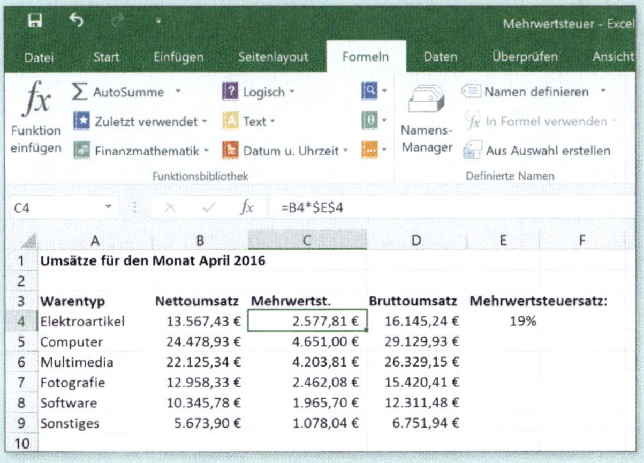

	A	B	C	D	E	F
1	**Umsätze für den Monat April 2016**					
2						
3	**Warentyp**	**Nettoumsatz**	**Mehrwertst.**	**Bruttoumsatz**	**Mehrwertsteuersatz:**	
4	Elektroartikel	13.567,43 €	2.577,81 €	16.145,24 €	19%	
5	Computer	24.478,93 €	4.651,00 €	29.129,93 €		
6	Multimedia	22.125,34 €	4.203,81 €	26.329,15 €		
7	Fotografie	12.958,33 €	2.462,08 €	15.420,41 €		
8	Software	10.345,78 €	1.965,70 €	12.311,48 €		
9	Sonstiges	5.673,90 €	1.078,04 €	6.751,94 €		
10						

In einem Elektrofachhandel wird der Monatsumsatz ermittelt. Dazu müssen zunächst die Nettoumsätze aufgeschrieben werden (hier in den Zellen B4 bis B9). Zu diesen kommt jeweils noch die Mehrwertsteuer hinzu, um den Bruttoumsatz in Spalte D zu ermitteln. In der Zelle **C4** wird diese gemäß der Formel **=B4*E4** berechnet (= leitet die Formel ein, * steht für die Multiplikation, das Dollarzeichen $ sorgt für den absoluten Zellbezug, also: jeweiliger Nettoumsatz mal 19 % ist gleich das Ergebnis der Formel). **B4** ist dabei ein relativer Zellbezug, der sich beim Kopieren der Formel in die darunter befindlichen Felder mit den verschiedenen Beträgen (B5 bis B9) ändern wird und soll. **E4** ist hingegen ein absoluter Zellbezug, der sich auf den Mehrwertsteuersatz in Zelle E4 bezieht und sich beim Kopieren nicht ändern darf. Die folgende Abbildung zeigt die Formelbezüge der Felder, die durch Kopieren entstanden sind, in der Formelansicht.

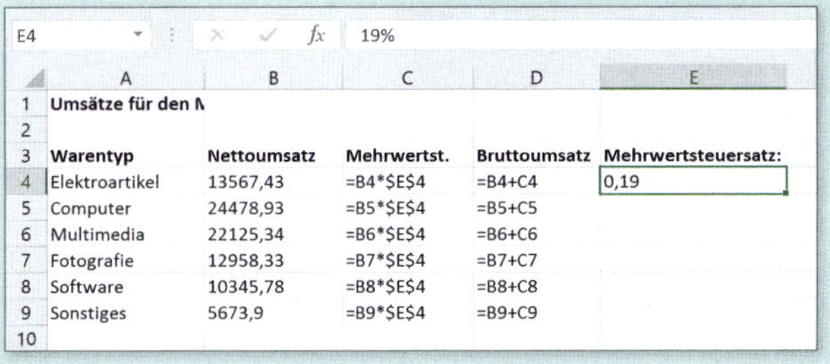

	A	B	C	D	E
1	**Umsätze für den N**				
2					
3	**Warentyp**	**Nettoumsatz**	**Mehrwertst.**	**Bruttoumsatz**	**Mehrwertsteuersatz:**
4	Elektroartikel	13567,43	=B4*E4	=B4+C4	0,19
5	Computer	24478,93	=B5*E4	=B5+C5	
6	Multimedia	22125,34	=B6*E4	=B6+C6	
7	Fotografie	12958,33	=B7*E4	=B7+C7	
8	Software	10345,78	=B8*E4	=B8+C8	
9	Sonstiges	5673,9	=B9*E4	=B9+C9	
10					

Remote-Verbindung/-Zugriff

Die Möglichkeit, einen Computer aus der Ferne zu bedienen und somit Zugriff (Remote Access) auf ihn zu haben.
Sie haben ein Computerproblem und kennen einen Computerexperten in der Familie? Dann bitten Sie diesen, z. B. per TeamViewer auf Ihren PC zuzugreifen und das Problem aus der Ferne zu lösen. Das spart beiden Seiten Zeit und Nerven. Unter Windows 10 steht zu diesem Zweck die App **Remotedesktopverbindung** zur Verfügung.

» siehe TeamViewer

Reset

» siehe Zurücksetzen

Responsive Webdesign

> Angepasstes Webdesign

Wenn eine Internetseite auf dem kleineren Bildschirm eines Smartphones oder Tablets genauso gut aussehen soll wie auf dem großen Computerbildschirm, dann ist ein responsives Webdesign gefragt. Dabei wird zunächst getestet, von welchem Endgerät die Seite abgerufen wird, und dementsprechend die Darstellung der Seite der entsprechenden Bildschirmauflösung angepasst. Breite Navigationsleisten etwa bieten sich nicht für die Darstellung auf einem mobilen Gerät an. Die Abbildungen zeigen dieselbe Webseite – einmal responsiv auf einem Smartphone (rechts) und einmal im Browser auf einem PC (links).

» siehe Auflösung, Webdesign

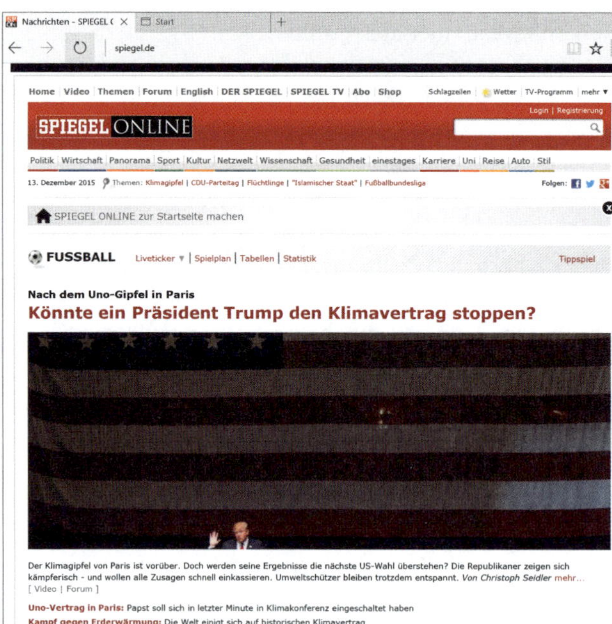

Ressource

Im Computerbereich ein vielschichtiger Begriff: Damit können zum einen leistungsbestimmende Faktoren am Rechner (Größe des Hauptspeichers, Schnelligkeit des Prozessors) gemeint sein, zum anderen aber auch als Ressource zur Verfügung stehende Programmbestandteile wie z. B. sogenannte Programmbibliotheken.

Restore

» siehe Wiederherstellung

Retail-Software

Ein komplettes Softwarepaket, das aus dem Programm selbst und ggf. dazugehörigen Handbüchern und Dokumentationen besteht. Das Ganze kommt dann meist in einer schicken Verpackung daher. Das Gegenteil dazu sind Bulk-Versionen. Hier erhält der Anwender meist nur einen Datenträger oder einen Link zum Download der Software.

» siehe Bulk-Software, Herunterladen (Download/Downloaden), Hyperlink

Retina-Display

Ein Display, dessen Bildpunkte (Pixel) so fein verteilt sind, dass man sie mit bloßem Auge (also der Netzhaut = Retina) nicht wahrnehmen kann. Apple hat als erster Hersteller diesen werbewirksamen Ausdruck hoffähig gemacht.

» siehe Pixel

Return-Taste

» siehe Eingabe-Taste

Retweet

> Antwort auf einen Tweet

» siehe Tweet

RGB

> Red Green Blue
> Rot Grün Blau

Ein Verfahren, Farbbilder dadurch darzustellen, dass die drei Grundfarben des sogenannten additiven Farbraums Rot, Grün und Blau miteinander gemischt werden. Im Unterschied zum Farbmodell CMYK, das im Vierfarbdruck verwendet wird, findet der RGB-Farbraum Anwendung bei der Darstellung von Farben auf dem Computermonitor bzw. Display eines Smartphones oder Tablets.

» siehe CMYK

Ribbon

» siehe Menüband

Richtungs-Tasten

» siehe Pfeil-Tasten (Cursor-Tasten)

Roaming

> Herumwandern

Eine tückische Geschichte: Wenn Sie mit Ihrem Mobiltelefon im Ausland unterwegs sind, dann können Sie zwar wie gewohnt telefonieren, müssen dazu aber einen örtlichen Mobilfunknetzanbieter verwenden. Dieser lässt sich den Service per Roaming-Gebühr fürstlich bezahlen, insbesondere wenn Sie mobil im Internet surfen möchten. Die gute Nachricht: Die Roaming-Gebühren fallen im Bereich der EU im Rahmen eines Angleichungsverfahrens seit dem 15.7.2017 komplett weg. In anderen Ländern sollten Sie sich erkundigen, ob es vor Ort günstigere Möglichkeiten als das teure Roaming gibt, z. B. WLAN-Zugänge oder den Kauf einer günstigen lokalen SIM-Karte.

» siehe SIM-Karte, WLAN

Roboter

Einerseits ein dem Menschen nachempfundener Blechgeselle, dessen »Gehirn« aus einem hochkomplexen Computer besteht. Andererseits ein Programm, welches das Internet nach neuen Seiten durchforstet und diese katalogisiert. Diese Programme werden synonym auch als Spider oder Webcrawler bezeichnet.

» siehe Bot/Bot-Netz, Spider

» siehe Übersicht »Robotik« auf Seite 318

Robotik

> Wissenschaft vom Roboterbau

» siehe Übersicht »Robotik« auf Seite 318

Rohling

Umgangssprachlich eher ein unangenehmer Zeitgenosse, versteht man im Computerbereich darunter eine »rohe« CD, DVD oder Blu-ray Disc, die man in einem Brenner mit Daten beschreibt. Die Abbildung zeigt eine typische sogenannte Spindel mit DVD-Rohlingen.

» siehe Blu-ray (Disc), Brennen/Brenner, CD-Rohling, DVD

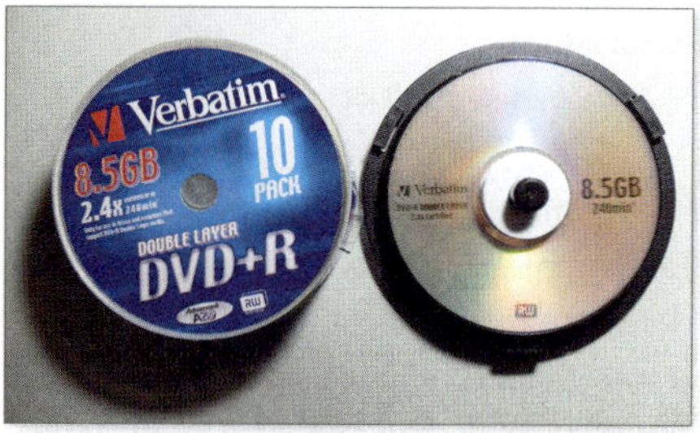

Rollbalken

Ein anderer Ausdruck für Scrollbalken, Scrollbar bzw. Bildlaufleiste.

» siehe Bildlaufleiste (Scrollbar)

Rollen-Taste

Eine Taste, die ein wenig aus der Mode gekommen ist, als Relikt aber immer noch auf der PC-Standardtastatur zu finden ist. Sie diente zu Zeiten, als es noch keine Maus gab, dazu, bildausschnittsweise durch Dokumente zu blättern, während die immer noch aktiven Pfeil-Tasten nur eine zeilenweise Bewegung durch ein Dokument ermöglichen. Die allermeisten modernen Programme reagieren nun gar nicht mehr auf die

Betätigung der Rollen-Taste, sie wurde also gewissermaßen stillgelegt.

» siehe Pfeil-Tasten (Cursor-Tasten)

» siehe Übersicht »Tastatur: auf dem PC und Smartphone« auf Seite 374

Rollrad

> auch engl.-deutsch Scrollrad genannt

Auf den meisten PC-Mäusen ist oben mittig ein Rad angebracht, mit dessen Hilfe Sie durch geöffnete Seiten blättern bzw. scrollen können. Bei Apple-Mäusen nutzen Sie dafür die berührungsempfindliche Oberfläche der Maus: Streichbewegungen zeigen hier eine ähnliche Wirkung.

» siehe Magic Mouse, Mausklick, Scrollen

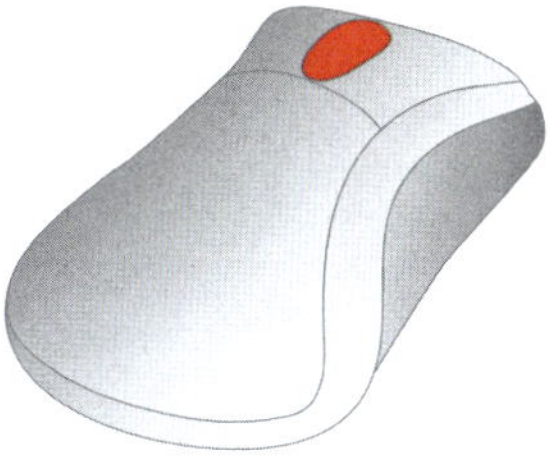

ROM

> Read Only Memory
> Nur lesbarer Speicher

Bei Computern aller Art befindet sich das System, welches zum Starten benötigt wird, auf einem nicht flüchtigen Speicher (dem ROM) auf der Hauptplatine des Computers. »Nicht flüchtig« bedeutet hierbei, dass der Speicherinhalt bei einem Neustart im Gegensatz zum flüchtigen RAM-Speicher nicht gelöscht wird. Bei Smartphones und Tablets können diese ROMs von Zeit zu Zeit getauscht werden, d. h., in die ROM-Bereiche werden neue Daten hineingeschrieben. Das geschieht entweder drahtlos per WLAN oder per USB-Kabel, welches dann an den PC, der die Updatedatei enthält, angeschlossen wird.

» siehe Arbeitsspeicher (RAM), Hauptplatine (Mainboard)

R

Root

> »Wurzel«

So heißt der Administrator auf Linux-/Unix-Betriebssystemen. Dieser kann das System beliebig manipulieren und Programme seiner Wahl installieren, besitzt also in etwa die gleichen Rechte, die man mit einem Administratorkonto unter Windows erhält. Außerdem gibt es bei Unix-/Linux-Verzeichnissen das Root-Verzeichnis: Das ist die Wurzel des Dateisystembaums.

» siehe Administrator, Dateisystem, Linux, Unix

Rooten

> von »Root« abgeleitetes Kunstwort

Mit einem Trick könnten Sie sich prinzipiell auf Ihrem Smartphone oder Tablet Administratorrechte verschaffen und so beliebige Dateien darauf installieren. Das ist allerdings nur für Experten eine Option. Durch diesen Vorgang verlieren Sie bei vielen Herstellern sämtliche Garantieansprüche, sodass ich Ihnen an dieser Stelle dringend davon abraten möchte.

» siehe Root

Robotik

> Wissenschaft vom Roboterbau

Der *Roboter*, eine dem Menschen nachempfundene Maschine, beflügelt schon seit langen Zeiten unsere Fantasie. Der Begriff *Robotik* greift etwas weiter: Hier beschäftigen sich Wissenschafler ganz allgemein mit der Konstruktion mehr oder weniger intelligenter Maschinen, die unser (Arbeits-)Leben vereinfachen sollen.

Was Roboter heute bereits können

R

Roboter nehmen bereits heute eine wichtige Stellung in Industrie, Forschung und Technik ein. Unter anderem werden sie bei folgenden Aufgaben eingesetzt:

- In der Automobiltechnik beispielsweise werden Roboter bei der Montage am Fließband eingesetzt.
- Im häuslichen Bereich findet man als praktische Helferlein Roboter für Garten (Rasenmähroboter) und Haushalt (Saugroboter).
- Auch ein sogenannter *3D-Drucker* ist nichts anderes als ein spezieller Roboter.
- Der bekannte Spielwarenhersteller LEGO bietet ein umfangreiches Sortiment von Roboterbausätzen an, mit denen Kinder, Jugendliche, aber auch Erwachsene in die faszinierende Welt der Robotik eintauchen können. Weitere Infos finden Sie im Internet unter *https://education.lego.com/de-de/product*.

▲ Mit LEGO MINDSTORMS-Robotern erhalten bereits die Jünsten einen spielerischen Zugang zur Robotik.

- Auch im Pflegebereich werden infolge akuten Personalmangels zunehmend Roboter eingesetzt. Das können Sie sich auf der Webseite *www.humanizing.com/de* auch einmal näher anschauen.

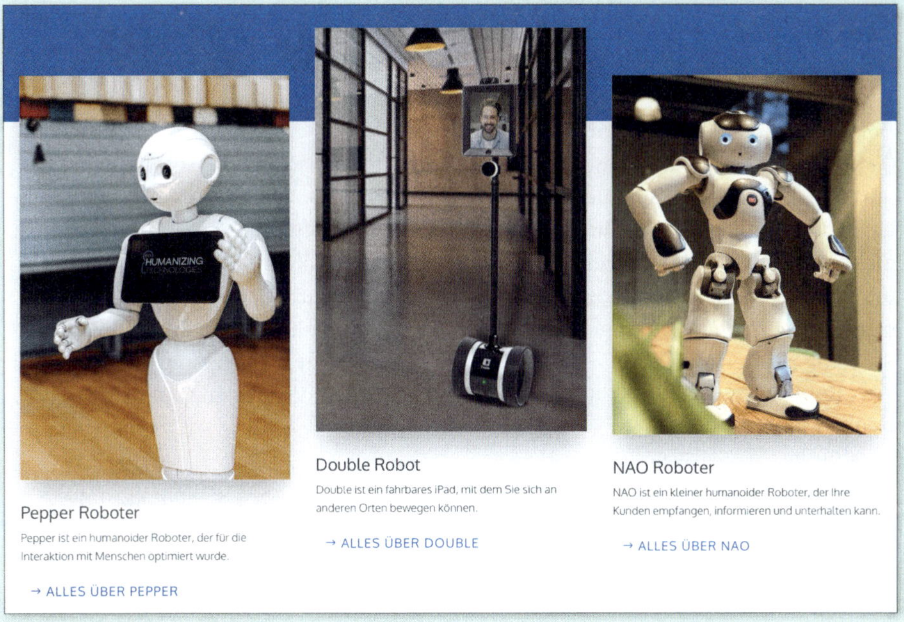

▲ Roboter haben längst Einzug in unser Leben gehalten.

Die Zukunft der Robotik

Die Perspektiven zum Einsatz von Robotern in der Zukunft sind beachtlich:

- Im Bereich der Mobilität werden robotergesteuerte Fahrzeuge eingesetzt. Sie werden das *autonome Fahren* in naher Zukunft selbstverständlich machen. Google, Apple und Tesla treiben die Forschung auf diesem Gebiet massiv voran.
- Menschen werden durch intelligente *Exoskelette* ihre physischen Fähigkeiten stark verbessern können. Insbesondere behinderten Menschen werden die robotergestützten Gehhilfen wieder die Tür zu einem normalen Leben öffnen.
- Roboter werden zunehmend in Arbeitsbereiche vordringen, bei denen monotone, aber auch körperlich anstrengende Tätigkeiten erledigt werden müssen.
- *Drohnen* werden konventionelle Paketdienste zunehmend ablösen.
- Soldaten werden durch Kriegsroboter ersetzt.

Wichtige Begriffe

Im Zusammenhang mit der Robotik tauchen oft auch folgende Begriffe auf:

Autonomes Fahren

Sie setzen sich in ein Auto und werden chauffiert – von einem Roboter, der nicht unbedingt als solcher in Erscheinung treten muss, sondern sich im Motorraum in Form eines Computers nebst Steuerelementen verbirgt.

R

Drohne

Eine Drohne ist ein fliegender Roboter: Drohnen haben mittlerweile auch in Privathaushalten Einzug gehalten. Sie sind in der gehobenen Preisklasse (ab ca. 1.000 €) mit hochwertigen Kameras ausgestattet und erfreuen uns mit atemberaubenden Luftbildern. Amazon plant, in nicht allzu ferner Zukunft einen Großteil seines Versandes weg von der Straße bzw. Schiene in die Luft zu verlagern – mithilfe von Transportdrohnen.

▲ Die Drohne, ein fliegender Roboter

Exoskelett

Eine Erfindung, die in erster Linie Beeinträchtigungen bzw. Behinderungen ausgleichen soll. Mithilfe eines Exoskeletts wird die Muskulatur unterstützt. Das dient zum einen dazu, schwere Arbeiten erledigen zu können, zum anderen dazu, einem Handicap in gewissem Maße zu trotzen.

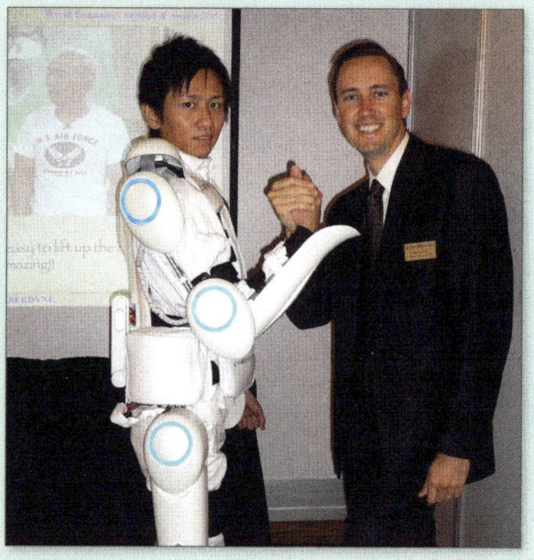

▲ Prototyp eines Exoskeletts

Roboterstraße

An den Fließbändern von beispielsweise Autofabriken werden sich in Zukunft kaum noch Menschen befinden. Die Montage der Fahrzeuge wird vollautomatisch von Robotern erledigt werden.

» siehe Übersicht »Künstliche Intelligenz« auf Seite 218

Rootkit

> »Root-Ausrüstung«

Eine schädliche Software, die unbemerkt auf Ihren Computer eingeschleust wird und einem potenziellen Angreifer Tür und Tor öffnet. Dieser ist dann auf Ihrem Rechner mit Root-Rechten unterwegs und kann beliebig Schaden anrichten. Bei den angegriffenen Rechnern kann es sich sowohl um Linux- als auch um Windows-PCs handeln.

» siehe Linux, Root

Route

Der Begriff hat im Computerbereich zwei Bedeutungen: Einerseits gibt eine Route den Weg eines Datenpakets in einem Computernetzwerk an. Andererseits kann damit auch eine Strecke gemeint sein, die mit einem Navigationssystem errechnet wird.

» siehe Übersicht »Navigation: So funktioniert's« auf Seite 260

Routenplaner

Eine Software, welche die kürzeste (alternativ: schnellste) Strecke zwischen zwei oder mehreren vorgegebenen Orten berechnet. Bekanntestes Beispiel hierzu ist der Routenplaner in Google Maps, den Sie im Internet aufrufen unter *maps.google.de*.

» siehe Google Maps, Maps (App)

» siehe Übersicht »Navigation: So funktioniert's« auf Seite 260

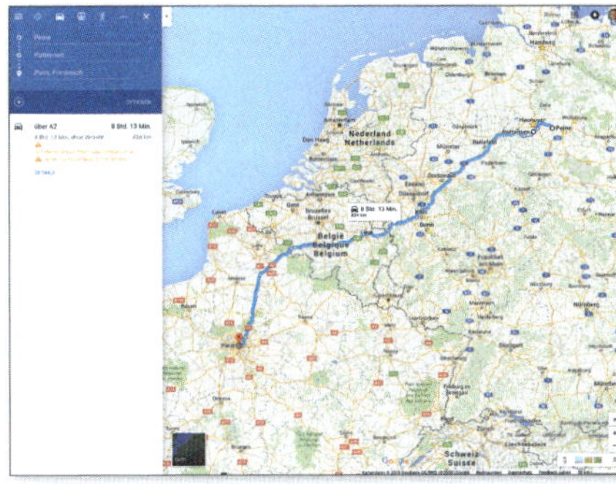

Router

Ein kleiner Minicomputer, der dafür sorgt, dass Ihr PC, Smartphone oder Tablet den Weg ins Internet findet und diese Geräte auch in einem lokalen Netzwerk (LAN) miteinander kommunizieren können. Dazu werden die entsprechenden LAN- bzw. Netzwerkkabel am Router angeschlossen. Die Verbindung zum Internet bzw. zum entsprechenden Provider, dem Internetdienstanbieter, kann aber auch per WLAN, also kabellos, über einen WLAN-fähigen Router hergestellt werden. Ein solcher weitverbreiteter Router ist die sogenannte Fritz!Box.

» siehe FRITZ!Box, Internetdienstanbieter, LAN, Netzwerkkabel, WLAN

» siehe Übersicht »Netzwerk: Computernetze knüpfen« auf Seite 263

RSS(-Feed)

- Really Simple Syndication
- »Sehr einfache Verbreitung (von in einem Kanal zusammengefassten Nachrichten aus verschiedenen Quellen)«

Mithilfe eines sogenannten Feedreaders können Sie die sogenannten Newsfeeds von verschiedenen Nachrichtenkanälen aufrufen, die ihre Nachrichten in Kurzform mit dem RSS-Standard übermitteln. In diesen Feeds sind dann meist Verweise auf ausführlichere Texte bzw. Artikel enthalten. In dem beliebten Browser Mozilla Firefox ist bereits ein RSS-Reader integriert.

» siehe Feedreader, Newsfeed

RTF

- Rich Text Format
- »Reichhaltiges Textformat«

Die Möglichkeit, einen Text minimal zu formatieren, also z. B. Fettdruck und Unterstreichungen zu aktivieren, und dabei trotzdem den Text auf verschiedenen Systemen bzw. Textverarbeitungen in gleicher Form lesen und bearbeiten zu können: Das alles bietet das RTF-Dateiformat. Sie speichern ein Dokument im RTF-Format ab, indem Sie in der Textverarbeitung (z. B. Word) **Datei ▸ Speichern unter** und anschließend unter **Dateityp Rich-Text-Format** ❶ wählen.

» siehe Dateiendung/Dateityp

Rückgängig machen

Sie haben eine mühsam geschriebene Seite in einer Textverarbeitung unabsichtlich mit einem Mausklick oder einem Tastaturkürzel gelöscht? Keine Panik: Nahezu jedes Anwenderprogramm besitzt eine Funktion, die es ermöglicht, die letzten Schritte rückgängig zu machen, also insbesondere auch den versehentlich gelöschten Text zurückzu-

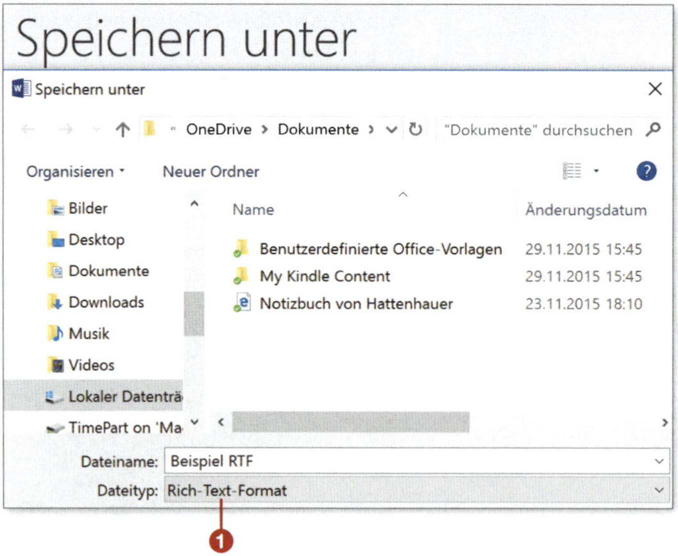

holen. Mit der Tastenkombination `Strg` + `Z` machen Sie Ihren (unbeabsichtigten) Befehl rückgängig. In Word z. B. finden Sie zum Widerrufen von Befehlen auch eine eigene Schaltfläche **Rückgängig: …** ❶, wobei die Punkte hier für den entsprechenden Befehl (etwa Löschen) stehen, der Ihnen vom Programm angezeigt wird, wenn Sie den Mauszeiger auf die Schaltfläche halten. Sobald Sie den Befehl (in unserem Beispiel also etwa zum Löschen) erteilt haben, erscheint daneben eine weitere Schaltfläche, die **Wiederholen: …** ❷ heißt. Hier wird Ihr soeben erteilter Befehl gespeichert, und Sie können damit weiteren Text aus Ihrem Dokument entfernen. Haben Sie mit der Taste **Rückgängig** das Löschen widerrufen, wird Ihnen eine weitere Schaltfläche, nämlich **Wiederherstellen: …** ❸, vom Programm angeboten. Überlegen Sie es sich also doch wieder anders und möchten den Text nun doch nicht in Ihr Dokument zurückholen, sondern endgültig löschen, dann können Sie durch Betätigen dieser Schaltfläche das Löschen erneut aktivieren.

» siehe Abkürzungstaste (Shortcut), Wiederherstellen-Schaltfläche

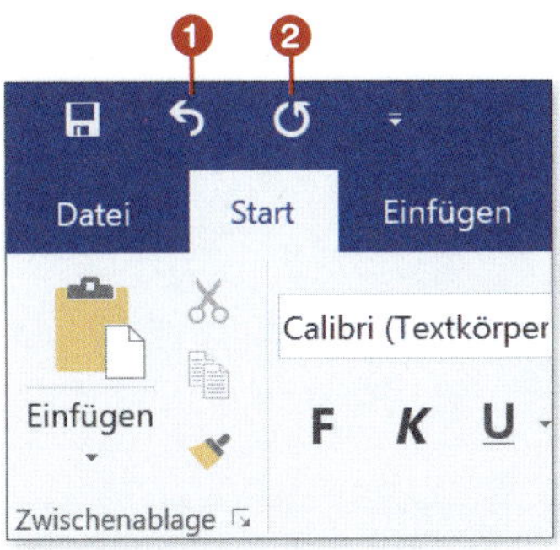

Rück-Taste

> engl. Backspace-Taste

Mithilfe der Backspace-Taste `←` löschen Sie ein oder auch mehrere Zeichen, die sich links neben der aktuellen Schreibmarkierung (dem Cursor) befinden, Sie löschen also Text sozusagen rückwärts bzw. von hinten. Eine Alternative zum Löschen von Zeichen ist die Entfernen-Taste `Entf`. Diese funktioniert aber genau umgekehrt.

» siehe Einfügemarke (Cursor), Entfernen/Entf-Taste (Delete-Taste)

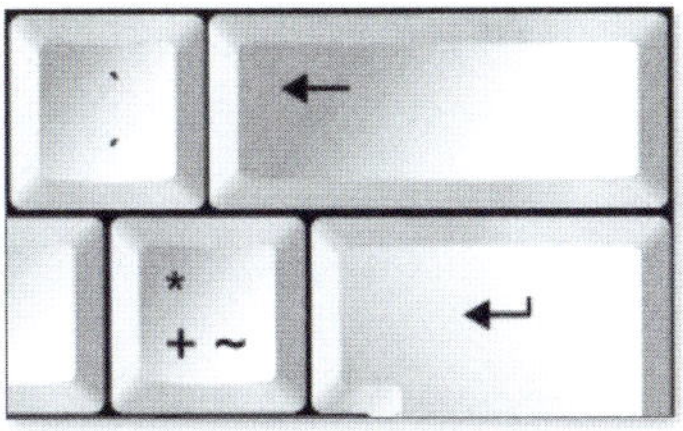

Rückwärtsschrägstrich

Eher ungebräuchliche deutsche Bezeichnung für den Backslash.

» siehe Backslash

R

Ruhemodus/Ruhezustand

Es ist bei längeren Pausen sinnvoll, den Computer, statt ihn komplett auszuschalten, in den Ruhemodus zu fahren. Aus diesem erwacht er wesentlich schneller als nach dem konventionellen Herunterfahren. Nahezu jedes Betriebssystem unterstützt mittlerweile den Ruhezustand. Dabei werden die Daten des aktuellen Arbeitszustands auf die Festplatte geschrieben und beim erneuten Aktivieren des PCs von dieser wieder geladen. Das System ist dadurch blitzschnell wieder am Start. Bei Windows 10 findet sich eine solche Option unter der Schaltfläche **Ein/Aus** und heißt dort **Energie sparen**.

» siehe Herunterfahren (Shut down)

R

S

… wie Schlüsselbund – so, wie ein richtiger Schlüsselbund viele Türen öffnen kann, sorgt ein digitaler auf dem Computer dafür, dass Sie Zutritt zu verborgenen Bereichen auf dem PC oder im Internet erhalten.

Säulendiagramm

Ein klassischer Diagrammtyp, der Ihnen im Tabellenkalkulationsprogramm Microsoft Excel u. a. auch als Vorlage zur Verfügung steht. Weitere bekannte Vertreter der Gattung Diagramm sind das Flussdiagramm und das Tortendiagramm.

» siehe Microsoft Excel, Flussdiagramm, Tortendiagramm

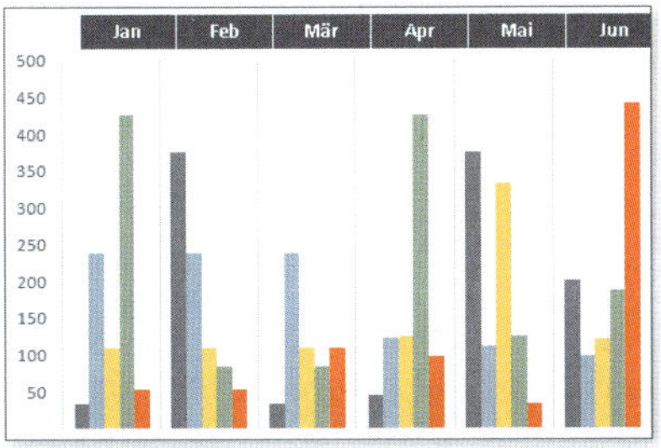

Safari

Apples Browser Safari finden Sie auf dem iPhone, iPad und auf dem Mac. Der Browser gilt als recht sicher, ist allerdings im Vergleich zu Chrome etwas langsamer. Das charakteristische Icon des Safari-Browsers finden Sie als Schaltfläche im sogenannten Dock am Mac und gleich auf dem Startbildschirm beim iPhone.

» siehe Browser, Dock, iPad/iPad mini/iPad Pro, iPhone, Mac

Safer Shopping

› Sicher einkaufen

Ein Gütesiegel, welches vom TÜV Süd zur Beurteilung von Internethändlern eingeführt wurde.

Samsung

Bekannter Hersteller von Monitoren, TV-Geräten, Smartphones und Tablets.

Samsung profitierte insbesondere vom Smartphone- und Tablet-Boom, den Apple mit dem iPhone und iPad ins Rollen gebracht hat. Samsung setzt bei den mobilen Geräten hauptsächlich auf Googles Betriebssystem Android.

» siehe Android

Save/Save as

» siehe Speichern/Speichern unter

S

Scanner

> »Abtaster«

Heute sind Scanner meist ein Teil von Multifunktionsdruckern. Mithilfe eines Scanners können Sie Text- und Bildmaterial über eine Art Glasplatte einlesen und dann als Datei auf dem Computer bearbeiten.

» siehe Multifunktionsdrucker

Scan-Tool

> »Abtast-Werkzeug«

Eine Software, mit der man den Scanner vom Computer aus steuern kann. Mittlerweile gibt es auch entsprechende Apps für das Smartphone, mit deren Hilfe man Textauszüge per Smartphone-Kamera archivieren kann, z. B. die App CamScanner.

SCART

> Syndicat des Constructeurs d'Appareils Radiorécepteurs et Téléviseurs (franz.)
> »Vereinigung der Hersteller von Rundfunkempfängern und Fernsehern«

Ein Steckertyp, mit dem man früher den Videorekorder oder DVD-Player mit dem TV-Gerät verbunden hat. Der SCART-Stecker wurde heute nahezu flächendeckend durch HDMI-Stecker ersetzt.

» siehe HDMI, Videoports

Schadsoftware

> engl. Malware

Sammelbegriff für digitales Ungeziefer jeglicher Art, das auf Ihrem Betriebssystem Schaden anrichten kann –dadurch, dass Daten auf Ihrem PC ausgespäht oder zerstört werden. Man unterscheidet dabei zwischen Viren, Trojanern und Rootkits.

» siehe Rootkit, Trojaner, Virus

Schaltfläche

Etwas »Anklickbares« auf dem Bildschirm oder zum Antippen auf dem Display des Smartphones, wie z. B. der Routenplaner-Pfeil ❶ in der App Google Maps. Zur Kategorie der Schaltflächen gehören auch die sogenannten Radiobuttons.

» siehe Optionsfeld/-schaltfläche (Radiobutton), Routenplaner

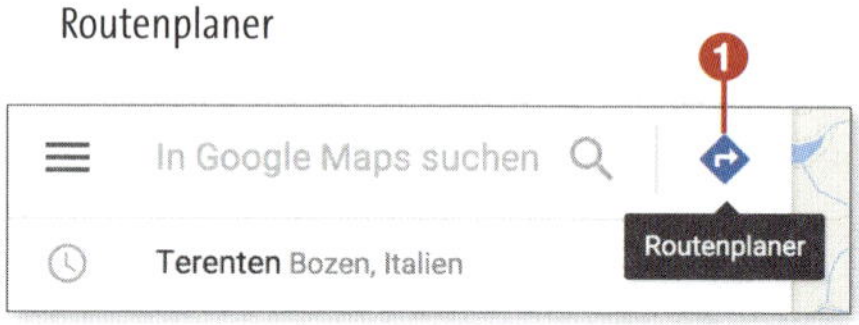

Schließen

> engl. Close

Schaltfläche, mit deren Hilfe Sie in Windows, Linux oder macOS ein Datei- oder Programmfenster und damit die Datei bzw. das Programm selbst schließen können. Unter Windows hat die Schaltfläche die Form eines Kreuzes. Wie dies in den anderen Betriebssystemen funktioniert und welche weiteren Schaltflächen es zur Bedienung eines Fensters gibt, lesen Sie unter dem Eintrag »Fenster«.

» siehe Übersicht »Fenster unter Windows, macOS und Linux« auf Seite 147

Schlüsselbund

Nahezu jedes Betriebssystem bietet die Möglichkeit, wichtige Passwörter in einem virtuellen Schlüsselbund zu speichern. Dafür benötigen Sie dann lediglich ein einziges sogenanntes Master-Password.

» siehe Kennwort (Password)

Schnellansicht

Das ist ein nützliches Werkzeug am Mac: Sie müssen eine Datei nicht unbedingt öffnen, um kurz in sie hineinzusehen. Starten Sie den Dateimanager Finder, suchen Sie dort die Datei, und wählen Sie diese mit der Maus aus. Wenn Sie danach die Leertaste betätigen, erscheint eine Vorschau des Inhalts. Zum Schließen der Vorschau tippen Sie erneut auf die Leertaste oder die Taste [Esc].

Schnelleinstellungen

Diese findet man auf Android-Smartphones, wenn man die Statusleiste am oberen Bildschirmrand herunterzieht. Beim iPhone wischen Sie hingegen vom unteren Bildrand nach oben. Danach öffnet sich das Kontrollzentrum mit entsprechenden Schnelleinstellungs-Schaltflächen. Mit den Schaltflächen können bestimmte häufig benötigte Funktionen (z. B. der WLAN-Empfang oder der Lautsprecher) ohne Suche in Untermenüs aktiviert oder deaktiviert werden.

» siehe Android, Kontrollzentrum

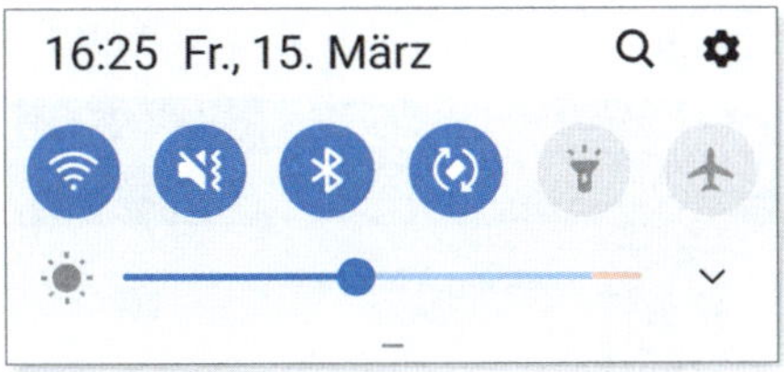

Schnellmix

Sie möchten aus Ihrer reichhaltigen Musiksammlung auf die Schnelle eine Wiedergabeliste von Titeln erstellen, die zu einer bestimmten Stimmung passen? Dann wählen Sie auf Ihrem Android-Smartphone am besten die Option **Schnellmixe** aus (siehe die Abbildungen auf Seite 328). Dazu geben Sie ein paar Titel an, die Ihre momentane Stimmung am besten wiedergeben, und das Musikprogramm bzw. die Musik-App sucht nach weiteren passenden Stücken, die dann zu Ihren vorgegebenen Stücken passen.

» siehe Music (App), Wiedergabeliste (Playlist)

S

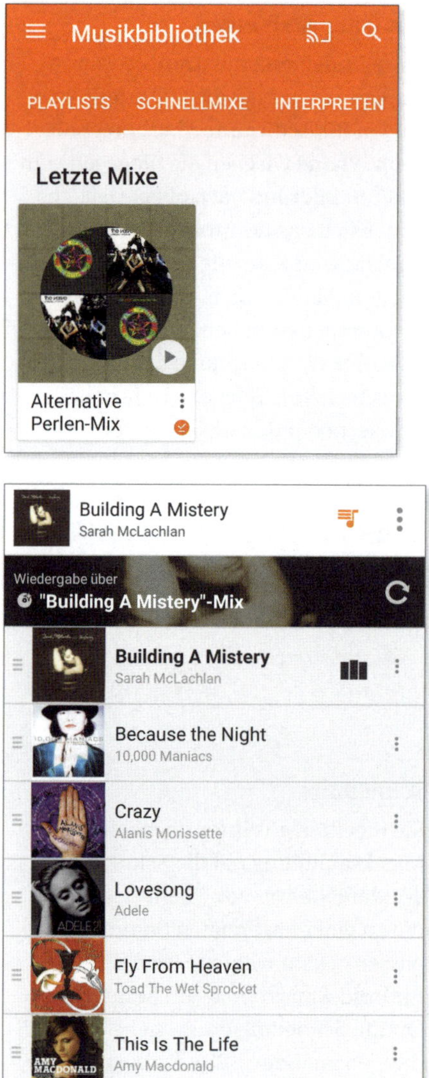

▲ Schnellmix

Schnellzugriffsmenü

Führen Sie unter Windows 10 einen rechten Mausklick über dem Startknopf ❶ (dem Windows-Logo unten links in der Taskleiste) durch: Es erscheint das Schnellzugriffsmenü. Von hier aus haben Sie schnellen Zugriff auf einige häufig benötigte Bereiche, z. B. auf den **Task-Manager** ❷. Das Startmenü selbst öffnen Sie übrigens über die gleiche Schaltfläche ❶ – allerdings mit einem linken Mausklick.

» siehe Startmenü

» siehe Übersicht »Klicken mit einer Computermaus« auf Seite 211

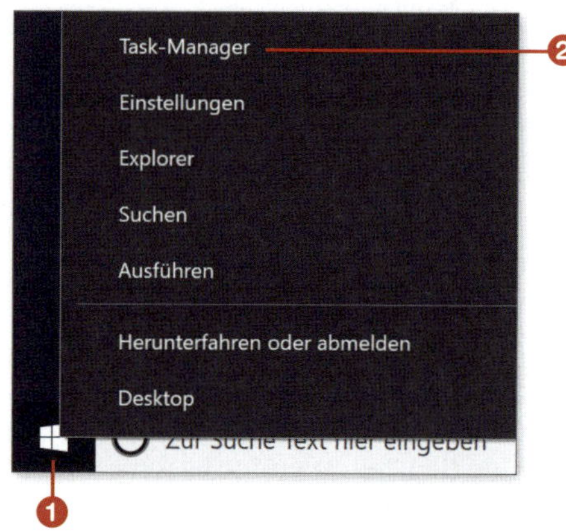

Schnittstelle

› engl. Interface

Ein Interface koppelt Programme (Software) oder Computerbauteile (Hardware). Im Softwarebereich sind Schnittstellen Vorschriften, die den Austausch zwischen unterschiedlichen Programmen regeln. Im Hardwarebereich sind Schnittstellen, einfach gesprochen, Steckverbindungen. Diese verwenden Sie u. a. dann, wenn Sie Ihren USB-Stick mit dem PC verbinden.

» siehe USB/USB-Stick

» siehe Kasten »Ports: Die wichtigsten Anschlüsse am PC« auf Seite 292

Schreibschutz

Bei der früher gebräuchlichen Diskette konnten Sie verhindern, dass diese ungewollt beschrieben wird, indem Sie einen kleinen Plastikschieber bewegten. Heute lässt sich eine einzelne Datei nach einem rechten Mausklick und der Auswahl von **Eigenschaften** im Kontextmenü mit einem Schreibschutz versehen, indem man dort das Kontrollkästchen **Schreibgeschützt** ❶ aktiviert.

» siehe Diskette/Diskettenlaufwerk, Kontextmenü, Kontrollkästchen

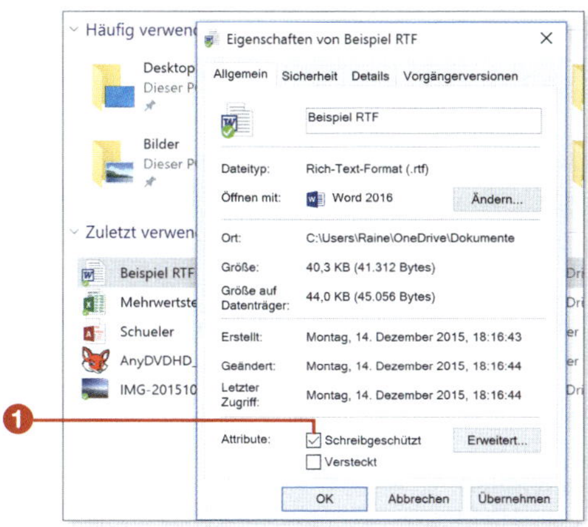

Schreibtisch

Damit wird die Betriebssystemoberfläche bezeichnet, also das, was Sie nach dem vollständigen Start Ihres Computers sehen – Ihre Arbeitsoberfläche. Anstelle des deutschen Begriffs wird häufig auch der englische Begriff Desktop verwendet. Auch der englische Begriff hat eine wörtliche und übertragene Bedeutung: Zum einen bezeichnet er den virtuellen Schreibtisch (die Arbeitsoberfläche) und zum anderen einen echten Schreibtisch, auf dem sich der sogenannte Desktop-Computer befindet.

» siehe Arbeitsoberfläche (Desktop), Desktop-Computer

Schriftart/Schriftgrad

Die Möglichkeit, die Schriftart (z. B. die Schrift Calibri) und den Schriftgrad, also die Größe der Schrift, die in Punkt angegeben wird (z. B. 12 Punkt), in einem Textdokument oder auch nur in Überschriften bzw. Absätzen individuell anzupassen, finden Sie in der Textverarbeitung Word im Register **Start** und dort in der Gruppe **Schriftart**. Dort finden Sie auch die Schaltflächen, um einzelne Wörter oder Passagen fett oder kursiv darzustellen. Über Formatvorlagen stehen Ihnen Muster für eine stimmige Gestaltung Ihrer Texte zur Verfügung.

» siehe Fett, Formatvorlage, Kursiv

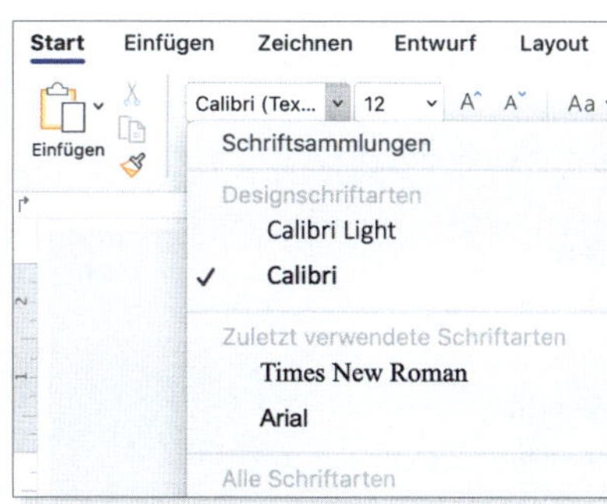

Schüttelfunktion

Beim iPhone und dem Musikwiedergabegerät iPod können Sie zum nächsten Titel einer Wiedergabeliste wechseln, indem Sie das Gerät schütteln. Dabei wird der Beschleunigungssensor des Geräts aufgerufen.

» siehe iPhone, iPod

Schutzprogramm

Die Betriebssysteme Windows und Android sind recht anfällig für Angriffe aus dem Internet. Es empfiehlt sich daher, ein Schutzprogramm zu installieren bzw. ein auf dem System schon vorhandenes Programm zu aktivieren. Es gibt einerseits Virenschutzprogramme, die verhindern, dass ein Computervirus oder Trojaner Ihren Rechner befällt. Zum anderen sorgt eine sogenannte Firewall dafür, dass sich Ihr Computersystem nicht heimlich durch einen Trojaner öffnen lässt.

» siehe Firewall, Trojaner, Virenschutzprogramm, Windows Defender

Scratch

Anfängertaugliche Programmiersprache, die auch von Kindern gern genutzt wird.

» siehe Übersicht »Programmiersprachen – ein Überblick« auf Seite 297

Screen

» siehe Bildschirm

Screenshot

» siehe Bildschirmfoto

Scribus

Ein freies, quelloffenes (Open Source) und damit kostenloses Programm, um Zeitschriften und Zeitungen zu erstellen. Scribus gehört somit in die Kategorie der Desktop-Publishing-Programme.

» siehe Desktop-Publishing, Open Source

Scrollbar

» siehe Bildlaufleiste

Scrollen

Das »Durchrollen« einer Seite entweder mit der Bildlaufleiste am Bildschirmrand (auch Rollbalken, Scrollbalken oder Scrollbar genannt) oder mithilfe des Rades, das sich auf Ihrer Maus befindet.

» siehe Bildlaufleiste (Scrollbar), Rollrad (Scrollrad)

Scrollrad

» siehe Rollrad

SD-Karte

> Secure Digital Memory Card

Speicherkarte, die insbesondere bei Digitalkameras als Speichermedium zum Einsatz kommt.

Search

» siehe Suchen

Search Engine

» siehe Suchmaschine

Second-Level-Domain

» siehe Domain

Second Life

> »Zweites Leben«

Eine im Internet geschaffene virtuelle, dreidimensionale Welt, in der man sich eine Parallelexistenz in Form eines Avatars erschaffen kann. Second Life gibt es seit 2003 und ist mittlerweile nach einer langen Zeit der Berühmtheit ein wenig aus der Mode gekommen. Man verspricht sich aber einen neuen Boom, wenn es gelingt, die bestehende Welt auf die neuen sogenannten VR-Brillen zu übertragen.

» siehe Avatar, 3D-Grafik auf Seite 455

» siehe Übersicht »Virtualität« auf Seite 409

Seitenlayout

Damit wird zum einen ganz allgemein die Art und Weise bezeichnet, wie Sie eine Seite in einer Textverarbeitung oder einem Bildbearbeitungsprogramm einrichten: mit Seitenrändern oder etwa im Hoch- oder Querformat. Letzteres steht Ihnen auch nachträglich beim Ausdrucken Ihrer Word-Textdokumente zur Verfügung, wenn Sie im Menüband **Datei ▸ Drucken** wählen. In Word handelt es sich darüber hinaus um eine spezielle Option zur Anzeige Ihres Dokuments, während Sie daran arbeiten. Ist **Seitenlayout** aktiviert, sehen Sie Ihr Dokument nämlich so, wie es nachher auch im Ausdruck erscheint. Die Schaltfläche **Seitenlayout** ❶ finden Sie im Menüband in der Gruppe **Ansichten** des Registers **Ansicht** und zudem als Symbol ❷ in der Statusleiste des Programmfensters unten rechts.

» siehe Entwurfsansicht, Hochformat, Querformat, Statusleiste

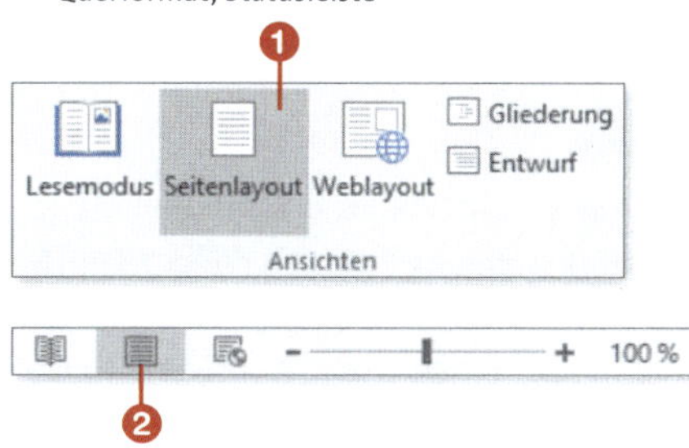

Seitenumbruch

Wenn Sie in einer Textverarbeitung wie Word Ihren Text eingeben, erzeugt das Programm automatisch einen Seitenumbruch, wenn die Seite gefüllt ist – eine neue Seite wird erzeugt, und Ihr Cursor springt an die erste Stelle dieser neuen Seite. Möchten Sie selbst einen solchen Seitenumbruch erzeugen, um dort Text auf einer weiteren Seite zu platzieren, stehen Ihnen zwei Möglichkeiten zur Verfügung: Sie betätigen unter dem

Register **Einfügen** die Schaltfläche **Seitenumbruch** ❶, oder Sie verwenden die Tastenkombination [Strg] + [↵].

» siehe Einfügemarke (Cursor)

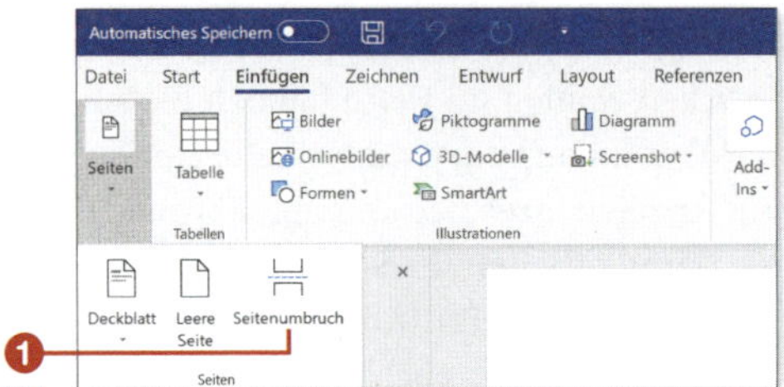

Sekundärer Klick/Sekundärklick

Bezeichnet im Unterschied zum Primärklick den Klick mit der rechten Maustaste. Damit öffnet man in der Regel Kontextmenüs.

» siehe Primärer Klick/Primärklick

Senden

Das Verschicken einer E-Mail oder einer Messenger-Nachricht (z. B. WhatsApp). Dazu finden Sie in den entsprechenden Programmen bzw. Apps häufig ein Symbol, das die Form eines Papierfliegers ❶ hat, oder eben eine Schaltfläche **Senden**.

» siehe E-Mail, WhatsApp

SEO

> Search Engine Optimization
> Suchmaschinenoptimierung

Für die Betreiber einer Webseite, die bei einer Google-Suche von ihren Kunden möglichst schnell gefunden werden möchten, sind Kenntnisse in SEO unerlässlich. Es gibt viele, zum Teil sehr komplexe Maßnahmen, um dafür zu sorgen, dass man im Ranking, der Rangfolge der Suchergebnisse, obenan landet. Ein Trick besteht z. B. darin, in den HTML-Code im sogenannten Header (Kopfbereich) der Datei Metainformationen wie etwa relevante Schlagwörter zu schreiben, die man als Besucher der Webseite nicht sieht, die aber von der Suchmaschine verwertet werden.

» siehe Header, HTML

Serielle Schnittstelle

Eine besondere Art der Schnittstelle, die heute als veraltet gilt, sich aber noch an vielen Computern befindet. Hier werden die Daten streng nacheinander übertragen, vergleichbar mit einer Warteschlange, die durch einen Eingang geht, durch den nur eine Person passt.

» siehe Parallele Schnittstelle (Parallel Port), Schnittstelle (Interface)

» siehe Übersicht »Ports: Die wichtigsten Anschlüsse am PC« auf Seite 292

Serienbrief

Sie sind Vorsitzender eines Vereins und müssen die Einladungen zur Weihnachtsfeier an die Vereinsmitglieder erstellen und verschicken? Dazu bietet sich der Serienbriefassistent in der Textverarbeitung Ihrer Wahl an. Dieser erstellt aus einer Datenbank, in der sich die Adressen der Empfänger befinden, zusammen mit einem zentralen Dokument, welches das Anschreiben enthält, einen personalisierten Brief. In Word 2019 finden Sie diese Funktion im Register **Sendungen**.

» siehe Microsoft Word

Server

> »Diener«

Ein spezieller Computer in einem Netzwerk, der den am Netzwerk angeschlossenen (Client-)Computern bestimmte Datendienste anbietet. Das können Dateien, aber auch Internetseiten oder E-Mails sein.

» siehe Client

» siehe Übersicht »Cloud und Cloud-Speicherdienste« auf Seite 78

Service Pack

> »Dienstleistungs-Packung«

Eine größere Sammlung von Updates (Softwareaktualisierungen) für ältere Windows-Betriebssysteme (Windows NT, 2000, XP, Vista, 7). Bei Windows 10 wurden die Service Packs durch ein neues Konzept ersetzt, das Microsoft »Windows as a Service« nennt.

» siehe Windows as a Service

Settings

» siehe Einstellungen

Setup-Datei

> Einrichtung/Installation/Konfiguration

Eine Datei, mit deren Hilfe ein Programm auf einem Windows-Rechner installiert wird.

» siehe Installieren (Install)

Shadow

> »Schatten«

Ein Dienst, bei dem man via Internet besonders leistungsfähige Rechner mieten kann. Mit diesen können z. B. Computerspiele gespielt werden, für die der eigene PC nicht leistungsstark genug ist.

Share

» siehe Teilen

Shareware

> »Ware zum Teilen«

Software, die beliebig weiterverteilt werden darf, die allerdings einige Einschränkungen besitzt. So kann man z. B. den vollen Funktionsumfang nur eine begrenzte Zeit nutzen, die Software nicht beliebig oft starten oder damit erstellte Dokumente nicht abspeichern. Um zum vollen Funktionsumfang zu gelangen, muss man dann einen Lizenzschlüssel für die Software kaufen. Solche Einschränkungen gibt es bei Freeware nicht.

» siehe Freeware

Shift-Taste

» siehe Umschalt-Taste

Shortcut

> »Abkürzung«

» siehe Abkürzungstaste

SHTTP

> Secure Hypertext Transfer Protocol
>
> Sicheres Hypertext-Übertragungsprotokoll

Darauf sollten Sie achten, wenn Sie sicherheitskritische Internetseiten besuchen, also z. B. Ihre Bankgeschäfte online betreiben: dass der Zugriff zur Seite mit dem sicheren Hypertext-Transferprotokoll erfolgt. Das erkennen Sie an der Adresszeile Ihres Browsers. Diese enthält das Kürzel *https://* statt des üblichen Protokolls *http://* und ist zudem häufig durch das Symbol eines geschlossenen Vorhängeschlosses ❶ gekennzeichnet.

» siehe Hypertext, Online-Banking

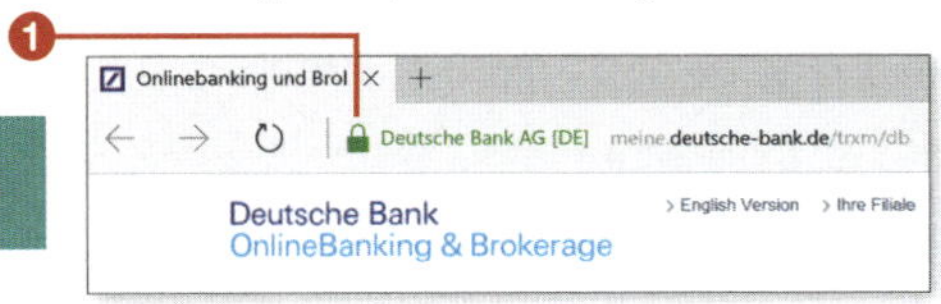

S

Shuffle

› »Mischen«

» siehe Wiedergabe, zufällige

Shut down

» siehe Herunterfahren

Sicher entfernen

Obwohl die meisten Betriebssysteme recht robust gegenüber dem möglichen Datenverlust bei den sogenannten Wechseldatenträgern wie z. B. USB-Sticks oder externen Festplatten sind, sollten Sie sich angewöhnen, derartige Medien nach der Benutzung am Computer sicher zu entfernen. Bevor Sie also bei Windows 10 einen USB-Stick einfach wieder aus dem Computer oder Notebook herausziehen, klicken Sie auf das entsprechende Symbol des Datenträgers ❶ im Infobereich der Taskleiste (um das Symbol sichtbar zu machen, müssen Sie ggf. zuvor auf den Pfeil ❷ klicken) und wählen dort die Option **Hardware sicher entfernen und Medium auswerfen** und anschließend **... auswerfen**. Wenn der Hinweis **Hardware kann jetzt entfernt werden** eingeblendet wird, können Sie Ihren USB-Stick bzw. die Festplatte vom Gerät abziehen.

» siehe Externe Festplatte/Externer Speicher, Infobereich, USB/USB-Stick, Wechseldatenträger

Sicherheit

» siehe Computersicherheit

Sichern/Sicherung

Meist kommt man darauf, wenn das Kind bereits in den Brunnen gefallen bzw. der PC von Viren befallen ist: die regelmäßige Sicherung der eigenen Daten. Windows 10 bringt dazu einige Bordmittel mit. Diese finden Sie in den **Einstellungen** im Bereich **Update und Sicherheit** unter dem Menüpunkt **Sicherung** ❶. So können Sie anhand des **Dateiversionsverlaufs** geänderte, ältere Dateien oder auch ein Image, ein komplettes Systemabbild, wiederherstellen, wobei Letzteres ein sehr komplexer Vorgang ist, der einiges an Expertenwissen voraussetzt. Bei der Installation neuer Programme wird meist auch ein Wiederherstellungspunkt gesetzt, sodass man bei einem etwaigen Missgeschick die Uhr zurückdrehen kann. In jedem Fall sollten Sie in regelmäßigen Zeiträumen den Inhalt Ihrer persönlichen

Ordner (Dokumente, Bilder, Musik und Videos) auf einem externen Speichermedium wie z. B. einer externen Festplatte zusätzlich sichern. So etwas nennt man Backup.

» siehe Backup, Notfalldatenträger, Wiederherstellungspunkt

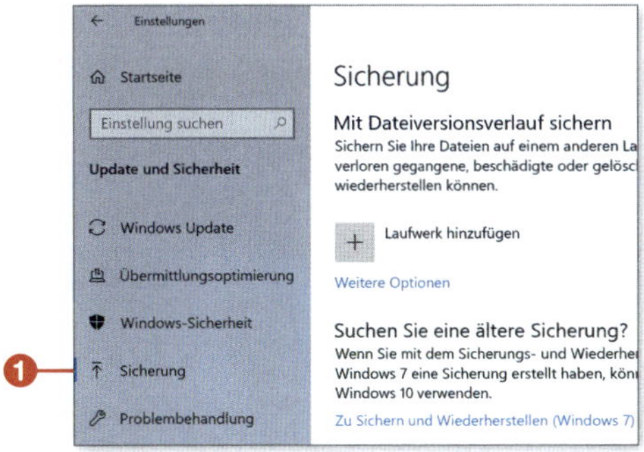

Signatur

Damit kann zweierlei gemeint sein: zum einen die sogenannte Signaturdatenbank Ihres Antivirenprogramms, in der Informationen über sämtliche aktuell bekannten Virentypen enthalten sind, zum anderen eine Art permanente Unterschrift für eine E-Mail, die Sie über das E-Mail-Programm Ihren jeweiligen elektronischen Briefen automatisch hinzufügen lassen können und die neben einer Grußformel etwa auch Ihre Kontaktdaten enthält.

» siehe Antivirenprogramm/-software, E-Mail

Silver Surfer

Eine Comicfigur aus der US-amerikanischen Marvel-Comic-Reihe, die in die Sprachwelt rund um den Computer Einzug gehalten hat: Der/die Silver Surfer(in) ist eine Dame bzw. ein Herr im besten Alter mit grauen Haaren, der/die sich zudem gern mit dem Internet beschäftigt.

» siehe Surfen

SIM-Karte

- Subscriber Identity Module
- »Teilnehmeridentitätsmodul«

Das kennen Sie sicher: Wenn Sie ein Handy oder Smartphone in Betrieb nehmen wollen, dann benötigen Sie eine SIM-Karte von Ihrem Mobilfunkbetreiber. Diese ist im Prinzip ein kleiner Computer, der auf einem Chip untergebracht ist. Die SIM-Karte gibt es in verschiedenen Größen: Mini, Mikro, und Nano (eine Abbildung finden Sie unter dem Eintrag »Nano-SIM«). Die Faustregel: Je aktueller das Gerät, desto kleiner muss die SIM-Karte sein. In den Smartphones der nächsten Generation werden bereits sogenannte eSIM-Karten enthalten sein, die fest auf der Platine des Geräts verdrahtet sind. Diese lassen sich dann für die Nutzung eines bestimmten Providers freischalten.

» siehe Anbieter (Provider), Nano-SIM, Platine

SIM-PIN

Eine vierstellige Zahl, die Sie bei der Auslieferung Ihrer SIM-Karte von Ihrem Provider mitgeteilt bekommen und die Sie später bei Bedarf auf Ihrem Smartphone noch ändern können. Sie dient dazu, Ihr Smartphone und die darauf gespeicherten Daten vor fremdem Zugriff zu schützen.

» siehe SIM-Karte

S

Simsen

Dieses Kunstwort hat es mittlerweile bis in den Duden geschafft: Simsen steht für den Nachrichtenaustausch per SMS.

» siehe SMS

Siri

- Speech Interpretation and Recognition Interface
- Sprachinterpretations- und Erkennungsschnittstelle

Apples geniale Sprachassistentin: Damit können Sie Ihrem Mac, iPhone oder iPad umgangssprachliche Fragen stellen, auf die Sie umfassende Antworten erhalten. Beispiel: Sie fragen: »Brauche ich morgen einen Regenschirm?«, und Siri liefert Ihnen passend zu Ihrem aktuellen Ort den Wetterbericht.

» siehe Sprachassistent(in)

» siehe Übersicht »Smart Home« auf Seite 340

Site

- Seite

» siehe Website

Skalieren

Das Vergrößern bzw. Verkleinern eines Bildes, um dieses in eine bestimmte Umgebung einzupassen, nennt man Skalieren. Während Vektorgrafiken ohne Qualitätsverlust skaliert werden können, bekommt man beim Vergrößern von Digitalfotos recht schnell unerwünschte Effekte, sogenannte Artefakte.

» siehe Artefakt, Vektorgrafik

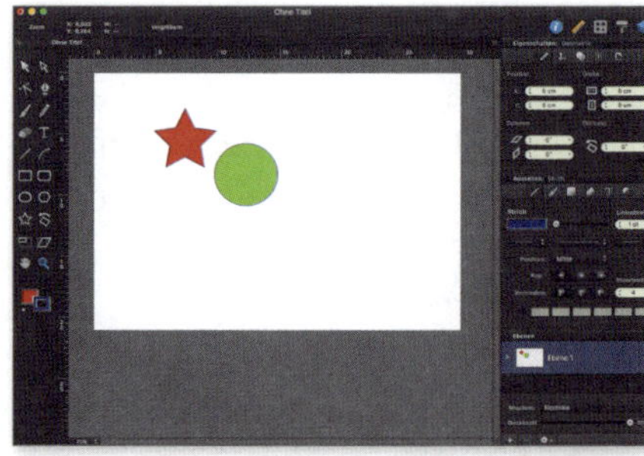

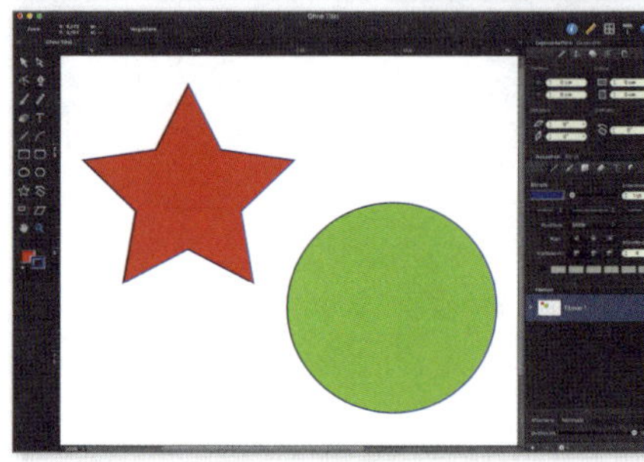

Skript

Eine ausführbare Datei, die eine Folge von Befehlen enthält. Ausführbar bedeutet, dass sie als Computerprogramm läuft. Die Programmiersprachen für Skripte sind bewusst einfach gehalten, sodass man mit Skripten ganz alltägliche Aufgaben wie z. B. das Starten von mehreren Programmen nacheinander ohne großes Hintergrundwissen erledigen kann.

» siehe Skriptsprache

Skriptsprache

Eine einfach gehaltene Programmiersprache zur Erstellung von Skripten oder interpretierbaren Programmen. Sehr bekannt ist beispielsweise JavaScript, mit dessen Hilfe man ansprechende Dialoge für Internetseiten programmieren kann.

» siehe JavaScript, Skript

» siehe Übersicht »Programmiersprachen – ein Überblick« auf Seite 297

SkyDrive

> »Himmels-Laufwerk«

So hieß der Cloud-Speicherdienst von Microsoft, bevor er in OneDrive umbenannt wurde.

» siehe Cloud (Computing), OneDrive

Skype

Name für das Videotelefonie-System schlechthin. Sie können damit (in der Regel) weltweit kostenlos und wahlweise mit oder ohne Bildübertragung telefonieren. Skype gehört mittlerweile zu Microsoft und ist denkbar einfach zu installieren. Das Programm bzw. eine App gibt es für die meisten Betriebssysteme und kann sowohl auf dem PC als auch auf dem Smartphone oder Tablet genutzt werden. Mehr Informationen zu Skype finden Sie im Internet unter *www.skype.com*.

» siehe Bildtelefon, Internettelefonie, Voice over IP

Slash

> Schrägstrich

Das Zeichen / wird Slash genannt (Sie erzeugen es auf Ihrer Tastatur durch Drücken von [⇧] + [7]) und sollte nicht mit dem Backslash (Rückwärtsschrägstrich) \ verwechselt werden. Der Slash wird u. a. bei Pfadangaben auf dem Mac oder Linux-Computer verwendet und steht in einer Tabellenkalkulation oder in einem Programmquellcode für die Division von zwei Zahlen.

» siehe Backslash, Linux, Pfad, Tabellenkalkulation

S

Slot

> Schacht

Ein Einschub, z. B. für eine Erweiterungskarte am PC oder für eine SD-Speicherkarte. Ist an Ihrem PC kein solcher Schacht vorhanden, können Sie einen Kartenleser (Card Reader) verwenden und diesen dann per USB-Kabel mit dem Computer verbinden.

» siehe Kartenleser (Card Reader), SD-Karte

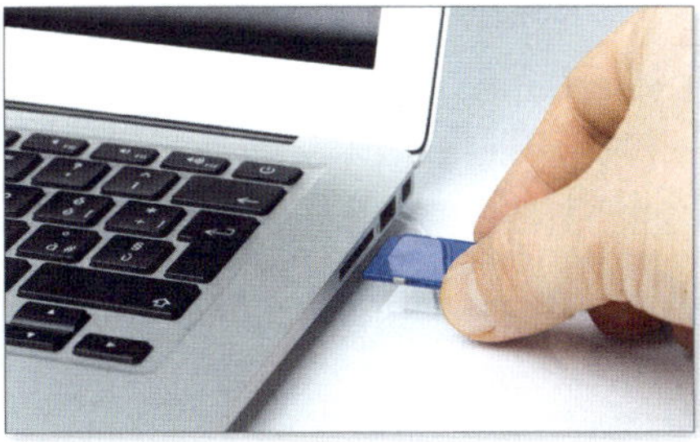

Slow Motion

> Zeitlupe

Die Möglichkeit, eine Videodatei verlangsamt wiederzugeben. Nahezu alle

Programme und Apps zur Wiedergabe von Videos besitzen diese Möglichkeit. Sie können aber auch schon bei der Aufzeichnung Bewegungen verlangsamen, indem Sie die Anzahl der aufgezeichneten Bilder pro Sekunde erhöhen, z. B. auf 60 oder 120 Bilder pro Sekunde. In der Abbildung sehen Sie eine Zeitlupensequenz, dargestellt in Einzelbildern.

Smartcard

> »Kluge Karte«

Eine Karte, die Sie zur Entschlüsselung von verschlüsselten TV-Sendern in Ihrem Kabel- oder Satellitenempfänger benötigen.

» siehe CAM

Smart Cities

> Schlaue Städte

» siehe Übersicht »Smart Home« auf Seite 340

Smart Home

> Schlaues Zuhause

» siehe Übersicht »Smart Home« auf Seite 340

Smartphone

> »Schlaues Telefon«

Wahrscheinlich das bedeutendste technische Gerät des letzten Jahrzehnts: Smartphones sind weniger Telefone als vielmehr kleine, handliche Minicomputer, die als (Video-)Kamera, Medienzentrum, Spielekonsole fungieren und zur mobilen Internetnutzung verwendet werden. Mit der Leistung heutiger Smartphones hätte man in den 1980er-Jahren ganze Computerrechenzentren betreiben können. Vorreiter der Smartphone-Welle war Apple mit seinem iPhone, mittlerweile bevölkern aber viele andere Anbieter dieses begehrte Techniksegment, wie das beliebte Galaxy-Smartphone von Samsung.

» siehe Android, Galaxy, iPhone

SmartScreen-Filter

> »Kluger-Bildschirm-Filter«

Der SmartScreen-Filter diente schon beim mittlerweile in die Jahre gekommenen Browser Internet Explorer dazu, den Anwender vor Phishing-Webseiten und Schadsoftware zu schützen. Ihn gibt es nun auch im neuen Browser Microsoft

Edge. Dort kann er in den erweiterten Einstellungen aufgerufen werden.

» siehe Internet Explorer, Microsoft Edge, Phishing, Schadsoftware

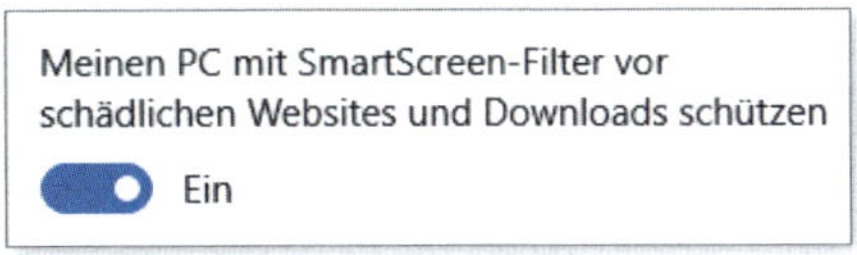

Smart Stay

> »Kluger Aufenthalt«

Eine nützliche Funktion bei Smartphones von Samsung: Der Bildschirm des Geräts bleibt so lange aktiviert, wie Sie darauf schauen. Das ist äußerst praktisch, da sich ein Smartphone-Bildschirm aus Energiespargründen in der Grundeinstellung nach 15 bis 30 Sekunden abschaltet.

Smart-TV

> »Schlaues Fernsehen«

Moderne Fernsehgeräte lassen sich heute problemlos an das Internet anbinden und verfügen über Apps, die es gestatten, dass beliebige Streaming-Anbieter (Watchever, Netflix, Amazon Video) direkt vom TV aus ohne zusätzliche Geräte genutzt werden können.

» siehe Streamen/Streaming

Smartwatch

> »Schlaue Uhr«

Da war Apple ausnahmsweise einmal nicht als Erster am Start: Bei den Smartwatches gibt es mittlerweile zwei Lager, die Geräte mit Android Wear und eben jene mit watchOS von Apple. Beide Systeme haben allerdings momentan noch den Nachteil, dass den Smartwatches relativ schnell die Puste ausgeht: Nach zwei bis drei Tagen ohne Ladung ist Schluss. Außerdem kommen die aktuellen Smartwatches nur in Verbindung mit einem passenden Smartphone in ihrer Funktionsvielfalt richtig zur Geltung. Treffen dann beispielsweise neue E-Mails oder WhatsApp-Nachrichten ein, dann werden Sie sofort per Vibration am Handgelenk und über das Smartwatch-Display benachrichtigt. Ein ganz besonderes Feature bietet die aktuelle Apple Watch 4: Diese überwacht permanent Ihren Herzschlag und kann dabei Kammerflimmern feststellen. So werden Sie rechtzeitig gewarnt und können im Bedarfsfall schnell einen Arzt aufsuchen. Ebenfalls recht praktisch: Ein eingebauter Beschleunigungssensor stellt fest, ob man z. B. von einer Leiter gefallen ist, und alarmiert – falls man nicht mehr reagiert – eine Notrufzentrale.

» siehe Android, Apple, Display, E-Mail, Smartphone, WhatsApp

Smart Home

> Intelligentes Zuhause

S

Die Digitalisierung hat längst auch in den eigenen vier Wänden Einzug gehalten. Das *Smart Home* ist in aller Munde und bedeutet nichts anderes, als dass viele Dinge des häuslichen Lebens von einem Computer gesteuert werden und darüber hinaus noch vernetzt ablaufen. Die Thermostate Ihrer Heizung werden automatisch hochgeregelt, wenn Sie sich nach Feierabend auf den Weg in Ihr Heim begeben. Die Rolladen werden je nach Sonnenstand geschlossen. Das Licht im Wohnzimmer gehorcht Ihnen aufs Wort und lässt sich durch ein Sprachkommando dimmen. Ihre Alarmanlage meldet Ihnen direkt auf Ihrem Smartphone, wenn sich ein Einbrecher bei Ihrer Abwesenheit an Ihrer Wohnungstür oder einem Fenster zu schaffen macht. Der Rauchmelder alarmiert direkt die Feuerwehr, bevor es zu spät ist. Und die Zukunftsperspektiven sind noch viel spannender: Ihr Kühlschrank bemerkt selbstständig, wenn die Butter zur Neige geht, und bestellt diese via Internet kurzerhand nach. Willkommen im vernetzten Heim des 21. Jahrhunderts!

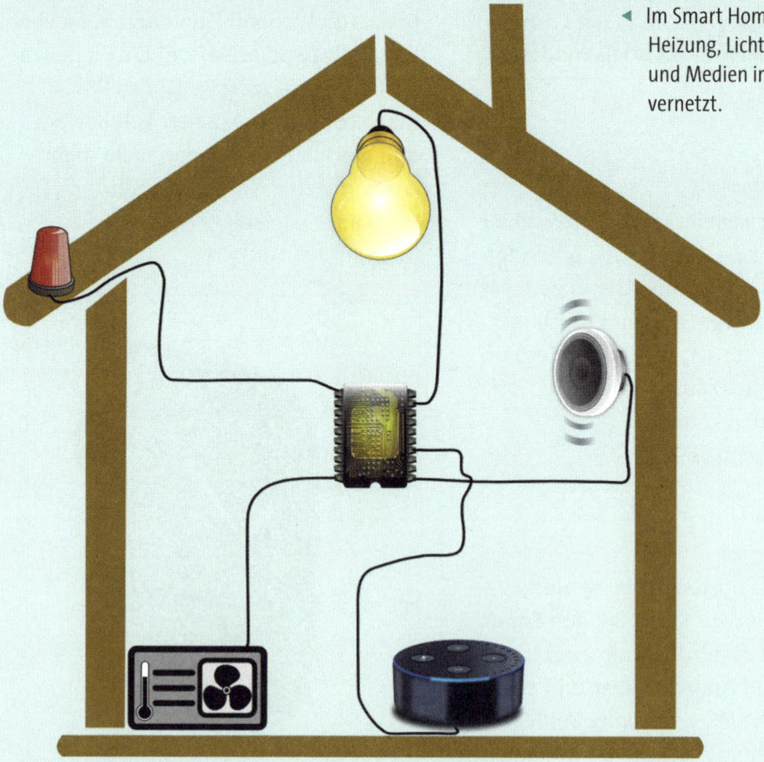

◂ Im Smart Home werden Heizung, Licht, Alarmanlage und Medien intelligent vernetzt.

Wichtige Begriffe

Die folgenden Begriffe stehen im direkten Zusammenhang mit dem Konzept des Smart Homes und bedürfen einer Erläuterung:

Digitale Assistenten

Mit ihnen hat alles begonnen: Sprachassistenten wie Amazons *Alexa*, der *Google Assistant* oder Apples *Siri*. Damit lassen sich mittlerweile auch Smart-Home-Komponenten wie beispielsweise Heizungsthermostate oder Lichtanlagen steuern.

▲ Mit Siri und Co. können Sie Ihr digitales Zuhause mit der Sprache steuern – entsprechende Hardware vorausgesetzt.

Heimautomation

Etliche Firmen haben den Zug der Zeit erkannt und setzen auf die digitale Steuerung von vielen technischen Objekten des häuslichen Alltags. Wenn das Ganze vollautomatisch bzw. vernetzt erfolgt, dann spricht man von *Heimautomation*. Zum Beispiel können Sie jede Heizung Ihres Hauses mit einem digital steuerbaren Thermostat ausstatten. Dieses kommuniziert drahtlos per WLAN oder Bluetooth mit einem digitalen Assistenten wie Alexa oder Siri. Ein Kommando wie »Schalte die Heizung im Schlafzimmer aus« bzw. die vollautomatische Regelung der Heizung je nach Tageszeit und Außentemperatur schafft dann kurz vor dem Zubettgehen ein gesundes Schlafklima.

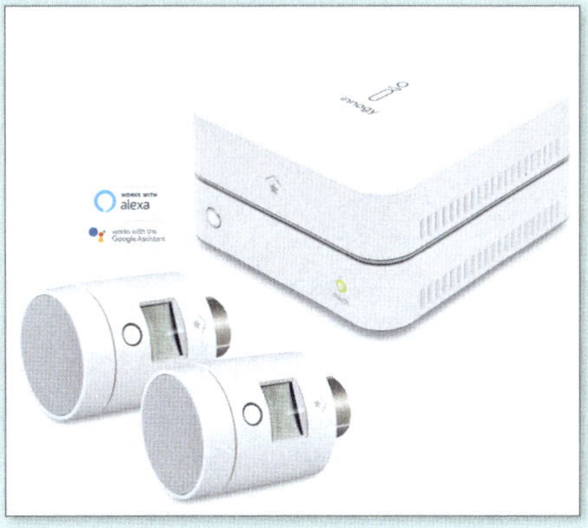

▲ Smart-Home-Set mit per Sprachassistent steuerbaren Thermostaten, hier vom Hersteller innogy.

Internet der Dinge

> engl. Internet of Things, Abkürzung: IoT

Die Vision einiger findiger Entwickler ist schon längst Realität geworden: Das Ziel des Internets der Dinge ist es, Alltagsgegenstände wie beispielsweise die Heizung, den Kühlschrank, die Beleuchtung oder das TV-Gerät miteinander über das Internet zu vernetzen. Zum Beispiel könnte Ihr Kühlschrank wie gesagt intelligent feststellen, ob Sie noch genügend Butter vorrätig haben, und ggf. eine Nachbestellung per Internet vornehmen. Dazu werden kleine intelligente Computer benötigt, die in den entsprechenden Endgeräten stecken. Perfekt geeignet sind dafür Kleincomputer wie der *Raspberry Pi* oder der *Arduino*.

▲ Kleine smarte Lautsprecher wie der Echo Dot von Amazon lassen sich problemlos an die heimische Stereoanlage anschließen.

Smart Cities

Der Smart-Home-Ansatz weiter gedacht: Städte sollen ähnlich wie Häuser digital vernetzt und organisiert werden. Ein zentraler Punkt ist dabei die intelligente Bereitstellung von Transportmitteln – realisiert z. B. per Rund-um-die-Uhr-Verleih von emissionsfreien Elektrofahrzeugen. Auch die Bürokratie soll in einer smarten Stadt deutlich reduziert werden: Behördengänge werden nicht mehr notwendig sein, da sich alles online erledigen lässt – von der Anmeldung eines neuen Autos über die Beantragung eines neuen Ausweises bis zur Durchführung von Volksabstimmungen.

Smarte Lautsprecher

Sie sind quasi die stationäre Ergänzung der digitalen Assistenten: intelligente Lautsprecher. Jeder führende Hersteller digitaler Elektronik hat mittlerweile ein solches Exemplar im Angebot. Apple bietet als Lautsprecher den *HomePod* an, Google den *Google Home* sowie den *Amazon Echo* bzw. *Echo Dot* und Samsung den *Galaxy Home*. Diverse Drittanbieter integrieren diese Technik in die eigenen Boxen. Die Lautsprecher sind nicht ganz unumstritten – so lauschen sie, in Erwartung von Sprachkommandos, ständig dem Geschehen im Raum und schneiden bisweilen auch einmal Sprachschnipsel mit, die nicht für dritte Ohren gedacht sind.

» siehe Raspberry Pi, Sprachassistent(in)

Smiley

Die kleinen gelben Gesichter, die Ihre Gefühlslage ausdrücken sollen, sind mittlerweile überall und sprechen für sich. Hat man früher noch Smileys (engl. smile = lächeln) per Tastatur kreiert (der Doppelpunkt, Bindestrich und die schließende runde Klammer ergeben z. B. einen lachenden bzw. lächelnden Smiley), so verwendet man heute die allseits beliebten Emoticons.

» siehe Emoji/Emoticon, :-) auf Seite 454

SMS

> Short Message Service
> Kurznachrichtendienst
> synonym mit Textnachricht bzw. Kurznachricht

Bis vor Kurzem galt man als Mitglied der älteren Generation noch als fortschrittlich, wenn man das Verschicken einer SMS auf dem Handy beherrschte. Heute ist die gute alte SMS zugunsten von WhatsApp und anderer sogenannter (Instant) Messenger schon fast wieder in der Versenkung verschwunden. Ganz überflüssig ist sie natürlich noch nicht. Eine SMS benötigt keine Internetverbindung und funktioniert meist auch im hintersten Winkel der Mongolei.

» siehe Instant Messaging/Messenger, Textnachricht, WhatsApp

SMTP(-Server)

> Simple Mail Transfer Protocol
> Einfaches Protokoll zum Versand von Mails

Mithilfe des SMTP verschicken Sie E-Mails. Dazu benötigen Sie einen speziellen Server, der dieses Protokoll beherrscht. Der Server ist dann bei der Einrichtung des E-Mail-Programms anzugeben.

» siehe E-Mail, Protokoll, Server

» siehe Übersicht »E-Mail: Konto einrichten und nutzen« auf Seite 133

Snapchat

> Snap = Aufschnappen/Zuschnappen, Chat = Gespräch/Unterhaltung

Snapchat ist das Lieblingsprogramm der Generation U 20 auf dem Smartphone. Damit schicken sich die Jugendlichen ähnlich wie mit Instagram kleine Bildnachrichten, die sich nach einer selbst gewählten Zeitspanne selbst »zerstören« – das erinnert stark an den Agentenfilm »Mission Impossible«.

» siehe Instagram, Instant Messaging/Messenger

Snapping(-Funktion)

> »Schnappen(-Funktion)«

Bei der Arbeit mit einem Vektorgrafikprogramm ist es oft wünschenswert, dass die Grafikobjekte aneinander oder an einem Gitter einrasten. Diese Funktion nennt man Snapping. In Windows 10 sorgt die Snap genannte Funktion dafür, dass an den Rand gezogene Fenster dort andocken und je nach Bildschirmgröße potenziell nebeneinander (und nicht überlagernd) auf dem Bildschirm dargestellt werden. Diese Funktion ist bereits im System aktiviert und kann in den **Einstellungen** in der Kategorie **System** und dort unter dem Menüpunkt **Multitasking** (was hier eben die Arbeit mit mehreren Fenstern gleichzeitig bezeichnet) abgeschaltet werden.

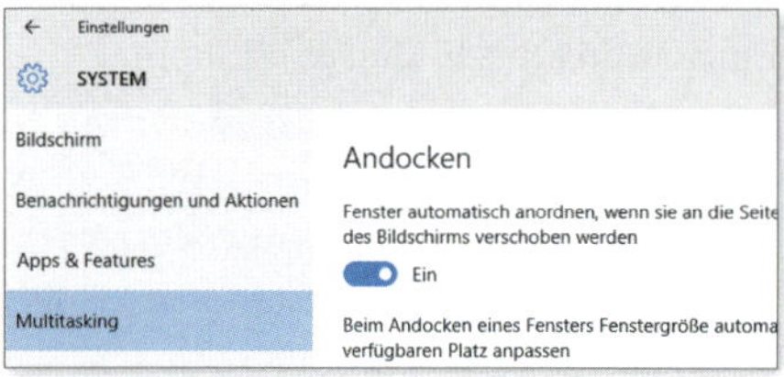

Snipping Tool

> »Schnippel-Werkzeug«

Ein Programm unter Windows, welches das Erstellen von Screenshots (Bildschirmfotos) erleichtert. Sie finden das Snipping Tool unter Windows 10, indem Sie »snipping« in das Cortana-Suchfeld eingeben.

» siehe Bildschirmfoto (Screenshot)

Social Hacking

> Soziales Hacking

» siehe Hacking

» siehe Übersicht »Datenschutz und Datensicherheit« auf Seite 101

Social Media

> Soziale Medien

Der Sammelbegriff für die sozialen Medien und Plattformen aller Art, die Sie im Internet finden können, und daher annähernd gleichbedeutend mit dem Begriff »Soziale Netzwerke«. Dazu zählen etwa Facebook, Twitter oder auch Instagram.

» siehe Soziale Netzwerke (Social Networks)

Social Networks

» siehe Soziale Netzwerke

Software

Der Sammelbegriff für Programme und Apps jeglicher Art, also alles, was man beim PC, Smartphone und Tablet nicht anfassen kann. Zur Verdeutlichung: Der Computer verhält sich zur Software wie das Klavier zu den Noten, die darauf gespielt werden.

» siehe Gerät

Sonderzeichen

Im Prinzip alle Zeichen, die Sie nicht unmittelbar vor sich auf der Tastatur abgebildet sehen. Diese erzeugen Sie mit einer bestimmten Tastenkombination, häufig in Verbindung mit den Tasten `Strg` oder `Alt`, z. B. das Eurozei-

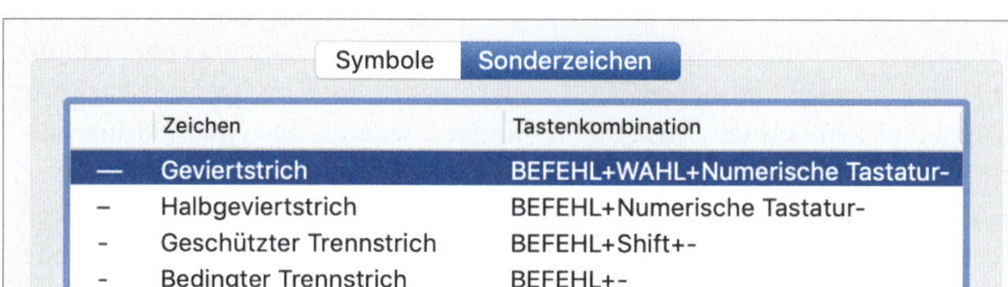

chen € durch gleichzeitiges Betätigen der Taste `AltGr` und der Buchstabentaste `E`. In Word 2019 z. B. finden Sie neben Symbolen auch eine Reihe von Sonderzeichen im Register **Einfügen** in der Befehlsgruppe **Symbole**. Klicken Sie hier auf die Schaltfläche **Symbol**, dann auf **weitere Symbole** und im zugehörigen Dialogfenster dann auf den Reiter **Sonderzeichen**. Dort werden in einer Übersicht die entsprechenden Tastenkombinationen aufgeführt. Auf dem Smartphone hat man es meist erheblich leichter: Hier kann man auf das alternative Tastaturlayout mit den gebräuchlichen Sonderzeichen und Symbolen zugreifen.

» siehe Übersicht »Tastatur: auf dem PC und Smartphone« auf Seite 374

Sound

> Ton

Wenn Sie Ihrem PC oder Smartphone Töne oder gar Musik entlocken wollen, kommen Sie an dessen Soundsystem nicht vorbei. Dieses verrichtet unbemerkt im Hintergrund seinen Dienst. Zur Auswahl der Tonquelle für eine Aufnahme oder Wiedergabe rufen Sie in den Windows-Einstellungen am besten den Bereich **Sound** in der Kategorie **System** auf (oder Sie geben »Sound« in das Suchfeld der Windows-Einstellungen oben ein). Hier können Sie auch die verschiedenen Benachrichtigungstöne Ihres Systems anpassen. Das entsprechende Dialogfenster **Sound** erreichen Sie unter dem Link **Sound-Systemsteuerung** und zudem sehr schnell, wenn Sie mit der rechten Maustaste auf das Lautsprechersymbol in der Taskleiste ❶ klicken und im Kontextmenü den Menüpunkt **Sounds** auswählen.

» siehe Lautsprecher

» siehe Übersicht »Klicken mit einer Computermaus« auf Seite 211

Soundbar

> »Tonstange«

Eine Rolle, die Lautsprecher enthält und via Bluetooth-Kurzstreckenfunk mit Tonmedien versorgt werden kann.

» siehe Bluetooth

Soundkarte

> »Tonkarte«

Sie gehört zur Hardware eines Computers und sorgt dafür, dass der Computer die Audiosignale verarbeiten und wiedergeben kann. Wenn Sie einen richtig schicken Ton aus Ihrem PC zaubern möchten, dann lohnt sich die Anschaffung einer Extra-Soundkarte. Diese wird auf das Mainboard gesteckt und beherrscht dann sogar Dolby-Mehrkanalton.

» siehe Hauptplatine (Mainboard)

Soziale Netzwerke

> engl. Social Networks

In sozialen Netzwerken trifft man sich in virtuellen Bereichen (also im Internet) und tauscht sich dort über Gott und die Welt aus. Soziale Netzwerke gibt es übrigens nicht erst seit dem wohl

Soziale Netzwerke	Bedeutung	Internetadresse
Facebook	derzeit größtes soziales Netzwerk	*www.facebook.com*
Instagram	soziales Netzwerk zum Austausch von Fotos	*www.instagram.com*
LinkedIn	ähnlich wie XING (siehe unten) ein Netzwerk zum Herstellen geschäftlicher Kontakte	*www.linkedin.com*
Pinterest	eine Art Pinnwand, auf der Sie Ihre Erlebnisse plakativ verbreiten können	*www.pinterest.com*
Reddit	eine Art journalistisches System, auf dem Sie eigene Artikel veröffentlichen können	*www.reddit.com*
StayFriends	Sie möchten alte Klassenkameraden wiedertreffen? Dann sind Sie bei StayFriends goldrichtig.	*www.stayfriends.de*
Tumblr	eine Blog-Plattform, auf der Sie Texte, Bilder und Videos veröffentlichen können	*www.tumblr.com*
Twitter	der Kurznachrichtendienst im Internet	*www.twitter.com*
XING	ein Netzwerk zum Herstellen geschäftlicher Kontakte	*www.xing.com*

berühmtesten Vertreter Facebook: Geocities war ein Vorreiter in den USA, und in Deutschland tummelte man sich einst bei schülerVZ oder studiVZ. Die obige Tabelle gibt einen Überblick darüber, welche wichtigen sozialen Netzwerke derzeit die Szene bevölkern.

» siehe Facebook, Instagram, LinkedIn, Pinterest, Tumblr, Twitter, XING

Spalte (Tabellenkalkulation)

Die senkrechten Bereiche in der Arbeitsmappe einer Tabellenkalkulation wie Microsoft Excel, die mit Buchstaben beschriftet sind. Haben Sie sich vielleicht schon einmal gefragt, was nach der Spalte Z kommt? Die folgende Abbildung lüftet das Rätsel.

» siehe Arbeitsblatt/-mappe, Tabelle, Zeile (Tabellenkalkulation)

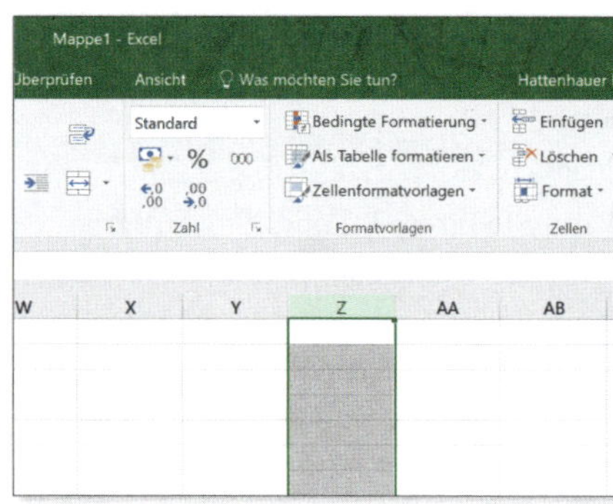

Spam/Spamfilter

> umgangssprachlich: »zumüllen«

Unter Spam, synonym ist auch von »Junkmail« bzw. »Junk-E-Mail« die Rede, versteht man E-Mails, die Ihnen z. B. unglaublichen Reichtum versprechen, wenn Sie für den Vertreter eines afrikanischen Staates mehrere Millionen aufbewahren. Derartige unerwünschte elektronische Post lässt sich am besten mit einem Spamfilter direkt im E-Mail-Programm aussortieren. Auch Ihr E-Mail-Provider verwendet derartige Filter, meist ohne dass Sie es merken. Der Spam-Anteil am gesamten Mailaufkommen wird heute auf ca. 98 % (!) geschätzt. Übrigens: Nach den USA liegt Deutschland auf Platz zwei beim weltweiten Spam-Mail-Aufkommen. Die folgende Abbildung zeigt eine typische Spam-Mail, die vom Spamfilter des E-Mail-Programms (hier GMX) zielsicher erkannt und als »Ist Werbung« klassifiziert worden ist.

» siehe E-Mail, E-Mail-Provider, GMX

Spannung

Die Antriebskraft des elektrischen Stroms. Stellen Sie sich dazu ein Staubecken vor, das eine tiefer gelegene Wasserturbine antreiben soll. Je höher das Staubecken gegenüber der Turbine liegt, umso kräftiger wird das Wasser durch die Turbine strömen. Die Höhendifferenz zwischen Staubecken und Turbine ist dabei vergleichbar mit der Spannung in einem elektrischen Stromkreis. Beim Computer wird eine andere Spannung benötigt. Das Netzteil des Computers wandelt dabei den üblichen Wechselstrom in eine niedrigere Gleichspannung um.

» siehe Netzteil

Speicher

Ohne ihn geht es nicht in der modernen Computertechnik: Daten wollen nach der erfolgten Erfassung bzw. Berechnung gespeichert werden. Ein Beispiel: Ihre Digitalkamera bzw. Ihr Smartphone muss Fotos auf einem Speicherchip sichern, um diese später auf den PC oder Ihr TV-Gerät übertragen zu können. Wie viel Speicher Ihnen auf Ihrem Computer zur Verfügung steht, können Sie in Windows 10 ganz leicht ablesen unter **Einstellungen ▸ System ▸ Speicher**.

» siehe Einstellungen (Settings)

Speicherformat

Die Art und Weise, wie Daten abgelegt werden. Ein Beispiel: Bilddaten können in einem komprimierten Dateiformat wie z. B. JPEG oder unkomprimiert im RAW-Format auf dem Speicher der Digitalkamera abgelegt werden.

» siehe Bilddateiformate, Komprimieren

Speicherkapazität

Wie viele Daten passen auf Ihre Festplatte, eine DVD oder Ihren Speicherstick? Die Speicherkapazität wird immer in Vielfachen der Grundeinheit Byte angegeben. Die folgende Tabelle gibt Aufschluss, was die Vorsilben bedeuten und welche Datenmengen bzw. Speichermedien in den Bereichen einzuordnen sind.

Kapazität	Vielfaches	Zehnerpotenz	Beispiel
Kilobyte	Tausend	10^3	Textdatei
Megabyte	Million	10^6	MP3-Datei
Gigabyte	Milliarde	10^9	DVD bzw. Blu-ray
Terabyte	Trillion	10^{12}	moderne Festplatte
Petabyte	Trilliarde	10^{15}	bei Google gespeichertes Bildmaterial (Google Earth, Google Maps)

» siehe Bit

Speicherkarte

> engl. Memory Card

Diese finden Sie in Digitalkameras oder auch als Speichererweiterung in Ihrem Smartphone, jeweils im SD- bzw. Micro-SD-Format. Früher gab es auch noch CompactFlash-Karten, die aber mittlerweile langsam vom Markt verschwinden.

» siehe Micro-SD, SD-Karte

Speichermedien

» siehe Datenträger

Speichern/Speichern unter

> engl. Save/Save as

Das sollten Sie regelmäßig tun, wenn es Ihr Programm nicht schon automatisch für Sie erledigt: Ihre Arbeit (z. B. an einem Text- oder Tabellendokument) regelmäßig sichern. Das geht in jedem Fall über das **Datei**-Menü des entsprechenden Programms (Menüpunkt **Speichern** bzw. **Speichern unter**) oder noch schneller mit der Tastenkombination `Strg` + `S` (beim Mac: `Cmd` + `S`). Beim Befehl **Speichern unter** öffnet sich zusätzlich der Dateimanager (z. B. der Explorer), in dem Sie nicht nur den Ordner, in dem die Datei gespeichert werden soll, festlegen, sondern auch den Dateinamen bzw. den Dateityp bestimmen bzw. ändern können.

» siehe Dateiendung/Dateityp, Dateiname, Ordner

Speicherplatz

... kann man nie genug haben! Heute lagert man seine Daten nicht nur auf lokalen Medien wie Festplatte oder USB-Stick aus, sondern verwendet darüber hinaus auch Cloud-Speicherdienste.

» siehe Cloud (Computing), Festplatte, USB/USB-Stick

Speicherstick

> engl. Memory Stick

Das Speichermedium Nummer 1, wenn es darum geht, Daten zu sichern und zugleich mit sich führen zu können, um sie an jedem anderen PC zu lesen. So können Sie die Bilder vom Weihnachtsfest bequem innerhalb der Familie auf einem solchen Speicherstick weitergeben. Gemäß dem Mooreschen Gesetz unterliegen die Memory Sticks einem rapiden Preisverfall: Einen Stick gleicher Speicherkapazität werden Sie nächstes Jahr für die Hälfte des diesjährigen Preises bekommen.

» siehe Datenträger, Mooresches Gesetz, USB/USB-Stick

Sperrbildschirm

Wenn Sie Ihr Smartphone durch kurzes Drücken des Ein-/Aus-Schalters in den Ruhezustand versetzen, dann erscheint nach erneutem Einschalten der Sperrbildschirm. Um diesen zu entsperren, können Sie selbst verschiedene Verfahren vorgeben: Eine einfache Wischgeste (Fingerbedienung/-eingabe), die Eingabe einer PIN, eines Passworts oder auch das Entsperren mithilfe biometrischer Daten (Gesicht, Fingerabdruck, Augenscan) – alles ist hier (mittlerweile) möglich. Auf Ihrem Windows-Computer überwinden Sie (und andere) den Sperrbildschirm, der dort auch automatisch nach einer gewissen Zeit der Inaktivität erscheint, einfach durch Drücken einer beliebigen Taste auf der Computertastatur. Anschließend finden Sie den Anmeldebildschirm vor, der auch nach dem Start des Computers erscheint. Verschiedene Einstellungsmöglichkeiten für den Sperrbildschirm in Windows 10 finden Sie unter **Einstellungen ▸ Personalisierung ▸ Sperrbildschirm**.

» siehe Anmeldebildschirm/Anmelden, Fingerabdrucksensor, Fingerbedienung/-eingabe, Gesichtserkennung, PIN

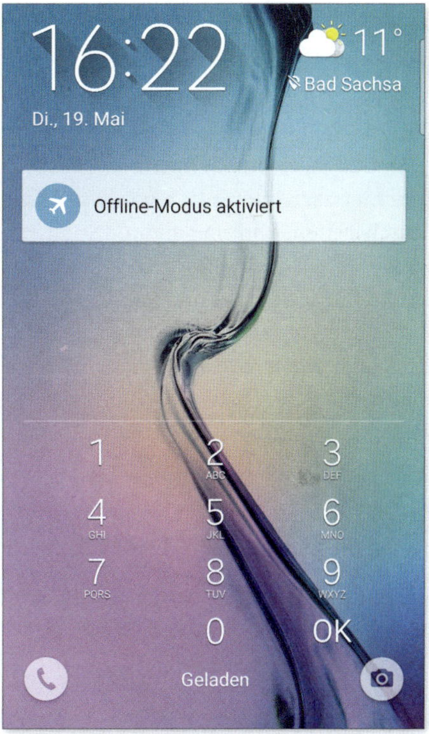

S

Sperren

> engl. Lock

Wenn Sie Ihren Computer eine Weile verlassen, nicht aber ganz herunterfahren möchten, können Sie ihn auch einfach sperren – dann hat niemand Zugriff darauf, und es erscheint der Sperrbildschirm. Sie können Ihren Computer mit Windows 10 entweder durch die Tastenkombination Strg + Alt + Entf sperren oder durch einen Klick auf Ihr Benutzerkonto im Startmenü und die anschließende Auswahl der Option **Sperren**, die sich gleich oberhalb von **Abmelden** befindet.

» siehe Abmelden (Logout), Sperrbildschirm, Startmenü

S

Spider

> »Spinne«

Das ist ein Programm, welches von den großen Suchmaschinenanbietern wie z. B. Google verwendet wird, um das Internet nach interessanten Inhalten zu durchsuchen. Wie eine digitale Spinne also krabbelt dieses Programm durch das gesamte Internet und katalogisiert auf ihrem Weg sämtliche Internetseiten fein säuberlich. Eine andere, ähnlich plastische Bezeichnung für Spider ist Webcrawler, also ein Programm, das durch das Internet hindurch »kriecht«.

Spiele

Nach neuesten Erkenntnissen können sie sogar der Demenz vorbeugen, da sie die grauen Zellen aktiv und fit halten: Computerspiele. Während die ersten Spiele doch in recht einfachen Abfolgen programmiert waren, bewegt man sich heute in modernen Computerspielwelten durch Tausende Quadratkilometer große, lebensechte Areale und erlebt Abenteuer, die sich kaum von denen der großen Hollywoodfilme unterscheiden. Die Abbildung zeigt eine Szene aus dem Bestseller »Tomb Raider«.

Spielekonsole

Ein Gerät, das direkt an ein TV-Gerät angeschlossen wird und als Plattform für Spiele genutzt wird. Beispiele sind Sonys PlayStation, Nintendos Wii und Microsofts Xbox.

» siehe Controller, PlayStation, Xbox

S Planner

So hieß bis vor Kurzem die Kalender-App auf Samsung-Smartphones. Mittlerweile wird sie ganz profan »Kalender« genannt.

» siehe App/Applet, Samsung

Splitter

> »Spalter«

Dieses Gerät wurde früher benötigt, um das DSL-Signal von einer herkömmlichen Telefonleitung herauszufiltern. Heute erledigt diese Aufgabe ein Multifunktionsrouter, da mittlerweile auch die Telefonie über Internet erfolgt.

» DSL, Internettelefonie, Router

Spotify

... ist mit ca. 60 Millionen Nutzern der größte Musikstreaming-Anbieter. Hier finden Sie die Musikangebote der meisten Musikverlage (Label). Spotify können Sie kostenlos nutzen, wenn Sie sich damit arrangieren können, regelmäßig durch Werbeeinblendungen belästigt zu werden. Wer das nicht wünscht, schließt ein Abo ab. Für 10 € im Monat haben Sie damit auch die Möglichkeit, sich ganze

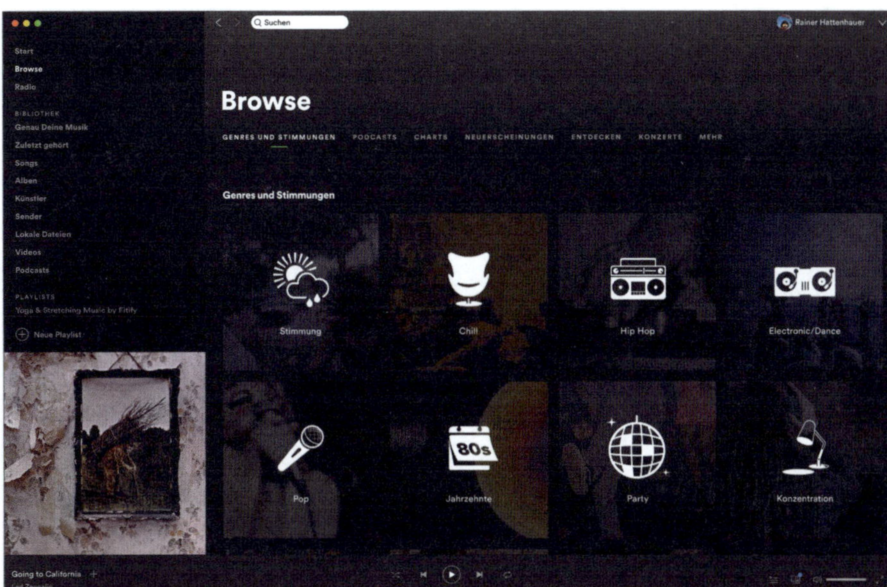

Alben zum sogenannten Offline-Hören auf Ihr Gerät herunterzuladen, d. h., Sie benötigen dann zur Wiedergabe keine Internetverbindung.

» siehe Streamen/Streaming

Spotlight

> »Scheinwerfer«

Die geniale Suchfunktion beim Mac. Aktuell rufen Sie Spotlight durch einen Klick auf die Lupe oben rechts in der Statusleiste auf. Schneller geht es per Tastaturkombination Strg + Leertaste. Danach öffnet sich ein Suchfeld, in dem Sie dann z. B. nach Begriffen in Texten, Adressen, aber auch dem Inhalt von Internetseiten suchen können.

Sprachassistent(in)

Microsoft nennt sie Cortana, Apple Siri, bei Amazon heißt sie Alexa, und unter Googles Android erhält man per »OK Google« die Antwort auf alle Fragen des Universums. Darüber hinaus lassen sich bei einigen Systemen auch Systemfunktionen über die Sprachassistenten steuern. So können Sie auf den meisten Smartphones durch das Kommando »Schreibe Nachricht an« direkt eine WhatsApp, SMS oder E-Mail an den gewünschten Empfänger verfassen. Auch Musikstücke des Media Players lassen sich sprachgesteuert auswählen.

» siehe Cortana, Media Player, OK Google, Siri, WhatsApp

» siehe Übersicht »Künstliche Intelligenz« auf Seite 218 sowie Übersicht »Smart Home« auf Seite 340

Sprachausgabe

Lassen Sie sich doch einfach Texte von Ihrem Computer vorlesen! Unter Windows 10 finden Sie die entsprechende Option in den **Einstellungen** im Bereich **Erleichterte Bedienung**. Das ist insbesondere für diejenigen Menschen interessant, die unter einer starken Sehschwäche leiden.

» siehe Erleichterte Bedienung

Sprache/Spracheinstellungen

Die im Betriebssystem verwendete Sprache können Sie unter Windows 10 jederzeit in den **Einstellungen** in der Kategorie **Zeit und Sprache** unter **Region und Sprache** ändern.

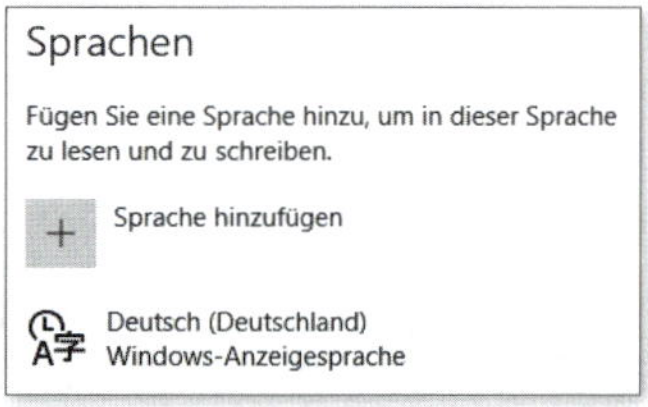

Spracherkennung

Sie ist mittlerweile keine Zukunftsmusik mehr: die Spracherkennung am PC. Staunte man noch in den 1970er-Jahren über »Raumschiff Enterprise« und die Möglichkeit, Computer per Sprache zu steuern oder sogar Texte zu diktieren, so hat die Spracherkennung heute flächendeckend Einzug in den Computerbereich gehalten. Auch Windows und macOS sind aktuell mit einer solchen Spracherkennung ausgestattet. Wer diese allerdings professionell einsetzen möchte, kommt heute um das Programm Dragon von Nuance nicht herum. Dieses verfügt über eine exzellente kontextsensitive Spracherkennung.

Sprachmemo

Ein Sprachmemo ist eine kurze Sprachnotiz, die Sie auf Ihrem Smartphone mithilfe einer passenden App erstellen. Die Sprachnotiz dient als Gedankenstütze und kann jederzeit mit der entsprechenden App wieder abgespielt werden.

» siehe App/Applet, Memo (App)

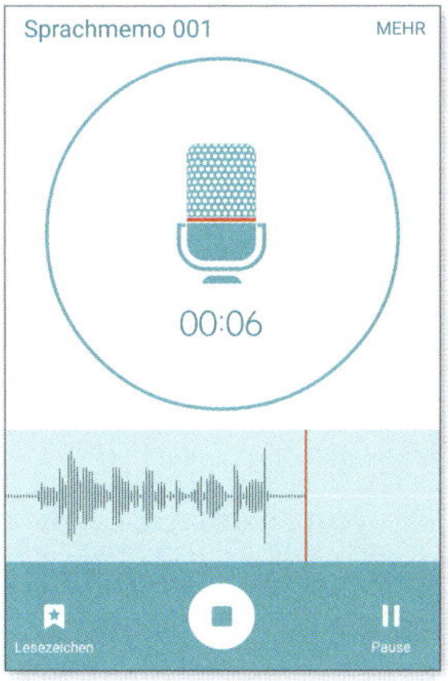

Sprachsteuerung

Viele PCs, aber auch Smartphones und Tablets lassen sich mittlerweile per Sprache steuern. Bei der Umsetzung dieser Funktion kocht jeder Hersteller sein eigenes Süppchen. So verwendet Samsung auf seinen Smartphones zur Steuerung beispielsweise Bixby, Apple nutzt Siri und Windows Cortana.

» siehe Sprachassistent(in)

» siehe Übersicht »Künstliche Intelligenz« auf Seite 218 sowie Übersicht »Smart Home« auf Seite 340

Sprungliste

> engl. Jumplist

Damit werden letztlich zwei Funktionen bezeichnet: Jumplists sind zum einen kleine Fenster, die aufklappen, wenn man mit dem Mauszeiger auf ein Programmsymbol ❶ in der Taskleiste von Windows zeigt. Eingeführt wurde diese Funktion mit Windows 7. Damit soll dem Benutzer ermöglicht werden, auf die Schnelle bestimmte Funktionen des entsprechenden Programms auszuführen (es auf dem großen Bildschirm anzuzeigen oder auch über das Kreuzchen im Miniaturfenster gleich zu schließen).

Mit Sprungliste im engeren Sinne wird aber auch das Kontextmenü einer laufenden Anwendung (❷ auf Seite 354) bezeichnet, das per Rechtsklick geöffnet werden kann. So lassen sich zuletzt bearbeitete Dokumente dann per Mausklick auf den Eintrag in der geöffneten Liste unmittelbar öffnen, oder das Programm kann von der Taskleiste entfernt bzw. dieser hinzugefügt ❸ werden.

S

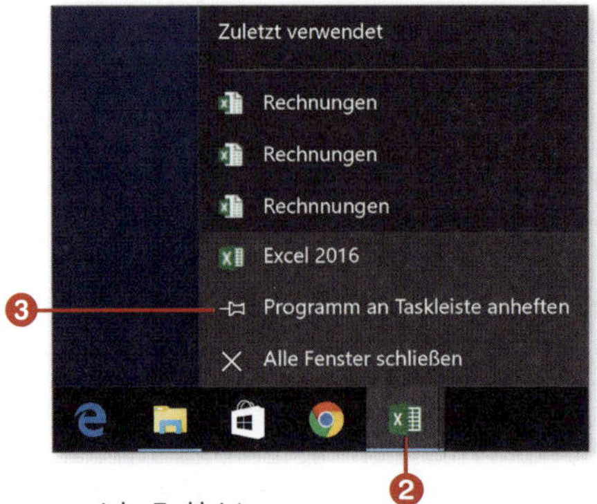

» siehe Taskleiste

S

Sprungmarke

Eine Sprungmarke bezeichnet eine Stelle innerhalb einer HTML-Datei bzw. Internetseite, auf die Sie klicken können, um an eine andere Stelle der HTML-Datei zu springen. Ein typisches Beispiel: Sie surfen auf einer Seite im Internet und bewegen sich per Bildlaufleiste an das Ende einer längeren Seite. Dort finden Sie in der Regel die Sprungmarke »nach oben«, die Sie einfach anklicken können, um wieder ganz an den Seitenanfang zu gelangen. Aber auch Bilder können als Sprungmarken fungieren. Zwischen diesen verknüpften Stellen befinden sich im HTML-Code der Seite sogenannte Anker (engl. anchor), die den Anfangs- und Endpunkt der Sprungmarke und damit sozusagen den Start und das Ziel des Springens markieren. Daher spricht man bei einer Sprungmarke auch oft von Anker, auch wenn damit ein kleiner Bedeutungsunterschied verbunden ist. Sprungmarken funktionieren im Prinzip wie Hyperlinks (Links), unterscheiden sich aber im zugrunde liegenden HTML-Code.

» siehe HTML, Hyperlink

Spybot (Search & Destroy)

> »Roboter-Spion (Suchen & Zerstören)«

Ein Programm für Windows, mit dessen Hilfe man unerwünschte Spionagesoftware (Spyware) auf dem PC aufspüren und entfernen kann.

» siehe Spyware

Spyware

> Spionagesoftware

Programme, die sich unbemerkt auf Ihrem PC einnisten und Ihr Nutzungsverhalten ausspionieren, z. B. um Ihnen beim Surfen im Internet gezielte Kaufangebote zu unterbreiten.

SQL

» siehe Microsoft SQL Server

SSD

> Solid State Drive
> Festkörperlaufwerk/Halbleiterlaufwerk

Diese spezielle Art von Festplatte zeichnet sich dadurch aus, dass sie keinerlei bewegliche Elemente besitzt. Dadurch ist sie weniger anfällig gegen Erschütterungen. Sie ist außerdem ein Vielfaches schneller als herkömmliche magnetische Festplatten.

» siehe HDD

» siehe Übersicht »Computer & Co. kaufen« auf Seite 84

SSID

> Service Set Identifier
> »Dienst-Set-Kennung«

Der Name eines WLANs (z. B. »Drosselweg«), den ein Benutzer sieht, der sich in dem betreffenden Netzwerk anmelden will, heißt fachsprachlich SSID.

» siehe Netzwerk, WLAN

SSL

> Secure Sockets Layer
> »Sichere Hülsen-Schicht«

Veraltete Bezeichnung für eine sichere, da verschlüsselte Datenübertragung. Heute verwendet man dafür die Bezeichnung TLS.

» siehe TLS

Standardbenutzer

Der Standardbenutzer verfügt in allen Betriebssystemen über keine erweiterten Möglichkeiten wie beispielsweise der Administrator. Sie sollten darauf achten, beim Surfen im Internet stets als Standardbenutzer unterwegs zu sein.

Auf diese Weise kann Schadsoftware, die Sie sich versehentlich einfangen, keinen größeren Schaden anrichten.

» siehe Administrator, Benutzerkonto (Account), Schadsoftware

Standardbrowser

Sie können auf Ihrem Betriebssystem durchaus mehrere Browser installieren. Der Standardbrowser ist dann derjenige Browser, der sich öffnet, wenn Sie einen beliebigen Link in einem Text anklicken. Der Standardbrowser lässt sich jederzeit in Ihrem Betriebssystem ändern. Unter Windows 10 geschieht das im Bereich **Einstellungen ▸ Apps ▸ Standard-Apps**.

» siehe Browser, Hyperlink

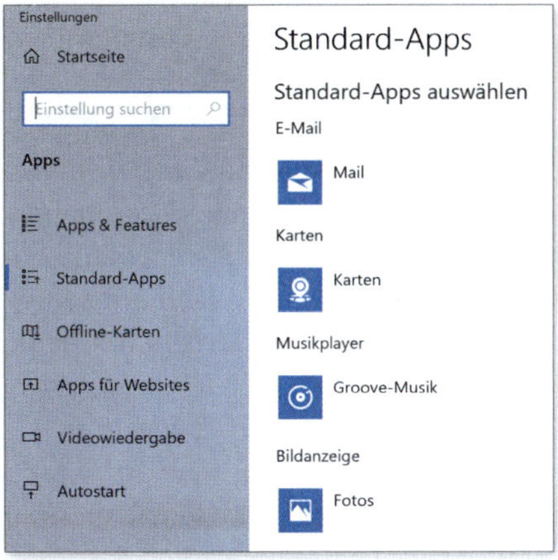

Standardkonfiguration

Diejenige Konfiguration, mit der ein Programm startet, nachdem es installiert wurde. Sie haben natürlich jederzeit Gelegenheit, das Programm so zu konfigurieren, wie es Ihren Vorlieben entspricht.

» siehe Konfigurieren

S

Standardkonto

Das Benutzerkonto (Account) eines Standardbenutzers.

» siehe Standardbenutzer

Standardspeicherort

Immer wenn Sie in einem Programm eine gerade bearbeitete Datei speichern möchten, wird diese am Standardspeicherort abgelegt. Das ist ein bestimmtes Verzeichnis auf Ihrer Festplatte. Sie haben selbstverständlich die Möglichkeit, diesen Standardspeicherort selbst zu bestimmen. Das geschieht in den Programmen von Microsoft Office wie z. B. in Word im Bereich **Datei ▸ Optionen ▸ Speichern** ❶.

» siehe Microsoft Office/Office Mobile, Speichern/Speichern unter (Save/Save as)

Standby

> Bereitschaft(sdienst)

In diesem Modus verbrauchen Geräte relativ wenig Strom, können aber dennoch durch einen einzigen Tastendruck wieder sofort aufgeweckt werden. Beim Smartphone wechseln Sie in den Standby-Modus, indem Sie den Ein-/Aus-Schalter drücken. Bei einem Windows-PC gibt es einen entsprechenden Menüpunkt **Energie sparen** im Startmenü.

» siehe Energiesparmodus

Standortdienst/Standortfreigabe

Das ist die Gretchenfrage: Möchten Sie, dass Google und ähnliche Anbieter aufgrund einer Einstellung in Ihrem Smartphone wissen, wo Sie sich gerade

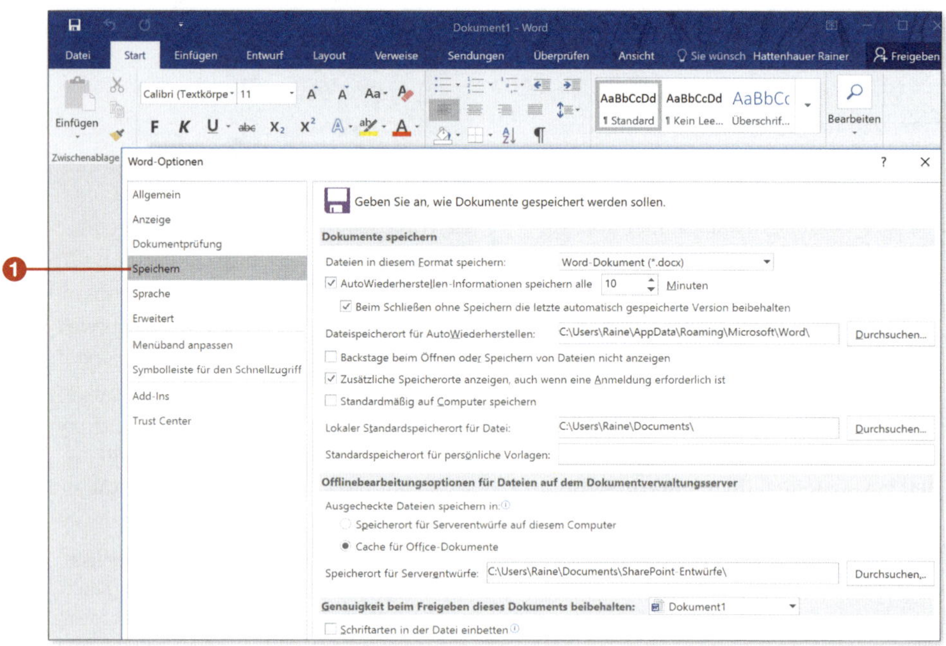

aufhalten? Falls Sie damit keine Probleme haben, können Sie auf Ihrem Smartphone die Standortfreigabe aktivieren. Beachten Sie, dass für eine genaue Lokalisierung Ihres Standorts, den Sie zum Navigieren benötigen, der Standortdienst jedenfalls aktiviert ❶ sein muss.

» siehe Übersicht »Navigation: So funktioniert's« auf Seite 260

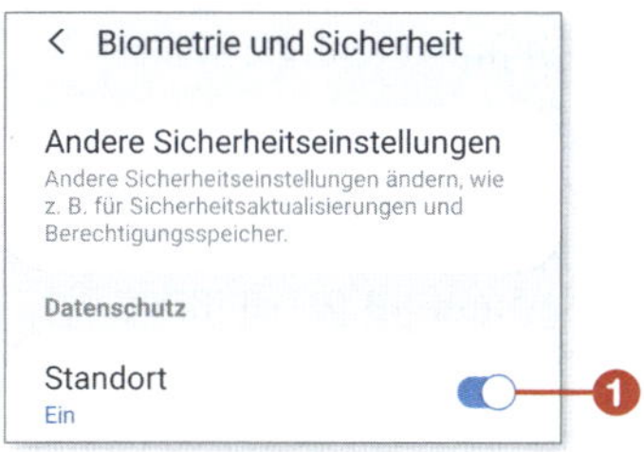

Startbildschirm

Ein Relikt aus Windows-8-Zeiten. Der Startbildschirm war und ist nicht jedermanns Sache, sodass man diesen bei Windows 10 gewissermaßen wieder versteckt hat. Dort sehen Sie nun das Startmenü mit einer vollständigen Liste aller Apps und Programme sowie einigen Kacheln zu ausgewählten oder dort verknüpften Programmen. Sollte Ihnen der Startbildschirm allerdings besser gefallen, so können Sie ihn unter Windows 10 jederzeit aktivieren, indem Sie in den Tabletmodus wechseln. Dann sehen Sie nur noch die Kacheln bildschirmfüllend. Grundsätzlich wird ein Startbildschirm, den Sie auch auf einem Smartphone oder Tablet mit den zu nutzenden Funktionen und Apps vorfinden, von einem Sperrbildschirm unterschieden.

» siehe Kachel, Sperrbildschirm, Startmenü, Tabletmodus

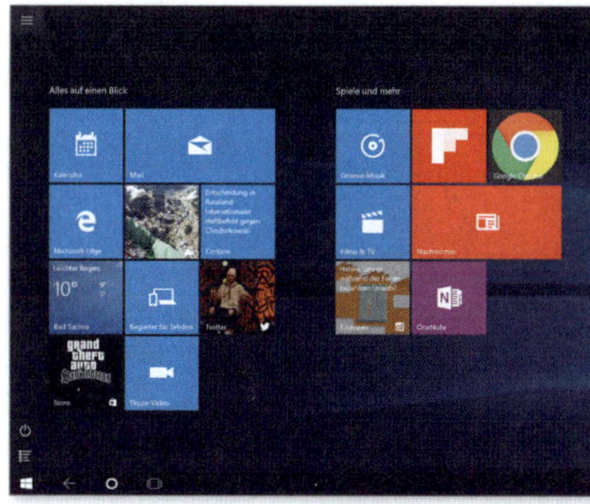

Starten (App/Programm)

Am Anfang war der Start: Bevor Sie mit einem Programm arbeiten können, müssen Sie dieses starten. Das geschieht bei den meisten Betriebssystemen durch einen Doppelklick auf das entsprechende Programmsymbol. Auf einem Smartphone bzw. Tablet tippen Sie einfach das entsprechende App-Symbol an. Den Startvorgang des Betriebssystems Ihres Computers nennt man Booten.

» siehe Booten, Doppelklick

Startmenü

Da war die Freude groß: Nach dem ungeliebten Startbildschirm in Windows 8 gab es mit Windows 10 das gewohnte Startmenü wieder. Dieses ist zwar etwas anders strukturiert als noch in der Version Windows 7, Umsteiger werden sich aber rasch zurechtfinden. Die Abbildung in der Übersicht auf Seite 358 zeigt einige wichtige Elemente des Startmenüs.

» siehe Abmelden (Logout), Benutzerkonto (Account), Einstellungen (Settings), Energiesparmodus, Explorer, Herunterfahren (Shut down), Kachel, Neustart/Neu starten (Reboot/Rebooten), Sperren (Lock)

Startmenü

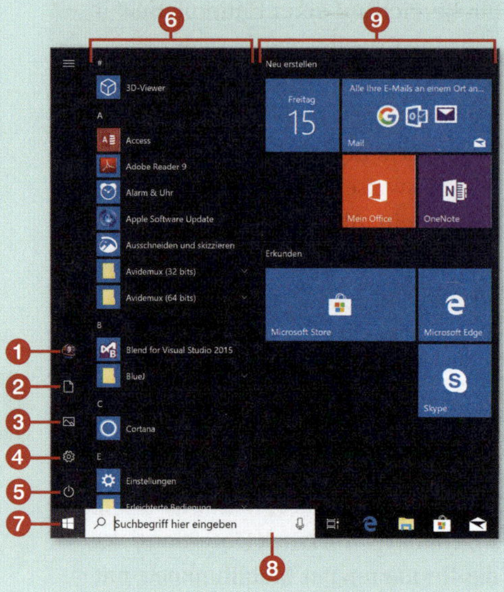

1. Konto des angemeldeten Benutzers (mit Optionen zum Wechseln des Benutzerkontos, zum Sperren des Computers und zum Abmelden)
2. Dokumente: Schnellzugang zu Ihren Dokumenten im Explorer
3. Bilder: Schnellzugang zu Ihren Bildern im Explorer
4. Einstellungen mit verschiedenen Kategorien zur Systemsteuerung
5. Optionen zum Ein- bzw. Ausschalten des Computers (Energie sparen, Herunterfahren, Neu starten)
6. Übersicht über alle installierten Apps (in der Liste kann mit der Bildlaufleiste gescrollt werden)
7. Startmenü-Knopf: Wenn Sie diesen anklicken, klappt das abgebildete Menü auf; bei einem Rechtsklick darauf gelangen Sie ins Schnellzugriffsmenü.
8. Cortana-Suchfeld
9. Kacheln einiger Apps

Startseite

Wenn Sie eine bevorzugte Seite haben, von der aus Sie Ihre Ausflüge in das Internet starten möchten, dann können Sie diese in Ihrem Browser als Startseite definieren. Dies geschieht in der Regel in den Einstellungen des Browsers.

» siehe Browser

Statische IP-Adresse

In der Regel verteilt Ihr Router die IP-Netzwerkadressen für alle Geräte im Netz selbstständig. Für kleine Netze kann es sich durchaus lohnen, diese Adressen selbst am PC festzulegen. In diesem Fall spricht man von einer statischen IP-Adresse. Mein Tipp: Sollten Sie kein Experte sein, dann verwenden Sie die übliche dynamische Zuweisung, die, wie gesagt, automatisch durch den Router erfolgt.

» siehe DHCP, IP-Adresse, Router

Statusleiste

Diese Leiste befindet sich je nach Betriebssystem am oberen oder unteren Rand Ihres Bildschirms. Im Statusbereich erfahren Sie über kleine Icons (Programmsymbole), was gerade in Ihrem System so vor sich geht. Im Microsoft-Office-Programm Word z. B. sehen Sie in der Statusleiste unten links, auf welcher Seite Ihres Dokuments Sie sich gerade befinden und wie viele Wörter Sie schon geschrieben haben, und rechts können Sie verschiedene Ansichten Ihres Dokuments (u. a. das Seitenlayout) einstellen bzw. die Ansicht zoomen. Auch die Taskleiste in Windows 10 hat die Funktionen einer Statusleiste. Rechts sehen Sie hier den sogenannten Infobereich mit Datum und Uhrzeit, über den Sie u. a. auch das Info-Center ❶ öffnen können, den Lautsprecher ❷ ein- und ausschalten und einen angeschlossenen USB-Stick wieder sicher entfernen.

» siehe Infobereich, Info-Center, Lautsprecher, Seitenlayout, Sicher entfernen, Systemuhr, Zoom/Zoomen

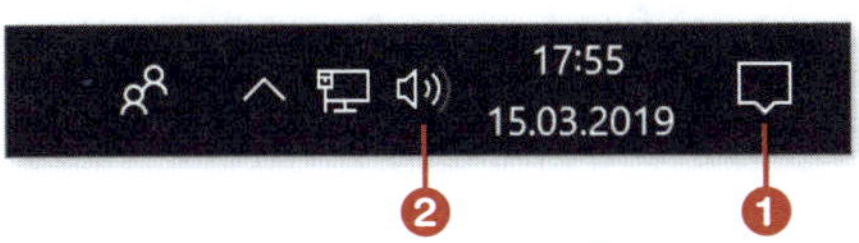

Steam

> »Dampf«

Steam ist eine Plattform im Internet, welche Spiele-Software für die populären Betriebssysteme bereithält. Wenn Sie sich bei Steam registrieren, haben Sie die Möglichkeit, aktuelle Spiele zu kaufen, herunterzuladen und auch Spielstände im System zu speichern.

Steckplatz

Ein Bereich auf einer Hauptplatine, in den eine Erweiterungskarte hineingesteckt werden kann, um dadurch die Funktionalität des Computers zu verbessern. Erweiterungskarten können beispielsweise Soundkarten oder Videokarten sein. Aber auch für den Hauptspeicher (RAM) gibt es vordefinierte Steckplätze.

» siehe Arbeitsspeicher (RAM), Hauptplatine (Mainboard), Soundkarte

Stick

Damit kann zum einen ein USB-Speicherstick gemeint sein, aber auch ein sogenannter Surfstick (Internetstick), der Ihr Laptop per Mobilfunknetz mit dem Internet verbindet.

» siehe Internetstick, USB/USB-Stick

Sticky Notes

> Haftnotizen

App in Windows 10 zum Erstellen kleiner Notizen.

» siehe Notizen (App)

Stopp

Manchmal geht es nicht anders: Ein Programm hängt fest und lässt sich noch nicht einmal durch Anklicken der **Schließen**-Schaltfläche beenden. Dann ist es erforderlich, das betreffende Programm zu stoppen. Dies geschieht unter Windows mithilfe des Task-Managers, den Sie mit der Tastenkombination `Strg` + `Alt` + `Entf` aufrufen.

» siehe Schließen (Close), Task-Manager

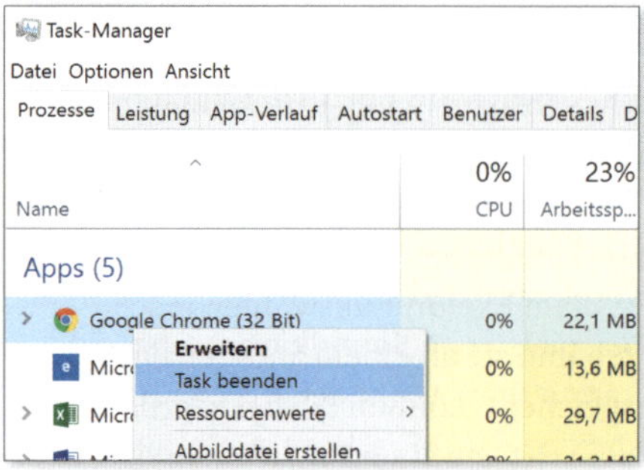

▲ Stopp

Store

> Geschäft

Mittlerweile verfügen alle prominenten Betriebssysteme über einen sogenannten Store. Darin können Sie Software, aber auch andere Medien wie z. B. Filme, Musik oder Bücher kaufen. In Windows 10 öffnen Sie den Store über das Icon in der Taskleiste, das wie eine Einkaufstüte aussieht.

» siehe App Store, Taskleiste

Story-Album

Viel schöner, als seine Fotos in Form einer riesigen Galerie zu präsentieren, ist es, daraus eine schöne Bildergeschichte bzw. ein Story-Album zu zaubern. Dies bietet z. B. Google automatisch an, wenn Sie Ihre Bilder in der Google-Cloud (in Google Drive) abgelegt haben. Sie werden dann von Zeit zu Zeit mit einer netten Bildergeschichte überrascht. Auf Samsung-Smartphones oder -Tablets finden Sie die Bildergeschichten in der Galerie-App im Bereich **Storys**.

» siehe Android, Cloud (Computing), Google Drive

Streamen/Streaming

> »Daten per Strom permanent übertragen«

Die Audio-CD bzw. die Video-DVD sind mittlerweile aus der Mode gekommen. Heutzutage überträgt man Multimediadaten per Streaming. Hierbei werden die Daten permanent in einem Strom an den Endverbraucher, also an Sie bzw. Ihren Computer, Ihr Smartphone oder auch Ihr Tablet über das Internet weitergegeben. Bekannte Streaming-Anbieter sind hier beispielsweise Spotify, Netflix bzw. WatchEver. Der Vorteil am Streaming: Sie stellen sich Ihr Wohnzimmerregal nicht durch überflüssige CDs bzw. DVDs voll.

Streamingdienst

Anbieter wie Spotify oder Apple Music, die Musikangebote per Stream im Internet realisieren.

» siehe Spotify, Streamen/Streaming

StreamOn

Spezielle hinzubuchbare Option der Telekom, die es gestattet, Videos und Musik über das Mobilfunknetz zu streamen, ohne dass dabei das limitierte Datenvolumen des Vertrags belastet wird.

Streichen

Mittlerweile erledigt man am Smartphone und Tablet vieles per Fingerstreich: Zoomen, Bildschirm wechseln etc., das alles funktioniert per Fingergeste.

» siehe Fingerbedienung/-eingabe

Strg-Taste

Mithilfe dieser Taste schalten Sie in Kombination mit einer weiteren Taste bestimmte Funktionen frei. Bekannt sind beispielsweise die Kombination [Strg] + [C] (kopieren), [Strg] + [V] (einfügen) bzw. [Strg] + [X] (ausschneiden). Mit [Strg] + [Z] machen Sie unbeabsichtigte Schritte wieder rückgängig. Als Dreierkombination öffnet [Strg] + [Alt] + [Entf] den in Notfällen wichtigen Task-Manager. Und wenn Sie Dateien z. B. im Explorer auswählen möchten, um sie an einem anderen Ort zu speichern, können Sie bei gedrückter [Strg]-Taste auch Dateien markieren, die weit auseinanderliegen. Damit aber immer noch nicht genug: Beim Verschieben einer Datei bewirkt die gleichzeitig betätigte Taste [Strg], dass die Datei zugleich kopiert wird.

» siehe Ausschneiden und Einfügen (Cut and Paste), Kopieren und Einfügen (Copy and Paste), Rückgängig machen, Task-Manager, Verschieben

Stromkabel

» siehe Netzkabel

Stummschaltung

Stellen Sie sich vor, Sie sitzen in der Oper, und plötzlich bimmelt Ihr Handy los. Die peinlich berührten Blicke Ihrer Nachbarn sind Ihnen dann gewiss. Das können Sie vermeiden, indem Sie die Stummschaltung Ihres Handys aktivieren. Bei Smartphones erreichen Sie eine Stummschaltung, indem Sie die Lautstärketaste fortgesetzt nach unten betätigen. Daraufhin wechselt das Gerät in den Vibrationsmodus ❶.

S

Stylus

Ein Eingabestift für Smartphones und Tablets, der mehr oder weniger intelligent sein kann. Intelligent bedeutet in diesem Fall, dass der Stylus unterschiedliche Druckstufen an das Display übermitteln kann, um z. B. einen dickeren oder dünneren Strich in einem Zeichenprogramm zu produzieren. Ein typischer Stylus verfügt auf der einen Seite über eine normale Kugelschreiberspitze, auf der anderen über eine Rundspitze zur Bedienung auf einem Touchscreen.

» siehe Berührungsempfindlicher Bildschirm (Touchscreen)

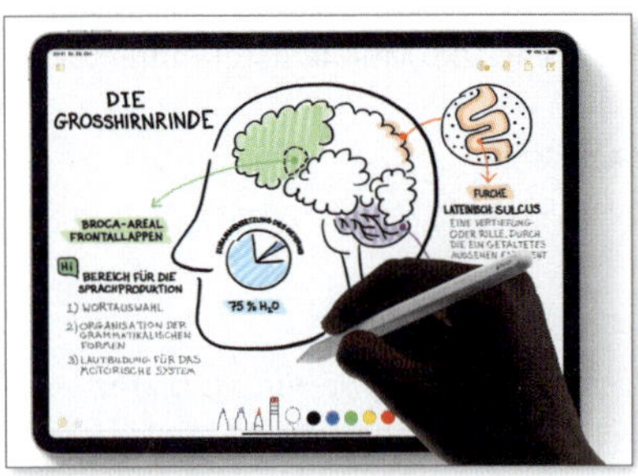

Subdomain

> Unterdomäne

Teil einer Internetadresse. Beispiel: Bei der Adresse *www.rheinwerk-verlag.de* ist die Endung .de die sogenannte Top-Level-Domain, während »rheinwerk-verlag« die Subdomain darstellt. Die Buchstaben »www« stehen für das World Wide Web, das Internet im engeren Sinne. Ihnen vorangestellt sind zudem häufig die Buchstaben »http://« – sie stehen (durch Doppelpunkt und den doppelten Slash von der Adresse getrennt) für das sogenannte Übertragungsprotokoll. Ein weiteres Übertragungsprotokoll im Internet ist übrigens FTP.

» siehe Domain, FTP, Protokoll, Slash

Suchbegriff

Wer bei der Suche nach Begriffen im Internet nicht enttäuscht werden möchte, eignet sich am besten geeignete Strategien an, um den zu suchenden Begriff so gut wie möglich einzugrenzen. Die folgende Übersicht gibt Ihnen einige Anhaltspunkte, wie Sie dabei am besten verfahren.

» siehe Suchmaschine (Search Engine)

Suchbegriff: Strategien bei der Internetsuche

Bei der Suche mit den Standardsuchmaschinen gibt es einige Tricks. mit denen Sie Ihre Trefferquote erhöhen können.

- Schließen Sie ggf. unerwünschte Begriffe bei einer Suchabfrage mit einem Minuszeichen aus. So schließt die Eingabe **homer -simpson** die allseits beliebte Comicfigur bei einer Suche nach dem gleichnamigen griechischen Dichter aus.
- Setzen Sie eine Suchphrase in Anführungszeichen. So führt z. B. die Suche nach **»durch diese hohle Gasse muss er kommen«** direkt zum Wilhelm-Tell-Text von Schiller.
- Sie sind auf der Suche nach einem Handbuch im PDF-Format zu einem bestimmten elektronischen Gerät? Dann geben Sie Folgendes ein: **<Name des Geräts> handbuch ext:pdf** (wobei sie für »Name des Geräts« den tatsächlichen Gerätenamen eingeben und auf die spitzen Klammern, die hier nur als Platzhalter fungieren, verzichten). Auf die gleiche Weise können Sie per **ext:ppt** nach PowerPoint-Vorträgen zu einem bestimmten Thema suchen.

Suchen

> engl. Search

Wer suchet, der findet. Im Internet helfen uns dabei Suchmaschinen wie Google oder Bing. Aber auch in Texten kann ein PC vorzüglich suchen – so etwas nennt man dann lokale Suche. Sie rufen die lokale Suche meist über die Tastenkombination Strg + F in der entsprechenden Anwendung auf.

Suchen und Ersetzen

Eine praktische Sache: Sie haben in einem Textdokument ein Wort ständig falsch geschrieben und möchten den Fehler schnell korrigieren. Statt sich mühsam durchs Dokument zu hangeln, verwenden Sie dazu die Funktion **Suchen und Ersetzen** Ihrer Textverarbeitung. Diese rufen Sie in Word entweder über die Tastenkombination Strg + H oder im Menüband im Register **Start** unter **Suchen** auf.

» siehe Menüband (Ribbon)

Suchmaschine

> engl. Search Engine

Sie haben die Revolution des unbegrenzten Wissens erst möglich gemacht: Suchmaschinen wie Google, Yahoo oder Bing. Die Vision von Informationen, die per Fingertipp zu Ihnen gelangen, ist dadurch Realität geworden. Die unten stehende Tabelle listet einige der

Suchmaschine	Adresse	Bemerkung
Ask	*ask.com*	eine der am häufigsten genutzten Suchmaschinen in den USA
Bing	*bing.de*	Microsofts Antwort auf Google
Duckduckgo	*duckduckgo.de*	eine Suchmaschine, die Ihre Suchanfragen nicht speichert
Google	*google.de*	die »Mutter« aller Suchmaschinen
Yahoo!	*de.yahoo.com*	mittlerweile weniger eine spezialisierte Suchmaschine als vielmehr ein Nachrichtenportal

wichtigsten Suchmaschinen nebst der zugehörigen Internetadressen auf.

» siehe Bing, Google, Yahoo!

Such-Widget

> »Such-Dingsbums«

Auf dem Smartphone bzw. Tablet können Sie ein Such-Widget auf einem Startbildschirm ablegen, um sofort auf Google oder eine andere Suchmaschine zugreifen zu können. Das Google-Such-Widget ist übrigens mit dem Sprachassistenten Google Assistant verknüpft.

» siehe Google Assistant, Widget

Summe-Funktion

Eine von vielen, dabei aber nicht zu vernachlässigende grundlegende Funktion innerhalb eines Tabellenkalkulationsprogramms wie z. B. Microsoft Excel, die es gestattet, die Werte von zusammenhängenden, aber auch von weit auseinanderliegenden Zellen zu addieren. Dafür kann zum einen eine Formel manuell eingegeben werden. Beispiel: **=Summe(B1:B10)** addiert alle Zahlenwerte, die in den Zellen B1 bis B10 eines Tabellenblatts stehen. Zum anderen stehen im Register **Start** unter **AutoSumme** verschiedene Funktionen zur Verfügung. Eine davon lautet **Summe** und kann als Schaltfläche angeklickt und auf die markierten Bereiche bzw. Zahlenwerte angewendet werden.

» siehe Markieren, Microsoft Excel, Zelle

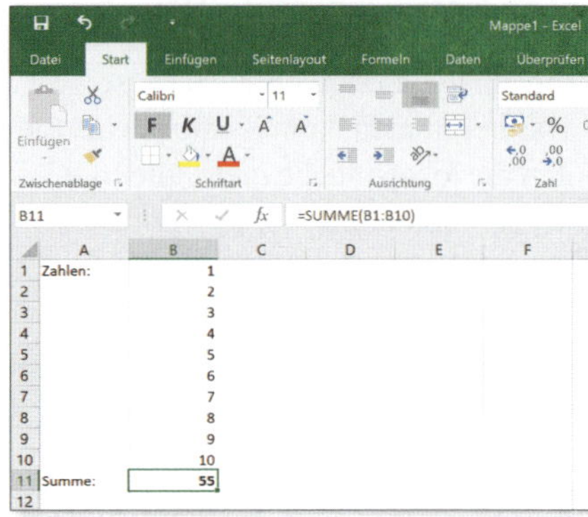

Supercomputer

Ein Computer mit nahezu unvorstellbarer Rechenleistung, der für aufwendige Berechnungen verwendet wird. So erfolgte die Entschlüsselung des menschlichen Erbguts (der DNA) mithilfe eines Supercomputers.

Support

> »Unterstützung«

Immer wenn Sie Hilfe bei Ihrem PC, Tablet oder Smartphone benötigen bzw. wenn ein Programm nicht so läuft, wie Sie sich das vorstellen, können Sie sich an den Hardware- bzw. Softwarehersteller wenden. Dies nennt man dann Support. Dieser ist in der Regel in einem Zeitfenster von bis zu 90 Tagen kostenlos.

» siehe Software

Surfen

Umgangssprachlich für »mit dem Browser durch das Internet stöbern«

» siehe Browser, World Wide Web

Surfstick

» siehe Internetstick

S-Video

Eine Anschlussart für entsprechend geeignete Videogeräte. Dabei werden Helligkeits- und Farbsignale getrennt übertragen, was zu einer deutlich besseren Bildqualität führt. Eine andere Methode ist das Composite-Videoverfahren. So ist es dann nicht immer unproblematisch, ein Signal von einem S-Video-Gerät (z. B. ein TV-Gerät) zu übertragen. Hier ist dann ein spezieller Adapter erforderlich.

» siehe Videoports

S Voice

> »S Stimme«

Samsungs alte Sprachassistentin auf Smartphones und Tablets der Galaxy-Serie, mittlerweile ersetzt durch Bixby.

» siehe Bixby, Sprachassistent(in)

Swift

Programmiersprache für Apple-Betriebssysteme.

» siehe Übersicht »Programmiersprachen – ein Überblick« auf Seite 297

Switch

> Schalter

Dieser Begriff hat zwei Bedeutungen: Einerseits ist ein Switch eine Hardwarekomponente, die zum Betrieb eines Computernetzwerks erforderlich ist. Andererseits bezeichnet man damit auch Elemente auf einer grafischen Oberfläche, welche die Form eines Schalters haben und mit deren Hilfe man zwischen zwei Zuständen hin und her wechseln kann. Mit dem Switch in der folgenden Abbildung ❶ etwa aktivieren Sie das Daten-Roaming auf einem Samsung-Galaxy-Smartphone. Auch sogenannte Buttons können Sie als Benutzer aktivieren.

» siehe Button, Galaxy, Roaming

Swypen

Mit dieser relativ neuen Eingabemethode, die von der Firma Swype entwickelt wurde, können Sie schneller Texte auf dem Smartphone schreiben: Zum Swypen wischen Sie einfach von Buchstabe zu Buchstabe, ohne diese anzutippen. Swype ist in allen Samsung-Smartphone-Tastaturen integriert. Unter Android können Sie diese Funktion generell mit der App »Swype Keyboard« nachrüsten.

» siehe Android

» siehe Übersicht »Tastatur: auf dem PC und Smartphone« auf Seite 374

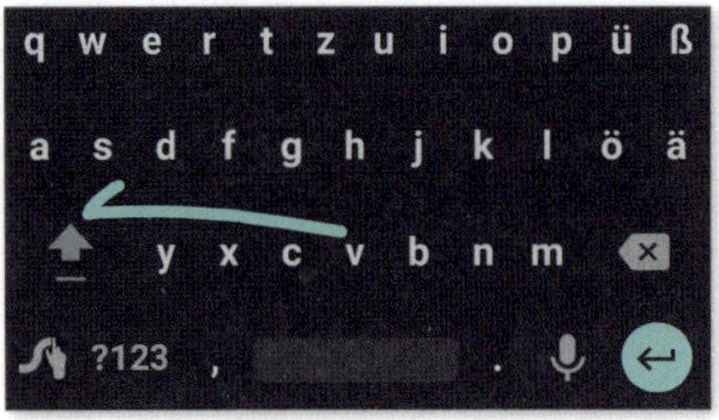

▲ Swypen

Symbol

Der deutsche Begriff für Icon. Damit sind zum einen die kleinen bunten Bildchen gemeint, die in einem Betriebssystem verschiedene Programme kenntlich machen sollen. Auch innerhalb eines Programms gibt es Symbole, die verschiedene Funktionen bildlich darstellen, oft in einer Symbolleiste am oberen Fensterrand.

» siehe Icon, Symbolleiste für den Schnellzugriff

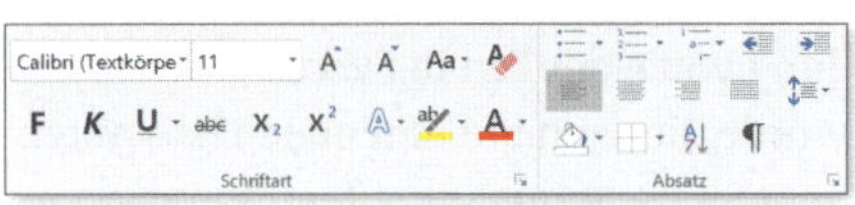

Symbolleiste für den Schnellzugriff

Dabei handelt es sich um einen Bereich in der Titelleiste eines Programmfensters (z. B. in Word 2019), der Zugriff zu häufig benutzten Funktionen gewährt und der sich den eigenen Wünschen weitgehend anpassen lässt. In der Abbildung sehen Sie die Symbole für die Befehle **Speichern** ❶, **Rückgängig** ❷ und **Wiederholen** ❸. Ist es Ihnen z. B. zu lästig, ein neues Dokument stets über das Menü **Datei ▸ Neu** zu erstellen, können Sie hier das Auswahlmenü öffnen (dazu einfach auf den Pfeil neben den Symbolen ❹ klicken) und **Neu** ❺ per Mausklick aktivieren, dann wird ein entsprechendes Symbol der Leiste hinzugefügt, und auf demselben Weg auch wieder entfernen. Word verfügt neben dieser praktischen Benutzerleiste über eine weitere Symbolleiste, die allerdings nicht selbst angepasst werden kann: die sogenannte Minisymbolleiste.

» siehe Mausklick, Menü, Minisymbolleiste, Programmfenster

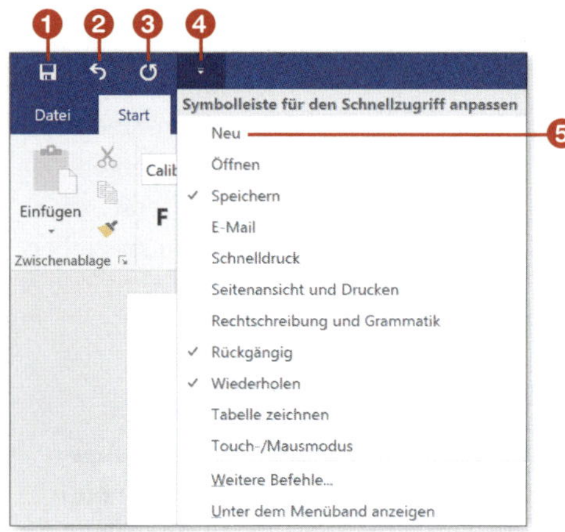

Synchronisieren

Insbesondere bei Mobilgeräten wie Smartphones bzw. Tablets wichtig: Halten Sie Ihre Termine und Kontakte mithilfe der Synchronisierungsfunktion Ihres mobilen Betriebssystems auf dem aktuellen Stand. Die Synchronisierung sorgt dafür, dass Änderungen, die Sie in Ihrem Terminkalender auf dem Mobilgerät vorgenommen haben, auch sofort in der entsprechenden Anwendung auf dem PC eingetragen werden. Das Ganze funktioniert dann meist in Verbindung mit der entsprechenden Cloud, bei Google also beispielsweise über die Google-Cloud.

» siehe Cloud (Computing)

System

Kurzform von Betriebssystem.

» siehe Betriebssystem

Systemabbild

> engl. Image

Damit ist die Bit-genaue Sicherungskopie einer Festplatte gemeint. Sollte die Festplatte Ihres Computers einmal den Geist aufgeben, so können Sie das Betriebssystem mitsamt den auf der alten Platte vorhandenen Programmen und persönlichen Dateien auf eine neue Computerfestplatte aufspielen.

» siehe Festplatte, ISO-Datei/ISO-Image, Sichern/Sicherung, Wiederherstellungspunkt

Systemadministrator

» siehe Administrator

Systemdatei

Eine wichtige Datei, die das Betriebssystem zur korrekten Funktion benötigt. Unter Windows sind das beispielsweise Bibliotheksdateien, die Sie im Verzeichnis »Windows« finden.

» siehe Verzeichnis

Systemeinstellungen

> kurz auch Einstellungen

Unter Windows 10 begeben Sie sich per Startmenü zu den **Einstellungen**. Dort können Sie viele wichtige Optionen, die das Betriebssystem betreffen, auswählen bzw. auch nach Ihren Vorstellungen anpassen – von der Anzeige von Elementen auf Ihrem Bildschirm über das Anlegen weiterer Konten für andere Benutzer bis hin zur Uhrzeit des Systems.

» siehe Anzeige, Einstellungen (Settings), Systemuhr

» siehe Übersicht »Benutzerkonto: unter Windows 10 anlegen« auf Seite 44

Systemschrift

Diejenige Schrift, welche zur Darstellung von Dialogen in Fenstern oder Anwendungen auf einem Betriebssystem verwendet wird.

Systemstart

Den Vorgang, bei dem der Computer unmittelbar nach dem Einschalten das komplette Betriebssystem von der Festplatte lädt, nennt man Systemstart. Dieser kann je nach verwendeter Hardware wenige Sekunden (schneller Prozessor mit angeschlossener SSD-Platte) bis zu einigen Minuten (langsamer Prozessor mit alter Magnetfestplatte) dauern.

» siehe Prozessor (CPU), SSD

Systemsteuerung

Dieses Relikt aus älteren Windows-Versionen finden Sie auch heute noch unter Windows 10, obwohl man zu dessen Konfiguration besser die benutzerfreundlichere App **Einstellungen** vorziehen sollte. Geben Sie zum Start der Systemsteuerung bei Windows 10 einfach den Begriff »Systemsteuerung« in das Cortana-Suchfeld am unteren Bildschirmrand ein – der erste Treffer führt Sie dann zum Ziel.

» siehe Einstellungen (Settings), Konfigurieren

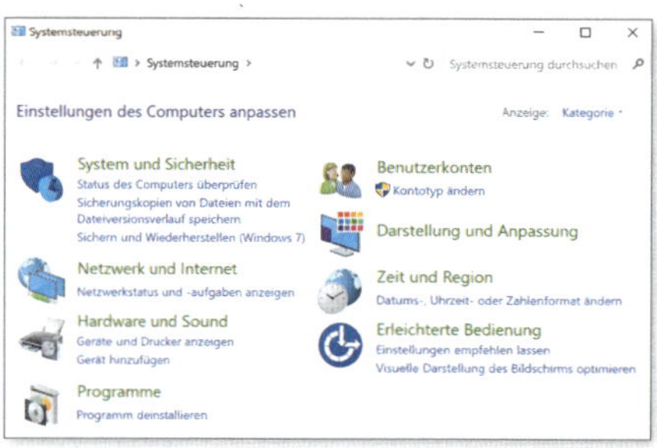

Systemtyp

Damit ist in erster Linie gemeint, ob Ihr System dem 32-Bit- bzw. 64-Bit-Standard genügt. Mit einem 64-Bit-System können Sie mehr Arbeitsspeicher (RAM) verwalten. In Windows 10 finden Sie Ihren Systemtyp unter **Einstellungen ▸ System ▸ Info.**

» siehe Arbeitsspeicher (RAM), Bit

Systemuhr

Normalerweise sorgt Ihr Betriebssystem selbst dafür, dass es die korrekte Zeit anzeigt. Dazu stellt es eine Verbindung zu einem sogenannten Zeitserver im Internet her. Mit dessen Zeit wird dann die Systemuhr Ihres PCs, Tablets oder Smartphones abgeglichen. Sollte das nicht funktionieren, dann können Sie die Systemzeit auch selbst anpassen, indem Sie in der Statusleiste bzw. in Windows 10 unten rechts im Infobereich auf die angezeigte Uhrzeit mit der rechten Maustaste klicken und dem Link **Datum/Uhrzeit ändern** folgen. Mit einem Linksklick öffnen Sie übrigens den Kalender in Windows 10.

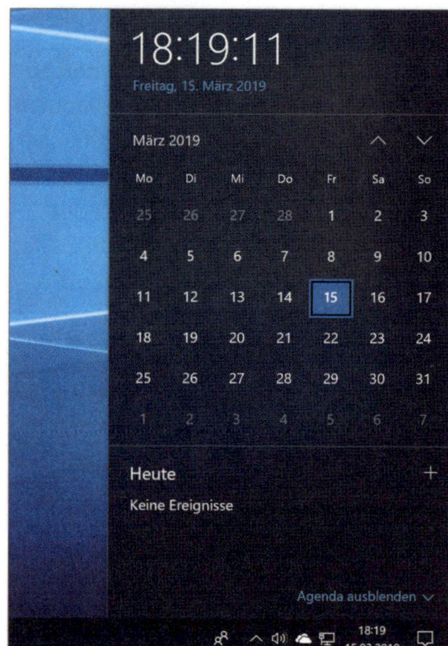

Systemupdate

» siehe Aktualisierung (Update)

Systemwiederherstellung

» siehe Wiederherstellung (Restore)

T

... wie Tablet – darauf sollten Sie nur im Extremfall Ihre Gläser abstellen, denn das würde die Oberfläche dieses PC-Ersatzes doch arg in Mitleidenschaft ziehen.

Tab

> »Karteireiter«

Wenn Sie im Internet mehrere Seiten parallel geöffnet haben wollen, um bequem zwischen den Inhalten zu wechseln, dann geschieht das mithilfe von Tabs. Das sind Reiter im oberen Bereich des Browsers ❶, von denen Sie beliebig viele erzeugen können – entweder indem Sie auf ein Pluszeichen ❷ hinter dem letzten Reiter klicken oder per Tastenkombination `Strg` + `T`, die in den allermeisten Browsern zum Ziel führt. Microsofts neuer Browser Edge bietet sogar eine Vorschau ❸ der aktiven Tabs, wenn man mit der Maus darauf zeigt.

» siehe Browser

Tabelle

Ein Objekt, das aus Zeilen und Spalten besteht. Den Kreuzungsbereich einer Zeile und einer Spalte nennt man Zelle. In die Zellen können dann Inhalte wie z. B. Text oder Zahlen hineingeschrieben werden.

» siehe Zelle

❶ Spalte
❷ Zeile
❸ Zelle

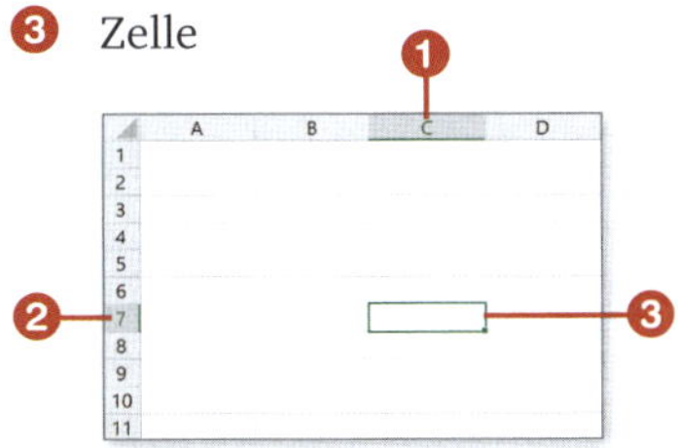

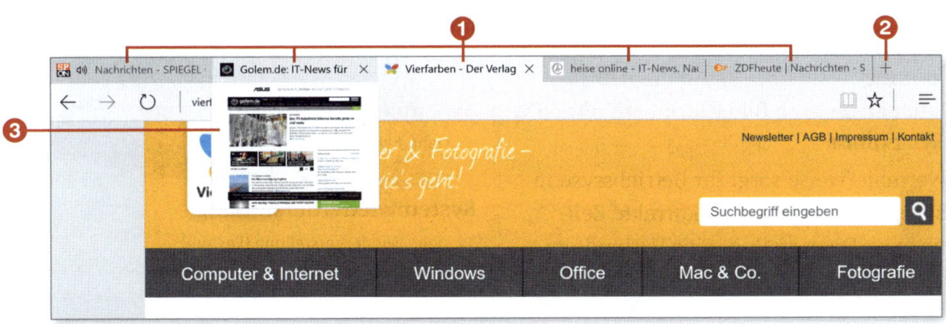

Tabellenkalkulation

Das bekannteste Tabellenkalkulationsprogramm ist Microsoft Excel, aber auch freie Bürosoftware wie LibreOffice oder OpenOffice beinhalten Tabellenkalkulationsprogramme, die Excel in nichts nachstehen. Zweck einer Tabellenkalkulation ist es, langwierige Rechnungen auf einem sogenannten Kalkulationsblatt zu erledigen. Damit lassen sich dann beispielsweise auch Was-wäre-wenn-Szenarien lösen. Tabellenkalkulationsprogramme werden in der Industrie häufig auch für Controlling-Aufgaben (im internen Rechnungswesen eines Unternehmens) verwendet. Dabei versuchen Betriebswirte, bestimmte Arbeitsabläufe zu optimieren oder Rezepturen zu berechnen.

» siehe LibreOffice, OpenOffice, Microsoft Excel

Tabletmodus

Windows 10 ist ein Betriebssystem, das sowohl auf PCs als auch auf dafür geeigneten Tablets läuft. Auf Letzteren nimmt das Startmenü mit den Kacheln in der sogenannten Vollbildansicht den gesamten Bildschirm ein. Möchten Sie die Vollbildansicht des Startmenüs gleichfalls auf Ihrem PC aktivieren, so geschieht das über die Schaltfläche **Tabletmodus** ❶ im Info-Center, das Sie in der Taskleiste über das Symbol ❷ in der rechten unteren Bildschirmecke öffnen.

» siehe Info-Center, Startbildschirm, Startmenü

Tablet/Tablet-PC

Er hat mittlerweile den guten alten PC abgelöst: der Tablet-Computer, der aufgrund seines kompakten Formats Einzug in die Wohnzimmer bzw. Aktentaschen gehalten hat. Der bekannteste Vertreter dieser Spezies ist wohl das iPad von Apple, mit dessen Hilfe mittlerweile ein Großteil unserer Politiker die tägliche Zeitungs- und Nachrichtenflut meistert. Im Unterschied zum PC wird ein Tablet-PC mit den Fingern oder auch einem speziellen Eingabestift bedient.

» siehe iPad/iPad mini/iPad Pro, Stylus

» siehe Übersicht »Computer & Co. kaufen« auf Seite 84

» siehe Übersicht »Fingerbedienung/-eingabe: Die wichtigsten Gesten am Smartphone und Tablet« auf Seite 150

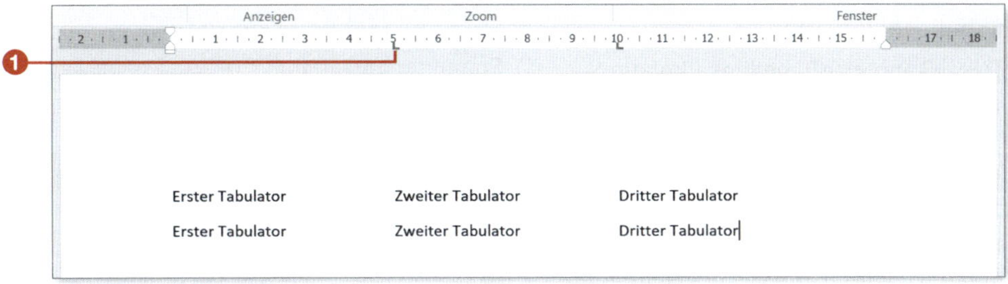

Tab-Taste

Mithilfe der Taste ⇥ können Sie in einer Textverarbeitung saubere Abstände (Tabstopps bzw. Tabulatoren) zwischen Textelementen setzen. Innerhalb eines Formulars im Internet springen Sie damit von einem Eingabefeld zum nächsten.

» siehe Tabulator

Tabulator

Um in einer Textverarbeitung wie Word regelmäßige Abstände zu setzen, die wie in einer Tabelle in jeder Zeile identisch angeordnet sind, verwendet man Tabulatoren. Mithilfe der Taste ⇥ springt man dann von Tabulator zu Tabulator. Tabulatoren erkennt man am L-Symbol im Lineal ❶, das Sie über die Registerkarte **Ansicht** in Ihrem Dokument einblenden können.

» siehe Elektronisches Formular, Registerkarte

TAE-Dose

> Telekommunikations-Anschluss-Einheit-Dose

Eine Steckdose, an welche seit Jahrzehnten analoge Telefone, Modems oder Faxgeräte angeschlossen werden. Heute verwendet man die TAE-Dose zum Anschluss auch von einem DSL-fähigen Router zur Verbindung mit dem Internet.

» siehe DSL, Router

Tag

> Auszeichnung/Markierung

Mithilfe von Tags bringen Sie beispielsweise Ordnung in Ihre Bildersammlung. So lassen sich jedem Bild eine oder mehrere dieser Markierungen in Wortform zuordnen (»taggen«), z. B. »Ungarn 2019«, »Plattensee«, »Sprungbrett«, »Salto«, um diese Bilder später leichter wiederzufinden. Ein besonderes Tag ist das sogenannte Hashtag, mit dessen Hilfe Sie Artikel in sozialen Netzen zum leichteren Auffinden kennzeichnen. Prominente, wenn auch traurige Beispiele des Jahres 2015 waren die Hashtags #jesuischarlie bzw. #noussommesunis nach den Attentaten in der französischen Metropole. Darüber hinaus wird auch sogenannter HTML-Code innerhalb von Tags erfasst, das sind spitze Klammern in der Form <Hier steht dann der Code>.

» siehe Hashtag, HTML

TAN

> Transaktionsnummer

Immer wenn Sie eine Überweisung bei Ihrer Bank über das Internet (Online-Banking) vornehmen möchten, benötigen Sie dafür eine Transaktionsnummer, kurz: TAN. Diese erzeugen Sie entweder mit einem TAN-Generator (eTAN), den Ihnen Ihre Bank zur Verfügung stellt, oder Sie lassen sich alternativ die benötigte TAN von Ihrer Bank auf Ihr Handy übermitteln (mTAN). Hier besteht für Smartphone-Anwender eine nicht unerhebliche Gefahr: Wird die übermittelte TAN z. B. über einen Trojaner abgefangen, dann können Verbrecher diese nutzen, um eine Überweisung auf ein Fremdkonto vorzunehmen. Noch unsicherer ist die Verwendung einer indizierten TAN (iTAN) aus einer Liste in Papierform, da diese leicht in falsche Hände geraten könnte. Mittlerweile hat sich beim Online-Banking das deutlich sicherere Verfahren photoTAN durchgesetzt.

» siehe eTAN, iTAN, mTAN, Trojaner

» siehe Übersicht »Bezahlen – online und mobil mit dem Smartphone« auf Seite 47

Taskansicht

Die Schaltfläche **Taskansicht**, die Sie in der Taskleiste aktivieren können, stellt unter Windows 10 alle aktuell laufenden Programme als Miniaturen in einer Übersicht dar. Sie entspricht dem Modus Mission Control unter macOS. Außerdem können Sie damit eine Zeitachse (Timeline) mit Ihren Aktivitäten am Computer aufrufen.

» Mission Control, Taskleiste, Timeline

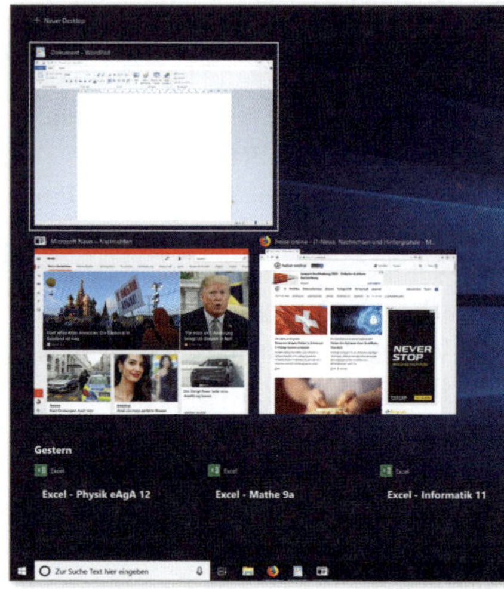

Taskleiste

Die Leiste, die sich bei Windows am unteren Bildrand befindet. Hier finden Sie neben der Startmenü-Schaltfläche und dem Cortana-Suchfeld links und dem Infobereich mit Zugang zum Info-Center ganz rechts alle aktuell laufenden Anwendungen (erkennbar an der blauen Linie unter dem App-Symbol) ❶ (hier im abgebildeten Beispiel ist es der Browser Google Chrome), die Schaltfläche zum Aufrufen der Taskansicht ❷, das Symbol für den Browser Microsoft Edge ❸, das Symbol für den Dateimanager Explorer ❹, das Icon des Microsoft Stores ❺ sowie das der Mail-App ❻.

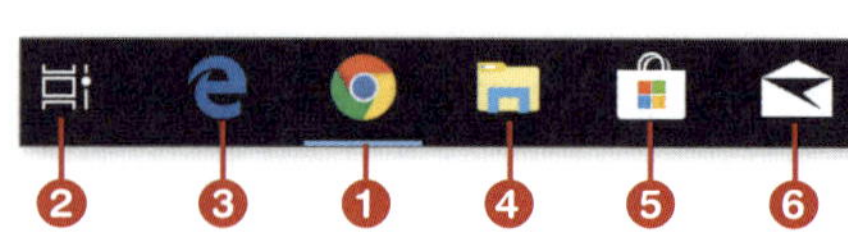

Task-Manager

> Aufgaben-Manager

Mithilfe des Task-Managers in Windows, den Sie über die Tastenkombination Strg + Alt + Entf aufrufen, können Sie sich alle Prozesse und Programme (die sogenannten Tasks) zeigen lassen, die gerade in Ihrem Betriebssystem ablaufen. Hakt es bei einem Programm dauerhaft, lässt es sich einfach nicht mehr schließen, so können Sie es über die Schaltfläche **Task beenden** beenden. Auch Android kennt einen Task-Manager. Dieser versteckt sich in den Einstellungen und nennt sich dort Anwendungsmanager.

» siehe Android

Taskplaner

» siehe Aufgabenplanung

Tastatur

> engl. Keyboard

Ohne sie geht (fast) nichts – weder am PC noch am Tablet oder Smartphone. Am Computer sowie Notebook verwendet man eine solide Hardwaretastatur, die man »anfassen« kann, bei den mobilen Geräten sind es virtuelle, d. h. per Software bzw. App auf dem Bildschirm dargestellte Tastenfelder (siehe die Übersicht auf Seite 374). Gemeinsam ist allen, dass sie der Eingabe von Befehlen bzw. Texten dienen.

Tastaturkürzel/Tastenkürzel

> engl. Shortcut

» Abkürzungstaste

Taste

Tasten gibt es in realer und virtueller Form. Erstere finden Sie auf einer ganz gewöhnlichen Computertastatur, die zweite auf einer Smartphone-Tastatur.

» Tastatur (Keyboard)

Tastenkombination

Oft ist es erforderlich, dass mehrere Tasten auf einmal gedrückt werden, um eine bestimmte Funktion zu aktivieren. Ein Beispiel ist die Tastenkombination Strg + Alt + Entf, mit deren Hilfe Sie bei Windows zu einem Auswahlmenü gelangen, welches den manchmal unentbehrlichen Task-Manager enthält.

» Abkürzungstaste (Shortcut), Task-Manager

Tastensperre

Diese Funktion fand man noch bei alten Handys: Mithilfe einer speziellen Tastenkombination wurde die Tastensperre des Geräts aktiviert. Dadurch konnte verhindert werden, dass man versehentlich einen Anruf auslöste, wenn man das Handy in die Jackentasche steckte. Bei den aktuellen Smartphones genügt es, diese mit dem Ein-/Aus-Schalter in den Standby-Modus zu setzen.

» Standby

Tastenton

Manche Menschen sind davon eher genervt: Sobald man in der Standardeinstellung einer Smartphone-Tastatur auf ein Zeichen tippt, wird ein Ton erzeugt. Dieses akustische Signal kann man selbstverständlich in den Optionen der Tastatur abschalten.

Tastatur: auf dem PC und Smartphone

Auf einer typischen PC-Tastatur finden Sie folgende wesentliche Tastengruppen und zentralen Tasten:

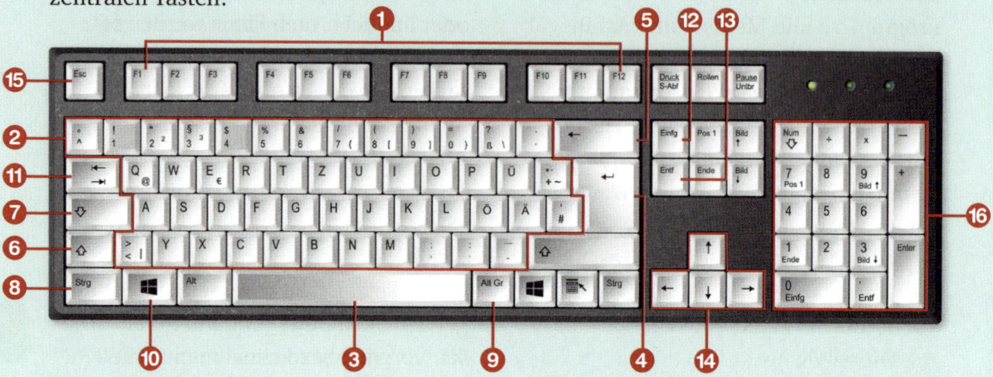

❶ Funktionstasten
❷ Tastaturfeld mit Zahlen, Buchstaben und Sonderzeichen
❸ Leertaste
❹ Eingabe-Taste (Return-Taste)
❺ Rück-Taste (Backspace-Taste)
❻ Umschalt-Taste (Shift-Taste)
❼ Feststell-Taste (Caps-Lock-Taste)
❽ Strg-Taste
❾ AltGr-Taste
❿ Windows-Taste zum Aufrufen des Startmenüs
⓫ Tab-Taste
⓬ Einfügen-Taste
⓭ Entfernen/Entf-Taste
⓮ Pfeil-Tasten (Cursor-Tasten)
⓯ Escape/Esc-Taste
⓰ Nummernblock mit Enter-Taste

Auf Smartphones werden Tastaturen in der Regel virtuell per App realisiert. Das folgende Beispiel zeigt die Tastatur eines Samsung-Smartphones. Über die Sym-Taste ❶ gelangen Sie zum alternativen Tastaturlayout, welches u. a. auch die Sonderzeichen beinhaltet. Ein langer Druck auf einen einzelnen Buchstaben ❷ bringt weitere Zeichen zum Vorschein.

▲ Original-Tastaturlayout

▲ Symbole und Sonderzeichen

◀ Ein langer Druck über dem »s« führt zum »ß«.

Tauschbörse

Tauschbörsen bewegen sich eindeutig in der Grauzone des Internets. Hier werden Programme und Medien aller Art illegal getauscht. Der Urvater dieser Spezies war die Tauschbörse Napster, auf der man MP3-Dateien, also Musikstücke, miteinander getauscht hat. Napster wurde mittlerweile als Streaming-Dienst »neu geboren«.

» siehe Streamen/Streaming

TB/TByte

» siehe Terabyte

TeamViewer

> »Mannschafts-Betrachtungsprogramm«

Mein bevorzugtes Werkzeug, wenn bei der lieben Verwandtschaft mal wieder der Rechner klemmt. Dann schalte ich mich mit der TeamViewer-Software über das Internet per Fernsteuerung auf deren Computer. Für Privatnutzer ist die Software kostenlos. Diese müssen beide Parteien von der Internetseite *https://www.teamviewer.com/de* herunterladen und auf dem Computer installieren. Das Programm gibt es für alle gängigen Betriebssysteme.

» siehe Remote-Verbindung/-Zugriff

Teaser

> Lockartikel/Lockwerbung

Bezeichnung für einen kurzen Text oder auch ein Bildelement, das zum An- und Weiterklicken im Internet verführen soll. Im Bereich journalistischer Beiträge findet sich im Anschluss an die kurze Vorschau meist ein Hyperlink, der mit »mehr« gekennzeichnet ist und auf den eigentlichen Beitrag führt. Im Bereich der Werbung heißt eine solche Schaltfläche dann entsprechend »Jetzt loslegen!« oder ähnlich. Auch Filme werden oft durch einen solchen Anreißer beworben. Außerhalb des Internets spricht man dann in aller Regel von einem Trailer.

» siehe Trailer

Teilen

> engl. Share

In den sozialen Netzwerken tauscht man gern Artikel, Bilder und Videos aus. Diesen Vorgang bezeichnet man als Teilen. Immer wenn Sie z. B. auf Facebook einen interessanten Beitrag finden, können Sie diesen über die **Teilen**-Schaltfläche ❶ Ihrem Freundeskreis zugänglich machen.

» siehe Facebook, Soziale Netzwerke (Social Networks)

Telefon-App

Smartphones besitzen keine herkömmlichen Zahlentasten mehr, um Anrufe zu tätigen. Stattdessen verwendet man hier eine spezielle Telefon-App.

» siehe App/Applet

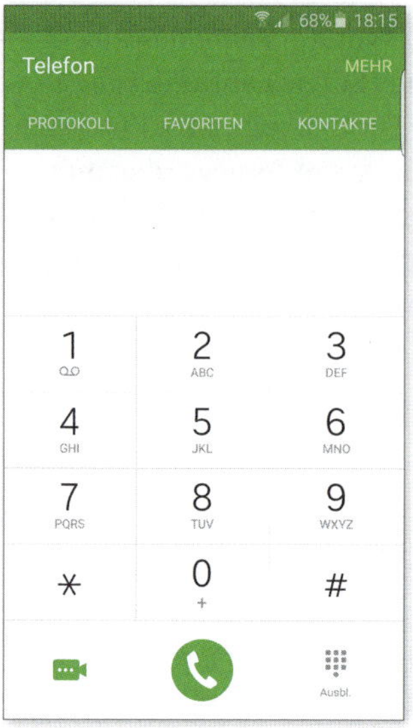

▲ Telefon-App

Telefonbuch

Das gute alte Telefonbuch mit den Nummern Ihrer Freunde verbirgt sich bei den meisten PCs, Smartphones und Tablets in einer App namens **Kontakte**. Windows bzw. Microsoft-Office-Nutzer verwenden hierzu das Universalprogramm Outlook.

» siehe Microsoft Outlook

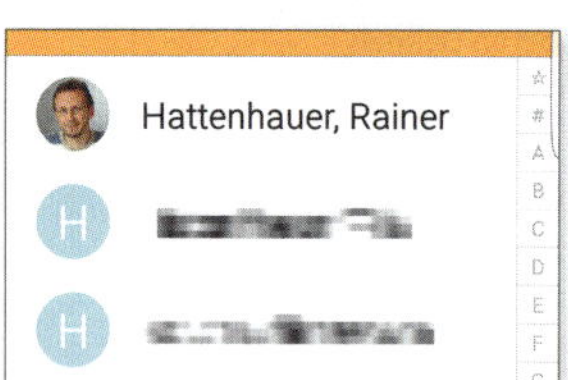

Telefon-Flatrate

Auf gut Deutsch »Telefonieren bis zum Abwinken«: Mit einer Flatrate zahlen Sie einen einmaligen monatlichen Betrag und können dann unbegrenzt telefonieren. Flatrates gibt es sowohl für das Festnetz als auch für das Mobilfunknetz.

» siehe Flat/Flatrate

Telefonkonferenz

Wenn Sie mit mehreren Personen gleichzeitig telefonieren möchten, dann bietet sich eine Telefonkonferenz an. Das ist heute problemlos mit Skype und Google Duo möglich, sogar in Verbindung mit der Übertragung des eigenen Live-Videobilds. Aber auch im regulären Mobilfunknetz gelingen Telefonkonferenzen – Sie müssen aber ggf. auch mehrfache Gebühren bzw. Einheiten dafür bezahlen.

» siehe Google Duo, Skype, Videokonferenz

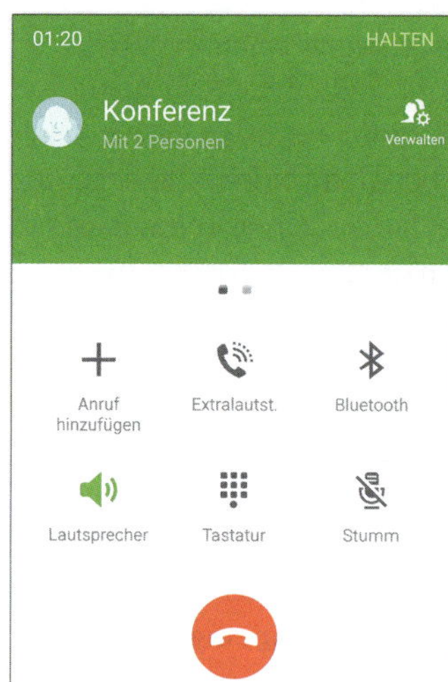

Temporäre Dateien

Das sind Dateien, die während der Ausführung eines Programms erstellt, nach dessen Beendigung aber wieder gelöscht werden. Auf diese Weise wird der Arbeitsspeicher entlastet.

» siehe Arbeitsspeicher (RAM)

Temporärer Speicher

Speicherplatz, der zur Laufzeit eines Programms reserviert und nach dessen Beendigung freigegeben wird.

Terabyte

Ein Terabyte ist eine Obereinheit der Speicherkapazität Byte und entspricht 10^{12} Byte.

» siehe Bit, Byte, Speicherkapazität

Terminkalender

Das wichtigste Werkzeug der Management-Fraktion: Darin tragen Sie alle Ihre wichtigen oder auch weniger wichtigen Termine ein. Ein elektronischer Terminkalender wird heute im Normalfall zwischen PC und Smartphone bzw. Tablet ständig synchronisiert, sodass Sie nicht Gefahr laufen, einen Termin zu verpassen.

» siehe Synchronisieren

Terminal

> Datenendgerät

Damit wird synonym hauptsächlich die sogenannte Konsole eines Computers bezeichnet, ein Gerät, auf dem der Benutzer Daten sichtbar eingeben und anzeigen lassen kann. Zum anderen ist damit aber auch ein Eingabebereich auf dem Computer selbst, also eine Software gemeint, mit der sich Programme steuern lassen. Im Betriebssystem Linux heißt dieser allgemein auch Kommandozeile genannte Bereich wiederum Konsole, bei Windows wird dasselbe Phänomen als Eingabeaufforderung bezeichnet. Für den normalen Computeranwender ist das Terminal, zu dem es so viele verschiedene Bezeichnungen gibt, aber in der Praxis in aller Regel nicht relevant.

» siehe Eingabeaufforderung, Kommandozeile, Konsole

Tethering

> »Anbindung«

Sie möchten mit Ihrem Laptop per Mobilfunknetz ins Internet gehen, verfügen aber nicht über einen entsprechenden UMTS-Stick? Dann können Sie zu diesem Zweck Ihr Smartphone verwenden. Mithilfe des Tethering-Verfahrens arbeitet das Smartphone als WLAN-Hot-Spot (auch »Hotspot« wie in der Abbildung geschrieben). Sie verbinden Ihr Laptop dadurch mit dem Smartphone und können dann problemlos im Internet surfen.

» siehe Hot Spot, Stick, UMTS (3G), WLAN

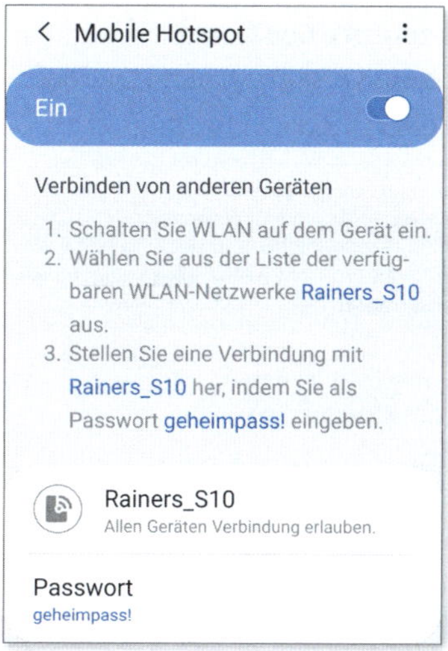

T

Text

Ganz allgemein gesagt, eine Ansammlung von Buchstaben, die der Informationsübermittlung dient. Auf dem Computer verwenden Sie zur Verarbeitung von Text – wer hätte das gedacht – ein Textverarbeitungsprogramm.

» siehe Textverarbeitung

Textkodierung

Sie haben sich schon oft gewundert, dass bestimmte Zeichen eines Textes bei Ihnen im Internetbrowser nicht korrekt dargestellt werden? Dieses Phänomen tritt dann auf, wenn man mit dem Browser auf schlecht programmierten Seiten unterwegs ist. Die Ursache ist darin zu suchen, dass der Ersteller der Seite eine ungünstige Textcodierung verwendet. Dann werden Umlaute wie ä, ü oder ö falsch dargestellt. Sie können das Problem umgehen, indem Sie die Textcodierung im Browser zeitweilig umstellen. Bei Googles Browser Chrome finden Sie eine entsprechende Option im Menü **Anzeigen ▸ Codierung**.

» siehe Browser, Chrome, HTML

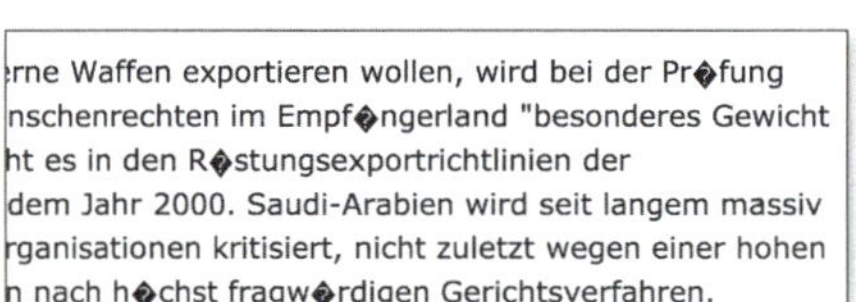
rne Waffen exportieren wollen, wird bei der Pr�fung
nschenrechten im Empf�ngerland "besonderes Gewicht
ht es in den R�stungsexportrichtlinien der
dem Jahr 2000. Saudi-Arabien wird seit langem massiv
rganisationen kritisiert, nicht zuletzt wegen einer hohen
n nach h�chst fragw�rdigen Gerichtsverfahren.

Textdatei/-dokument

In einer Textdatei bzw. einem Textdokument werden Texte gespeichert, die mit einem Textverarbeitungsprogramm erstellt wurden. Die Dateiendung des Dokuments gibt Aufschluss darüber, welche Textverarbeitung verwendet wurde. So steht beispielsweise die Endung *.docx* für ein Microsoft-Word-Dokument.

» siehe Dateiendung/Dateityp, Microsoft Word

Texteditor

» siehe Editor

Texterkennung

Eine fantastische Sache: Legen Sie einfach eine Textseite in Ihren Scanner und scannen Sie diese ein. Ein Texterkennungsprogramm versucht dann, die Buchstabeninformationen aus dem gescannten Bild zu extrahieren. Dadurch erhalten Sie einen Text, den Sie ohne Einschränkungen weiter bearbeiten können.

» siehe OCR

Textnachricht

Mit einer Textnachricht übermittelt man kurze Botschaften – entweder über das Mobilfunknetz (SMS) oder über das Internet (Twitter, WhatsApp).

» siehe Nachricht, SMS, Twitter, WhatsApp

Textskalierung

Die Textskalierung gibt an, wie groß die Buchstaben in Ihrem Dokument erscheinen sollen. Sie wird üblicherweise in der Maßeinheit Punkt definiert. In Word können Sie die Schriftgröße im Register **Start**, in der Befehlsgruppe **Schriftart** umstellen.

8 Punkte

12 Punkte

16 Punkte

24 Punkte

» siehe Schriftart/Schriftgrad

Textverarbeitung

> kurz für Textverarbeitungsprogramm

Dieser Programmtyp führte zum Siegeszug des Computers im heimischen Bereich. Mit der Einführung der Textverarbeitungsprogramme in den 1980er-Jahren konnte jedermann Texte in einfacher Weise erstellen, bearbeiten, beliebig oft duplizieren und digital weitergeben. Die bekanntesten Vertreter dieser Kategorie sind aktuell Microsoft Word, LibreOffice Writer und Apple Pages.

» siehe LibreOffice, Pages, Microsoft Word

TFT

> Thin-film transistor
> Dünnfilmtransistor

Mit dieser speziellen Technik produziert man Displays für Computer oder Smartphones.

» siehe Display

Thesaurus

Name einer Schaltfläche in Microsoft Word (unter dem Register **Überprüfen**), die Sie zu einem Synonym-Wörterbuch führt.

Thread

> »Strang«
> Konversation

In einem E-Mail-Programm, einem Messenger-Programm oder auch einem Diskussionsforum im Internet trifft man sie an: die Diskussions- bzw. Kommunikationsstränge, auf Englisch Threads genannt. Der Vorteil der Threads ist die übersichtliche Darstellung von Kommunikationen.

» siehe Forum, Instant Messaging/Messenger

Threema

Name eines Instant Messengers, der die Nachrichten verschlüsselt überträgt, sodass niemand heimlich mitlesen kann. Threema ist allerdings längst nicht so verbreitet wie WhatsApp, sodass Sie wahrscheinlich Ihre Freunde erst dazu überreden müssen.

» siehe Instant Messaging/Messenger, WhatsApp

Thumbnail

> »Daumennagel«

Gemeint ist damit die Minivorschau von Bildern innerhalb eines Dateimanagers (wie dem Explorer in Windows) oder im Internetbrowser. Die Größe der dargestellten Thumbnails lässt sich dabei in der Regel anpassen.

» siehe Browser, Explorer

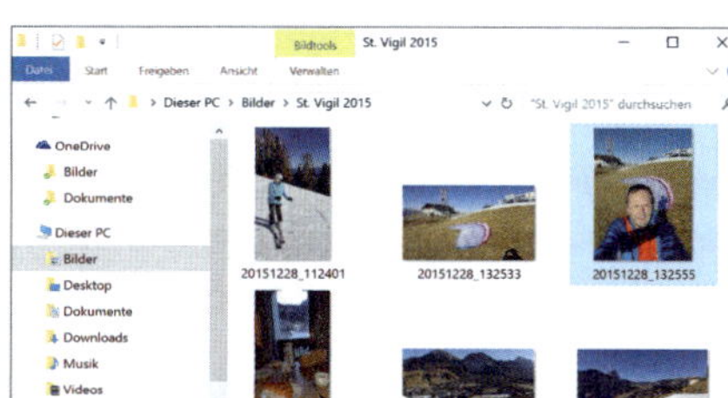

Thunderbird

> »Donnervogel«

» siehe Mozilla Thunderbird

Thunderbolt

> »Blitz«

Eine universelle Schnittstelle zum Anschluss von Hardware aller Art (Monitore, Festplatten) an einen Computer. Thunderbolt-Anschlüsse findet man insbesondere an Apple-Computern wie dem Mac.

» siehe Mac, Schnittstelle (Interface)

TIFF

> Tagged Image File Format
> Markiertes Bilddateiformat

Ein Format, das gerne von professionellen Anwendern wie z. B. Verlagen genutzt wird, um Bilder in hoher Auflösung per Internet zu übermitteln. TIFF-Bilder sind üblicherweise vom Datenvolumen her größer als JPEG- oder PNG-Bilder.

» siehe Bilddateiformate

Time Capsule

> »Zeitkapsel«

Ein Speichermedium für Apple-Computer wie einen Mac, mit dem Sie drahtlos (per WLAN) mithilfe des Programms Time-Machine-Datensicherungen vornehmen können.

» siehe Mac, Time Machine

Timeline

> Zeitstrahl/Zeitachse

Dabei handelt es sich um eine Option, die es ermöglicht, den zeitlichen Verlauf von bestimmten Aktivitäten einzusehen. So verfügen etwa die sozialen Netzwerke Twitter und Facebook über eine Timeline bzw. Chronik. Die App Google Maps für Android bietet eine Timeline-Funktion an, die es sogar ermöglicht, nachzuvollziehen, an welchen Orten man sich bereits aufgehalten hat. Sie finden diese Option in der Maps-App im Menü unter **Meine Zeitachse**. Auch in Windows 10 gibt es mittlerweile eine Timeline: Wenn Sie in der Taskleiste auf die Schaltfläche für die Taskansicht klicken, dann erscheinen Ihre letzten Aktivitäten auf dem Desktop, und Sie können mit dem Zeitstrahl-Regler ganz rechts unterschiedliche Zeitpunkte anzeigen lassen.

» siehe Facebook, Maps (App), Standortdienst/Standortfreigabe, Taskleiste, Twitter

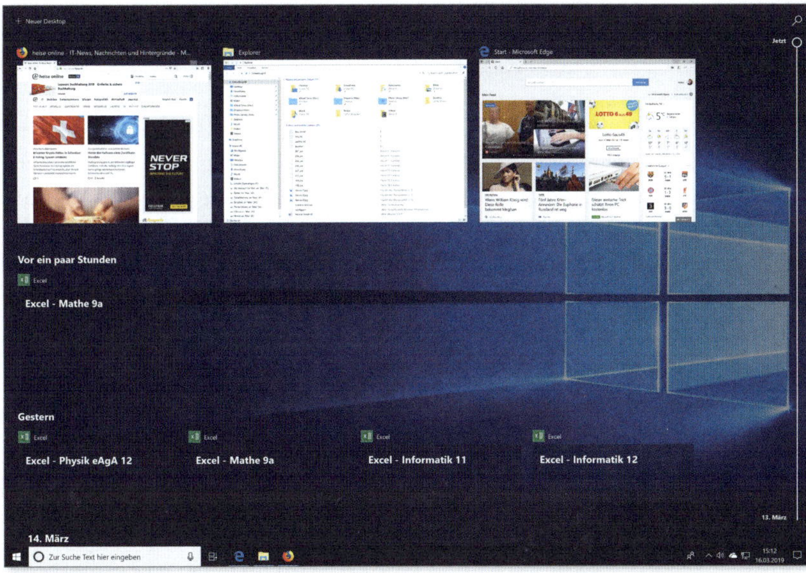

Time Machine

> »Zeitmaschine«

Integriertes Backup-System bei Apple-Computern. Zur automatischen Durchführung der Datensicherungen schließen Sie einfach eine externe Festplatte an Ihren Mac an oder verbinden diesen per WLAN mit einer Apple Time Capsule. Haben Sie nun versehentlich eine Datei gelöscht, so können Sie sich mithilfe der »Zeitmaschine« in die Vergangenheit katapultieren und die betreffende Datei wiederherstellen.

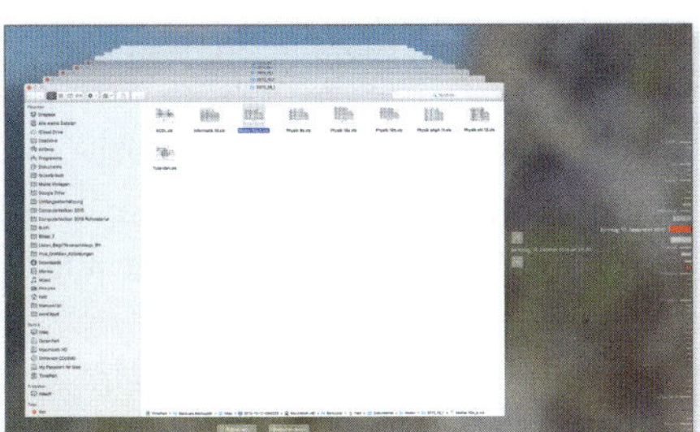

» siehe Backup, Externe Festplatte/Externer Speicher, Mac, Time Capsule

Time-out

> Auszeit/Unterbrechung

Diejenige Zeit, die es braucht, bis sich ein Display oder ein Monitor aus Energiespargründen selbstständig in den Standby-Modus versetzt. Bei Smartphones empfiehlt sich ein Time-out von maximal 30 Sekunden.

» siehe Standby

Tippen

Eine mögliche Aktion auf einem berührungsempfindlichen Bildschirm (Touchscreen): Durch einfaches Antippen werden beispielsweise Apps auf dem Smartphone gestartet.

» siehe Fingerbedienung/-eingabe

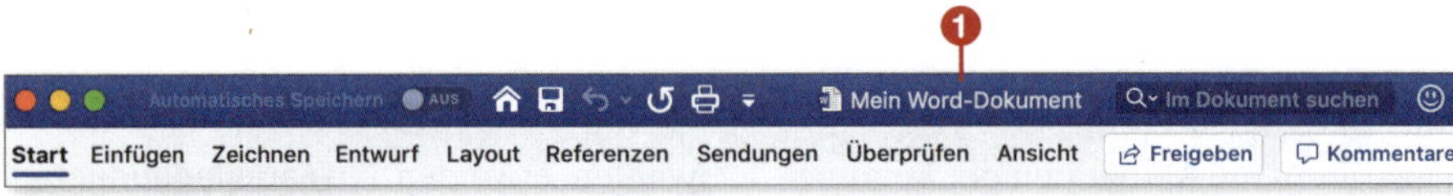

Titelleiste

Der obere Bereich eines Programmfensters. Aus der Titelleiste geht hervor, welches Dokument ❶ gerade im aktuellen Programm geöffnet ist.

TLS

> Transport Layer Security
> »Transportschicht-Sicherheit«

T

Ein sogenanntes Protokoll, das die sichere Übertragung von Daten ermöglicht und früher den Namen SSL trug.

» siehe Protokoll, SSL

Ton

> engl. Sound

» siehe Sound

Toner

Dieses feine Pulver wird in Laserdruckern oder Fotokopierern verwendet, um Text bzw. Grafiken auf weiße Blätter zu befördern. Der Toner ist vergleichbar mit der Tinte, die für Tintenstrahldrucker benötigt wird.

Tool

> Werkzeug

Ein kleines Programm, welches nützliche Dinge tun kann. Ein Beispiel ist ein Programm, das in der Lage ist, in einem Betriebssystem nicht nur ein Abbild der Oberfläche zu erstellen (Screenshot-Tool), sondern diesen auch zu bearbeiten, wie etwa das Snipping Tool in Windows. Auch für das Internet gibt es solche Tools, die dann meist Add-on genannt werden. Vor allem der Browser Mozilla Firefox verfügt über die Möglichkeit, zahlreiche Erweiterungen zu installieren, etwa das Tool Google Translate, mit dem Text im Internet per Klick in die eigene Sprache übersetzt wird.

» siehe Add-on, Bildschirmfoto (Screenshot), Mozilla Firefox, Snipping Tool, Translate

Tooltip

> anderes Wort für Quickinfo

» siehe Quickinfo

Top-Level-Domain

Die Top-Level-Domain ist die oberste Stufe in der Hierarchie der Bezeichnung einer Internetseite. So ist beispielsweise die Top-Level-Domain der Adresse *www.rheinwerk-verlag.de* die Abkürzung .de. Diese steht in diesem Fall für das Land Deutschland. Die Top-Level-Domain *.com* steht hingegen für eine kommerzielle Seite und z. B. *.org* für eine nicht kommerzielle Organisation.

» siehe Domain, Subdomain

Top Site(s)

Beliebte Internetseiten, die man aus einem Browser heraus besonders häufig nutzt bzw. aufruft. Einige Browser registrieren die Aktivitäten der Benutzer und präsentieren direkt nach dem Start des Browsers eine automatisch erstellte Übersicht der Top Sites, so z. B. der Browser Safari von Apple. Im Unterschied zu den automatisch erstellten Top Sites können Sie selbst bestimmte Seiten als Favoriten speichern.

» siehe Browser, Favorit

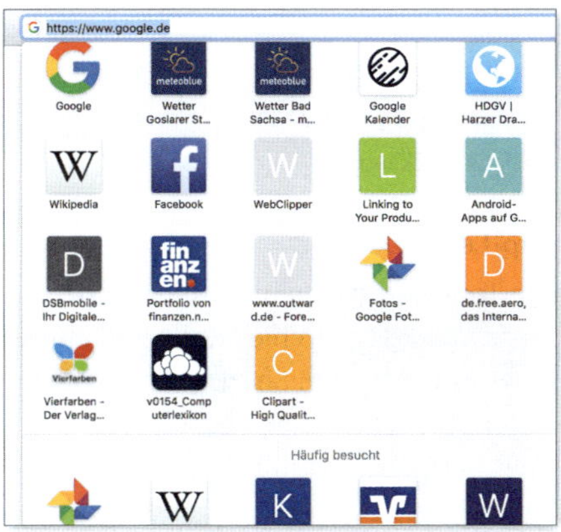

Tortendiagramm

Neben Säulen- und Flussdiagramm eine klassische grafische Darstellung der prozentualen Verteilung von Zahlen, die besonders bei der Präsentation von Wahlergebnissen beliebt ist. Im Tabellenkalkulationsprogramm Microsoft Excel z. B. können Sie diesen Diagrammtyp natürlich auch zur Veranschaulichung privater Kosten, die Sie zuvor in ein Tabellenblatt eintragen, per Mausklick erzeugen. Dort heißt der Diagrammtyp **Kreis**, den Sie im Register **Einfügen** unter **Empfohlene Diagramme** auswählen. Sie können aber auch gleich eine entsprechende Vorlage unter **Datei ▸ Neu** auswählen, etwa den Typ **Familienbudget**.

» siehe Flussdiagramm, Microsoft Excel, Säulendiagramm

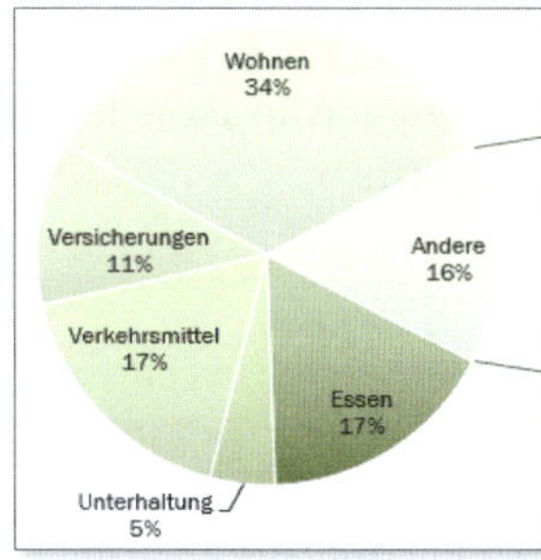

Touch

> Berührung

Dieser Begriff hat im letzten Jahrzehnt im Computerbereich für Furore gesorgt. Mobile Geräte wie Smartphone oder Tablet werden mittlerweile über die Berührung des Displays (Touchscreens) gesteuert. Diverse Finger- bzw. Touchgesten sorgen für einen menschenangepassten Umgang mit der Technik.

» siehe Übersicht »Fingerbedienung/-eingabe: Die wichtigsten Gesten am Smartphone und Tablet« auf Seite 150

Touch ID

> »Berührungs-Identifikation«

Dabei handelt es sich um den digital erfassten Fingerabdruck einer Person mithilfe von Fingerabdrucksensoren, über die aktuelle hochpreisige Smartphones verfügen. Durch seinen Fingerabdruck legitimiert sich der Besitzer des Geräts. Nicht autorisierte Personen können also ohne die Touch ID nicht den Sperrbildschirm als primären Schutz des Smartphones und seiner Apps sowie Inhalte überwinden und auch andere Aktionen, für welche die Touch ID erforderlich ist, nicht durchführen.

» siehe Sperrbildschirm

» siehe Übersicht »Bezahlen – online und mobil mit dem Smartphone« auf Seite 47

Touchpad

> »Tastfeld«

Ein Standardeingabebereich bei einem Laptop, direkt unterhalb der Tastatur, welcher die Maus ersetzt. Wenn Sie mit den Fingern über das Touchpad fahren, dann bewegen Sie dadurch den Mauszeiger auf dem Bildschirm. Entsprechend der Bedienung einer Computermaus können Sie auf dem Touchpad zudem einen Linksklick, Rechtsklick und Doppelklick ausführen. Das sogenannte Trackpad, das bei einem Mac zum Einsatz kommt, unterscheidet sich in der Bedienung im Grunde nicht vom Touchpad, nur als Magic Trackpad wird es auf andere Weise bedient.

» siehe Laptop, Mauszeiger, Trackpad

» siehe Übersicht »Klicken mit einer Computermaus« auf Seite 211

Touchpen

> »Berührungsstift«

Ein Stift, der sich zur Eingabe auf einem Touchscreen eignet. Ein Touchpen wird auch Stylus genannt.

» siehe Stylus

Touchscreen

» siehe Berührungsempfindlicher Bildschirm

Tower

> Turm

Spezielle Bauform eines PCs. Hier werden alle Bauteile in ein quaderförmiges Gehäuse verpackt.

» siehe Desktop-Computer

Trackball

> »Spur-/Fährten-Ball«

Spezielles Eingabegerät, das insbesondere bei Gamern (also Menschen, die Computerspiele spielen) sehr beliebt ist. Bei einem Trackball bewegen Sie statt einer Maus eine Kugel, um den Mauszeiger auf dem Bildschirm zu positionieren.

» siehe Maus, Mauszeiger

Trackpad

> »Spur-/Fährten-Feld«

Eine externe Eingabehilfe für einen PC oder einen Mac, die im Prinzip so arbeitet wie das Touchpad auf einem Laptop. Als sogenanntes Magic Trackpad wird es wie die Magic Mouse von Apple über sogenannte Multi-Touch-Gesten (spezielle Fingerberührungen und -bewegungen) bedient. Die Verbindung zum Mac wird dann über Bluetooth hergestellt.

» siehe Bluetooth, Magic Mouse, Touchpad

Trailer

Ein Trailer ist ein kleiner Videoclip, der eine Vorschau auf einen neuen Kinofilm oder ein Computerspiel gibt. Werden diese im Internet präsentiert, dann spricht man auch von einem Teaser, der die Zuschauer anlocken soll. Prominentes Beispiel ist die Episode 7 des Star-Wars-Epos, welches Weihnachten 2015 in den Kinos anlief. Der dazugehörige Teaser wurde bereits ein Jahr zuvor unters (Internet-)Volk gebracht.

» siehe Teaser

T

Transferrate

Die Übertragung von Daten wird per Transferrate gemessen. Diese gibt an, wie viele Bits bzw. Bytes pro Sekunde übertragen werden.

» siehe Bit, Byte

Translate

> »Übersetzen«

Eine App bzw. ein Tool von Google, mit dessen Hilfe man Texte beliebig zwischen zwei Sprachen hin und her übersetzen kann. Das kleine Programm gibt es sowohl für Smartphones als auch für den Internetbrowser.

» siehe App/Applet, Browser, Tool

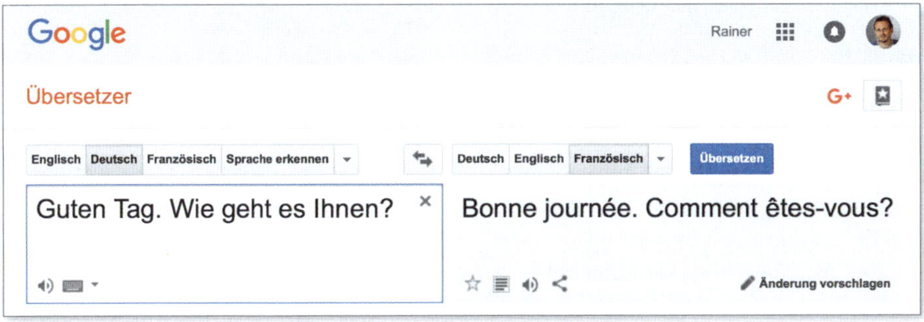

Treiber

> engl. Driver

Treiber, auch Gerätetreiber genannt, dienen dem Steuern von Hardwarebauelementen, wie z. B. einer Grafikkarte, aber auch der von außen an den Computer angeschlossenen Maus. Immer wenn Sie neue Hardware für Ihren PC erwerben, benötigen Sie dafür Treiber. Das ist Software, die dafür sorgt, dass Sie die entsprechenden Komponenten sauber mit Ihrem Betriebssystem verbinden können. Es empfiehlt sich, nach Möglichkeit die Originaltreiber des Herstellers zu verwenden. Diese stellen sämtliche Funktionen, welche die Hardware bietet, zur Verfügung. Windows 10 kommt von Haus aus schon mit vielen Treibern daher, um damit Standardhardware problemlos anschließen zu können. Im Geräte-Manager von Windows können Sie erkennen, ob neue Hardware korrekt eingebunden wurde.

» siehe Geräte-Manager

T

Trennen

USB-Sticks, die Sie mit Ihrem Computer verbunden haben, sollten Sie nach deren Benutzung wieder sauber vom System trennen, d. h. sicher entfernen.

» siehe Sicher entfernen, USB/USB-Stick

Trojaner

Eine spezielle Form von digitalem Ungeziefer, die sich unbemerkt auf Ihrem Computer einnistet. Ein Trojaner dient dem Angreifer dazu, unbemerkt auf Ihrem Computer eine Hintertür zu öffnen. Auf diese Weise können beispielsweise Passwörter oder weitere empfindliche Daten ausgespäht werden. Weiterhin können Trojaner Ihren PC in ein sogenanntes Bot-Netz einbinden. Ein solcher Rechnerverbund ist in der Lage, Spam-Mails zu versenden oder Angriffe auf offizielle Computersysteme vorzunehmen. Sie verhindern eine Infektion Ihres Computers durch Trojaner, indem Sie eine Antivirensoftware verwenden und diese stets aktuell halten.

» siehe Antivirenprogramm/-software, Bot/Bot-Netz, Spam/Spamfilter, Virus

Troubleshooting

> Problembeseitigung

Ein im Deutschen (in Computerkreisen) sehr geläufiger englischer Ausdruck für das Beseitigen von Fehlern in einem Computersystem oder anderen, technisch ähnlich komplexen Anlagen.

Trusted Shops

> »Vertrauenswürdige Läden«

Dabei handelt es sich um Online-Shops, die per Gütesiegelverfahren als besonders vertrauenswürdig eingestuft wurden.

» siehe Online-Shop/Online-Shopping

Tumblr

> Eigenname, abgeleitet von engl. Tumble = Durcheinander

Eine Art Blog, bei dem die Nutzer Bilder, Videos oder auch Notizen in loser Form veröffentlichen können. Diese werden dann zusammengewürfelt auf einer persönlichen Startseite dargestellt.

» siehe Blog/Bloggen

Turbo Boost

> »Turbo-Steigerung«

Diese Angabe finden Sie zuweilen in den Prospektwerbungen zu Computern. Es handelt sich dabei um eine Technik, die vom Hersteller Intel zur Beschleunigung der Prozessoren entwickelt wurde.

» siehe Intel, Prozessor (CPU)

» siehe Übersicht »Computer & Co. kaufen« auf Seite 84

Turing-Test

Eine beliebte Frage bei Science-Fiction-Autoren: Wie erkenne ich eigentlich, ob mein Gegenüber ein Mensch oder ein Roboter bzw. Computer ist? Die Antwort gibt der Turing-Test, der nach Alan Turing, einem berühmten Informatiker, benannt wurde. Dabei stellt ein menschlicher Proband einem Menschen und einer Maschine abwechselnd Fragen, ohne zu wissen, wen er vor sich hat. Wenn der Proband nach einer Reihe von Fragen nicht eindeutig sagen kann, wer Mensch bzw. Maschine ist, dann hat die befragte Maschine den Turing-Test bestanden und gilt von der (künstlichen) Intelligenz her als dem Menschen gleichwertig.

» siehe Übersicht »Künstliche Intelligenz« auf Seite 218

Tutorial

> Anleitung

Das Internet ist voll davon: von Anleitungen zu bestimmten Programmen oder Spielen. Insbesondere bei YouTube finden Sie diverse Tutorials, mit deren Hilfe Sie den Umgang mit dem Programm Ihrer Wahl erlernen oder aber Schritt für Schritt durch ein komplexes Computerspiel geführt werden. Zur letzteren Kategorie gehören die bei Jugendlichen allseits beliebten Let's-Play-Videos.

» siehe Let's Play, YouTube

TV-Box

Erweiterungshardware für einen Computer, mit deren Hilfe Sie TV-Programme empfangen können. Mittlerweile haben sich derartige Erweiterungen etwas überlebt, da es viele Streaming-Anbieter gibt, die Hollywood per Internetanschluss auf Ihren PC holen.

» siehe Streamen/Streaming

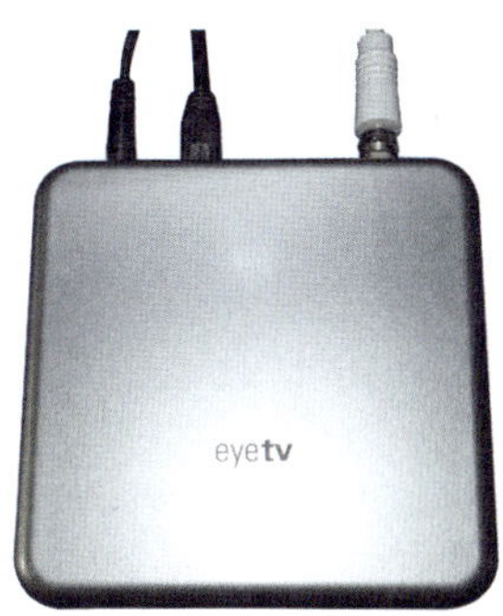

Tweet

Eine Meldung, die man per Twitter an die Internetgemeinde schickt. Die Antwort darauf heißt Retweet.

» siehe Twitter

Twitter

> »Gezwitscher«

Ein soziales Netzwerk, das oft auch als die SMS des Internets bezeichnet wird.

Twitter-Meldungen dürfen zurzeit noch, ähnlich wie deren Vorbild, die SMS im Mobilfunknetz, nur 280 Zeichen enthalten (daher ist auch von Microblogging die Rede). Diese Beschränkung soll laut Pressemeldungen irgendwann aufgehoben werden, sodass eine Twitter-Nachricht dann auch bis zu 10.000 Zeichen umfassen könnte. Twitter zu verfolgen ist immer dann interessant, wenn aktuelle Ereignisse das Internet erreichen. Dadurch bekommt man die Berichterstattung von Betroffenen hautnah mit, so beispielsweise beim sogenannten Arabischen Frühling im Dezember 2010.

» siehe Blog/Bloggen, SMS, Soziale Netzwerker (Social Networks)

TXT

Die Endung .txt steht für eine reine Textdatei, die keine Formatierungselemente enthält. Mit derartigen Dateien lassen sich problemlos Textdokumente austauschen, ohne dass der Empfänger ein spezielles Textverarbeitungsprogramm wie z. B. Microsoft Word besitzen muss. Dafür ist nur ein Texteditor erforderlich.

» siehe Dateiendung/Dateityp, Editor, Textverarbeitung

Typo3

Wie Joomla ein sogenanntes Content-Management-System (CMS) zum Erstellen und Verwalten von Internetseiten.

» siehe CMS

◂ Twitter

U

... wie Unterhaltung – eine solche führt man heute nicht mehr notwendigerweise von Angesicht zu Angesicht, sie kann mit Skype und Co. auch über eine Distanz von vielen Tausend Kilometern per Internet erfolgen.

Ubuntu

Ubuntu Linux war bis vor Kurzem die beliebteste Linux-Distribution (ein Programmpaket rund um das Betriebssystem Linux) auf dem Markt. Das System wurde von Mark Shuttleworth ins Leben gerufen und zeichnet sich durch eine überaus einfache Handhabung aus. Ubuntu wurde mittlerweile von Mint überholt, einem Linux-Ableger, der insbesondere im Multimediabereich punkten kann.

» siehe Arbeitsoberfläche (Desktop), Linux, Multimedia

Überlappende Fenster

Wenn sich mehrere Fenster auf Ihrer Arbeitsoberfläche überlappen, dann bringen Sie ein Fenster in den Vordergrund, indem Sie es einfach anklicken. Unter Windows 10 gibt es einen neuen Modus namens Taskansicht, der sämtliche Fenster in einer Übersicht darstellt. Auch hier wählt man das gewünschte Fenster durch einfaches Anklicken aus.

» siehe Arbeitsoberfläche (Desktop), Fenster, Taskansicht

Übernehmen

In manchen Windows-Dialogen taucht eine Schaltfläche **Übernehmen** auf. Immer wenn Sie in den entsprechenden Dialogen etwas geändert haben, müssen Sie diese Schaltfläche betätigen, damit Ihre Änderungen auch übernommen werden.

» siehe Dialogfeld/-fenster

Überschreibmodus

Im Normalfall arbeiten Sie beim Verfassen von Texten im Einfügemodus. Dabei werden die Zeichen, die Sie schreiben, genau an der Position des Cursors (der im Text blinkenden Einfügemarke) in einen bestehenden Text eingefügt. Beim Überschreibmodus werden alle Zeichen, die sich rechts vom Cursor befinden, überschrieben. Ob nun mit Absicht oder versehentlich – den Überschreibmodus aktiviert man bei der PC-Tastatur dadurch, dass man die Taste `Einfg` einmal drückt. Wenn Sie die Taste noch einmal drücken, wechseln Sie wieder zurück in den Einfügemodus. Allerdings können Sie das nur mit einem älteren

Programm ausprobieren, denn um ein versehentliches Überschreiben zu verhindern, ist der Überschreibmodus in aktuelleren Textverarbeitungen (z. B. in Word ab der Version 2010) ohnedies standardmäßig abgeschaltet. Er kann nur, wie im Eintrag zu »Einfügen-Taste« beschrieben, in den erweiterten Optionen der Datei aktiviert werden. Mit der Taste `Entf` überschreiben Sie Ihren Text zwar nicht, können ihn aber löschen.

» siehe Einfügemarke (Cursor), Einfügen-Taste, Entfernen/Entf-Taste (Delete-Taste)

Übertragungsgeschwindigkeit

Wie schnell werden Ihre Daten per Internet übertragen? Auskunft geben Internetseiten wie *wieistmeineip.de*. Hier können Sie Ihre ganz persönliche Geschwindigkeit für den Upload und Download von Daten ermitteln.

» siehe Herunterladen (Download/Downloaden), Hochladen (Upload/Uploaden)

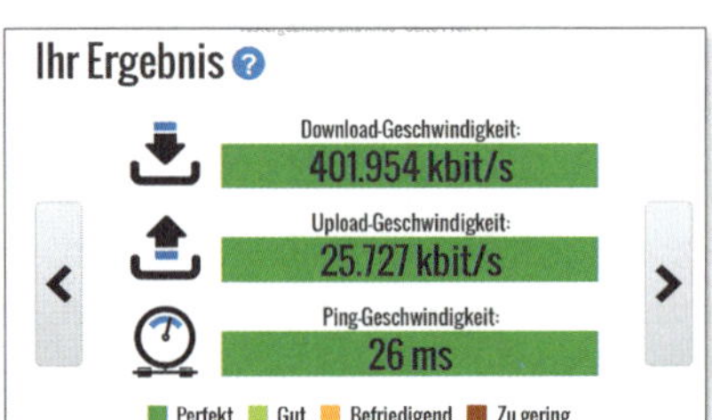

Übertragungsprotokoll

Eine Vorschrift, wie Daten im lokalen Netz oder im Internet zu übertragen sind. Ein Beispiel ist das HTTP-Protokoll.

» siehe HTTP, Protokoll

UEFI

- Unified Extensible Firmware Interface
- »Vereinheitlichte erweiterbare Firmware-Schnittstelle«

Nachfolger des BIOS, das bis vor Kurzem im PC-Bereich weitverbreitet war. Wenn Sie Ihren Rechner starten, so muss dieser zunächst über ein Grundprogramm mit sämtlicher Hardware kommunizieren, d. h. Verbindung aufnehmen. Hier kommt das UEFI ins Spiel, das noch vor dem Start des Betriebssystems gestartet wird.

» siehe Betriebssystem, BIOS

UHDTV

- Ultra High Definition TV
- Ultrahochauflösendes Fernsehen

UHD-Fernsehgeräte verfügen über eine Auflösung von 3.840 × 2.160 Bildpunkten (UHD-1) bzw. 7.680 × 4.320 Bildpunkten (UHD-2). Damit können Sie sogar kleinste Details im Auge einer Fliege erkennen. Der Preis für die hohe Qualität: Zur Darstellung von Bildern müssen nun noch mehr Daten übertragen werden. Das ist insbesondere dann hinderlich, wenn HDTV-Inhalte per Internet zum Endverbraucher übertragen werden müssen und Sie nicht über eine entsprechend leistungsfähige Internetanbindung verfügen.

» siehe Auflösung, HDTV

Uhr

» siehe Systemuhr

Ultrabook

Darunter versteht man einen Laptop bzw. ein Notebook in ultraflacher, ultrakompakter Bauweise. Ein Beispiel hierfür ist die ATIV-Serie von Samsung bzw. das MacBook Air von Apple.

» siehe Laptop

Umbenennen

Sicher sind Sie auch schon einmal in die Verlegenheit gekommen, dass Ihnen der Name einer Datei (z.B. eines Fotos) nicht mehr gefiel. In diesem Fall bietet das Betriebssystem die Möglichkeit, die entsprechende Datei umzubenennen. Dazu suchen Sie die Datei mit dem Dateimanager (in Windows der Explorer) und führen einen rechten Mausklick über dieser durch. Im sich öffnenden Kontextmenü finden Sie dann den entsprechenden Menüpunkt zum **Umbenennen** des entsprechenden Objekts.

» siehe Explorer, Kontextmenü, Rechtsklick

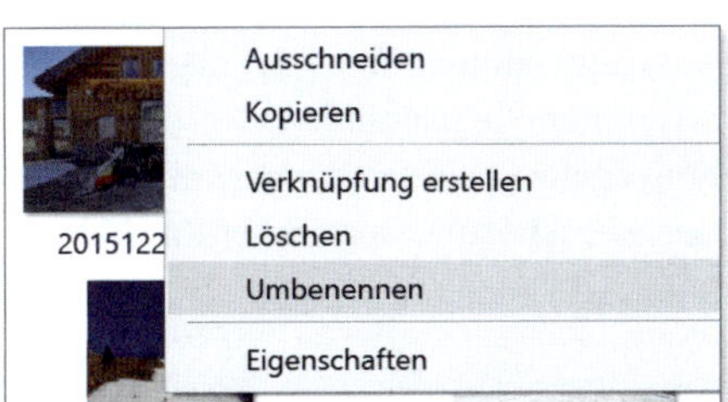

Umgekehrter Schrägstrich

» siehe Backslash

Umschalt-Taste

> engl. Shift-Taste

Mit der Taste [⇧] auf Ihrer Tastatur aktivieren Sie entweder die Großschreibung, oder Sie rufen die Zweitbelegung einer bestimmten Taste (z.B. % bei 5) auf. Zur Markierung von mehreren Dateien ist die [⇧]-Taste ebenfalls hilfreich: Sie können damit mehrere zusammenhängende Dateien markieren. Klicken Sie dazu in Ihrem Dateimanager (Explorer) in der Listenansicht auf die erste Datei, die Sie auswählen möchten, halten Sie [⇧] gedrückt, und markieren Sie nun die letzte gewünschte Datei. Schon haben Sie einen ganzen Block von Dateien markiert. Halten Sie dagegen die Taste [Strg] gedrückt, können Sie auch weit auseinanderliegende Dateien nacheinander durch Anklicken auswählen.

» siehe Feststell-Taste (Caps-Lock-Taste), Strg-Taste

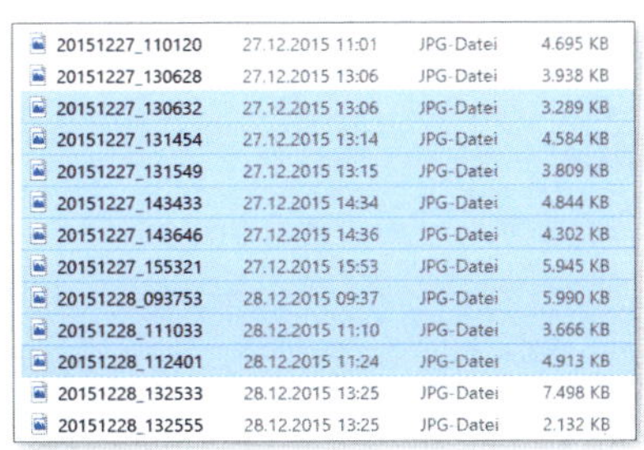

UMTS (3G)

Einst ein schneller Standard zur Übertragung von Dateien im Mobilfunknetz, heute jedoch flächendeckend vom noch schnelleren Standard LTE verdrängt.

» siehe Bandbreite, Mobilfunknetz

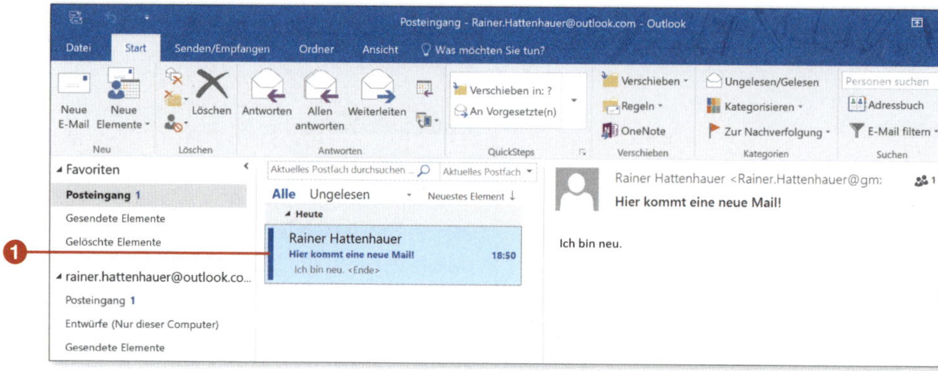

Ungelesene E-Mails

Ungelesene E-Mails erscheinen in Ihrem E-Mail-Programm in der Regel fett ❶ gedruckt dargestellt. Sobald Sie die Mail zum Lesen anklicken, verschwindet die Markierung, d. h., die Mail wurde vom Betriebssystem als gelesen eingeordnet.

» siehe E-Mail

Unicode

Ein Zeichensatz im PC-Bereich, der angibt, wie Buchstaben, Zahlen und Sonderzeichen in Zahlenkombinationen umzuwandeln sind.

Uninstall

» siehe Deinstallieren

Unix

Unix ist der Vorfahre des freien Betriebssystems Linux. Im Gegensatz zu Linux, welches erst in den 1990er-Jahren das Licht der Welt erblickte, wurde Unix bereits 1969 entwickelt. Der Kern von Unix ist in der sogenannten Programmiersprache C geschrieben.

» siehe Linux

Unterbrechen-Taste

Die Unterbrechen-Taste, auch Pause-Taste genannt, ist ein Relikt aus alten DOS-Zeiten. Mithilfe dieser Taste konnte man den Ablauf eines Programms oder den Startvorgang des Betriebssystems für kurze Zeit unterbrechen bzw. anschließend mithilfe dieser Taste auch wieder fortsetzen. In aktueller Software wird diese Taste heute kaum noch verwendet.

» siehe DOS

Unterhaltung

In modernen Mail- bzw. Chat-Programmen werden Unterhaltungen in Strängen, sogenannten Threads dargestellt. So können Sie nachhalten, welche Konversation Sie mit dem jeweiligen Gesprächspartner bereits geführt haben.

» siehe Konversation

Untermenü

Ein Untermenü ist die Erweiterung eines bestehenden Menüs, um tiefer in spezielle Menüpunkte abzutauchen. Wenn Sie beispielsweise in der Textverarbeitung LibreOffice Writer im Menü **Ansicht** den Punkt **Symbolleisten** auswählen, so öffnet sich ein weiteres Untermenü. Microsoft hat in seinem Office-Paket nahezu alle Strukturen mit Untermenüs verbannt. Stattdessen findet man hier die bekannten Ribbons.

» siehe LibreOffice, Menü, Menüband (Ribbon)

Unterordner

Innerhalb eines Ordners können Sie selbstverständlich einen weiteren Ordner erstellen. Einen solchen nennt man dann Unterordner.

» siehe Ordner

Unterstrich

Der Unterstrich ist das Zeichen _. Er befindet sich als Zweitbelegung auf der Taste mit dem Bindestrich, gleich neben der Taste mit dem Satzpunkt, und wird erzeugt durch das gleichzeitige Drücken

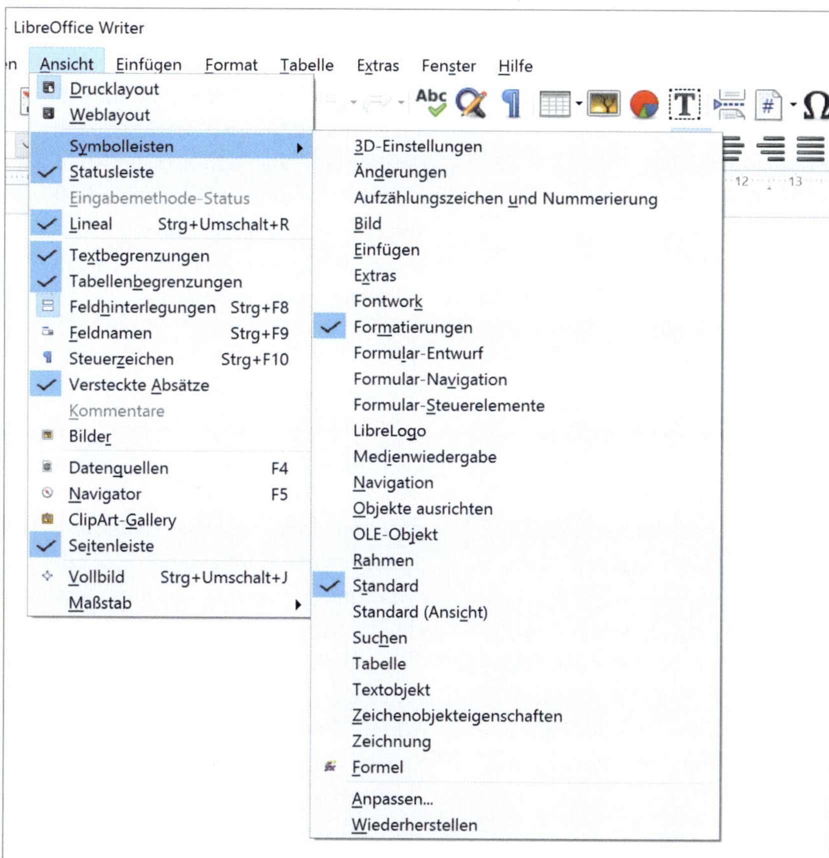

der Taste [⇧]. Der Unterstrich eignet sich besonders, um Datei- und Ordnerbezeichnungen zu vergeben, die in der Namensgebung eigentlich Leerzeichen enthalten. Einige Betriebssysteme kommen mit derartigen Benennungen aber nicht zurecht, somit verwendet man anstelle des Leerzeichens den Unterstrich. Beispiel: »Dies_ist_der_Name_einer_Textdatei.txt«. Unterstriche findet man zudem bei der Bezeichnung von Internetseiten.

» siehe Dateiname

U

Unzip

» siehe Entpacken

Update

» siehe Aktualisierung

Upgrade

> »Aufstieg/Verbesserung«

Ein Upgrade bedeutet einen Wechsel zur nächsthöheren bzw. neueren Version eines Betriebssystems oder Programms. Ein typisches Beispiel ist das Upgrade von Windows 7 bzw. Windows 8 auf Windows 10, welches die meisten Windows-Anwender 2015 vorgenommen haben. Dabei erschien seinerzeit im rechten unteren Bereich der Windows-Statusleiste des alten Systems ein entsprechendes Symbol, welches das bis 29. Juli 2016 kostenlose Upgrade angeboten hat. Davon unterschieden wird ein Update, das sich auf dieselbe Version eines Betriebssystems bzw. Programms bezieht.

» siehe Aktualisierung (Update)

» siehe Übersicht »Windows: 30 Jahre Geschichte« auf Seite 430

Upload/Uploaden

» siehe Hochladen

Upstream

> »Stromaufwärts«

Der Upstream ist die Datenrate, die Sie bei einem Upload, d. h. beim Hochladen von Daten erzielen können. Selbst bei schnellen Internetanschlüssen in Deutschland überschreitet der Up-stream selten einen Wert von 6.000 kBit/s (Kilobit pro Sekunde).

» siehe Bit, Datenrate, Streamen/Streaming, Übertragungsgeschwindigkeit

URL

> Uniform Resource Locator

> »Einheitlicher Anzeiger einer Quelle«

Eine URL ist so etwas wie ein Wegweiser zu einer Datei, auf die man per Internet zugreifen kann, und wird daher häufig synonym mit Internetadresse oder Hyperlink verwendet. Das kann sowohl eine HTML-Seite sein als auch ein Verweis auf eine Downloadquelle. Beispiel für eine HTML-URL ist die vollständige Adresse *http://www.spiegel.de*, die zu Spiegel Online führt. Mithilfe der URL gelangen Sie auch zum FTP-Server der Universität Göttingen. Unter *ftp://ftp.gwdg.de* finden Sie nach einem Klick auf die Links *pub* und *linux* z. B. die neuesten Versionen einiger Linux-Varianten zum Download.

» siehe FTP, Herunterladen (Download/Downloaden), HTML, Hyperlink, Internetadresse, Linux

USB/USB-Stick

> Universal Serial Bus

> Universeller serieller Anschluss

Der USB-Anschluss ist von Computersystemen, Smartphones und Tablets kaum mehr wegzudenken. Über diesen Anschluss verbinden Sie Speichermedien (Datenträger) wie z. B. die externe Festplatte oder den USB-Stick, aber auch andere Hardware wie digitale TV-Empfänger oder externe Soundkarten mit dem PC. Beim Handy und Tablet ist der Anschluss zum Laden des Adapters ebenfalls meist in USB-Form realisiert. Aktuell findet man hier den USB-Typ-C-Anschluss, der im Gegensatz zu den alten USB-Anschlüssen keine spezielle Steckrichtung besitzt, d. h., der Stecker kann auch einmal um 180 Grad verdreht eingesteckt werden.

» siehe Adapter, Datenträger, Laden, Sicher entfernen, Soundkarte, Speicherstick (Memory Stick)

» siehe Übersicht »Ports: Die wichtigsten Anschlüsse am PC« auf Seite 292

USB-Hub

> »USB-Zentrum«

Eine Art Verteiler für USB-Geräte. Wenn an Ihrem PC die USB-Steckplätze knapp werden, weil Sie dort bereits die Maus, die Tastatur, eine externe Festplatte und einen USB-Stick angesteckt haben, dann sollten Sie sich einen USB-Hub zulegen. Dieses Kästchen schafft dann Platz für weitere per USB anschließbare Geräte.

Usenet

> User Network

> Benutzernetzwerk

In der Sturm-und-Drang-Zeit des jungen Internets gab es noch keine Foren oder Blogs, auf denen sich die Benutzer austauschen konnten. Stattdessen traf man sich im Usenet, einem speziellen Netzwerk bzw. Dienst innerhalb des Internets, zu dem man Zugang über spezielle Server – Newsserver – erhielt. Das Usenet ist heute ein wenig ins Hintertreffen geraten, zumal etliche große Provider wie beispielsweise Kabel Deutschland oder Vodafone keine eigenen Newsserver anbieten. Wenn Sie einmal in das Usenet-Flair hineinschnuppern wollen: Eine kostenlose Möglichkeit für einen Zugang auf einem Newsserver bietet Solani unter *news.solani.org* an.

» siehe Anbieter (Provider), Blog/Bloggen, Forum, Server

User

» siehe Benutzer

User-ID

> User Identification

» siehe Benutzerkennung

Utility

> »Nützlichkeit«

> Dienstprogramm

Ein nützliches Werkzeug, das als Programm oder App daherkommt und den Anwender bei alltäglichen Aufgaben am PC unterstützt. Ein Beispiel ist das Werkzeug unter Windows 10 zur Formatierung von Festplatten oder USB-Sticks oder auch der Task-Manager, welcher die laufenden Prozesse im Betriebssystem anzeigt.

» siehe Formatieren, Task-Manager, USB/USB-Stick

U

V

Ein Virus schadet nicht nur Ihrer eigenen Gesundheit, sondern auch der Ihres Computers – hier allerdings in Form von kleinen fiesen Schadprogrammen.

V

» siehe Volt

VBA

> Visual BASIC for Applications
> »Visuelle Basis für Anwendungen«

Diese Programmier- bzw. Skriptsprache verwendet man in Microsoft-Office-Anwendungen, um diese mit erweiterten Funktionen zu versehen. Mithilfe von VBA können Sie u. a. eigene Programmoberflächen erstellen, sodass der Anwender mit dem Unterbau der Office-Anwendung nicht in Berührung kommt. Der VBA-Editor verbirgt sich in den Office-Programmen im Register **Entwicklertools**. Dieses muss ggf. noch unter **Datei ▸ Optionen ▸ Menüband anpassen** unter den aufgelisteten **Hauptregisterkarten** aktiviert werden.

» siehe Makro, Menüband (Ribbon), Microsoft Office/Office Mobile, Skriptsprache

» siehe Übersicht »Programmiersprachen – ein Überblick« auf Seite 297

vCalendar

vCalendar ist ein standardisiertes Format zum Austausch von digitalen Terminkalendern. Die Dateiendung dieses Formats lautet .vcs. vCalender wurde mittlerweile vom iCalendar-Format (.ics) abgelöst.

» siehe Dateiendung/Dateityp, Kalender

vCard

Das ist eine digitale Visitenkarte. Sie hat mittlerweile ihren papiernen Vetter abgelöst und kann bequem per E-Mail, Bluetooth oder NFC von Smartphone zu Smartphone befördert werden.

» siehe Bluetooth, NFC, VCF

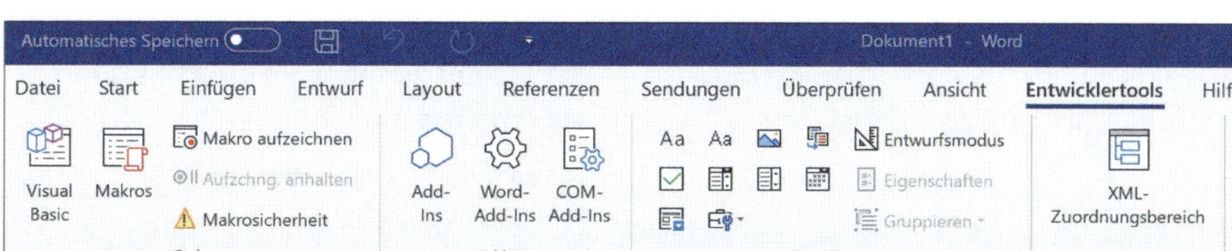

VCF

Diese Abkürzung steht für den Dateityp des digitalen Visitenkartenformats (.vcf).

» siehe Dateiendung/Dateityp, vCard

VDSL

> Very High Speed Digital Subscriber Line
> Sehr schnelle digitale Teilnehmeranschlussleitung

Ein Verfahren zur rasanten Übertragung von Daten im Internet gemäß dem DSL-Standard. Man unterscheidet VDSL1 und VDSL2. Beim ersten Verfahren erreicht man Übertragungsgeschwindigkeiten von bis zu 50 Mbit/s (Megabit pro Sekunde), bei Letzterem sogar bis zu 100 Mbit/s.

» siehe Bandbreite, Bit, DSL

Vektorgrafik

Möchten Sie präzise Zeichnungen erstellen, die ohne Qualitätsverlust beliebig skalierbar sind (also vergrößert werden können), dann sollten Sie sich mit Vektorgrafikprogrammen beschäftigen. Hier bietet sich z. B. die freie Software Inkscape an, welche Sie unter der Internetadresse *www.inkscape.org* herunterladen können. Vektorgrafiken bestehen aus Punkten, die mit Linienzügen verbunden sind. Sowohl die Punkte als auch die Linienzüge lassen sich durch einfache Zahlen beschreiben. Vektorgrafiken benötigen wesentlich weniger Speicherplatz als Bitmapgrafiken.

» siehe Bitmap, Herunterladen (Download/Downloaden), Skalieren, Snapping(-Funktion)

Verbindung

Ganz allgemein ein Kommunikationsstrang zwischen zwei Teilnehmern. Sie benötigen zum Telefonieren, zum Empfang von E-Mails oder auch zum Surfen im Internet eine entsprechende Verbindung.

Vergrößern

Möchten Sie mehr Details z. B. in einem Digitalfoto zum Vorschein bringen, so klicken Sie dafür in der Regel auf die Lupe bzw. das **+**-Symbol Ihres Bildbearbeitungsprogramms, um den entsprechenden Ausschnitt zu vergrößern. Fachleute sprechen hier auch von Zoomen. Wenn Sie allerding zu stark zoomen, dann kommt die Pixelstruktur Ihres Digitalbildes zum Vorschein, und das Bild erscheint unscharf. In Windows steht Ihnen mit der Bildschirmlupe zudem ein sehr nützliches Werkzeug zur gezielten Vergrößerung von Elementen auf der Bildschirmoberfläche zur Verfügung. Um ein einzelnes Programmfenster in voller Größe auf den Bildschirm zu bringen, können Sie die Funktion **Maximieren** nutzen.

» siehe Bildschirmlupe, Maximieren, Pixel, Zoom/Zoomen

Verkleinern

Ein Digitalfoto wird verkleinert, indem man entweder auf das Symbol [-] in der Bildbearbeitung tippt oder die Taste [Alt] betätigt und gleichzeitig auf das Lupensymbol klickt. Mit der Schaltfläche **Verkleinern** steht Ihnen in den Programmfenstern der Office-Programme (u. a. Word und Excel) eine Option zur Verfügung, um das jeweilige Programmfenster verkleinert auf der Bildschirmoberfläche darzustellen, was vor allem bei vielen geöffneten Fenstern praktisch sein kann. Anschließend heißt dieselbe Schaltfläche **Maximieren**, mit der Sie das Fenster wieder auf Bildschirmgröße bringen können. Das Verkleinern ist nicht zu verwechseln mit der Option **Minimieren**, die ein Programmfenster komplett ausblendet.

» siehe Maximieren, Minimieren, Zoom/Zoomen

» siehe Übersicht »Fenster unter Windows, macOS und Linux« auf Seite 147

Verknüpfung

Eine Verknüpfung ist ein Verweis auf eine Datei oder auch ein Programm und bietet sich für häufig verwendete Dateien und Programme an. Sie können beispielsweise auf Ihrem Windows-Desktop eine Verknüpfung zu einer beliebigen Datei erstellen. Dazu wählen Sie aus dem Kontextmenü der Datei im Explorer, welches Sie über einen rechten Mausklick öffnen, den Punkt **Verknüpfung erstellen**. Durch eine Verknüpfung wird die Datei selbst aber nicht auf den Desktop kopiert, sie ist nur ein Stellvertreter der Originaldatei, und somit kann die Verknüpfung auch jederzeit wieder gelöscht werden, ohne dass dadurch die Datei oder das Programm entfernt würde. Wenn Sie ein Verknüpfungssymbol allerdings anklicken, dann wird die zugeordnete Originaldatei mit dem zugehörigen Programm geöffnet. Eine Verknüpfung erkennen Sie unter Windows an einem kleinen blauen Pfeil ❶. Nicht nur auf dem Desktop, auch im Startmenü von Windows 10 selbst können Sie eine Programmverknüpfung in Form einer Kachel ablegen. Blättern Sie dazu im Startmenü durch die Liste der Apps, öffnen Sie per rechtem Mausklick das Kontextmenü des gewünschten Programms, und wählen Sie hier **An "Start" anheften**. Auf dieselbe Weise können Sie die Kachel bzw. Verknüpfung wieder lösen, nämlich über den Befehl **Von "Start" lösen**. Wie gesagt, das Programm selbst bleibt auf Ihrem Computer und in der Liste aller Apps erhalten. Um ein Programm vom Computer zu entfernen, muss es deinstalliert werden.

» siehe Arbeitsoberfläche (Desktop), Datei (File), Deinstallieren (Uninstall), Kachel, Startmenü

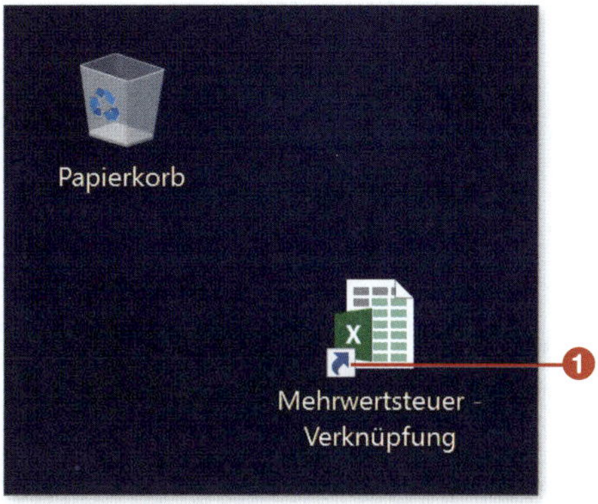

V

Verlaufsprotokoll

Jeder Browser führt im Normalfall ein Buch über Ihre Aktivitäten im Internet. Diese werden im Verlaufsprotokoll hinterlegt. Um dieses aufzurufen, begeben Sie sich ins Menü des Browsers und halten nach dem entsprechenden Menüpunkt Ausschau. Im Eintrag »Browserprotokoll« erfahren Sie z. B., wo Sie das Verlaufsprotokoll im Windows-Browser Microsoft Edge einsehen. Mit einem sogenannten anonymen Tab können Sie zudem gleich im Vorfeld verhindern, dass ein solches Protokoll angelegt wird.

» siehe Anonymer Tab, Browserprotokoll, Microsoft Edge

Verlustbehaftete Komprimierung

Wenn Bilder, Video- oder Audiodaten komprimiert werden, dann gehen in der Regel einige Detailinformationen verloren. Man spricht in diesem Fall von verlustbehafteter Komprimierung. Ein Beispiel hierfür ist das JPG-Bildformat, bei welchem beim Abspeichern gezielt Bildstrukturen weggelassen werden, die für den gesamten Bildeindruck nicht unbedingt erforderlich sind. Beim MP3-Kompressionsverfahren für Audiodateien werden Toninformationen weggelassen, die das menschliche Gehör im Normalfall nicht wahrnehmen kann.

» siehe Bilddateiformate, JPEG/JPG, Komprimieren, MP3

Vernetzen

Dieses Stichwort gehört heute zum guten Ton, denn wer beruflich Erfolg haben möchte, der vernetzt sich mit den entsprechenden wichtigen Kontakten über soziale Netzwerke wie XING oder LinkedIn. Im Computernetzbereich bedeutet Vernetzung hingegen, dass man gemeinsame Ressourcen (Dateien bzw. Medien) innerhalb eines digitalen Netzwerks zur Verfügung stellt bzw. mithilfe des Netzwerks miteinander kommuniziert. Und da das Ganze nicht so einfach ist, benötigt jedes mittelständische Unternehmen Netzwerkspezialisten, die das Firmennetz am Leben erhalten.

» siehe Netzwerk, Soziale Netzwerke (Social Networks)

Verschieben

Sie möchten eine Datei oder einen Ordner an einen anderen Ort auf Ihrer Festplatte bzw. im Betriebssystem befördern? Dann können Sie diese in Ihrem Dateimanager (z. B. im Explorer) einfach mit der Maus an die gewünschte Position (im Beispiel auf den Desktop) schieben. Das nennt man Verschieben bzw., wenn der gesamte Vorgang (mit anschließendem Loslassen der Maustaste) bezeichnet ist, Drag and Drop. Im Gegensatz zum Kopieren einer Datei verlässt eine verschobene Datei nach dem Vorgang ihren ursprünglichen Ort. Um eine Datei per Drag and Drop gleichzeitig zu kopieren, halten Sie einfach während des Vorgangs die Taste `Strg` gedrückt.

» siehe Kopieren und Einfügen (Copy and Paste), Strg-Taste, Ziehen und Fallenlassen (Drag and Drop)

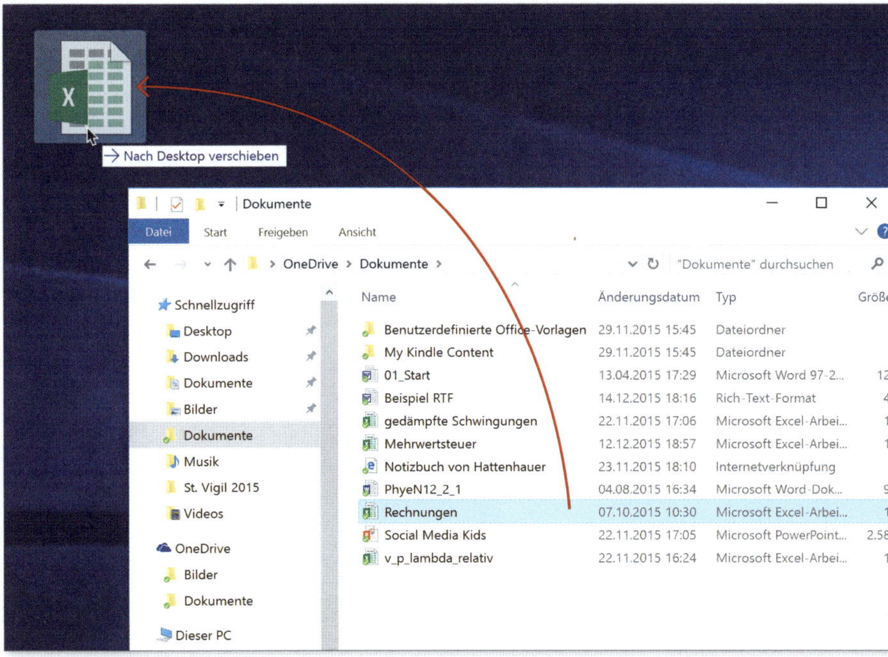

Verschlüsseln

Wenn Sie vorhaben, Daten so zu übertragen, dass kein Dritter diese lesen kann, bietet sich ein Verschlüsselungsverfahren an. Die Daten werden dann nach einer bestimmten Vorschrift vom Sender verschlüsselt (chiffriert) und vom Empfänger wieder entschlüsselt (dechiffriert). Ein einfaches Verschlüsselungsverfahren von Texten ist die Caesar-Verschlüsselung (auch als Cäsar-Chiffre bekannt), die auf Julius Cäsar zurückgeht. In ihrer einfachsten Form wird dabei jeder Buchstabe des Textes durch seinen Nachfolgerbuchstaben im Alphabet ersetzt. Beispiel: »Lpnnf ifruf Bcfoe« lautet dechiffriert »Komme heute Abend«.

» siehe Code

Verschlusszeit

Die Verschlusszeit spielt eine Rolle, wenn Sie mithilfe Ihrer Digitalkamera Bilder von sich rasch bewegenden Objekten machen möchten. Es empfiehlt sich, in diesem Fall eine möglichst kurze Verschlusszeit zu wählen, da das bewegte Objekt anderenfalls unscharf erscheint. Bei Smartphones haben Sie in der Regel keine Möglichkeit, die Verschlusszeit manuell vorab auszuwählen. Das erledigt die Vollautomatik für Sie. Insbesondere bei schwachen Lichtbedingungen müssen Sie dann aber aufpassen, dass Ihr Smartphone keine allzu lange Verschlusszeit wählt. Anderenfalls wird das Bild unscharf.

Versenden

» siehe Senden

Version

Der Entwicklungsfortschritt eines Programms ober eines Betriebssystems wird in der Regel über seine Versionsnummer festgehalten. Oft gibt es Abweichungen von der durch Zahlen bestimmten natürlichen Reihenfolge. So durchlief Windows beispielsweise u. a. die Versionen 1.0, 2.0, 3.0, 3.1, 3.11, 95, 98, ME, XP, Vista, 7, 8, 8.1 und 10.

» siehe Übersicht »Windows: 30 Jahre Geschichte« auf Seite 430

V

Versteckte Datei

Eine Datei oder ein Ordner, die bzw. der im Dateimanager in der Standardeinstellung nicht erscheint, also quasi unsichtbar ist. Bei versteckten Dateien handelt es sich meistens um Dateien des Betriebssystems, die nicht versehentlich gelöscht werden sollen. Sie können im Explorer in Windows versteckte Dateien über **Datei ▸ Optionen ▸ Ansicht** in der Liste unter **Erweiterte Einstellungen** sichtbar machen.

» siehe Datei (File), Explorer, Ordner

Vertikale Bildlaufleiste

Dasjenige Element am Rand eines Programmfensters, mit dessen Hilfe man einen Text von oben nach unten und umgekehrt durchlaufen kann.

» siehe Bildlaufleiste (Scrollbar)

Verwalten/Verwaltung

Zentraler Anlaufpunkt unter Windows, um das Betriebssystem zu konfigurieren bzw. weitergehende Informationen über das System zu erhalten. Unter Windows erreichen Sie die **Computerverwaltung** u. a. mit einem rechten Mausklick über dem Symbol **Dieser PC** im Dateimanager Explorer.

» siehe Computerverwaltung

Verzeichnis

> synonym mit Ordner

Ein logischer Bereich innerhalb des Betriebssystems, in dem sich Dateien, aber auch Unterverzeichnisse (Unterordner) befinden können.

» siehe Ordner

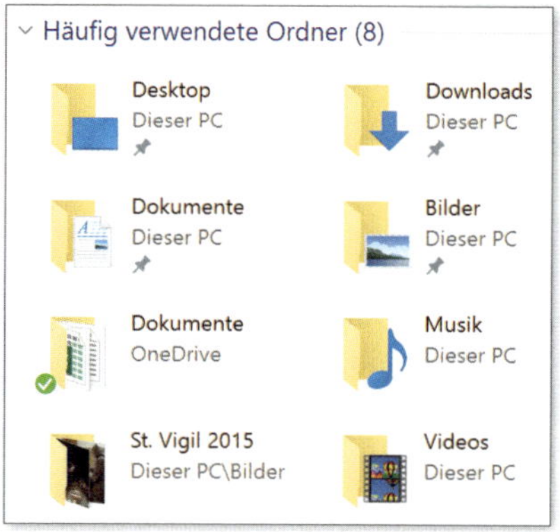

VGA

> Video Graphics Array
> Videografik-Bereich

Mit diesem Videostandard wurden einst Bilder auf die Monitore der ersten PCs gezaubert. Heute findet man noch vereinzelt VGA-Anschlüsse an den Rückseiten der Computer, um dort einen Monitor mit der Grafikkarte im Inneren des Computers zu verbinden. VGA wurde mittlerweile nahezu flächendeckend vom DVI-Standard ersetzt. Beide gehören zu den sogenannten Videoports am Computer.

» siehe Videoports

» siehe Übersicht »Ports: Die wichtigsten Anschlüsse am PC« auf Seite 292

Vibration

Immer wenn Sie sich in Umgebungen befinden, in denen ein Handyklingeln unangenehm auffallen würde, sollten Sie den Vibrationsmodus Ihres Telefons aktivieren. Eingehende Telefonate oder Nachrichten machen sich dann durch ein dezentes Rütteln des Geräts bemerkbar.

» siehe Smartphone

Video

Als die Bilder laufen lernten: Videos gibt es im übertragenen Sinn nun schon seit über hundert Jahren, nur hießen sie damals noch »Filme«, wurden auf Celluloid hergestellt und auf Rollen mittels komplizierter Maschinen vorgeführt. Ihre digitalen Nachfahren lassen sich dagegen wesentlich einfacher handhaben. Zum Transport genügt ein USB-Stick, den Sie bequem in der Hosentasche oder am Schlüsselbund mit sich führen können. Die Wiedergabe von Videos erledigt dann ein PC oder ein Smartphone mithilfe einer geeigneten App.

» siehe App/Applet, USB/USB-Stick

Videoanruf

» siehe Bildtelefon

Video-App/-Player

Um Videos auf einem Endgerät wie einem PC, Tablet oder Smartphone abspielen zu können, benötigt man ein geeignetes Programm bzw. eine App (einen sogenannten Media Player). Unter Windows finden Sie dazu den Windows Media Player, der Mac bietet den QuickTime Player, und auch Smartphones und Tablets sind mit entsprechenden Apps ausgestattet. Zur Wiedergabe eines Videos genügt es, dieses doppelt anzuklicken bzw. anzutippen.

» siehe Media Player, QuickTime, Windows Media Player

Videodatei

Eine Datei, die Videomaterial enthält. Diese erkennen Sie im Windows-Dateimanager (Explorer) an den stilisierten Filmstreifenrändern, die sich rechts und links am Vorschausymbol befinden. Videos können in unterschiedlichen Formaten vorliegen.

» siehe Videoformate

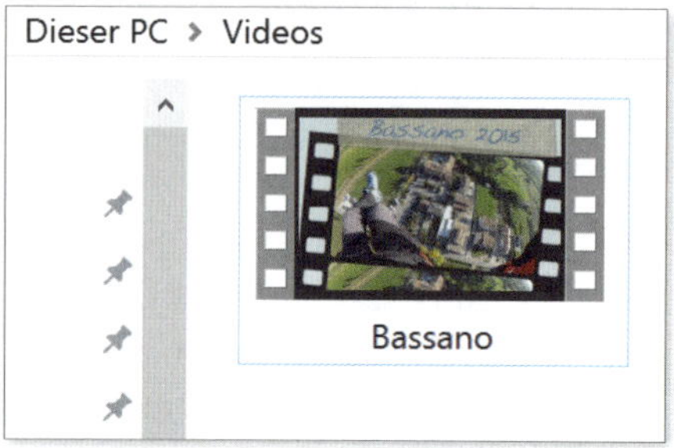

Video-DVD

Videofilme können Sie mithilfe Ihres PCs und der geeigneten Software problemlos auf eine Video-DVD brennen und diese mit einem handelsüblichen DVD-Player am Fernsehgerät wiedergeben. Microsoft bietet dafür das zwar schon etwas angestaubte, aber kostenlose Programm Movie Maker an. Wer es professioneller mag, verwendet das kommerzielle Programm MAGIX Video (*www.magix.com/de*).

» siehe Brennen/Brenner, DVD

Videoformate

Videos lassen sich in eine Vielzahl von Formaten bringen, um alle Anwendungsbereiche vom kurzen YouTube-Clip bis zum hochaufgelösten Kinofilm abzudecken. Die Tabelle auf Seite 405 gibt Aufschluss über aktuell weit verbreitete Videoformate bzw. Codierformen.

» siehe Auflösung, Codec, Container, HDTV, YouTube

Videokonferenz

Bei einer Videokonferenz sind zwei oder mehrere Teilnehmer per Internet über eine entsprechende Software so verbunden, dass man sowohl den Ton hören als auch das Bild vom Gegenüber sehen kann. Typische Beispiele für eine Videokonferenz-Software sind Google Duo und Skype.

» siehe Google Duo, Skype

Video on demand

> Video auf Abruf

Darunter ist die Nutzung von Videos über (kommerzielle) Angebote im Internet gemeint, entweder über sogenannte Downloads oder auch über Streaming.

» siehe Herunterladen (Download/Downloaden), Streamen/Streaming

Videopodcast

In einem Videopodcast werden Nachrichten in kurzen Videos dargeboten. Diese kann man problemlos mit entsprechenden Apps auch auf das Smartphone

Videoformate	Dateiendung	Anwendungsbereich
AVI	avi	universelles Containerformat für Videos unter Windows
DivX	divx	Komprimierung von DVDs oder DVB-Aufzeichnungen (digitales Fernsehen) zu kleineren Dateien
Flash-Videos	flv	in Adobe Flash eingebettete Videos
MOV	mov	Apples Videoformat für hochaufgelöste Videos
MPEG-2	mpg	DVDs bzw. DVB (digitales Fernsehen)
MPEG-4	mp4	hochaufgelöste Videos, Blu-ray-Discs
Real Media	rm	Streaming von Videos
Windows Media	wmv	Microsofts eigenes Format für Videos

oder Tablet befördern, um sie z. B. unterwegs auf Reisen genießen zu können.

» siehe Podcast

Videoportal

Videoportale zählen im weiteren Sinne zu den sozialen Netzwerken, bei denen man eigene Videos einstellen und Videos von anderen Nutzern bewundern kann. Das beliebteste Videoportal ist YouTube (*www.youtube.com*), gefolgt von Vimeo (*www.vimeo.com*). Wenn Sie häufiger beabsichtigen, auf YouTube Videos einzustellen, dann empfiehlt es sich, einen eigenen Kanal einzurichten. Gerade in der jüngeren Generation sind derartige Kanäle äußerst beliebt: Die jungen Damen sind an Schminktipps von Bibi & Co. interessiert, und die jungen Herren lassen sich per Let's Play von Gronkh das neueste Computerspiel vorführen.

» siehe Let's Play, Soziale Netzwerke (Social Networks), YouTube

Videoports

Das sind Anschlussmöglichkeiten für Monitore und andere Geräte an Ihren Computer, die zur Wiedergabe von Bilddateien bzw. Videos geeignet sind. Neben der sehr alten Schnittstelle S-Video (für den Anschluss etwa einer Videokamera) gilt auch der VGA-Port mittlerweile als veraltet. Das Digital Video Interface (DVI) gilt heute als verbreiteter Standard. Verfügt Ihr Computer über einen HDMI-Port, so können Sie darüber hochaufgelöste Videos wiedergeben. An TV-Geräten dient er der Verbindung etwa mit einem DVD-Player oder einem Empfangsgerät für digitales Fernsehen

(DVB). Die Verbindung von Fernseher und Videorekorder bzw. DVD-Player wurde früher über die SCART-Schnittstelle bewerkstelligt.

» siehe DisplayPort, DVB, DVI, HDMI, SCART, Schnittstelle (Interface), S-Video, VGA

» siehe Übersicht »Ports: Die wichtigsten Anschlüsse am PC« auf Seite 292

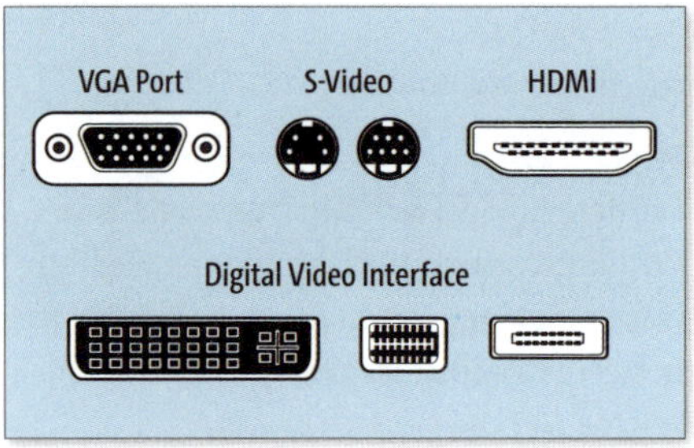

V

Videotelefonie

» siehe Bildtelefon

Viewer

> »Betrachter«

Viewer sind Programme bzw. Apps, mit deren Hilfe man bestimmte Dateitypen auf dem PC oder Smartphone darstellen kann. Ein Beispiel für einen Viewer ist das PDF-Darstellungswerkzeug Adobe Acrobat Reader. Auch zur Sichtung Ihrer Bildersammlung benötigen Sie einen Viewer.

» siehe Adobe Reader, PDF

Virenschutzprogramm

> auch Virenscanner genannt

Ein Virenschutzprogramm verhindert, dass sich die unbeliebten digitalen Zeitgenossen auf Ihrem Computer tummeln. Dazu wird insbesondere der Datentransfer aus dem Internet überwacht. Aber auch Dateien, die Sie per Memory Stick von Personen aus Ihrem Bekanntenkreis erhalten, können potenziell Viren enthalten. Hierauf wirft der Virenscanner ebenfalls ein Auge. Beliebte Virenschutzprogramme kommen aus den Softwareschmieden Avira, Bitdefender, Kaspersky, McAffee und AVG. Windows besitzt einen integrierten Virenscanner namens Defender, der mehr oder weniger als Notlösung taugt.

» siehe Speicherstick (Memory Stick), Windows Defender

VirtualBox

> Virtueller Kasten

Eine kostenlose Software zur Virtualisierung für Windows, Mac und Linux.

» siehe Virtualisierung

Virtualisierung

Bei der Virtualisierung simuliert man ein weiteres Computersystem (den Client) auf einem bestehenden Betriebssystem (dem Host). So ist es problemlos möglich, auf einem Mac ❶ mithilfe von geeigneter Software sowohl Windows ❷ als auch Linux ❸ in virtueller Form (als eigene Fenster) zu betreiben. Die Virtualisierung hat den Vorteil, dass man in sogenannten Serverparks auf einem einzigen Server mehrere virtuelle Rechner simulieren und dadurch Energie und somit Kosten sparen kann.

» siehe Arbeitsoberfläche (Desktop), Client, Host, Server, VMware (Fusion)

Virtualität

» siehe Übersicht »Virtualität« auf Seite 409

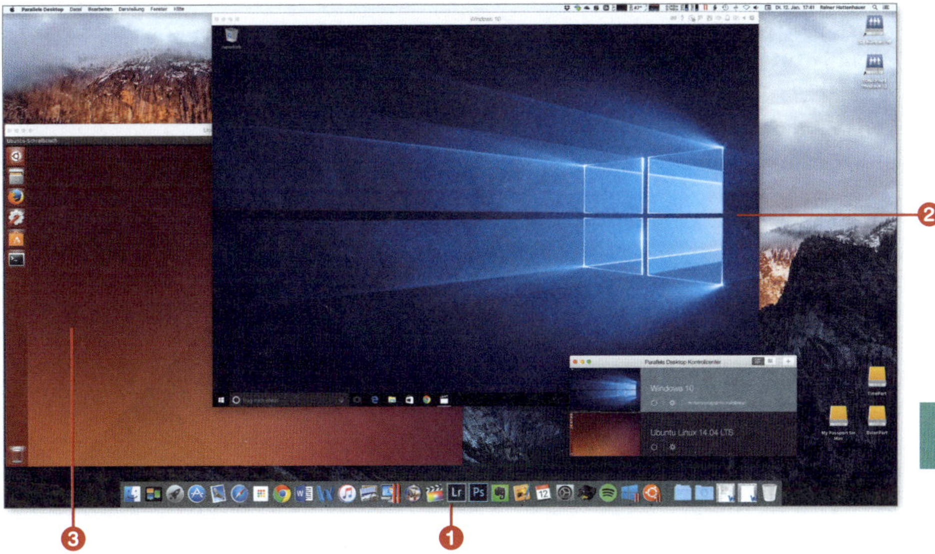

Virtual Reality

> Virtuelle Realität, Abkürzung: VR

» siehe Übersicht »Virtualität« auf Seite 409

Virtuell

Das Wort beschreibt grundsätzlich etwas, das nicht wirklich ist, z. B. Welten in einem Videospiel, die nur in digitaler Form existieren.

» Übersicht »Virtualität« auf Seite 409

Virus

Dabei handelt es sich nicht um einen biologischen Krankheitserreger, sondern um sein digitales Pendant. Ein Computervirus ist ein kleines Programm, dessen Aufgabe es ist, auf einem Computer entweder Schaden anzurichten oder diesen derart zu manipulieren, dass Daten unbemerkt an Unbefugte gelangen. Äußerst beliebt sind auch sogenannte Hijack-Viren, die ein Computersystem kapern und dieses erst nach Zahlung eines Lösegelds wieder freisetzen. Um sich vor Viren zu schützen, sollten Sie darauf achten, dass Sie auf Ihrem Rechner ein geeignetes Virenschutzprogramm installiert haben. Dieses enthält Virenlisten, anhand derer die Viren erkannt werden. Diese Virenlisten sollten ebenfalls stets aktuell gehalten werden. Übrigens: Auch auf Smartphones sind Viren mittlerweile zu einer ernsten Bedrohung geworden. Achten Sie also darauf, auch Ihre mobilen Geräte entsprechend zu schützen.

» siehe Ransomware, Schadsoftware (Malware)

Visitenkarte

» siehe vCard

VLC Media Player

Im wahrsten Sinn des Wortes die eierlegende Wollmilchsau unter den Multimedia-Player-Apps. Den VLC Media Player gibt es mittlerweile für jedes verbreitete Betriebssystem (Windows, macOS,

Linux, iOS, Android). VLC gestattet sowohl die Wiedergabe von Videodateien als auch von DVDs. Die aktuellste Version finden Sie jeweils im Internet unter *www.videolan.org/vlc/*.

» siehe Media Player

VMware (Fusion)

Eine Software zur Virtualisierung wie etwa VirtualBox, mit deren Hilfe man innerhalb eines Betriebssystems ein weiteres Betriebssystem betreiben kann. Die Version Fusion ist für das Betriebssystem macOS gedacht.

» siehe VirtualBox, Virtualisierung

Voicemail

> Anrufbeantworter

Moderne Anrufbeantworter kommen mittlerweile in digitaler Form daher. Bei der sogenannten Voice-over-IP-Kommunikation richten Sie einen entsprechenden Anrufbeantworter direkt auf Ihrem Router (z. B. einer FRITZ!Box), d. h. in der entsprechenden Software des Routers, ein. Im Mobilfunknetz können Sie Ihre Voice-Mailbox (sozusagen Ihr Postfach für Sprachnachrichten) per Handy fernbedienen und somit Nachrichten unterwegs auf dem Gerät abhören.

» siehe FRITZ!Box, Router, Voice over IP

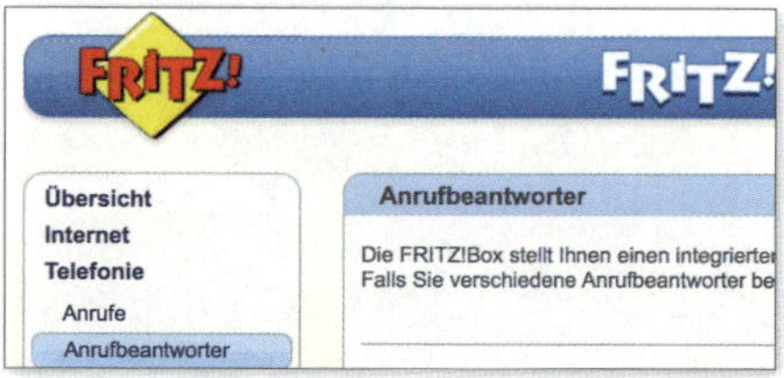

Voice over IP

> »Sprache/Stimme über Internet-Protokoll«, Abkürzung: VoIP

Infolge der überaus raschen Verbreitung des Internets sind die Telefongesellschaften dazu übergegangen, Telefongespräche digital per Internet zu übertragen. Dieses Verfahren nennt man Voice over IP. Dabei wird das Telefonat mithilfe eines speziellen Internetprotokolls übertragen. Dieses Verfahren dient als Grundlage dafür, dass Sie mittlerweile auch ganz normale Sprachtelefonate mithilfe des Internet-Messengers WhatsApp durchführen können.

» siehe Instant Messaging/Messenger, Internettelefonie, Protokoll, WhatsApp

VoIP

» siehe Voice over IP

Ein Computer ist mittlerweile nicht ausschließlich in der Lage, digitale Welten auf dem flachen Monitor eines PCs, Smartphones oder Tablets darzustellen. Per Datenbrille wird direkt vor den Augen des Benutzers ein dreidimensionales Bild erzeugt, welches eine vollständige Landschaft darstellt oder auch computergenerierte Bilder in die reale Welt projiziert. Mittlerweile unterscheidet man drei verschiedene Spielarten der virtuellen Darstellung von computererzeugten Inhalten:

Augmented Reality

> Erweiterte Realität, Abkürzung: AR

In der Augmented Reality sind Sie nicht komplett von der Außenwelt abgeschnitten. Vielmehr blendet der Computer via Datenbrille oder in das Livebild Ihrer Smartphone-Kamera zusätzliche Informationen ein, die als Überlagerung im Bild von der realen Welt erscheinen. Bekannte AR-Vertreter sind beispielsweise Smartphone-Apps, die in der freien Natur die Namen von Orten oder Berggipfeln direkt in das Livebild einblenden oder Sternenbilder identifizieren. Auf dem Gebiet der Medizin werden bei komplizierten Operationen mittlerweile auch AR-Brillen eingesetzt, um beispielsweise zu zeigen, wo Operationsschnitte zu setzen sind. In der industriellen Fertigung werden Handgriffe an Maschinen eingeblendet. Aber auch etliche bei Jugendlichen beliebte Spiele wie *Pokémon GO* enthalten Elemente der erweiterten Realität.

Mixed Reality

> Gemischte Realität, Abkürzung: MR

Hier werden die virtuelle und reale Welt so miteinander verbunden, dass reale und virtuelle Objekte miteinan-

▲ Augmented-Reality-Apps blenden auf Ihrem Smartphone nützliche Informationen in das Kamerabild der realen Umgebung ein. Die Technik öffnet auch die Tür zu spannenden Spielideen wie Pokémon GO.

der interagieren können. So lässt sich beispielsweise eine virtuelle Blumenvase auf einen real existierenden Tisch platzieren. Wenn Sie nun den Tisch ein Stück weit verschieben, dann bewegt sich auch die virtuelle Vase mit. Bei handwerklichen Aufgaben gibt es Videotutorials, die Ihnen direkt am real existierenden Objekt zeigen, wie zu verfahren ist, um beispielsweise den Abfluss eines Waschbeckens zu tauschen. Microsoft ist mit seiner bekannten *HoloLens* Vorreiter auf dem Gebiet der Mixed Reality. Der Name leitet sich von dem Begriff *Holografie* ab – ein Verfahren, welches es gestattet, dreidimensionale digitale Bilder in die reale Welt zu projizieren.

V

Virtual Reality

> Virtuelle Realität, Abkürzung: VR

Die virtuelle Realität ist seit ein paar Jahren und auch aktuell noch ein ganz heißes Thema in der Computerszene. Mithilfe von Datenbrillen taucht man dabei in dreidimensionale Welten ab, die überaus realistisch erscheinen. Hinzu kommt, dass Sie durch Drehung Ihres Kopfes die Blickperspektive jederzeit ändern können – es entsteht ein echtes Mittten-drin-Gefühl, das in Fachkreisen als *Immersion* bezeichnet wird. Relativ neu ist die Möglichkeit, Ihren Blickwinkel durch die Verfolgung Ihrer Pupillenbewegung registrieren zu lassen und die dargestellte Szene dadurch anzupassen – in diesem Fall spricht man von *Eyetracking* (»Augenverfolgung«). Seit 2016 bieten mehrere Firmen die Möglichkeit an, sich in virtuelle Welten zu begeben. Als Branchenprimus ist zunächst *Oculus Rift* zu nennen, ein Tochterunternehmen von Facebook. Oculus ist der Pionier auf dem Gebiet der virtuellen Realität. Aber auch Sony und HTC bieten mittlerweile entsprechende Lösungen an. Samsung entwickelte für VR ein Gestell, mit dessen Hilfe sich hochpreisige Smartphones direkt vor den Augen befestigen lassen. Durch spezielle Apps wird das Bild geteilt und für jedes Auge ein entsprechendes Bild projiziert.

» siehe Controller, Pokémon GO

▲ Mit MR-Brillen wie der HoloLens von Microsoft statten Sie Ihre Wohnung mit nützlichen virtuellen Objekten aus oder erhalten von Experten Hilfe bei handwerklichen Aufgaben. Neben einer Videoanleitung, die auf einem virtuellen Bildschirm erscheint, werden die durchzuführenden Handgriffe direkt in die realen Objekte eingeblendet.

▲ In der virtuellen Realität navigieren Sie mithilfe eines speziellen Controllers, der im Bild links als Modell ❶ erscheint. Er wird dadurch zu Ihrer erweiterten Hand. Das Bild selbst wird durch eine Datenbrille erzeugt – in der gezeigten Abbildung rechts durch eine Gear VR von Samsung.

Vollbildmodus

Bei den meisten Betriebssystemen ist es möglich, ein Programmfenster in den Vollbildmodus zu schalten. Dadurch können Sie sich auf das Wesentliche konzentrieren, weil dann alle anderen eventuell geöffneten Programmfenster dadurch überlagert werden. In den Windows-Programmfenstern z. B. finden Sie dafür eine entsprechende Schaltfläche **Maximieren**. Auf Smartphones bzw. Tablets laufen Apps in der Voreinstellung standardmäßig im Vollbildmodus.

» siehe Fenster, Maximieren

Volt

> Abkürzung: V

Das ist die Maßeinheit für die physikalische Größe Spannung. Ihr Smartphone läuft in der Regel mit einer Spannung von 3 bis 5 V. Sie können sich eine Spannung entsprechend einem Wasserkreislauf wie den Druck vorstellen, den ein Wasserspeicherbecken erzeugt. Dieser Druck sorgt dafür, dass das Wasser (im Falle der Elektrizität also der Strom) überhaupt fließen kann.

» siehe Netzteil, Spannung

Volume

> Lautstärke

» siehe Lautsprecher

Volumentarif

Im Rahmen eines Volumentarifs, den es vorwiegend bei Mobilfunkverträgen gibt, erwerben Sie ein gewisses Datenvolumen gegen ein monatliches Entgelt. Üblich sind hier Verträge, bei denen das Datenvolumen auf ca. 500 GB (Gigabyte) limitiert ist. Dafür zahlen Sie derzeit knapp 10 €. Sollten Sie einen derartigen Volumentarif abgeschlossen haben, so empfiehlt es sich, den Datenverbrauch entweder mit betriebssysteminternen Mitteln oder einer speziellen App zu überwachen.

» siehe Gigabyte, Mobilfunktarif

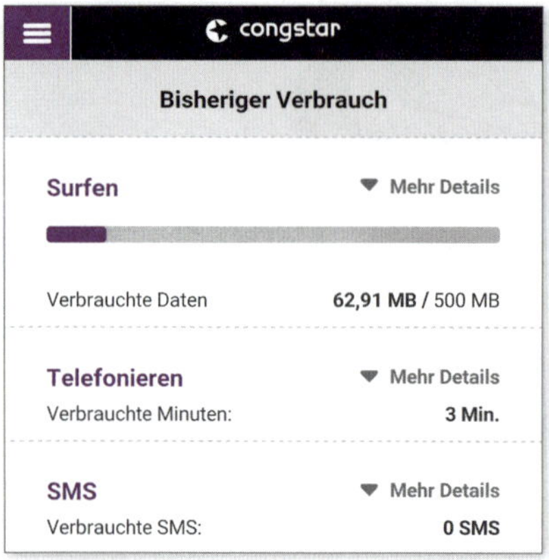

▲ Volumentarif

Vorlage

Sie möchten mithilfe eines Textverarbeitungsprogramms wie Word einen Standardbrief schreiben? Dann greifen Sie doch auf eine entsprechende Vorlage zurück, die Ihnen das Programm anbietet, sobald Sie das Programm starten oder ein neues Dokument öffnen.

» siehe Neue Datei

Vorlese-Funktion

Das ist äußerst bequem: Nahezu jedes aktuelle Betriebssystem besitzt mittlerweile eine Funktion, die es gestattet, geöffnete Textdokumente vorlesen zu lassen. Suchen Sie dazu einfach in der Hilfe des Betriebssystems nach dem Begriff »Vorlesen«.

Vorschau

Oft ist es hilfreich, wenn man den Inhalt einer Datei schon erkennen kann, ohne das zugeordnete Programm zu öffnen. Das spart Zeit. Die meisten Betriebssysteme bieten daher Dateimanager an, die eine Vorschau auf die Dateiinhalte bereits während eines Suchvorgangs gestatten.

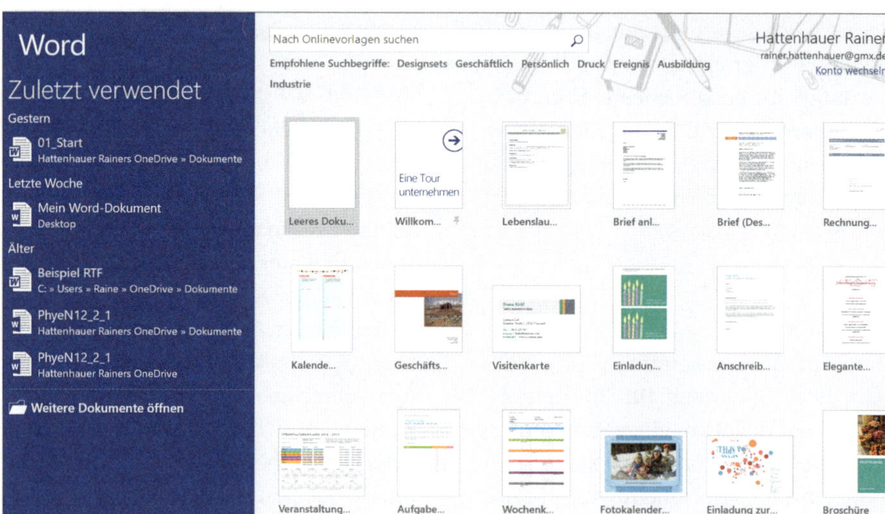

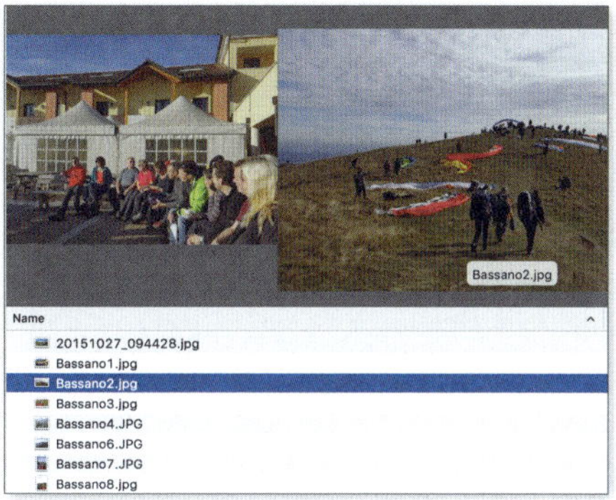

Vorwärts-Schaltfläche

Mithilfe dieser Schaltfläche ❶ navigieren Sie in einem Browser zu einer Internetseite, von der aus Sie sich zuvor über die Zurück-Schaltfläche ❷ einen Schritt zurückbewegt haben. Ein Beispiel: Sie haben auf Wikipedia den Beitrag zu Rosen aufgerufen und dort auf den Hyperlink zu »Pflanzengattung« ❸ geklickt. Nun wollen Sie wieder zum Hauptartikel zurück und betätigen daher die Zurück-Schaltfläche des Browsers. Der Browser hat sich aber gemerkt, dass Sie schon auf einer weiteren Internetseite waren, und bietet Ihnen nun mit der Vorwärts-Schaltfläche die Möglichkeit, diese Seite erneut aufzurufen.

» siehe Hyperlink, Wikipedia

V Pay

» siehe Übersicht »Bezahlen – online und mobil mit dem Smartphone« auf Seite 47

VPN

> Virtual Private Network
> Virtuelles privates Netzwerk

Diese Technik wird insbesondere im beruflichen Umfeld sehr geschätzt. Mithilfe eines VPN gelangen Sie über das Internet in ein geschütztes Firmennetzwerk und erhalten so Zugriff auf Daten, die nicht für jedermann bestimmt sind.

VR

> Virtual Reality

» siehe Übersicht »Virtualität« auf Seite 409

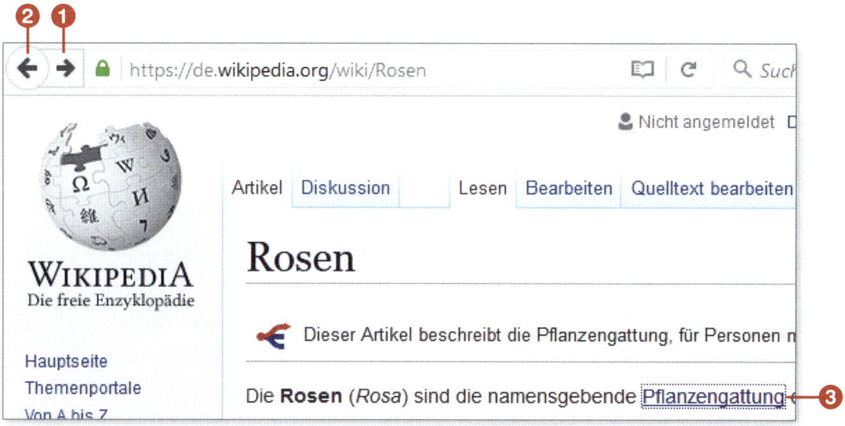

W

... wie Wolke – besteht in der Natur konkret aus Wasserdampf und ist im Computerbereich lediglich eine Metapher für Speicherplatz im Internet(himmel). Die einzige Gemeinsamkeit mit der »normalen« Wolke: Ginge der Anbieter in Konkurs, so würden sich die dort abgelegten Daten wie Wasserdampf verflüchtigen ...

Wählen

Wenn Sie mit Ihrem Smartphone eine Telefonnummer manuell (d. h. ohne Zuhilfenahme des Adressbuchs) wählen möchten, dann tippen Sie einfach auf das Tastatursymbol ❶ innerhalb der Telefon-App.

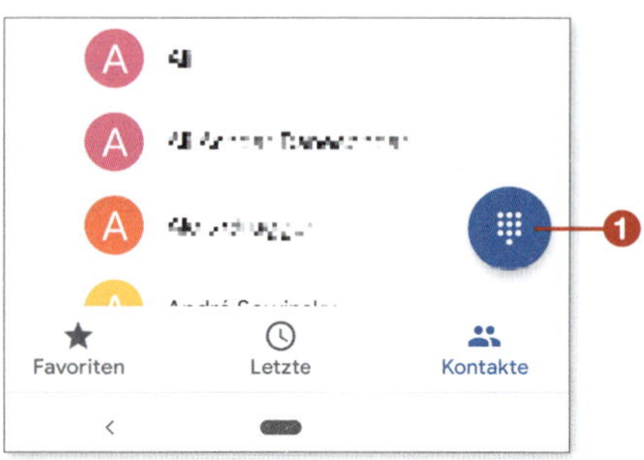

Wake-on-LAN

> »Aufwach-LAN«

Das ist eine spezielle Funktion, die einen PC aus dem Ruhemodus aufweckt, wenn Datenverkehr an der LAN-Schnittstelle (der Schnittstelle zum lokalen Netzwerk) festgestellt wird. Somit können Sie Ihren PC zu Hause in den energieschonenden Ruhezustand versetzen und ihn ferngesteuert aufgrund von Signalen, die per Netzwerk übermittelt werden, aus diesem wieder aktivieren.

» LAN, Ruhemodus/Ruhezustand

Wallet

> Brieftasche

» siehe Übersicht »Bezahlen – online und mobil mit dem Smartphone« auf Seite 47 sowie Übersicht »Bitcoin – das digitale Gold« auf Seite 59

Wallpaper

> »Tapete«

Womöglich haben Sie auch schon den Hintergrund Ihres Computer-Desktops oder Smartphones mit einem schönen, selbst erstellten Bild verziert. Einen solchen Desktop-Hintergrund nennt man in Fachkreisen Wallpaper. Um ein persönliches Bild als Desktop-Hintergrund zu verwenden, rufen Sie in Windows 10 die **Einstellungen** auf und wählen unter **Personalisierung ▸ Hintergrund** im Bereich **Bild auswählen** die Schaltfläche **Durchsuchen**. Es öffnet sich der Explorer, in dem Sie das entsprechende Bild in Ihrem Bilder-Ordner aussuchen, per

Mausklick markieren und schließlich auf die Schaltfläche **Bild auswählen** klicken.

» siehe Arbeitsoberfläche (Desktop), Explorer, Mausklick

WAN

> Wide Area Network
> Großräumiges Netzwerk

WANs sind großräumige, sich über Länder oder sogar Kontinente erstreckende Netzwerke. Sie unterscheiden sich dadurch vom Internet, dass sie in der Regel von einem Konzern bzw. einer Firma betrieben werden. WANs stehen nicht wie das World Wide Web (WWW) unbedingt der Allgemeinheit zur Verfügung.

» World Wide Web

WAP

> Wireless Application Protocol
> Drahtloses Anwendungsprotokoll

Ein mehr oder weniger antikes Netzwerkprotokoll, das seine Anwendung in den frühen Zeiten des mobilen Internets fand. Hauptmerkmal des Protokolls ist, dass die Daten für die Übertragung komprimiert werden. In den heutigen schnellen Mobilfunknetzen (mit LTE und Co.) spielt es für die reine Datenübertragung kaum noch eine Rolle. WAP wird heute allerdings immer noch als Standard zur Übertragung von MMS genutzt.

» siehe Komprimieren, LTE, MMS, Mobilfunknetz, Protokoll

Warmstart

Bezeichnet das Zurücksetzen eines Computersystems mit nachfolgendem Neustart, ohne dass der Computer komplett ausgeschaltet und somit (wenigstens für einen Moment) vom Strom getrennt würde. Bei einem Warmstart wird lediglich das Betriebssystem neu geladen, die Computerhardware wird dabei nie vom Strom getrennt und bleibt somit »warm«.

Schaltet man einen Computer komplett aus, wartet einen kurzen Augenblick und schaltet ihn danach wieder ein, so bezeichnet man dies als einen Kaltstart, da nun die Bauelemente zumindest kurzfristig vom Strom getrennt werden und man ihnen die Chance gibt, »kalt« zu werden. Warmstarts sind heute hauptsächlich bei Smartphones oder Tablets noch zu finden, im PC-Bereich erreicht man einen Warmstart meist dadurch, dass man das System über die entsprechende Schaltfläche im Startmenü einfach neu startet.

» siehe Kaltstart, Neustart/Neu starten (Reboot/Rebooten), Zurücksetzen (Reset)

W

Warteliste/Warteschlange

» siehe Druckauftrag

Wartungscenter

Das Wartungscenter, welches ein fester Bestandteil älterer Windows-Versionen war, heißt unter Windows 10 **Sicherheit und Wartung**. Sie gelangen zu diesem Bereich der **Systemsteuerung**, in dem wichtige Einstellungen vorgenommen werden können, indem Sie den Begriff »Sicherheit« in die Cortana-Suchleiste eingeben.

» siehe Einstellungen (Settings), Systemsteuerung

WCDMA

> Wideband Code Division Multiple Access
> »Breitband-Code-Multiplexverfahren«

Ein Verfahren zur schnellen Datenübertragung im Mobilfunknetz.

» siehe Mobilfunknetz

Web

> »Netz«

Eigentlich: World Wide Web (WWW). Damit ist der Teil des Internets gemeint, durch den Sie bequem per Browser surfen können. Sie haben richtig gelesen – das World Wide Web ist tatsächlich nur ein Teil des Internets, das sich aus sehr vielen Elementen und Bereichen zusammensetzt.

» siehe Browser, Surfen, World Wide Web

» siehe Übersicht: »Internet: Was ist das eigentlich?« auf Seite 195

Web 2.0

Seinerzeit ein Ausdruck für eine einschneidend empfundene Veränderung des bis dahin konventionellen Internets, mit der insbesondere die Verbreitung von sozialen Medien wie Facebook, Twitter und Co. einherging. Der Internetnutzer wandelte sich vom bloßen Konsumenten zum Mitgestalter von Internetinhalten. Das »2.0« sollte also einen Versionssprung zum Ausdruck bringen. Da die Entwicklung nie Halt macht, war bald darauf auch schon vom Web 3.0 die Rede. Doch wie das so ist mit erneuerten Einfällen – das nicht mehr ganz so spektakuläre und wenig fassliche Phänomen eines sogenannten »semantischen Webs« hat sich immer noch nicht im Bewusstsein der Allgemeinheit verankert.

» siehe Soziale Netzwerke (Social Networks)

Web App

> Internet-Anwendung

Programm, das im Fenster eines Browsers seinen Dienst verrichtet. Beispiele sind der Google Kalender oder die Google Textverarbeitung sowie Tabellenkalkulation. Die Anmeldung mit einem Google-Konto vorausgesetzt, können Sie die Web Apps jederzeit im Internet kostenlos nutzen. Rufen Sie dazu die Seite *www.google.de* auf, klicken Sie oben rechts auf das schachbrettförmige Symbol und anschließend auf Mehr. Im aufklappenden Fenster können Sie nun die Programme auswählen und z. B. Texte und Tabellen in der Cloud (Datenwolke) erstellen.

» siehe Cloud (Computing), Google-Konto

Webbrowser

» siehe Browser

Webcam

> »Netz-/Internetkamera«

Das lieben Freunde von »Outdoor«-Sportarten, also solchen Aktivitäten, die »vor der Tür« stattfinden: Wenn der Wetterbericht nicht allzu viel hergibt, dann hilft ein Blick auf die Webcam des Zielgebiets. Die meisten Urlaubsgebiete stellen mittlerweile auf ihrer Homepage entsprechend detaillierte Aufnahmen zur Verfügung, welche die Entscheidung erleichtern, ob man auf den Berg geht oder doch lieber in den heimischen vier Wänden bleibt. Eine Webcam gehört aber auch in aller Regel zur Ausstattung Ihres Computers – nur so ist es möglich, ein Bildtelefonat zu führen. Ist die Webcam nicht im Gerät integriert, so kann man sie separat »nachrüsten«.

» siehe Bildtelefon, Homepage

Webcrawler

> »Webkriecher«

» siehe Spider

WEB.DE

Ein deutsches Internetportal, das einst als Suchmaschine ausgelegt war. Heute finden Sie dort in erster Linie Nachrichten, und die Suchfunktion wurde zu Google ausgelagert. Das Wichtigste: Über WEB.DE können Sie sich eine kostenlose E-Mail-Adresse zulegen.

» siehe E-Mail-Provider, Suchmaschine (Search Engine)

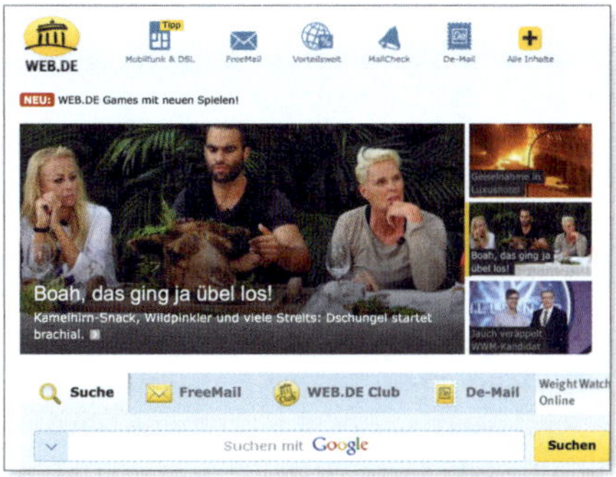

Webdesign

Damit ist nicht nur die ansprechende Gestaltung von Internetseiten gemeint, sondern auch der strukturierte Aufbau einer Website mit ihren Unterseiten sowie die Berücksichtigung der technischen Voraussetzungen zur Programmierung. Webdesigner sind aufgrund der vielfältigen Anforderungen an die Gestaltung meist auf diesen Bereich spezialisiert, manche bieten zudem Printdesign an, womit die Gestaltung von Drucksachen bezeichnet wird.

W

» siehe Website

Weblog

> »Internettagebuch«

» siehe Blog/Bloggen

Webmail

> »Internetpost«

Mithilfe eines Webmail-Anbieters können Sie ein E-Mail-Konto per Browser verwalten und damit E-Mails verschicken und empfangen. Nahezu jeder E-Mail-Provider bietet eine solche Möglichkeit an. Dazu rufen Sie die Homepage des entsprechenden Providers auf und loggen sich mithilfe Ihrer Zugangsdaten dort ein.

» siehe E-Mail, E-Mail-Provider

Webmaster

> »Webmeister«/Webseitenverantwortlicher

Eine mittlerweile anerkannte Berufsbezeichnung. Während die Inhalte (der sogenannte Content) von Webseiten in aller Regel von Redakteuren und Online-Redakteuren erstellt und von diesen zum Teil auch selbst mithilfe eines Content-Management-Systems (CMS) dort eingepflegt werden, ein Webdesigner das ursprüngliche grafische und strukturelle Konzept für eine Homepage liefert, ist der Webmaster gewissermaßen der Herr des Internetauftritts in allen technischen Belangen – aber nicht nur. Auch ein Webmaster ist zuständig für das Konzept der Struktur und die grafische Umsetzung, in kleineren Firmen ggf. auch für das Einstellen neuer Inhalte bzw. neuer Seiten. Er begleitet und wartet als Administrator die im HTML-Code erstellten Seiten und kümmert sich zuweilen auch um deren Vermarktung. Im Alltag eines Unternehmens sorgt der (angestellte) Webmaster dafür, dass die von den Redakteuren oder Firmenmitarbeitern zur Verfügung gestellten neuen Nachrichten und Informationen auch online gehen, d. h. im World Wide Web für alle sichtbar sind.

» siehe Administrator, CMS, Homepage, Online, Webdesign, World Wide Web

Webprotokoll

Jede Suchanfrage, die Sie bei Google stellen, wird protokolliert. Zusammengefasst findet man dann alle Suchanfragen im sogenannten Webprotokoll. Dieses lässt sich jederzeit im Bereich **Daten & Personalisierung** ❶ über den Schalter **Web- und App-Aktivitäten** ❷ bei Google deaktivieren, sofern Sie mit einem Google-Konto angemeldet sind. Darunter ist zudem der Browserverlauf zu verstehen, den Sie beim Besuch verschiedener Seiten im Internet wie eine Spur erzeugen.

» siehe Browserverlauf, Google-Konto, Suchbegriff

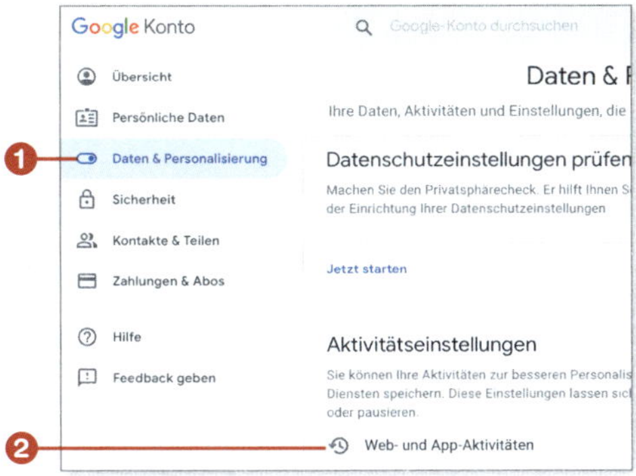

Webseite

> seltener auch als Internetseite bezeichnet

Ein Dokument, das in der HTML-Beschreibungssprache programmiert, per Internetserver zur Verfügung gestellt wurde und mit einem Browser gelesen bzw. betrachtet werden kann (siehe die Abbildung in der Übersicht auf Seite 420).

» siehe Adressleiste (Internet), Browser, Favorit, Fenster, Google-Konto, HTML, Hyperlink, InPrivate-Browsen, Leseliste, Suchbegriff, Tab, Teilen, URL, Vorwärts-Schaltfläche, Webseitennotiz

Webseitennotiz

Wenn Sie eine neue, interessante Internetseite finden, dann legen Sie diese im Browser Microsoft Edge in den Favoriten bzw. der Leseliste ab. In der Regel findet man dann aber später auf dieser Seite nicht mehr die interessanten Informationen, wegen derer man sie abgespeichert hat, weil sich der Inhalt der Webseite in der Regel ständig verändert. Hier kommt die neue Funktion Webseitennotiz in Edge ins Spiel. Damit markieren Sie einfach die Dinge, die Sie interessieren, und speichern die markierte Seite ab. Die Webseitennotizen können darüber hinaus mit Microsofts Notizwerkzeug OneNote synchronisiert werden.

» siehe Microsoft OneNote, Synchronisieren, Webseite

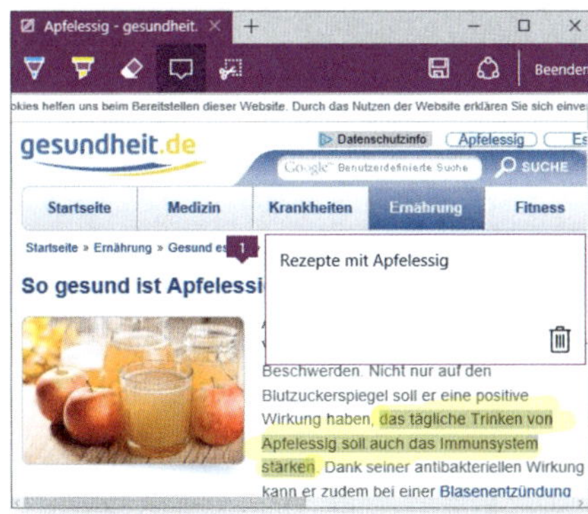

Webserver

Ein Webserver stellt Internetseiten, also verknüpfte HTML-Dokumente, zur Verfügung.

» siehe HTML, Hypertext, Server

Website

> Webangebot

Eine Website ist die Internetdarstellung eines Unternehmens, einer Organisation oder auch einer privaten Person. Ein Beispiel ist die Website des Rheinwerk Verlags *www.rheinwerk-verlag.de*. Eine Website ist nicht zu verwechseln mit einzelnen Webseiten, die zusammen eine Website ausmachen.

» siehe Webseite

Webseite: Navigieren auf einer Webseite

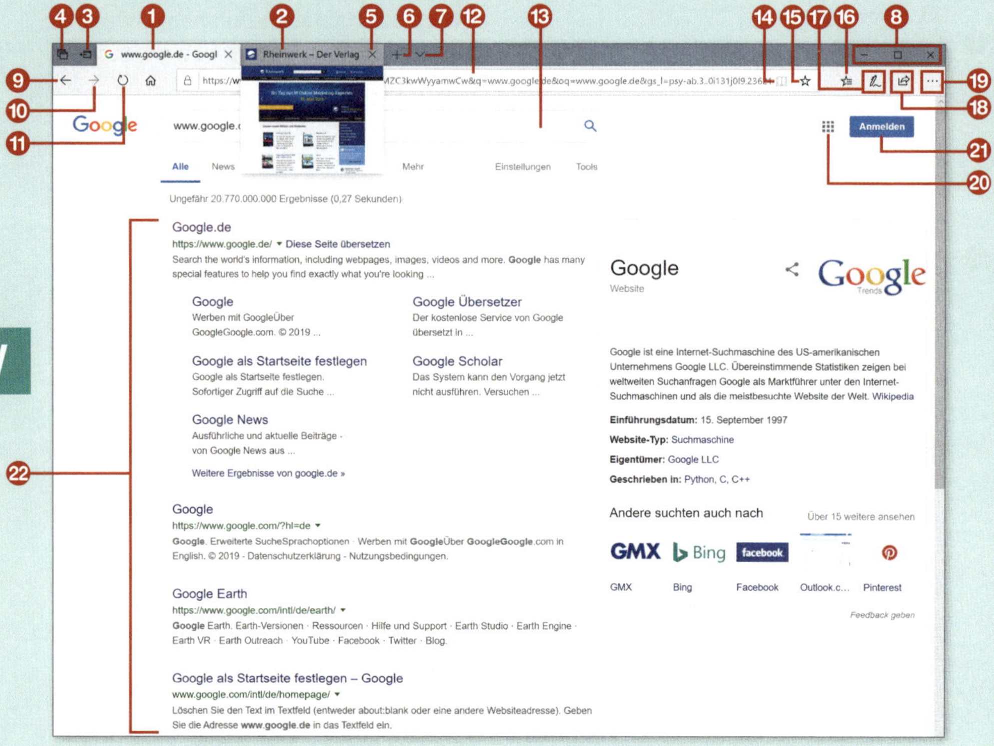

- ❶ Aktuelle Registerkarte (auch Reiter oder Tab genannt) mit der Webseite, die die Suchergebnisse zum Suchbegriff »www.google.de« anzeigt
- ❷ Zweite Registerkarte mit der Website des Rheinwerk Verlags (*www.rheinwerk-verlag.de*) und der Webseitenvorschau als Miniaturansicht, die es bisher nur im Browser Microsoft Edge gibt
- ❸ **Diese Tabs für später speichern**: Speichert alle aktuell geöffneten Tabs ab. Diese können dann über ❹ wieder zum Vorschein gebracht werden.
- ❹ **Für später gespeicherte Tabs**: Zeigt die von Ihnen mit ❸ gespeicherten Register in einer Übersicht an.
- ❺ **Schließen**-Kreuz zum Schließen des Reiters/Tabs
- ❻ Plussymbol **Neuer Tab** zum Erzeugen eines weiteren Tabs
- ❼ Pfeil-Schaltfläche zum Einblenden der geöffneten Tabs jeweils als Miniaturvorschau, die durch Anklicken bildschirmfüllend angezeigt wird
- ❽ Fenster-Schaltflächen zum **Minimieren, Maximieren/Verkleinern** des Programmfensters und zum

Schließen des Fensters sowie des Programms

9 **Zurück**-Schaltfläche

10 **Vorwärts**-Schaltfläche

11 **Aktualisieren**-Schaltfläche

12 Adresszeile (hier durch die Miniaturvorschau überlagert) zur Eingabe einer URL (Internetadresse) über die Tastatur

13 Feld zur Eingabe von Suchbegriffen (Suche über die Taste [↵] oder Anklicken des Lupensymbols rechts des Feldes starten)

14 **Leseansicht**

15 Eine Seite **Zu Favoriten oder Leseliste hinzufügen**

16 **Hub (Favoriten, Leseliste, Verlauf und Downloads)**

17 **Notiz erstellen**

18 **Webseite teilen**

19 **Mehr** (Menü des Browsers Edge mit verschiedenen Optionen, u. a. **Neues InPrivateFenster**, **Zoom**, **Drucken**, **Einstellungen**)

20 Menü der **Google-Apps**

21 **Anmelden** am Google-Konto

22 Suchergebnisse mit Hyperlinks zum Anklicken

Webspace

> Speicherplatz für Dateien im Internet

Wenn Sie eine eigene Website planen, dann benötigen Sie entsprechenden Speicherplatz auf dem Webserver eines Internet-Dienstleistungsanbieters. Diesen Speicherplatz bezeichnet man als Webspace.

Wechseldatenträger

Unter einem Wechseldatenträger versteht man ein Speichermedium, das zwischen mehreren Computern gewechselt werden kann. Typisches Beispiel ist ein USB-Memory-Stick.

» siehe Datenträger, Speicherstick (Memory Stick)

Wechseln (zwischen Programmen)

Unter Windows können Sie jederzeit zwischen mehreren Programmen wechseln, indem Sie das entsprechende Symbol des geöffneten Programms auf der Taskleiste anklicken.

Auf Smartphones oder Tablets funktioniert das ein wenig anders. Hier müssen Sie das Icon einer entsprechenden App stets aufs Neue antippen, um die entsprechende App in den Vordergrund zu bringen. Bei aktuellen Android-Smartphones geht das ein wenig einfacher. Hier rufen Sie zum einfachen Wechsel zwischen Apps die Liste der zuletzt geöffneten Anwendungen auf und erhalten somit eine geordnete Übersicht (siehe die Abbildung auf Seite 422).

» siehe Android, App/Applet, Taskleiste

▲ Wechseln (zwischen Programmen)

Weißabgleich

Sie ärgern sich, dass das Weiß in Ihren Digitalfotos nicht mit dem zur Aufnahmezeit empfundenen Weiß übereinstimmt? Dann sollten Sie die Aufnahmen in einem Bildbearbeitungsprogramm nachbearbeiten. Um das Weiß entsprechend anzupassen, bietet sich dort die Funktion **Weißabgleich** an.

Weiter-Schaltfläche

> engl. Next

Mithilfe der Schaltfläche **Weiter** bestätigen Sie in einem Dialog (etwa bei der Installation eines Programms) häufig eine zuvor getätigte Aktion (wie z. B. die Auswahl einer Option) und bewegen sich zum jeweils nächsten Schritt weiter. Wenn Sie das nicht möchten, stehen Ihnen als Alternativen entweder **Abbrechen** (Cancel), **Schließen** (Close) oder auch **Zurück** (Back) zur Verfügung. Diese Schaltflächen finden Sie in aller Regel in der rechten unteren Ecke des Dialogfensters, was gewissermaßen den Abschluss dieses Dialogs kennzeichnet.

» siehe OK-Schaltfläche

Weiterleiten (E-Mail)

Wenn Sie eine interessante E-Mail bekommen, die Sie gern an einen Freund oder Kollegen übermitteln möchten, dann bietet sich die Schaltfläche **Weiterleiten** innerhalb des E-Mail-Programms an. Jedes E-Mail-Programm verfügt über eine derartige Funktion.

» siehe E-Mail

Werkseinstellungen

Wenn bei Ihrem Smartphone oder Tablet plötzlich rein gar nichts mehr funktioniert, dann hilft meist nur noch das Zurücksetzen (Reset) des Geräts auf die Werkseinstellungen, also die Einstellungen, mit denen das Gerät vom Hersteller ausgeliefert wurde. Für diesen sogenannten Werks-Reset müssen Sie sich tief in das Einstellungsmenü Ihres jeweiligen Smartphones begeben und eine entsprechende Option ausfindig machen. Beachten Sie: Immer wenn Sie ein Gerät auf die Werkseinstellungen zurücksetzen, verlieren Sie sämtliche zuvor gespeicherten persönlichen Daten, also z. B. Fotos und Textdateien – es sei denn,

Sie haben diese bei einem Cloud-Speicherdienst gesichert.

» siehe Cloud (Computing)

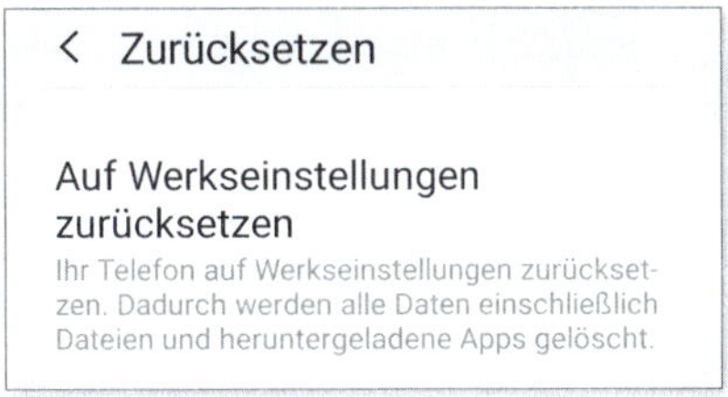

Wetter-App/-Portal

Eine Einschätzung der aktuellen bzw. kommenden Wetterverhältnisse ist in manchen Fällen nicht nur nützlich, sondern auch lebenswichtig. Dazu finden Sie im Internet eine Menge Informationen, bei denen es gilt, die Spreu vom Weizen zu trennen. Gute Anlaufstellen sind die Wetter-Portale *wetteronline.de* oder *meteoblue.com*. Für Ihr Smartphone und Tablet gibt es ebenfalls passende Apps, die Ihnen das Wetter im Taschenformat präsentieren.

WhatsApp

Sie ist der legitime Nachfolger der guten alten SMS: die WhatsApp. Der Name ist ein Wortspiel. »What's up?« bedeutet »Was ist los?«, und in der Tat können Sie mit diesem kleinen Messenger- bzw. Chat-Programm mit Bild, Ton und Video Ihre Freunde auf dem Laufenden halten. WhatsApp läuft auf allen modernen Mobilbetriebssystemen, also insbesondere auf Smartphones. Mittlerweile gibt es sogar die Möglichkeit, WhatsApp am PC per Browser zu betreiben (siehe die Abbildung auf Seite 424), vorausgesetzt, dieser wird mit einem Smartphone, auf dem die App läuft, verknüpft.

» siehe App/Applet, Instant Messaging/Messenger

Whitelist

> Weiße Liste

Ihr E-Mail-Dienstleister versucht in der Regel selbstständig, Sie vor unerwünschter elektronischer Post zu bewahren und sogenannte Spam-Mails auszufiltern. Dabei kann er aber auch mal über das Ziel hinausschießen und erwünschte Absender aussortieren. Passiert das mehrfach, dann können Sie die entsprechenden Absender in eine Whitelist eintragen. E-Mails der dort gelisteten Absender werden dann in jedem Fall zugestellt. Genauere Anweisungen dazu finden Sie auf den Hilfeseiten Ihres Providers im Internet.

» siehe E-Mail-Provider, Spam/Spamfilter

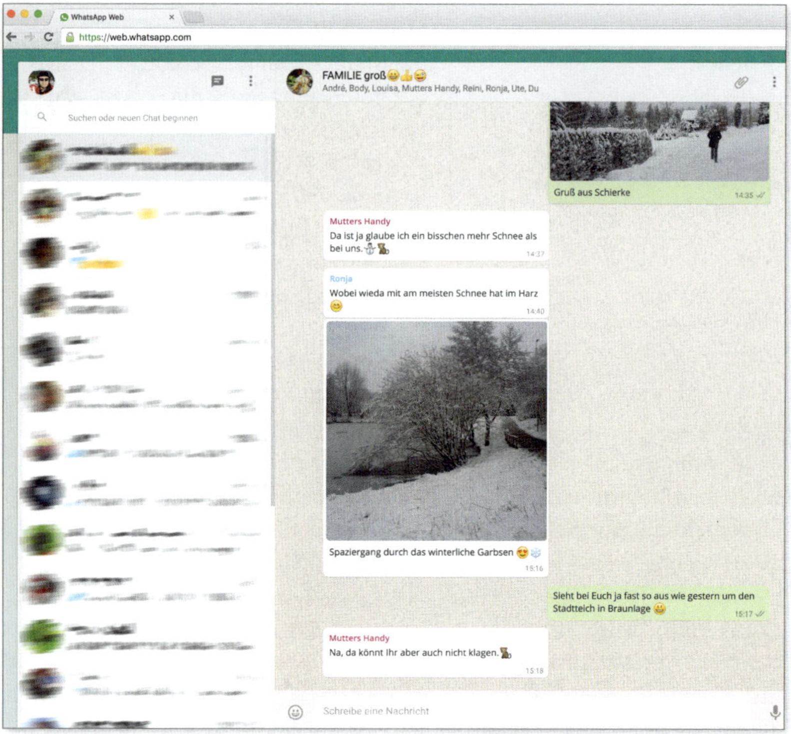

▲ WhatsApp

Widerrufen

So etwas passiert schnell einmal: Sie betätigen bei einem in der Textverarbeitung (z. B. Word) markierten Textausschnitt versehentlich die Taste [←] oder [Entf], und schon ist alles unwiederbringlich im Datennirwana verschwunden. Wirklich unwiederbringlich? Nein, denn Sie können sich stets über die Schaltfläche **Rückgängig: ...** ❶ retten und die jeweils letzte Aktion damit widerrufen. Eine Tastenkombination zum Widerrufen von Eingaben und Befehlen ist übrigens [Strg] + [Z].

» siehe Entfernen/Entf-Taste (Delete-Taste), Rückgängig machen, Rück-Taste (Backspace-Taste)

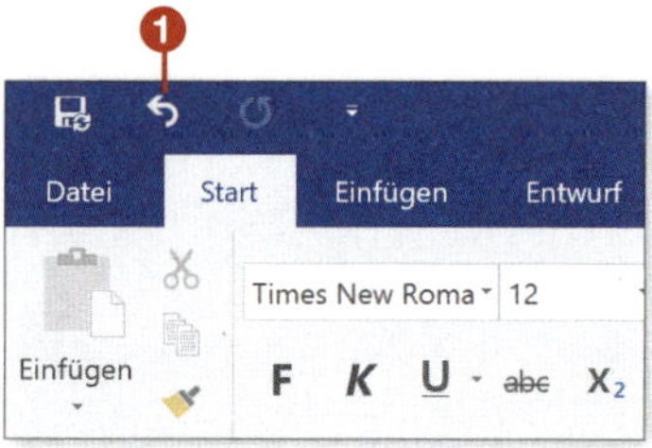

Widerrufsrecht

Sie haben einen Artikel via Online-Shop im Internet eingekauft, und dieser gefällt Ihnen nicht? Dann haben Sie die Möglichkeit, von Ihrem Widerrufsrecht Gebrauch zu machen und den Artikel innerhalb von 14 Tagen gegen Rückzahlung Ihres Geldes dem Anbieter zurückzuschicken. Sie sollten sich allerdings im Vorfeld mit dem Händler absprechen, wer im Falle einer Rücksendung die Portogebühren zu tragen hat. Das muss nicht zwingend der Anbieter sein.

Widget

> »Dingsbums«, als Wortspiel »Window Gadget« = »Fenster-Spielzeug«

Auf Widgets stoßen Sie bei intensiver Nutzung von Smartphones. Mit diesen netten kleinen »grafischen Spielzeugen« lassen sich bestimmte Funktionen von Apps auf dem Startbildschirm darstellen, ohne dazu die App selbst aufrufen zu müssen. So ist das Wetter-Widget ein beliebtes Widget, mit dessen Hilfe Sie das Wetter der nächsten Tage stets aktuell auf Ihrem Smartphone-Display abrufen können.

Wiedergabeliste

> engl. Playlist

Erinnern Sie sich noch an Ihre Jugend, als Sie für Ihre Liebste/Ihren Angebeteten eine Kassette mit Ihren Lieblingsliedern aufgenommen haben, um ihr/sein Herz zu erweichen? So etwas erledigt man heute mit Playlisten, die man über die sogenannten sozialen Netzwerke oder auch persönlich per E-Mail bzw. WhatsApp teilt. Mit dem Programm iTunes ist das Erstellen von Playlists, die dann auf verschiedenen Geräten (dem Mac, dem iPhone oder iPad) synchron zur Verfügung stehen, mit wenigen Klicks erledigt. Die Liste mit Ihren favorisierten Musikstücken können Sie hintereinander oder auch zufällig gemischt wiedergeben lassen.

» siehe iTunes, Soziale Netzwerke (Social Networks), WhatsApp

W

Wiedergabe, zufällige

> engl. Shuffle

Haben Sie eine schöne Wiedergabeliste im Musikprogramm Ihrer Wahl erstellt und möchten Sie diese nun in zufälliger Reihenfolge abspielen, steht Ihnen dazu in jedem Programm bzw. in jeder App eine entsprechende Schaltfläche zur Verfügung.

» siehe Wiedergabeliste (Playlist)

Wiederherstellen-Schaltfläche

Diese Schaltfläche finden Sie in vielen Programmen. Sie bewirkt das Gegenteil der Schaltfläche **Widerrufen** bzw. wie hier in Word **Rückgängig machen** ❶. Haben Sie eine Aktion darüber widerrufen (erkennbar daran, dass die Schaltfläche nun »ausgegraut« wirkt, wie es fachsprachlich heißt), so wird dies durch Klick auf **Wiederherstellen** ❷ erneut widerrufen, das Ganze also auf den Urzustand nach Ihrem ursprünglichen Befehl gebracht. Ein Beispiel: Sie löschen etwas in einem Textdokument, machen den Befehl rückgängig, sodass der Text wieder vorhanden ist, beschließen dann aber doch, dass Sie gerne auf den Text verzichten möchten, und bekräftigen das mit der Schaltfläche **Wiederherstellen** – zugegeben, dazu muss man schon um ein paar Ecken denken. In der Regel würde man daher vermutlich auch eher den Text einfach erneut löschen, als sich dieser Schaltfläche zu bedienen.

» siehe Rückgängig machen

Wiederherstellung

> engl. Restore

Das Gegenteil eines Backups: Wenn Sie Ihren Computer z. B. nach einem Virenbefall wiederherstellen müssen und zu diesem Zweck auf eine Sicherung des Systems (Backup) zugreifen, dann nennt man den Vorgang, bei dem das Backup zurückgespielt wird, Restore. In Windows 10 versteht man unter Wiederherstellung zunächst einmal die Zurücksetzung des Systems (noch vor dem Wiederaufspielen Ihrer Dateien). Dabei haben Sie zwei Möglichkeiten, die Sie in den **Einstellungen** unter **Update und Sicherheit** unter dem Menüpunkt **Wiederherstellung** ❶ vorfinden. Klicken Sie zunächst unter **Diesen PC zurücksetzen** auf **Los geht's** ❷. Sie erhalten nun die beiden Optionen **Eigene Dateien beibehalten** ❸ und **Alles entfernen** ❹. Bei der ersten Option, die man auch »Auffrischen« nennt, werden nur die Apps und Ihre zwischenzeitlich vorgenommenen Einstellungen entfernt, Ihre persönlichen Dateien aber bleiben erhalten. Sollte diese Auffrischen-Funktion aber nicht zur Behebung der Computerprobleme führen, bleibt nur die zweite Option **Alles entfernen**. Dabei wird Windows 10 komplett neu auf Ihrem Computer installiert, d. h. der Computer befindet sich dann wieder im Originalzustand, noch ganz »jungfräulich« ohne alle Ihre Dateien, Apps, Programme und Einstellungen. Spätestens bevor Sie den Computer auf diese Weise zurücksetzen, sollten Sie also Ihre Dateien auf einem externen Speichermedium (einer externen Festplatte) sichern. Sind die Probleme auf Ihrem Computer nicht so gravierend, haben Sie aber häufig auch die Möglichkeit, über einen Wiederherstellungspunkt wenigstens zu einem früheren, noch intakten Zustand Ihres Betriebssystems (mit all Ihren Dateien

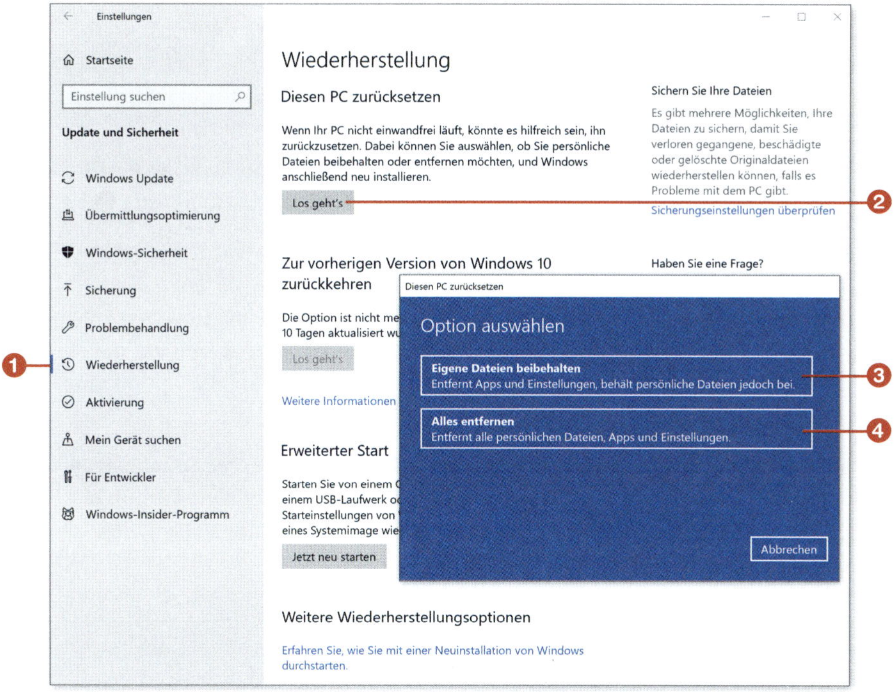

und Einstellungen zu diesem Zeitpunkt) zurückzukehren.

» siehe Backup, Virus, Wiederherstellungspunkt

Wiederherstellungspunkt

Eine Chance bei einem verpfuschten Windows-System. Mithilfe der integrierten Systemwiederherstellung können Sie das System auf den Zustand bringen, in dem es sich z. B. vor der Installation eines Treibers oder eines Programms befand, das möglicherweise verantwortlich für die Probleme auf dem Computer gewesen ist. Derartige Wiederherstellungspunkte legt Windows nach eigenem Ermessen an. Sie können aber auch jederzeit manuell einen solchen Punkt erstellen. Wie das im Einzelnen funktioniert, zeigt die Übersicht »Wiederherstellungspunkt: unter Windows anlegen und verwenden«.

» siehe Treiber (Driver)

» siehe Übersicht »Wiederherstellungspunkt: unter Windows anlegen und verwenden« auf Seite 428

Wiederholen

In jeder App zur Wiedergabe von Musik gibt es eine Wiederholen-Funktion, um eine Wiedergabeliste oder einzelne Stücke in Form einer Dauerschleife zu wiederholen. Eine weitere Möglichkeit, Musikstücke nicht einzeln aufzurufen, sondern am Stück abspielen zu lassen, ist der sogenannte Shuffle, die zufällige Wiedergabe.

» siehe Wiedergabeliste, Wiedergabe, zufällige (Shuffle)

Wiederherstellungspunkt: unter Windows anlegen und verwenden

Sie möchten ein Programm oder einen Treiber installieren, dem Sie nicht über den Weg trauen? Dann legen Sie zunächst einen Wiederherstellungspunkt an:

1. Suchen Sie im Cortana-Suchfeld nach »Wiederherstellungspunkt erstellen«, und klicken Sie das entsprechende Suchergebnis in der Systemsteuerung ❶ an.
2. Im folgenden Dialog **Systemeigenschaften** muss nun das Laufwerk angegeben werden, für das ein Wiederherstellungspunkt abgespeichert werden soll. Im Normalfall ist das bei Windows das Laufwerk *C:*. Wählen Sie das gewünschte Laufwerk in der Übersicht durch Anklicken aus, und klicken Sie nun auf die Schaltfläche **Konfigurieren** ❷. Wählen Sie im folgenden Dialog die Option **Computerschutz aktivieren**.
3. Erstellen Sie schließlich einen Wiederherstellungspunkt über die Schaltfläche **Erstellen** ❸. Dazu müssen Sie den entsprechenden Wiederherstellungspunkt zunächst sinnvoll benennen (z. B. »Vor Installation Treiber Mai 2019«), den Rest erledigt das System automatisch.
4. Sie können nun jederzeit den gespeicherten Zustand des Systems wiederherstellen, indem Sie im Cortana-Suchfeld erneut nach »Wiederherstellungspunkt erstellen« suchen und anschließend auf die Schaltfläche **Systemwiederherstellung** ❹ klicken. Dort wird Ihnen der zuvor erstellte Wiederherstellungspunkt angeboten. Wählen Sie diesen durch Anklicken aus, und folgen Sie den vorgegebenen Schritten des Assistenten..

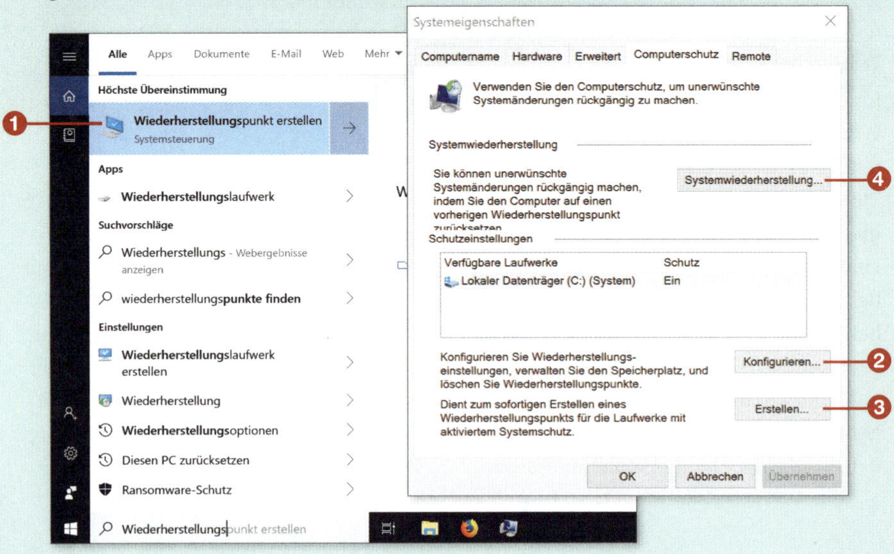

Windows: die Benutzeroberfläche

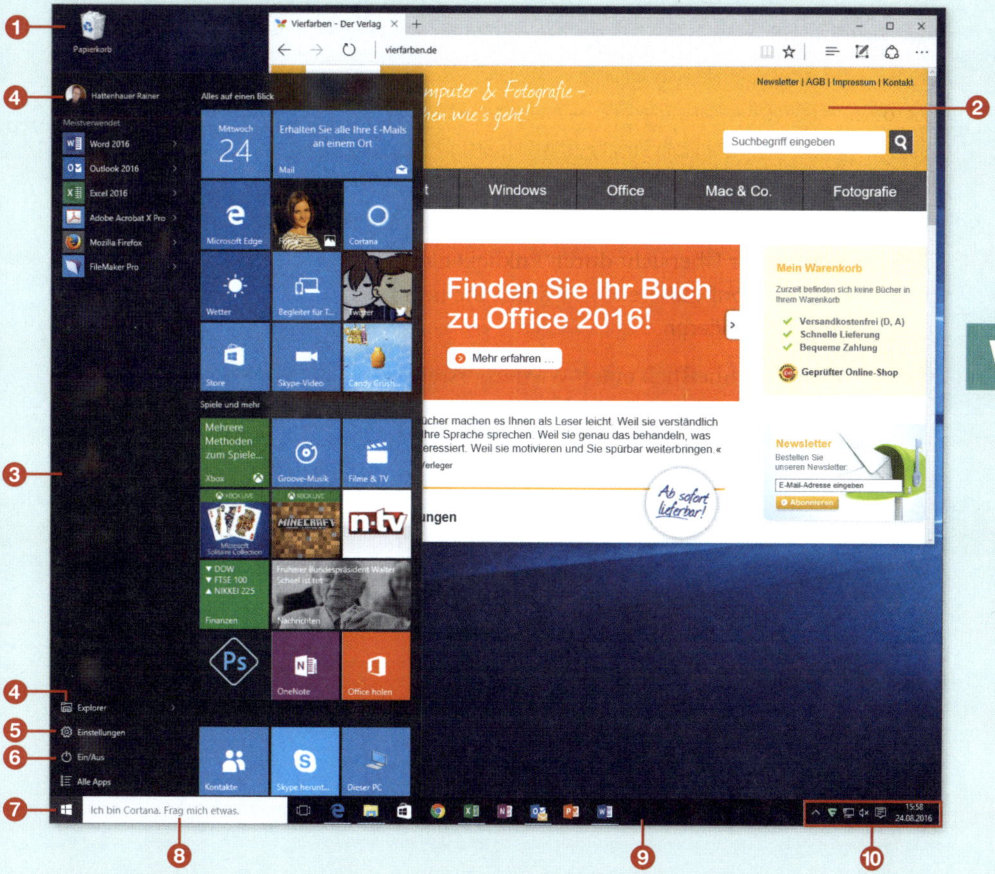

❶ Desktop-Symbol (hier der Papierkorb)

❷ Programmfenster (hier der Browser Edge)

❸ Startmenü mit allen Apps als Liste und ausgewählten Kacheln

❹ Angemeldeter Benutzer (mit Möglichkeit zur Abmeldung)

❺ Einstellungen

❻ Ein/Aus (Herunterfahren, Neu starten)

❼ Windows-Start-Logo (öffnet und schließt das Startmenü)

❽ Cortana-Suchleiste

❾ Taskleiste mit Programmsymbolen

❿ Infobereich der Taskleiste

Windows: 30 Jahre Geschichte

Jahr	Version	Bemerkungen
1985–1989	1.0, 2.0	die Urahnen von Windows
1990	3.0	die erste brauchbare Version
1992–1995	3.1, 3.11	Nahezu jeder PC wurde seinerzeit mit diesem System ausgeliefert.
1995	95	radikale Umstrukturierung, erstmals multitasking-fähig
1998	98	bessere Integration von Internetfunktionen
1993–1999	NT	Betriebssystemvariante für den professionellen Bereich
2000	ME	Millenium-Edition für den Privatbereich. Galt als äußerst instabil.
2000	2000	Version für den professionellen Bereich auf Basis von NT, sehr stabil
2001	XP	Zusammenführung von Privatanwender- und professioneller Version
2007	Vista	Nachfolger von XP, unbeliebt und anfangs mit vielen Fehlern behaftet
2009	7	sehr beliebtes, stabiles System
2012	8	Wirkte auf die meisten Anwender infolge der »Kachel-Optik« eher befremdend, das gewohnte Startmenü fehlte.
2013	8.1	Rückkehr eines Pseudo-Startmenüs
2015	10	Symbiose zwischen der Optik und den Funktionen von Windows 7 und Windows 8, kostenloses Upgrade von Windows 7 und 8 möglich (bis 29.07.2016)
ab 2016		verschiedene Updates von Windows 10, die jeweils im April und im Oktober eines jeden Jahres erscheinen

Wi-Fi

> Wireless Fidelity
> »Drahtlose Treue«

Das ist der englische Begriff für WLAN.

» siehe WLAN

Wiki

> hawaiianisch für »schnell«

Ein System aus Hypertext-Dokumenten (miteinander vernetzten Texten im Internet), das von seinen Benutzern nicht nur gelesen, sondern auch verändert werden kann. Prominentestes Beispiel ist das bekannte Online-Lexikon Wikipedia.

» siehe Wikipedia

Wikipedia

> Kunstwort aus Wiki und Enzyklopädia (Enzyklopädie)

Ein im Internet beliebtes und etabliertes Lexikon, das schon 2001 ins Leben gerufen wurde. Freies »Wissen von Allen für Alle«, lautet hier die Devise. Schauen Sie ruhig einmal vorbei, es lohnt sich! Die Adresse der deutschsprachigen Wikipedia lautet *www.wikipedia.de*.

» siehe Wiki

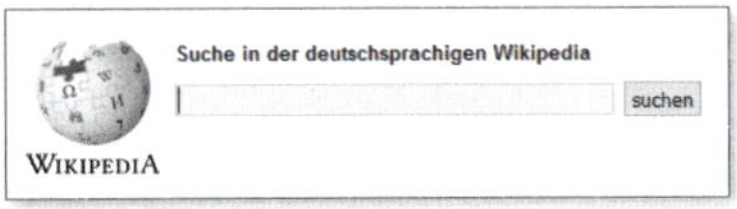

Windows: Editionen der Version Windows 10

Die folgende Tabelle gibt einen Überblick, welche Windows-10-Versionen mit welchen besonderen Funktionen ausgestattet sind.

Windows-10-Version	Zielgruppe	Zielgeräte	Besonderheiten
Home	Heimanwender	PC bzw. Laptop	enthält Cortana und Edge
Pro	Heimanwender, kleine Unternehmen	PC bzw. Laptop	Windows Update für den Geschäftsbereich
Enterprise	Unternehmen	PC bzw. Laptop	langer Updatezyklus schafft Investitionssicherheit
Education	Schulen und Universitäten	PC bzw. Laptop	vergünstigte Spezialversion für Bildungsinstitutionen
IoT Core	Heimanwender, Unternehmen	Minigeräte	Version für das sogenannte Internet der Dinge
Mobile	Heimanwender	Smartphone bzw. Tablet	Mobilversion für Normalanwender (Support eingestellt)
Mobile Enterprise	Unternehmen	Smartphone bzw. Tablet	Mobilversion für den Unternehmensbereich (Support eingestellt)

W

Windows

> »Fenster«

Es ist das wohl erfolgreichste Computerbetriebssystem der letzten 30 Jahre (siehe auch die Übersicht auf Seite 430). Aktuell laufen ca. 90 % aller Heimcomputer mit dem Betriebssystem des Softwaregiganten Microsoft. Lediglich auf dem Smartphone- und Tablet-Markt konnte Microsoft bislang nicht so recht Fuß fassen.

Das typische Kennzeichen von Windows besteht – wie der englische Name schon sagt – darin, dass laufende Programme bzw. Apps in Fenstern (siehe die Übersicht auf Seite 429) dargestellt werden. Diese lassen sich auf dem sogenannten Desktop beliebig anordnen.

» siehe Arbeitsoberfläche (Desktop)

Windows-Apps/-Programme

Mit einem blanken Windows-Betriebssystem könnten Sie relativ wenig anfangen. Was den Nutzen eines solchen Systems bestimmt, sind die Windows-Programme (auch Apps oder Anwendungen genannt), mit denen die eigentliche Funktionalität des Systems verbunden ist. Windows 10 verfügt über etliche Standard-Apps, die gleich zu Beginn installiert sind. Wenn Sie Ausschau nach weiteren Anwendungen (Textverarbeitung, Bildbearbeitung o. Ä.) halten, steht auch dazu bereits eine eigene Windows-App zur Verfügung: der Microsoft Store.

» siehe Microsoft Store

Windows as a Service

› »Windows als Dienst«

Neues Konzept, welches seit Windows 10 Einzug in aktuelle Windows-Versionen gehalten hat. Microsoft baut in Windows nach und nach neue Funktionen ein, die dann in Form von regelmäßigen Updates automatisch in bestehende Systeme eingespielt werden. Der Service hat also auch einen kleinen Pferdefuß: Sie werden von Microsoft ein Stück weit entmündigt und können nicht mehr wie noch in älteren Versionen selbst entscheiden, welches Update Sie zu welchem Zeitpunkt auf Ihrem Computer installiert haben möchten. Über die neue Plattform bietet Microsoft dann auch Dienstleistungen gegen Bezahlung an, die Sie aber natürlich nicht zwangsläufig nutzen müssen.

» siehe Windows Update

Windows Defender

Der Windows Defender ist Microsofts eigene Lösung in punkto Viren- und Trojaner-Abwehr. Alle aktuellen Windows-Versionen sind mit dem Defender ausgestattet. Dieser wird über das Microsoft-Updatesystem regelmäßig aktualisiert, damit auch die neuesten

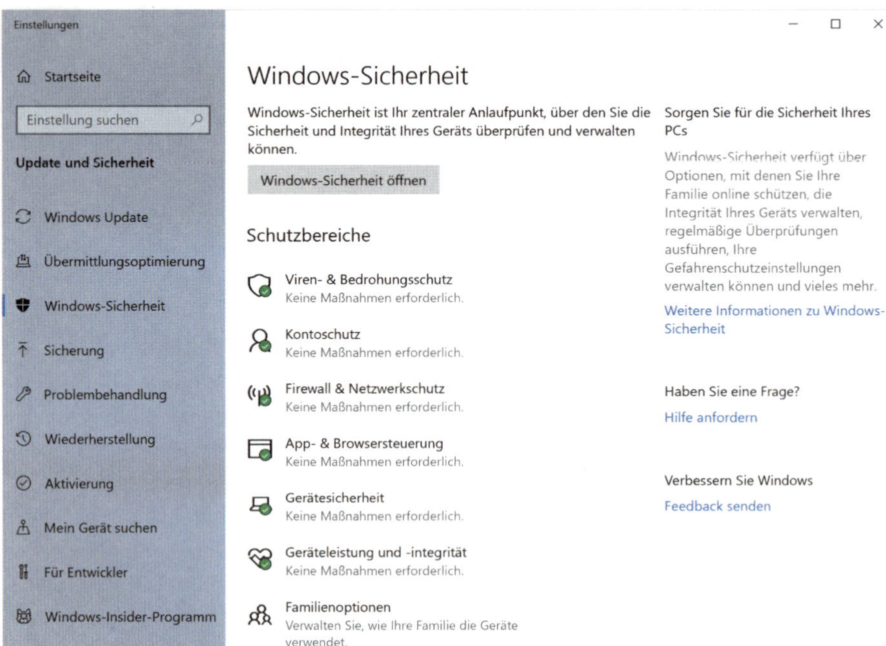

Schädlinge problemlos erkannt werden. Sie können überprüfen, ob der Windows Defender bei Ihnen aktiv ist. Suchen Sie per Cortana-Suchfeld nach dem Begriff »Defender«, und klicken Sie auf das zuoberst erscheinende Ergebnis **Windows Defender-Einstellungen Systemeinstellungen**. Dadurch gelangen Sie in den Dialog **Windows-Sicherheit**. Am grünen Häkchen bei den einzelnen Schutzbereichen erkennen Sie, ob alles in Ordnung ist. Der Windows Defender genießt mittlerweile auch bei kritischen Sicherheitsexperten einen recht guten Ruf. Wer allerdings auf Nummer sicher gehen will, der installiert stattdessen ein spezialisiertes Virenschutzprogramm, z. B. von Avira, AVG oder Kaspersky. Wenn Sie ein solches alternatives Virenschutzprogramm auf Ihrem Computer mit Windows 10 installiert haben, empfiehlt es sich, den Windows Defender abzuschalten, damit sich die Programme nicht gegenseitig ins Gehege kommen. Das erledigt aktuelle, kommerzielle Antivirensoftware mittlerweile sogar selbstständig.

» siehe Computersicherheit, Einstellungen (Settings), Trojaner, Virus, Windows-Firewall

Windows-Explorer

Das ist der frühere Name des Dateimanagers in Windows.

» siehe Explorer

Windows-Firewall

> »Windows-Brandschutzmauer«

Windows besitzt eine eingebaute Firewall, welche Sie vor Gefahren aus dem Internet schützt. Durch Eingabe von »Firewall« in das Cortana-Suchfeld gelangen Sie am schnellsten zum Dialog Firewall- & Netzwerkschutz.

» siehe Firewall, Systemsteuerung

Windows Hilfe

Sie wissen auf Ihrem Computer mit Windows nicht mehr weiter und benötigen Hilfe zu einer bestimmten Systemfunktion? Dann sollten Sie die Windows-Hilfe aufrufen. Diese erreichen Sie durch Eingabe des Begriffs »Hilfe« in das Suchfeld von Cortana. Nach Betätigen der [↵]-Taste öffnet sich das Fenster **Hilfe anfordern**, in welchem Sie Ihr Problem formulieren können (siehe die Abbildung auf Seite 434). In den einzelnen Windows-Programmen, wie z. B. Microsoft Word, führt Sie das Drücken der Taste [F1] gleich zur jeweiligen Hilfefunktion, in der Sie Ihr Problem über die **Suche** oder in den thematischen Kategorien ausfindig machen und die Lösungen nachlesen können.

» siehe Cortana, Microsoft-Konto

▲ Windows Hilfe

Windows Live Mail

Dieses E-Mail-Programm galt seinerzeit als offizieller Nachfolger von Outlook Express. Mittlerweile wurde es in aktuellen Windows-Versionen durch die App **Mail** ausgetauscht.

» siehe Mail, Outlook Express

Windows Mail

Das Standard-E-Mail-Programm von Windows 10. Es ist quasi eine abgespeckte Version des Office-Programms Microsoft Outlook.

» siehe Mail, Microsoft Outlook

Windows Media Center

Das Windows Media Center war noch in den Versionen Windows Vista bis Windows 8 fester Bestandteil der hochpreisigen Varianten des Betriebssystems. Im aktuellen Windows 10 finden Sie diese Multimedia-Erweiterung nicht mehr. Hier müssen Sie sich nach Drittanbieterprogrammen umschauen.

» siehe Multimedia

Windows Media Player

Der Windows Media Player ist unter Windows Dreh- und Angelpunkt, wenn es darum geht, Audio- und Videodateien wiederzugeben. Vor der Benutzung empfiehlt es sich, entsprechende Medien auf Ihren Computer in die dafür vorgesehenen Verzeichnisse (**Musik** bzw. **Videos**) zu kopieren.

» siehe Media Player, Verzeichnis

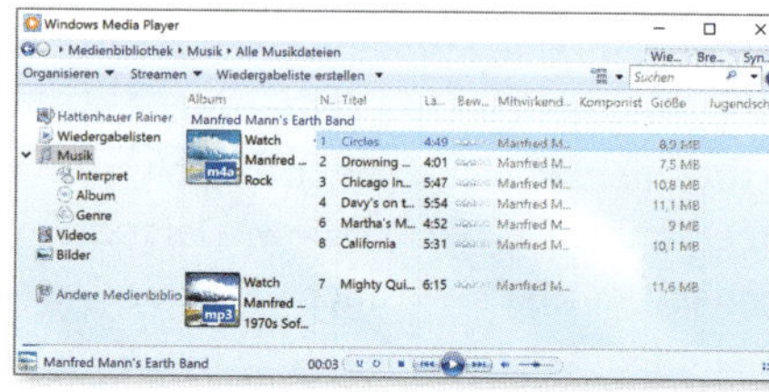

Windows Mobile

Dieses mobile Betriebssystem für Smartphones und Tablets aus dem Hause Microsoft wurde mittlerweile eingestellt. Zu übermächtig war die Konkurrenz von Google (Android) bzw. Apple (iOS). Stattdessen läuft nun auf vielen mobilen Geräten eine vollwertige Version von Windows 10.

» siehe Android, iOS

Windows Phone

Das war der Vorgänger von Windows Mobile und somit das erste mobile Betriebssystem aus dem Hause Microsoft, welches speziell auf Smartphones abgestimmt wurde.

» siehe Windows Mobile

Windows Registry

Die zentrale Konfigurationsdatei Ihres Windows-Betriebssystems, auch Registrierungsdatenbank genannt. Sie enthält sämtliche Einstellungen des Systems. Es ist möglich, durch sogenannte Registry-Hacks die Datenbank zu manipulieren und somit bestimmte Funktionen freizuschalten oder Fehler im Betriebssystem selbst zu beseitigen. Wer sich damit nicht ganz genau auskennt, sollte besser einen großen Bogen darum machen, weil fehlerhafte Einstellungen oder gar eine Zerstörung dieser Datei dazu führen, dass das System und also der Computer nicht mehr startet. Aber keine Sorge, unbeabsichtigt haben Sie gar keinen Zugriff darauf.

Windows Solitaire Collection

» siehe Microsoft Solitaire Collection

Windows Store

> Windows-Laden(geschäft)

Dies war früher der Name für die zentrale Anlaufstelle, um Programme bzw. Apps in Windows auf den Computer herunterzuladen. Der Store wurde mittlerweile in Microsoft Store umbenannt.

» siehe Microsoft Store

Windows-Taste

Mit Windows 10 und der Rückkehr des Startmenüs hat die Windows-Taste

wieder eine zentrale Bedeutung bekommen. Denn anstatt auf das Windows-Logo am linken unteren Bildschirmrand mit der Maus zu klicken, um das Startmenü aufzurufen, können Sie dazu auch ganz komfortabel die Taste [⊞] auf Ihrer Tastatur betätigen. Das sogenannte Schnellzugriffsmenü allerdings erreichen Sie nur über den virtuellen Startknopf auf dem Bildschirm, denn dazu muss mit der rechten Maustaste geklickt werden. Die Taste [⊞] auf Ihrer Tastatur kann aber noch viel mehr und wird deshalb auch »Supertaste« genannt. Sie erreichen damit auf einem Windows-Computer in Verbindung mit weiteren Tasten etliche Funktionen. Dazu im Folgenden einige Beispiele.

» siehe Abkürzungstaste (Shortcut), Arbeitsoberfläche (Desktop), Cortana, Explorer, Info-Center, Minimieren, Schnellzugriffsmenü, Startmenü, Taskansicht, Taskleiste

Windows-Taste und ...	Funktion
[⊞] + [E]	Explorer-Fenster öffnen
[⊞] + [M]	alle Fenster auf einmal minimieren, d. h. in der Taskleiste ablegen (und damit freie Sicht auf den Desktop erhalten)
[⊞] + [D]	den Desktop anzeigen bzw. wieder ausblenden, indem alle geöffneten Programmfenster vorübergehend minimiert und über dieselbe Tastenkombination wieder im Vordergrund eingeblendet werden
[⊞] + [↹]	die Taskansicht aktivieren, um dann über [Alt] + [↹] zwischen den geöffneten Fenstern zu wechseln
[⊞] + [C]	Cortana starten
[⊞] + [A]	das Info-Center öffnen

Windows Update

> Windows-Aktualisierung

Das Windows-Updatesystem sorgt dafür, dass Ihr Windows-Betriebssystem stets auf dem aktuellen Stand ist. Über die Updates werden Sicherheitslücken geschlossen und neue Funktionen in das System integriert. Gemäß dem Prinzip »Windows as a Service« können Sie nun aber gar nicht mehr grundsätzlich entscheiden, ob Sie ein Update auf Ihrem Computer mit Windows 10 durchführen möchten oder nicht. Sie können in den Einstellungen im Bereich **Update und Sicherheit** lediglich selbst versuchen, den Updateprozess anzustoßen (bevor Sie aus der Sicht von Microsoft an der Reihe sind), indem Sie die Schaltfläche **Nach Updates suchen** betätigen. Bequemlichkeit und Sicherheit haben also auch ihren Preis, denn es kann durchaus vorkommen, dass Sie nur mal eben am PC eine E-Mail schreiben möchten, und als quasi unangemeldeter Besuch funkt Ihnen das Betriebssystem mit einem langwierigen Update dazwischen. Prinzipiell aber profitieren Sie durchaus davon, denn es ist für einen Anwender auch nicht immer einfach zu entscheiden, wann und wie oft man ein Update benötigt. Eines ist dabei aber ganz wichtig: Auch wenn es Ihnen zeitlich nicht gelegen kommt – schalten Sie den Computer nicht einfach aus, solange Updates installiert werden. Anderenfalls könnte es passieren, dass Ihr Betriebssystem im Datennirwana hängen bleibt. Meist ist es zudem erforderlich, das System nach einem Update neu zu starten. Sowohl beim Herunterfahren als auch beim Hochfahren werden dann noch einige Konfigurationsarbeiten vorgenommen. Neben der Option, Updates selbst zu einem bestimmten Zeitpunkt durchführen zu lassen, haben Sie umgekehrt auch die Möglichkeit, Updates für einen gewissen Zeitraum zurückzustellen. Klicken Sie dazu in der Kategorie **Update und Sicherheit** der Einstellungen auf den Link **Erweiterte Optionen**, und stellen Sie den Schalter unterhalb von **Updates aussetzen** mit einem Klick auf **Ein** ❶.

» siehe Hochfahren, Herunterfahren (Shut down), Neustart/Neu starten (Reboot/Rebooten), Windows as a Service

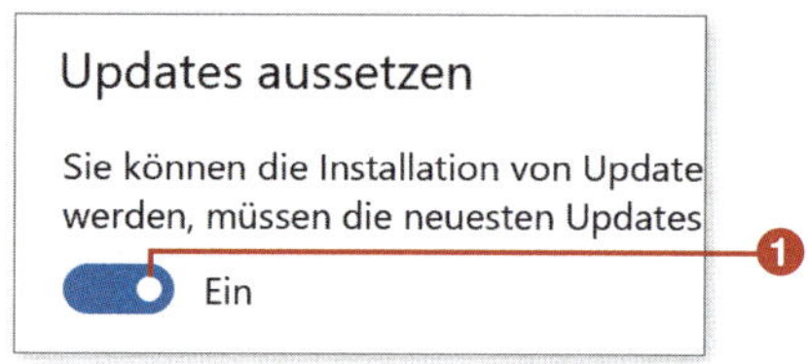

Windows-Zubehör

Das Windows-Zubehör rufen Sie im Startmenü von Windows 10 in der Liste der Apps auf. In diesem Verzeichnis finden Sie diverse Programme, so z. B. den Editor, das Snipping Tool und das Zeichenprogramm Paint.

» siehe Editor, Snipping Tool, Startmenü

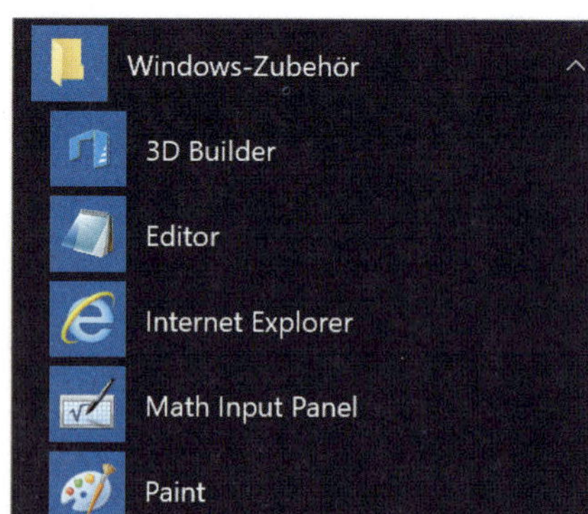

Wireless

» siehe Drahtlos

Wischgeste

Damit können Sie Programme bzw. Apps auf Smartphones oder Tablets bedienen. Mit einer typischen Wischgeste wechseln Sie auf Ihrem Smartphone beispielsweise durch die einzelnen Heimbildschirme.

» siehe Übersicht »Fingerbedienung/-eingabe: Die wichtigsten Gesten am Smartphone und Tablet« auf Seite 150

WLAN

> Wireless LAN
> Drahtloses Netzwerk

Der Nachwuchs bzw. die Jugend hat stets Panik im Blick, wenn es in der Nähe kein offenes (d. h. frei nutzbares) WLAN gibt, das man an seinem markanten Symbol gut erkennen kann. Die drahtlosen Netze sind heute aus der modernen Computerlandschaft nicht mehr wegzudenken. Als kostenfreie Alternative (sogenannter Hot Spot) schonen Sie damit bei der mobilen Internetnutzung die Gebühren Ihres Mobilfunkvertrags, in Verbindung etwa mit einem DSL-Anschluss zu Hause können Sie mit Ihren Geräten (PC, Smartphone oder Tablet) auch ohne lästige Kabelverbindung mit einem Router das Internet nutzen.

» siehe DSL, Hot Spot, LAN, Router

WMA

> Windows Media Audio

Das ist ein Audiokompressions-Standard aus dem Hause Microsoft. WMA-Dateien werden standardmäßig unter Windows verwendet.

» siehe Codec, Komprimieren

WMV

> Windows Media Video

Ein sogenannter Video-Codec, der unter Windows verwendet wird.

» siehe Codec

Wolke

> wörtliche Übersetzung von »Cloud«

» siehe Cloud (Computing)

Word

> »Wort«
> Kurzform des Textverarbeitungs-Programms Microsoft Word

» siehe Microsoft Word

WordArt

> »Wortkunst«

Microsoft Word bietet einen grafischen Darstellungsmodus von Schriften, der WordArt genannt wird. Wenn Sie einmal genau auf Einladungskarten zum Kindergeburtstag oder zur Grillparty schauen, dann werden Sie ganz sicher Elemente von WordArt entdecken. WordArt rufen Sie in Word 2019 im Register **Einfügen**, im Bereich **Text** auf. Nach Einfügen eines Elements stehen Ihnen anschließend unter **Formformat** verschiedene Gestaltungsmöglichkeiten zur Verfügung (siehe Seite 438).

» siehe Microsoft Word

▲ WordArt

World of Warcraft

> Welt der Kriegskunst

Dieses sehr populäre Computerspiel steht im zweifelhaften Ruf, eine ausgeprägte Computerspielsucht hervorzurufen. In einer virtuellen Welt treffen sich rund um den Globus viele Anhänger, um in epische Schlachten zu ziehen. Das Szenario gleicht dabei der allseits bekannten Herr-der-Ringe-Welt von J. R. R. Tolkien. Von den Fans wird das Spiel nur kurz »WoW« genannt.

WordPad

Ein sehr einfaches Textverarbeitungsprogramm, welches zum Windows-Zubehör gehört und somit eine akzeptable Alternative zum kostenpflichtigen Programm Microsoft Word ist. Mit WordPad können Sie zumindest einfache Texte verfassen. Dabei stehen Ihnen auch in beschränktem Umfang Formatierungswerkzeuge zur Verfügung.

» siehe Microsoft Word, Windows-Zubehör

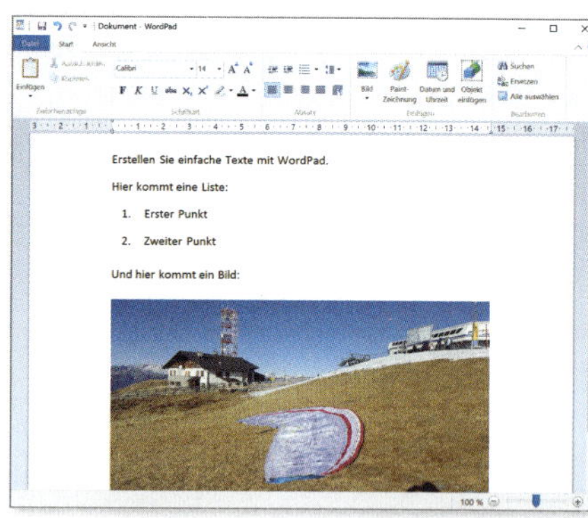

World Wide Web

> Weltweites Netz, Abkürzung: WWW

Das ist der wohl bekannteste Teilbereich des Internets. Das World Wide Web

besteht aus sämtlichen HTML-Seiten, die auf den Servern (Computern) der Welt lagern. Sie erhalten Zugang zum WWW mit jedem handelsüblichen Browser. Verwenden Sie dabei ein mobiles Endgerät (Smartphone oder Tablet), so wird die Darstellung entsprechend angepasst. Das World Wide Web wurde übrigens in seinen Grundstrukturen 1989 am Kernforschungszentrum CERN in Genf von Tim Berners Lee entwickelt.

» siehe Browser, HTML, Internet, Server

» siehe Übersicht »Internet: Was ist das eigentlich?« auf Seite 195

WPA(-Verschlüsselung)

> Wi-Fi Protected Access
> Geschützter Zugang zu drahtlosem Netzwerk

Sicherlich möchten Sie nicht, dass jeder beliebige Spaziergänger, der an Ihrer Wohnung vorbeigeht, Ihr WLAN frei nutzen darf. Hier bietet sich eine Verschlüsselung seitens des Routers an. Bewährt hat sich dabei insbesondere das WPA-Verfahren. Dazu legen Sie auf dem Router einen bestimmten Textschlüssel fest, der von jedem Nutzer anzugeben ist, wenn er Ihr drahtloses Netzwerk nutzen möchte. Mit einem Router wie der FRITZ!Box und der dazugehörigen Software ist das Vorgehen fast selbsterklärend. Ihr Internetdienstanbieter liefert Ihnen aber mit Sicherheit eine entsprechende Anleitung zu Ihrem jeweiligen Gerät.

» siehe FRITZ!Box, Router, WLAN

WPS

> Wi-Fi Protected Setup
> Geschützte Konfiguration für drahtlose Netzwerke

Die Konfiguration des Zugangs zu einem drahtlosen Netzwerk kann dadurch recht kompliziert geraten, dass Sie ein langes Passwort im Endgerät (also z. B. einem Smartphone) eingeben müssen. Das muss nicht sein, denn die meisten modernen Router verfügen über eine spezielle Taste, die Sie einfach betätigen, um ein neues Gerät mit dem Router zu verbinden. Diese Taste trägt die Aufschrift WPS bzw. WLAN.

» siehe Router, WLAN

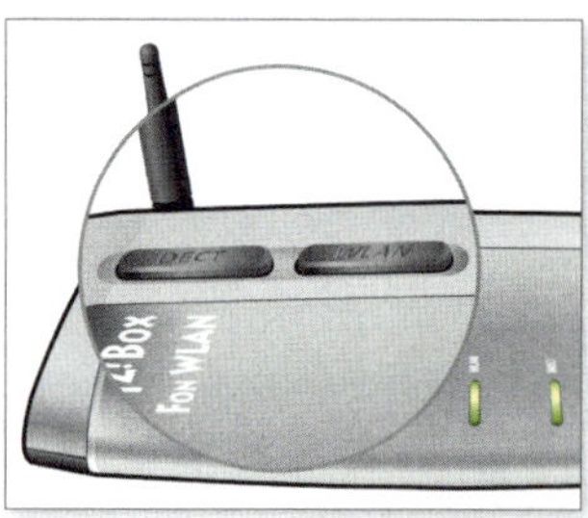

Wurm

Das ist ein Schadprogramm, welches sich selbstständig vervielfacht. Computerwürmer werden entweder über Netzwerke oder Wechseldatenträger wie z. B. USB-Sticks von Rechner zu Rechner befördert.

» siehe Schadsoftware (Malware), Wechseldatenträger

WWW

» siehe World Wide Web

WXGA(-Display)

> Wide XGA

Darunter versteht man im Computerbereich ein Display (einen Bildschirm) mit einer Auflösung von mindestens 1.200 × 800 Bildpunkten.

WYSIWYG

> What You See is What You Get
> »Was du siehst, ist das, was du bekommst«

Eine gängige Floskel im Bereich der Textverarbeitungsprogramme, die besagt, dass das, was Sie auf dem Computerbildschirm dargestellt bekommen, auch genauso auf dem Drucker landet. Ein Beispiel für ein WYSIWYG-Programm ist Microsoft Word. Eine andere Variante ist WYSIWYM.

» siehe Microsoft Word

WYSIWYM

> What You See is What You Mean
> »Was du siehst, ist das, was du meinst«

Diese Gestaltungsform verwendet man im Textbereich dann, wenn man das Layout des Textes durch bestimmte Befehle (sogenannte Tags) beschreiben möchte. Ein typisches Beispiel ist die HTML-Auszeichnungssprache, mit deren Hilfe man Webseiten gestaltet, oder XML.

» siehe HTML, XML

X

... wie Xeon – hört sich an wie ein Edelgas, steht aber
für einen Prozessortyp der Firma Intel.

XAMPP

Das ist ein Softwarepaket, mit dessen Hilfe man einen eigenen Webserver aufbauen bzw. konfigurieren kann. X steht dabei für eine beliebige Betriebssystem-Plattform (z. B. Linux oder Windows), A für den Apache Webserver, M für MySQL, P und P für Perl und PHP (zwei Programmiersprachen).

» siehe Webserver

Xbox

Das ist die Spielekonsole aus dem Hause Microsoft, die in Konkurrenz zur berühmten PlayStation aus dem Hause Sony steht. Die aktuelle Xbox heißt Xbox One. Sie unterscheidet sich bezüglich ihrer technischen Innereien kaum von einem herkömmlichen PC.

» siehe Spielekonsole

Xeon

Ein Prozessortyp aus dem Hause Intel, welcher speziell für Serversysteme entwickelt wurde.

» siehe Prozessor (CPU)

XGA

- Extended Graphics Array
- »Erweiterter Grafikbereich«

Ein Grafikstandard, der von der Firma IBM im Jahr 1990 eingeführt wurde und den VGA-Standard erweitert.

» siehe VGA

XHTML

- Extensible HTML
- Erweiterbares HTML

Eine Erweiterung der HTML-Sprache, mit der es u. a. möglich ist, mathematische Formeln in HTML-Dokumente einzubinden.

» siehe HTML

XING

- Abkürzung für Crossing = Kreuzung (der Buchstabe X sind zwei über Kreuz angeordnete Linien)

XING ist ein soziales Netzwerk, welches in Deutschland sehr beliebt ist und zur

Anbahnung von beruflichen Kontakten dient. Insbesondere wenn Sie einen neuen Job suchen, sollten Sie ein Profil auf XING erstellen. Potenzielle Headhunter (»Kopfjäger« im beruflichen Bereich) durchforsten ständig XING-Profile auf der Suche nach geeigneten Mitarbeitern.

» siehe Soziale Netzwerke (Social Networks)

XML

> Extensible Markup Language
> Erweiterbare Auszeichnungssprache

Eine Beschreibungssprache für Textdokumente, mit der es möglich ist, formatierte Texte plattformübergreifend auszutauschen. Früher war es beispielsweise ein Problem, ein Microsoft-Word-Dokument unter dem Betriebssystem Linux zu öffnen, da es dafür kein geeignetes Programm gab. Selbst nach der Einführung von OpenOffice und LibreOffice unter Linux wurden einige Formatierungselemente von Word-Dokumenten nicht korrekt dargestellt. Hier springt das XML-Format in die Bresche, da die entsprechenden Dateien aus reinem Text bestehen und somit universell verarbeitet werden können.

» siehe LibreOffice, OpenOffice

XPS

> XML Paper Specification
> XML-Dokument-Spezifizierung

Dieses spezielle Dokumentenformat wurde von Microsoft als Antwort auf Adobes PDF entwickelt. Mithilfe von XPS ist es möglich, Dokumente geräteunabhängig darzustellen. Unter Windows

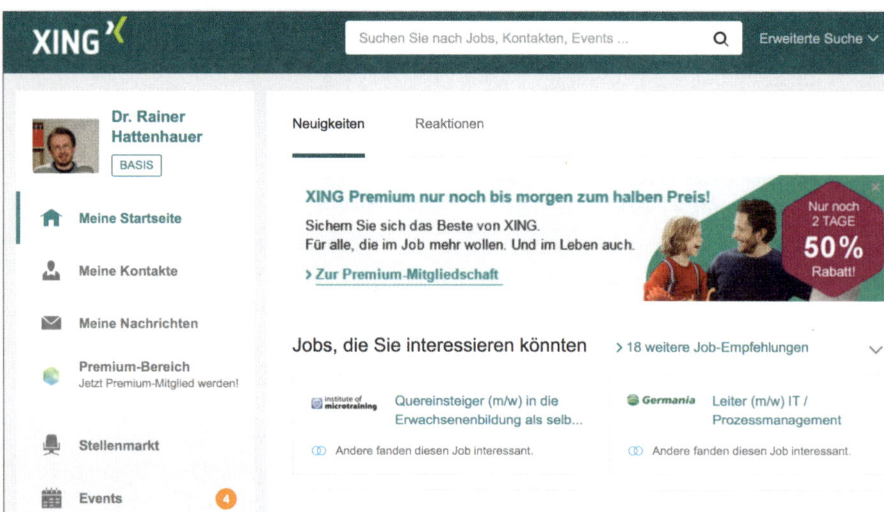

können Sie zu diesem Zweck einen virtuellen XPS-Drucker definieren. Dieser steht dann in jeder Anwendung zur Verfügung und gibt auf Wunsch entsprechende Dokumente im XPS-Format aus.

» siehe Adobe Reader, PDF

XR

> Extended Reality
> Erweiterte Realität

» siehe Übersicht »Virtualität« auf Seite 409

Xubuntu

Eine Variante des beliebten Betriebssystems Ubuntu Linux. Dieses unterscheidet sich vom klassischen Ubuntu dadurch, dass ein anderer Desktop, der sogenannte Xfce-Desktop, verwendet wird. Dieser läuft auch auf nicht so leistungsstarken Geräten.

» siehe Arbeitsoberfläche (Desktop), Ubuntu

XviD

Eine Abwandlung des klassischen DivX-Codecs zur Kompression von Videomaterial. Im Gegensatz zu DivX ist XviD komplett frei, d. h. kostenlos.

» siehe Codec

Y

Yahoo! – so klingt ein Freudenschrei (im angloamerikanischen Sprachraum). Das gleichnamige Unternehmen hat mittlerweile keinen Grund, in Jubel auszubrechen.

Y-Adapter

Ein Kabel, das die Form des Buchstabens Y hat. Damit lassen sich Signale auf einzelne Leitungen aufteilen oder zusammenführen. Eine typische Anwendung dieses Kabeltyps findet man im Videobereich, wie die folgende Abbildung einer Videosignalweiche zeigt. Hier werden die einzelnen Datenleitungen, die vom Videogerät über vier Signalleitungen kommen, auf einen einzigen USB-Anschluss reduziert.

» siehe Adapter, USB/USB-Stick

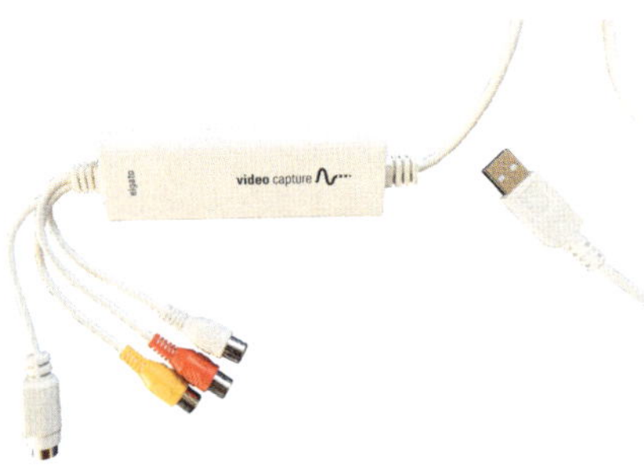

Yahoo!

> Juchu!

Der Suchmaschinengigant war einst auf Augenhöhe mit Google. Heute ist Yahoo! nur mehr ein Schatten seiner selbst. Die Startseite gleicht der eines beliebigen Nachrichtenportals. Im Gegensatz zu Google, wo der Webseiten-Katalog mithilfe von Spider-Programmen aufgebaut wird, wird der Katalog von Yahoo! redaktionell, d. h. von Hand gepflegt.

» siehe Suchmaschine (Search Engine), Spider

Yottabyte

> Abkürzung: YB

Das ist eine sehr, sehr große Datenmenge: Ein Yottabyte entspricht 10^{24} Byte. In dieser Datenmenge ließe sich das gesamte aktuelle Wissen der Menschheit problemlos speichern.

» siehe Bit

YouNow

> »Du jetzt«

Ein aus den USA stammendes Videoportal, das vor allem bei sehr jungen Menschen weltweit beliebt ist und daher vor allem bei Medienpädagogen als sehr umstritten gilt. Eine Überprüfung der Altersgrenze (eigentlich 13 Jahre) findet nicht statt, und so geben hier auch Kinder über einen sogenannten Livestream direkten Einblick in ihr Privatleben bzw. haben unmittelbaren Zugriff auf potenziell jugendgefährdende Inhalte.

» siehe Streamen/Streaming, Videoportal

YouTube

> »Du/Dein Kanal«

Diese beliebte Videoplattform gibt es mittlerweile schon seit rund 15 Jahren. Galt YouTube in den ersten Jahren lediglich als Medium zum Austausch von Amateurvideos, so hat sich die Plattform in den letzten Jahren zum Social-Media-Werkzeug erster Klasse gewandelt. Kaum ein(e) großer Künstler(in), die/der nicht einen eigenen YouTube-Kanal betreibt. Das Schöne an YouTube ist die Möglichkeit, dass darüber völlig unbekannte Menschen durch verrückte Ideen, die sie in Videoform präsentieren, zu großer Bekanntheit gelangen können. Damit kann man sogar Geld verdienen: Jeder Klick auf ein Video, das mit einem Werbepartner verknüpft ist, bringt dem Vertreiber Bares.

» siehe Social Media

Yum

> Yellowdog Updater Modified

Ein sogenanntes Paketverwaltungssystem für Linux-Distributionen.

» siehe Linux

YUV

Das ist ein Farbmodell, welches beim analogen Fernsehen zur Darstellung von farbigen Bildern verwendet wird.

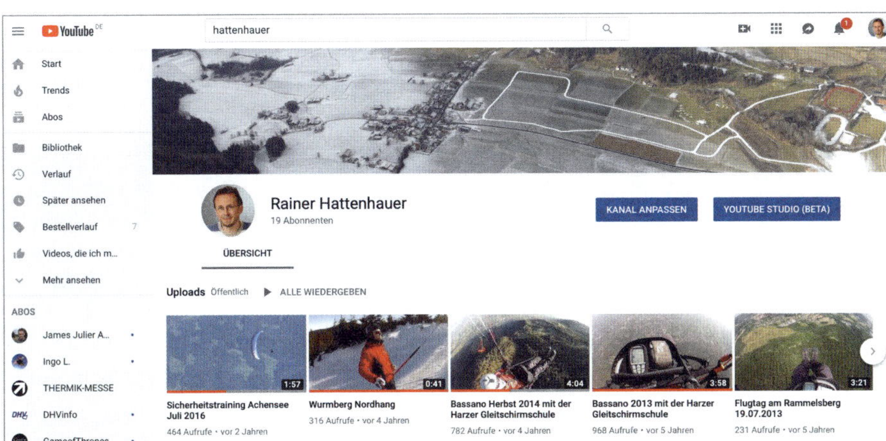

Z

... wie Zelle ... »Das Leben kommt auf alle Fälle aus einer Zelle – doch manchmal endet's auch – bei Strolchen – in einer solchen« (Heinz Ehrhardt). Im Computerbereich findet man Zellen in einem eher unverfänglichen Zusammenhang: in Tabellenkalkulationen oder Internetformularen.

Zähler

Ein Element auf einer Webseite, mit dessen Hilfe festgestellt wird, wie viele Besucher die entsprechende Seite schon besucht haben. Derartige Zähler sind im Zeitalter der sozialen Netzwerke etwas in den Hintergrund geraten. Das heutige Maß der Beliebtheit wird in sogenannten »Likes« und »Klicks« gemessen.

» siehe Facebook, Like/Liken

Zahlenformat

Das steht Ihnen in einer Tabellenkalkulation wie Excel zur Verfügung. Damit können Sie Zahlen als Prozentwerte, als Währung, aber auch als Datum formatieren.

» siehe Microsoft Excel

Zahlensystem

Ein Zahlensystem beschreibt, wie Zahlen dargestellt werden. Das muss nicht unser bekanntes Dezimalsystem mit den Ziffern 0, 1, 2, 3 etc. sein. Im Computerbereich haben sich insbesondere das duale Zahlensystem sowie das hexadezimale Zahlensystem etabliert.

» siehe Dezimal, Duales System, Hexadezimal

Zattoo

Eines der Programme bzw. Apps, mit dem Fernsehen über das Internet übertragen und empfangen werden kann.

» siehe Fire TV

Zeichen

Unter einem Zeichen versteht man im Computerbereich einen einzelnen Buchstaben, ein Sonderzeichen oder eine Ziffer. Jedem Zeichen wird im Rahmen des ASCII-Codes eine bestimmte Zahlenkombination zugeordnet. Das Zeichen »A«" z. B. besitzt den ASCII-Code 65.

» siehe ASCII-Code

Zeichenkette

Eine Zeichenkette (engl. String) ist eine Folge von Buchstaben, Ziffern oder Sonderzeichen. Strings werden meist in Anführungszeichen geschrieben. Ein Beispiel für einen String ist: »Ein_Wort«.

Zeichenprogramm

Mithilfe von modernen Grafikprogrammen ist es heute für Laien leicht, ansprechende Zeichnungen oder gar Gemälde auf dem Computer zu gestalten. Als

Hilfsmittel sind hier GIMP, Inkscape und für Anfänger Microsoft Paint zu nennen, wobei von den genannten Programmen nur Inkscape im engeren Sinn ein Zeichenprogramm ist. So sieht dann die Mona Lisa im digitalen Zeitalter aus.

Zeichensatz

Unter einem Zeichensatz versteht man eine Menge von Zeichen (also Buchstaben und Zahlen), mit deren Hilfe sich Texte darstellen lassen. Bekannte Zeichensätze sind der ASCII- sowie der Unicode-Zeichensatz.

» siehe ASCII-Code

Zeiger

Das ist ein bestimmter Datentyp, der selbst keine Daten enthält, sondern vielmehr auf solche verweist. Im Prinzip ist jede Verknüpfung, die Sie auf einem Windows-Desktop erstellen, ein Zeiger auf die entsprechende Originaldatei. Zudem versteht man darunter auch die grafische Darstellung des Elements auf der Oberfläche, das Sie mit Ihrem Eingabegerät (der Tastatur oder Maus) steuern.

» siehe Mauszeiger, Verknüpfung

Zeile (Tabellenkalkulation)

Zur Auswahl einer Zeile in einem Tabellenkalkulationsprogramm wie Microsoft Excel klicken Sie auf die entsprechende Zahl am linken Fensterrand, und die Zeile ist markiert.

» siehe Arbeitsblatt/-mappe, Spalte (Tabellenkalkulation), Tabelle

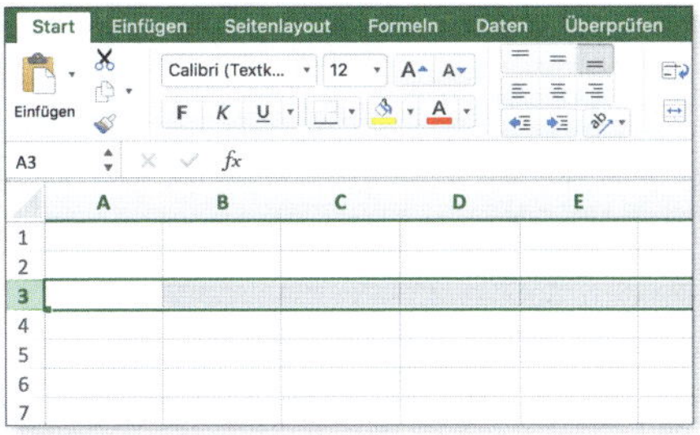

Zeilenumbruch

Wenn Sie Text in einem Dokument einfügen, dann wechseln Sie automatisch in die nächste Zeile, sobald die vorherige gewissermaßen gefüllt ist. Um nun selbst einen Zeilenumbruch zu erzeugen, stehen Ihnen zwei Varianten zur Verfügung: Sie betätigen die Taste [↵] und erzeugen damit zugleich einen neuen Absatz, der an der Absatzmarke (❶ auf Seite 448) erkennbar ist. Oder

Sie betätigen zugleich die Tasten ⇧ + ↵ – damit erzeugen Sie einen sogenannten weichen Zeilenumbruch ❷, bei dem eine weitere Zeile innerhalb eines Absatzes erzeugt wird. Um die Absatzmarken und andere nicht druckbare Zeichen (wie den Leerschritt zwischen Wörtern) in einem Dokument anzuzeigen bzw. auszublenden, steht Ihnen in Word 2019 unter dem Register **Start** die entsprechende Symbol-Schaltfläche ❸ zur Verfügung.

» siehe Eingabe-Taste (Return-Taste)

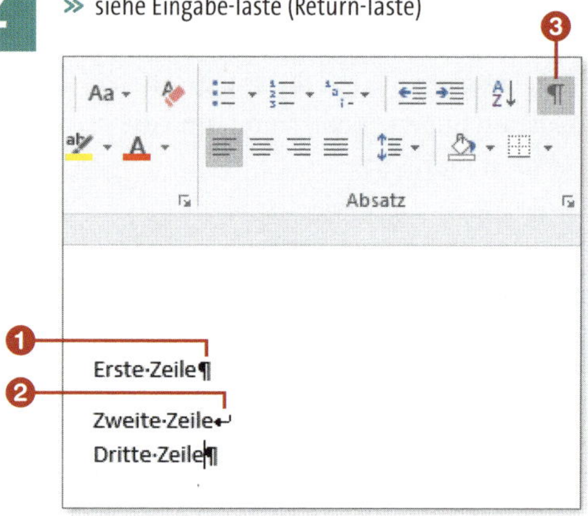

Zeittarif

Bei einem Zeittarif, der insbesondere im Mobilfunk üblich ist, telefonieren Sie zu einem vorgegebenen Minutenpreis. Das sind heute in der Regel 9 Cent.

» siehe Mobilfunktarif

Zelle

Eine Zelle ist ein Feld innerhalb einer Tabellenkalkulation. Die Adresse dieser Zelle wird ähnlich wie beim Spiel »Schiffeversenken« durch eine Buchstaben-Zahlen-Kombination angegeben. Beispiel: C4 ist die Zelle, die man am Kreuzungspunkt der Spalte C mit der Zeile 4 findet.

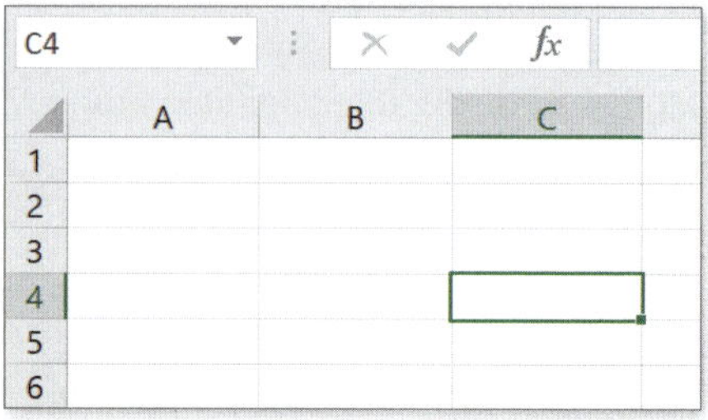

Zentraleinheit

Das ist das zentrale Bauteil eines PCs, auch CPU genannt.

» siehe Prozessor (CPU)

Zentrieren

Diese Funktion wendet man auf Text an, der sich entweder in der Zelle einer Tabellenkalkulation oder in einem Textverarbeitungsprogramm befindet. Im Unterschied zum Blocksatz ergeben sich dabei in aller Regel ein unregelmäßiges Erscheinungsbild an den Texträndern.

» siehe Blocksatz

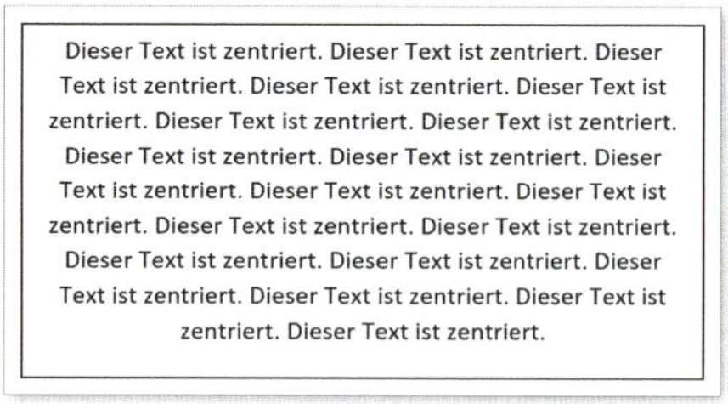
Dieser Text ist zentriert. Dieser Text ist zentriert.

Zertifikat

Das ist ein Merkmal einer Internetseite, um zu zeigen, dass diese aus einer vertrauenswürdigen Quelle stammt. Sie können bei den gängigen Browsern das Zertifikat beispielsweise einer Online-Banking-Internetseite dadurch anzeigen, dass Sie das Symbol des geschlossenen Vorhängeschlosses ❶ in der Eingabezeile anklicken.

» siehe Browser, Online-Banking

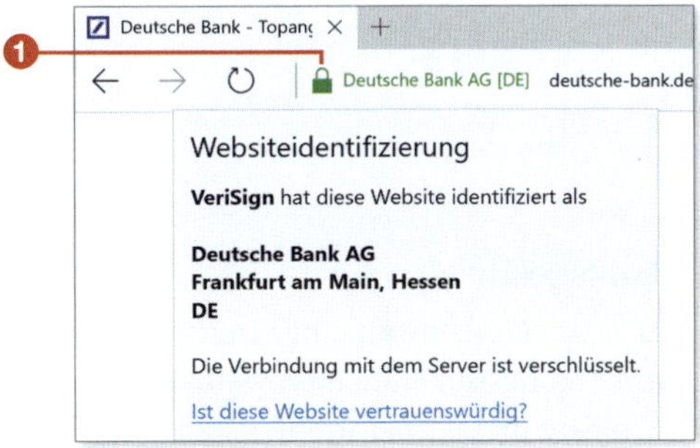

Ziehen

Wenn Sie die linke Maustaste gedrückt halten und die Maus über die Unterlage (auf Ihrem Schreibtisch) ziehen, dann können Sie damit größere Bereiche auf der Oberfläche Ihres Computerbildschirms markieren – ob nun mehrere Textzeilen in einem Dokument oder auch Dateien, die Sie im Dateimanager (Explorer) auf einmal auswählen möchten.

» siehe Markieren, Maus

Ziehen und Fallenlassen

> engl. Drag and Drop

Damit ist gemeint, dass Sie ein Objekt mit gedrückter Maustaste auswählen, dieses an eine andere Stelle verschieben und dort fallen lassen, d. h. ablegen. So können Sie nicht nur Ihre Dateien im Dateimanager auf einfache Weise umsortieren, sondern auch einzelne Wörter und Textpassagen in einem Textverarbeitungsprogramm wie z. B. Word an anderer Stelle platzieren. Diesem Verschieben von Elementen mit der Maus entspricht auf der Tastatur der Vorgang des Ausschneidens und Einfügens. Damit beim Verschieben ähnlich wie beim Kopieren und Einfügen die neu platzierten Elemente am Ursprungsort erhalten bleiben, betätigt man die Taste `Strg`.

» siehe Ausschneiden und Einfügen (Cut and Paste), Kopieren und Einfügen (Copy and Paste), Verschieben

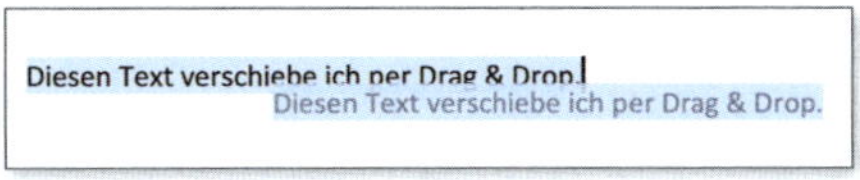

Ziffernblock

Das ist ein separater Tastenbereich, der sich auf der Tastatur zu einem PC, in aller Regel aber nicht bei einem Notebook findet.

» siehe Notebook, Nummernblock

» siehe Übersicht »Tastatur: auf dem PC und Smartphone« auf Seite 374

ZIP/Zippen

> engl. zip = Reißverschluss

Das ist die typische Endung einer gepackten, d. h. aus mehreren Dateien bestehenden Datei. Unter Windows erstellen Sie ZIP-Dateien, indem Sie über den zu verpackenden Objekten einen rechten Mausklick durchführen und dann aus dem erscheinenden Kontextmenü den Punkt **Senden an ▸ Zip-komprimierter Ordner** auswählen.

» siehe Archiv/Archivdatei, Packen

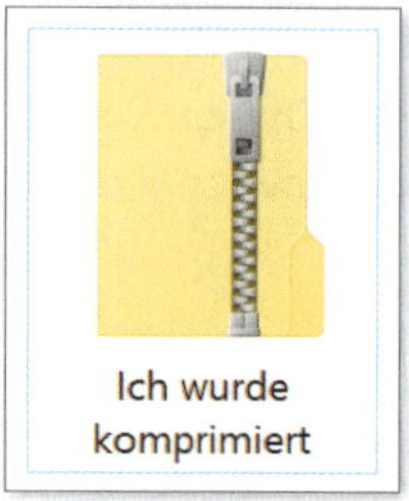

Zocken/Zocker

Leidenschaftliche jugendliche Computerspieler bezeichnen sich gern selbst als Zocker. Die Tätigkeit des Spielens wird als Zocken bezeichnet.

Zoll

Das ist ein englisches Längenmaß, welches insbesondere im Zusammenhang mit der Größe von Computermonitoren verwendet wird. Ein Zoll entspricht dabei 2,54 Zentimetern. Ein handelsüblicher Computermonitor hat eine Bilddiagonale zwischen 21 und 27 Zoll. TV-Geräte beginnen bei 32 Zoll und enden bei 55 Zoll – das geht dann schon fast in Richtung Kinoleinwand.

» siehe Bildschirm (Screen)

Zoom/Zoomen

› Vergrößern bzw. Verkleinern

Den Begriff des Zoomens finden Sie in verschiedenen Bereichen, angefangen bei Ihrer Digitalkamera, welche einen entsprechenden Hebel besitzt, um Motive dichter heranzuholen, bis hin zum Bildbearbeitungsprogramm, in dem Sie mit einer entsprechenden Lupe ebenfalls Bereiche vergrößern können. In Programmen wie Word finden Sie zu diesem Zweck unten rechts in der Statusleiste einen Schieberegler, mit dem Sie die Ansicht Ihres Dokumentes prozentweise vergrößern bzw. auch verkleinern können.

» siehe Pinch to Zoom, Vergrößern

Zoomobjektiv

Das ist ein Objektiv an einer Digitalkamera, mit dessen Hilfe man weit entfernte Objekte dichter heranholen kann. Bei Objektiven gilt: »Je länger, desto Zoom«.

Zubehör

Das ist einerseits eine Sammlung nützlicher Programme unter Windows, die Sie im Ordner **Windows-Zubehör** im Startmenü finden. Andererseits können Sie natürlich Ihren Computer mit jeder erdenklichen Art von Zubehör auf- bzw. ausrüsten.

» siehe Windows-Zubehör

Zufallszahlen(generator)

Für statistische Analysen kann es manchmal hilfreich sein, wenn man mithilfe eines Computers zufällige Zahlenfolgen generiert. Sicher fragen Sie sich, wie eine exakte Maschine wie ein Computer überhaupt zufällige Elemente erzeugen kann. Hierfür gibt es relativ komplexe mathematische Verfahren, mit deren Hilfe man derartige Zahlenreihen erzeugen kann. In Microsoft Excel generieren sie eine Zufallszahl mit dem Befehl =ZUFALLSZAHL(). Dazu ein einfaches Beispiel: sechs Lottozahlen aus einem Zufallszahlenfeld erzeugen.

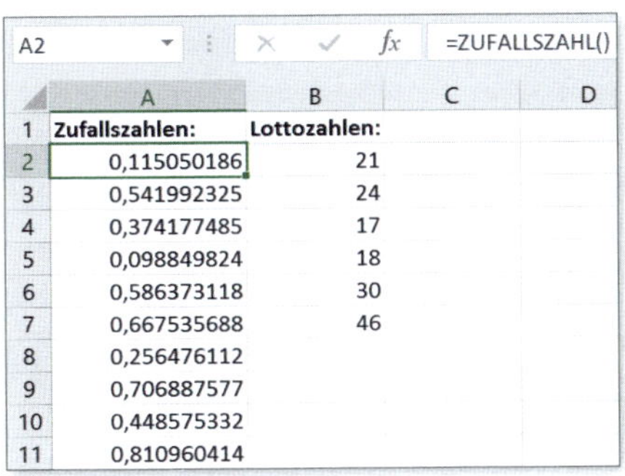

Zugangsberechtigung

Das ist quasi der Türsteher in Ihrem Computersystem oder im Online-Shop. Ohne eine entsprechende Login-Passwort-Kombination gelangen Sie nicht in das System.

» siehe Login

Zugriffsrechte

Nicht jeder darf auf einem Computersystem beliebig auf alle Dateien zugreifen. Für die entsprechenden Regeln sorgt das Zugriffssystem, welches für jeden Nutzer bestimmte Zugriffsrechte gewährt oder verwehrt. Unter Windows können Sie die Zugriffsrechte für eine Datei dadurch einsehen, dass Sie über der Datei einen rechten Mausklick durchführen und den Punkt **Eigenschaften ▸ Sicherheit** auswählen.

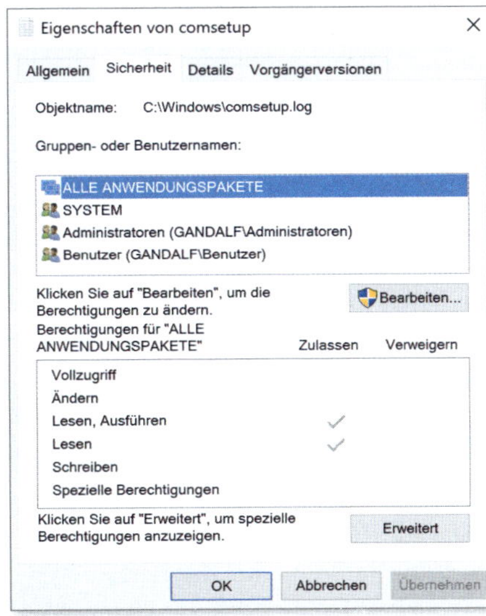

Zurück

> engl. Back

Gut, dass nicht alles am Computer endgültig ist. Während des Installationsprozesses eines Programms z. B. wird Ihnen alternativ zur Schaltfläche **Weiter** häufig mit **Zurück** (neben **Abbrechen**) Gelegenheit zum Abbruch des Prozesses gegeben. Mit der Tastenkombination `Strg` + `Z` können Sie getätigte Eingaben und Befehle rückgängig machen und somit ebenfalls zu einem früheren Zustand zurückkehren. Und nicht zuletzt gelangen Sie mithilfe der nach links zeigenden Zurück-Schaltfläche in einem

Internetbrowser wieder zu der Seite, die Sie zuvor aufgerufen haben.

» siehe Vorwärts-Schaltfläche, Weiter-Schaltfläche (Next), Widerrufen

Zurücksetzen

> engl. Reset

Den Reset-Schalter gab es früher noch an jedem PC. Damit startete man das Betriebssystem bei einem Hänger kurzerhand neu. Das ist bei den heutigen modernen Betriebssystemen eher kontraproduktiv: Diese digitalen Orchideen sind sehr empfindlich und wollen sauber heruntergefahren und neu gestartet werden. In Windows 10 gibt es aber eine Funktion, um das Betriebssystem bei Problemen zurückzusetzen. Sie lautet **Diesen PC zurücksetzen** und findet sich in den **Einstellungen** unter **Wiederherstellung**. Je nach dort ausgewählter Option werden dabei aber alle Ihre persönlichen Dateien, Apps und Einstellungen entfernt, sodass ein vorheriges Backup zumindest der Dateien mehr als ratsam ist.

» siehe Backup, Hard Reset, Herunterfahren (Shut down), Neustart/Neu starten (Reboot/Rebooten), Werkseinstellungen, Wiederherstellung (Restore)

Zwei-Faktor-Authentifizierung

» siehe Übersicht »Bezahlen – online und mobil mit dem Smartphone« auf Seite 47 sowie Übersicht »Datenschutz und Datensicherheit« auf Seite 101

Zwischenablage

Immer wenn Sie eine Textpassage markiert und kopiert haben, landet diese in der sogenannten Zwischenablage. Das ist ein Zwischenspeicher, dessen Inhalt Sie jederzeit an einer anderen Stelle einfügen können.

» siehe Kopieren und Einfügen (Copy and Paste), Markieren

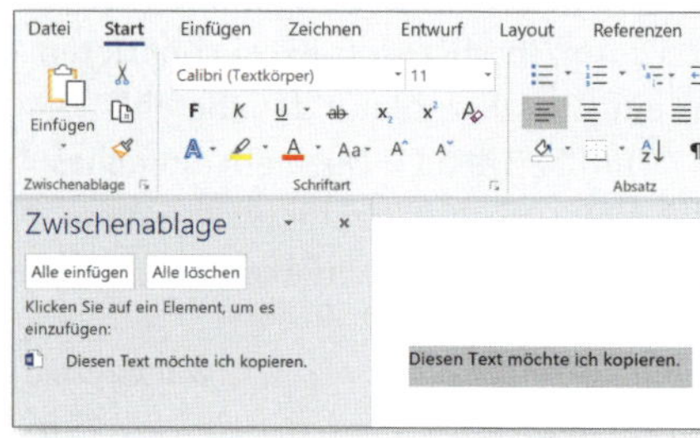

Zwischenspeicher

Ganz allgemein ein Speicherbereich, in dem Daten zwischengespeichert werden, die schnell wieder benötigt werden. Ein Beispiel eines derartigen Zwischenspeichers ist der Cache in einer CPU, der temporäre Daten für Berechnungen vorhält.

» siehe Cache, Prozessor (CPU)

Zylinder

Das ist das Bauteil einer Festplatte, in welchem mehrere Magnetscheiben senkrecht übereinander angeordnet sind. Auf diesen Magnetscheiben werden dann die Daten geschrieben, welche das Betriebssystem auslesen kann.

» siehe Festplatte

@, # und Co.

@#!?% – in älteren Comics verbargen sich hinter diesen Zeichen meist Flüche oder Schimpfworte. Beim Computer hat hingegen jedes dieser Sonderzeichen eine wichtige Bedeutung.

^ (Caret-Zeichen)

Mit dem Caret-Zeichen, das sich links oben auf einer Standard-PC-Tastatur befindet, berechnen Sie in Tabellenkalkulationen oder Mathematikprogrammen Potenzen. Beispiel: 2 ^ 3 (lies: $2^3 = 2 \times 2 \times 2$) ergibt 8.

$

Dieses Zeichen, das auch als Währungszeichen für US-amerikanische Dollar verwendet wird, dient in einigen Programmiersprachen zur Kennzeichnung von Variablen. Unter dem Linux-Betriebssystem steht es in einem Terminal vor der Eingabeaufforderung.

» siehe Terminal

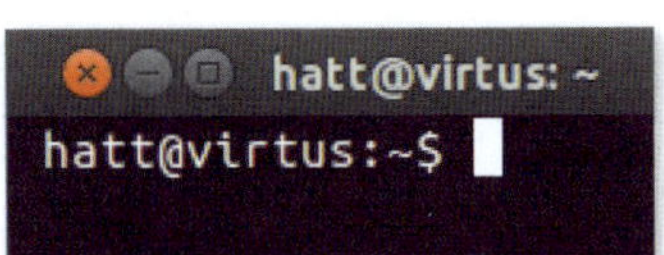

&

Das logische &-Zeichen (auch als kaufmännisches »Und« bekannt) verknüpft bei der Programmierung zwei Bedingungen. Beispiel: Die Bedingung (x > 2) & (x < 6) (lies: »x größer 2 und x kleiner 6«) trifft auf die Zahlen 3, 4 und 5 zu.

/ (Slash)

» siehe Slash

// (Doppelslash)

Damit wird das Internetprotokoll http: von der Internetadresse, z. B. *www.rheinwerk-verlag.de* abgetrennt.

» siehe Adresse (E-Mail, Internet), Protokoll

?

Das Fragezeichen ersetzt als sogenanntes Jokerzeichen ein beliebiges Zeichen in einer Zeichenkette. Beispiel: »Fr?gezeichen«.

» siehe Joker

=

Mit dem Gleichheitszeichen leitet man in Excel eine Rechenvorschrift ein. Beispiel: =SUMME(A1:A5) berechnet in Excel die Summe der Zahlen, die sich in den Zellen A1 bis A5 befinden.

» siehe Summe-Funktion

\ (Backslash)

» siehe Backslash

@

> engl. at = bei

Der sogenannte Klammeraffe @ dient als Trennzeichen bei E-Mail-Adressen. Beispiel: heinz@huber.de.

*

Das *-Zeichen dient als universeller Platzhalter in Zeichenketten. Der Stern kann dabei ein oder mehrere Zeichen beinhalten. So können Sie beispielsweise sämtliche Word-Dokumente auf Ihrem Rechner im Dateimanager auflisten, indem Sie bei der Suchabfrage »*.doc« eingeben.

» siehe Dateiendung/Dateityp

~ (Tilde)

Die Tilde gibt unter Linux immer den Pfad zum eigenen Heimverzeichnis an, in dem sich die persönlichen Dateien befinden. Der Befehl »cd ~« führt in der Eingabeaufforderung stets ins Heimverzeichnis.

» siehe Pfad, Verzeichnis

(Hashtag)

» siehe Hashtag

< (kleiner als)

Mit diesem Operator können Sie zwei Zahlen bei logischen Bedingungen vergleichen. Beispiel: 2 < 3. Die Merkregel dazu: Das Kleiner-Zeichen gleicht den rechten beiden Strichzügen im Buchstaben K (wie »kleiner«).

> (größer als)

Dieses Zeichen dient dazu, festzustellen, ob die Zahl links vom Zeichen größer ist als die Zahl rechts vom Zeichen. Beispiel: 5 > 2.

| (Pipe)

Der senkrechte Strich wird z. B. in der Linux-Eingabeaufforderung dafür verwendet, mehrere Befehle zu kombinieren. Das ist dann eine sogenannte Pipe. Beispiel: Der Befehl »dmesg | more« kombiniert unter Linux die beiden Befehle »dmesg« (Startmeldungen anzeigen) und »more« (seitenweise auflisten).

» siehe Befehl, Linux

:-)

So kann man in einer Textverarbeitung einen Smiley, ein lachendes Gesicht, erzeugen: mit den drei Tasten für den Doppelpunkt, Ergänzungsstrich und die schließende runde Klammer. Die meisten Programme wandeln diese Zeichenfolge dann in ☺ um. In den Mail- und Chat-Programmen Ihres Smartphones stehen Ihnen mittlerweile fertige Gesichter in allen Gefühlslagen und auch andere Bildchen zur Verfügung, sogenannte Emojis oder Emoticons.

» siehe Emoji/Emoticon

_ (Unterstrich)

» siehe Unterstrich

2.0, 3.0, ...

Im Computerbereich herrscht die »Versionitis« vor. Die Zahlen, die immer größer werden, deuten dann stets neue Versionen eines Programms oder

Computersystems an. Prominentestes Beispiel ist das Web 2.0: die Weiterentwicklung des Internets in Richtung der sozialen Medien.

» siehe Web 2.0

» siehe Übersicht »Windows: 30 Jahre Geschichte« auf Seite 430

3D

Das ist die Abkürzung für dreidimensional und beschreibt beispielsweise, dass man mit entsprechend dafür ausgelegten Fernsehern und Brillen ein dreidimensionales Bild sehen kann.

3D-Beschleunigung

Diese wird benötigt, um ein modernes Computerspiel möglichst realistisch darzustellen. Die Anforderungen an die entsprechende Grafikkarte sind dabei immens. Man spricht in diesem Zusammenhang davon, dass die Grafikkarte über eine 3D-Beschleunigung verfügt, um den Eindruck zu erwecken, man befände sich in einem dreidimensionalen Raum.

» siehe Grafikkarte

3D-Drucker

Das ist ein spezieller Drucker, der mithilfe eines Plastikdrahts (Filament genannt), der durch eine heiße Düse geleitet wird, realistische dreidimensionale Modelle erzeugen kann. Der 3D-Druck ist mittlerweile auch in der Medizin ein Thema. So ist es schon gelungen, mithilfe von professionellen 3D-Druckern Körperteile wie z. B. Hüften zu erzeugen.

» siehe CAD

» siehe Übersicht »Robotik« auf Seite 318

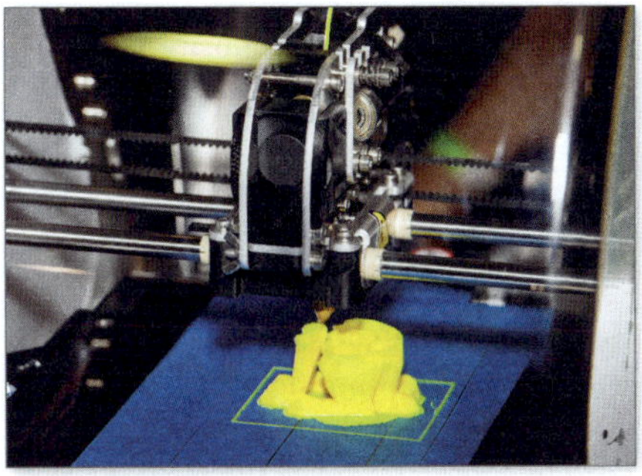

3D-Grafik

Damit ist im Computerbereich keine echte dreidimensionale Darstellung gemeint. Vielmehr versteht man unter einer 3D-Grafik, dass man auch bei einem flachen Bildschirm den Eindruck hat, man würde in die Tiefe schauen.

» siehe 3D-Beschleunigung

3D-Kino

Was früher noch eine Zukunftsvision war, ist heute längst Realität. Der »Weiße Hai« springt Sie direkt aus der Kinoleinwand an, und bei »Star Wars« fliegen Ihnen die Schüsse aus den Laserpistolen nur so um die Ohren. Für das 3D-Kino benötigen Sie eine spezielle Brille, die für jedes Auge ein eigenes Bild liefert und somit den Eindruck vermittelt, dass das Kinobild räumliche Tiefe besitzt.

3D-Sound

Das ist Dreidimensionalität für die Ohren. Stellen Sie sich vor, Sie begeben sich auf einen Waldspaziergang. Rechts von Ihnen ruft ein Kuckuck, während hinter Ihnen Rehe über den Weg laufen. Aus der Ferne ertönt ein Martinshorn. Aufgrund der Tatsache, dass Sie mit zwei

@

unterschiedlich am Kopf positionierten Ohren ausgestattet sind, können Sie den Ursprung der unterschiedlichen Geräusche lokalisieren. 3D-Soundanlagen unterstützen Sie insofern dabei, als die an mehreren Stellen in einem Wohnzimmer platzierten Lautsprecher unterschiedliche Soundquellen simulieren können. Mittlerweile benötigen Sie noch nicht einmal sehr viele Lautsprecher für dieses Verfahren. Sogenannte Soundbars (das sind gerade Lautsprecherleisten, die z. B. vor einem Fernseher angebracht werden) simulieren dreidimensionalen Klang über komplizierte Berechnungen.

» siehe Sound

3G

> Third Generation
> Dritte Generation (des Mobilfunks)

Eine sehr schnelle Variante des Mobilfunknetzes. Damit können Daten mit einer Geschwindigkeit von bis zu 42,2 Megabit pro Sekunde übertragen werden.

» siehe Mobilfunknetz

4K

> 4000

Damit ist sehr hochauflösendes Filmmaterial gemeint. In der Regel bedeutet dies eine Auflösung von 4.096 × 2.160 Bildpunkten. Das Kürzel 4K bezieht sich somit auf die Auflösung in einer Dimension, bezeichnet also die Breite der Darstellung.

» siehe Auflösung, HDTV

5G

> Fifth Generation
> Fünfte Generation (des Mobilfunks)

Der neue Standard im Bereich der Mobilfunktechnik ist mittlerweile in aller Munde und steht in Deutschland in den Startlöchern. Damit einher gehen hohe Datenraten sowie die Möglichkeit, Maschinen untereinander zu vernetzen. Ebenfalls beeindruckend ist die Möglichkeit der massiven Übertragung von Daten ohne Verzögerung. So lassen sich die bislang existierenden 100 Milliarden Mobilgeräte weltweit in Echtzeit gleichzeitig mit Daten versorgen. Das würde einen Quantensprung auf dem Gebiet des Zivilschutzes im Falle von Katastrophenmeldungen bedeuten.

» Datenrate, Mobilfunknetz

10BaseT, 100BaseT, 1000BaseT

Das sind spezielle Kabel bzw. Kabelverbindungen zum Aufbau eines lokalen Netzwerks.

» siehe LAN

16:9-, 16:10-Format

Das ist ein Bildformat, bei dem die Breite des Bildes wesentlich größer als die Höhe ist. Die Zahl 16 bedeutet dabei die relative Breite, die Zahl 9 bzw. 10 die relative Höhe. Eine praktische Anwendung dieser beiden Formate finden Sie bei aktuellen Fernsehgeräten bzw. im Kino, wo man darauf Wert legt, dass sich beim Zuschauer infolge einer überbreiten Leinwand ein Mittendrin-Gefühl einstellt.

32 Bit

Das ist die Breite eines sogenannten Datenbusses. Stellen Sie sich vor, Ihre Daten sind Personen, die in einem Bus vom Ort A zum Ort B transportiert werden sollen. Wenn Sie über eine 32-Bit-Datenleitung verfügen, dann passen in den entsprechenden Datenbus 32 Personen. Ob Sie über ein 32-Bit- oder ein 64-Bit-Betriebssystem verfügen, können Sie in Windows 10 in den **Einstellungen** unter **System ▸ Info** ablesen.

» siehe 64 Bit

64 Bit

In Bezug auf das Beispiel zum Stichwort »32 Bit« verfügt der Bus hier nun über 64 Plätze. Dadurch lassen sich natürlich im selben Zeitraum wesentlich mehr Daten übertragen. Die meisten Prozessoren bzw. Betriebssysteme sind mittlerweile so konzipiert, dass die Daten bzw. Programme im 64-Bit-Format übertragen werden. Ein großer Vorteil von 64-Bit-Systemen ist außerdem, dass diese wesentlich größere Speicherbereiche ansprechen können.

» siehe Prozessor (CPU), 32 Bit

404 Error (Page not found)

› Fehler 404 (Seite nicht gefunden)

Wenn Sie sich öfter im Internet bewegen, werden Sie früher oder später einmal auf diese Meldung treffen. Keine Sorge, dieser Fehler ist nicht gravierend (mit Ihrem Computer also alles soweit in Ordnung). Der Hinweis bedeutet nur, dass die in der Adresszeile des Browsers oder über einen Link aufgerufene Seite nicht (mehr) existiert. Haben Sie die Adresse selbst eingegeben, können Sie die Schreibweise dann noch einmal überprüfen und ggf. anpassen.

» siehe Adresse (E-Mail, Internet)

720p

Dieses Kürzel kennzeichnet hochauflösendes Videomaterial mit einer Auflösung von 1.280 × 720 Bildpunkten.

» siehe Auflösung, 1080i/p

1080i/p

Ein Format für hochauflösendes Videomaterial. Die Zahl »1080« bedeutet dabei die maximale Anzahl der Pixel in der Breite, die gesamte Auflösung eines Standbildes ist hier meist 1.920 x 1.080 Bildpunkte. Der Buchstabe p bedeutet »progressiv« (sogenanntes Vollbildverfahren), der Buchstabe i »interlaced« (sogenanntes Zeilensprungverfahren).

» siehe Auflösung

.de

Das ist die sogenannte Top-Level-Domain in der Adresse einer Internetseite, die das Herkunftsland Deutschland markiert. Diese Endung findet sich auch in E-Mail-Adressen.

» siehe Adresse (E-Mail, Internet), Top-Level-Domain

.com

Diese Endung tragen Internetseiten, die einen kommerziellen Hintergrund haben, also z. B. *apple.com*. Bekannt in diesem Zusammenhang ist auch das Stichwort »Dotcom«, welches den Aufstieg großer Internetunternehmen Anfang des letzten Jahrzehnts, also zu Beginn des Milleniums, verdeutlichen sollte. Der Begriff Dotcom-Blase war dann gleichbedeutend mit dem Untergang eines Großteils dieser Unternehmen.

» siehe Dot

.exe

Diese Endung tragen sogenannte ausführbare Dateien unter Windows. Das sind in der Regel Programme, z. B. Word für Windows: Hier lautet der vollständige Dateiname der Programmdatei *winword.exe*.

» siehe EXE-Datei

.NET

Das ist eine Softwareentwicklungsplattform aus dem Hause Microsoft. Ein Großteil der Windows-Programme wird mithilfe von .NET entwickelt.

.org

Diese Endung besitzen Internetseiten, die sich bevorzugt mit freien Softwareprojekten beschäftigen. Beispiele sind die Internetpräsenzen der Softwareentwickler von Firefox, Thunderbird und Co. Diese präsentieren sich als *mozilla.org*.

» siehe Mozilla Firefox, Mozilla Thunderbird

Bildnachweise

Adapter Fotolia 89115417 © coolhand1180 und Fotolia 81948159 © Coprid
AirPort Apple Incorporated
Aliasing/Anti-Aliasing Wikipedia, Julian Herzog, Creative Commons
AMOLED Fotolia 98249327 © Tsiumpa
Arbeitsspeicher alternate.de
Audio-CD Fotolia 69826455 © kungverylucky
Augmented Reality YouTube, Pokémon Channel
Barcode Fotolia 66855804 © ledinka
Beamer Fotolia 93693330 © composio
Bezahlen – online und mobil mit dem Smartphone deutsche-bank.de; Apple Incorporated
Bildrauschen Fotolia 98113487 © Christian Schwier
Binär Fotolia 39152104 © Hans-Jörg Nisch
Bitcoin – das digitale Gold bitcoin.org; openclipart.org
Blende Fotolia 89963710 © piaskun_
Blue Screen Fotolia 74323842 © Oleksiy Mark
Browser de.statista.com
CAD Wikipedia.de
Captcha Fotolia 92621334 © metrue
Case Modding Wikipedia.de
Chromecast Google Inc.
ClipArt openclipart.org
Cloud (Computing) Fotolia 99334392 © psdesign1
Cloud und Cloud-Speicherdienste openclipart.org
CMYK Fotolia 101449290 © mipan
Computergrafik mandelbulber.com, Krzysztof Marczak
Computer & Co. kaufen saturn.de; inside-handy.de; Apple Incorporated
D: Fotolia 86432664 © Denis Dryashkin
Datenschutz und Datensicherheit openclipart.org
Datensicherheit Fotolia 65182365 © Rassco
Datenübertragung Fotolia 14110003 © Alexeywp
Desktop-Computer iStockphoto 17223333 © pagadesign
Diagramm graphitti-blog.de
Diskette Fotolia 81533096 © michaklootwijk
DVD Fotolia 72576929 © -=MadDog=-
DVI Fotolia 40358484 © salita 2010
E-Book-Reader Fotolia 99186051 © cafa

EDGE/Edge samsung.de
Einschalten Fotolia 95330612 © Julydfg
eTAN Fotolia 31520945 © seen
Fehlermeldung gregor-jonas.de
Festplatte Fotolia 92199686 © marine_blue_ und Fotolia 92947269 © stadtratte
FireWire Fotolia 93766160 © PPBR
Gamepad Fotolia 85276494 © Petr Malyshev
Gigabyte Fotolia 86540135 © alexlmx
GPS openclipart.org
Hauptplatine Fotolia 52393770 © hbomuc
HDMI Fotolia 86201294 © ttt1341
Herunterladen Fotolia 72595885 © Web Buttons Inc
HoloLens microsoft.com
Hot Spot openclipart.org
IBM Wikipedia, Boffy b, CC-BY-SA
iMac Apple Incorporated
Infinity-O-Display samsung.de
Internetstick Fotolia 43116806 © Thomas
iOS Apple Incorporated
iPad/iPad mini/iPad Pro Apple Incorporated
iPhone Apple Incorporated
iPod Apple Incorporated
Kartenleser Fotolia 22934815 © Xuejun li
Kippschalter Fotolia 39152104 © Hans-Jörg Nisch
Klinkenstecker Fotolia 68817917 © akulamatiau
Konsole xbox.com
Kopfhörer Fotolia 67965254 © StereoVision
Künstliche Intelligenz openclipart.org, Prismatic Neural Network 2, GDJ
Laden Fotolia 74388718 © St22
Laptop Fotolia 72463934 © emevil
Magic Trackpad Fotolia 58283161 © alexey_boldin.jpg
Microsoft Surface microsoft.com
Monitor Fotolia 84417561 © Can Yesil
MP3 Fotolia 60786934 © Oleksandr Delyk
Multifunktionsdrucker Fotolia 80621448 © LoloStock
Multimedia Fotolia 73839676 © TELECOM-PHOTOGRAPHY
Netzkabel Fotolia 73886974 © Popova Olga
Netzwerk openclipart.org
Netzwerkanschluss iStockphoto © Krzysztof_Kwiatkowski

Netzwerkkabel Fotolia 100011416 © Gina Sanders
Notebook iStockphoto © Acer
Online-Shop/Online-Shopping Fotolia 101774369 © Natalia Merzlyakova
Peripherie Fotolia 14110003 © Alexeywp
Ports iStockphoto 20922245 © s-cphoto und Laura Schleicher
Power-Schalter Fotolia 41533041 © Ralf Kalytta
Programm Fotolia_95864108 © Julien Eichinger
Prozessor Fotolia 39113504 © nikkytok
Qi Fotolia 71152160 © Oleksiy Mark
Rechtschreibprüfung autocompletefail.de
Robotik openclipart.org; lego.com; humanizing.com; dji.com; Flickr 63461632, Steve Jurvetson, Creative Commons
Router Fotolia 75146685 © andifink
Safer Shopping safer-shopping.de
SCART Fotolia 64444223 © magele
SD-Karte Fotolia 92568226 © bluedesign
Slot Fotolia 101827385 © bluebeat 76
Smart Home openclipart.org; innogy.com
Smartphone samsung.de
Smartwatch Apple Incorporated
Speicherkarte Fotolia 29804269 © Oleksiy Mark
Speicherstick Fotolia 86540135 © alexlmx
Spielekonsole Fotolia 60206310 © Jane Kelly
SSD Fotolia 55561353 © vector_master
Stylus Apple Incorporated
Synchronisieren Fotolia 65182365 © Rassco
Tablet/Tablet-PC Fotolia 69955782 © Oleksiy Mark
Time Capsule Apple Incorporated
Top-Level-Domain Fotolia 87237317 © niroworld
Touchpad Fotolia 91948826 © fenskey
Tower Fotolia 43366413 © bbbastien
Trackball Fotolia 2182614 © Rafal Jozwik
Trackpad Fotolia 58283161 © alexey_boldin
Ultrabook Apple Incorporated
USB/USB-Stick Fotolia 100506012 © arsa13
USB-Hub Fotolia 29724169 © HandmadePictures
Vektorgrafik Originaldatei Michal Pecyna, openclipart.org
VGA Laura Schleicher
Videoports Fotolia 48007247 © ngaga35

Virtualität YouTube, Pokémon Channel, YouTube, HoloLens Studio Demo
Webcam Fotolia 1524439 © iko
Wechseldatenträger Fotolia 86432664 © Denis Dryashkin
WLAN Fotolia 100393218 © Jane Kelly
World Wide Web Fotolia 89345883 © Julien Eichinger
WPS avm.de
Xbox xbox.com
Zeichenprogramm openclipart.org/wallpapergirl
Zoomobjektiv Fotolia 65000436 © stockphoto-graf
3D-Durcker Fotolia 96272669 © prescott09

Aussprachehinweise

AAC *ÄiÄiSi*
AC3 *ÄiSiSri*
Access *Äkßess*
Access Point Name (APN) *Äkßess Peunt Näim*
Account *Ekaunt*
ACPI *ÄiSiPiEi*
Active Directory *Äktiff Dairektorie*
Active-Matrix Organic Light-Emitting Diode (AMOLED) *Äktiff-Mätricks Orjänick Lait-Iemitting Daioud*
Active Server Pages (ASP) *Äktiff Sörwa Päidsches*
Active X *Äktiff Eks*
Adapt Sound *Ädept Saund*
Add-on *Edd-on*
ADF *ÄiDiÄf*
Adobe Photoshop *Ädobie Fotoschopp*
Adobe Reader *Ädobie Rieda*
ADSL *ÄiDiEsÄl*
Advanced Audio Coding (AAC) *Edwahnst Audio Koding*
Advanced Configuration and Power Interface (ACPI) *Edwahnst Konfiguräischen änd Pauer Interfäihs*
Advanced Encryption Standard (AES) *Edwahnst Enkrüptschän Ständed*
Advanced Micro Devices (AMD) *Edwahnst Meikro Diewaisess*
Advanced Package Tool (APT) *Edwahnst Pecketsch Tuhl*
Advanced Technology Extended (ATX) *Edwahnst Tecknollodschie Eckständed*
Advanced Video Codec (AVC) *Edwahnst Video Kodeck*
Adware *Ädwär*
Aero *Aero*
AES *ÄiIeEs*
A-GPS *Ä-DschiPiEss*
AirDrop *ÄhrDropp*
AirPlay *ÄhrPlehij*
AirPort *ÄhrPort*
Aliasing *Äliessing*
Alternating Current (AC-Adapter) *Olternäting Karrent*
Amazon App-Shop *Ämäsen Äpp Schopp*
Amazon.com *Ämäsen dott komm*
Amazon Echo *Ämäsen Ecko*
AMD *ÄiEmDie*
American National Standards Institute (ANSI) *Emärikän Näschionäl Ständeds Institjut*
American Standard Code for Information Interchange (ASCII) *Emäriken Standed Kohd for Informäischen Intertschäinsch*
America Online (AOL) *Emärika Onlain*
AMOLED *Äimouled*
Android *Ändreud*
Anonymous FTP *Änonümuss ÄfTiPi*
AOL *ÄiOEl*
Apache *Äpettschie*
API *ÄiPiEi*
APN *ÄiPiEn*
App/Applet *Äpp/Äpplit*
Apple HomeKit *Äppel Hohmkitt*
Apple-ID *Äppel EiDi*
Apple Pay *Äppel Päi*
Apple Pencil *Äppel Pänssel*
Apple Watch *Äppel Wotsch*
Application *Äpplikäischen*

Application Programming Interface (API) *Äpplikaischen Progrämming Interfäis*
App Store *Äpp Stor*
APT *ÄiPiTi*
Arithmetic Logical Unit (ALU) *Ärissmettik Lodjikel Junit*
Artificial Intelligence (AI) *Artifischell Intellidschenz*
ASP *ÄiEssPi*
Assisted GPS (A-GPS) *Ässistäd DschiPiEs*
Asymmetric Digital Subscriber Line (ADSL) *Äsümmetrick Diejietäl Sabskraiba Lain*
Asynchronous JavaScript and XML *Äsünkronus Dschawa Skript änd IxEmEl*
At (@) *Ätt*
Attachment *Ettätschment*
ATX *ÄiTiEcks*
Audible *Ohdibbel*
Audio Codec 3 (AC3) *Audio Kodeck Sri*
Audio Video Interleave (AVI) *Audio Video Interlief*
Augmented Reality *Ogmentit Riälitie*
Automatic Document Feeder (ADF) *Otomätik Dokjument Fieda*
Autoplay *Oto Pläi*
Auxiliary (AUX) *Oxiljeri*
AVC *ÄiWieSi*
AVCHD *ÄiWieSiÄitschDie*
AVI *ÄiWieEi*
BASIC *Bäihsick*
Basic Input Output System (BIOS) *Bäihsick Inputt Autputt Sistem*
BCC *BieSiSi*
Beginner's All-purpose Symbolic Instruction Code (BASIC) *Biginnas Ohl pörpes Sembolick Instraktschen Kod*
Big Data *Bick Dehta*
BIOS *Beioss*
Bitcoin *Bittkojn*
Bitmap *Bitmäp*
Bits per second (Bps) *Bits pör säkend*
Bixby *Biksbi*
BlackBerry *BläckBerrie*
Blackbox *Bläckbocks*
Blind Carbon Copy (BCC) *Blaind Karben Koppi*
Blockchain *Blocktschehn*
Blog *Block*
Blue Screen *Bluh Skrien*
Bluetooth *Bluhtuhs*
Blu-ray *Blu-räi*
Bookmark *Buckmark*
Booten *Buhten*
Bouncen *Baunzen*
Bps *BiPiEss*
Bridge *Bridj*
Browse *Braus*
Browser *Brauser*
Brute-Force-Angriff *Brut-Fors-Angriff*
Buddy *Baddie*
Bug *Back*
Build *Bilt*
Bulk *Balk*
Bus *Bas*
Button *Batton*
Byte *Beit*
Cache *Käsch*
CAD *Käd*
Calc *Kälck*
Call-by-Call *Kol-bei-Kol*
CAM *Kämm*
Camcorder *Kämmkorda*
Cancel *Känzel*
Caps-Lock *Kepps Lock*

Captcha *Kepptscha*
Capture *Kepptschur*
Carbon Copy (CC) *Karben Koppie*
Card Reader *Kart Rieda*
Cartridge *Kartridsch*
Cascading Style Sheets (CSS) *Keskäiding Steil Schiets*
Case Modding *Käis-Moddin*
Casual Game *Kaschjuell Gäim*
CC *SiSi*
CD *SiDie*
CD-R *SiDie-Ar*
CD-ROM *SiDie-Romm*
Central Processing Unit (CPU) *Sentrel Proßessin Junitt*
CEO *SilhOh*
CF *SiEf*
Change Directory *Tschäinsch direcktorie*
Characters per second (CPS) *Käräckters pör säkend*
Charm *Tscharm*
Chat *Tschett*
Chatbot *Tschettbott*
Chatroom *Tschettruhm*
Checkbox *Tscheckbocks*
Chief Executive Officer (CEO) *Tschief Äksäkjutiff Offissa*
Chip *Tschip*
Chrome *Krohm*
Chromecast *Krohmkast*
Cinch *Sintsch*
Client *Kleient*
Close *Kloas*
Cloud (Computing) *Klaud (Kompjuting)*
Cluster *Klaster*
Cmd *SiEmDie*
CMS *SiEmEs*
CMYK *SiEmWeiKäi*
Code *Kod*
Codec *Kodeck*
Codefree *Kodfrie*
Cognitive Computing *Kognitiff Kompjuting*
Command *Kommand*
Comma-separated values (CSV) *Komma säperäited waljus*
Common Interface (CI) *Kommen Interfejs*
Common User Access (CUA) *Kommen Jusa Äkßess*
Communauté Européenne (CE-Zeichen) *Komünotee Öropejenn*
Communication Port (COM-Port) *Kommjunikäischen Port*
Community *Kommjunitie*
Compact Disc Read only memory (CD-ROM) *Kompäckt Disck Ried onlie memmorie*
Compact Disc Read Write (CD-RW) *Kompäckt Disck Ried Wreit*
Compact Disc Recordable (CD-R) *Kompäckt Disck Riecordebel*
CompactFlash (CF) *KompäcktFläsch*
Compiler *Kompeila*
Completely Automated Public Turing test to tell Computers and Humans Apart (Captcha/CAPTCHA) *Komplitli Otomäited Pablick Turing test tu tell Compjutas änd Jumäns Epart*
COM-Port *Komm-Port*
Composite Video Baseband Signal (CVBS) *Kompesitt Video Bäisbend Signel*
Computer *Kompjuta*
Computer-Aided Design (CAD) *Kompjuta Äided Disein*
Computer Algebra System (CAS) *Kompjuta Algebrah Sistem*

Computer-based Training *Kompju-ta-bäised Training*
Conditional Access Module (CAM) *Kondischenel Äkßess Modjul*
Content *Kontent*
Content Management System (CMS) *Kontent Menetschment Sistem*
Controller *Kontrola*
Convertible *Konwörtibel*
Cookie *Kuhkie*
Copy and Paste *Koppie änd Päist*
Core *Kor*
Cover *Kawa*
CPS *SiPiEs*
CPU *SiPiJu*
Cracker *Kräcker*
Cradle *Kräidel*
Crash *Kräsch*
Crossfire *Krossfeier*
CSS *SiEsEs*
CU *SiJu*
CUA *SiJuÄi*
Cuesheet *Kjuschiet*
Cursor *Körsa*
Cut and Paste *Katt änd Päist*
CVBS *SiWieBiEs*
Cyber *ßeiba*
Daemon *Diemen*
Dashboard *Däschbord*
Data Mining *Dejta Meining*
Data Science *Dejta Zaiens*
DCIM *DieSiEiEm*
DDoS *DieDieOEs*
DDR *DieDieAr*
Debuggen *Diebaggen*
Decoder *Dekoda*
DECT *DieleSiTi*
Deep Learning *Diep Lörning*
Defender *Diefender*
Delete-Taste *Diliet-Taste*
Desktop *Däsktop*
Desktop-Computer *Däsktop-Kompjuta*
Desktop-Publishing *Däsktop-Pabli-sching*
Device Independent Bitmap (DIB) *Dieweis Indipendent Bitmäpp*
DHCP *DieÄitschSiPi*
DHTML *DieÄitschTiEmEl*
Dialer *Deiler*
DIB *DieEiBi*
Digicam *Diegiekäm*
Digital Camera Images (DCIM) *Dijitel Kämera Imejes*
Digital Detoxing *Dijitel Ditoksing*
Digital Enhanced Cordless Telecom-munications (DECT) *Dijitel Enhänsed Kordles Telekommjunikäischens*
Digital Negative (DNG) *Dijitel Nägetif*
Digital Rights Management (DRM) *Dijitel Reits Menetschment*
Digital Subscriber Line (DSL) *Dijitel Sabskreiba Lein*
Digital Versatile Disc (DVD) *Dijitel Wörseteil Disk*
Digital Video Broadcasting (DVB) *Dijitel Video Brodkasting*
Digital Visual Interface (DVI) *Dijitel Wijuel Interfäis*
Direct Memory Access (DMA) *Deireckt Memmorie Äkßess*
Directory (DIR) *Deirecktorie*
DirectX *DeirecktEks*
Disclaimer *Diskläima*
Disk Operating System (DOS) *Disk Opä-räiting Sistem*
Display *Displäij*

DisplayPort *DispläijPort*
Distributed Denial of Service (DDoS) *Distribjuted Dieneil of Sörwis*
DivX *DifEks*
DLC *DieElSi*
DLL *DieElEl*
DMA *DieEmÄi*
DNG *DieEnDschie*
DNS *DieÄnEs*
Docking Station *Dockin Stäischon*
Domain *Domäin*
Domain Name System (DNS) *Domäin Näim Sistem*
Dongle *Dongel*
Dotcom *Dotkomm*
Dots per Inch (DPI) *Dots pör Intsch*
Double Data Rate (DDR) *Dabbel Deta Rejt*
Double Layer *Dabbel Läija*
Download *Daunloud*
Download Content (DLC) *Daunloud Kontent*
Downloaden *Daunlouden*
Drag and Drop *Dräg änd Dropp*
Dreamweaver *Driemwieva*
Drive *Dreif*
Drive-by-Downloads *Dreif-bei-Daunlouds*
Driver *Dreiwa*
Drop-down-Menü *Dropp-daun-Menü*
DTP *DieTiPi*
Dual-Core-Prozessor *Djuel-Kor-Prozessor*
Dynamical Host Configuration Protocol (DHCP) *Deinämikel Host Konfiguräischon Protokoll*
Dynamic HyperText Markup Language (DHTML) *Deinämik HeiperTekst Markap Länguätsch*
Dynamic Link Library (DLL) *Deinämik Link Leibrerie*
Easteregg *Iesteregg*
E-Bay *Ie-Bäi*
E-Book *Ie-Buk*
E-Book-Reader *Ie-Buk-Rieda*
E-Business *Ie-Bisniss*
Echo (Dot) *Ecko Dott*
E-Commerce *Ie-Kommörs*
Edge *Ädj*
Edition *Edischen*
Edutainment *Edjutäjnment*
E-Learning *Ie-Lörning*
Electronic Commerce (E-Commerce) *Ilektronik Kommörs*
Electronic Mail (E-Mail) *Ilektronik Mäil*
Electronic Program Guide (EPG) *Ilektronik Prográm Geid*
E-Mail *Ie-Mäil*
E-Mail-Provider *Ie-Mäil-Proweida*
Emoji *Iemoujie*
Emoticon *Iemoutickon*
Encapsulated PostScript (EPS) *Enkäpsjuläited PostSkript*
Encoder *Inkoda*
End User License Agreement (EULA) *Änd Juser Leißens Egriement*
Enhanced Data Rates for GSM Evolution (EDGE) *Enhänsed Deta Räits for JieEsEm Iewoluschen*
E-Payment *Ie-Päiment*
EPS *IePiEs*
Equalizer *Iekweleiser*
Escape *Eskäip*
Ethernet *Iesernett*
Excel *Icksell*
Exchangeable Image File Format (Exif) *Ickstschäinschebel Imitsch Feil Formet*

Exchange Server *Ickstschäinsch Sörwa*
Explorer *Ecksplora*
Extended Graphics Array (XGA) *Ickstended Gräfiks Ärräi*
Extended Reality (XR) *Ickstended Rieälitie*
Extensible HTML (XHTML) *Ickstensibel ÄitschTiEmEl*
Extensible Markup Language (XML) *Ickstensibel Markap Länguätsch*
Extension *Ickstenschen*
Eyetracking *Eiträcking*
Facebook *Fäisbuhk*
Face ID *Fäis EiDi*
FaceTime *FäisTeim*
Family Safety *Fämilie Säiftie*
FAQ *EfÄiKju*
Feature *Fietscha*
Feedreader *Fietrieda*
File *Feil*
File Allocation Table (FAT) *Feil Elokäischen Täibel*
Fileserver *Feilsörwa*
Filesharing *Feilschäring*
File Transfer Protocol (FTP) *Feil Transfer Protokoll*
Finder *Feinda*
Firefox *Feiafocks*
Fire TV *Feia TiWie*
Firewall *Feiawoal*
Firewire *Feiaweia*
Firmware *Firmwär*
Flash *Fläsch*
Flatrate *Fläträit*
Follower *Followa*
For Your Information (FYI) *For Jur Informäischen*
Fotostream *Fotostriem*
Frame *Fräim*
Freak *Friek*
Freeware *Friewär*
Frequently Asked Questions (FAQ) *Frikwentlie Asked Kwästschons*
FTP *EfTiPi*
Full High Definition (Full HD) *Full Hei Definnischen*
Gadget *Gädjet*
Galaxy *Gälecksi*
Galaxy Home *Gälecksi Hohm*
Game *Gäim*
Gamepad *Gäimpäd*
Gameport *Gäimport*
Gamer *Gäima*
Gatekeeper *Gäitkiepa*
Gateway *Gäitwäij*
Geek *Giek*
General Packet Radio Service (GPRS) *Dschäneräl Päcket Räidio Sörwis*
Genius *Dschienies*
Geocaching *Geokäsching*
Gigabyte *Gigabeit*
Global Message eXchange (GMX) *Gloubel Mässetsch Ickstschäinsch*
Global Positioning System (GPS) *Gloubel Posischening Sistem*
Global System for Mobile Communications (GSM) *Gloubel Sistem for Mobeil Kommjunikäischens*
Gmail *Dschimäil*
GNU Image Manipulation Program (GIMP) *DschiEnJu Imätsch Mänipjuläischon Prográm*
Google *Guhgel*
Google+ *GuhgelPlus*
Google Assistant *Guhgel Ässistent*
Google Drive *Guhgel Dreif*

Google Earth *Guhgel Örs*
Google Home *Guhgel Hohm*
Google Maps *Guhgel Mäps*
Google Pay *Guhgel Päi*
Google Play Store *Guhgel Pläi Stor*
Google Street View *Guhgel Striet Vju*
Google Wallet *Guhgel Wollet*
GPRS *DschiPiArEs*
GPS *DschiPiEs*
GPU *DschiPiJu*
Graphical User Interface (GUI) *Gräfikel Jusa Interfäis*
Graphics Interchange Format (GIF) *Gräficks Intatschäinsch Formet*
Graphics Processing Unit (GPU) *Gräficks Proßessin Junitt*
Green Computing *Grien Kompjuting*
Groupware *Gruhpwär*
GSM *DschiEsEm*
Hacker *Häcker*
Handoff *Händoff*
Handy *Händi*
HandyPay *Händi Päi*
Hardcopy *Hardkoppi*
Hard Disk Drive (HDD) *Hard Disk Dreif*
Hard Reset *Hard Rieset*
Hardware *Hardwär*
Hastag *Häschtäg*
HDCP *ÄitschDieSiPi*
Header *Hedder*
Headset *Hedset*
Health *Hells*
Helpdesk *Hälpdesk*
High-bandwidth Digital Content Protection (HDCP) *Hei-bändwids Dijitel Kontent Protectschen*
High Data Rate Digital Subscriber Line (HDSL) *Hei Deta Räit Dijitel Sabskreiba Lein*
High Definition (HD) *Hei Definischen*
High Definition Multimedia Interface (HDMI) *Hei Definischen Multimidia Intafäis*
High Definition-Ready (HD-Ready) *Hei Definischen-Reddi*
High Definition Television (HDTV) *Hei Definischen Telewischen*
High Definition Video (HDV) *Hei Definischen Video*
High Dynamic Range (HDR) *Hei Deinämik Räinsch*
High Speed Downlink Packet Access (HSDPA) *Hei Spied Daunlink Päcket Äkßess*
High Speed Packet Access (HSPA) *Hei Spied Päcket Äkßess*
History *Historie*
Hoax *Hoocks*
Homebanking *Hohmbängking*
Home Banking Computer Interface (HBCI) *Hohm Bänking Kompjuta Intafäis*
Home Cloud *Hohm Klaud*
Home Office *Hohm Offiss*
Homepage *Hohmpäidsch*
HomePod *HohmPott*
Homescreen *Hohmskrien*
Host *Hoost*
Hotkey *Hottkie*
Hotmail *Hottmäil*
Hot Spot *Hott Spott*
HSDPA *ÄitschEsDiePiAr*
HSPA *ÄitschEsPiAr*
HTML *ÄitschTiEmEl*
HTTP *ÄitschTiTiPi*
HTTPS *ÄitschTiTiPiEs*
Hub *Hap*
Hybrid Cloud *Heibrid Klaud*

Hyperlink *Heiperlink*
Hypertext *Heipatext*
Hypertext Markup Language (HTML) *Heipertekst Markap Länguätsch*
Hypertext Transfer Protocol (HTTP) *Heipertekst Transfer Protokoll*
Hyper-V *Heiper-Wie*
IBM *EiBiEm*
iBooks *eiBucks*
iCloud *eiKlaud*
Icon *Eikon*
ICQ *EiSiKju*
ID *EiDie*
IDE *EiDiele*
iMac *eiMäck*
Image *Imitsch*
IMAP *Eimäp*
iMessage *eiMässetsch*
iMovie *eiMuhwie*
In-App-Kauf *In-Äpp-Kauf*
In-App-Menü *In-Äpp-Menü*
InDesign *InDiesein*
Infinity-O-Display *Infinniti-Oh-Displäij*
Influencer *Influensa*
Information Technology *Informäischen Teknollodschie*
Infotainment *Infotäiment*
InPrivate-Browsen *InPreivet-Brausen*
Input *Inputt*
Instagram *Instegräm*
Instant Messaging *Instent Mässetsching*
Integrated Development Environment (IDE) *Integräited Diwällepmänt Inweiermänt*
Integrated Services Digital Network (ISDN) *Integräited Sörwisess Dijitel Nettwörk*
Interface *Interfäis*
International Business Machines Corporation (IBM) *Internäschenel Bisniss Meschiens Korporäischen*
International Mobile Station Equipment Identity (IMEI) *Internäschenel Mobeil Stäischen Ekuipment Eidentitie*
Internetbrowser *Internettbrauser*
Internet Explorer *Internett Icksplorer*
Internet Message Access Protocol (IMAP) *Internett Mässetsch Äkßess Protokoll*
Internet of Things *Internett of Sings*
Internet Relay Chat (IRC) *Internett Riläi Tschätt*
Internet Service Provider (ISP) *Internett Sörwis Proweida*
iOS *eiOuEs*
iPad *eiPäd*
IP-Adresse *EiPi-Adresse*
iPhone *eiFon*
iPhoto *eiFoto*
iPod *eiPod*
IRC *EiArSi*
ISP *EiEsPi*
iStockphoto *eiStockfoto*
IT *EiTi*
iTunes *eiTjuhns*
iTunes Store *eiTjuhns Stor*
iWork *eiWörk*
Jailbreak *Jäilbräick*
Java *Dschawa*
JavaScript *Dschawaskript*
Joint Photographic Experts Group (JPEG) *Dscheunt Fotogräfik Icksperts Gruhp*
Joker *Dschoker*
Joomla *Dschuhmla*
Joypad *Dschoipäd*
Joystick *Dschoistick*

JPEG/JPG *Dschäipäg*
Jump-and-Run-Spiele *Dschamp-änd-Ran-Spiele*
Jumplist *Dschamplist*
Junk-E-Mail *Dschank-Ie-Mäil*
Kernel *Körnel*
Keyboard *Kiebord*
Keylogger *Kielogger*
Keynote *Kienot*
Kindle *Kindel*
Label *Läibel*
Laptop *Läptop*
Laser *Läiser*
Launch *Launsch*
Launcher *Launscher*
LCD *ElSiDie*
Leak *Liek*
Let`s Play *Letts Pläi*
Light Emitting Diode (LED) *Leit Imitting Deiod*
Lightroom *Leitruhm*
Like *Leik*
Liquid Crystal Display (LCD) *Liekwid Kristel Displäi*
Livestream *Leifstriem*
Local Area Network (LAN) *Lokel Äria Nettwörk*
Logout *Lockaut*
Long Term Evolution (LTE) *Long Törm Ievoluhschen*
LTE *ElTile*
Mac *Mäck*
Mac OS X *Mäck OuEs Äks*
Machine Learning *Mäschien Lörning*
Magic Mouse *Mädschick Maus*
Magic Trackpad *Mädschick Träckpäd*
Mail *Mäil*
Mailbox *Mäilbox*
Mail delivery failed *Mäil dieliverie fäild*
Mail Drop *Mäil Dropp*
Mailserver *Mäil-Sörwa*
Mainboard *Mäinbord*
Malware *Mälwär*
Manual *Mänjuel*
Maps *Mäpps*
Marshmallow *Marschmello*
Megabyte *Megabeit*
Messaging *Mässedsching*
Messenger *Mässendscha*
Microblogging *Meikroblogin*
Micro-SecureDigital (Micro-SD) *Meikro-SikjurDijitel*
Microsoft *Meikrosoft*
Microsoft Disk Operating System (MS-DOS) *Meikrosoft Disk Operäiting Sistem*
Microsoft Edge *Meikrosoft Ädsch*
Microsoft Excel *Meikrosoft Icksell*
Microsoft Exchange *Meikrosoft Ickstschäinsch*
Microsoft Exchange Server *Meikrosoft Ickstschäinsch Sörwa*
Microsoft Office *Meikrosoft Offiss*
Microsoft OneNote *Meikrosoft WonnNot*
Microsoft Outlook *Meikrosoft Autluck*
Microsoft PowerPoint *Meikrosoft PauaPeunt*
Microsoft Solitaire Collection *Meikrosoft Solitär Kollektschon*
Microsoft SQL Server *Meikrosoft EsKjuEl Sörwa*
Microsoft Store *Meikrosoft Stor*
Microsoft Surface *Meikrosoft Sörfäis*
Microsoft Windows *Meikrosoft Windous*
Microsoft Word *Meikrosoft Wörd*
Mining *Meining*
Mission Control *Mischen Kontroul*

Mixed Reality *Mikst Rieälitie*
MMS *EmEmEs*
MNP *EmEnPi*
Mobile Computing *Mobeil Kompjuting*
Mobile First *Mobeil Först*
Mobile Number Portability (MNP) *Mobeil Namba Portebilitie*
Mobile Payment *Mobeil Päiment*
Motherboard *Masserbort*
Motion Picture Experts Group (MPEG) *Mouschen Piktscher Icksperts Gruhp*
Mouseover *Mausower*
Mousepad *Mauspäd*
Movie file format (MOV) *Muwi feil formet*
Mozilla Firefox *Moßilla Feierfocks*
Mozilla Thunderbird *Moßilla Sanderbörd*
MPEG *EmPeg*
MPEG-1 Audio Layer 3 (MP3) *EmPeg-Won Audio Läier Srie*
MR *EmAr*
MSN *EmEsEn*
Multilayer Disc *Malti-Läier-Disk*
Multimedia Messaging Service (MMS) *Maltimidia Mäsetsching Sörwis*
Multiroom-System *Multiruhm-Sistem/System*
Multitouchpad *Maltitatschpäd*
Multi User Mode *Malti-Jusa-Mood*
Multi Window *Malti Windou*
Musical Instrument Digital Interface (MIDI) *Mjusikel Instrumint Dijitel Interfäis*
Music (App) *Mjusik (Äpp)*
Musicload *Mjusikloud*
MySQL *Mei EsKjuEll*
Near Field Communication (NFC) *Nier Field Kommjunikäischen*
Nerd *Nörd*
Net *Nett*
Netbook *Nettbuck*
Netflix *Nettflicks*
Network Attached Storage (NAS) *Nettwörk Ettätsched Storetsch*
Neural Processing Unit (NPU) *Njurel Proßessin Junitt*
News *Njuhs*
Newsfeed *Njuhsfied*
Newsgroup *Njuhsgruhp*
Newsletter *Njuhsletta*
Newsreader *Njuhsrieda*
New Technology File System (NTFS) *Nju Teknolledschie Feil Sistem*
Next *Näckst*
Nextcloud *Näckst Klaud*
NFC *EnEfSi*
Nickname *Nicknäim*
Notch *Notsch*
Notebook *Noutbuck*
NTFS *EnTiEfEs*
Numbers *Nambers*
NumLock-Taste *NamLock-Taste*
Object Linking and Embedding (OLE) *Obdschikt Linkin änd Embedding*
OCR *OuSiAr*
Office Mobile *Offiss Mobeil*
Offline *Offlein*
OK Google *OKäi Guhgel*
OK-Schaltfläche *OKäi-Schaltfläche*
Onboard *Onbord*
OneDrive *WonDreif*
OneNote *WonNot*
Online *Onlein*
Online-Banking *Onlein-Bänking*
Online-Community *Onlein-Komjunitie*
Online-Shop *Onlein-Schopp*

Open *Oupen*
OpenOffice *OupenOffiss*
Open Source *Oupen Sorß*
Operating System (OS) *Operäiting Sistem*
Optical Character Recognition (OCR) *Optikel Kärekter Rikognischen*
Optical Disc Drive *Optikel Disc Dreif*
Original Equipment Manufacturer (OEM) *Oridschinel Ikvipment Mänjufektjura*
OS *OuEs*
OS X *OuEs Äks*
Outlook *Autluck*
Outlook.com *Autluck Dot Komm*
Outlook Express *Autluck Ickspress*
Output *Autputt*
Over-the-Air-Update *Ower-si-Äir-Appdäit*
Pages *Päidsches*
Panel *Pennel*
Parallel Port *Pärellel Port*
Parallels Desktop *Pärellels Däsktop*
Parship *Paarschip*
Password *Paswörd*
Paste *Päist*
Patch *Pätsch*
Patchday *Pätschdäi*
PayPal *PäiPäl*
Pay-TV *Päi-TiWie*
PC *PiSi*
PCI-Card *PiSieEi-Kahrd*
PDF *PiDieEf*
Peer-to-Peer *Piehr-tu-Piehr*
Personal Computer *Pörsenel Kompjuta*
Personal Identification Number *Pörsenel Eidentifikäischen Namber*
Personal Unblocking Key *Pörsenel Anblocking Kie*
Phablet *Fäbblet*
Phishing *Fisching*
Photoshop *Fotoschopp*
Photoshop Elements *Fotoschopp Älements*
Photoshop Lightroom *Fotoschopp Leitruhm*
PHP *PiÄitschPi*
PHP Hypertext Preprocessor (PHP) *PiÄitschPi Heipatext Prieposessa*
Pinch to Zoom *Pinsch tuh Zuhm*
Pipe *Peip*
Pixelmator *Pixelmäita*
Play *Pläi*
Player *Pläia*
Playlist *Pläilisst*
PlayStation 4 *Pläistäischen For*
Plug and Play *Plack änd Pläi*
Plug-in *Plack-in*
PNG *PiEnDschie*
Podcast *Podkahst*
Pop-up *Popp-Ap*
Portable Document Format (PDF) *Portebel Dokjument Formet*
Portable Network Graphics (PNG) *Portebel Nettwörk Gräficks*
Posten *Pousten*
Posting *Pousting*
Post-Office-Protocol-3-Konto (POP3-Konto) *Poust-Offiss-Protecol-Sri-Konto*
PowerPoint *PauaPeunt*
Power-Schalter *Paua-Schalter*
PowerShell *PauaSchell*
Power-User *Paua-Juser*
Prepaid *Priepäid*
Private Cloud *Preivet Klaud*
Product Key *Prodackt Kie*
Provider *Prowaida*

Proxy(-Server) *Procksie(-Sörwa)*
PS 4 *PiEs For*
PSD *PiEsDie*
Public Cloud *Pablick Klaud*
Pull-down-Menü *Pull-daun-Menü*
Push-Mail *Pusch-Mäil*
Python *Peißen*
QR-Code *KjuAr-Kod*
Quad-Core-Prozessor *Kwad-Kor-Prozessor*
QuarkXPress *KwarkIcksPress*
Quick Response Code (QR-Code) *Kwick Responns Kod*
QuickTime *Kwickteim*
QuickType *KwickTeip*
Quit *Kwitt*
Quote *Kwout*
Radiobutton *Räidiobatten*
Radio Corporation of America (RCA) *Räidio Korporäischen of Emerika*
RAM *RÄM*
Random Access Memory *Rändem Äkßess Memorie*
Ransomware *Ränßamwär*
Raspberry Pi *Raasberrie Pei*
RAW *Roa*
Reader *Rieda*
Readme *Riedmie*
Read Only Memory (ROM) *Ried Onlie Memorie*
Really Simple Syndication (RSS) *Rielie Simpel Sündikäischen*
Reboot *Riebut*
Recovery-DVD *Riekawerie-DieWieDie*
Red Green Blue (RGB) *Red Grien Bluh*
Registry *Redschistrie*
Relaunch *Rielaunsch*
Release *Rielies*
Remote *Riemout*
Remote Boot *Riemout-Buht*
Reset *Rieset*
Responsive Webdesign *Riesponsiff Webdiesein*
Restore *Riestor*
Retail *Rietäil*
Return *Rietörn*
Retweet *Rietwiet*
Ribbon *Ribben*
Rich Text Format (RTF) *Ritsch Text Formet*
Roaming *Rohming*
ROM *Romm*
Root *Ruht*
Rooten *Ruhten*
Rootkit *Ruhtkitt*
Router *Rauter*
RSS(-Feed) *ArEsEs(-Fied)*
RTF *ArTiEf*
Safer Shopping *Säifer schopping*
Save *Säif*
Scanner *Skänner*
Scan-Tool *Skän-Tuhl*
Scratch *Skrätsch*
Screen *Skrien*
Screenshot *Skrienschott*
Scrollbar *Skroulbar*
Scrollen *Skroulen*
SD-Karte *EsDie-Karte*
Search *Sörtsch*
Search Engine *Sörtsch Endschin*
Search Engine Optimization (SEO) *Sörtsch Endschin Optimeisäischen*
Second-Level-Domain *Säkend Lewell Domäin*
Second Life *Säkend Leif*
Secure Digital Memory Card (SD-Karte) *Sekjur Dijitel Memorie Kard*

Secure Hypertext Transfer Protocol (SHTTP) *Sekjur Heipatext Transfer Protekoll*
Secure Sockets Layer (SSL) *Sekjur Socketts Läier*
See you later alligator (CUL8RA) *Si ju läita älligäta*
SEO *SileOu*
Server *Sörwa*
Service Pack *Sörwis Päck*
Service Set Identifier (SSID) *Sörwis Set Eidentifeier*
Settings *Sättings*
Setup-Datei *Setap-Datei*
Shadow *Schadoh*
Share *Schär*
Shareware *Schärwär*
Shift *Schift*
Shortcut *Schortkatt*
Short Message Service (SMS) *Schort Mässetsch Sörwis*
SHTTP *EsÄitschTiTiPi*
Shuffle *Schaffel*
Shut down *Schatt daun*
Silver Surfer *Silwer Sörfer*
Simple Mail Transfer Protocol (SMTP) *Simpel Mäil Transfer Protekoll*
Site *Seit*
SkyDrive *SkeiDreif*
Skype *Skeip*
Slash *Släsch*
Slot *Slott*
Slow Motion *Slou Mouschen*
Smart Cities *Smart Zitties*
Smart Home *Smart Hohm*
Smartphone *Smartfon*
SmartScreen *SmartSkrien*
Smart Stay *Smart Stäi*
Smart-TV *Smart-TiWie*
Smartwatch *Smartwotsch*
Smiley *Smeilie*
SMTP(-Server) *EsEmTiPi(-Sörwa)*
Snapchat *Snäpptschett*
Snapping *Snäpping*
Snipping Tool *Snippin Tuhl*
Social Hacking *Soschell Häcking*
Social Media *Soschell Miediea*
Social Networks *Soschelll Nettwörks*
Software *Softwär*
Solid State Drive (SSD) *Sollid Stäit Dreif*
Sound *Saund*
Spam *Spämm*
Speech Interpretation and Recognition Interface (Siri) *Spietsch Interprietäischen änd Rekognischen Interfäis*
Spider *Spaida*
Splitter *Splitta*
Spotify *Spottifei*
Spotlight *Spottleit*
Spybot (Search & Destroy) *Speibott (Sörtsch änd Diestreu)*
Spyware *Speiwär*
SSD *EsEsDie*
SSID *EsEsEiDie*
SSL *EsEsEl*
Standby *Ständbei*
Steam *Stiem*
Sticky Notes *Sticki Nouts*
Store *Stor*
Story *Storie*
Streamen *Striehmen*
Streaming *Striehming*
Stylus *Steilus*
Subdomain *Sabdomäin*
Subscriber Identity Module (SIM) *Sabskreiba Eidentitie Modjuhl*
Support *Seport*
Surfen *Sörfen*

Surfstick *Sörfstick*
S Voice *Es Weuss*
Switch *Switsch*
Swypen *Sweipen*
Syndicat des Constructeurs d´Appareils Radiorécepteurs et Téléviseurs (SCART) *Sandika dee Kostruktör Dapparei Radioresäptör e Telewisör*
Tab *Täb*
Tablet *Täblet*
Tag *Täg*
Tagged Image File Format (TIFF) *Tägd Imetsch Feil Formet*
Taskplaner *Taskpläner*
TeamViewer *TiemWjuer*
Teaser *Tieser*
Terabyte *Terabeit*
Terminal *Törminell*
Tethering *Tesering*
TFT *TiEfTi*
The Microsoft Network (MSN) *Se Meikrosoft Nettwörk*
Thin-film transistor (TFT) *Sin-film transister*
Thread *Sred*
Threema *Sriema*
Thumbnail *Sampnäil*
Thunderbird *Sanderbörd*
Thunderbolt *Sanderbolt*
Time Capsule *Teim Käppsuhl*
Timeline *Teimlein*
Time Machine *Teim Meschien*
Time-out *Teim-Aut*
TLS *TiElEs*
Tool *Tuhl*
Tooltip *Tuhltipp*
Top Site *Topp Seit*
Touch *Tatsch*
Touch ID *Tatsch EiDi*
Touchpad *Tatschpett*
Touchscreen *Tatschskrien*
Tower *Taua*
Trackball *Träckborl*
Trackpad *Träckpäd*
Trailer *Träiler*
Translate *Transläit*
Transport Layer Security (TLS) *Trensport Läier Sekjuritie*
Troubleshooting *Trabbelschuhting*
Trusted Shops *Trasted Schopps*
Tumblr *Tambler*
Turbo Boost *Turbo Buust*
Tutorial *Tjutoriel*
Tweet *Twiet*
UEFI *JuleEfEi*
Ultrabook *Ultrabuck*
Unified Extensible Firmware Interface (UEFI) *Junifeid Ickstensibel Firmwär Interfäis*
Uniform Resource Locator (URL) *Juniform Resors Locketer*
Uninstall *Aninstohl*
Universal Serial Bus (USB) *Juniwersel Siriel Bas*
Unix *Junicks*
Unzip *Anzip*
Update *Apdäit*
Upgrade *Apgräid*
Upload *Aploud*
Upstream *Apstriem*
URL *JuArEl*
USB *JuEsBi*
USB-Hub *JuEsBi-Hab*
Usenet *Juhsnett*
User *Juhser*
User-ID *Juhser-Eidie*

User Network *Juhser Nettwörk*
Utility *Jutillitie*
vCalendar *wiKelenda*
vCard *wiKard*
Very High Speed Digital Subscriber Line (VDSL) *Weri Hei Spied Dijitel Sabskreiba Lein*
Video Graphics Array (VGA) *Video Gräfiks Erräi*
Video on demand *Video on dimand*
Viewer *Wjuer*
VirtualBox *VörtschuelBox*
Virtual Private Network (VPN) *Vörtschuel Preivet Nettwörk*
Virtual Reality (VR) *Vörtschuel Rieälitie*
Visual Basic for Applications (VBA) *Wijuel Bäisik for Äpplikäischen*
VMware (Fusion) *WieEmwär (Fjuschen)*
Voicemail *Weussmäil*
Voice over IP *Weuss owa EiPi*
V Pay *Wie Päi*
VR *WieAr*
Wake-on-LAN *Wäik-on-LAN*
Wallet *Wollit*
Wallpaper *Worlpäiper*
Webcam *Webkämm*
Webcrawbler *Webkrohler*
Webmail *Webmäil*
Webserver *Websörwa*
Website *Webseit*
Webspace *Webspäis*
WhatsApp *Wottsäpp*
What You See is What You Get (WYSIWIG) *Wot Ju Si is Wot Ju Gät*
What You See is What You Mean (WYSIWYU) *Wot Ju Si is Wot Ju Mien*
Whitelist *Weitlist*
Wide Area Network (WAN) *Weid Äriea Nettwörk*
Wideband Code Division Multiple (WCDMA) *Weidbänd Kod Divischen Maltippel*
Wide XGA (WXGA) *Weid IcksDschiÄi*
Widget *Widjitt Wittschitt*
Wi-Fi *Wei-Fei*
Wi-Fi Protected Access (WPA) *Wei-Fei Protekted Äkßess*
Wi-Fi Protected Setup (WPS) *Wei-Fei Protekted Setap*
Window Gadget *Windou Gädschet*
Windows *Windous*
Windows as a Service *Windous äs öh Sörwis*
Windows Defender *Windous Diefender*
Windows-Firewall *Windous-Feiawoal*
Windows Live Mail *Windous Leif Mäil*
Windows Media Audio *Windous Miedia Audio*
Windows Media Video *Windous Miedia Video*
Windows Mobile *Windous Mobeil*
Windows Phone *Windous Fon*
Windows Registry *Windous Rädschistri*
Windows Update *Windous Apdäit*
Wireless *Weialess*
Wireless Application Protocol (WAP) *Weialess Äpplikäischen Protekoll*
Wireless Fidelity (Wi-Fi) *Weialess Feidelitie*
Wireless LAN (WLAN) *Weialess LÄN*
Word *Wörd*
Wordart *WördArt*
WordPad *WördPäd*
World of Warcraft *Wörld of Workrawt*
World Wide Web *Wörld Weid Web*
XAMPP *IcksÄiEmPiPi*
XHTML *IcksÄitschTiEmEl*
XML *IcksEmEl*

XML Paper Specification *IcksEmEl Päipa Spesifikäischen*
XPS *IcksPiEs*
XR *IcksAr*
Yahoo! *Jahuh!*
Yellowdog Updater Modified (YUM) *Jellodog Apdäiter Modifeid*
Yottabyte *Jottabeit*
YouNow *JuNau*
YouTube *JuTjub*
ZIP *Sipp*
Zoom *Suum*
404 Error (Page not found) *For oh for Äror (Päidsch not faund)*